미국법인세법

이창희

박영사

머 리 말

이 책을 쓰는데 몇 해가 걸렸다. 특히 2016년 이후 다른 글을 아예 쓰지 않고 오직 이 일에 매달린 지 두 해 반 만에 겨우 책을 내게 되었다.

미국법인세란 공부하는 사람이야 얼마 안 되겠지만 매우 중요하다. 적어도 아직은 세계 어느 나라도 미국에서 자유롭지 않다. 동네 구멍가게가 아닌 이상 미국과 무관한 기업은 어디에도 없을 것이다. 미국법 적어도 미국법인세를 아예 모른다면 기업법, 세법은 물론 회계실무를 할 길이 없다. 정치조차 미국에서 자유롭지 않고 무역과 국제투자에 절대적으로 의존하고 있는 우리나라야 더 말할 나위도 없다. 대미무역이 없는 기업은 생각하기 어렵고 수많은 기업이 직간접으로 미국에 투자하고 있다.

그러나 우리 기업의 국제화, 세계화 과정에서 우리나라의 법률회사나 회계법인의 역할은 상대적으로 오히려 쪼그라들고 있다. 미국 자본이 다른 나라로 진출하는 경우라면 뉴욕의 법률회사가 전체구조를 짜고 관리하면서 다른 나라 현지의 법률회사나 회계법인에게는 사소한 일이나 맡긴다. 역으로 우리 자본이 해외로 진출하는 경우라면 일 자체가 통째로 뉴욕으로 넘어간다. 미국이 아닌 제3국으로 진출할 때도 그렇다. 우리 법률회사나 회계법인은 아직 국제화를 이루지 못한 것이다. 외국어도 그렇고 외국법에 대한 지식도 그렇고 우리 기업의 믿음을 얻지 못하고 있다. 일반기업보다 상대적으로 뒤쳐져 있는 우리 지식산업이 한 걸음 도약하는 데 이 책이 기여하기 바랄 뿐이다.

미국법인세 책을 내어야 하겠다고 맘먹은 개인적 배경은 두 가지이다. 실무적 중요성 때문에 또 한편으로는 1997년 금융위기 이후 미국 법인세제가 우리

법에 미치고 있는 엄청난 영향 때문에 대학에서는 당연히 미국법인세를 가르친다. 그런데 미국책은 아무리 쉬운 교재를 쓰더라도 학생들이 제대로 좇아오지 못한다. 언어 문제도 있지만 근본적으로 미국법은 법률 그 자체가 워낙 구조가 복잡하고 말이 어렵기 때문이다. 그리하여 몇 해 동안 논문도 쓰지 않고 이 책에 매달리게 되었다.

이 책은 매우 어렵다. 내 세법강의나 국제조세법과는 전혀 다른 뜻에서 어렵다. 세법강의나 국제조세법은 입법이나 법해석이라는 법률문제도 사회과학과 역사로 깊이 따져보면 정답이 있는 경우가 오히려 보통이라는 것을 보여주려는 시도이다. 내가 내린 답이 정답이 아닐 수 있다. 보여주고자 한 것은 법률문제를 푸는 과학적 시각이다. 이 책은 전혀 다르다. 나 자신의 분석을 담은 것이 아니고 미국법원과 재무부가 법을 해석하는 방법을 보여줄 뿐이다. 그런 뜻에서 흔히 있는 전형적인 법학책이다. 사회과학적 분석수준이 깊은 것은 아니다. 그런데도 어려운 것은 미국 법인세제 그 자체가 온갖 경우의 수를 가지쳐서 갈래를 나누는 워낙 복잡한 구조를 띠고 있기 때문이다. 세상의 어느 법과도 견줄 수 없이 복잡하다. 그러다보니 구체적 사실관계에 따르는 법률효과를 정하자면 조문과 조문 사이의 관계를 정교하게 따져야 한다. 이 관계를 정하는 가장 기본적 요소는 당연히 법률의 글귀 그 자체이고, 글귀에서 답이 나오지 않는다면 미국법원은 입법사와 입법자료로 국회의 의사를 따진다. 법률이 워낙 어렵고 복잡하다보니 이 법해석 작업은 엄청나게 말을 따지는 과정이다. 이 책의 학문적 성과이자 이 책을 펴내기에 이른 두 번째 계기는 법해석학이라는 것이 얼마나 정치한 작업인가를 보여주자는 것이다. 법해석학의 미학을, 언어의 아름다움을 독자가 느끼기 바라지만 과욕이려나.

지난 몇 해 동안 미국법인세 강의에서 조교 일을 맡아 준 박사과정의 양한희 변호사와 배효정 변호사에게 감사드린다.

2018. 8. 29
이창희

차 례

제1장 미국 법인세제의 틀

제2장 법인설립과 현물투자

제3장 배당에 대한 과세

제4장 주식상환: 감자와 자기주식 취득

제5장 해산·청산

제7장   회사분할: 자회사 분리

제8장   재조직 과세이연의 기본구조

제9장 재조직 유형별 요건과 효과

제1장

미국 법인세제의 틀

I. 미국 '법인세'라니?

이 책은 미국의 법대에서 corporate taxation이나 corporate income tax-ation 정도의 과목명으로 4학점으로 가르치는 내용을 담고 있다. 우리말로 옮긴다면 "법인세" 정도의 과목명이지만 우리나라에서 '법인세'라는 제목을 달고 있는 책이나 강의와는 범위와 내용이 사뭇 다르고, 우리나라로 치자면 "법인세와 주주과세"에[1] 해당하는 내용이다. 1997년의 금융위기 이후 몇 차례에 걸쳐 세법에 큰 개정이 있었고 이제는 우리 세법 특히 법인세제는 기본구조가 미국법과 거의 같아졌다. 따라서 미국세법에서 논란되었던 해석론과 입법론의 수많은 쟁점들이 앞으로 우리나라에서도 생겨날 것이다. 이 강의는 미국 법인세제 전체를 꿰뚫는 얼개와 쟁점을 보여준다.

우리나라에서 법인세라는 제목을 달고 있는 책이나 대학강의의 주내용은 각 사업연도의 소득 계산이다. 우리나라에서는 소득세법의 소득개념은 소득원천설 내지 제한적 소득개념이지만 법인세법의 소득은 순자산증가설 내지 포괄적 소득개념이어서 그 내용이 서로 많이 다르다보니 같이 묶기 어려워 두 가지 법률을 따로 두고 있다. 그러다보니 우리나라의 '법인세' 강의는 법인세법의 내용을 가르치는 강의가 되어서 주로 각 사업연도의 소득 계산 내지 세무회계를 가르치는 것이 자연스럽게 되었다. 한편 미국에는 '법인세법'이라는 법이 따로 없다. 소득과세에 관한 미국법은 납세의무자가 개인이든 법인이든 모두 미국公法(United States Code)[2] 26편(title 26) Internal Revenue Code(이하 '미국세법')의[3] subtitle A(income

---

1) 이창희, 세법강의, 제5편.

2) 미국연방법은 성질상 다 공법이고 United States Code(USC)라는 하나의 법전으로 편찬되어 있다. Title 26이 국세, 정확히는 관세(Title 19)를 뺀 나머지 국세이다.

3) 일본식 번역은 '내국歲入법'이지만 국세기본법, 국세징수법 등 우리나라 실정법의 용례에 맞추자면 '국세'에 해당하므로 미국세법이라고 옮기기로 한다. 관세는 USC 19편이고 지방세는 연방정부가 매기는 것이 아니므로 국세의 일부가 아니다. 이 점은 우리나라 국세, 관세, 지방세의 관계

taxes), 곧 미국세법 제1조에서 제1563조까지라는 같은 법률을 적용한다.[4] 개인이든 법인이든 근본적으로는 순자산의 증가 일체를 소득으로 과세하기에 구태여 법률을 따로 둘 필요가 없기 때문이다. 그러다보니 우리나라 법으로 쳐서 각 사업연도의 소득계산은 미국에서는 입문인 income tax라는 과목에서, 개인과세의 다른 논점들과 묶어서 가르친다. Corporate tax라는 제목을 단 책이나 대학강의에서는 법인의 설립, 증자, 배당, 감자, 해산·청산, 인수합병, 회사분할, 이런 단체행위가 법인과 주주에게 어떤 세금문제를 낳는가를 가르친다. 바로 이런 내용이, 조문으로 치자면 미국세법 제301조에서 제385조에 걸친 subchapter C가 이 책의 범위이다. 다른 특칙에 해당하지 않고 이 subchapter C를 그대로 적용받는 법인을 속칭으로 C corporation이라 부른다. 이 책의 범위는 이 C corporation과 주주 사이의 거래에 따르는 과세문제이다.

이 책 제1장은 법인세와 주주과세의 구체적 내용에 들어가기 전에 익혀야 할 두 가지 기본개념으로 법인이란 무엇인가, 법인세와 주주과세는 기본적으로 어떤 관계에 있는가, 주주의 배당소득과 주식양도소득은 어떤 식으로 과세하는가, 출자관계와 채권관계는 어떻게 구분하는가, 이런 논점들을 다룬다. 꽤 길기는 하지만 결국 강의 전체의 범위를 정하는 작업이다. 뒤이어 제2장은 법인의 설립과 출자에 대한 과세, 특히 재산을 현물출자하는 경우 그에 딸린 미실현이득에 관련하여 법인과 주주에게 어떤 법률효과가 생기는가를 다룬다. 제3장은 배당에 대한 과세, 곧 현금배당이나 재산현물의 배당을 받는 경우 법인과 주주에게 어떤 법률효과가 생기는가를 다룬다. 제4장은 법인이 감자나 자기주식 취득의 형식으로 주주에게 투자원본을 돌려주는 경우를 다룬다. 제5장은 법인의 해산청산을, 제6장은 인수합병을 제7장은 회사분할에 따르는 세금문제를 다룬다. 제8장과 제9장은 제1장에서 제7장에서 다룬 각종 거래가 재조직, 우리 식 표현으로는 기업구조조정으로서 과세이연을 받을 수 있기 위한 요건과 효과를 다룬다.

미국 법인세에 관한 실제 문제를 풀어야 하는 사람이라면 이 강의만 보고

도 마찬가지이다.

4) 우리나라의 국세기본법, 국세징수법, 조세범처벌법에 해당하는 제6001조에서 제7874조(Subtitle F: Procedure and Administration)는 income tax를 포함하는 미국의 모든 국세에 다 적용한다.

답을 내려하면 안 된다. 미국세법에 관한 실제 문제에 대한 답을 이 강의에서 찾으려는 사람이라면 당연히 우리나라와 미국에 걸친 국제거래가 있어서 그럴 터이고, 그렇다면 미국 국내법만 보고서 답을 알 수가 없다. 우리나라와 미국 사이에는 조세조약이 있기 때문에 조약이 어떤 영향을 미치는지를 당연히 검토해야 한다. 나아가 미국 국내법만 따지더라도 이 책에서 다루는 내용은 법인과 주주 모두 미국에 속하는 사람이라는 것을 전제로 하고 있다. 미국 국내법 가운데에서도 국제거래에 관련한 부분은 이 책의 범위 밖이다.5) 이 책의 범위에 속하는 내용이라 하더라도 미국법의 내용을 알자면 당연히 미국법 그 자체를 읽어야 한다. 미국세법은, 법률만 하더라도 엄청나게 길고 복잡하다. 법률의 글귀는 영어 원어민이면서 법을 배운 사람조차 제대로 읽어내는 사람이 거의 없을 정도로 무슨 말인지 알기 어렵다. 재무부규칙은 Subchapter C에 딸린 것만 치더라도 깨알 같은 글씨로 2천쪽에 가깝다. 원래 세법이란 읽으면 알 수 있는 법이 아니라 알아야 읽을 수 있는 법인데, 미국법은 특히 더 그렇다. 게다가 판례법 국가라는 전통 때문에 법률에 아예 없는 내용을 판례로 정하고 있는 것도 언제든지 있을 수 있다. 가장 널리 쓰는 법인세 주석서의6) 분량은, 판례나 행정해석을 간단히 소개하는 정도에 그치는 데도 몇 천 쪽에 이른다.

　　이 강의가 미국 법인세의 일부만 피상적으로 다루고 있다는 말은 아니다. 미국 법대의 법인세 과목에서 가르치는 내용은 기본적으로 다 다루고 있다. 영어를 잘하는 사람은 이 책만 제대로 공부한다면 미국법을 스스로 찾을 수 있을 것이다. 어차피 법률공부라는 것이 법을 일일이 다 가르칠 시간이 없다. 책을 참고해 가면서 법을 찾아 읽을 수 있는 정도까지 실력을 키워주는 것일 뿐이다. 이 강의도 마찬가지이다. 실제 문제에 대한 답을 이 책에서 찾으려 하는 경우 한 가지 경고를 미리 해둔다. 이 강의는 주제별로 여러 장으로 나뉘어 있지만, 기실 각 장에서 다루는 내용이 서로 얽혀 있는 것이 대부분이다. 그러니까 가령 현물

---

5) 이창희, 국제조세법(2015)은 국제거래에 관한 미국국내법의 상당부분을 다루고 있지만 그 책에서도 국제적 기업구조 조정에 관한 논의는 빠져 있다.

6) Eustice & Brantley, Federal Income Taxation of Corporations and Shareholders (looseleaf). 이 책은 1959년 Yale 법대의 Bittker 교수가 처음 내었고, 그 뒤 NYU 법대의 Eustice 교수가 공저자로 들어왔다가 최근 Eustice & Brantley로 저자명이 바뀌었다. Westlaw에 나온다. 이하 실제 어느 쪽을 찾아 보았는가에 따라 Bittker & Eustice라고 적은 부분도 있고, Eustice & Brantley라고 적은 부분도 있다. 책 이름은 거듭 적지 않는다.

출자에 대한 미국법을 제2장만 읽고서 다 찾았다고 생각하면 안 된다. 제3장 이하에도 현물출자에 영향을 미치는 내용이 있다. 그러나 이렇게 서로 얽힌 부분에 관한 논의는 앞쪽에서는 피하고 뒤쪽에서만 다루는 것을 원칙으로 한다. 법이 너무나 복잡해서 한꺼번에 보따리를 다 풀어놓으면 갈피를 잡을 수 없기 때문이다. 이 책의 각 장이 갈수록 더 길고 복잡해지는 이유 가운데 하나는 바로 그 때문이다. 법을 정확하게 설명하는 미국 책은 처음부터 여러 가지를 다 설명한다. 그러나 영어 원어민도 아닌 독자가 그런 식으로는 공부할 길이 없다. 내 개인적 경험으로도 미국 가서 법을 배우기 전 실무를 하던 당시 미국법을 찾아야 할 일이 생길 때마다 고생하고 좌절했다. 해당 부분을 찾은 듯 싶어도 곰곰 보면 다시 다른 부분을 보아야 하고 거기에 가서 보면 또 다른 부분을 또다시 보아야 하고… 이 강의의 서술방식이 훨씬 낫다는 게 내 생각이지만, 이를 뒤집으면 실제 문제에 대한 답을 이 책에서 찾으려 하는 경우 앞 쪽일수록 완전한 답이 아닐 가능성이 높다는 말이다. 책 전체를 보아야 하고, 그리하더라도 실제 문제에 대한 완전한 답은 아닐 수 있다. 애초 독자들이 스스로 미국법을 찾을 수 있고 읽어낼 수 있는 실력을 키워주자는 것이 이 책의 목적일 뿐이다.

너무나 당연한 말이지만 미국법은 한글이 아니라 영어로 적혀 있다. 이 강의의 기본목표는 독자들이 실제로 미국법을 읽어가면서 그 내용을 알 수 있도록 하는 것이다. 한글번역이 아니라 원문 그 자체가 법이라는 것이야 너무나 당연하므로 미국법의 해석론이란 당연히 원문의 글귀를 하나하나 따지는 데에서 시작한다. 영어로 되어 있는 법의 해석방법을 영어가 아닌 한글로 펼치는 것은 어떻게 보면 애초 불가능한 작업일 수도 있다. 그럼에도 불구하고 바로 그 작업을 시도해본 결과가 바로 이 강의이다. 이를 위해 생각해낸 궁여지책이 미국법을 원문과 한글 번역으로 나란히 보여주고, 우리말의 글귀를 따지되 언제라도 영어의 글귀를 따지는 것과 똑같이 정밀하게 따질 수 있게 하자는 생각이다. 이러다 보니 법령 번역은 모두 영어문법이 아니라 우리 말로 뜻만 통하는 수준에서 각 영어단어의 순서를 그대로 따르는 방식으로 옮겼다. 우리 말 문장으로서는 자연스럽지 않지만, 앞으로 이 책을 공부해 나가면서 보면 왜 그렇게 옮겼는지를 알 수 있을 것이다. 그 이유가 아니더라도 기실 외국어로 된 문장은 가능한 한 어순을 따라주는 편이 더 좋은 번역이다. 그래야 글의 힘이 드러나기 때문이다. 이 강의에서 다루는 법령을 다 이렇게 영한 대역으로 내놓지는 않았다. 법령이 워낙 길고 복잡해서 이 책의 분량으로는 그렇게 할 수가 없다. 법인세와 주주과세의 기본구조를 보여주는 것만 그런 식으로 볼 것이다. 그냥 조문번호만 인용하면서 미국법이 이렇다고 설명한 내용을 그냥 받아들일 수 없는 독자라면 해당 조문을 직접 찾아보고, 그 말이 왜 그 뜻이 되는지 잘 이해가 안 가면 Bittker의 주석서나 다른 미국 책을 직접 읽어보기 바란다.

우리 법의 조항호 체계와 달리 미국공법에는 조(section)와 항(paragraphs) 사이에 subsection이라는 범주가 하나 더 있다. 법조문에서 가령 subsection (a)나 subsection (b)라는 말이 나오는 경우 이 책에서는 문맥에 맞추어 "위 (a)", "아래 (b)", 이런 식으로 옮기기로 한다.

II. Subchapter C의 조문 구조

PART I - 법인에 의한 분배 (제301조에서 제318조)

PART I - DISTRIBUTIONS BY CORPORATIONS (§§ 301 to 318)

  SUBPART A - 받는 사람에 대한 효과 (제301조에서 제307조)

  SUBPART A - Effects on Recipients (§§ 301 to 307)

  SUBPART B - 법인에 대한 효과 (제311조에서 제312조)

  SUBPART B - Effects on Corporation (§§ 311 to 312)

  SUBPART C - 정의; 주식소유의 의제 (제316조에서 제318조)

  SUBPART C - Definitions; Constructive Ownership of Stock (§§ 316 to 318)

PART II - 법인의 청산 (제331조에서 제346조)

PART II - CORPORATE LIQUIDATIONS (§§ 331 to 346)

  SUBPART A - 받는 사람에 대한 효과

  SUBPART A - Effects on Recipients (§§ 331 to 334)

  SUBPART B - 법인에 대한 효과

  SUBPART B - Effects on Corporation (§ 336)

  SUBPART C - [폐지]

  SUBPART C - [Repealed]

제 2 절   미국 법인세제의 얼개

앞에 적었지만 미국법에서 income tax라는 말은 우리 법으로 치면 소득세와 법인세를 다 포괄하는 개념이다. Income tax라는 말이 나오는 법령을 옮길 때에는 글자 그대로 소득세라고 옮기기로 한다. 우리 식으로 생각하기 쉽도록 이 강의에서는 미국 법인세라는 말도 쓰지만 이 말은 당연히 법인을 납세의무자로 하는 income tax라는 뜻이다.

Ⅰ. 개인소득세와 법인세

1. 개인의 납세의무와 법인의 납세의무

제6151조 (신고서에 적은 세금의 납기와 납부장소) (a) 일반 원칙

Sec. 6151 Time and Place for Paying Tax Shown on Returns (a) GENERAL RULES

예외를 달리 정한 것이...없는 한, 세금 신고의 필요가 이 title...에서 생기면, 그런 신고를 할 의무가 있는 사람이...세금을 내어야 할 상대방은 국세공무원으로서 신고서를 접수받는 사람이고 세금을 내어야 할 기한과 장소는 신고에 대해 정한 바에 따른다.

Except as otherwise provided..., when a return of tax is required under this title..., the person required to make such return shall...pay such tax to the internal revenue officer with whom the return is filed, and shall pay such tax at the time and place fixed for filing the return...

제6012조 (소득신고 의무자) (a) 일반 원칙

Sec. 6012 Persons Required to Make Returns of Income (a) GENERAL RULE

신고서로서 subtitle A에 따르는 소득세에 관한 것은 그 제출을 다음과 같이 한다:

Returns with respect to income taxes under subtitle A shall be made by the following:

(1)(A) 모든 개인으로서 각 과세연도의 총수입금액이...같거나 넘는 자....

(1)(A) Every individual having for the taxable year gross income which equals or exceeds...

(2) 모든 법인으로서 과세를 subtitle A에 따라 받는 자.

(2) Every corporation subject to taxation under subtitle A;

(3) 모든 상속재단으로서 그 총수입금액이...이상인 것.

(3) Every estate the gross income of which for the taxable year is...or more;

(4) 모든 신탁재산으로서 과세연도 중 과세소득이 있거나 총수입금액이...이상인 것...

(4) Every trust having for the taxable year any taxable income, or having gross in-come of...or over...

(하략)

제1조 (세금의 부과)

Sec. 1 Tax Imposed

(a) 혼인한 개인으로서 합산신고자와 생존배우자

(a) MARRIED INDIVUDUALS FILING JOINT RETURNS AND SURVING SPOUSES

부과대상 과세소득...에 대한 세금의 결정은 다음 표에 따른다. (세율표 생략)

There is hereby imposed on the taxable income of... a tax determined in accordance with the following table.

(b) (생략)

(c) 혼인 안한 개인...

(c) UNMARRIED INDIVIDUALS
　부과대상 과세소득...에 대한 세금의 결정은 다음 표에 따른다. (세율표 생략)
　There is hereby imposed on the taxable income of... a tax determined in accordance
　with the following table.
(d) (생략)
(e) 상속재단과 신탁재산.　　(하략)
(e) ESTATES AND TRUSTS
(하략)
제11조 (세금의 부과) (a) 법인 일반
Sec. 11 Tax Imposed (a) CORPORATIONS IN GENERAL
세금 부과를 각 과세연도별 과세소득에 하되 모든 법인에 한다.
A tax is hereby imposed for each taxable year on the taxable income of every corporation.

　위에서 보듯 소득세 납세의무를 지는 자는 1) 개인, 2) 법인, 3) 상속재단, 4) 신탁재산, 이 네 가지이다. 이하 논의에서 중요한 점은 개인과 법인이 별개의 납세의무자라는 점이다.

　법은 상속재단과 신탁재산을 개인과 같이 제1조에 묶고 있지만, 그에 대해서는 subchapter J(제641조에서 제692조)에 복잡한 특칙이 있고 애초 제1조에서 세율 자체가 다르다. 상속재단을 따로 납세의무자로 삼는 것은 미국법에서는 상속재산을 하나의 재단으로 삼아 피상속인의 채무와 상속세를 다 청산할 때까지는 법원의 후견 하에 관리인이 관리하기 때문이다. 그 동안에 생긴 소득은 상속재단을 단위로 삼아 상속인과는 별개의 납세의무자로 과세한다는 것이다. 신탁재산을 따로 납세의무자로 삼는 것은 일단 수익자에게 분배하지 않은 채 신탁재산 단계에 그냥 남아있는 소득(수탁자가 분배하지 않은 소득)은 수익자의 소득과는 별도로 따로 과세해야 한다는 생각이다. 여기에서 신탁이라는 말은 반드시 민사법상 신탁계약이라는 말은 아니다. 뒤에 보듯 민사법상 신탁이더라도 가령 사업을 해서 수익자들이 번 돈을 나누어 가지는 꼴이라면 세법에서는 법인으로 구분한다. 신탁재산이나 상속재단은 개인소득세의 최고세율로 과세한다.

　파트너십은 단체 차원에서는 소득세 납세의무를 지지 않고, 각 파트너가 파트너십소득 가운데 자기 몫에 대해서 바로 납세의무를 진다.[7] 여기에서 파트너십이라는 말은 민사법상의 조직형태를 말하는 것은 아니다. 동어반복이지만 영

---

7) 제701조와 제702조. 김석환, 파트너십 과세제도의 이론과 논점(2010).

리사단 가운데 단체 차원의 법인세납세의무를 지지 않는 자라는 말이다. 뒤에 다시 본다.

2. 포괄적 소득개념

제63조 (과세소득의 정의) (a) 원칙
Sec. 63 Taxable Income Defined (a) IN GENERAL
...용어로 '과세소득'의 뜻은 총수입금액 빼기 공제로서...허용된 것이다.
...the term 'taxable income' means gross income minus the deductions...allowed...
제61조 (총수입금액의 정의) (a) 일반적 정의
Sec. 61 Gross Income Defined (a) GENERAL DEFINITION
예외를 달리 정한 것이 이 subtitle에[8] 없는 한, 총수입금액의 뜻은 어떤 원천에서 얻었든 모든 소득이고, 그에 들어가는(국한하는 것은 아니다) 것에 다음이 있다:
Except as otherwise provided in this subtitle, gross income means all income from whatever source derived, including (but not limited to) the following items:
(3) 차익 번 것으로 재산거래에서 번 것
(3) Gains derived from dealings in property;
(4) 이자
(4) Interest;
(7) 배당
(7) Dividends;

제63조에 정의한 과세소득에 제1조나 제11조의 세율을 곱하면 세액이 나오므로, 과세소득이라는 말은 우리말로 치면 소득세의 과세표준에 해당하는 말이다. 과세소득이라는 말의 뜻은 개인이든 법인이든 모두 똑같이 제63조에서 정하고 있고, 총수입금액에서 법이 허용하는 여러 가지 공제를 빼서 계산하는 순소득이다. 제61조의 '총수입금액'은 원천이 무엇이든 모든 소득을 다 포함하는 순자산증가설 내지 포괄적 소득개념이다. 포괄적 소득개념을 담고 있다는 면에서는 우리 소득세법의 총수입금액과 뜻이 다르지만, 총수입금액에서 필요경비 등을 공제하여 과세소득 내지 과세표준을 구한다는 기능면에서는 우리 소득세법의 총수입금액이나 법인세법의 익금에 대응하는 개념이다.[9]

---

8) 소득세, 곧 제1조에서 제1563조.
9) 다만 재고자산을 파는 사업자라면 우리말로 매출액이 아니라 매출총이익이 총소득 내지 총수입금액이다. 매출원가를 필요경비로 공제하는 것이 아니고 애초 매출원가를 차감한 매출총이익이 총수입금액이라는 말이다. 애초 영어에서는 매출총이익을 gross income이라 부른다.

포괄적 소득개념이라는 말은 법인격을 투시해서 법인 단계의 소득을 주주나 출자자에게 바로 과세한다는 말은 아니다. 1913년 소득세법 이래로 일단 개인과 법인을 별개의 납세의무자로 삼고 있기 때문이다.10) 주주의 소득은 배당받아야 비로소 과세하는 것이 원칙이고, 기업회계의 지분법(배당받지 않은 소득 가운데 자기 몫을 각 주주가 소득으로 잡는 것) 같은 것은 없다. 다만 80% 이상 자회사라면 연결납세가 가능하다.11) 또 법인형식을 악용하여 세금을 줄이는 경우 아주 예외적으로 아직 배당받지 않은 소득을 과세한다. 구체적으로는 유보이익세(accumulated earnings tax)와 개인투자회사세(personal holding company tax)라는 두 가지 징벌적 세금이 있다. 전자는 조세회피라는 주관적 기준으로 매기고12) 후자는 주주의 수나 투자의 성질 등 객관적 기준으로 매긴다.13)

3. 개인의 과세소득 v. 법인의 과세소득

개인이나 법인이나 '과세소득'에 세율을 적용하는 것은 마찬가지이고 과세소득 역시 '총수입금액 빼기 각종 공제'로 개인과 법인에 똑같지만 기실 개인의 과세소득과 법인의 과세소득이 완전히 똑같지는 않다. 아주 중요한 내용과 이 강의에서 알아야 할 점 몇 가지만 간단히 보자.

1) 인적공제

우선 우리 소득세법이나 마찬가지로 개인에게는 우리 소득세법의 기본공제, 배우자공제, 부양가족공제 같은 인적공제와14) 의료비공제, 교육비공제 등 일정한 공제를15) 허용한다. 법인에는 성질상 이런 공제가 있을 수가 없고 필요경비공제가 있을 뿐이다.

2) 수입배당금 공제

제3장에서 보겠지만 법인세 이중과세 배제방법의 하나로 법인주주가 다른

---

10) 위헌판결을 받았던 1894년 소득세법은 법인세를 따로 두지 않고 법인격을 투시해서 주주를 바로 과세했다.

11) 제1501조.

12) 제531조.

13) 제541조와 제542조. 이 세금을 물리면 유보이익세는 물리지 않는다. 이창희, 세법강의, 제13장 제3절 Ⅳ.

14) 제151조.

15) 제211조에서 제224조.

법인에서 받은 배당소득은 일부나 전부가 과세소득에서 빠진다. 기술적 규정형식으로 일단은 수입배당금도 총수입금액에 들어가기는 하지만 과세소득 계산단계에 가서 일부나 전부를 공제해준다.16) 한편 개인주주가 받은 배당소득은 전액을 과세하지만 다음 항에 보듯 주식 양도소득과 마찬가지로 저율과세한다.

3) 필요경비

개인이라면 소득을 버는데 필요한 경비라야 공제받을 수 있고 사생활에 들어간 지출은 공제받지 못한다. 그러다보니 필요경비와 사적지출 사이의 구별에 관한 여러 가지 규정이 있고 이런 규정은 법인에는 적용하지 않는다. 법인이란 애초 사업단위일 뿐이므로 사생활이라는 것이 있을 수 없다.

4) 기부금 공제

개인과 법인은 기부금 공제한도 등 차이가 있다.17)

5) 양도차손익

다음 항에 다시 보겠지만 우리 개념으로 어림잡아 투자자산이나 고정자산의 양도차손익에 대해서는 이를 양도소득으로 따로 구분해서 개인과 법인을 달리 과세한다. 개인의 양도소득은 장기라면 저율과세하지만 법인의 양도소득은 다른 소득(경상소득)과 같은 세율로 과세한다. 양도차손의 공제에도 차이가 있다. 개인의 양도차손은 (양도차익 + 3,000불)까지 공제받는다. 가령 양도소득 100,000불, 양도차손 150,000불이 있다면 과세소득은 영(0)이지만 경상소득 100,000불, 양도차손 150,000불이 있다면 과세소득은 97,000불이다. 법인의 양도차손은 양도차익까지만 공제받을 수 있다.18) 가령 경상소득 100,000불, 양도소득 100,000불, 양도차손 150,000불이 있는 법인이라면 과세소득은 100,000 + 100,000 - 100,000 = 100,000불이다. 경상소득 100,000불, 양도소득 150,000불, 양도차손 100,000불인 법인이라면 과세소득은 100,000 + 150,000 - 100,000 = 150,000불이다. 미처 공제받지 못한 양도차손의 이월에도 차이가 생긴다. 개인에게는 이월시한이 없지만 법인에게는 있다.19)

---

16) 제243조. 결국 공제받는 금액만큼은 소득에 들어가지 않고 배당가능이익이 직접 는다. 제3장 제1절 Ⅱ. 2(1).

17) 제170조.

18) 제1211조.

19) 제1212조.

6) 주주 관련 규정

법인과 주주 기타 특수관계자 사이의 거래에서는 거래조건을 조작해서 세금을 줄이려는 시도가 늘 생기게 마련이다. 주주가 낼 비용을 법인이 부담한다든가 법인재산을 주주에게 저가양도한다든가, 이런 문제가 생기게 마련이고 여러 가지 명문규정으로 법에 대책을 둔 것들이 있다. 한 가지만 들자면 부채비율이 일정기준을 넘는 법인이 비영리법인인 지배주주에게서 꾼 돈에 대해 지급하는 이자는 손금불산입한다.[20]

[보기 1]

X법인의 x1년 손익은 다음과 같다. 과세소득은 얼마인가?

매출총이익 230,000불, 판매비와 일반관리비 85,000불, 장기보유사채 처분손(양도손실) 40,000불, 투자부동산처분익(양도소득 간주) 30,000불, 대손상각 10,000불, 100% 자회사에서 받은 배당금 20,000불(100% 공제대상), 대규모상장법인의 소수주식 배당금 5,000불(70% 공제대상), 감가상각 45,000불, 지방채 이자소득(비과세), 지정기부금 30,000불(손금산입한도액 11,150불)

(풀이)   총수입금액 = 매출총이익 230,000 + 부동산처분익(양도소득으로 간주) 30,000 + 100% 자회사배당금 20,000 + 소수주주배당금 5,000 = 285,000 (비과세 이자소득은 총수입금액 불산입)

공제액 = 판매비와 관리비 85,000 + 장기보유사채처분손 30,000(40,000이지만 양도손실이므로 상한이 양도소득 30,000) + 대손상각 10,000 + 배당소득공제 20,000 + 배당소득공제 3,500 + 감가상각 45,000 + 지정기부금[21] 11,150 = 204,650

과세소득 = 80,350.

---

4. 개인주주의 주식양도소득과 배당소득 저율과세

법인세와 개인소득세 사이의 중요한 차이로 미국법은 1921년 이래 양도소득과 경상소득을 나누어서 개인의 양도소득은 한결 낮게 과세했다. 1986년 이후

---

20) 제163조(j). 비영리법인이 영리법인의 지배주주가 되는 일은 실제로는 거의 없다. 이창희, 국제조세법(2015), 제9장 제3절 Ⅲ.

21) 강의범위 밖이지만 이 사실관계에서 기부금 손금산입 한도는 배당소득 공제와 기부금 공제를 하기 전의 소득금액 111,150(= 285,000 - 173,000)의 10%이다. 개인의 경우는 수증자가 누군가에 따라 한도가 다르지만 법인보다 한도가 더 크다. 제170조(b). 손쉽게 "지정기부금"이라고 옮겼지만 charitable contributionb은 우리 법으로 치면 법정기부금에 해당하는 것도 포함한다.

한동안은 두 가지를 같은 세율로 과세하기도 했지만 1997년 이후에는 개인에 관한 한 다시 이분법으로 돌아갔다. 현행법은 개인의 양도소득은 저율과세하고 법인의 양도소득은 경상소득과 같은 세율로 과세한다.[22] 이 차이에 불구하고 기술적으로는 이 차이가 개인과 법인의 과세소득의 개념 그 자체에는 영향을 주지 않는다. 재산의 양도에서 생기는 양도차익도 일단은 제63조의 순자산증가설 내지 포괄적 소득개념에 따라서 과세소득이라는 개념에 넣은 뒤[23] 다시 개인에 대한 세율조문인 제1조에서 양도소득을 정의하면서 그 부분의 세율에 상한을 두는 형식이기 때문이다. 양도소득에 관한 여러 특칙은 강의범위 밖이지만, 아무튼 중요한 부분은 주식 양도소득이 이런 저율과세 대상에 들어간다는 것이다. 주식이나 다른 증권을 그냥 가지고 있는 상태에서 그 가치가 영(0)이 되어버린 경우에는 그런 제각 손실(worthlessness)을 양도손실로 본다.[24]

제1조 (세금의 부과) (h) 양도소득에 대한 세율상한
Sec. 1 TAX IMPOSED (h) MAXIMUM CAPITAL GAINS RATE
(1) 원칙 ― 만일 납세의무자가 순양도소득을 어느 해 동안 번다면, 세금을 이 조에 따라 그 해분으로 부과할 것에 대한 상한은 다음의 합이다
(1) IN GENERAL ― If a taxpayer has a net capital gain for any taxable year, the tax imposed by this section for such taxable year shall not exceed the sum of
  (A) 세금계산을 세율과 방법에서 마치 이 항이 법에 없듯이 계산하되...과세소득에서 순양도소득을 뺀 금액에 대하여 계산한 세액
  (A) a tax computed at the rates and in the same manner as if this subsection had not been enacted on...taxable income reduced by the net capital gain...
  (B) (생략)
  (B) (omitted)
  (C) 15% 곱하기...순양도소득
  (C) 15% of...the net capital gain
(2)에서 (10)호: (생략)

---

22) 제1201조(a)는 법인의 양도소득에 관한 세율상한을 정하고 있으나 이 상한은 제11조의 법인세 최고세율과 같다.

23) 제61조(a)(3). 차익 금액의 산정은 제1001조. 주식 취득원가는 한 주 한 주 개별법으로 추적하지만, 그렇게 할 수 없다면 선입선출법으로 계산한다. 재무부규칙 1.1012-1(c).

24) 아직 가지고 있는 주식을 손실로 공제받으려면, 입증 문제는 접어놓고 적어도 실체법상으로는 worthless 곧 주식의 가치가 아예 영(0)이어야 한다. Corona v. Commissionr of Internal Revenue(이하 'Comr'), 92 Tax Court Memo 406 (1992), aff'd by order, 33 F3d 1381 (11th Cir. 1994), cert. denied 513 US 1094 (1995). Tax Court Memo, F3d와 US는 판례집 이름이고, 앞쪽 숫자는 권수, 뒷쪽 숫자는 쪽수이다. 괄호 속의 숫자는 연도이고, US는 대법원판례집이다.

---

(2) thru (10) (omitted)

제1222조 (다른 용어로 양도소득 및 양도손실 관련)

Sec. 1222 OTHER TERMS RELATING TO CAPITAL GAINS AND LOSSES

(11) 용어로 '순양도소득'의 뜻은 각 사업연도의 순장기양도차익이 같은 연도의 순단기양도차손을 넘는 초과액이다.

(11) Net capital gain — The term "net capital gain" means the excess of the net long-term capital gain for the taxable year over the net short-term capital loss for such year.

(7) 용어로 '순장기양도차익'의 뜻은 각 사업연도의 장기양도차익이 같은 연도의 장기양도차손을 넘는 초과액이다.

(7) Net long-term capital gain — The term "net long-term capital gain" means the excess of long-term capital gains for the taxable year over the long-term capital losses for such year.

(3) 용어로 '장기양도차익'이란 양도차익이 투자자산의 매각이나 교환에서 생기고 그런 자산의 보유기간이 1년을 넘는 것으로, 그런 양도차익을 총수입금액에 산입한 금액을 말한다.

(3) Long-term capital gain — The term "long-term capital gain" means gain from the sale or exchange of a capital asset held for more than 1 year, if and to the extent such gain is taken into account in computing gross income.

(6) 용어로 '순당기양도차손'의 뜻은 각 사업연도의 단기양도차손이 같은 연도의 단기양도차익을 넘는 초과액이다.

(6) Net short-term capital loss — The term "net short-term capital loss" means the excess of short-term capital losses for the taxable year over the short-term capital gains for such year.

제1조(h)에 따라 저율과세의 혜택을 누리는 '순양도소득'(net capital gain)이란 어감과는 전혀 다른 뜻이다.[25] 위 글귀를 보면 순양도소득이란 기본적으로는 1년 이상 장기보유한 투자자산(capital asset)의 양도에서 생긴 소득으로서 그 금액이 단기양도손실을 넘는 부분을 말한다. 장기양도소득 가운데 이 부분만이 15% 세율상한에 걸린다. 위에서 '투자자산'이라 번역한 capital asset이라는 말은 그 자체가 아주 복잡한 뜻이고[26] 또 투자자산이 아니지만 결과적으로 투자자산처럼 과세하는 제1231조 재산도[27] 있다. 이 강의에서는 그저 두 가지만 알면 된

---

25) 양도한 자산을 다 아우른 순소득 금액은 capital gain net income이라는 별개의 용어로 부른다. 제1222조.

26) 제1221조. 흔히 '자본적 자산'으로 옮긴다. 살던 집이나 보석 같은 소비재도 포함한다는 점에서 '비사업자산'이라고 옮기는 쪽이 낫지만 원문의 어감을 살려 투자자산으로 옮기기로 한다. 사생활 재산의 양도차손은 공제를 못 받는다.

27) 사업용 부동산이나 감가상각대상 자산은 capital asset은 아니지만 제1231조의 사업용 고정자산에 해당해서 결과적으로 처분손익이 양도소득이 된다. 그러나 감가상각 대상인 동산(제1245조 재산)의 처분익 가운데 기왕의 감가상각 누계액만큼은 경상손익으로 재구분한다. 감가상각 대상인 부

다. 첫째, 자산의 양도차익은 그 성격이 경상소득, 장기양도소득, 단기양도소득 어디에 해당하는가에 따라서 서로 달리 과세하므로 소득을 구분해서 따로 관리 해야 한다.[28] 둘째, 주식판매업자(securities dealer)가 아닌 한 주식은 투자자산에 해당하고[29] 주식양도차익은 양도소득이 되어서 장기양도소득이라면 위 세율상한에 걸린다. 주주 측의 사정이 아니라 법인과 주주 사이의 관계 때문에 양도소득이 아니라 배당소득이 되는 경우도 있지만, 그런 내용은 앞으로 해당 부분에서 볼 것이다.

[보기 2]

3년간 자동차 수리업을 하던 자연인 양도언은 공장토지(원가 2,000불 시가 10,000불), 공장건물(원가 10,000불, 시가 10,000불), 재고자산(원가 3,000불, 시가 20,000불), 기계장치(당초 취득원가 15,000불, 감가상각누계액 10,000불, 시가 20,000불)을 나매수에게 팔면서 현금 60,000불을 받았다. 양도언에게는 무슨 소득이 얼마 생기는가?

〔풀이〕 일괄양도가액 60,000불을 시가로 안분한 공장토지, 공장건물, 재고자산, 기계장치 각각의 매매가액은 10,000불, 10,000불, 20,000불, 20,000불이고, 처분익은 각 8,000불, 영(0)불, 17,000불, 15,000불이다. 공장토지는 제1221조의 투자자산은 아니지만 제1231조 자산이므로 처분익 8,000불은 양도소득이다. 재고자산 처분익 17,000불은 경상소득이다. 기계장치는 제1231조의 투자자산이지만 처분익 15,000불 가운데 기왕의 감가상각누계액 10,000불은 제1245조에 따라서 경상소득으로 재구분한다. 감가상각 당시 경상소득 금액을 그만큼 줄였기 때문이다. 차액 5,000불(처분가액이 당초 취득원가보다 높은 금액)은 양도소득이다. 시가의 변동에서 생긴 것이기 때문이다. 이 문제에서 공장건물 처분익이 없도록 사실관계를 만든 것은, 사업용 건물에도 제1250조에 따라 기왕의 감가상각누계액에 관련한 경상소득 재구분 문제가 생기는데 제1254조보다 법이 훨씬 복잡해서 논의를 피한 것이다.

주식 양도소득(장기)을 배당소득보다 저율과세한다면 납세의무자로서는 당

동산(제1250조 재산) 처분익은 정액법을 넘는 초과상각 누계액을 경산손익으로 재구분한다.

[28] 장기양도소득이 단기양도소득보다 저율과세받는다. 손실이 나는 경우에는 단기양도손실이 장기양도손실보다 유리하다. 자세한 분석은 강의범위 밖이다.

[29] 제1221조(a). securities dealer라는 말은 법조문에 나오지는 않고, 제1221조(a)(1)에서 "재산을 보유하는 주이유가 재산을 고객에게 판다는 자신의 통상적 사업"이어서 경상소득으로 구분받는 자를 말한다. 한편 주식을 계속적으로 사고파는 직업적 투자자라 하더라도 고객에게 파는 것이 주목적이 아니고 스스로의 투자로 하는 자(속칭 trader)의 소득은 양도소득이다.

연히 배당소득을 양도소득으로 탈바꿈하려고 애쓰기 마련이다. 그 결과 미국법은 애초 이런 조세회피가 있을 것을 전제하고 그를 막아보려는 온갖 대책을 법인세제 전체에 걸쳐 두고 있다. 앞으로 차차 보겠지만 미국 법인세제가 복잡한 이유 가운데 적지 않은 부분은 여기에 기인한다. 그러다가 2004년 이후에는 양도소득을 경상소득보다 저율과세한다는 구조에 새로운 변화가 생겼다. 법인세 이중과세 시비에30) 대한 미국식 해법으로 배당소득에 대한 세율상한을 제1조 (h)(11)에 들여오면서, 그 상한을 양도소득과 맞춘 것이다.

제1조(h)(11) (배당소득을 순양도소득으로 과세)
Sec. 1 (h)(11) DIVIDENDS TAXED AS NET CAPITAL GAIN
(A) 원칙 ─ 이 (h)의 적용상 용어로 "순양도소득"은 순양도소득(이 11호를 무시하고 계산한 것)에 적격배당소득을 더한 금액을 말한다
(A) IN GENERAL ─ For purposes of this subsection, the term 'net capital gain' means net capital gain (determined without regard to this paragraph) increased by qualified dividend income.
(B) 적격배당소득 ─ 이 호에서
(B) QUALIFIED DIVIDEND INCOME ─ For purposes this paragraph...
    (i) 원칙 ─ '적격배당소득'이라는 용어의 뜻은 배당을 그 해 동안 다음의 자로부터 받은 것을 말한다.
    (i) IN GENERAL ─ The term 'qualified dividend income' means dividends received during the taxable year from
        (I) 내국법인
        (I) domestic corporations, and
        (II) 적격 외국법인
        (II) qualified foreign corporations

위 조문에서 바로 볼 수 있듯 배당소득에 대한 세율은 양도소득과 같은 낮은 율이지만 그렇다고 해서 배당소득이 양도소득의 범위에 들어가는 것은 아니다. 곧 배당소득의 존재가 양도소득의 계산이나 과세에 영향을 미치지는 않는다. 가령 특정재산에서 양도차손이 생긴 경우 다른 재산의 양도차익에서 상계하여 순양도소득을 줄일 수 있지만31) 배당소득에서 공제할 수는 없다.

배당소득에 대한 세율상한을 양도소득과 맞추었지만, 세율이 다르던 시절에 생긴 온갖 복잡한 규정은 다 그대로 남아있다. 세율이 같으므로 실무적 중요성

---

30) 이창희, 세법강의, 제13장 제3절.
31) 제1211조.

이 뚝 떨어졌을 뿐이다.

5. 세무회계

개인소득세와 법인세 사이에 차이는 없지만 알아두면 좋을 세무회계 몇 가지를 아주 짧게 짚어두자.[32]

(1) 발생주의와 현금주의

미국법에서 각 사업연도별 기간소득을 계산하는 회계방법(accounting method)으로 현금주의와 발생주의는 원칙적으로 나란히 선택가능한 대등한 지위에 있다.[33] 여기에서 "회계방법"이라는 말은 우리말의 속칭 세무회계보다는 훨씬 좁은 뜻으로, 기본적으로는 소득의 시간적 단위 그러니까 상품이나 제품의 매출총이익이나 용역수익을 어느 사업연도에 귀속시킬 것인가를 정하는 방법이라는 뜻이다. 미국세법의 용어로 "accounting"이라는 말은 '계산'보다는 훨씬 좁은 뜻이다. 이 말은 chapter I1의 subchapter E를 말하며, 다시 그 가운데 Part Ⅰ은 회계기간이고 Part Ⅱ, 곧 제446조에서 제483조가 회계방법이다. 다른 조문에서 다루는 내용, 가령 subchapter B(과세소득의 계산)에서 정하고 있는 대손, 감가상각, 사채할인발행액(차금), 창업비, 개업비, 자본적 지출과 수익적 지출의 구별, 이런 것들은 애초 미국세법의 용례에서는 '회계'문제가 아니고 해당 조문을 따를 뿐이다. 회계방법이라는 범주 안에 들어와서도 현금주의와 발생주의의 선택이 미치는 적용범위는, 자산부채나 손익 항목별로 법에 따로 정해놓은 내용이 없는 경우에 그친다. 가장 중요한 것으로 재고자산의 평가는 제471조에서 제475조에 따르므로 현금주의를 택하더라도 재고자산 매입액을 손금으로 떨 수는 없다. 할부판매에 대해서는 제453조에 따로 규정이 있고 장기계약에 대해서는 제460조에 따로 규정이 있다. 이런 식으로 법에서 따로 정한 구체적 회계방법이 없는 경우라면 납세의무자의 선택에 따라서 현금주의 또는 발생주의로 각 사업연도의 소득을 계산한다. 발생주의를 택하는 경우 '발생'이라는 말은 재무회계를 따르는 것이 아니고 권리확정이라는 법적 기준을[34] 따른다. 요는 수익은 돈이나 다른

---

32) 이 부분에 대한 설명은 대부분 이창희, 세법강의 해당부분에서 옮겨왔다.

33) 제446조. 이창희, 법인세와 회계 제8장 제1절 Ⅳ, 이창희, 세법강의, 제18장 제5절 Ⅰ.

34) 이창희, 세법강의 제18장 제2절 Ⅰ.

대가를 받을 권리가 생기고 그런 대가의 금액을 예측할 수 있는 시기에 익금에 산입하고, 그렇게 익금을 산입하는 시기가 되면 그에 대응하는 원가를 비용으로 손금산입한다는 것이다.

(2) 현재가치할인차금과 이자소득

어음이나 債券의 발행가액은 반드시 액면금액과 같아지지 않는다. 높을 수도 있고 낮을 수도 있다. 채권의 발행가액이 액면보다 낮은 때 이를 割引발행이라 하고, 높은 때 이를 割增발행이라 한다. 예를 들어 액면 10,000원인 채권이 얼마에 발행되는가, 뒤집어 말하면 얼마에 팔릴 것인가는 이자율이 얼마인가에 달려 있다. 가령 시중은행의 이자율이 연 10%인 상황에서 어떤 회사가 만기 2년 짜리 社債를 발행하려 하고, 이 회사의 신용이 은행과 같다고 하자(더 정확히 표현하면, 사채를 발행하려는 회사와 동일한 위험도를 가진 다른 투자안의 수익률이 연 10%라 가정한다는 말이다). 이 사채의 이율이 연 10%라면, 이 사채는 10,000원에 팔리게 되어 할인액이나 할증액이 생기지 않는다. 투자자의 입장에서는, 이 사채를 사나 은행에 예금을 하나 어느 쪽이든 2년 뒤 $10,000 \times 1.1^2 = 12,100$원을 받게 되는 까닭이다. 이 사채가 이자를 아예 주지 않는 이른바 zero coupon bond라면 얼마에 팔릴까? 사채를 사는 사람은 이자는 받지 않고 2년 뒤 원금 10,000원만을 받는다. 따라서 사채의 발행가액은 투자자가 2년 뒤 10,000원을 받으려면 은행에 얼마를 예금해야 하는가의 문제가 되고, 답은 $10,000/1.1^2 = 8,264$원이 된다. 곧 할인율이 연 10%라면 2년 뒤의 돈 10,000원은 당장의 돈 8,264원과 같은 가치를 가진다. 8,264원으로 이 사채를 사지 않고 은행에 투자한다면 2년 뒤에는 $8,264 \times 1.1^2 = 10,000$을 받게 됨을 생각하면, 금융시장이 제대로 작동하는 이상 이 사채의 가격은 8,264원이 될 수밖에 없다. 미국세법의 용어로는 이 1,736원을 할인액(OID: original issue discount)이라 부른다. 채권에 딸린 액면이자가 위험도를 반영한 적정 이자율보다 낮다면 할인발행이 일어나고 더 높다면 할증발행이 일어난다.

할인발행한 사채에 투자하여 생기는 이자소득은 연 얼마인가? 이 거래의 실질을 연 10%의 이율로 돈을 꿔 주는 것이라 본다면, 첫 해의 이자소득은 $8,264 \times 10\% = 826$원이 된다. 둘째 해의 이자소득은 얼마인가? $8,264 + 826 = 9,090$원에 대해 10% 이자가 붙는 것이므로, 둘째 해의 이자는 909원이 된다. 따라서 둘째 해 말 현재 원금은 $9,090 + 909 = 10,000$원(단수정리)이 된다. 이처럼 이자소득에

발생주의를 적용하여 과세할 수 있는 까닭은 미국세법에서는 이자소득에 원천
징수가 없기 때문이다.[35]

여기에서 한 가지 의문이 들 수 있다. 위와 같은 이자소득 계산에 적용할 實
效利子率은 어떻게 구하는가? 앞의 보기에서는 사채발행자에게 적용될 실효이자
율을 이미 알고 있었기에 위와 같은 이자 계산이 가능한 것 아닌가? 그렇지 않다.
이미 보았듯 발행가격은 사채원리금의 현금 흐름을 할인한 현재가치이다. 따라
서, 사채원리금과 사채의 발행가격을 안다면 거꾸로 할인율 내지 이 사채의 실효
이자율은 자동적으로 결정된다. 실효이자율 곧 돈을 꾸려는 회사가 얼마의 이자
를 주어야 하는가는 시중이자율 및 그 회사의 信用度에 달려 있다. 실효이자율이
란 사채원리금의 현금흐름의 현재가치가 발행가격이 되게 하는 바로 그 할인율
이다. 앞의 보기에서는 액면 10,000원, 만기 2년 무이자라는 조건에 따라 원리금
의 현금흐름이 2년 뒤 10,000원으로 주어져 있고, 이런 사채가 8,264원에 팔렸음
을 알고 있으므로, 할인율은 $10{,}000/(1+r)^2 = 8{,}264$의 방정식을 만족시키는 r의 값
이다. 이 예에서는 r = 10%가 된다. 이 r을 constant interest rate라 부른다. 애초
발행당시 계산한 내재이자율을 변함없이 그대로 만기까지 적용한다는 뜻이다.

(3) 할부판매

자산(어림잡아 사업자의 재고자산은 제외)을 외상으로 팔고 매매대금의 전부나 일
부를 다음 사업연도 이후에 회수한다면,[36] 납세의무자가 일반적 회계방법(현금주
의나 발생주의)을 그대로 쓰겠다고 국세청 승인을 따로 받지 않는 한 할부판매법으
로 소득을 계산한다. 할부판매법에서는 양도차익을 한꺼번에 익금으로 잡지 않고
회수기준으로 양도차익을 각 사업연도별 대금회수액에 안분하여 여러 해의 소득
으로 나누어 잡는다.[37] 결국은 일반적 회계방법이 발생주의인 납세의무자이더라
도 외상판매시의 양도차익은 현금주의로 계산할 수 있게 허용하는 셈이다.[38] 할
부판매법을 쓰더라도 대금 안에 내재된 이자상당액은 따로 추려 실효이자율법으

---

35) 이창희, 세법강의, 제20장 제1절 Ⅰ. 3.

36) 제453조(b). 영문 표현은 installment sale이지만 꼭 대가를 나누어받는다는 뜻은 아니다. 대금회
수를 한꺼번에 다 하더라도 회수시기가 다음 사업연도 이후인 이상 그에 해당한다.

37) 제453조(c).

38) CIR v. South Tex. Lumber Co., 333 US 496 (1948), 특히 503쪽. 꼼꼼 따져보면 세부내용에는
차이가 있을 수 있다.

로 이자소득을 계산하므로[39] 처분당시의 시가로 계산한 양도차익 상당액에만 회수기준을 적용한다. 할부판매법이란 이미 과세시기가 이른 소득에 대한 세금만을 이연하는 것이므로, 단기양도소득에 할부판매법을 적용하여 과세를 차기 이후로 이연하더라도 소득의 성질은 여전히 단기양도소득이다.

[보기 3][40]

E는 취득원가가 200,000불인 토지(투자자산)를 1981.1.2. F에게 판다. F는 매매대금으로 현금 500,000불을 즉시지급하고 동시에 액면 500,000불 만기 5년인 약속어음을 발행해준다. 다음 각 경우 E에게는 어느 해에 어떤 소득이 얼마씩 생기는가?

1) 이 약속어음은 무이자이고, 이자상당액을 빼면 이 약속어음의 현재가치는 310,460불이다.

2) 이 약속어음은 이자부이다. 액면이자율은 위험도를 반영한 적정한 이자율이다.

〔풀이〕 1) 시가로 계산한 양도차익 610,460불(= 810,460 - 200,000) 가운데 500,000/810,460만큼인 376,613불은 1981년의 양도소득이고 310,460/810,460만큼인 233,847불은 1985년의 양도소득이다. 양도차익 610,460불 가운데 500,000불을 1981년에 과세하지는 않는다. 다시 말하면 1981년에는 토지 가운데 500,000/810,460만큼만을 팔고, 1985년에 가서 나머지 316,460/810,460만큼을 파는 셈이다.[41] 제453조(c)의 글귀로는 약정대금 810,460불에 610,460/810,460 = 75.323%의 이익률이 붙으므로, 약정대금 가운데 500,000불 회수시의 소득은 500,000 × 75.323% = 376,613불(끝수 맞춤)이고 310,460불 회수시의 소득은 310,460 × 75.323% = 233,847불(끝수 맞춤)이다. 5년간 해마다의 이자소득은 시초원금 310,460불에 내재한 실효이자율 10%를 적용하면 1981-1985년 동안 각 31,047불, 34,151불, 37,566불, 41,323불, 45,454불, 합계 189,540불(= 500,000 - 310,460)이다.

2) 액면이자율이 적정하므로 약속어음의 현재가치는 500,000불이고 양도차익은 800,000불이다. 약정대금 1백만불에는 80%의 이익률이 붙으므로 1981년 500,000불을 회수할 때 양도소득 400,000불을 과세하고 1985년 500,000불을 회수할 때 양도소득 400,000불을 과세한다. 5년간 해마다의 이자소득은 시초원금 500,0000불에 이자율을 적용해서 발생주의로 계산한다.

---

39) 재무부규칙 15A.453-1(b)(2). 내재이자 상당액과 실효이자율은 제483조, 제1273조, 1274조.

40) 재무부규칙 15A.453-1(b)(5), Ex. 4. 약속어음의 발행당시 시가를 계산하기 쉽게 실효이자율을 10%로 맞추어 306,955불에서 310,460불로 고쳤다.

41) x1년에는 (차) 현금 500,000 (대) 토지 123,923 + 양도소득 376,078. x5년에는 (차) 현금 306,955 (대) 토지 76,078 + 양도소득 230,877. 이하 모든 분개는 세법을 설명하려는 것이고, 기업회계나 재무회계와는 무관하다.

현재가치를 계산하고서도 처분익을 회수기준으로 나누어 과세하는 이유는 납세의무자의 현금사정을 생각한 것이라고 한다.[42] 따라서 과세이연 효과를 막기 위해 법은 다시 시차만큼 이자세를 물린다[43](복잡한 계산을 피하기 위해, 엄밀한 현가계산을 하지는 않고 간편법을 쓰고 있기는 하다[44]). 둘째, 현금성이 확보되는 부분에서는 할부기준을 배제한다. 가령 대금으로 양도가능하고 시장성 있는 채무증서를 받으면 현금을 회수한 것으로 본다.[45] 재고자산이나 대량으로 파는 자산이라면 회수기준을 쓰지 못한다.[46] 재고자산이란 응당 현금으로 거래하는 것이기 때문이다. 납세의무자가 할부금 채권을 양도하였거나, 또는 법정 금액을 넘는 할부금 채권을 擔保로 돈을 꾸면 꾼 돈만큼 할부금 채권을 회수한 것으로 본다.[47] 납세의무자가 회수기준을 적용하여 세금을 천천히 내면서 받을 채권을 담보로 돈을 꾸는 경우, 납세의무자는 현금판매와 같은 효과를 얻으면서 세금만 천천히 낼 수 있는 까닭이다. 투자자산의 양도차익 가운데 감가상각누계액 부분을 경상소득으로 재구분하는 금액은 회수기준을 배제하고 바로 과세한다.[48] 마지막으로 제5장에서 공부할 법인청산에 관련한 내용으로 제453조(h)는, 법인이 청산계획을[49] 채택한 후 12개월 기간 안에 잔여재산을 제3자에게 할부조건으로 팔고 뒤이어 주주에게 이런 할부채권을 청산분배하여 같은 기간 안에 청산을 마친다면 주주의 주식양도소득은 전체를 바로 과세하지 않고 할부채권회수액에 안분하여 회수기준으로 여러 차례로 나누어 과세한다.

(4) 동종자산 양도차익 과세이연과 할부판매

실현주의 방식으로 양도차익을 과세하면 동결효과가 생겨서 경제의 효율성을 해칠 수 있다.[50] 이리하여 동종자산의 교환에 따르는 양도차손익은 과세이연

---

42) Comr v. South Tex. Lumber Co., 333 US 496 (1948). 특히 503쪽.

43) 453A조(a)(1).

44) 예를 들어, 할부금 채권의 액면 총계에서 일괄적으로 5백만불을 뺀 금액을 기준으로 이연이자를 계산한다. 같은 조 (c)(4).

45) 미국세법 453조(f)(3), (4).

46) 미국세법 453조(b)(2).

47) 미국세법 453A조(d).

48) 제453조(i).

49) 제5장에서 다시 보겠지만 우선은 해산결의라는 뜻으로 생각해두면 된다.

50) 이창희, 세법강의, 제15장 제2절 Ⅰ. 제18장 제4절 Ⅳ.

한다.51) 동종자산의 교환 그 자체가 법인세제에서 중요하지는 않지만 경제적 실질에 변화가 없다고 보아 과세이연하는 제도라는 점에서 공통부분이 있고 과세이연의 기본구조를 미리 예습하는 차원에서 살펴보자.

[보기 4]

다음 각 경우 납세의무자 갑에게 따르는 법률효과는 무엇인가?

1) 갑은 취득원가 500원 시가 1,000원인 A토지를 내어 주면서 시가 1,000원인 B토지를 받았다.

2) 갑은 취득원가 500원 시가 1,000원인 A토지와 현금 100원을 내어 주면서 시가 1,100원인 C토지를 받았다.

3) 갑은 취득원가 500원 시가 1,000원인 A토지를 내어 주면서 시가 900원인 D토지와 현금 100원을 받았다.

〔풀이〕 1) 실현한 처분익은 500원이지만 모두를 과세이연하므로 당장 과세할 처분익은 없다. 내어준 A토지의 처분익을 과세하지 않으므로 교환으로 받은 B토지의 취득가액은 내어준 자산의 장부가액이 500원이 그대로 이어진다.52)

2) 실현한 처분익은 500원이지만 모두를 과세이연한다. 추가로 내어준 현금 100원이 있으므로 교환으로 받은 C토지의 취득가액은 600원이 된다.53)

3) 자산을 내어주고 받는 대가의 일부로 현금을 받거나 종류가 다른 자산 기타 달리 과세이연의 요건을 만족하지 못하는 자산(미국법에서는 속칭 boot라고 부른다)을 받는 때에는 실현한 처분익(500원)을 boot(100원)의 범위 안에서 과세한다. D토지의 취득가액은, 구자산의 장부가액에 과세받는 처분익(양도소득) 100을 더하고 boot의 가액 100을 뺀 금액인 500원이 된다.54)

애초에 양도차익이 없다면 boot를 받더라도 과세소득이 없음은 물론이다. 양도인의 채무를 양수인이 인수하면 그런 채무인수액도 현금수수액이나 마찬가지로 boot이다. 현금을 boot로 받기로 하되 당장 받지 않고 장기할부조건으로 받는다면 넘겨주는 자산의 처분익은 앞에서 본 현재가치기준으로 계산해서 회수기준으로 과세한다.55) 가령 위 3)에서 현금 100을 당장은 안 받고 이듬해 가서

---

51) 제1031조.

52) (차) B토지 500 (대) A토지 500.

53) (차) C토지 600 (대) A토지 500 + 현금 100.

54) (차) D토지 500 + 현금 100 (대) A토지 500 + 처분익 100.

55) 제453조(f)(6). Bittker, McMahon & Zelenak, Federal Income Taxation of Individual, (looseleaf)

원리금 상당액 110원을 받는다면 처분익 100은 이듬해에 과세하고 이자상당액 100원은 기간경과에 따라 과세한다.

[보기 5]

1) 01년 1월 1일 납세의무자 갑은 A토지(취득원가 65,000불)를 내어놓고 B토지(시가 50,000불)와 1개월 만기인 약속어음 18,000불짜리와 1년 만기인 약속어음 9,000불짜리를 받는다. 약속어음에는 모두 적정이자율로 이자가 붙는다. 갑에게는 어떤 법률효과가 생기는가?

2) 위 사실관계에서 A토지의 취득원가가 30,000불이라면?

(풀이) 1) 적정한 이자가 붙으므로 약속어음의 시가는 27,000불이다. 실현한 처분익은 77,000 − 65,000 = 12,000불로 boot의 금액 27,000불보다 낮으므로 과세할 소득은 12,000불이다. B토지의 취득가액은 65,000 + 12,000 − 27,000 = 50,000불이다. 과세하는 처분익 12,000불에는 할부판매법을 적용하므로 당장은 과세하지 않는다.[56] 제476조(f)(5)의 개념으로는, 할부대금을 77,000불에서 과세이연을 받을 수 있는 대가 50,000불을 줄인 27,000불로 잡는다. 할부로 인식할 처분익은 12,000불이고, 이익률이 12,000/27,000이다. 회수대금에 이익률(12/27)을 곱한 금액을 회수시 과세하여, 18,000불을 회수할 때에 18,000 × 12/27 = 8,000불의 소득을 과세하고 9,000불을 회수할 때 9,000 × 12/27 = 4,000불의 소득을 과세한다.[57] 약속어음에 붙는 이자는 발생주의로 계산한다.

2) 실현한 처분익은 77,000 − 30,000 = 47,000불이지만 boot의 금액이 27,000불뿐이므로 20,000불은 과세이연한다. 과세할 소득은 27,000불이다. B토지의 취득가액은 30,000 + 27,000 − 27,000 = 30,000불이다. 과세하는 처분익 27,000불에는 할부판매법을 적용하므로 당장은 과세하지 않는다.[58] 제476조(f)(5)의 개념으로는, 약정대금을 77,000불에서 과세이연을 받을 수 있는 대가 50,000불을 줄인 27,000불로 잡는다. 할부로 인식할 처분익은 실현한 양도차익 47,000불 가운데 동종자산이라서 과세이연받는 금액 20,000불(= 47,000 − 27,000) 부분을 뺀 나머지(과세대상금액) 27,000불이므로, 이익률이 27,000/27,000이다. 회수대금에 이익률(27/27)을 곱한 금액을 회수시 과세하여, 18,000불을 회수할 때에 18,000불의 소득을 과

30.02[3]절 참조.

56) (차) B토지 50,000 + 채권(27,000 − 12,000) (대) A토지 65,000.

57) (차) 현금 18,000 (대) 채권(18,000 − 8,000) + 양도소득 8,000; (차) 현금 9,000 (대) 채권(9,000 − 4,000) + 양도소득 4,000.

58) (차) B토지 30,000 (대) A토지 30,000.

세하고 9,000불을 회수할 때 9,000불의 소득을 과세한다.[59] 약속어음에 붙는 이
자는 발생주의로 계산한다.

II. 법인의 개념

이 강의의 범위는 법인설립, 배당, 증자감자, 해산과 청산 등 법인과 주주
사이의 거래를 어떻게 과세하는가이다. 이것은 모두 '법인'이 있고 그 법인이 주주
와 일정한 거래를 한다는 것을 전제한다. 앞으로 해당부분에서 각각 보겠지만 여
기에서 '법인'이라는 말은 corporation을 옮긴 말이다. 제6012조 및 제11조에 따라
서 단체 차원의 과세소득에 세금을 내어야 하는 자 역시 이 corporation이다. 이
강의에서 여태까지 아무 말도 안하고 이 말을 '법인'이라 옮겨서 썼지만 기실 이
말과 우리말의 법인은 꼭 들어맞지 않는다. 자연인 아닌 단체를 단위로 삼아 소
득을 과세한다는 기능 면에서 볼 때 우리 법인세제와 같다는 점에서 '법인'이라
옮긴 것이고, 그 범위가 우리 식의 법인은 아니다. 애초 미국법에는 우리 법제의
법인이라는 말에 딱 해당하는 법제 전체에 걸친 일반적인 개념은 없다. 같은
corporation이라는 말을 쓰지만 미국 각주의 회사법[60]에서 말하는 corporation과
연방세법에서 말하는 corporation은 각각 서로 다른 개념이다. 이하 그냥 '법인'
이라고 쓰지만 이 말이 세법상의 개념이라는 점을 분명히 인식해야 한다.

1. 법인의 정의

법인이란 무엇인가? 법인세 납세의무를 지는 단체의 범위는 어디까지인가?

제7701조 (정의) (a)(3) 법인
Sec. 7701 Definitions (a)(3) CORPORATION
용어로 "법인"에 들어가는 것에 association, joint-stock company와 보험회사가 있다.
The term "corporation" includes associations, joint-stock companies and insurance com-
panies.

---

59) (차) 현금 18,000 (대) 양도소득 18,000: (차) 현금 9,000 (대) 양도소득 9,000.
60) 회사법은 민사법이므로 연방법이 아니고 주법이다.

아주 간단한 규정이지만 기실 회사법과 세법 전체의 역사 속에서만 풀이할 수 있는 조문이다. 극히 짧게 이 강의에 필요한 부분만 생각해보자. 이 조문은 제16차 헌법개정을 거쳐서 소득세법이 1913년에 부활하기[61] 전인 1909년에 법인세 내지 법인특권세를[62] 입법할 때로 돌아간다.[63]

(판례) Flint v. Stone Tracy Co.[64]

원고는 joint-stock company의 형태로 사업을 하고 있다가 1909년 법에 따라 법인세를 부과받자 법인세제가 위헌이라고 주장하면서 그 근거 가운데 하나로 파트너십이나 개인기업에는 법인세를 매기지 않으면서 corporation이나 그에 준하는 기업형태에만 매기는 것은 위헌이고 헌법상 평등조항에 어긋난다고 주장하였다. 1909년 법은 "영리를 위하여 설립한 corporation, joint-stock company 또는 association으로서 출자액 (capital stock)을 표시하는 몫(share)이 있는 것과 미국(연방)법이나 각 주 … 법에 따라 설립한 모든 보험회사 … 의 … 순소득"에 납세의무를 지웠다. 대법원은, 법에 나타나는 국회의 입법의도를 보면 joint-stock company는 corporation은 아니지만 그와 비슷한 속성을 여럿 가지고 있어서 법인에 준하는 조직이므로 법인세를 매기는 것이라고 판시하였다. 나아가 법인 또는 그에 준하는 조직에만 법인세를 매기는 것은 위헌이 아니라고 판시하였다. 헌법은 연방국회가 과세권을 균일하게 행사할 것을 요구하지만 여기에서 균일하다는 말은 지역적으로 균일하다는 말일 뿐이다. 제14차 개정헌법에 따른 평등조항이[65] 연방의 과세권에 적용된다고 하더라도 법인세는 같은 재산을 서로 달리 과세하는 것이 아니다. 법인세의 납세의무를 지는 기업은 출자자의 사망이나 해산에도 불구하고 해산하지 않는다는 기업의 계속성이 있고, 지분의 처분이라는 형식으로 재산상 권리를 양도할 수도 있고, 이사를 통해서 사업을 관리한다는 이점도 있고, 일반적으로는 출자자 개인의 책임도 없다는 특혜를 누린다. 법인세란 개인기업이라면 누리지 못하는 이런 특혜에 세금을 물리는 것이다.

이 판결에서 Stone Tracy Company의 조직형태인 joint-stock company란

---

61) 간단한 소개로 이창희, 세법강의, 제7장 제3절 1.

62) corporation tax 내지 corporate excise tax. Act of Aug. 5, 1909, 36 Stat. 11, 제38조. Stat.란 Statute at Large로 국회를 통과한 특정한 법률, 우리나라로 치면 새로 제정한 법률이나 기존의 특정한 법률을 개정하는 법률을 실은 책자를 말한다. 앞의 숫자 36이 책 호수이고, 뒤의 숫자 11이 쪽수이다. 다른 책도 다 마찬가지이다. 온라인으로 찾는 이상 실제 책을 볼 필요는 없다.

63) 한결 더 밀리는 뒤에 위헌판결을 받은 1894년 소득세법으로 거슬러 올라간다. 28 Stat. 509, 특히 556쪽.

64) 220 US 107 (1911). 미국 대법원 판결집 220권, 107쪽에 실린 1911년 판결이라는 뜻이다.

65) equal protection.

출자자들의 약정으로 설립하는 파트너십이지만 출자자간 약정 내지 정관으로
각자 지분을 정하고 다른 파트너 전원의 동의가 없더라도 자기 지분을 자유로이
양도할 수 있다고 약정 내지 정관에 정한 것을 말한다.66) 이 개념은 16세기 영
국법으로 돌아가서 corporation이란 모두 국가가 특별히 설립하는 단체였던 회
사설립 특허주의 시대에 생긴 것이다.67) 과거에 생겼던 joint-stock company가
아직도 그대로 살아있는 것이 혹시 있는지 모르겠지만 Amex의 예에서 보듯 이
제는 다들 회사법상의 corporation으로 조직변경을 했다고 한다. 영미법을 조금
만 알아도 상식이지만 company라는 말이 반드시 우리 법의 회사에 대응하지는
않는다. 원래 썼던 용어로 누구누구 가령 Lee & company라는 말에서 company
란 그냥 동료, 동행자, 동업자 정도의 뜻이었고(지금도 영어에서 길동무 정도의 뜻은 그
대로 있다), 이 말을 Lee Company로 바꾼 표현에서는 Lee 등 일정한 사람들(사단)
이라는 뜻이고, 그 뒤에 limited라는 말이 붙으면 사단의 구성원은 모두 유한책
임만 진다는 뜻이다. 영어사전에서 주식회사를 Co. Ltd.로 옮기는 것은 유한책임
부분을 제외하면 오역이다.

　　본론으로 돌아와 위 판결에 나오듯 1909년 법은 법인세 납세의무자의 범위
를 corporation, joint-stock company, association, 보험회사, 이 네 가지로 정하
였다. 그렇게 할 수 있는 이유로 대법원은 corporation이라면 기업의 존속이 출
자자의 존부와 무관하다, 지분의 양도가 가능하다, 단체의 경영의사결정이 출자
자에게서 독립되어 있다, 사원의 책임이 유한하다. 이 네 가지 특혜를 누리기 때
문이라는 것이다. 법인 아닌 단체인 joint-stock company도 그 가운데 여럿을 누
리는 이상 법인세 납세의무를 지울 수 있다는 것이다.

　　1909년 법의 입법형식과는 조금 다르게 1924년 이래(약간 다른 글귀를 포함한다
면 1917년 법 이래) 현행법은 제11조에서 corporation은 법인세 납세의무(단체를 단
위로 하는 소득세 납세의무)를 진다고 정하면서 다시 제7701조(a)(3)에서 이 말은 as-
sociation, joint-stock company 및 보험회사, 이 세 가지를 '포함한다'고 정하고
있다.68) 그러니까 여기에서 '포함한다'는 말은, corporation이라는 개념이 뒤의

---

66) Bradford. v. National Benefit Association, 26 App. D.C. 268 (1905) 특히 273쪽.

67) Cox and Hazen, Treatise on the Laws of Corporations 1:14절.

68) 그렇지만 보험회사의 법인세 납세의무에 대해서는 제11조가 그대로 적용되지 않고 subchapter
　　L(제801조에서 제848조)에 특칙이 있다.

세 가지로 이루어진다는 뜻은 아니다. Corporation이라는 개념은 이미 있는 것이고, '포함한다'는 말이 뜻하는 바는, association, joint-stock company 및 보험회사를 세법의 입장에서 corporation이나 마찬가지로 또는 corporation으로 간주하여 과세하는 특별한 유형으로 추가하여 들고 있는 것이다. 1909년 법의 용례로 현행법을 표현한다면 법인세 납세의무자에는 corporation과 corporation에 준하는 단체가 있는 것이다. 한편 corporation이라는 말을 법인세 납세의무자라는 뜻으로 쓰는 현행법의 용례로 1909년 법을 표현한다면, 세법 밖에서(전형적으로는 민사법에서) 이미 corporation으로서 존재하는 단체는 세법에서도 corporation이고 그 밖의 다른 단체 가운데에서도 세법에서는 corporation인 것(또는 corporation으로 간주하여 과세하는 것)이 있다는 말이다. 법에 명시된 개념인 joint-stock company란 이제는 거의 역사적 유물일 뿐이고 또 보험회사에 대해서는 별도의 특칙이 있다는 점을 생각해서 무시하고 제7701조(a)(3)의 글귀를 다시 정리하면 법인세 납세의무자, 곧 세법상의 corporation이란 세법 밖에서 이미 corporation이라는 형태로 존재하는 단체와 제7701조(a)(3)가 말하는 association이 있다. 현행법의 글귀에 맞추어서 거꾸로 풀이하면 이 association이라는 말은, 세법상의 corporation에서 세법 밖에서 이미 존재하는 corporation을 제외하고 남는 단체를 일컫는 결과적 기술적 개념이 된다. 일정 기준에 따라 판단할 때 법인세 납세의무가 있다면 그 단체를 association이라 부른다는 말이다.

어떤 단체가 법인세 납세의무를 지는가, 세법이 말하는 corporation의 범위는 어디까지인가에 대해서 Stone Tracy 판결은 단체의 민사법상 성질을 따져서 판단했다. 이 쟁점을 한결 더 본격적으로 다룬 대법원 판결이 1935년의 Morrissey 판결이다.

> **(판례) Morrissey v. Comr[69]**
> 원고는 신탁형태로 골프장 사업을 하는 신탁의 수탁자이고 쟁점은 이 신탁이 법인세 납세의무를 지는가이다. 이 사업의 기획자인 원고는 1921년에 신탁을 설정하고 신탁계약대로 수탁자의 지위에서 신탁수익증권을 수익자들에게 팔아서 모은 돈으로 땅을 사서[70] 땅의 일부는 되팔아서 돈을 남기고 일부는 그 위에 골프장을 마련하여 이를

---

69) Morrissey v. Comr, 296 US 344 (1935).
70) 애초 원고 소유 부동산이었던 것에 신탁을 설정하고 수익증권을 투자자들에게 팔았는지 아니면

운영하였다.[71] 수익증권은 액면 100불짜리 우선증권 2,000좌(share)와 무액면 보통증권 2,000좌였다. 재산의 관리운영은 수탁자(원고)가 맡지만 수익자 총회는 그에 관해 권고할 권리가 있었다. 수탁자나 수익자가 죽더라도 신탁은 25년 동안 그대로 존속하도록 정해져 있었고 수익자는 수익권을 자유로이 양도할 수 있었다. 수익증권 가운데 약 16%에서 29%는 원고가 소유했고 나머지 수익자들의 수는 가장 적을 때에는 275명 가장 많을 때에는 920명이었다. 국세청은 이 신탁관계를 법인이라 보고 신탁재산에 귀속하는 소득에 법인세를 매겼다. 그에 비해 원고 주장은 현행법으로 쳐서 sub-chapter J에 따라 신탁으로 과세해야 한다는 것이다. 대법원은 이 신탁은 돈을 벌어 수익자들이 나누어가지는 것이므로 영리사단에 해당한다고 보았다. 나아가 신탁의 수탁자들은 경영의사결정을 맡고 있다는 점에서 법인의 이사나 임원에 견줄 수 있고, 수익자들이 죽더라도 신탁관계는 온존하고, 수익증권을 자유로이 양도할 수 있고, 이 건 사업에 관련하여 수익자들이 무한책임을 질 일이 없다는 점에서 파트너십이라기보다는 corporation에 가깝다고 보았다. 결과적으로 이 신탁관계는 association에 해당하여 법인이고 신탁재산에 귀속하는 소득에는 법인세를 매겨야 한다는 것이다.

재무부규칙은 1960년에 종래의 판례를 정리하여서 이른바 Kintner 규칙으로 6가지 기준을 내놓았다. Morrissey 판결이 제시한 기준, 곧 1) 영리성 내지 영리목적이 있다, 2) 사단, 곧 출자자의 모임이다, 3) 출자자의 사망이나 금치산이 있더라도 사단은 별개의 존재로 계속 존속한다, 4) 출자자 지위와 경영자 지위가 분리되어 있다, 5) 유한책임이다, 6) 출자지분은 자유로이 양도할 수 있다, 이 6가지 기준으로 법인인가 아닌가를 판단한다는 것이다. 종래의 판례와 다른 점이라면 쟁점이 무엇인가, 가령 법인과 파트너십의 구별인가 또는 법인과 신탁관계의 구별인가, 이런 식으로 쟁점을 나누어 그 쟁점에 적절한 기준만을 적용해서 판단한다는 것이다. 법인과 파트너십의 구별이라면 1), 2)는 두 단체에 당연히 공통이므로, 3) 이하의 네 가지 기준만으로 따지고, 법인과 신탁의 구별이라면 3)에서 6)은 당연히 공통이므로, 1)과 2) 두 가지 기준만으로 따진다는 것이다.[72]

수익증권을 팔아서 모은 돈으로 부동산을 샀는지는 불분명하다. 아마 전자였으리라 짐작하나, 어느 쪽이든 이 사건에서는 상관이 없다.

71) 실제는 직접 운영하지 않고 골프장을 다른 법인에게 넘겨서 운영하게 하고 신탁은 배당을 받았다.

72) Kintner 규칙이라는 이름은 U.S. v. Kintner, 216 F.2d 418(9th Cir. 1954)에서 나오는 것이다. 요는 법인과 파트너십의 구별에서 2 : 2라면 파트너십으로 본다는 것이다.

2. 현재의 법해석론

Kintner 규칙 하에서도 법인인가 아닌가라는 시비는 끝없이 이어졌다. 마침 내 1996년에는 획일적 기준을 아예 포기하고 법인인지 아닌지를 납세의무자가 고를 수 있다는 속칭 check-the-box 규칙이 생겼다.[73] 우리 법으로 치자면 유한 회사 내지 유한책임회사에 해당하는 limited liability company가 세법상 법인이 아니라는 행정해석이 나온 후 결국 종래의 기준을 유지할 길이 없다는 점이 분 명해졌기 때문이다.

[보기 6]
같은 건물에서 개업하고 있는 의사 내과의사 갑과 외과의사 을의 관계가 다음과 같은 경 우 이들의 관계는 세법상 무엇인가?
(1) 갑, 을은 각자 갑내과, 을외과라는 상호로 영업하고 자기 환자에서 생기는 총수입금액 은 각자의 몫이다. 기계장치나 각종설비도 각자의 소유이며 각자의 비용으로 계산한 다. 다만 건물은 두 사람이 공동명의로 빌렸고 각자의 부담부분은 면적대로이다. 안내 원 1명의 인건비는 50 : 50으로 나누어 지급한다.
(2) 갑, 을은 갑을병원이라는 상호를 같이 쓰고 외부계약을 할 때에는 갑을병원이라는 상 호 하에 두 사람이 함께 서명한다. 계산은 (1)과 같다.
(3) 갑, 을은 델라웨어 주법에 따라 갑을병원이라는 상호로 limited partnership을 세워 서 델라웨어 주정부에 등록했다. 모든 외부계약은 무한책임조합원인 갑의 명의로 계약 하고 경영책임도 갑이 지며, 공동소득은 갑, 을이 70 : 30으로 나눈다.
(4) 갑, 을은 델라웨어 주법에 따라 갑을병원이라는 상호로 limited liability company 를 세워서 델라웨어 주정부에 등록했다. 모든 외부계약은 company 명의로 한다. 출 자자간 약정에 따라 경영책임은 50 : 50으로 하고 공동소득은 갑, 을이 50 : 50으로 나눈다.
(5) 갑, 을은 델라웨어 주법에 따라 갑을병원이라는 상호로 corporation을 세워서 델라웨 어 주정부에 등록했다. 모든 외부계약은 corporation 명의로 하고 경영책임은 50 : 50으로 하고 공동소득은 갑, 을이 50 : 50으로 나눈다.
[풀이] (1) 갑, 을의 관계는 단순한 비용분담 계약일 뿐이며 공동사업이 아니 다. 갑, 을 각자 공통비용을 안분하여 계산한 각자의 소득에 다른 개인소득을 합 하여 세금을 낸다.

---

73) 재무부규칙 301.7701-4(6).

> (2) 명문의 동업계약서가 없더라도 갑,을의 관계는 민사법상 아마도 general partnership에 해당할 것이다. 법인으로 과세받기를 선택한다면 갑을병원을 법인으로 두 사람을 출자자로 과세한다. 선택하지 않는다면 공통비용을 안분하여 계산한 각자의 몫을 개인소득으로 과세한다.
> (3) 법인으로 과세받기를 선택한다면 갑을병원을 법인으로 갑, 을을 출자자로 과세한다. 선택하지 않는다면 조합약정에 따라 계산한 각자의 소득을 개인소득으로 과세한다.
> (4) 위 (3)과 같다.
> (5) 갑을병원을 법인으로 갑, 을을 출자자로 과세한다.

현행 재무부규칙에서도 법인인지 아닌지를 납세의무자가 언제나 고를 수 있는 것은 아니다. Stone Tracey 판결이나 Morrissey 판결의 취지, 곧 세법에서 말하는 법인이란 법인세를 매길만한 특권을 누리는 단체, 전형적으로는 우리나라의 주식회사 같은 단체라는 점은 그대로 살아있다. 따라서 세법 아닌 법률, 곧 다른 연방법이나 주법에서 corporation으로 설립된 단체는 모두 세법상 corporation이다.[74] 주법상 corporation이 아니더라도 일정한 단체는 실제는 별 차이가 없다고 보아 세법상으로는 corporation이라고 아예 못박고 있다.

(1) 주법상의 corporation

미국 연방법이나 주법에서 corporation으로 설립된 단체라는 개념은 다시 corporation의 역사로 돌아가고, 제대로 따지자면 몇 백년의 역사를 다 살펴보아야 한다. 단편적이지만 중요한 보기를 하나 들면, 현존하는 corporation 가운데 가장 오랜 것은 하버드 대학교를 관리 운영하는 Harvard Corporation이다. 1650년 영국의 매사추세츠 식민지 총독이 총장 및 교수로 이루어지는 Harvard Corporation을 설립한 것이 지금까지 그대로 살아있다.[75] 아무튼 이런 오랜 역사 속에서 설립준거법이 아예 다른 corporation도 있지만, 지금에 와서 미국주법에 따라 설립한 corporation이란 거의 다 우리로 치자면 주식회사에 해당하는 단체이다. 우리나라의 합명회사나 합자회사, 또 유한회사나 유한책임회사에 해당하는 단체는 미국주법에서는 corporation이 아니다. 한편 주에 따라서는 우리

---

74) Treasury Regulation(이하 '재무부규칙') 301.7701-2(b)(1).

75) 하버드 대학교의 홈페이지에서 설립 charter를 찾을 수 있다.

나라로 쳐서 공익법인의 설립과 운영에 관한 법률 같은 법을 두고 있어서 그에 따라 설립된 비영리 corporation도 있다. 연방법에 따라 설립된 비영리 corporation도 있다. 가령 미국 공영방송인 PBS를 관리운영하는 법인은 연방법에 따라 설립된 비영리 corporation이다. 비영리라도 corporation인 이상 법인세 납세의무는 일단 지지만 다시 법인이든 아니든 모든 비영리단체에 적용하는 특칙으로 subchapter F(제501조에서 제530조)를 적용받으므로 결국 corporation이 된다는 것에 별 의의는 남지 않는다. 나아가 이익을 분배받는 출자자가 없으므로 이 강의내용과는 무관하다.

(2) 주법상 corporation이 아니지만 세법상 corporation

1) 제7701조(a)(3)에 나오는 joint-stock company와 보험회사는 이미 보았다.

2) 민사법상 신탁은 일단 재산의 보존을 목적으로 하는 통상적인 신탁과 돈을 벌어서 수익자들이 나누어 가지는 사업신탁으로 나눈다. 전자라면 세법상으로도 신탁이고(따라서 제1조 및 subchapter J를 적용받는다), 후자라면 check-the-box 규칙에 따라서[76] 법인이나 파트너십 중 하나를 고를 수 있다. 신탁의 목적이 단순한 재산보존인가 아니면 적극적 사업인가라는 판단 문제는 여전히 남는다.

3) 민사법상 파트너십, 그러니까 우리나라 법으로 쳐서 민법상의 조합, 상법상의 합명회사나 합자회사 따위는 check-the-box 규칙에 따라서 법인이나 파트너십 중 하나를 고를 수 있다.[77] 그러나 민사법상 파트너십이라 하더라도 지분을 증권시장에 상장한 것(PTP: publicly traded partnership)이라면 세법상으로는 법인이다.[78] 이처럼 상장할 수 있는 대상은 성질상 거의 언제나 limited partner, 곧 우리 법으로 쳐서 합자회사 유한책임사원의 사원권일 수밖에 없다.

(3) 외국단체

외국법에 따라 설립된 단체라면, 법인세를 매길만한 특권을 누리는 단체인지를 재무부에서 나름대로 검토해서 그에 해당하는 단체, 가령 우리나라의 주식회사 등을 나라마다 확인해서 이름(가령 우리나라의 Chusik Hoesa, 일본의 Kabushiki

---

76) 재무부규칙 301.7701-4(b).

77) 파트너십 약정의 내용에 따라서는 joint-stock company에 해당할 수도 있겠지만, 아마 이제는 이 형태의 조직은 거의 없을 것이다.

78) 제7704조. 소득의 대부분을 소극적 소득에서 얻는다면 이 조에서 빠진다.

Kaisha)을 일일이 들면서 그런 단체는 미국세법상 법인이라고 정해놓고 있다.[79] 다른 외국단체는 법인과 파트너십 사이에서 고를 수 있다.

(4) 강의범위＝C Corporation

이상 보았듯이 미국세법상 corporation이라는 말은 우리 법의 법인과는 그 범위가 사뭇 다르다. 그렇지만 법인세라는 말의 본질을 단체 차원에서 집합적 소득에 대한 납세의무를 지는 것이라고 이해한다면, 그 점에서는 우리나라의 법인세법이 말하는 법인세나 미국세법상의 corporation은 본질적으로 같은 개념이다. 이하 미국세법상 corporation을 '법인'이라고 부르기로 한다. 마찬가지로 이 강의에 나오는 미국세법조문에서 shareholder라는 말은 우리 민사법 개념으로는 주주, 출자자, 사원, 조합원, 권리능력 없는 사단의 구성원, 그 중 어느 것일 수도 있지만 앞으로는 그냥 '주주'라고 부르기로 한다. 한편 미국세법상 corporation 가운데에서도 이 강의의 범위를 벗어나는 것들이 있어서 결국 이 강의의 범위는 subchapter C(제301조에서 제385조)를 그대로 적용받는 법인, 이른바 C corporation에 한한다.

1) S corporation, 곧 법에서 정한 일정범위의 소규모 폐쇄법인은 subchapter S(제1361조에서 1379조)에 따라서 법인세를 내지 않는다.[80] 이 점에서 파트너십과 마찬가지이므로 법인과 출자자 간의 관계에 대한 이 강의의 설명은 적용할 여지가 거의 없다.

2) 우리 법인세법 제51조의2의 유동화전문회사 등에 견줄 수 있는 투자매체로 Regulated Investment Company와 Real Estate Investment Trusts(REITs, '리츠')는[81] subchapter M(제851조에서 제860G조)에 따라서 법인소득 계산시 지급배당금을 공제받을 수 있어서 실질적으로 법인세를 내지 않는다. Real Estate Mortgage Investment Conduit는 같은 subchapter M이기는 하지만 다른 방식으로 법인세를 내지 않는다.

3) 은행, 보험회사에는 각 subchapter H(제581조에서 제597조)와 L(제801조에서 제847조)의 특칙이 있다.

---

79) 재무부규칙 301.7701-2(b)(8).

80) 황인경, 인적회사의 과세방안, 조세법연구 11-1(2005).

81) 박훈, 부동산투자회사 제도의 법적 구조와 세제(2007), 제3장.

4) 세법상 법인이든 아니든 비영리단체, 협동조합, 정당 따위에는 sub-chapter F(제501조에서 제530조)의 특칙이 있다.

Ⅲ. 자본과 부채, 출자와 채권채무의 구별

법인세와 주주과세라는 주제는 당연히 법인과 주주 사이의 관계를 전제로 한다. 법인에 자금을 대었다는 법률관계가 채권채무 관계가 아니고 출자관계라는 말이다.

1. 구별의 실익

법인의 입장에서는 출자자에게 분배하는 돈은 배당금이므로 법인 과세소득 계산시 공제할 수가 없지만 채권자에게 지급하는 이자는 공제할 수 있다. 돈을 대어준 채권자나 주주에 대한 법률효과가 어떻게 다른가는 현 단계에서는 제대로 설명할 길이 없지만, 우선 상식선에서 어림잡자면 다음과 같은 차이가 있다.

1) 주주라면 법인이 받는 배당소득은 소득공제를 받고, 개인이 받는 배당소득은 양도소득과 마찬가지로 저율과세한다. 한편 채권자라면 법인의 이자소득은 과세소득에 들어가고, 개인의 이자소득은 경상소득으로 과세한다.

2) 주주라면 유가증권 판매업자가 아닌 한[82] 주식처분에 따르는 소득은 양도소득이다. 한편 채권자라면 매출채권 같은 통상적 사업채권의 양도에서 혹시라도 이자소득 아닌 소득이 생긴다면 경상소득이다. 회사채 같은 자금관계 債券을 처분하는 것이라면 실제 현금흐름에 따라 실효이자율로[83] 계산한 이자부분은 경상소득이고, 다른 부분의 처분익은 양도소득이다.

3) 채권을 회수하는 경우 과세소득은 원금을 공제한 금액이지만,[84] 앞으로 보듯 주식의 감자대금은 대금 전체가 배당소득이 되는 경우가 있다.

4) 회수불능 출자액은 개인이든 법인이든 유가증권 양도손실이고, 채권 회

---

82) 제1221조. 매매업자라 하더라도 다시 제1236조의 예외를 적용받을 수도 있다.

83) 이창희, 세법강의, 제20장 제1절 Ⅱ.

84) 제1271조(a)(1). 원금을 넘는 금액이 이자소득(경상소득)이 된다. 債券이라면 발행자에 대한 양도로 보아 양도소득이다.

수불능액도 회사채라면 마찬가지이다.[85] 회사채가 아닌 채권으로서 사업상 채권
(법인의 채권이나 개인사업자의 채권) 회수불능액은 대손금으로 경상손실이다.[86] 회사
채가 아닌 채권도 비사업상 채권(성질상 개인에게만 있다)의 회수불능액은 양도손실
이다.[87]

　　5) 법인에 대한 재산이전이 출자관계에 해당하거나 이미 존재하는 출자관계
가 새로운 출자관계로 변하는 경우 이런 변화는 겉껍질의 변화일 뿐이라고 보아
서 양도차익을 과세이연받는 경우가 많다. 채권관계에서도 과세이연받는 경우가
있기는 하나 훨씬 드물다. 앞으로 자세히 볼 것이다.

2. 출자관계와 채권관계의 구별기준[88]

　　근본적으로 부채와 자본의 구별은 그 자체가 相對的인 개념이다. 부채와 자
본은 모순 개념이 아니고, 연속 스펙트럼의 양 끝일 뿐이다. 사법상 형식은 채권
채무 하더라도, 투자안의 위험도가 높아감에 따라 채권자는 이자율을 높여 받
는 형식으로 위험을 부담하거나 아니면 기업에 대한 직접적 통제에 나서게 되어,
채권자의 지위는 실질로는 주주에 가깝게 된다. 이 답 없는 문제를 놓고 미국의
법원은 일찍부터, 당사자의 의도가 무엇인가, 채권자와 주주가 같은가, 채권자가
경영에 참가하는가, 회사가 외부에서 자금을 조달한 능력이 있는가, 부채규모에
비해 자기자본의 비율은 어느 정도인가, 투자자가 부담하는 위험이 어느 정도인
가, 다른 채권자의 권리와 우열이 어떤가 등 온갖 기준을 세워 事案別로 구별해
왔다.[89] 그러나 이 구별은 자의적일 수밖에 없어서, 거의 비슷한 사안에 대해 어
떤 때에는 부채라 하고 어떤 때에는 자본이라고 판시하는 모순이 빚어졌다.[90]

　　그렇게 되자 국회는 이 문제를 입법으로 해결하려고 생각하여 1954년부터
구별기준을 만들어 보려 했으나 답을 얻지 못하였다. 1969년에 이르자 국회는
(가) 무조건적 지급의무가 있는가, (나) 다른 채권과의 우선순위가 어떻게 되는가,

---

85) 제165조(g)(1).

86) 제166조(a). 중소기업 주식의 예외는 제1244조(a).

87) 제166조(d).

88) 이 부분은 이창희, 세법강의, 제20장 제3절 Ⅲ에서 옮겨왔다.

89) Farley Realty Corp. v. Comr, 279 F.2d 701(2nd Cir. 1960); Cuyana Realty Corp. v. Comr, 382
　　F.2d 298(Ct. Cl. 1967); Fin Hay Realty Co. v. US, 382 F.2d 694(3d. Cir. 1968) 등.

90) 상세는 Bittker & Eustice, 4장, 특히 4.04절 참조.

(다) 부채 자본비율이 어느 정도인가, (라) 주식으로 전환할 수 있는가, (마) 문제의 투자와 주식소유 사이의 관계는 어떤가, 이 다섯 가지 정도의 기준을 제시하면서 더 구체적인 구별 기준의 작성을 재무부 시행규칙에 위임하였다.[91] 재무부는 11년 동안 이 문제와 씨름한 끝에 1980년 시행규칙을 내어 놓고 3년 뒤에 이를 시행하기로 하였으나, 다시 온갖 문제점이 드러남에 따라 1983년에 구별기준에 관한 시행규칙을 철회하였다.[92] 결국, 문제는 원점으로 돌아가 사안마다 法院이 主觀的으로 판단할 수밖에 없게 되었다.

1989년 이후에는, 일반적 구별을 포기하고 특히 문제가 된 몇몇 논점에 대해서나 대책을 세워 보자는 생각으로, (가) 고수익 할인사채(이른바 junk bond) 이자의 손금산입을 제한하고, (나) 부채비율이 지나친 경우 지급이자의 손금산입을 제한하고, (다) 부채와 자본의 성격이 섞인 혼성증권[93]의 구분을 재무부 시행규칙에 위임하는 세 가지 방향에서 법률이 개정되었다.[94] 세 번째만 간단히 보자면, 混性證券이란 전형적 주식(보통주)과 채권의 성격이 섞인 증권을 말한다. 예를 들어, 의결권이 없는 증권으로 액면금액의 일정비율을 비참가적 누적적으로 배당받을 권리가 있고, 발행일로부터 일정 기간이 지나면 증권을 발행한 회사가 이를 액면금액으로 상환할 권리를 가지는 증권을 발행할 수 있다. 납세의무자로서는, 회계 목적상 이런 증권을 주식(우선주)으로 분류하여 부채비율을 낮추고 다른 한편 조세 목적으로는 부채로 분류하여 지급이자를 손금산입하려 하게 된다. 이런 증권의 경제적 실질은 보통주와 회사채 둘 가운데에서 어느 쪽에 가까운가? 결국 "우선주"나 "후순위 사채" 등 이름이 무엇인가가 중요한 것이 아니고 경제적 실질이 무엇인가를 물어야 한다. 이것은 정답 없는 문제이고, 법원은 이 문제를 떠맡아 사안별로 적당히 결정할 수밖에 없게 된다. 미국 법원의 표현을 빌면 "기업에 대해 위험을 안고 투자를 하였는지 또는 채무인지의 구별에서는 어느 요소도, 심지어 경영에서 완전히 배제되었다라는 것까지도, 결정적이라 할 수 없다."[95]

---

91) 제385조(b).
92) TD 7920, 1983-2 CB 69. CB란 Cummulative Bulletin의 약자로 미국국세청의 행정해석 등을 1년 단위로 정리한 책자이다.
93) hybrid securities.
94) Bittker & Eustice, 4.02[8][b]절 참조.
95) John Kelley Co. v. Comr, 326 US 521 가운데 530쪽(1946).

1996년 이후에는 혼성증권 문제만이라도 어떤 기준을 법률에 세워 보려는 시도가 거듭되고 있다.96)

Ⅳ. 과세이연: 법인이란 사람인가 겉껍질인가?

법에 정한 일정한 단체를 사람으로 인정하는 이상 주주와 법인 사이의 거래는 원칙적으로 서로 다른 사람 사이의 거래가 된다.97) 다른 한편, 법인의 본질은 자연인이 아닌 것을 자연인처럼 생각하는 것이며, 법인이란 결국 이해관계자들을 일정한 법률관계로 묶어 주는 법률적 형식일 뿐이다. 세법은 민사법에 비해 경제적 실질을 중시할 수밖에 없고, 따라서 법인이란 결국 허깨비에 불과하다는 생각이 세법의 다른 한 축을 이루게 된다.

> (판례) United States v. Phellis98)
> 1913년 법인세 내지 법인특권세제 하에서 듀퐁의 기업조직 재편이 주주에 대한 과세 계기가 되는가를 다룬 사건이다. 듀퐁은 1917년 9월까지 뉴저지법인의 형태로 사업을 하고 있었고 그 날 현재 자본구성을 보면 시가로 쳐서, 담보부 사채가 1,230,000불, 무담보 장기채가 14,166,000불, 우선주(액면 100불)가 16,068,600불, 보통주(액면 100불)가 29,427,100불, 합계 60,891,700불이었다. 사업상 채무도 좀 있었지만 자산총액이 120,000,000불이어서 배당가능이익이 대규모로 누적되어 있었다. 1917년 10.1.자로 듀퐁의 주총 결의를 거쳐서 뉴저지법인은 담보부 사채의 상환에 들어갈 현금 1,484,100불을 제외한 나머지 모든 자산을 신설 델라웨어 법인에 이전하였다. 담보부 사채와 무담보 장기채를 제외한 나머지 모든 채무도 델라웨어 법인이 인수하였다. 그 대가로 뉴저지법인은 델라웨어법인의 장기채를 액면금액으로 59,661,700불 어치(그 가운데 30,234,600불은 뉴저지법인의 장기채 및 우선주와 상환으로 채권자 및 우선주주에게 교부하여 상환을 마쳤다) 받고 델라웨어 법인의 보통주를 액면 기준으로 58,854,200불 어치를 받아서 보통주주들에게 현물배당으로 분배하였다. 주수로 치면 뉴저지법인 보통주식 1주당 델라웨어법인 보통주식 2주씩을 배당한 것이다. 뉴저지법인의 종업원은 모두 그대로 델라웨어법인으로 넘어갔고, 뉴저지법인은 존속하였지만 위와 같은 기업조직 변경을 위하여 델라웨어 법인의 장기채나 보통주를 소유·분배하는 외에는 아무

---

96) Bittker & Eustice, 4.03절 참조.
97) U.S. v. Phellis, 257 U.S., 156 (1921); Marr v. U.S., 268 U.S., 356 (1925).
98) 257 U.S., 156 (1921).

런 활동이 없었다. 뉴저지법인이 존속하는 동안 이사와 임원은 똑같은 사람들이 두 법인을 맡고 있었다. 결과적으로 뉴저지법인의 자산은 모두 델라웨어법인으로 넘어가고 채권자와 우선주주는 모두 델라웨어법인에 대한 채권자로 바뀌고, 보통 주주는 델라웨어법인의 주식과 빈 껍질만 남은 뉴저지법인의 값어치 없는 주식을 소유하게 되었다. 쟁점은 이 과정에서, 뉴저지법인의 소수주주였던 원고가 현물배당받은 델라웨어법인 주식이 배당금으로서 과세소득인가이다. 하급심 법원은[99] 쟁점 거래를 통하여 원고가 얻은 경제적 이익이 전혀 없고 쟁점 거래는 경제적 실질이 없는 조직재편일 뿐이라는 이유로, 원고가 분배받은 델라웨어법인 주식은 뉴저지법인이 주주에게 뉴저지법인 주식을 분배한 것이나 마찬가지고 주식배당으로서 비과세 대상이라고 판시하였다.[100]

대법원의 다수의견은 세법의 적용상 형식보다 실질을 우위에 놓아야 한다는 점은 당연하지만 하급심 판결은 틀렸다고 판시한다. 1913년 법(현행법으로 쳐서 제61조의 총수입금액)의 글귀를 보면 소득이라는 말에 '배당'이 들어가고, Macomber 판결로 돌아가면 이 사건 쟁점은 델라웨어법인 주식의 배당이 주주의 투자원본에서 분리되었는가 아닌가이다. 원고의 투자원본은 뉴저지법인의 주식이다. 뉴저지법인과 델라웨어법인을 동일한 법인으로 보지 않는 이상 델라웨어법인의 주식은 원고의 투자원본에서 분리된 재산이다. 기업조직 재편이 원고에게 경제적 이득을 주지 않은 점은 맞지만, 그것은 쟁점이 아니다. 바른 쟁점은 뉴저지법인에게 유보해 두었던 소득을 투자원본에서 분리된 재산으로 주주에게 배당하는가 아닌가이다. 배당이 있는 경우 투자원본의 가치가 그만큼 떨어지므로 배당이 경제적 이득을 주지 않는다는 것은 너무나 당연하다. 그럼에도 불구하고 배당을 과세하는 것은 법인단계에서 이미 벌어서 유보했던 소득을 과세하는 것이기 때문이다. 뉴저지법인과 델라웨어법인이 한 법인이라는 주장은 받아들일 수 없다. 설립준거법이 달라지고 자본구성도 완전히 같지는 않다. 자산을 한 법인에서 다른 법인으로 이전했다는 것 자체가 두 법인은 다르다는 말이다. 델라웨어법인 주식의 법적 지위는 뉴저지법인이 종래 보유했던 사업용자산과 같다.

이에 대해서는 대법관 2명의 반대의견이 있다. 조직재편을 할 사업상 필요가 있었고 당사자들이 다 선의였던 이상 과세할 수 없다는 것이다. 애초 Macomber 판결을 보면 주식배당 비과세의 이유로 사업의 재무구조를 재편하는 것일 뿐이라고 적고 있고, 이 점에서 다수의견은 Macomber 판결에 어긋난다는 것이다.

---

99) 소송과정은 잘 모르겠지만 이 사건은 1심(court of claim)에서 바로 대법원으로 넘어왔다.

100) 이제 와서 보면 틀린 판결이기는 하지만 대법원이 Eisner v. Macomber, 252 U.S., 189 (1920)을 변경한 적이 없으므로, 주식배당 비과세는 지금도 헌법해석의 일부로 그대로 살아있는 법이다. 이 판결에 대해서는 제3장 Ⅶ. 주식배당 비과세를 넘는 일반적인 의미는 다른 후속 판결로 거의 다 없어졌다.

Phellis 판결에서 다수의견과 반대의견의 대립은 법인세제 전체에 나타난다. 기실 이 판결 선고 전인 1918년에 이미 국회는 재조직이라는 개념을 법에[101] 들여와서 "재조직이나 흡수합병 또는 신설합병"을 과세이연 대상으로 삼았다. 그 뒤 1921년법에서는 재조직을 합병의 상위개념으로 삼으면서 주식인수나 자산인수를 합병이라는 개념 속에 포함시켰다.[102] 같은 1921년법은 개인이 소유하고 있던 재산을 현물출자하여 법인을 세우는 경우에도 주주에 대한 양도소득 과세를 이연한다고 정했다.[103] 법률적으로 말한다면 소득이 실현되었다 하더라도 "상식적 경제적 의미에서는 단지 소유의 형태가 바뀌었을 뿐"이라는 것이다.[104]

겉껍질의 변화일 뿐이라는 생각에 터잡아 현행법에 들어와 있는 과세이연 제도는 크게 보아 네 가지이다. 1) 법인의 설립과 현물출자, 2) 자법인의 청산, 3) 법인의 분할, 4) 인수합병 전반에 걸친 재조직 과세이연.

겉껍질의 변화에 세금을 매길 수 없다는 생각이, 법률실무에서 안고 있는 어려움은 자명하다. 도대체 어디까지를 겉껍질의 변화라고 볼 것인가? 기실 Phellis 판결의 소수의견이 지적하듯이 기존의 Macomber 판결을 가지고 원고승소 판결을 내려면 낼 수도 있었다. 겉껍질의 변화일 뿐이고, 실질적으로는 그게 그거다, 이런 생각은 엄밀한 법률적 기준이 아니라 그저 수사일 뿐이라는 말이다. 과세이연의 요건을 법으로 자세히 정해둔다 하더라도, 구체적 사실관계를 놓고 따지는 경우 과연 이 거래가 과세이연의 입법취지에 맞는가라는 의문이 끝없이 들게 마련이다. 이리하여 법의 글귀만 본다면 과세이연의 요건을 만족한다고 하더라도 과세이연을 부인하는 판례와 행정해석이 복잡하게 쌓여 있다. 역으로 글귀에는 어긋나는 듯 싶은 사실관계에서도 과세이연을 허용하는 판례나 행정해석도 있다. 차차 볼 것이다.

---

101) An Act to provide revenue and for other purposes, P.L. No. 254, 40 Stat. 1057 (1919), 제202조(b). 1918년 법은 1919년에 소급입법했다.

102) Revenue Act of 1921, 제202조(c)(2), 42 Stat. 227 (1921), 230쪽.

103) Senate Comm on Finance, S. Rep. No. 275, 67th Cong., 1st Sess. (1921). 1921년의 Revenue Act에 대해서는, Jerome R. Hellerstein, "Mergers, Taxes, and Realism," 71 Harvard L. Rev. 254, 258-61 (1957) 참조. L이란 Law를 줄인 것이고, Rev는 Review를 줄인 것이지만, 온라인에서는 위 약자로 찾아야 나온다.

104) Portland Oil Co. v. Comr, 109 F.2d 479, 488(1st Cir.), cert. denied 310 U.S., 650 (1940).

제2장

법인설립과 현물투자

　　제2장에서는 법인의 설립이나 증자 과정에서 출자자 및 법인에게 생기는 세금문제를 공부한다. 요는 과세이연의 요건과 효과이다. 제1절에서는 주의사항을 일러두고, 제2절에서는 현물출자자가 과세이연을 받기 위한 요건이 무엇인가, 과세이연을 받는 경우 출자자와 법인에게는 어떠한 법률효과가 생기는가를 공부한다. 제3절에서는 출자대가로 주식만이 아니라 다른 재산도 받는다면 출자자와 법인에게 어떤 법률효과가 생기는가를 공부한다. 제4절에서는 다른 재산을 받는 특수형태로 출자자의 채무를 법인에 넘기는 경우를 공부한다.

제 1 절 논의 범위

　　이 장의 목적은 법인의 설립이나 증자 과정에서 주주가 출자하는 재산에 딸려 있는 미실현이득에 관련하여 미국법이 주주와 법인을 어떻게 과세하는가를 살펴보는 것이다. 미국의 교과서나 주석서와 견주어 보면, 이 제2장은 상대적으로 다른 장보다 훨씬 짧고 간단하다. 첫 걸음을 이해하기 쉽도록 중요한 부분에만 집중하고 있기 때문이다. 이 장을 꼼꼼히 공부하는 것은 매우 중요하다. 첫째, 이 장에서 공부할 내용은 제3장 이하에서 볼 한결 복잡한 과세이연 법제의 기본형이다. 역사적으로는 법인설립이나 증자에 관련한 과세이연 제도는 1921년에 시작했고 그로부터 3년 전에 이미 인수합병에 관련한 과세이연 제도가 들어왔지만, 강학상은 제351조의 법인설립에서 시작하면서 관련 조문을 공부하는 것이 가장 설명하기 쉬운 기본형이다. 제351조에 관련하여 이 장에서 배우는 조문들은 제3장 이하에서도 그대로 기본조문이 된다. 둘째, 제351조는 다른 과세이연 조문과 서로 얽힌 부분이 많아서 제3장 이하에서는 다시 제351조로 돌아와야 하는 부분이 많다. 우선은 과세이연 제도의 고갱이에 집중할 수 있도록 이렇게 겹치는 부분은 이 장에서는 공부하지 않고 나중에 다른 조의 관련 부분에 가서 공부한다.

　　세법이 일정한 단체를 사람으로, 곧 세법상의 법인으로 삼는 이상 주주와 법인 사이의 거래는 원칙적으로 서로 다른 사람 사이의 거래가 된다. 다른 한편 세법은 모름지기 경제적 실질을 중시할 수밖에 없고, 주주가 재산을 법인에 출자하였더라도 경제적 실질에 변화가 없이 겉껍질이 바뀌는 것일 뿐이라면 이를 과세하지 않아야 옳다라는 생각도 들게 마련이다. 이런 생각에서 1921년 개정법은 출자자가 이미 지배하거나 지배하게 될 법인에 재산을 현물출자하는 경우 출자자의 양도차익에 대한 과세를 移延하는 규정을 들여왔다. 현행법으로는 미국 세법 제351조가 그에 관한 기본규정이고 이 법조에서 '支配'란 주식 80% 이상의 소유를 뜻한다.[1] 과세이연이란, 출자자에게 양도차익이 생기기 않도록 양도가액

---

[1] 의결권 있는 주식 및 의결권 없는 주식 모두 80% 소유. 제368조(c).

을 출자자의 장부가격으로 계산한다는 말이다. 그 결과 출자받는 법인의 입장에
서는 그 재산을 주주의 취득가액 그대로 취득한 셈이 되어,[2] 당장 현물출자시
주주의 양도차익은 과세하지 않지만[3] 나중에 법인이 그 재산을 비싼 값으로 팔
게 되면 그 때에 가서 법인의 양도차익으로 과세한다.[4] 주주가 받는 주식의 취
득가액도 현물출자한 재산의 취득가액을 그대로 물려받는 까닭에, 주식을 판다
면 주식양도차익을 과세한다.[5]

한편 미국법에서는 명문규정이 없더라도 입법취지에 맞추어 판례가 여러
가지를 정하는 경우가 흔하다. 제351조에서도 마찬가지이다. 설사 제351조의 명
문요건을 만족하더라도 앞 문단에 간략히 적은 입법취지에 맞지 않다면 과세이
연을 허용하지 않는 판결도 있고 명문요건을 다 만족하지 못하더라도 입법취지
에 맞다면 과세이연을 허용한 판결도 있다. 필요한 범위 안에서 아래에서 보기
로 한다.

본론에 들어가기 전에 마지막으로 용례에 관한 혼선을 정리하고 넘어가자.
이 글의 제목이나 앞의 논의에서는 모두 재산의 '출자' 내지 '현물출자'라는 말을
쓰고 있지만 기실 그 말은 우리 법개념으로 물적분할을 포함한다. 우리 상사법
에서는 물적분할과 인적분할을 묶어서 회사분할이라는 개념을 쓰면서 물적분할
을 회사분할의 하부개념으로 생각한다. 그러다보니 물적분할과 현물출자는 서로
다른 개념이다. 그러나 미국법에서는 다르다. 재산을 다른 회사에 양도하면서 양
도인이 양수회사의 주식을 받는다는 점에서는 물적분할이나 현물출자나 다를
바가 없다. 아래에 보듯 미국세법이 정하고 있는 법률요건은 민사법상 개념이
무엇인가가 아니라 출자자가 재산을 양도하면서 양수회사의 주식을 받는다는
것이다. 이 점에서는 양도하는 방식이 현물출자이든 물적분할이든 구태여 따질
것 없이 같은 개념이 된다.

이하의 논의는 제2절에서 과세이연의 기본구조로, 현물출자자가 과세이연

---

2) 제362조(a).

3) 제351조(a).

4) 제1001조(a), 제1011조, 제362조(a).

5) 이 점에서 지분양도시 inside basis와 outside basis를 맞추는 파트너십과 차이가 있다. 미국의 법
인세는 원래 이중과세 제도인 까닭이다. Perthur Holdings Co. v. Comr, 61 F2d 785 (2d Cir.
1932), cert. denied, 288 U.S., 616(1933).

을 받기 위한 요건이 무엇인가, 과세이연을 받는 경우 법인이 받는 재산이나 현물출자자가 받는 주식에는 어떤 법률효과가 따르는가를 공부한다. 제3절에서는 현물출자 대가로 주식만 받는 것이 아니라 현금이나 다른 재산을, 속칭으로 이른바 boot를 받는 경우 제2절에서 본 법률효과가 어떻게 바뀌는가를 공부한다.

제 2 절   법인설립·현물출자와 과세이연

개인이든 법인이든 출자자가 법인설립이나 증자를 위해서 현금을 출자한다면 출자자의 주식 취득원가는 출자한 현금의 금액이다. 법인의 입장에서는 현금이라는 재산이 생기지만 자본거래일 뿐이고 손익이 생길 것이 없다.

제1032조 (주식을 재산으로 교환)
Sec. 1032 EXCHANGE OF STOCK FOR PROPERTY
(a) 미인식하는 차익과 차손 ― 차익이나 차손의 인식을 법인에게 하지 않는다. 받는 현금이나 다른 재산과 교환하여 주는 것이 그 법인의 주식(자기주식 포함)이라면…
(a) NONRECOGNITION OF GAIN OR LOSS ― No gain or loss shall be recognized to a corporation on the receipt of money or other property in exchange for stock (including treasury stock) of such corporation
제118조 (법인의 자본에 대한 출연)
Sec. 118 CONTRIBUTIONS TO THE CAPITAL OF A CORPORATION
(a) 일반원칙 ― 법인의 경우 총수입금액은 납세의무자의 자본에 대한 출연을 포함하지 않는다.
(a) IN GENERAL ― In case of a corporation, gross income does not include any con-tribution to the capital of the taxpayer.

주주의 출자는 거의 언제나 제1032조에 해당한다. 법인설립이나 증자와 구별되는 추가적인 행위로 주주가 법인에 돈을 출연하는 경우에도 제118조 덕택으로 법인에 자산수증익이나 채무면제익이라는 과세소득이 생기지 않는다. 주식의 발행가액을 추가로 더 내는 것이라 생각하면 애초 제1032조를 적용받을 사안이

기 때문이다.6)

현금이 아닌 다른 재산을 출자한다면 재산의 시가가 출자자의 당초 취득원가와 다르게 마련이다. 양도차익이 딸린 재산을 출자한다면 제1장에서 보았듯 개인이든 법인이든 재산의 양도차익은 모두 "차익 번 것으로 재산거래에서" 번 것이므로 제61조의 총수입금액에 들어가서 과세대상이다. 개인이 사생활에 쓰던 재산, 가령 자기가 살던 집,7) 심지어는 몸에 걸고 다니던 보석의 양도차익도 제61조에 따라 과세한다. 한편 양도차손은 사업용이든가 투자용 재산이라야 공제받을 수 있고8) 법인의 사업재산에서 생기는 양도차손은 당연히 그에 해당한다. 개인의 사생활재산, 가령 자기가 살던 집의 양도차손은 공제받지 못한다.9) 양도한 자산의 종류가 무엇인가에 따라서 양도차익(공제가능한 양도차손)은 경상소득(손실)일 수도 있고 양도소득(손실)일 수도 있다. 양도소득 가운데 장기양도소득은 제1조에서 정한 세율상한에 걸려서 경상소득보다 저율과세한다. 이러한 양도차손익 일반규정에 대한 특례 가운데 하나가 제351조이다.

I. 현물출자자에 대한 과세이연

제351조 (양도인이 지배하는 법인에 대한 이전)
Sec. 351 Transfer to Corporation Controlled by Transferor
(a) 차익이나 차손을 인식하지 않는다: 만일 재산의 양도가 법인에 대해서 하나 이상의 사람(들)이 오로지 그 법인의 주식과 교환으로 행하는 것이고 교환 직후 그런 사람(들)이 그 법인을 지배(그 정의는 제368조(c))한다면.
(a) No gain or loss shall be recognized if property is transferred to a corporation by one or more persons solely in exchange for stock in such corporation and immediately after the exchange such person or persons are in control (as defined in section 368(c)) of the corporation
제368조 (정의...)
Sec. 368 (DEFINITIONS...)

---

6) 재무부규칙 1.118-1.

7) 다만 제121조에 우리 법의 1세대 1주택 비과세에 견줄만 한 특례가 있다.

8) 제165조. 불이 났다든가 도둑을 맞았든가 가치가 영(0)으로 떨어지고 말았든가, 이런 손실도 모두 마찬가지이다. 본문에서 차손이라 옮겼지만 영어에서는 그것도 똑같은 loss이다.

9) 주택을 산 목적이 투자라는 주장을 내친 판결로 Taylor v. Comr, RIA TC Memo 98351(1998). 보석을 산 목적이 투자라는 주장을 내친 판결로 Winkler v. Comr, 143 F2d 483 (2d Cir. 1944).

> (c) 지배의 정의 — 이 part[10])의 용어로…'지배'의 뜻은 소유주식이 80% 이상의 투표력을 의결권 있는 주식종류를 모두 다 합한 법인주식에서 차지하고 주식총수의 80% 이상을 모든 다른 종류의 법인주식에서 차지하는 것을 말한다.
>
> (c) CONTROL DEFINED — For purposes of…this part…the term "control" means the ownership of stock possessing at least 80% of the total combined voting power of all classes of stock entitled to vote and at least 80% of the total number of shares of all other classes of stock of the corporation

1. 양도인 = 법인 또는 개인

제351조의 글귀에서 양도인에 관한 부분은 그저 "사람"이라는 말뿐이다. 양도인이 자연인이든 법인이든 모두 제351조의 과세이연을 받을 수 있다. 양수인이 법인인 것은 당연하다.

2. 교환 직후 지배

(1) 교환직후

제351조는 양도인이 양수법인을 '교환 직후'(immediately after exchange) 지배할 것을 요구하고 있으므로, 반드시 새로운 출자로 지배력을 얻어야 하는 것은 아니다. 이미 소유하고 있던 주식수와 새 출자를 합해서 80% 이상으로 제368조(c)의 지배요건을 만족하면 된다. 여기에서 80% 소유란 양도인 내지 출자자 본인의 소유주식을 말하고, 친족 등이 소유한 주식은 고려하지 않는다.[11]

(2) 양도인이 지배

"재산의 양도"를 하는 "하나 이상의 사람(들)이…지배"한다는 말의 뜻을 따져보자.

1) 80%라는 요건은 출자한 '하나 이상의 사람(들)이…지배'하는지를 따지는 것이므로 출자자가 복수이더라도 지배요건을 만족한다.

2) 출자에 시차가 있다면 어떻게 되는가? 예를 들어 두 사람이 50 : 50으로 출자해서 법인을 세우되 출자에 시차가 있다면, 첫 번째 출자자에게 교환 직후

---

10) Part Ⅲ(법인설립과 재조직), 곧 제351조에서 제368조.

11) 제4장 제3절에서 공부할 제318조(constructive ownership)를 적용하지 않는다는 말이다. Brams v. Comr, 734 F.2d 290 (6th Cir. 1984).

지배권이 있는 것은 틀림이 없다. 두 번째 출자(양도)는 과세이연을 받는가? 50% 지배력뿐이어서 과세이연을 못 받는 것인가? 아니면 첫 번째 출자자와 묶어서 "양도[하는] 하나 이상의 사람들이…법인을 지배"하는 것인가? 답은 애초부터 그렇게 할 계획이 있었다면 계획에 따른 행위를 묶어서 하나로 평가한다는 것이다. 두 사람을 묶어서 출자와 지배력을 판단하면 과세이연 요건을 만족한다.[12]

3) 이미 지배주주가 있던 회사에 새 주주가 들어오면서, 기존주주도 명목적 금액을 같이 출자하는 방식을 택해서, 둘을 합해서 보면 양도인들이 출자 직후에 80%를 지배하도록 한다면 80% 지배라는 요건은 만족되는 것인가? 재무부규칙 및 판례는 안 된다고 한다.[13]

4) '교환 직후' 지배한다는 말은 얼마 동안 지배한다는 말인가? 종래의 판례는 이것 역시 계획에 따른 행위는 묶어서 한 개의 행위로 판단한다. 따라서 애초부터 제3자에게 처분하도록 정해져 있었다면 교환 직후에 지배하는 것이 아니라고 본다.[14] 다만 법인인 출자자가 받은 주식을 주주에게 배당하는 것은 괜찮다.[15]

(3) 의결권

지배력의 판단기준으로 '의결권'이 있다는 말의 뜻은 이사선임을 위한 의결권이라고 하지만[16] 다른 종류주식도 모두 각 종류별 주식총수의 80%를 소유할 것을 요구하므로 결국은 주식의 종류를 구별할 실익은 별로 없다. 그저 의결권에 차등이 있는 종류주식이 있다면 주식수가 아니라 의결권의 수를 기준으로 80%를 따진다는 뜻 정도일 뿐이다.

---

12) 재무부규칙 1.351-1(a)(1)

13) 재무부규칙 1.351-1(a)(1)(ii). Estate of Kamborian v. Comr, 469 F2d 219 (1st. Cir. 1972).

14) American Bentam Car Co. v. Comr., 11 TC 397 (1948), affirmed per curiam, 177 F.2d 513 (1949), cert. denied, 339 U.S., 920 (1950). 주식을 받을 때 이미 처분의무가 있다면 완전한 소유권이 아니라는 것이다. Intermountain Lumber Co., 65 TC 1025 (1976), 특히 1031-1032쪽. 종래의 이 해석론은 기업구조조정에 관련하여 그 뒤 1998년 발효한 재무부규칙 1.368-1(e)(1)(i)이 훨씬 관대한 입장을 취한 것과 균형이 맞지 않는 느낌이 있다.

15) 제351조(c).

16) Hermes Consol., Inc. v. U.S., 14 Ct. Cl. 398 (1988). Willens, Voting Stock and Stock Entitled to Vote – Is There a Difference? 116 Tax Notes 683 (2007).

3. 재산 v. 노무

지배력을 얻기 위해 내어놓는 재산의 범위를 특별히 제약하는 규정은 없다. 심지어는 출자자인 법인이 자기주식을 출자하거나 신주를 발행해 주면서 자회사 주식을 받아도 된다.[17] 노무출자는 당연히 제외되지만[18] 제351조(d)에는 이를 다시 확인하는 명문규정이 있다.[19] 가령 갑, 을, 병 세 사람이 1 : 1 : 1로 동업을 하기 위해 갑, 을은 재산을 출자하고 병은 노무만 출자한다면 병의 노무소득만이 아니라 갑, 을의 자산처분익도 과세한다. 재산출자자들에게 80% 지배권이 없기 때문이다. 한편 병이 얼마라도 재산을 출자하면 80% 지배여부는 세 사람을 묶어서 판단한다. 다만 병의 출자액이 명목적 금액이라면 무시한다.[20]

4. 오로지 '주식'과

과세이연은 출자 부분, 곧 주식을 받는 부분에 국한된다. 다른 재산, 속칭 boot를 받는 부분은 과세이연 대상이 아니다. '주식'이라고 하더라도 일정한 주주에게 상환권이 있는 상환우선주나 배당률이 특별히 높은 우선주 등 일정한 비참가적 우선주는 '비적격우선주'라고 부르면서 boot로 본다.[21] 대가에 '주식'이라는 이름을 붙인다고 하더라도, 회사의 자본구조 등을 따져서(자본과 부채의 구별 문제[22]) 실상은 출자가 아니라 매매라는 시비가 생길 수 있음은 물론이다. 제351조는 자본으로 구별된다는 것을 이미 전제하고 나서야 적용여부가 문제되는 규정이다.

---

17) Rev. Rul. 74-503, 1974-2 CB 117. 아래 5.

18) 제61조. 세법 전체에 걸친 문제로 노무와 재산의 구별문제가 특히 지식재산권에 관련하여 생긴다.

19) 과세이연대상이 아닌 것으로 같은 법조항은, "(1) 노무 (2) 양수법인의 채무로서 증권에 의해 입증되지 아니하는 것 (3) 양수법인의 채무에 대한 이자로서 양도인의 채권보유기간이 시작하는 날 이후에 발생한 것", 이 세 가지를 "대가로 받는 주식은 재산양도의 대가로 발행받는 것이 아니라고 본다"고 정하고 있다. (2)호와 (3)호는 채무의 출자전환에 관한 내용으로 재조직 부분 참조. 노무를 출자하면서 재산도 같이 출자하는 자가 있는 경우 해석상 어려운 문제가 따른다. 행정해석으로 Rev. Rul. 64-56, 1964-1 CB 133.

20) 재무부규칙 1.351-1(a)(1)(ii).

21) 제351조(g). 제3절 V.

22) 제1장 제2절 Ⅲ.

5. '교환으로': 법인의 자기주식 거래

지금까지 출자자가 재산(또는 재산에서 채무를 차감한 순재산)을 법인에 현물출자한다고 했지만 기실 미국세법 제351조의 적용범위는 '교환'이고, 이 말은 우리 말의 현물출자나 물적분할에 들어가지 않는 자기주식 거래도 포함한다. 법인이 이미 가지고 있는 자기주식을 출자하여 자법인을 세우는 것은 우리법 개념으로도 현물출자에 포함할 수도 있겠지만, 법인(양도법인)이 신주를 발행하면서 이를 자법인(양수법인)에 넘겨주고 그 대가로 자법인 주식을 받는 것, 그러니까 양쪽이 모두 신주를 발행해서 서로 주고받는 것도 제351조에 들어간다. 양도법인의 주식이 '재산'인 이상[23] '재산의 양도가 양수법인에 대해서 양수법인의 주식과 교환으로' 이루어진다는 것은 똑같기 때문이다. 한결 근본적으로 미국법에서는 신주발행과 이미 가지고 있던 자기주식의 교부를 똑같은 것으로 여긴다. 양도법인이 출자하는 자기주식의 취득에 들어간 원가나 시가가 얼마이든 시가차액을 출자자에게 과세하지 않는다. 양수법인(자법인)에게도 소득이 생기지 않지만 이는 제351조의 효과는 아니고 증자나 자기주식 교부에서 소득이 생기지는 않는다는[24] 자본거래의 당연한 효과이다.[25] 이 경우 양도법인(모법인)의 양수법인(자법인)의 주식 취득가액이나 자법인의 모법인주식 취득가액은 어느 쪽이든 영(0)이다.[26]

[보기 1][27]

X법인은 취득원가 2,000불 시가 3,000불인 자기주식을 출자해서 80%이상을 지배하는 자법인 Y법인을 세운다. X와 Y에게는 어떤 법률효과가 생기는가?

(풀이) X의 자기주식은 2,000불 주고 산 것이지만 자기주식 취득은 감자로 보므로 자기주식의 처분은 신주발행과 다를 것이 없고 새로 신주를 발행하는데 들어가는 원가는 영(0)이다. 그러나 자기주식 현물출자 역시 제351조를 적용받으므로 X에게 과세할 양도소득은 없다. Y는 X주식을 현물출자받으면서 주식을 발

---

23) 제3장 제1절 Ⅱ. 1에서 다루는 제317조(a)와 견주어 보라.

24) 제1032조(a) 제1문.

25) Comr v. Fender Sales Inc., 338 F2d 924 (9th Cir., 1964), cert denied, 382 U.S., 813 (1965).

26) 이 경우 제358조(e)는 자법인의 모법인주식 취득가액을 아래 Ⅱ에서 다룰 제358조(a)가 아니라 제362조(a)를 적용하라고 정하고 있다. 최종결과는 어느 주식이든 다 취득가액이 영(0)이다.

27) Rev. Rul. 74-503, 1974-2 CB 117.

행하는 것일 뿐이므로 제1032조에 따라서 양도소득이 생길 것이 없다. Y가 취득하는 X주식과 X가 취득하는 Y주식은 모두 취득가액이 영(0)이다.

6. 재산 재출자

출자자가 제351조에 따라 법인에 현물출자한 재산을 법인이 다시 제351조에 따라 현물출자하더라도 출자자는 그대로 과세이연받는다.

[보기 2][28]

각 개인과 법인(Y)형태로 동종 사업을 하고 있던 갑과 을은 지주회사 형태로 사업을 합치기로 하였다. 갑의 사업재산 시가는 40불이고 Y법인의 사업재산 시가(=을의 Y주식 시가)는 30불이다. 사전약정에 따라 갑은 사업재산을 현물출자하여 Z법인을 세우고(1차 출자), 다시 Z주식을 Y법인에 현물출자(2차 출자)하였다. 그와 동시에 을은 현금 30불을 Y법인에 새로 출자(3차 출자)하였다. Y법인은 원래 있던 사업재산 30불과 을이 새로 출자한 현금 30불을 Z법인에 출자(4차 출자)하였다. 결국 Z법인의 자산은 갑, 을의 종래 사업재산 70불과 현금 30불, 합계 100불이고, Y법인은 Z법인 주식의 100%를 소유하고, 갑과 을은 Y법인 주식을 40 : 60으로 소유하게 되었다. 갑은 출자한 사업재산에 딸려있는 미실현이득을 과세이연 받는가?

(풀이) 받는다. 1차 출자는 Z"법인에 대해서 하나 이상의 사람(갑)이 오로지 그 법인의 주식과 교환으로 행하는 것이고" 갑의 "소유주식이 80% 이상의 투표력을 의결권 있는 주식종류를 모두 다 합한 법인(Z)주식에서 차지하고 주식총수의 80% 이상을 모든 다른 종류의 법인주식에서 차지"하므로 "그런 사람(갑)이 그 법인(Z)을 지배"한다. 한 가지 문제는 1차 출자 당시 2차 출자가 이미 예정되어 있었으므로 "교환 직후" 갑이 Z법인을 지배하는가라는 점이다. 1차-4차 출자는 갑, 을이 재산과 현금을 Y법인에 출자하고 Y법인이 재산과 현금을 Z법인에 출자하는 것과 전적으로 같으므로, 갑의 1차 출자는 과세이연을 받는다. 처분이 미리 예정된 주식이라면 "교환 직후" 소유하고 있는 것이 아니라는 것이 판례이지만 여기에서 "처분"이 과세이연대상 처분도 포함한다고 읽는 것은 제351조의 입법취지에 어긋난다. 따라서 갑이 하는 "재산의 양도"(1차 출자)에는 "차익이나 차손을 인식하지 않는다." 2차 출자는 3차 출자를 미리 예정하고 있으므로 둘을 묶어서 보면, Y법인 주식과 교환으로 행하는 출자 직후 갑과 을의 Y법인 주식이 100%이므로 2차 출자도 과세이연 대상이다. 3차 출자도 과세이연 대

---

28) Rev. Rul. 2003-51, 2003-1 CB 938.

상이지만 애초 미실현이득이 없다. Z법인에 대한 Y법인의 4차 출자도 과세이연 대상이다.

II. 현물출자자가 받는 주식

제358조 (주주의[29] 취득가액)
Sec. 358 Basis to Distributees
(a) 일반 원칙 — 교환으로서 제351조를 적용받는 경우에는...
(a) GENERAL RULE — In the case of an exchange to which section 351...applies...
   (1) 과세이연 재산 — 위 조의 허용에 따라 차익이나 차손의 인식없이 받을 수 있는 재산의 취득가액은 교환해 넘기는 재산의 취득가액...으로 한다.
   (1) NONRECOGNITION PROPERTY — The basis of the property permitted to be received under such section without recognition of gain or loss shall be the same as that of the property exchanged...

우선 이 강의 전체에 걸친 문제로 basis라는 용어, 제358조에서 취득가액이라고 옮긴 말을 짚고 넘어가자. 이따금 엉뚱한 오역이 보이지만 이 말은 과세표준이라는 뜻이 아니다. 미국의 소득세제에서는 taxable income에 세율을 곱하면 세액이 나오므로, 우리 말의 과세표준에 해당하는 말은 taxable income이다.[30] Basis라는 말은 그 뜻이 아니고 자산의 취득가액이라는 말이다. 좁은 뜻으로는 자산의 취득당시에 들어간 원가라는 말이지만 통상 adjusted basis, 곧 지금 현재 남아있는 원가라는 뜻으로 쓴다. 다시 말하면 basis(좁은 뜻의 취득원가)에 자본적 지출액을 더하고 감가상각 대상이라면 감가상각누계액을 뺀 미상각잔액이나 잔존원가 또는 회계실무에서 쓰는 장부가액이나 순장부가액 정도의 뜻이다. 앞으로 이 강의에서 basis와 adjusted basis를 엄밀히 구별할 필요가 있는 경우에는 취득가액과 순취득가액이라는 말을 쓰기로 한다.[31] Basis를 그냥 가액이라

---

29) 제3장 이하로 가면 distributee라는 말은 꼭 주주가 아니고 아무튼 재산을 분배받는 자라는 말이 되지만 이 제2장에서는 현물출자로 주식을 받는 주주라는 뜻이다.

30) 제1조. 제1장 제2절 I. 1. 한결 일반화한 용례로 과세표준을 tax base라고 쓰는 경우는 있다. 한편 tax base라는 말은 세원이라는 뜻으로도 쓰인다.

31) 취득원가나 순취득원가라고 쓴 부분이 있는데 같은 뜻으로 쓴 것이고 문맥에 따라 일부러 쓴 것이거나 용례를 다 정리하지 못한 것일 뿐이다.

고 옮길까도 생각해보았지만 우리말에서 가액이라는 말은 문맥에 따라서는 시가도 포함하므로 적절치 않다. 요사이 일본문헌에서는 '원물가액'이라는 표현도 찾을 수 있는데, 우리말 어감으로는 '원본'이나 '투자원본' 정도가 나을 듯하다. 아무튼 앞으로 이 강의에서는 취득가액, 순취득가액이라는 말을 쓰지만 설명 부분에서 뜻을 확 드러내기 위해서 원본이나 투자원본이라는 말을 쓴 곳도 있다. 당연한 말이지만 자산을 새로 취득하는 자의 입장에서 취득가액이라는 말을 쓸 때에는 자산의 가액을 얼마로 잡아야 하는가를 따지자는 것이다. 양도하는 자의 입장에서 이 말을 쓸 때에는 자신이 과거에 취득했던 원가 또는 자본적 지출이나 감가상각 등을 조정한 순취득가액이 얼마인가를 따지자는 것이다.

제351조(a)의 요건을 만족하면 현물출자자는 같은 조에 따라서 "차익이나 차손을 인식하지 않는다." 미실현이득만이 아니라 미실현손실도 인식하지 않는다.[32] 따라서 현물출자자가 받는 주식("차익이나 차손의 인식없이 받을 수 있는 재산")의 취득가액은, 현물출자한 재산("교환해 넘기는 재산")의 취득가액[33]이 제358조에 따라서 그대로 이어진다. 가령 취득원가 10불 시가 50불인 토지를 출자하고 주식을 받는 자의 주식 취득가액은 10불이 그대로 이어진다.[34] 만일 출자자가 받는 주식이 두 종류 이상이되 모두 과세이연 요건에 해당하는 주식이라면 종래의 재산 취득원가를 각 주식에 공정시가 기준으로 안분한다.[35] 출자한 재산이 양도소득을 낳을 자산이라면[36] 양도차익의 성격과 보유기간도 그대로 주식으로 이어진다.[37]

III. 양수법인에 대한 법률효과

제351조(a)의 요건을 만족하면 현물출자받는 양수법인에도 "차익이나 차손을 인식하지 않는다." 제351조(a)에서 "만일" 이하의 요건을 만족하는 경우 '차익이나 차손을 인식하지 않는' 자가 누구인가에 대해서는 아무런 언급이 없다. 따

---

32) 제351조와는 별개문제로 특수관계자 거래에서 생기는 양도차손은 손금불산입한다. 제267조.
33) 자본적 지출을 더하고 감가상각을 뺀 금액이다. 이하에도 문맥에 따라서 새겨 읽으면 된다.
34) (차) 주식 10 (대) 토지 10.
35) 제358조(b).
36) 투자자산이거나 제1231조 자산(어림잡아 사업용 고정자산). 제1장 제2절 I. 4.
37) 제1223조(1).

라서 양수법인도 제351조를 적용받는다. 기실 양수법인은 재산을 출자받는 자본 거래를 하는 것일 뿐이므로 과세소득이 생기지 않는 것은 성질상 당연하여 이미 제1032조를 적용받으므로 실익은 없다.

제362조 (법인의 취득가액)

Sec. 362 Basis to Corporations

(a) 재산취득을 주식발행에 따라서 또는 주식발행액면초과액으로서 한 것 — 재산취득을 법인이 하는 것이

(a) PROPERTY ACQUIRED BY ISSUANCE OF STOCK OR AS PAID—IN SURPLUS — If property was acquired...by a corporation

  (1) 그 거래에 제351조(이전 재산을 받는 법인을 지배하는 자가 양도인인 경우)를 적용받거나, 또는

  (1) in connection with a transaction to which section 351 (relating to transfer of property to corporation controlled by transferor) applies, or

  (2) 주식발행액면초과액으로서 또는 자본금의 납입으로 이루어진다면,

  (2) as paid—in surplus or as a contribution to capital

이 경우 취득가액이 될 금액은 양도인에게 남아 있었더라면 그의 취득가액일 금액...

then the basis shall be the same as it would be in the hands of the transferor...

양수법인의 자산 취득가액은 양도인(현물출자자)의 종래 취득가액이 제362조 (a)에 따라 그대로 넘어온다.[38] 가령 취득가액 10 시가 100인 토지를 출자하고 주식을 받는다면 출자자의 토지 취득가액 10이 그대로 법인의 토지 취득가액으로 넘어온다.[39] 제362조(a)의 (1)항, (2)항 어느 쪽에서도 같은 결과가 생긴다. 법의 글귀에는 없지만 출자자의 입장에서 주식의 취득가액이 10인 이상 법인의 주식발행가액(자본)도 10으로 잡아야 앞뒤가 맞다.[40]

---

38) 제362조(a). 보유기간은 출자자의 보유기간을 통산한다. 제1223조(2).

39) (차) 토지 10 (대) 자본 10. 여기에서 '자본'이라는 말은 우리 상법상 '자본'이라는 뜻은 아니고 순자산 내지 자기자본이라는 뜻이다.

40) 미국법에서는 배당가능이익만 따질 뿐 법인의 나머지 자본이 어떻게 변동하는가는 무시한다. 배당가능이익을 순자산액 stock과 자본 stock을 비교하여 대차대조표 방식으로 구하는 우리 상법과 달리 미국 법인세제에서는 배당가능이익을 소득 flow의 누적으로 직접 계산하는 손익계산서 방식이므로 자본의 금액을 관리할 필요가 없다. 그렇지만 이 책에서는 자본의 변동을 같이 생각해보는 곳이 많다. 이해하기 쉽기 때문이다. 미국법에서도 파트너십 세제에서는 자본(inside basis)의 금액을 관리한다.

[보기 3]

자연인 성용차와 부동선은 50 : 50으로 법인을 세워 최고급 외제승용차 렌털 사업을 하기로 했고 법인은 두 출자자에게 각 보통주 170주씩을 발행해 준다. 다음 각 경우 성, 부 및 법인에게는 어떤 법률효과가 생기는가?

(1) 성은 사업에 사용하던 승용차를 출자하고 부는 주차장용 부동산과 현금을 출자한다. 성이 출자하는 승용차는 취득원가가 70,000불이지만 이미 골동품의 단계에 이른 것이어서 시가가 170,000불이다. 부가 출자하는 부동산은 취득원가가 30,000불이고 시가가 150,000불이다. 부는 현금도 20,000불 출자한다.

(2) 부가 출자하는 부동산의 시가는 100,000불이다. 부는 70,000불 상당의 노무도 출자한다. 현금출자는 없다. 다른 사실관계는 모두 (1)과 같다.

(3) 성은 자신이 타던 승용차를 출자하고 부는 170,000불 상당의 노무를 출자한다. 성이 출자하는 승용차는 취득원가가 70,000불이지만 시가가 170,000불이다.

(4) 다른 사실관계는 모두 (1)과 같지만 성이 출자하는 승용차 취득원가는 180,000불이다.

(풀이) (1) 제1장의 Phellis 판결에서 본 일반 원칙으로는 이 법인은 출자자인 성, 부와 별개의 사람이고 성과 부는 현물출자로 차익을 실현하였다. 골동품 승용차와 부동산은 특별한 사정이 없는 이상 투자자산에 해당하고 처분에서 생기는 차익 각 100,000불 및 120,000불은 제63조의 총수입금액과 제62조의 과세소득에 들어가고 소득의 종류는 양도소득으로 장기양도소득이라면 제1조(h)의 낮은 세율로 과세할 것이다. 그러나 제351조에 따르면 이런 "재산의 양도가 법인에 대해서 하나 이상의 사람들이 오로지 그 법인의 주식과 교환으로 행하는 것이고 교환직후 그런 사람들이 그 법인을 지배"하므로 성과 부에게는 "차익…을 인식하지 않는다." "교환으로서 제351조를 적용받는 경우" 성이 "차익…의 인식 없이 받을 수 있는 재산"인 주식(170주)의 취득가액은 제358조(a)에 따라서 "교환해 넘기는 재산"인 승용차의 취득가액 70,000불을 이어받는다.[41] 투자자산이라는 성격이 같으므로 주식은 승용차의 보유기간도 이어받는다. 부의 주식(170주) 취득가액은 "교환해 넘기는 재산"인 부동산 및 현금의 취득가액(현금의 취득가액은 당연히 그 금액 자체이다)으로 30,000 + 20,000 = 50,000불이다.[42] 주식 가운데 30,000불(시가로 150,000불) 부분(150주)은 부동산의 보유기간도 물려받는다. 법인의 승용차 취득가액은 성의 취득가액 70,000불을 물려받고 부동산 취득가액은 부의 취득가액 30,000불을 물려받는다.[43]

---

41) (차) 주식 70,000 (대) 승용차 70,000.

42) (차) 주식 50,000 (대) 부동산 30,000 + 현금 20,000.

43) (차) 승용차 70,000 + 부동산 30,000 + 현금 20,000 (대) 자본 120,000. 대변은 앞 두 분개의 차변에 대응한다.

(2) 부가 받는 주식 가운데 시가로 100,000불어치는 부동산 및 현금이라는 "재산의 양도"를 "법인의 주식과 교환으로 행하는 것"이고 시가로 70,000불어치는 노무출자의 대가이다. 노무출자로 받는 주식 70,000불어치는 제63조의 총수입금액과 제61조의 과세소득에 들어가서 경상소득으로 과세한다. 성의 승용차 출자와 부의 부동산출자 부분은 제351조의 과세이연을 받는가? 재산의 양도가 법인에 대해서 하나 이상의 사람들이 오로지 그 법인의 주식과 교환으로 행하는 것이고 교환직후 그런 사람들이 그 법인을 지배"하므로 성과 부에게는 "차익…을 인식하지 않는다. 성의 승용차 출자와 부의 부동산 출자는 "재산의 양도가 법인에 대해서 하나 이상의 사람들이 오로지 그 법인의 주식과 교환으로 행하는 것"에 해당한다. 문제는 "교환직후 그런 사람들" 곧 성과 부가 "그 법인을 지배"하는가이다. 성과 부가 재산출자로 받는 주식의 비율은 (170주 + 100주)/340주 = 79.41%로 80%에 이르지 못한다. 그러나 제351조는 출자하는 사람들이 지배할 것을 요구할 뿐이지 출자 그 자체로 지배권을 얻어야 한다고 정하고 있지는 않다. "교환 직후" "재산의 양도[를]…인에 대해서 재산과 교환으로 행하는" 성과 부는 "법인을 지배"하므로 성이 실현한 차익 100,000불과 부가 실현한 차익 70,000불은 인식하지 않는다.[44] 부의 주식 취득가액은 노무출자분은 70,000불이고 부동산 출자분(100주 = 시가 100,000불)은 부동산의 취득가액 30,000불을 그대로 이어받는다. 성의 주식(170주) 취득가액은 (1) 그대로 70,000불이다. 법인의 부동산 취득가액은 30,000불을 물려받고 승용차 취득가액은 70,000불이며 노무출자의 대가로 발행해 준 주식가액 70,000불을 손금산입할 수 있다.[45]

(3) 재산을 출자하는 자는 성뿐이고 성은 교환직후 법인을 지배하지 않는다. 따라서 제351조의 과세이연을 받을 수 없다. 부가 노무출자로 받는 주식 170,000불은 모두 (1)의 첫 문장대로 과세한다. 법인의 승용차 취득가액은 170,000불, 부동산 취득가액은 170,000불이고 법인은 노무출자의 대가로 발행해 준 주식가액 170,000불을 손금산입할 수 있다.

(4) 제351조에는 차익과 차손이 나란히 적혀있다. "재산의 양도가 법인에 대해서 하나 이상의 사람들이 오로지 그 법인의 주식과 교환으로 행하는 것이고 교환직후 그런 사람들이 그 법인을 지배"하므로 성의 차손과 부의 차익을 인식하지 않는다. "교환으로서 제351조를 적용받는 경우" 성이 "차손…의 인식 없이 받을 수 있는 재산"인 주식의 취득가액은 제358조(a)에 따라서 "교환해 넘기는 재산"인 승용차의 취득가액 180,000불을 이어받는다.[46] 투자자산이라는 성격이 같으므로 주식

---

44) 재무부규칙 1.351-1(a)(2), Ex. 3.
45) (차) 승용차 70,000 + 부동산 30,000 + 인건비 70,000 (대) 자본 170,000.
46) (차) 주식 180,000 (대) 승용차 180,000.

은 승용차의 보유기간도 이어받는다. 부의 주식 취득가액은 "교환해 넘기는 재산"
인 부동산 및 현금의 취득가액(현금의 취득가액은 당연히 그 금액 자체이다)으로
30,000 + 20,000 = 50,000불이다.[47] 주식 가운데 30,000불(시가로 150,000불) 부분
(150주)은 부동산의 보유기간도 물려받는다. 법인의 부동산 취득가액은 부의 취득
가액 30,000불을 물려받지만 승용차(또는 성의 주식) 취득가액에 대해서는 제362
조(e)에 특례가 있어서 시가 170,000불이라는 상한에 걸린다.[48] 뒤에 다시 본다.

제3절 Boot의 법률효과

재산을 출자하는 대가로 주식만이 아니라 현금이나 다른 재산도 받는 경우
그런 현금이나 다른 재산을 속칭으로 boot라고 부른다. "웬 떡"이나 "팥고물" 정
도의 느낌이 있는 말로 '다른 재산'이나 "추가적 재산"이라고 옮길 수도 있겠지
만 워낙 과세이연 거래에 덧붙는 다른 재산이라는 맥락에서만 쓰는 말이라서 그
냥 boot라고 쓰기로 한다. 꼭 법인세에서만 쓰는 말은 아니고 양도차익 과세이
연 거래에서는 다 쓰는 말이다.[49]

I. 출자자의 양도소득과 주식 취득가액

> 제351조(b) (재산의 양수) — 위 (a)를 적용받을 교환이로되 받는 것에 주식을 위 (a)의 허
> 용에 따라서 받는 것에 더하여 다른 재산이나 현금도 받는다는 사실 때문에 적용받지 못
> 한다면
> Sec. 351(b) RECEIPT OF PROPERTY — If subsection (a) would apply to an exchange
> but for the fact that there is received, in addition to the stock permitted to be received
> under subsection (a), other property or money, then
>   (1) 차익(생기는 경우)인식을 받는 이에게 하되, 상한을
>   (1) gain (if any) to such recipient shall be recognized, but not in excess of

---

47) (차) 주식 50,000 (대) 부동산 30,000 + 현금 20,000.

48) (차) 승용차 170,000 + 부동산 30,000 + 현금 20,000 (대) 자본 220,000. 대변이 앞 두 분개의 차
    변과 달라지는 것은 승용차 취득원가가 상한에 걸렸기 때문이다.

49) 제1장 제2절 I. 6. (4).

(A) 현금 받은 금액, 더하기

(A) the amount of money received, plus

(B) 공정한 시가로 쳐서 위 다른 재산 받은 것으로 한다. 그리고

(B) the fair market value of such other property received; and

(2) 차손은 받는 이에게 인식하지 않는다.

(2) no loss to such recipient shall be recognized.

[보기 4]

출자자가 취득원가 10불이고 시가 100불인 토지를 출자하면서 그 대가로 시가가 80불인 주식과 시가가 20불인 회사채를 받는다고 하자.[50] 출자자에게 양도소득으로 과세할 금액은 얼마인가?

풀이 "주식받는 것에 더하여 다른 재산(회사채)"을 받으므로 제351조(b)에 따라 "차익(토지에 딸려있는 미실현이득 90불)을 인식하되, 다만 상한을 "다른 재산(회사채) 받은 것"의 "공정한 시가"(20불)로 한다.

출자자가 받는 주식의 취득가액은 어떻게 되는가? 위 예 같으면 출자자가 받는 주식과 회사채의 가액에서 내놓는 토지의 가액을 뺀 차액을 양도소득 20불로 과세한다고 이미 전제했다. 이 과세소득 20불은 새로 받은 회사채의 취득원가로 잡을 20불에 대응하므로, 주식의 취득가액에 들어갈 금액은 토지의 종래 취득가액 10불이 그냥 이어져야 앞뒤가 맞다.[51] 이 논리구조에 따라 제358조는 다음과 같이 정하고 있다.

제358조 (분배받는 자의 취득가액)

Sec. 358 Basis to Distributees

(a) 일반 원칙 ― 교환으로서 제351조...를 적용받는 경우에는 ―

(a) GENERAL RULE ― In the case of an exchange to which section 351...applies ―

　　(1) 과세이연 재산 ― 취득가액으로 위 조의 허용에 따라 차익이나 차손의 인식없이 받을 수 있는 재산에 잡을 금액은 교환해 넘기는 재산의 취득가액에서

　　(1) NONRECOGNITION PROPERTY ― The basis of the property permitted to be

---

50) 대가로 받은 주식의 시가가 80이라고 하는 것은 기실 계산이 맞다는 것을 보여주려고 일부러 적은 것일 뿐이고 주식의 시가는 풀이에 영향을 주지 않는다. 등가교환을 전제로 하는 이상 주식의 시가가 80이라는 것은, 재산 100을 출자하고 회사채 20을 받았으므로 결과적으로 주식의 가치가 80이 된다는 말이다. 이하의 보기에서 주식의 시가가 얼마라고 적고 있는 것은 모두 등가교환을 전제로 얻어지는 결과적 가치를 독자가 읽기 쉽도록 밝혀놓은 것일 따름이다.

51) (차) 주식 10 + 회사채 20 (대) 토지 10 + 양도차익 20.

received under such section without recognition of gain or loss shall be the same as that of the property exchanged

(A) 다음 금액을 빼고 —

(A) decreased by —

(i) 공정한 시가로 쳐서 다른 재산(현금은 제외)을 납세의무자가 받은 것,

(i) the fair market value of any other property (except money) received by the taxpayer,

(ii) 현금의 금액으로 납세의무자가 받은 것, 더하기

(ii) the amount of any money received by the taxpayer, and

(iii) 차손의 금액으로 납세의무자가 교환차손으로 인식한 것.

(iii) the amount of loss to the taxpayer which was recognized on such ex-change, and

(B) 다음 금액을 더한 것이다 —

(B) increased by —

(ii) 차익의 금액으로 납세의무자가 교환차익으로 인식한 것...

(ii) the amount of gain to the taxpayer which was recognized on such exchange...

[보기 5]

취득원가 90불 시가 100불인 토지를 출자하면서 그 대가로 주식 시가 80불어치와 회사채 시가 20불어치를 받는다고 하자. 출자자의 토지 양도소득으로 과세하는 금액은 얼마이고 출자자가 받는 주식의 취득원가는 얼마가 되는가?

(풀이) 과세대상 양도소득은 10불이다. 20불이 아니고 10불인 이유는 독자 스스로 깨달을 수 있을 것이다. 주식의 취득가액은 90불(넘기는 재산의 취득가액) - 20불(공정한 시가로 쳐서 다른 재산받은 것) + 10불(차익의 금액으로 인식한 것) = 80불이 된다.52)

Ⅱ. 양수법인의 재산 취득가액

과세이연시에는 출자자의 당초 취득가액이 그대로 법인의 재산 취득가액으로 넘어온다. 출자자에게 양도소득을 과세하는 경우에는 과세소득으로 잡은 만큼을 법인의 재산 취득가액에 얹는다. 당연한 논리인 것이, 자산의 취득가액이란

---

52) (차) 주식 80 + 회사채 20 (대) 토지 90 + 양도차익 10.

취득에 들어간 경제적 자원의 가치와 그 자산의 가치증가액으로 과세받은 소득금액의 합계일 수밖에 없기 때문이다.

제362조 (법인의 취득가액)

Sec. 362 Basis to Corporations

(a) 재산취득을 주식발행에 따라서 또는 주식발행액면초과액으로서 한 것 — 재산취득을 법인이 하는 것이

(a) PROPERTY ACQUIRED BY ISSUANCE OF STOCK OR AS PAID-IN SURPLUS — If property was acquired...by a corporation

  (1) 그 거래에 제351조(이전하는 재산을 받는 법인을 지배하는 자가 양도인인 경우)를 적용받거나, 또는

  (1) in connection with a transaction to which section 351 (relating to transfer of property to corporation controlled by transferor) applies, or

  (2) 주식발행액면초과액으로서 또는 자본금의 납입으로서 이루어진다면,

  (2) as paid-in surplus or as a contribution to capital

이 경우 취득가액이 될 금액은 양도인에게 남아 있었더라면 그의 취득가액일 금액 더하기 차익인식을 양도인이 그런 양도에서 한 금액이다.

then the basis shall be the same as it would be in the hands of the transferor, increased in the amount of gain recognized to the transferor on such transfer.

위 [보기 4]와 [보기 5]에서 법인의 토지 취득가액은 얼마가 되는가? [보기 4]에서는 취득가액이 10, 시가가 100인 토지를 출자하면서 회사채 20과 주식 80어치를 받아서 양도소득 20을 과세받았다. 이 예에서는 법인의 토지 취득가액은 출자자의 주식 취득가액 10에 양도소득 20을 더한 30이 된다. 출자자의 입장에서 회사채의 취득가액으로 20을 잡고 주식의 취득가액으로 10을 잡는다는 말은, 법인의 입장에서도 회사채의 발행가액을 20 주식의 발행가액(자본)을 10으로 잡아야 앞뒤가 맞다는 말이다. 따라서 법인의 토지 취득가액은, 주주의 토지 취득가액 10 + 양도소득 20 = 회사채의 가액 20 + 주식의 가액 10 = 30이 된다.53) 마찬가지로 생각하면 [보기 5]의 취득가액이 90, 시가가 100인 토지를 출자하여 회사채 20과 주식 80어치를 받으면서 양도소득 10을 과세받는 사례에서는 법인의 토지 취득가액은, 당초의 토지 취득가액 90 + 양도소득 10 = 회사채 가액 20 + 주식 가액 80 = 100이 된다.54)

---

53) (차) 토지 30 (대) 회사채 20 + 자본 10. 대변을 주석 51의 차변에 대응시킨 결과이다.

54) (차) 토지 100 (대) 회사채 20 + 자본 80. 대변은 주석 52의 분개에서 출자자의 차변과 같다.

[보기 6]

자연인 성용차와 부동선은 최고급 외제승용차 렌털 사업을 같이 하기로 했다. 성은 사업에 사용하던 승용차를 출자하고 부는 주차장용 부동산과 현금을 출자한다. 성이 출자하는 승용차는 취득원가가 70,000불이지만 시가가 170,000불이다. 부가 출자하는 부동산은 취득원가가 30,000불이고 시가가 150,000불이다. 부는 현금도 20,000불 출자한다. 출자대가로 성은 주식 150주와 회사채 20,000불을 받고 부는 주식 170주를 받는다. 성, 부 및 법인에는 어떤 법률효과가 생기는가?

(풀이)　법인은 출자자인 성, 부와 별개의 사람이고 성과 부는 현물출자로 과세소득에 들어갈 차익을 실현하였다. 승용차와 부동산은 특별한 사정이 없는 이상 투자자산에 해당하고 처분에서 생기는 차익 각 100,000불 및 120,000불은 제63조의 총수입금액과 제62조의 과세소득에 들어가고 소득의 종류는 양도소득으로 장기양도소득이라면 제1조(h)의 낮은 세율로 과세할 것이다. 성과 부의 재산출자는 "오로지 그 법인의 주식과 교환으로 행하는 것"이 아니어서 제351조(a)의 과세이연을 적용받지 못한다. 그러나 이 출자는 "주식은 위 (a)의 허용에 따라서 받는 것에 더하여 다른 재산이나 현금도 받는다는 사실"만 없다면 "재산의 양도가 법인에 대해서 하나 이상의 사람들이…주식과 교환으로 행하는 것이고 교환 직후 그런 사람들이 그 법인을 지배"하여서 제351조(a)를 적용받을 교환이므로 제351조(b)에 따라, "차익(성에게 100,000불과 부에게 120,000불)인식을 받는 이"인 성"에게 하되 상한을" 회사채라는 "다른 재산받은 것"의 시가 20,000불로 한다. 결국 성의 차익 100,000불 중 80,000불은 과세이연하고 20,000불은 과세한다. 부의 차익은 120,000불 모두를 과세이연한다. 성이 "교환으로서 제351조를 적용"받아 "위 조의 허용에 따라 차익…을 인식 없이 받을 수 있는 재산"인 주식(150주)에 잡을 취득가액은 "교환해 넘기는 재산"인 승용차의 취득가액(70,000불)에서 "다른 재산받은 것"의 시가 20,000불을 빼고 "차익의 금액으로 납세의무자가 교환차익으로 인식한 것" 20,000불을 더하면 70,000불이 된다.[55] 부는 boot 받는 것이 없으므로 주식 170주 취득가액은 교환해 넘기는 재산인 부동산과 현금의 취득가액 50,000불이다.[56] 법인의 승용차 취득가액은 "재산취득을 법인이 하는 것이 그 거래에 제351조를 적용"받는 경우이므로 제362조에 따라 승용차가 "양도인에게 남아 있었더라면 그의 취득가액일 금액" 70,000불 더하기 "차익인식을 양도인이 그런 양도에서 한 금액" 20,000불, 합계 90,000불이 된다. 법인의 부동산 취득가액은 부의 취득원가 30,000불 그대로이다.[57]

---

55) (차) 주식 70,000 + 회사채 20,000 (대) 승용차 70,000 + 양도소득 20,000.

56) (차) 주식 50,000 (대) 부동산 30,000 + 현금 20,000.

57) (차) 승용차 90,000 + 부동산 30,000 + 현금 20,000 (대) 자본 120,000 + 회사채채무 20,000.

III. 미실현손실

Boot를 받더라도 현물출자 재산에 딸린 미실현손실은 현물출자시 인식하지 않는다. 앞 Ⅰ의 제351조(b)(2)에서 "차손은 받는 이에게 인식하지 않는다"고 정하고 있는 것을 제351조(b)(1)의 글귀와 견주어보면, 현금이나 다른 재산을 받는다고 하더라도 차손은 인식하지 않는다. 이 점에서 미실현이득과 다르다.

미실현이득이 있는 재산과 미실현손실이 있는 재산을 함께 출자하는 예를 보자.

[보기 7: Rev. Rul. 68-55[58]]

X법인과 그의 특수관계자가 아닌 자연인 갑, 두 사람이 Y법인을 설립하면서, 갑은 현금 20불을 출자하고 X는 재산 1, 2, 3을 출자하였다. 재산 1, 2, 3의 시가는 각 22불, 33불, 55불, 합계 110불이다. 출자대가로 갑은 Y주식 20불어치를 받고 X는 Y주식 100불어치와 현금 10불을 받았다. X의 재산 1, 2, 3 취득원가는 각 40불, 20불, 25불이다. X가 양도소득으로 과세받는 금액은 얼마인가? X가 받는 Y주식의 취득가액과 Y법인의 재산 1, 2, 3 취득가액은 각 얼마가 되는가?

(풀이) 문제는 X가 받는 현금 10불을 재산 1, 2, 3에 어떻게 나눌 것인가이다. 법령에 달리 규정이 없으므로 시가 기준인 22:33:55로 안분해서 각 2불, 3불, 5불로 본다면,[59] 재산 1, 2, 3의 출자대가는 각 (현금 2불 + 주식 20불), (현금 3불 + 주식 30불), (현금 5불 + 주식 50불)이 된다. 재산1에 딸린 미실현손실(22불 − 40불 = −18불)은 전혀 인식할 수 없고, X가 받는 주식의 취득원가는 40 − 2 = 38불이다. 재산2에 딸린 미실현이득은 13불이므로 그 중 3불이 과세소득이 되고, X가 받는 주식의 취득원가는 20 + 소득 3 − 현금 3 = 20불이다. 재산3에 딸린 미실현이득은 30불이므로 그 중 5불이 과세소득이 되고 X가 받는 주식의 취득원가는 25 + 소득 5 − 현금 5 = 25불이다. 합치면 X가 받는 Y주식 100불어치의 취득원가는 38 + 20 + 25 = 83불이다.[60]

---

58) 1968-1 CB 140. 이 행정해석 원문은 X의 양도소득 금액만 다루고 있다. X의 주식 취득가액과 Y의 재산 취득가액은 논리적으로 연장해서 푼 것이다. 이 답은, 괜히 어렵게 설명하고 있기는 하지만 Stephen Schwartz and Daniel J. Lathrope, Fundamentals of Corporate Taxation (8th ed., 2012), 75-76쪽에도 나온다. 이 행정해석의 논점 가운데 소득구분(단기양도소득, 장기양도소득, 경상소득) 문제는 생략하고 재산 1, 2, 3 모두가 투자자산이라고 전제했다.

59) 재무부규칙 1.1245-4(c)(1)을 유추적용해도 같다.

60) X의 분개는 (차) 현금 2 + 주식 38 (대) 재산1 40, (차) 현금 3 + 주식 20 (대) 재산2 20 + 양도소득 3, (차) 현금5 + 주식 25 (대) 재산3 25 + 양도소득 5.

미실현손실에 관해서는 또 다른 논점이 생긴다. 앞 [보기 7]에서 Y법인의 재산 1, 2, 3 취득가액은 각 얼마인가? 지금까지 공부한 규칙에 따르면 40불, 23불(= 20 + 3), 30불(25 + 5), 합계 93불이다.[61] 그런데 이 가운데 재산1은 취득원가가 40불이고 시가가 22불이어서 미실현손실 18불이 붙어있다. 이 재산을 출자하면서 받은 대가는 현금 2불과 주식 20불이다. 출자자 X의 주식 취득원가는 38불이고 제362조(a)에 따르면 Y법인의 재산 취득원가는 40불이다. 이제 Y법인이 재산을 22불에 판다면 처분손실이 22 - 40 = 18불이 생긴다. 출자자가 Y주식을 팔면, 받을 돈은 주식의 시가 20불이고 취득원가는 38불이므로 역시 처분손실이 20 - 38 = 18불이 생긴다. 결과적으로 현물출자 없이 재산을 바로 파는 경우(22 - 40 = 처분손실 18불)와 견주어 본다면 국가의 입장에서 보자면 동일한 처분손실이 두 번 잡히는 결과가 된다. 기실 이 문제는 처분익에서도 똑같이 생긴다. 가령 취득원가 40불이고 시가 60불인 재산을 출자한다면 주주와 법인 두 단계에서 각 미실현이득 20불씩이 생기는 것이다. 미국법은 이처럼 소득이 두 번 생기는 부분은 무시하고[62] 손실이 두 번 생기는 부분에 대해서만[63] 대책을 두고 있다.

제362조 (법인의 취득가액) (e) (내재손실의 제한)
Sec. 362 Basis to Corporations (e) LIMITATIONS ON BUILT-IN LOSSES
(2) 내재손실을 제351조 거래로 이전하는데 대한 제한
(2) LIMITATION ON TRANSFER OF BUILT-IN LOSSES IN SEC. 351 TRANSACTIONS
(A) 원칙 — 만일 —
(A) IN GENERAL — If —
    (i) 재산 양도를 어느 양도인으로부터 하는 거래가...위 (a)에 적힌 것이고
    (i) property is transferred by a transferor in any transaction...described in subsection (a)..., and
    (ii) 양수인의 순취득가액 합계로 그렇게 양수한 재산에 대해 잡을 것(이 항이 없다면) 이 재산...의 공정한 시가를 넘게 된다면,
    (ii) the transferee's aggregate adjusted bases of such property so transferred would (but for this paragraph) exceed the fair market value of such property...,
위 (a)에 불구하고 양수인의 순취득가액 합계로 그렇게 양수한 재산에 잡을 수 있는 것의 상한은 ...재산의 시가이다.

---

61) (차) 재산1 40 + 재산2 23 + 재산3 30 (대) 현금(2 + 3 + 5) + 자본(38 + 20 + 25). 이 계산은 다음 문단에 나오는 제362조(e)는 아직 고려하지 않은 것이다.

62) 일반론으로 이창희, 세법강의 제16장 Ⅱ.2.

63) 제5장 제1절 Ⅲ. 3.

> then, notwithstanding subsection (a), the transferee's aggregate adjusted bases of the property so transferred shall not exceed the fair market value of such property...

법인 단계의 취득가액에 위와 같이 시가상한을 거는 대신, 제362조(e)(2)(c)는, 출자자와 법인 둘 다의 선택으로 출자자의 주식 취득가액에 시가라는 상한을 거는 것을 허용한다. [보기 3]의 (4)로 돌아가면 법인의 승용차나 주식 둘 중 하나의 취득가액은 시가 170,000불이라는 상한에 걸린다. [보기 7]에서는 재산 1만 본다면 Y법인의 재산1 취득가액은 제362조(a)에 따르면 40불이겠지만,[64] 이 금액은 거래직후의 시가 22불을 넘는다. 따라서 제362조(e)(2)(A)에 의해 Y법인의 재산1 취득가액은 상한 22불에 걸린다.[65] 이 경우 X의 주식 취득가액은 38불 그대로 남아있으므로 Y법인의 재산 취득가액 22불과 서로 달라지게 된다. 재산1의 취득가액을 40불로 선택한다면 X의 주식 취득가액이 상한 22불에 걸린다.

그러나 재산 1, 2, 3을 한꺼번에 생각하면 다시 답이 달라진다. 제362조(e)(2)의 글귀를 보면 법인의 순취득가액 '합계'가 재산의 시가를 넘지 못한다고 적고 있다. 이 보기에서 현물출자 부분만을 보았을 때 재산 1, 2, 3의 취득가액 합계는 (40 + 20 + 25 + 양도소득 8) = 93불이고, 시가 합계는 (22 + 33 + 55) = 110불이다. 따라서 출자자의 취득원가를 그대로 물려받는 경우 Y법인의 취득원가 합계는 93불이 되어 시가합계보다 적다. 따라서 Y법인의 재산 1, 2, 3 취득원가는 각 40불, 23불, 30불, 합계 93불이 된다.[66]

[보기 8]

다른 모든 사실관계는 [보기 6]와 같지만 성의 승용차 취득원가가 200,000불이다.

(풀이) 제1장의 Phellis 판결에서 본 일반원칙으로는 이 법인은 출자자인 성, 부와 별개의 사람이고 성과 부는 현물출자로 각 차손 30,000불과 차익 120,000불을 실현하였다. 승용차와 부동산은 특별한 사정이 없는 이상 투자자산에 해당하고 처분에서 생기는 차손 및 차익은 양도손실과 양도소득이 될 것이다. 성이 제

---

64) (차) 재산1 40 (대) 현금 2 + 자본 38.

65) (차) 재산1 22 (대) 현금 2 + 자본 20.

66) (차) 재산1 40 + 재산2 23 + 재산3 30 (대) 현금(2 + 3 + 5) + 자본(38 + 20 + 25).

351조"(a)의 허용에 따라서 받을 수 있는 주식에 더하여 다른 재산"인 회사채 20,000불어치도 받으므로 성과 부의 재산출자는 "오로지 그 법인의 주식과 교환으로 행하는 것"이 아니어서 제351조(a)의 과세이연을 적용받지 못한다. 그러나 이 출자는 "(a)에 따라서 받을 수 있는 주식에 더하여 다른 재산이나 현금도 받는다는 사실"만 없다면 (a)를 적용받을 교환이므로 제351조(b)에 따라 성의 "차손은 받는 이에게 인식하지 않는다." 부의 차익은 120,000불 모두를 과세이연한다. 성이 "교환으로서 제351조를 적용"받아 "위 조에 따라…차손을 인식하지 않고 받을 수 있는 재산"인 주식(150주)에 잡을 취득가액은 "교환해 넘기는 재산"인 승용차의 취득가액(200,000불)에서 "다른 재산받은 것의 시가" 20,000불을 빼 180,000불이 된다.[67] 부는 boot 받는 것이 없으므로 주식 170주 취득가액은 교환해 넘기는 재산인 부동산과 현금의 취득가액 50,000불이다.[68] 법인의 승용차 취득가액은 "재산취득을 법인이 하는 것이 그 거래에 제351조를 적용"받는 경우이므로 제362조에 따라 승용차가 "양도인에게 남아 있었더라면 그의 취득가액일 금액"은 200,000불이지만, 다시 제362조(e)에 따라 시가 170,000불이라는 상한에 걸린다. 따로 선택한다면 성의 주식 취득가액에 시가 170,000불 상한을 걸 수 있다. 법인의 부동산 취득가액은 부의 취득원가 30,000불을 그대로 물려받는다.[69] 시가 상한은 양도인별로 따지므로 부가 출자하는 부동산의 시가는 성이 출자하는 승용차나 성의 주식 취득가액에 영향을 주지 않는다.

Ⅳ. 회사채와 장기할부조건

여태껏 풀어온 예제에서 무시해온 문제가 하나 있다. Boot로 받은 재산이 기실 회사채라는 점이 미칠 영향이다. 가령 [보기 4]로 돌아가면 취득원가 10이고 시가 100인 토지를 출자하면서 그 대가의 일부로 회사채 시가 20짜리를 받았다. 이 회사채를 현금 20이나 유형재산 20을 받는 것과 마찬가지로 보아, 양도소득 20을 현물출자시 당장 과세할 것인가? 양도소득을 과세이연하는 이유가 양수인이 '내 회사', 곧 출자자 자신의 연장선일 뿐이라는 점을 생각하면 그런 회사가 출자자한테 돈을 준다고 약속하는 것도 나 자신한테서 받은 약속일 뿐인

---

67) (차) 주식 180,000 + 회사채 20,000 (대) 승용차 200,000.

68) (차) 주식 50,000 (대) 부동산 30,000 + 현금 20,000.

69) (차) 승용차 170,000 + 부동산 30,000 + 현금 20,000 (대) 자본 200,000 + 회사채 20,000. 결과적으로 앞 두 분개와는 숫자가 어긋나게 된다.

데… 이것을 재산을 받는 것이라고 볼 것인가? 현행법은 단순한 약속인가 증권, 곧 회사채를 발행했는가를 구별해서, 전자라면 재산으로 보지 않고 후자라면 재산으로 본다.[70] 1986년 이전에는 제351조(a)에서 과세이연 대상인 교환대가를 "주식과 회사채"[71]로 정하고 있다가 1989년 개정당시 회사채라는 말을 빼고 주식만을 과세이연 대상으로 삼았다. [보기 4]를 다시 보라. 그러나 회사채를 과세대상으로 삼는다는 말은 그 시가를 당장 과세한다는 말은 아니다.[72] 제1장에서 보았듯 동종자산 양도에 따른 과세이연과 할부판매의 관계에 대해서는 제453조(f)(6)에 명문규정이 있다.[73] 재무부규칙은 현물출자 과세이연과 할부판매의 관계도 이 조와 마찬가지로 풀이한다.

[보기 9]

1)[74] 납세의무자는 W토지(취득원가 250,000불 시가 300,000불)를 현물출자하여 법인을 설립하면서 주식 200,000불 어치를 받고 나머지는 만기 2년이고 적정한 이자가 따로 붙는 회사채 액면 100,000불짜리를 받는다. 납세의무자와 법인에게는 각 어떤 법률효과가 생기는가?

2) 앞 보기에서 W토지의 취득원가가 180,000불이라면?

(풀이) 1) 주식에 더하여 회사채를 받으므로 현물출자에 따른 처분익(50,000불)을 과세하고 이 금액은 상한 100,000불보다 낮다. 처분익 50,000불은 할부판매에 해당하므로 당장 과세하지는 않고[75] 현금회수액에 맞추어 이익률(=50,000/100,000)만큼 과세한다.[76] (제453조(f)(6)의 용례로는 할부약정대금은 300,000불에서 과세이연을 누리면서 받을 수 있는 재산 200,000불을 뺀 100,000불이다. 할부이익 50,000불 가운데 제351조 덕택으로 과세이연받는 금액은 없다. 따라서 이익률은 50,000/100,000이다.) 회사채에 딸린 이자소득은 실효이자를 계산해서 2년에 나누어 과세한다. 법인의 토지 취득원가는 현물출자 당시에는 출자자의 취득원가 250,000불을 물려받고, 출자자가 현금 100,000불을 받을 때에

---

70) 옛 미국세법 제351조(a)에는 과세이연 대상인 양도대가를 주식이나 증권(securities)이라고 정하고 있었으나 1989년 개정시 증권이라는 말을 뺐다.

71) 법률의 글귀로는 securities이지만, 이 말의 실제 뜻은 회사채와 신주인수권 증서 정도이다. 제7장과 제8장에 가서 살펴본다.

72) Bittker & Eustice, 3.05[3].

73) 제1장 제2절 I.6.

74) 재무부규칙시안 1.453-1(f)(3)(iii), Ex. 2.

75) (차) 주식 200,000 + 채권 (100,000−50,000) (대) W토지 250,000 + 처분익 (50,000−50,000).

76) (차) 현금 100,000 (대) 채권 50,000 + 처분익 50,000.

과세받는 처분익 50,000불만큼 다시 늘어난다.[77]

2) 주식에 더하여 회사채를 받으므로 현물출자에 따른 처분익(120,000불)을 과세하지만 이 금액은 상한 100,000불에 걸린다. 과세대상 처분익 100,000불은 할부판매에 해당하므로 당장 과세하지는 않고[78] 현금회수액에 맞추어 이익률(= 100,000/100,000)만큼 과세한다.[79] (제453조(f)(6)의 용례로는 할부대금은 300,000불에서 과세이연을 누리면서 받을 수 있는 재산 200,000불을 뺀 100,000불이다. 할부이익 120,000불 가운데 제351조 덕택으로 과세이연받는 금액 20,000불을 빼면 현금회수액에 붙어 있는 이익률은 100,000/100,000이다.) 회사채에 딸린 이자소득은 실효이자를 계산해서 2년에 나누어 과세한다. 법인의 토지 취득원가는 현물출자 당시에는 출자자의 취득원가 180,000불을 물려받고, 출자자가 현금 100,000불을 받을 때에 과세받는 처분익 100,000불만큼 다시 늘어난다.[80]

V. 부적격 우선주 = boot

지금까지의 논의에서 '주식'이라고 부른 것은 전형적인 보통주를 전제로 하고 있었다. 그런데 현물출자 대가로 받는 주식이 우선주라면 그 실질은 보통주보다는 오히려 회사채에 가까울 수 있다.[81] 법은 이런 생각에서 일정한 우선주를 '부적격 우선주'라고 부르면서 과세대상으로 삼고 있다.[82]

제351조(g) 부적격 우선주 다루기를 주식이 아닌 것으로
Sec. 351(g) NONQUALIFIED PREFERRED STOCK NOT TREATED AS STOCK
(1) 원칙 — 사람이 재산을 법인에 양도하면서 받는 것에 부적격 우선주가 있다면...
(1) IN GENERAL — In the case of a person who transfers property to a corporation and receives nonqualified preferred stock
　(A) 위 (a)는 그런 양도인에 적용하지 않고, 그리고

---

77) (차) W토지 250,000 (대) 자본 200,000 + 채무 50,000; (차) W토지 50,000 + 채무 50,000 (대) 현금 100,000.

78) (차) 주식 200,000 + 채권 (100,000 - 100,000) (대) W토지 180,000 + 처분익(100,000 - 100,000).

79) (차) 현금 100,000 (대) 처분익 100,000.

80) (차) W토지 180,000 (대) 자본 180,000; (차) W토지 100,000 (대) 현금 100,000.

81) 주식과 사채의 구별에 관한 일반론은 제1장 제2절 Ⅲ.

82) 제351조(g).

> (A) subsection (a) shall not apply to such transferor, and
> (B) 만일 (또 오로지 이 경우에만) 양도인이 받는 주식에 부적격 우선주 아닌 것도 있다면
> (B) if (and only if) the transferor receives stock other than nonqualified preferred stock...
>> (i) 위 (b)를 그런 양도인에 적용하고, 또한
>> (i) subsection (b) shall apply to such transferor, and
>> (ii) 그런 부적격 우선주를 다루기를 다른 재산으로 하여 위 (b)를 적용한다.
>> (ii) such nonqualified stock shall be treated as other property for purposes of applying subsection (b).

우선 주목할 점으로 이 조의 적용단위는 a person, 곧 출자자 한 사람 한 사람이다. 오로지 부적격 우선주만 받는다면 위 (g)(1)항에서 (A)만 적용되므로 (a)의 과세이연을 배제하고 원칙으로 돌아가 현물출자재산에 딸린 미실현이득을 다 양도소득으로 과세한다. 보통주도 받으면서 대가의 일부로 부적격 우선주도 받는다면 부적격 우선주를 boot로 보고 제351조(b)를 적용하므로 boot의 범위 안에서 미실현이득을 과세한다. 한편 제368조(c)(지배의 정의)에는 부적격 우선주라는 말이 나오지 않으므로 주식수 기준으로 출자자에게 80% 지배력이 있는가를 따질 때에는 부적격우선주도 다른 우선주나 마찬가지로 주식수에 들어간다.

[보기 10]
자연인 갑과 을은 각 X토지와 Y토지를 현물출자하여 법인을 설립한다. X토지와 Y토지의 취득원가는 각 10불씩이고 시가는 각 100불씩이다. 다음 각 경우 갑과 을에게는 어떤 법률효과가 생기는가?
i) 갑은 법인이 발행하는 보통주(시가 100불) 전부를 받고 을은 법인이 발행하는 우선주(시가 100불) 전부를 받는다. 우선주는 부적격 우선주에 해당한다.
ii) 갑은 법인이 발행하는 보통주(시가 100불)를 받고 을은 법인이 발행하는 보통주(시가 80불)과 우선주(시가 20불)를 받는다. 우선주는 부적격 우선주에 해당한다.
(풀이) (i) 과세이연을 무시한 양도소득 계산의 일반 원칙으로는 갑과 을은 각 양도소득 90불씩을 실현하였다. 그러나 제351조(a)를 보면 "재산(X토지와 Y토지)의 양도가 법인에 대해서 하나 이상의 사람들(갑과 을)이 오로지 그 법인의 주식과 교환으로 행하는 것이고 교환 직후 그런 사람들이 그 법인을 지배"한다면 "차익을 인식하지 않는다." 갑과 을의 "소유주식[은] 80% 이상의 투표력을 의결권 있는 주식종류를 모두 다 합한 법인주식에서 차지하고 주식총수의 80% 이

상을 모든 다른 종류의 법인주식에서 차지"하므로, 갑과 을은 법인을 지배한다. 따라서 제351조(a)에 의하면 갑과 을은 X토지와 Y토지의 양도에서 차익을 인식하지 않는다. 다음 단계는 제351조(g)이다. 우선 갑에게는 영향이 없다. 갑이 "재산을 법인에 양도하면서 받는 것에 부적격 우선주"가 없으므로 제351조(a)가 그대로 적용되어서 갑에게는 차익을 인식하지 않는다. 한편 을이 "재산을 법인에 양도하면서 받는 것에 부적격 우선주"가 있으므로 제351조(g)(1)에 따라 "제351조(a)는 그런 양도에는 적용하지 않고, 그리고" 을이 "받는 주식에 부적격 우선주 아닌 것"은 없으므로 제351조(b)는 적용할 여지가 없고 양도에 관한 일반 원칙으로 돌아가 을의 Y재산 양도소득 90불을 과세한다.

(ii) 갑과 을의 "소유주식[은] 의결권 있는 주식종류를 모두 다 합한 법인주식에서 80% 이상의 투표력을 차지하고 주식총수의 80% 이상을 모든 다른 종류의 법인주식에서 차지"하므로, 갑과 을은 법인을 지배한다. 갑에게는 제351조(g)에 따른 부적격 우선주가 없다. 따라서 갑은 제351조(a)에 따라 X토지의 양도차익을 인식하지 않는다. 을이 "재산을 법인에 양도하면서 받는 것에[는] 부적격 우선주"가 있으므로 제351조(g)(1)에 따라 "제351조(a)는 그런 양도에는 적용하지 않고, 그리고" 을이 "받는 주식에 부적격 우선주 아닌 것"이 있으므로 제351조(g)(1)(B)에 따라 "제351조(b)를 적용하고 또한 그런 부적격 우선주를 다루기를 다른 재산으로 하여" 차익(생기는 경우)을 받는 이에게 인식하되, 다만 상한을… 다른 재산(부적격 우선주)받은 것의 공정한 시가(20불)로 한다.

우선주 가운데 어디까지를 부적격으로 삼을 것인가는 주식과 채권의 구별이라는 정답 없는 문제이고 제351조(g)는 나름대로 부적격 주식의 범위를 정하고 있지만 분명한 답은 나오지 않는다.

제351조(g)(2) 부적격 우선주 ― 제(1)항에서 ―
Sec. 351(g)(2) NONQUALIFIED PREFERRED STOCK ― For purposes of paragraph (1) ―
(A) 원칙 ― 용어로 '부적격 우선주'의 뜻은 우선주로서 다음 중 하나이다.
(A) IN GENERAL ― The term 'nonqualified preferred stock' means preferred stock if...
    (i) 그런 주식의 보유자가 권리로써 요구하여 발행자나 특수관계자로 하여금 주식을 상환 또는 매수하게 할 수 있는 것,
    (i) the holder of such stock has the right to require the issuer or a related person to redeem or purchase the stock,
    (ii) 발행자나 특수관계자가 그런 주식을 상환 또는 구매하여야 하는 것,
    (ii) the issuer or a related person is required to redeem or purchase such stock,
    (iii) 발행자나 특수관계자가 권리로써 주식을 상환 또는 매수할 수 있고, 발행일 현재

의 가능성으로 쳐서 더 높은 가능성이 그런 권리가 행사되는 쪽일 것,

(iii) the issuer or a related person has the right to redeem or purchase the stock and, as of the issue date, it is more likely than not that such right will be exercised, or

(iv) 배당률로 그런 주식에 딸린 률이 변동하는 그 전부나 일부의 (직간접적인) 기초가 이자율, 상품[70]가격 또는 기타 비슷한 지수인 것.

(iv) the dividend rate on such stock varies in whole or in part (directly or indirectly) with reference to interest rates, commodity prices, or similar indices.

(B) 제한 — 위 (A)의 (i), (ii), (iii)의 적용은 오로지, 권리나 의무로 거기에 적힌 것의 행사가 20년 기간을 그런 주식의 발행일부터 친 기간 안에만 가능하고 그런 권리나 의무에 딸린 조건으로서 발행일 현재로 볼 때 상환 또는 매수할 확률이 낮다고 볼만한 조건이 없을 때에만 적용한다.

(B) LIMITATIONS — Clauses (i), (ii) and (iii) of subparagraph (A) shall apply only if the right or obligation referred to therein may be exercised within the 20-year period beginning on the issue date of such stock and such right or obligation is not subject to a contingency which, as of the issue date, makes remote the likelihood of the redemption or purchase.

제 4 절   채무인수

I. 원칙: 채무인수 ≠ boot

회사채를 받는 것과 안짝인 문제로 출자자가 지고 있던 채무를 법인이 면책적으로 인수한다면 출자자가 채무를 벗어나는 금액을 바로 boot로 보아 과세할 것인가? 가령 취득원가가 60이고 시가가 100인 재산을 출자하면서 채무 50도 법인으로 넘긴다면 미실현이득 40(≤50)을 과세할[83] 것인가? 문제는 나 개인은 채무를 벗어나지만 내 연장선인 내 회사가 여전히 채무를 지는 경우, 이런 채무이전액을 출자자의 과세소득에 포함시킬 것인가에 있다. 앞 항에서 보았듯 회사채가 아닌 이상 회사가 출자자에게 진 빚은 재산으로 보지 않는다. 같은 생각을 논리적으로 연장하면 빚을 출자자가 지든 회사가 지든 그게 그거라고 생각할 수 있고, 채무이전액이나 면책적 채무인수액도 boot가 되지 않아야 앞뒤가 맞다.

---

83) (차) 채무 50 + 주식 50 (대) 재산 60 + 양도소득 40.

이것이 제357조이다.84)

제357조 (채무인수)

Sec. 357 ASSUMPTION OF LIABILITY

(a) 총칙 — 아래 (b)항이나 (c)항에서 달리 정한 것을 제외하고, 만일 —

(a) GENERAL RULE — Except as provided in subsections (b) and (c), if —

(1) 납세의무자가 받는 재산이, 그것이 유일한 대가였다면 제351조...의 허용에 따라서 받을 수 있을 것이고, 또한

(1) the taxpayer receives property which would be permitted to be received under section 351...if it were the sole consideration, and

(2) 대가의 일부로, 교환의 다른 당사자가 납세의무자의 채무를 인수한다면,

(2) as part of the consideration, another party to the exchange assumes a liability of the taxpayer,

그런 채무인수는 현금이나 다른 재산이 아니라고 보아서 교환이 제351조...의 규정에 해당하는 것을 막지 않는다.

then such assumption shall not be treated as money or other property, and shall not prevent the exchange from being within the provisions of section 351...

앞 문단의 보기에 이 조를 적용하면 출자자가 채무 50을 떠넘기는 것은 제351조 적용상 재산을 받는 것으로 보지 않으므로 미실현이득은 그대로 과세이연 받는다. 출자자가 받는 주식의 취득원가는 얼마가 되어야 하는가? 취득원가로 따져서 줄어드는 재산이 60이고, 생기는 것은 자신의 채무가 줄어드는 금액 50과 주식이다. 따라서 주식의 취득원가는 10이 되어야 계산이 맞는다.85) 이리하여 제358조(d)는 주식 취득가액 결정시에는 떠넘긴 채무는 현금받은 것으로 본다고 정하고 있다. 따라서 주식의 취득원가는 제358조(a)(1)에 따라 '교환해 넘기는 재산의 취득가액' 60에서 '다른 재산(채무감소액)' 50을 뺀 10이 된다. 다음으로 법인의 입장에서 본 재산의 취득가액은 출자자의 취득원가 60(= 채무인수액 50 + 자본 10)이 그대로 넘어와야 계산이 맞고86) 제362조의 글귀로는 '제351조를 적용' 받았으므로 '양도인에게 남아 있었더라면 그의 취득가액일 금액' 60이 그대로 넘어온다.

---

84) 제357조는 U.S. v. Hendler, 303 U.S., 564, reh'g denied, 304 US 588 (1938)을 뒤집은 것이다.

85) (차) 채무 50 + 주식 10 (대) 재산 60.

86) (차) 재산 60 (대) 채무 50 + 자본 10.

[보기 11]

갑과 을은 각 부동산을 현물출자하여 법인을 세우기로 하였다. 갑은 취득원가가 30,000불이고 시가가 100,000불인 토지1과 취득원가가 170,000불이고 시가가 100,000불인 토지2를 현물출자한다. 을은 취득원가가 70,000불이고 시가가 80,000불인 토지3을 현물출자한다. 다음 각 경우 갑, 을 및 법인에는 어떤 법률효과가 생기는가?

(1) 을은 토지3에 저당권을 설정해주고 40,000불을 꾸었던 것이 있고 이 채무 40,000불은 법인이 인수하기로 하였다. 출자대가로 갑은 주식 190주와 회사채 10,000불을 받고 을은 주식 40주를 받는다.

〔풀이〕 (1) (i) 일반원칙으로는 토지1에서는 차익 70,000불, 토지2에서는 차손 70,000불, 토지3에서는 차익 10,000불이 실현되어 제62조의 과세소득에 반영해야 하지만 제351조의 과세이연 여부를 따져야 한다.

(ii) 과세이연 요건 가운데 갑과 을이 교환직후 법인을 지배한다는 부분은 만족한다. "재산의 양도가…오로지 그 법인의 주식과 교환으로"라는 요건은 갑이 회사채 10,000불을 받고 을이 개인채무 40,000불에서 벗어난다는 점에서 따로 따져보아야 한다. 갑의 출자는 "주식을 (a)의 허용에 따라서 받는 것에 더하여 다른 재산도 받는다는 사실"만 없다면 "제351조(a)를 적용받을 교환"이므로 제351조(b)를 적용받는다. 을이 "받는 재산[은], 그것이 유일한 대가였다면 제351조…의 허용에 따라서 받을 수 있을 것이고, 또한 대가의 일부로 교환의 다른 당사자(법인)가 납세의무자(을)의 채무를 인수"하므로 제357조(a)에 따라서 "채무인수는 현금이나 다른 재산이 아니라고 보아서 교환이 제351조의 규정에 해당하는 것을 막지 않는다."

(iii) (갑) 따라서 제351조(b)에 따라 갑에게 "차익인식을 하되…상한을 "공정한 시가로 쳐서 다른 재산받은 것"으로 하고 "차손은 인식하지 않는다." 여기서 문제는 차익 70,000불 인식의 상한을 이루는 boot의 금액이 얼마인가라는 점이다. 토지1과 토지2의 출자대가 가운데 얼마가 boot인가에 따라 답은 달라진다. 제351조(b)의 첫 머리에 나오는 "위 (a)를 적용받을 교환"이라는 말에서 교환은 "an exchange"이므로 제351조(b)는 토지1의 현물출자와 토지2의 현물출자에 각각 따로 적용해야 한다. 손익조작을 막자면 boot 10,000불을 두 토지에 시가기준으로 안분해야 할 것이고 그렇게 한다면 각 5,000불이다. 따라서 갑의 토지1의 차익 70,000불이라는 차익인식의 상한을 boot 받은 금액 5,000불로 하고 토지2의 차손 5,000불은 인식하지 않는다. 그 결과 갑의 주식 취득가액은 토지1 부분이 30,000불, 토지2 부분이 165,000불이 된다.[87]

---

87) (차) 회사채 5,000 + 주식 30,000 (대) 토지1 30,000 + 양도차익 5,000. (차) 회사채 5,000 + 주식 165,000 (대) 토지2 170,000.

(을) 을이 채무 40,000불을 떠넘기는 것은 "현금이나 다른 재산이 아니라고" 보므로 재산3의 차익 10,000불은 인식하지 않고 을의 주식 취득가액은 토지3의 취득원가 70,000불에서 채무 넘긴 금액 40,000불을 뺀 30,000불이 된다.[88]

(법인) 법인의 재산 취득가액은 제362조(a)에서는 출자자의 취득가액에 과세한 차익을 더하지만 다시 제362조(e)의 시가라는 상한을 따져야 한다. "이 항(제362조(e)(2))이 없다면" "양수인의 순취득가액 합계로…양수한 재산에 대해 잡을 것"은, 토지1은 갑의 취득원가가 30,000불에 갑이 인식한 차익 5,000불을 더한 35,000불이고, 토지2는 갑의 취득원가 170,000불이다. 토지 3은 을의 취득원가가 70,000불이다. 시가는 토지1이 100,000불, 토지2가 100,000불 토지 3이 80,000불이다. 그러나 "재산을 양도하는 거래가…위(a)에 적힌 것", 곧 "그 거래에 제351조를 적용"받은 거래라면 "양수인의 순취득가액 합계로 그렇게 양수한 재산에 잡을 수 있는 것의 상한은 재산의 시가이다." 여기에서 순취득가액 합계란 출자자별로 따져야 하는가, 법인을 단위로 따져야 하는가? 글귀는 분명하지 않지만 "재산을 양도하는 거래"란 사람이 다르면 서로 다른 거래라 보아야 할 것이고 재무부규칙도 그렇게 풀이하고 있다.[89] 따라서 갑이 출자한 두 필의 순취득가액 합계는 200,000불을 넘을 수 없다. 초과액 5,000불은 어느 필지에서 줄여야 하는가? 취득가액이 시가를 넘을 수 없다는 법의 취지를 생각한다면 토지2에서 줄여야 할 것이다. 결국 토지1의 취득가액은 35,000불, 토지2의 취득가액은 165,000불이 된다. 토지 3은 을의 취득원가 70,000불을 그대로 물려받는다.

II. 예외: 주식 취득가액이 음(-)일 수는 없다

채무인수액을 boot로 보아 출자자를 과세하지 않는다는 규정에는 두 가지 예외가 있다. 첫째, 조세회피 거래라면 과세한다는 예외가 있다.[90] 가령 법인에서 바로 현금을 받는 대신 가운데에 은행을 끼워서 받고 출자자의 은행빚을 법인이 인수하는 거래를 생각할 수 있다. 앞 [보기 11]에서 을이 법인에 넘긴 저당권부 채무 40,000불이 현물출자에 즈음하여 은행에서 돈을 꾸면서 법인이 갚기로 한 것이라면, 이것은 법인이 40,000불을 꾸어 을에게 지급한 것이나 마찬가지라는 것이다. 이 애매한 예외규정은 채무인수의 주목적이 조세회피이고 선의의 사

---

88) (차) 채무 40,000 + 주식 30,000 (대) 토지3 70,000.

89) 재무부규칙 1.362-4(b).

90) 제357조(b).

업목적이 없는 경우 부인한다고 정하고 있으므로 과세여부에 시비가 붙게 마련이다. 둘째, 어떤 경우에도 자산 취득원가가 음수(-)가 될 수는 없다는 생각에서[91] 채무인수액을 boot로 과세하는 수가 있다. 가령 취득가액 10이고 시가 100인 토지를 현물출자하면서 채무 50도 법인으로 넘기고 그 대가로 시가가 50인 주식을 받는다고 하자. 이런 경우 채무인수액은 미실현이득 과세이연에 영향을 주지 않는다는 규칙을 관철한다면 제358조(a)에서 주식의 취득가액은 토지 취득가액 10에서 다른 재산받은 것 50을 뺀 (-)40이 된다.[92] 이 결과를 피하기 위하여 미국세법 제357조(c)는 다음과 같이 정하고 있다.

제357조(c) (채무가 취득가액을 넘는 경우)
Sec. 357(c) Liabilities in Excess of Basis
(1) 원칙 — 교환으로서 —
(1) IN GENERAL — In the case of an exchange —
(A) 제351조가 적용된다면...
(A) to which section 351 applies...
만일 채무인수 금액의 합계액이...이전하는 재산의...취득가액을 초과한다면, …그런 초과액 보기를 차익이…자산의 매매나 교환에서 생기는 것으로 본다.
if the sum of the amount of the liabilities assumed exceeds the...basis of the property transferred...then such excess shall be considered as a gain from the sale or exchange of...asset...

앞 문단의 보기에 이 조를 적용하면, 채무인계액은 50이고 이전하는 토지의 취득원가는 10이므로 차액 40이 과세소득이 된다. 그 결과 주식의 취득가액은 (-)40에서 (토지 취득가액 10 + 양도소득 40) = 영(0)으로 올라가서[93] 음의 취득원가를 피할 수 있다.

이제 사실관계를 조금 바꾸어 가면서 제357조(c)의 해석문제로 이전하는 재산이라는 말의 범위를 따져보자. 이 보기의 납세의무자가 과세소득 40이 생긴다는 결과를 피하려면 어떻게 하면 될까? 과세소득 40이 생긴 것은, 없어지는 채무 50과 견주어볼 때 내어놓는 재산(시가 100)이 원가로 쳐서 10이어서 40만큼 모

---

91) 취득가액이 음수(-)가 되는 것을 허용한 드문 예로 Easson v. Comr., 294 F.2d 653 (9th Cir. 1961) 등이 있지만 현행법령에서는 이 생각을 받아들이지 않았다.

92) (차) 채무인수 50 + 주식 (-)40 (대) 토지 10.

93) 제357조(c)와 제358조(a). (차) 채무 50 + 주식 0 (대) 토지 10 + 양도소득 40.

자라기 때문이다. 그렇다면 재산을 더 내어놓으면 되지 않는가? 어차피 주머니 돈이 쌈짓돈이니 실제로 경제적 손해가 날 것은 없다. 가령 없어지는 채무 50에 맞추어서 재산 10에 현금 40원을 얹어서 추가출자하고 주식(결과적 시가로 100 + 40 - 50 = 90)을 받는다면 어떻게 되는가?[94] 현금 40원의 취득가액(장부가액)은 당연히 40원이다. 따라서 과세소득은 없어진다.[95]

이번에는 현금 40원을 추가출자하는 대신 약속어음 40짜리를 발행해서 법인에 넘겨준다면 어떻게 되는가? 현금 40원을 출자하든 현금 40원을 넘겨 줄 어음상 채무를 지든 다를 바 없고 과세소득 40은 없어진다고 볼 여지도 있지만[96] 문제는 제357조(c)의 글귀이다. 내 스스로가 발행하는 약속어음이더라도 이것을 주는 이상 '이전하는 재산'에 해당한다. 약속어음이라는 이 '이전하는 재산의 취득가액'은 얼마인가? 40인가, 영(0)인가? 아직 아무런 돈이 들어가지도 않았고 내가 나 자신에게 빚을 진다는 것은 법적으로 불가능하므로 일단 글귀로 따지면 이 약속어음의 취득원가는 영(0)이 맞고, 실제로 미국국세청의 행정해석이 그렇다.[97] 영(0)이라면 과세소득은 얼마인가? 위 조항에서 채무인수 금액은 50이고 이전하는 재산의 취득원가는 (토지 10 + 어음 0) = 10인 상황으로 되돌아가서, 과세소득은 50 - 10 = 40이 된다.[98] 다른 한편 약속어음을 발행해주는 것을 현금을 넘겨주는 것이나 마찬가지로 보아 과세소득이 없다는 판결도 있다.[99]

세 번째 대안으로 약속어음을 발행해주는 것이 아니라 회사에 채무를 50 넘기기는 하지만 그 가운데 40을 출자자가 지급보증한다면 어떻게 되는가? 지급보증은 약속어음을 발행해주는 것과 같은가 다른가? 보증채무가 생기기는 하지만 그렇더라도 일단은 채무감소액이 50이라고 보아서 과세소득 40이 생긴다는 판결이 있다.[100]

---

94) 앞서도 적었지만 받는 주식의 가치가 결과적으로 90이 된다는 말이다.

95) (차) 채무 50 + 주식 0 (대) 토지 10 + 현금 40.

96) (차) 채무 50 + 주식 0 (대) 토지 10 + 어음상 채무 40. 결과적으로 채무가 40 늘었으니 양도소득 40은 없어진다는 주장이 된다. 채무 넘긴 것이 차액 10이라고 생각해도 같다.

97) Rev. Rul. 68-629, 1968-2 CB 154 등.

98) (차) 채무 50 + 주식 0 (대) 토지 10 + 어음상 채무 0 + 양도소득 40.

99) Lessinger v. Comr., 872 F.2d 519 (2d Cir. 1989); Perachi v. Comr., 143 F.3d 487 (9th Cir., 1998). 두 판결의 판시이유는 좀 다르다.

100) (차) 채무 50 + 주식 0 (대) 토지 10 + 양도소득 40. Sergman Farms, Inc. v. Comr., 308 F.3d 803 (7th Cir., 2002).

Ⅲ. 채무인수액의 계산

채무인수는 원칙적으로 boot가 아니지만 음(-)의 취득원가를 피하기 위해 필요한 범위 안에서 예외적으로 boot로 본다는 명제에서 시작하면 채무인수를 boot로 보는 것은, 출자자가 채무에서 영영 해방된 것으로 볼만한 사정이 있는 때로 국한해야 논리의 앞뒤가 맞다. 법은 출자자가 인적책임을 지는 채무(recourse liability)와 인적책임 없이 특정재산에 대한 물적책임만 지고 있는 채무(non-recourse liability)를 나누어서 정하고 있다. 전자라면 채무를 인계시키더라도 원칙적으로는 출자자에게 채무가 여전히 남아있는 것으로 본다. 다만 출자자와 회사 사이에서 채무를 회사가 변제하기로 한다는 특약이 있고 실제로 회사에 변제자력이 있으면 채무를 넘기는 것으로 본다.101) 후자라면 인적책임도 없는 출자자가 장차 그런 채무를 변제할 이유가 없으므로 채무가 책임재산에 붙어서 같이 넘어가는 것으로 본다.

제357조(d) (채무인수 금액의 계산 ㅡ)
Sec. 357(d) DETERMINATION OF LIABILITY ASSUMED ㅡ
(1) 원칙 ㅡ 이 조...의 적용상...
(1) IN GENERAL ㅡ For purposes of this section...
  (A) 인적책임이 있는 채무라면 이를(또는 그 일부를) 인수했다고 다루기를, 구체적 사실관계를 놓고 판단할 때 양수인이 갚기로 합의했고 또 실제 갚으리라 기대할 수 있는 채무(또는 그 일부)만큼으로 한다. 양도인이 채무를 면책받았는지 여부는 상관이 없다. 그리고
  (A) a recourse liability (or a portion thereof) shall be treated as having been as-sumed if, as determined on the basis of all facts and circumstances, the transferee has agreed to, and is expected to, satisfy such liability (or portion), whether or not the transferor has been relieved of such liability, and
  (B) ...인적책임이 없는 채무라면 이를 인수했다고 다루기를, 자기가 양수한 재산이 채무의 담보재산인 자가 인수했다고 다룬다.
  (B) ...a nonrecourse liability shall be treated as having been assumed by the trans-feree of any asset subject to such liability.

제357조(d)(2)에는 non-recourse 채무를 여러 재산이 공동담보하고 있었던 경우에 관한 복잡한 규정이 있다. 제3장 이하의 내용을 이해하는데 중요하지는

---

101) 제357조(d).

않지만 간단히 살펴보자.

제357조(d)(2) 인적책임이 없는 채무에 관한 예외 — 인적책임이 없는 채무의 금액으로 위 (1)(B)에 적은대로 다룰 금액은 다음 중 적은 금액만큼을 줄인 금액이다.
Sec. 357(d)(2) EXCEPTION FOR NONRECOURSE LIABILITY — The amount of the nonrecourse liability treated as described in paragraph (1)(B) shall be reduced by the lesser of —
　(A) 채무 가운데 양수인에게 넘어가지 않았으며 같은 채무를 공동담보하고 있는 다른 재산의 소유자가 갚기로 양수인과 합의했고 또 실제 갚으리라 기대할 수 있는 금액
　(A) the amount of such liability which an owner of other assets not transferred to the transferee and also subject to such liability has agreed with the transferee to, and is expected to, satisfy, or
　(B) 위 다른 재산의 시가...
　(B) the fair market value of such other assets...

　취득원가가 각 5이고 시가가 각 30과 20인 재산 두 개를 출자하는데, 이 둘을 목적물로 하는 공동저당부 non-recourse 채무가 50 있다고 하자. 이제 이 재산 가운데 시가 30짜리만을 출자한다면 출자자가 넘기는 채무의 금액은 얼마인가?

　(가) 채무 가운데 30은 법인이 갚고 20은 출자자가 갚기로 합의했다고 하자. 사리로 따져보면 채무 30을 넘긴 것이고 양도소득 25를 과세해야 할 것이다.[102] 실제 조문을 보면 제357조(d)(1)(B)에서는 "인적책임이 없는 채무"는 50불이고 "이를 인수했다고 다루기"를, "자기가 양수한 재산이 채무의 담보재산인 자가 인수했다고" 보아 법인이 채무 50불을 인수한 것이지만, 거기에서 제357조(d)(2)(A)의 "양수인에게 넘어가지 않았으며 같은 채무를 공동담보하고 있는 다른 재산의 소유자(출자자)가 갚기로 합의했고 또 실제 갚으리라 기대할 수 있는 금액" 20불을 줄인 금액, 곧 30불이 "(1)항 (B)에 적은대로 다룰 금액"이다. 따라서 취득원가 5불짜리 재산을 출자하면서 채무 넘긴 것이 30불이므로 양도소득 25불을 과세한다.

　(나) 이 30불짜리 재산을 출자하면서 채무부담에 관한 아무런 특약이 없다고 하자. 제357조(d)(2)에 따라 줄일 금액이 없으므로 채무인수액은 제357조(d)(1)(B)에 따른 50불 그대로이다. 결과적으로 양도소득이 45불 생긴다.

　(다) 시가 30불짜리 재산을 출자하면서 법인은 10만 부담하고 출자자가 40을 부담한다는 특약이 있다면 어떻게 되는가? 채무인수액은 40이 아니라 여전

---

102) (차) 채무 30 + 주식 0 (대) 자산 5 + 양도소득 25.

히 30이다. '위 다른 재산의 시가'(20)와 '그 재산의 소유자가 갚기로 약속했고 실제로 갚으리라 기대할 수 있는 금액'(30)을 견주어 적은 쪽만을 빼주기 때문이다.[103] 이 보기라면 50에서 다른 재산의 시가 20을 뺀 30이 채무이전액이다.[104] Non-recourse 조건인 이상 실제로 부담할 채무액을 보면 법인은 30, 출자자는 20일 것이기 때문이다.

Ⅳ. 법인의 재산 취득가액 ≤ 시가

출자자가 법인에 채무를 넘기는 경우 법인이 출자받는 재산의 취득가액에 대해서는 특칙이 있다. 현물출자의 경우 회사의 재산 취득가액은 출자자의 당초 취득원가에 출자자의 양도소득을 더한 금액임이 원칙이지만[105] 출자자의 양도소득이 채무인계액 때문에 생긴 것이라면 회사의 재산 취득가액은 취득당시의 시가를 넘지 못한다는 것이다.[106]

Ⅴ. 민사법상 채무와 세법상 채무

마지막으로 제357조(c)(3)에는 "채무의 지급이 손금이 될" 채무[107]를 법인으로 넘기는 경우에는 같은 법조(c)(1)에 따른 채무로 보지 않는다, 곧 과세소득이 생기지 않는다는 규정이 있다. 채무의 변제가 손금이 된다는 말은 무슨 뜻인가? 입법이유는 두 가지이다. 첫째는 현금주의와 발생주의의 차이[108]이다. 현금주의 납세의무자라면 법적으로는 채무가 성립했더라도 아직 현금지급이 없는 상황이라면 채무발생액을 아직 손금산입할 수 없다. 말하자면 세법의 입장에서는 아직 채무발생이 없는 셈이다. 이런 채무(법적인 채무)를 법인으로 넘기더라도 세법의 입장에서는 boot로 보지 않는다는 것이다. 둘째는 발생주의 납세의무자라 하더

---

103) 제357조(d)(2).
104) 제357조(d)(2)B.
105) 제362조(a).
106) 제362조(d).
107) 채무발생액이 자산의 취득원가에 들어간 채무는 제외한다. 제357조(c)(3)(B).
108) 제1장 제2절 Ⅰ. 6. (1). 제3장 제1절 Ⅱ. 2. (4). 이창희, 세법강의, 제8장 제1절 Ⅳ.

라도 장래의 채무나 조건부 채무처럼 아직 손금산입 시기에 이르지 않은 채무[109]가 있다. 이런 채무를 법인에 넘기는 경우도 boot가 아니다.

[보기 12]

갑은 현금 50,000불과 시가가 150,000불이지만 이미 상각이 완료되어 미상각잔액이 영(0)인 고정자산을 현물출자하여 법인에 세우면서 그와 동시에 매입채무 100,000불을 법인에 면책적으로 넘긴다. 갑은 현금주의로 소득을 계산하므로 현물출자 현재까지 매입채무 100,000불을 필요경비로 떤 적이 없다. 현물출자로 인해 생기는 갑의 과세소득은 얼마이고 갑의 주식 취득가액은 얼마인가?

(풀이) 논점은 고정자산처분익 150,000불 가운데 과세소득이 얼마인가이고, 다시 이는 면책적 채무인수 100,000불이 boot인가에 달려 있다. 갑이 떠넘기는 채무는 100,000불이지만 세법의 입장에서 보면 이 매입채무는 아직 존재하지 않는다. 따라서 갑에게는 과세소득이 생기지 않고 갑의 주식 취득가액은 50,000불이다.

아직 손금산입하지 않은 채무의 인수를 boot로 보지 않는 결과 새로 생긴 문제로 이른바 contingent liability tax shelter가 있다. 법인이 자회사를 세우면서 장래의 채무 등을 자회사로 넘기는 경우 자회사 주식의 취득원가가 실제 가치보다 훨씬 높아지고 이 상태에서 주식을 처분해서 주식양도차손을 내는 방식으로 손금산입시기를 채무상환시기보다 앞당긴다는 것이다. 유명한 사건으로 Black & Decker 판결[110]을 보면, B&D가 현금 561을 출자하여 자회사를 세우면서 동시에 종업원에게 지급할 의료비 채무 추계액 560(추계액일 뿐이므로 실제 지급 전에는 손금산입 못한다)을 자회사로 넘겼다. 따라서 주식의 취득에 들어간 실제원가는 1이지만,[111] 넘긴 채무를 무시하는 결과 세법상 주식의 취득가액이 561이 되었다.[112] B&D는 이 주식을 1에 처분하고 처분손실 560을 내는 형식으로 손금산입시기를 앞당겼다.[113] 경제적 가치가 1불인 주식을 1불에 넘기면서 세법상으

---

109) 이창희, 세법강의 제18장 제3절 Ⅱ. 손쉽게 생각해서 손금산입시기와 기업회계상 비용처리 시기가 같다고 보면, 기업회계 용어로 우발채무(contingent liability)가 된다.

110) Black & Decker Corp. v. U.S., 340 F. Supp. 2d. 621 (D. Md. 2004).

111) 기업회계에서는 (차) 채무 560 + 주식 1 (대) 현금 561.

112) (차) 주식 561 (대) 현금 561.

113) 이 사건에서는 주식을 팔고 나서 몇 해 지나면 B&D가 이 주식을 다시 사들이도록 계약이 되어

로는 처분손실 560불이 생긴 것이다. 이 사건 이후 새로 입법한 대책이 제358조
(h)이다. 재산을 출자하면서 채무도 이전시키는 상황에서 출자자가 받는 재산(주
식)의 취득가액이 시가(= 재산의 가액 빼기 채무액)보다 높아지는 일이 생긴다면 boot
로 보지 않은 채무인계액을 취득가액에서 뺀다는 것이다. 위 사건의 사실관계라
면 B&D의 자회사주식 취득가액을 561 - 560 = 1로 정한다는 말이다.

있었고, 이 경우 B&D는 그 동안 자회사에 쌓인 결손금을 연결납세시 이월결손금으로 몰아서 공
제받을 예정이었다. Ethan Yale, Reexamining Black & Decker's Contingent Liability Tax
Shelter, Tax Notes (July 11, 2005).

제3장

배당에 대한 과세

제2장에서는 법인에 재산을 출자하는 경우의 법률효과를 보았다. 제3장에서는 출자자가 반대급부 없이 무상으로 법인으로부터 재산을 분배받는 경우 생기는 법률효과를 공부한다.

제3장 제1절은 배당소득이란 무슨 뜻인가에서 시작한다. 제2절은 배당소득과세의 기본구조를 Ⅰ에서는 배당받는 주주에게 생기는 법률효과, Ⅱ에서는 배당하는 법인에게 생기는 법률효과로 나누어 살펴본다. Ⅰ, Ⅱ 모두 구체적 법률효과는 주주가 자연인인가 법인인가에 따라 나누고 또 배당의 형태가 현금배당인가 현물배당인가에 따라서 나누어 볼 수밖에 없다. 제3절과 제4절은 특수문제로서 재산을 현물배당하면서 주주에게 채무를 떠넘기는 경우의 특칙과 위법배당 문제를 각 살핀다. 마지막 제5절은 주식배당을 살핀다.

제 1 절 배당소득이란?

I. '배당'이란?

법인의 재산을 출자자에게 내어주는 형태로는 배당, 자기주식 취득과 감자, 해산·청산이 있을 수 있다. 그 가운데 배당의 세법상 효과, 곧 배당금을 지급하는 법인에는 어떤 법률효과가 생기고 배당금을 받는 출자자에게는 어떤 법률효과가 생기는가를 공부하는 것이 이 장의 범위이다. '배당'에 대한 과세라고는 하지만 이 글의 범위와 우리 법의 '배당' 사이에는 차이가 있다. 미국은 주마다 회사법이 다르므로 '배당'이라는 개념을 통일적으로 정할 수가 없어서 세법에서 개념을 정의하고 쓸 수밖에 없다. 미국세법은 회사가 주주에게 주는 현금, 재산현물 또는 주식을 모두 합친 말로 '분배'라는 개념을 쓰면서 이를 과세요건과 효과를 정하는 기본개념으로 삼고 있다. 한편 세법에서 배당(dividend)이라는 말도 쓰지만, 이 말은 세법상 '배당가능이익'(earnings and profits[1])의 범위 안에서 분배하는 돈이나 재산이라는 뜻이다. 미국 회사법상 법인이 출자자에게 나누어 줄 수 있는 돈이나 재산의 금액은 미국세법이 정하고 있는 배당가능이익의 개념과는 무관하고, 그런 점에서 이 장의 범위는 우리나라 법의 배당보다 넓다. 또한 분배라는 말은 주주가 위법한 방법으로 받은 경제적 이득을 포함하고, 이 점에서도 이 장의 범위는 우리 법의 배당보다 넓다. 다른 한편 글이 너무 길어지지 않게 하기 위해 이 장에서는 배당만 다루고, 자기주식의 취득이나 감자, 해산청산, 나아가 합병·분할 과정에서 생기는 재산유출은 다루지 않는다. 이런 재산유출도 미국법 개념으로는 분배라는 말에 들어가지만 뒤따르는 다른 장의 해당 부분에서 따로 다룬다. 또한 미국법에서 분배라는 말은 반드시 주주가 회사에서 직접 받는 것만이 아니라 관계회사에서 받는 것도 포함한다. 그러나 특정회사의 주주

---

1) 뒤에 다시 보겠지만 earnings and profits라는 말은 기능이나 역할이 우리 법의 배당가능이익 내지 처분가능한 이익잉여금 정도에 해당한다는 말이다. 구체적으로 그 범위를 어떻게 정할 것인가는 당연히 미국법과 우리 법이 서로 다르다.

가 다른 관계회사에서 배당을 받는 것은 기본적으로는 회사법상 불가능하고, 주주가 제 주식을 관계회사에 파는 형태는 다음 장으로 미룬다.

II. 배당소득 v. 투자원금 회수

1. 분배에 따르는 법률효과

제301조 (재산의 분배)
Sec. 301 DISTRIBUTIONS OF PROPERTY
(a) 원칙 — ...재산(그 뜻은 제317조(a))분배로서 법인이 주주에게 주식에 관련하여 분배하는 것을 다루는 방식을 정한 것이 아래 (c)이다.
(a) IN GENERAL — ..., a distribution of property (as defined in section 317(a)) made by a corporation to a shareholder with respect to its stock shall be treated in the manner provided in subsection (c).
(b) 분배의 금액 —
(b) AMOUNT DISTRIBUTED —
  (1) 원칙 — 이 조에서 분배의 금액은 현금 받은 금액 더하기 공정한 시가로 쳐서 다른 재산 받은 것이다.
  (1) GENERAL RULE — For purposes of this section, the amount of any distribution shall be the amount of money received, plus the fair market value of the other property received
(c) 과세금액 — 분배에 위 (a)가 적용되는 경우 —
(c) AMOUNT TAXABLE — In the case of a distribution to which subsection (a) applies —
  (1) 배당인 금액 — 분배 가운데 배당(그 뜻은 제316조) 부분은 총수입금액에 산입한다.
  (1) AMOUNT CONSTITUTING DIVIDEND — That portion of the distribution which is a dividend (as defined in section 316) shall be included in gross income.
  (2) 취득원가에 충당되는 금액 — 분배 가운데 배당이 아닌 부분은 주식의 순취득가액에 충당하여 그에서 차감한다.
  (2) AMOUNT APPLIED AGAINST BASIS — That portion of the distribution which is not a dividend shall be applied against and reduce the adjusted basis of the stock.
  (3) 취득원가를 넘는 금액 —
    (A) 원칙 — ...분배 가운데 배당이 아닌 부분이 주식의 순취득가액을 넘는 만큼은 차익이 매도나 교환하는 재산에서 생긴 것으로 한다.
  (3) AMOUNT IN EXCESS OF BASIS —
    (A) IN GENERAL — ...that portion of the distribution which is not a dividend, to the extent that it exceeds the adjusted basis of the stock, shall be treated as gain from the sale or exchange of property.

제316조 (배당의 정의)

SEC. 316 DIVIDEND DEFINED

(a) 원칙 — ...용어로 '배당'의 뜻은 재산 분배를 법인이 주주에게 해주는 것이 —

(a) GENERAL RUL — ...the term 'dividend' means any distribution of property made by a corporation to its shareholders —

　　(1) 배당가능이익으로 유보된 것...에서 나오는 것, 또는

　　(1) out of earnings and profits accumulated..., or

　　(2) 당사업연도분 배당가능이익(...)에서 나오는 것을 말한다...

　　(2) out of its earnings and profits of the taxable year...

...모든 분배의 원천은 배당가능이익이 있는 한 그 금액, 그리고 가장 최근에 유보된 배당가능이익이다...

...every distribution is made out of earnings and profits to the extent thereof, and from the most recently accumulated earnings and profits.

제317조(a) 재산 — 이 part[2]의 용어로서 "재산"의 뜻은 돈, 증권 및 다른 모든 재산이다. 다만 이 용어는 분배하는 법인 자신의 주식(또는 그런 주식을 취득할 권리)을 포함하지 않는다.

Sec. 317(a) PROPERTY — For purposes of this part, the term "property" means money, securities, and any other property; except that such term does not include stock in the corporation making the distribution (or rights to acquire such stock).

(1) Nimble Dividend

위 법조항에서 우선 눈에 띄는 것은 누적개념으로 배당가능이익이 없더라도 속칭 nimble dividend 곧 올해의 소득(정확히는 당기분 내지 당기발생 배당가능이익)에 해당하는 법인의 분배액은 배당으로 본다는 점이다. 미국의 회사법은 주마다 법이 달라서 회사가 배당금을 지급할 수 있는 요건이나 범위가 제 각각이다. 델라웨어 등 일부의 주에서는 누적개념으로는 결손상태인 회사라고 하더라도 올해(법에 따라서는 최근 일정기간)에 소득이 있으면 배당금의 지급이 가능하다.[3] 이처럼 누적 결손이 있기는 하지만 당기 소득이 있는 상태에서 주주가 채가는 배당

---

2) Part Ⅰ(법인에 의한 분배): 제301조에서 제318조. 제2장에서 다룬 제351조(현물출자에 대한 과세이연)는 Part Ⅲ에 속한다. 제2장 제2절 Ⅰ. 5와 제317조(a)를 견주어 보라.

3) Delaware Code Title 8 (General Corporation Law), 제170조(a). Nimble dividend를 배당으로 과세하는 것은 델라웨어 등 일부 주법의 영향이라기보다는 미국세법의 역사적 잔재라는 것이 교과서적 설명이다. 1936년 이전에는 세법에 nimble dividend 개념이 없었다. 그 결과 그 당시의 유보이익세 제도에서 nimble dividend를 지급하는 회사가 이를 유보이익세의 과세표준 계산시 공제할 수 없었다는 것이다. 이 때문에 들여온 개념이 그 뒤 유보이익 과세제도의 변경에 불구하고 그냥 살아남았다는 것이다. Bittker & Eustice, Federal Income Taxation of Corporations and Shareholders, 8.03[2][a]절.

을 nimble dividend(억지로 옮기자면 '잽싸게 채가는' 배당 정도의 느낌이다)라고 한다. 한편 대부분의 주에서는 자산보다 부채가 많은 회사라면 배당을 금지하고,[4] 이런 주에서라면 nimble dividend의 지급은 회사법상 배당일 수가 없고 회사가 주주에 대해서 반환청구권을 가진다. 그러나 이런 경우에도 올해에 소득이 난다면 세법에서는 배당소득으로 과세한다. 주주가 회사법상 반환의무를 지는 위법배당일 수도 있지만, 위법소득 역시 과세대상이고 세법상 배당이라는 점에는 영향이 없다.[5]

당기분 배당가능이익 안의 금액은 누적 결손금에도 불구하고 배당으로 과세하려다보니 생기는 문제가, 특정한 배당금이 어느 해 분의 배당가능이익을 배당하는 것인가라는 문제이다. Nimble dividend를 과세하는 이상 논리적 귀결은 후입선출법이고[6] 제316조(a)는 마지막 부분에서 그렇게 정하고 있다.

(2) 3분법

법인에서 분배받는 금액은 제301조(c)에 따라서 배당소득 부분, 투자원본 회수 부분(주식 취득원가 충당부분), 양도차익 부분, 이 세 가지 중 하나가 된다. 어느 것이 되는가는 위 세 가지의 차례대로 간다.

(3) 배당소득, 주식양도소득, 배당가능이익

배당소득이 되는가 아닌가는 주주의 사정이 아니라 법인의 사정을 기준으로 판단한다. 자세한 것은 아래 Ⅲ에서 다시 보겠지만 우선 간단한 보기를 들어, 구주주씨가 자본금 110불을 출자하여 설립한 회사가 첫해에 번 소득은 20불이지만 분배한 돈은 30불이라고 하자. 이 경우 회사의 배당가능이익의 당기분(=누적금액)이 20불이므로, 분배금액 30불 가운데 20불이 제316조에 정의된 배당이다. 따라서 이 20불을 제301조(c)(1)에 따라서 구씨의 배당소득으로 과세한다. 나머지 10불은 제301조(c)(2)에 따라서 주식의 취득원가 110불에 충당하여 그에서 차감하고, 양도소득이 될 금액은 없다. 구씨는 투자원본 110불에서 10불을 회수하였으므로 주식 취득원가로는 100불이 남는다. 잇달아 둘째 해에 회사가 50불을 벌었지만 배당은 없었고, 셋째 해 1.1에 구씨가 주식을 신주주씨에게 150불

---

4) 이것을 insolvency test라 부른다.

5) U.S. v. Lesoine, 203 F.2d 123 (9th Cir. 1953).

6) Bittker & Eustice, 8.03[2]절.

에 판다고 하자. 구씨에게는 무슨 소득이 얼마 생기는가? 회사에서 분배받은 것이 없으므로 배당소득이 생길 것은 없고, 구씨에게는 (150-100) = 50불이라는 양도소득이 생긴다.[7] 주식의 가치가 100불에서 150불로 올라간 이유가 회사의 소득 50불 때문임에도 불구하고, 구씨의 소득은 배당소득이 아니라 양도소득이다. 신씨가 주주가 된 뒤 셋째 해 동안 회사의 소득은 영(0)이었고 그 뒤 50불을 분배한다고 하자. 신씨는 회사에서 50불을 받았고 회사의 배당가능이익이 그 때까지 50불 그대로 남아있으므로 분배 50불은 모두 신씨에게 배당소득으로 과세한다. 신씨의 입장에서 본다면 자기가 주식을 산 뒤 회사에 아무런 소득이 없었으므로 회사에서 받는 돈은 투자원금 150불의 일부를 회수한 것일 뿐이라고 볼 수 있지만, 그에 불구하고 신씨가 받는 분배 50불은 신씨에게 배당소득으로 과세한다.

입법론으로 이 결과를 헐뜯는 견해도 있지만[8] 쉬운 문제가 아니다. 50불 배당금을 받은 뒤 신씨가 주식을 판다면 (주식 시가 100불 - 취득가액 150불) = 양도차손 50불이 생겨서 국가의 입장에서 본다면 구씨의 양도차익 50불과 상계되어 없어진다. 국가가 구씨와 신씨에게 배당소득으로 과세하는 금액(20 + 50 = 70)은, 세제 전체를 놓고 볼 때 회사를 통해서 번 이익을 분배한 금액인 70불로 계산이 맞다. 물론 입법대안으로서 구씨가 주식을 팔 때 양도차익 가운데 배당가능이익에 상당하는 금액을 배당소득으로 과세하고 신씨에 대한 50불 분배는 투자원금의 회수로 다루자고 생각해볼 수도 있다. 그렇지만 이것은 결국 법인격을 꿰뚫어서 법인을 통해 버는 소득을 모두 주주에게 바로바로 과세하자는 말이나 진배없는 실현 불가능한 생각이다.[9] 이리하여 주주에게 생기는 법률효과는 주주 자신의 사정이 아니라 회사를 기준으로 판단하는 것이 원칙이지만 주주와 주주 사이의 거래에 따르는 법률효과는 회사와 무관하다. 다만 뒤에 보듯, 이 원칙을 이용 내지 악용하는 조세회피 사례가 생기자 그에 대한 여러 가지 대책이 법에 들어와 있다.

---

7) 제61조(a)(3), 제1001조(a). 양도소득에 대한 세율상한은 미국세법 제1조(h). 제1장 제2편 Ⅰ. 4.

8) Stephen Schwartz and Daniel J. Lanthrope, Fundamentals of Corporate Taxation (8th ed. 2012), 130쪽.

9) 현행법이 입법재량 안에 있다는 미국 대법원 판결로 Lynch v. Hornby, 247 U.S., 339 (1918), 특히 343쪽.

(4) 재산의 현물배당

배당하는 재산이 현금이 아니라 물건이라면 몇 가지 논점이 더 생긴다. 우선 배당소득의 금액은 얼마인가? 제301조(b)는 "이 조에서 분배의 금액은 현금 받은 금액 더하기 공정한 시가로 쳐서 다른 재산 받은 것"이라고 정하고 있다. 따라서 현물배당이[10] 있으면 자산을 평가하여 그 시가액을 기준으로 배당소득, 원본회수, 양도소득, 이 세 가지 중 무엇이 얼마나 생기는가를 판단한다. 위 등식의 논리적 연장으로, 주주의 입장에서 볼 때 배당받은 물건의 취득원가는 공정한 시가가 되어야 앞뒤가(분개로 생각하면 대차가) 맞고 뒤에 보듯 실제로 제301조 (d)에서[11] 그렇게 정하고 있다.

2. 배당가능이익

배당가능이익은 배당과세에서 핵심적 개념이고 제312조에서 긴 내용을 정하고 있지만 신기하게도 배당가능이익이라는 말이 무슨 뜻인가에 대해서는 법에 명시적 정의가 없다. 법은 그저 배당가능이익의 증감에 관한 구체적 규정을 이것저것 두고 있을 뿐이다. 법률의 글귀에서 배당가능이익의 개념적 징표라 할 만한 것을 찾는다면 제312조(n)이 '배당가능이익에 대한 조정으로서 경제적 손익을 한결 정확히 반영하기 위한 조정'이라는 제목을 달고 있다는 점에 미루어, 이 개념이 법이 정한 각 사업연도의 소득이 아니라 경제적 소득을 반영한다는 정도일 뿐이다. 그러다보니 배당가능이익의 개념은 법의 글귀에서 상대적으로 떠날 수 있는 논리와 정책의 문제가 되었다. 따라서 조문 자체의 글귀를 엄격히 따지는 것은 상대적으로 덜 중요하고, 논리체계를 이해하는 것이 중요하다.

우선 제312조 그 자체가 담고 있는 내용은 크게 두 가지로 나눌 수 있다. 첫째는 분배 기타의 자본거래 내지 회사법상의 단체행위가 배당가능이익에 어떤 영향을 주는가에 관한 규정이다. 가령 현금배당을 한다면 배당가능이익이 현금지급액만큼 줄어들지만[12] 주식배당을 하는 경우에는 줄어들지 않는다.[13] 이런

---

10) 본디 현물이란 先物이라는 말의 對句일 뿐이고 현금의 대구는 아니지만 우리 상법의 용례를 따라 현물배당이라고 적기로 한다. 애초 재산배당 정도가 옳은 용어이다.

11) 아래 제2절 Ⅰ.

12) 제312조(a).

13) 주식배당을 주주에게 과세하지 않기 때문이다. 제312조(a), 제317조(a). 이 점에서 배당가능이익

내용은 뒤에 각종 분배의 법률효과 부분에서 보기로 하고 우선은 두 번째의 내용, 곧 해마다 배당가능이익이 애초 어떻게 발생하는가(조성되는가)에 관한 규정을 살펴보자.

어느 해에 조성되는 배당가능이익이 얼마인가는 수익 비용의 항목별로 배당가능이익을 정하는 회계방법을 따로 정해서 직접법으로 구할 수도 있겠지만, 법령은 그렇게 하지 않고 이런 항목에 대해서는 배당가능이익을 이런 식으로 구한다고 차이 나는 부분을 따로 정하고 있다. 실무에서도 각 사업연도 소득을 시작점으로 놓고 차이 나는 부분을 조정해서 배당가능이익을 구하는 간접법을 따르고 있다. 주주에게 귀속되는 순자산증가액이 얼마인가를 경제적 이익의 관점에서 따진다는 점에서 배당가능이익 개념은 어떻게 본다면 각 사업연도 소득과 기업회계상 당기순이익의 중간 쯤에 있다고 볼 수 있고, 우리 식 개념으로는 후자에서 시작해서 세무조정하는 방식을 따를 수도 있다. 실무가 각 사업연도 소득에서 시작하는, 우리 식 개념으로 역세무조정 방식을 따르는 이유는 아마 그쪽이 더 편하기 때문일 것이다.

각 사업연도 소득과 배당가능이익 사이에 구체적인 조정항목이 무엇인가는 법에 명문 규정이 있는 것도 있고 해석상 당연히 그렇다고 생각하는 것도 있다. 가령 할부판매의 경우, 각 사업연도의 소득은 할부판매소득을 과세이연하여 할부기간에 안분해서 정하지만[14] 배당가능이익 계산시에는 과세이연을 배제하고 소득 전체를 배당가능이익에 잡으라는 명문규정이 있다.[15] 이런 명문규정도 있지만, 법문에 없는 조정을 법해석상 당연한 논리라고 받아들이는 것도 많다. 각 사업연도의 소득에 더할 항목과 뺄 항목을 나누어 살펴보면 다음과 같다.

(1) 가산항목

가산항목에는 영구적 차이와 귀속시기의 차이, 이 두 가지가 있다. 영구적 차이의 대표격으로 법인이 받은 비과세소득 가령 지방채에서 생기는 이자소득은[16] 각 사업연도의 소득에서는 빠지지만 배당가능이익에는 들어간다.[17] 비과세

은 기업회계상 유보이익이나 이익잉여금과 결정적으로 다르다. 우리나라 법과도 다르다.
14) 제453조. 제1장 제2절 I. 6. (3).
15) 제312조(n).
16) 우리 법에 맞추어 지방채라고 적었지만 州債와 지방채를 말한다. 제103조.
17) 재무부규칙 1.312-6(b). (차) 현금 (대) 자본(배당가능이익).

보험차익도[18] 같다.[19] 이런 소득을 비과세한다는 말은 법인단계에서 비과세한다는 말일 뿐이고 배당 단계에 이르면 주주에게 배당소득으로 과세한다는 말이다. 주주법인이 다른 법인에서 받은 배당소득을 각 사업연도 소득계산시 익금불산입한 것도 배당가능이익에는 더한다.[20] 다른 한편 법인이 받은 자산수증이익은 애초 소득이 아니라 자본출자의 일종이므로 배당가능이익에도 더하지 않는다는 것이 판례이다.[21]

귀속시기의 차이란 기본적으로는 과세소득의 계산시 무언가 정책적 특례를 인정했다고 생각할만한 것을 배당가능이익 계산시에 되돌리는 것이다. 역사적으로 처음 생긴 규정은 감가상각이다. 각 사업연도 소득 계산시에는 법이 조기상각법을 허용하지만[22] 배당가능이익 계산시에는 정액법으로 바꾸어 다시 계산하라는 것이다.[23] 일정한 취득원가나 수익적 지출액을 각 사업연도 소득계산시 바로 손금산입(우리 법의 용례로 즉시상각)할 수 있게 한 것도 자본적 지출로 고쳐잡은 뒤 정액법으로 상각한다.[24] 그 뒤 "경제적 손익을 정확히 반영한다"는 제목 아래 새로 생긴 규정으로는,[25] 앞에서 보았듯 할부판매의 경우 배당가능이익을 회수기준이 아니라 현재가치기준으로 계산하고,[26] 장기도급계약의 경우 배당가능이익은 공사진행기준에 따라 계산한다.[27] 자산을 취득하거나 건설하는 기간 중에는 건설자금이자만이 아니라 다른 관련지출액도 취득원가에 가산하고[28] 광물자

---

18) 제101조(a).

19) Golden v. Comr., 113 F2d 590 (3rd Cir. 1940).

20) Bittker & Eustice, 8.04[4].

21) Diebold v. Comr., TCM (P-H), 53,052 (1953).

22) 현행법의 조기상각법(Modified ACRS: Accelerated Cost Recovery System))에서는 상각률을 정액법 상각률의 200%로 삼아 정률법으로 상각하다가 상각액이 정액법보다 낮아지면 다시 정액법으로 상각한다. MACRS에서는 내용연수도 추정내용연수가 아닌 법정내용연수를 따른다. 미국세법 제168조(b). 이창희, 세법강의, 21장 2절 Ⅲ.

23) 이 경우 내용연수도 법정내용연수가 아니라 자산별 추정내용연수로 계산한다.

24) 제312조(k).

25) 제312조(n).

26) 제312조(n)(5). 재무부규칙 1.1001-1(g). 회수기준이 경제적 손익을 왜곡하는 점에 대해서는 이창희, 세법강의, 제19장 제2절 Ⅲ.

27) 제312조(n)(6). 공사완성기준보다는 공사진행기준이 경제적 손익을 제대로 나타낸다고 생각한 것이지만, 기실 정도의 문제일 뿐이고 공사진행기준도 손익을 왜곡한다. 이창희, 세법강의, 제19장 제3절 I.5.

28) 제312조(n)(1).

원의 개발비도 모두 자본적 지출로 계산한다.[29] 재고자산의 가액은 선입선출법으로 계산한다.[30] 제312조(k)와 제312조(n)은 법인주주가 20% 이상 자회사에서 배당소득을 받는 경우에는 적용하지 않는다.[31]

(2) 공제항목

배당가능이익 증가액이 과세소득보다 줄어드는 항목의 대표로는 각 사업연도의 법인세를 들 수 있다.[32] 과세소득 계산시에는 손금산입하지 않지만 재산이 실제로 사외유출되기 때문이다. 손금불산입한 기부금도 마찬가지이다.[33] 비과세소득을 배당가능이익에 더하므로 과세소득 계산시 손금불산입했던 관련경비는[34] 공제해준다.[35] 귀속시기의 차이로는, 앞서 본 가산항목과 관련된 것이 있을 수 있다. 가령 감가상각 대상 자산을 양도하는 경우 배당가능이익 계산상의 미상각잔액은 각 사업연도 소득계산상의 잔액보다 큰 금액이 남아있을 것이고, 따라서 양도에서 발생하는 배당가능이익 계산시에는 이 차액을 공제해 주어야 한다.

(3) 실현되었으나 인식하지 않는 소득

우리나라 법의 개념으로는 과세이연의 일종이지만 미국법의 용례로, 실현되었지만 '인식하지 않는(non-recognized) 소득'이라고 부르는 것, 예를 들어 제2장에서 공부한 것으로 출자자가 자신이 지배하는 법인에 재산을 현물출자해서 얻는 이득,[36] 뒤에 공부할 적격 기업구조조정(제조직)에 따르는 양도차익,[37] 동종 고정자산의 교환에서 생기는 양도차익[38] 따위가 있다. 이런 이득은, 각 사업연도의 소득 계산시 과세소득에 안 넣고 과세이연한다. 법은 이런 이득에서 생기는 배

---

29) 제312조(n)(2).
30) 제312조(n)(4). 물가 지속적으로 상승하면 후입선출법이 선입선출법보다 소득을 줄인다.
31) 따라서 한 회사에서 동시에 배당을 받더라도 개인주주에게는 과세소득이 생기지만 법인주주에게는 생기지 않는 경우가 있다. Bittker & Eustice, 8.04[7], Ex. 8-1.
32) 행정해석으로 Rev. Rul. 63-63, 1963-1 CB 10. 공제시기는 납세의무자의 회계방법이 현금주의인가 발생주의인가에 따른다.
33) 행정해석으로 Rev. Rul. 75-515, 1975-2 CB 117.
34) 제265조.
35) Bittker & Eustice, 8.04[5].
36) 제351조. 제2장.
37) 제354조, 제368조(a).
38) 제1031조, 제1033조. 제1장 제2절 I. 6. (4).

당가능이익 계산시 각 사업연도의 소득에 적용하는 규정을 그대로 적용하여 배당가능이익 계산시에도 이런 이득은 무시한다.[39]

(4) 현금주의 v. 발생주의

앞에서 배당가능이익이란 경제적 손익 개념이라고 했지만 이 말은 반드시 발생주의로 계산한 손익이라는 뜻은 아니다.

미국법에서 각 사업연도별 기간소득 계산방법으로서 현금주의와 발생주의는 원칙적으로, 나란히 선택가능한 회계방법이라는 대등한 지위에 있다.[40] (혼선을 막기 위한 사족으로, 미국세법에서 회계나 회계방법이라는 말은 우리 말의 속칭 '세무회계'라는 말보다는 훨씬 좁은 뜻으로, 기본적으로는 제품의 매출총이익이나 용역수익의 귀속시기를 정하는 개념이다.[41] 회계방법으로 어느 쪽을 골랐던 재고자산, 고정자산, 연구개발비, 선급비용 따위는 법령에 정한 방법으로 손익을 계산한다.) 현금주의 법인(법정 인적노무를 제공하는 법인이나 법정 규모보다 작은 소법인)이라면 현금주의로 계산한 소득에다가 앞서 본 조정사항을 가감하면 된다. 법인세처럼 과세소득 계산에서는 무시하지만 배당가능이익 계산에는 반영하는 항목은 발생주의로 계산하는가 현금주의로 계산하는가? 법의 글귀에서 발생주의와 현금주의 사이의 선택은 과세소득 계산에 관한 선택일 뿐이다. 이 문제에 대한 명문규정은 없지만 판례의 대세는 과세소득 계산시 적용한 회계방법을 배당가능이익 계산시에도 따라야 한다는 쪽이다.[42]

[보기 1]

Kim은 자신이 유일한 주주인 Kim & Associates라는 회사를 세워 경영자문 업무를 제공하고 있고, 이 회사는 현금주의로 과세소득을 계산하고 있다. 올해의 수익과 비용은 다음과 같다.

경영자문업 총수입금액	$150,000
경상적 필요경비	$60,000
비과세채권이자 소득	$20,000
설비 감가상각(내용연수 10년, 취득가액 $5,000, 조기상각법)	$750

---

39) 제312조(f)(1). 글귀로만 보면 이 조의 적용범위는 '차익이나 차손으로서 재산의 매각이나 다른 처분에서 생긴 것'이지만, 실제 의미하는 바는 본문과 같다. Bittker & Eustice, 8.04[7]절.

40) 제446조. 제1장 제2절 Ⅰ. 6. (1). 이창희, 세법강의, 제8장 제1절 Ⅳ, 제18장 제5절 Ⅰ.

41) 기술적으로 accounting이라는 말은 chapter 1의 subchapter E(매출총이익이나 용역수익; 제441조에서 제483조)에서만 의미가 있다. 이창희, 세법강의, 제8장 제1절 Ⅳ.

42) Mazzochi Bus. Co. v. Comr., 14 F.3d 923 (3rd. Cir. 1994) 등. Bittker & Eustice, 8.05[1].

> 과세이연한 양도차익(동종자산 교환차익) $1,000
>
> 올해 납부한 작년분 법인세 $5,000
>
> Kim & Associates의 당기 사업연도의 과세소득과 당기(사업연도)분 배당가능이익을 구하라.
>
> (풀이)
>
> 1. 각 사업연도의 소득
>
>   총수입금액 $150,000 − 경상경비 60,000 − 감가상각 750 = 89,250
>
> 2. 배당가능이익 당기분
>
>   (간접법) 과세소득 89,250 + 비과세소득 가산 20,000 + 감가상각 한도초과액
>
>   가산 250 − 법인세납부액 5,000 = 104,500
>
>   (직접법) 총수입금액 150,000 − 경상비용 60,000 + 비과세소득 20,000 − 정액
>
>   법 감가상각 500 − 법인세 납부액 5,000 = 104,500

제 2 절 배당소득 과세의 얼개

I. 주주에 대한 과세

1. 분배액 = 배당소득 + 원본회수 + 양도소득

앞서 보았듯 주주가 분배받는 금액은 분배받는 현금이나 다른 재산의 시가이다. 시가가 같은 이상 분배받는 금액은 동일하고, 무엇을 분배받는가는 주주에 대해서 아무 차이를 낳지 않는다. 이 분배액 가운데 배당가능이익의 범위 안에 있는 것은 배당소득이다. 나머지는 투자원본의 회수로 주식의 취득원가에서 차감하고, 그래도 남는 금액이 있으면 주식의 양도소득으로 본다.[43] 가령 배당가능이익이 50,000불 있는 법인이 주주에게 100,000불을 분배하고, 주주의 주식 취득원가는 5,000불이라고 하자. 이 경우 분배액 100,000 = (배당소득 50,000 + 주식투자원본회수 5,000 + 주식양도소득 45,000)이라는 3분법이 성립한다. 이 경

---

43) 제301조(c).

우 주주에게 주식이 남아 있지만 취득가액은 소멸한다.

위 보기에서 주주의 소유주식이 2주인데 1주는 취득원가가 10,000불이고 다른 1주는 취득원가가 50,000불이라고 한다면 무슨 소득이 얼마 생기는가? 배당소득은 50,000불이지만 양도소득은 달라진다. 주당 분배액은 모든 주식이 같을 수밖에 없다. 따라서 두 주식에 관해서 각각 25,000불을 분배받은 것으로 보므로 1주에서는 원본회수액 10,000불과 양도소득 15,000불이 생기고 다른 1주에서는 원본회수액이 25,000불 생긴다.[44] 이 경우 분배액 100,000 = (배당소득 50,000 + 주식투자원본회수 35,000 + 양도소득 15,000)이 된다.

분배받은 것이 현금이 아니라 시가 100,000불짜리 재산이더라도 위 3분법은 마찬가지이다. 주주의 입장에서 이 재산의 취득가액은 얼마가 될까? 3분법 등식의 양변을 생각해보면, 주주의 입장에서 볼 때 분배받는 재산의 취득가액은 분배당시의 시가 100,000불이 된다.

제301조 (재산의 분배) (d) 취득가액 — 재산의 취득가액은 이를 분배받으면서 위 (a)를 적용받는다면 그런 재산의 공정한 시가로 한다.
Sec. 301 DISTRIBUTIONS OF PROPERTY (d) Basis — The basis of the property re-ceived in a distribution to which subsection (a) applies shall be the fair market value of such property.

주주에게 생기는 배당소득이 얼마인가는 법인을 기준으로 배당가능이익이 어떤 상태에 있는가(아래 Ⅱ)에 달려있으므로 법인에 대한 법률효과와 묶어서 한꺼번에 생각할 수밖에 없다. 우선은 그 전제로서 주주 단계의 배당소득이나 양도소득의 금액이 특정되었다고 생각하고 그 경우 주주에게 생기는 조세채무가 어떻게 되는가를 보자.

2. 주주에 대한 배당소득 저율과세와 조세회피 대책

미국법은 1921년 이래 전통적으로 경상소득과 양도소득을 나누어서 후자를 한결 낮게 과세한다. 1986년 이후 한동안은 두 가지를 같은 세율로 과세하기도 했지만 1991년 이후에는 다시 이분법으로 돌아가서 개인의 양도소득은 저율과

---

44) Johnson v. U.S., 435 F2d 1257(4th Cir. 1971).

세한다. 한편 개인 주주의 배당소득은 법인단계에서 이미 법인세를 부담한 소득
이므로 이중과세 문제가 생긴다. 그럼에도 불구하고 미국법은 개인주주에 대해
서는 2003년까지 전통적 이중과세 제도를 유지하고 있었다. 현행법은, 배당소득
에는 양도소득에 적용할 낮은 세율을[45] 적용한다는 특칙을 두어[46] 법인세 이중
과세 부담의 일부를 덜어주고 있다. 요는 세율적용 목적상으로는 적격배당소득
을 순양도소득에 더해서 제1조(h)(1)의 세율상한(현재 15%)에 걸리게 한다는 것이
다. 제1장에서 보았다. 그러나 배당소득이라 하더라도 이 세율상한을 배제하는
경우가 있다.

제1조(h)(11)(B)

Sec. 1(h)(11)(B)

(iii) 제246조(c)와 조정 — 이 용어[47]에서 다음 주식에 딸린 배당금을 제외한다 —

(iii) COORDINATION WITH SECTION 246(c) — Such term shall not include any divi-
dend on any share of stock —

    (I) 보유기간 요건으로 제246조(c)의 요건을 만족하지 않는 주식(다만 제246조(c)에서
"45일"은 "60일"로..."91일 기간"은 "121일 기간"으로 바꾼다), 또는

    (I) with respect to which the holding period requirements of section 246(c) are not
met (determined by substituting in 246(c) "60 days" for "45 days"...and..."121-day
period" for "91-day period"), or

    (II) 납세의무자가 진 의무(공매도이든 무엇이든)에 따라 지급해야 할 금액에 관련이
있는 포지션의 기초가 실질적으로 비슷하거나 관련 있는 재산인 주식, 그리고

    (II) to the extent that the taxpayer is under an obligation (whether pursuant to a
short sale or otherwise) to make related payments with respect to positions in
substantially similarly or related property

제1조(h)(11)(D) (특칙) —

Sec. 1(h)(11)(D) SPECIAL RULES —

(ii) 비정상적 배당 — 납세의무자로 이 조를 적용받는 자가 주식에 관련하여 받는 적격배
당소득이...비정상적 배당(제1059조(c)의 뜻에서)이라면 손실로 그런 주식의 매매나 교환
에서 생기는 것은 배당금의 금액 범위 안에서 장기 양도차손으로 다룬다.

(ii) EXTRAORDINARY DIVIDENDS — If a taxpayer to whom this section applies re-
ceives, with respect to any share of stock, qualified dividend income...which are extra-
ordinary dividends (within the meaning of section 1059(c)), any loss on the sale or
exchange of such shares shall, to the extent of such dividends, be treated as long-term
capital loss.

---

45) 제1조(h)와 제1222조. 제1장 제2절 Ⅰ. 4.

46) 제1조(h)(11). 제1장 제2절 Ⅰ. 4. 이창희, 세법강의 제9장 제1절 Ⅵ.

47) 적격배당소득. 제1장 제2절 Ⅰ. 4.

제1조(h)(11)(B)에서 15% 세율상한을 적용받기 위한 주식 보유기간 요건은 제246조(c)를 준용하고 있다. 이 조는 내용이 매우 복잡하므로 배당소득의 과세에 관한 부분 가운데에서도 가장 중요한 부분만 간단히 풀어적어 보자. 요는 배당락이 되는 날 전후의 ±60일 기간(법의 글귀로 121일 기간) 동안 60일 넘게 보유한 주식이라야 저율과세를 받는다는 것이다. 그렇게 정하고 있는 취지는, 단기보유한 주식의 양도소득을 배당소득으로 바꿔치기하여 저율과세받는 것을 인정하지 않겠다는 말이다. 간단한 보기로 어떤 투자자가 단기보유한 A주식에서 양도차익 10원을 벌었다면 이 10원은 경상소득이나 마찬가지로 통상의 누진세율로 과세받는다.[48] 이 사람이 다른 B주식을 배당락 직전에 110원 주고 사서 배당금 10원을 받은 뒤 100원에 판다면 B주식에서 생기는 경제적 손익은 영(0)이다. 그러나 법에 달리 규정이 없다면 세법상으로는 B주식에서 배당소득 10원과 주식양도차손 10원이 생긴다. 이 양도차손은 A주식의 양도차익과 상계할 수 있으므로 양도소득에서는 과세소득이 나오지 않고 배당소득은 15% 세율상한에 걸리게 된다. 이런 tax arbitrage를 막기 위해서 60일 이하 보유한 주식에 관한 특칙을 둔 것이다. 한결 더 간단한 꼴의 차익거래로, 가령 주식을 빌린 사람이 배당금을 받은 뒤 주식을 반환하면서 차임(이 임료는 통상 배당금 상당액이 될 것이다)을[49] 지급한다면 이 사람에게는 차임이라는 비용과 저율과세 배당소득이 생기게 된다. 그에 대한 대책이 제1조(h)(11)(B)(iii)이다. 차임이라는 "지급해야 할 금액"의 기초를 이루는 포지션은 주식의 반환의무이고 주식과 관련이 있다. 따라서 그런 주식에서 생기는 배당금은 적격배당소득이 아니게 되어 15% 세율상한을 배제한다. 마찬가지로, 주식의 소유권자가 주식을 소유하고 있기는 하지만 이를 팔기로 약정하면서 배당소득 상당액을 매수인에게 넘겨주기로 약정한 경우에도 15% 세율상한을 배제한다.

'비정상적 배당'에 관한 제1조(h)(11)(D)(ii)도 비슷한 취지이지만 효과는 다르다. 누적된 배당가능이익을 비정상적으로 대거 배당해서 저율로 과세받으면서 단기보유주식의 양도차손을 만들어낸다면 이를 장기 양도차손으로 재구분한다.[50] 비정상적 배당이란 주식 취득원가의 일정비율을 넘는 배당을 말한다.[51]

---

48) 제1장 제2절 I. 4.

49) 주식을 빌려준 사람이 받는 이런 차임을 manufactured dividend라고 부른다. '손을 좀 본 배당금' 정도의 뜻이다.

50) 제1조(h)(11)(D)(ii). 일반적으로 단기양도차손이 장기양도차손보다 유리하다. 제1장 제2절 3과 4.

51) 아래 3.(2).

3. 법인주주에 관한 특칙

개인주주들과는 달리 법인주주들이 받는 배당소득은 전부 또는 일부를 익금불산입하여 법인세 이중과세를 배제한다.

제243조 (법인이 받는 배당금)

Sec. 243. DIVIDENDS RECEIVED BY CORPORATIONS

(a) 일반 원칙 ─ 법인의 경우 허용할 공제금액으로, 다음 비율을 이 장의[52] 세금을 내는 내국법인에서 받는 배당의 금액에 곱한 금액을 공제한다.

(a) GENERAL RULE ─ In the case of a corporation, there shall be allowed as a deduction an amount equal to the following percentages of the amount received as dividends from a domestic corporation which is subject to taxation under this chapter.

 (1) 70% : 배당금이 아래 제(2)항이나 제(3)항에 적은 배당금이 아닌 경우...

 (1) 70 percent, in the case of dividends other than dividends described in paragraph (2) or (3)...

제243조의 글귀는 받은 배당금액의 일정비율을 공제한다고 적고 있지만 우리 법 개념으로는 익금불산입이라고 이해하면 된다. 익금불산입하는 비율은 주식소유비율에 따라 다르다. 기본은 70%(2018년부터는 50%) 익금불산입이다.[53] 나머지는 조문구조가 복잡해서 번역을 생략했지만, 요는 배당금을 지급하는 회사와 주주회사 사이의 주식소유비율에 따라 익금불산입 비율을 정한다. 주주회사가 20% 이상을 소유한다면 80%(2018년부터는 65%)를 익금불산입한다.[54] 주주회사가 80% 이상을 소유한다면 어차피 연결납세가 가능하므로 균형을 맞추어 100%를 익금불산입한다.[55]

[보기 2]

 X법인은 역년을 사업연도로 삼고 있고 회계방법으로 현금주의를 택하고 있다. X법인의

---

52) '이 장'이란 Title 26의 Chapter 1(제1조에서 제1400U-3조까지)이다. 우리 법의 개념으로 어림잡자면 각 사업연도 내지 각 과세기간의 소득에 대한 소득세와 법인세를 말한다.

53) 가령 현금 100을 배당받았다면 (차) 현금 100 (대) 배당소득 30 + 자본(배당가능이익) 70.

54) 제243조(c).

55) 제243조(a)(3) 및 (b). 연결납세시 자회사의 소득은 이미 연결과세소득에 포함되었으므로 뒤에 배당금을 지급하는 단계에 가서 연결모법인이 지급받은 배당금액만큼 자회사주식 취득원가를 깎는다. 재무부규칙 1.1502-13(f)(2).

당기 손익은 다음과 같다. X법인의 당사업연도의 과세소득과 당기(사업연도)분 배당가능 이익을 구하라.

매출총이익	20,000
급여	10,250
비과세이자소득	3,000
상장법인의 소수주주로 받은 배당금	5,000
감가상각	2,800
장기보유주식의 양도차익	2,500
장기보유주식의 양도차손	5,000
올해 납부한 법인세	800

(감가상각 자산은 올해 7. 1에 14,000불을 주고 구입한 것으로 가속상각법의 법정내용연수 5년에 맞추어 정액법에 따른 반년치 상각액의 200%를 가속상각한 것이다. $(14,000/5) \times 50\% \times 200\% = 2,800$.[56] 가속상각법을 따르지 않는 경우 추정내용연수는 7년이고, 그에 따른 반년치 정액법 상각액은 $14,000/7 \times 50\% = 1,000$이다.)

〔풀이〕 배당소득 공제 말고 다른 논점은 [보기 1]과 거의 같다. 배당소득공제율은 기본율 70%이다. 배당가능이익을 계산할 때에는 배당받은 현금 전체를 잡는다. 각 사업연도 소득계산시 법인의 양도차손은 양도차익의 범위 안에서만 손금산입한다.[57]

1) 과세소득 = 매출총이익(20,000) − 급여(10,250) + 비과세이자소득(0) + 배당소득(5000) − 배당소득공제(3,500) − 감가상각(2,800) + 장기보유주식양도소득(2,500) − 장기보유주식양도손실(상한 2,500) = 8,450

2) 배당가능이익 당기분 = 20,000 − 10,250 + 3,000(비과세이자소득) + 5,000(배당소득) − 1,000(감가상각) + 2,500(장기보유주식양도소득) − 5,000(장기보유주식양도손실) − 800(법인세) = 8,450(과세소득) + 3,000(비과세이자소득) + 3,500(배당소득공제) + 1,800(감가상각차액) − 2,500(장기보유손실 미공제분) − 800(법인세) = 13,450

---

56) 사업연도 중간에 취득하는 경우의 감가상각은 우리 법과 다르지만, 이 문제에서는 그냥 월할 상각하는 것으로 전제한다. 결과적으로 한해 어치를 상각하는 것과 같지만 뒤에 나올 사례 때문에 일부러 기중에 취득한 것으로 전제했다.

57) 제1211조 제1장 제2절 Ⅰ. 3. (5).

(1) 익금불산입에 대한 제약

제246조는 배당소득 익금불산입에 몇 가지 제약을 두고 있다.

1) 법인세를 내지 않는 단체, 가령 비영리법인에서 지급받는 배당금은 익금이다.[58]

2) 배당소득 익금불산입액은 과세소득의 일정비율을 넘지 못한다는 상한이 있다.[59]

3) 익금불산입을 받기 위해서는 법에 정한 기간 이상 주식을 보유해야 한다. 앞서 개인주주가 배당소득 저율과세를 받자면 배당락일 ±60일 기간 동안 60일 넘게 보유한 주식이라야 한다는 요건이 제1조(h)에 있는 것을 본 바 있다. 제1조(h)는 이 내용을 직접 정하고 있는 것이 아니라 제246조(c)를 준용하되 날짜수만 바꾼다고 적고 있다. 바로 이 제246조(c)가, 법인주주의 주식보유기간 요건이다. 내용과 글귀가 매우 복잡하지만, 요는 배당락이 되는 날 전후의 ±45일 기간 동안 45일 넘게 보유한 주식이라야 저율과세를 받는다는 것이다. 그렇게 정하고 있는 취지는, 경제적 손익은 영(0)인 자가 인위적인 배당소득과 주식양도차손을 일으켜서 배당소득은 익금불산입받고 주식양도차손은 공제받는(다른 소득과 상계하는) tax arbitrage를 막자는 것이다.[60]

(2) 주식 취득가액 조정

제1059조는 비정상적 배당으로 배당소득 익금불산입을 받는 경우 익금불산입 금액만큼 주식의 취득가액을 깎도록 해서 결국 장기적으로 본다면 익금불산입을 배제한다. 이 조는 앞에서 개인주주 부분에서 '비정상적 배당'이라면 단기양도차손을 장기양도차손으로 재구분하는 것을 보았을 때[61] 거기에서 '비정상적 배당'이라는 말을 정의하기 위해 준용했던 바로 그 규정이기도 하다. 이 조는 1986년에 덧 들어간 것으로, 앞의 보유기간 요건으로도 막을 수 없는 인위적 소득조작이 생겼기 때문이다. 실제 문제되었던 사례는 크라이슬러의 대규모 배당

---

58) 제246조(a). 우리 법에서는 비영리법인에서 배당금을 받는다는 말은 자체모순이다.

59) 제246조(b)

60) 이런 tax arbitrage의 실례로 Silco, Inc. v. U.S., 779 F2d 282 (5th Cir. 1986). 개인주주의 보유기간을 법인주주보다 더 엄하게 정하고 있는 이유는 아마 법인이라면 주식거래의 필요가 한결 강하다는 생각이리라.

61) 제1조(h)(11)(D)(ii).

이었다. 주식의 시가가 36불인 상황에서 크라이슬러는 11.69불을 배당하기로 하였고, 그러자 크라이슬러 주식을 사들여서 90일 이상 보유한 뒤 주식을 팔아서 배당소득과 주식양도차손을 일으킨 투자자들이 있었다.62) 이에 대한 대책으로 생긴 제1059조는, 법인주주가 비정상적 배당을 받는 경우 배당소득 익금불산입액만큼 주식의 취득원가를 깎고, 익금불산입액이 주식의 취득원가보다 더 큰 부분은 양도소득으로 과세한다.63) 비정상적 배당이란 주식 취득원가의 일정비율(배당우선주라면 5%, 다른 주식이라면 10%)을 넘는 배당을 말한다.64) 다만 배당계획을 공시할 때 이미 2년 이상 보유했던 주식이라면 비정상적 배당으로 보지 않는다.

(3) 포트폴리오 주식 취득에 들어간 차입금 이자

차입금으로 산 포트폴리오 주식이라면 수입배당금 익금불산입을 배제한다. 기본개념으로 수익비용의 대응을 생각하면 익금에 대응하지 않는 비용은 손금불산입해야 하고, 이 논리로는 배당금을 익금불산입하는 이상 관련된 지급이자도 손금불산입해야 한다.65) 가령 돈 100불을 꾸어 주식에 투자하고, 시장이 균형에 있기에 지급이자와 주식투자수익이 모두 연 10불로 경제적 손익은 영(0)이라고 하자. 법이 주식투자수익 10불을 익금불산입하는 이상 지급이자 10불도 손금불산입해야 한다. 그렇게 하지 않으면 가공손실 10원이 생기기 때문이다. 주식투자수익 가운데 양도소득은 과세대상이고 또 수입배당금도 일부분은 과세한다는 점을 생각하면 지급이자 가운데 얼마를 손금불산입할지 계산이 좀 복잡해진다. 이리하여 미국법 제246A조는 이것을 뒤집어 적는 형식으로, 지급이자 손금산입은 건드리지 않은 채 차입한 돈으로 버는 수입배당금이라면 익금불산입을 배제하되 배제금액은 지급이자를 상한으로 한다고 정하고 있다.66) 한편 우리법과67) 달리 이 조의 적용범위는 포트폴리오 주식(50% 지배력이 없는 주식)에 국한하고, 또 그런 주식취득에 들어간 차입금을 직접 추적할 수 있는 경우로 제한되

---

62) Joint Committee on Taxation, Tax Shelter Proposals and Other Tax-Motivated Transactions, 98th Cong. 2d Sess. (1984), 특히 39-40쪽.

63) 제1059조(a).

64) 제1059조(c).

65) 이창희, 세법강의, 제14장 제3절 IV, 제20장 제1절 V, 제22장 제1절 IX.

66) 제246A조, 특히 (e).

67) 법인세법 제18조의2 제1항, 제18조의3 제1항.

어 있다.[68]

[보기 3]

甲법인이 이미 있던 자금 800불과 새로 빌린 차입금 200불로 乙법인의 발행주식총수의 1%를 사들였다. 갑 법인은 배당금 100불을 받았고, 차입금에 대한 이자를 10불 지급하였다. 갑 법인에게 생기는 소득은 얼마인가?

(풀이) 주식소유비율이 20% 이하이므로 일단 70% 소득공제(익금불산입) 비율을 적용한다면[69] 70불을 익금불산입하고 30불만 과세하겠지만 차입금으로 산 포트폴리오 주식에 해당하므로[70] 익금불산입액이 줄어든다. 수입배당금 100불 가운데 80/100 부분은 자기자본의 투자수익이므로 익금불산입 56불을 그대로 인정한다. 차입금의 투자수익인 20불 부분도 일단 익금인 부분과 아닌 부분으로 나누면 각 6불(30%)과 14불(70%)이다.[71] 차입금으로 산 주식의 배당소득은 익금불산입을 배제하지만 배제액의 상한이 실제로 지급한 이자 10불이다(=14불 가운데 10불은 익금불산입을 배제, 곧 익금에 산입하고 나머지 4불은 익금불산입한다).[72] 결국 익금불산입할 금액은 70 - 배제액 상한 10 = 60불, 또는 56 + 4 = 60불이다. 소득은 수입배당금 100 - 익금불산입 60 - 지급이자 10 = 30불이다. 달리 생각하면 수입배당금 100불 가운데 70불을 익금불산입하여 익금을 30불로 하고 관련 지급이자 10불을 손금불산입하여 손금공제는 영(0)으로 계산해서, 소득금액을 30불로 계산하는 것과 같다.

---

(4) 배당의 실질이 주식양도차익이라는 판례

명문규정이 없는 경우에도 실질과세 원칙을 적용하여 배당소득을 주식양도차익으로 재구분한 판례도 있다. 전형적으로 문제되는 사례가 이른바 bootstrap sale이다. Bootstrap이라는 말은 허공에 뜬 사람이 제 손으로 제 몸을 당겨올린다, 이런 식의 느낌이 있는 말이다. 우리 말로 옮기자면 '제 돈으로 제 돈 받기' 매매 정도의 뜻이 된다. 주식매매의 당사자들이 주식매매대금을 서로 정한 뒤, 매매대금의 일부를 매도인(법인)이나 매수인(법인)이 회사에서 받는 배당금으로 충

---

68) 제246A조 (a)와 (d). OBH, Inc v. U.S., 397 F. Supp. 2d 1148 (2005) 특히 1164쪽.

69) 제243조(a)(1).

70) 제246A조(c).

71) 제246A조(a).

72) 제246A조(e).

당하는 것으로, dividend stripping이라고 부르기도 한다. 먼저 매도인이 배당받는 경우부터 보자.

(판례) Waterman Steamship Corporation v. Comr[73]

이 사건 원고인 W사는 자회사인 T사(정확한 사실관계는 두 개의 자회사)의 주식 100%를 소유하고 있었고 주식매매 당사자들은 T사의 가치가 350만불이라고 합의한 상태였다. 주식매매계약 당일 12시에 T사는 280만불을 W사에 배당하기로 결의하고 배당금을 약속어음으로 지급하였다.[74] 뒤이어 1시에 매수인 MS사가 주식매매대금으로 70만불을 W사에 지급하고 주식 소유권을 이전받았다. 1시30분에 MS사는 그 자회사가 된 T사에 280만불을 대여하였고, T사는 W사가 가지고 있는 약속어음을 280만불에 사들였다. 쟁점은 W사가 받은 280만불이, T사가 W사에 배당한 돈인가, 아니면 MS사가 T사를 거쳐 지급한 주식매매대금인가이다. 법인세 신고를 하면서 W사는 T사에서 받은 280만불을 배당소득으로 익금불산입하였다.[75] 그러나 국세청은, W사와 MS사가 정한 주식매매대가는 350만불이고, W사가 받은 280만불은 MS사에서 받은 주식매매대금(T사를 거쳐서 받은 대금)을 T사에서 받은 배당금으로 가장한 것(또는 배당금 280만불의 실질이 주식매매대금의 일부를 MS사에서 받은 것이로되 다만 T사를 거쳐서 받은 것)이라고 보았다.[76] 1심인 조세법원에서는 원고 W사가 승소했지만 2심인 항소법원은 국세청 승소판결을 내리면서 "이른바 배당거래와 매매거래는 기실 하나의 양도거래이다. 이 사건 어음은 주식매매라는 미리 짜놓은 전체 계획에서 스쳐가는 한 단계일 뿐이다"라고 판시하면서 배당소득 익금불산입을 내쳤다.[77]

실질과세 원칙에 따른 재구성의 가부는 구체적 사실관계를 놓고 따질 문제이다. 결과적으로 주식양도소득을 줄이고 배당소득을 늘렸다고 하더라도 Waterman 판결처럼 인위적 냄새가 강한 사건이 아니라면 거래형식을 그냥 존중한 판결이 오히려 더 많다.[78]

---

73) 430 F.2d 1185 (5th Cir. 1970), cert. denied, 401 U.S., 939 (1971).

74) 판결문에는 이 약속어음의 교부를 현물배당이라고 적고 있지만 우리 법의 개념으로는 본문처럼 이해할 수밖에 없다.

75) 이 사건의 정확한 사실관계에서는 모자회사간 연결납세로 애초 익금이 없다고 신고하였다.

76) 미국판례에서 당사자가 택한 거래를 sham이라고 부르는 경우 이 말은 우리 판례의 개념으로는 가장행위일 수도 있고 가장행위는 아니지만 경제적 실질과 다르다는 이유로 부인당하는 행위일 수도 있다. 어차피 민사법상 유무효가 쟁점이 아니므로 미국판례는 두 가지를 구별하지 않는다.

77) 같은 판결 . 430 F.2d, 1192쪽.

78) 대표적 보기로 TSN Liquidating Corp. v. U.S., 624 F2d 1328 (5th Cir. 1980)(매매대상인 자회사의 자산 가운데 매수인이 원하지 않는 자산을 매도인에게 현물분배한 경우 배당소득으로 익금불

매도인이 제 돈(제가 지배하는 회사의 돈)으로 대금을 받는 유형과는 반대인 bootstrap으로, LBO(leverged buyout)형에서는 매수인이 매도인의 돈으로 매도인의 것을 사기도 한다. 곧 매도인이 거느리고 있던 자회사(인수대상 회사)를 사면서 매수대금을 인수대상 회사에서 받는 배당으로 충당하는 것이다. 가령 Waterman 판결의 사실관계에서 MS사가 W사에 350만불을 주기는 하지만 그 가운데 280만불은 MS사가 T사에서 배당금을 받아서 그 돈으로 주는 것을 말한다. 이 경우, T사에서 받는 배당금은 T사가 MS사를 모회사로 하는 연결집단에 들어오기 전에 번 소득에서 나오는 것이므로 100% 배당소득공제(80% 자회사의 경우 배당소득공제율)는 자동적으로 배제된다.[79] 또한 앞서 본 '비정상적 배당' 규정에서 배당공시 전 2년이라는 보유기간을 지킬 수 없으므로 MS사가 받는 배당금은 비정상적 배당으로서 주식 취득원가에서 차감하게 된다.[80]

II. 배당하는 법인에 생기는 법률효과

1. 현금 배당

주주에 대한 현금분배는 분배하는 법인의 소득에 영향을 미치지 않는다.[81] 배당가능이익에는 영향을 미치고 다시 이 문제는 주주의 입장에서 분배가 배당소득인가 출자의 환급인가라는 문제와 맞물린다.

제312조 (배당가능이익에 대한 영향)

Sec. 312 EFFECT ON EARNINGS AND PROFITS

(a) 일반원칙 — 예외를 달리 정한 것이 이 조에 없던 한, 분배하는 재산이 법인의 주식에 관련한 것이라면, 법인의 배당가능이익이(있는 만큼을 한도로) 줄고 주는 금액은 다음의 합계액이다 —

(a) GENERAL RULE — Except as otherwise provided in this section, on the distribution of property by a corporation with respect to its stock, the earnings and profits of the corporation (to the extent thereof) shall be decreased by the sum of —

    (1) 현금의 금액...

    산입).

79) 제243조(b)(1)(B).

80) 연결납세를 선택하면 이런 불리한 점 가운데 일부는 극복할 수 있지만, 이 글의 범위 밖이다.

81) 제311조(a).

(1) the amount of money...
으로 그렇게 분배한 것
so distributed
제316조 (배당의 정의)
Sec. 316 DIVIDEND DEFINED
(a) 일반 원칙 ─ ...용어로 '배당'의 뜻은 재산 분배를 법인이 주주에게 해주는 것이 ─
(a) GENERAL RULE ─ ...the term "dividend" means any distribution of property made by a corporation to its shareholders ─
(1) 배당가능이익으로 누적된 것...에서 나오는 것, 또는
(1) out of its earnings and profits accumulated...
(2) 당사업연도분 배당가능이익(당사업연도 말 현재로 계산하고 당사업연도 중의 분배액이 있더라도 감소시키지 않는다)에서 나오는 것이다. 이 경우 배당가능이익의 금액이 분배 당시에 얼마이든 관계없다.[82]
(2) out of its earnings and profits of the taxable year (computed as of the close of the taxable year without diminution by reason of any distributions made during the taxable year), without regard to the amount of the earnings and profits at the time the distribution was made.
...모든 분배의 원천은 배당가능이익이 있는 한 그 금액, 그리고 가장 최근에 유보된 배당가능이익이다...
...every distribution is made out of earnings and profits to the extent thereof, and from the most recently accumulated earnings and profits...

[보기 4]
자연인 갑은 B법인의 1인주주이고 주식의 취득원가는 5,000불이다. B는 갑에게 100,000불을 분배하였다. 다음 각 경우 갑과 B에게 생기는 법률효과는?
(1) B의 배당가능이익은 전기말까지 누적된 금액이 300,000불이고 당기분이 100,000불이다.
(2) B에게 누적된 배당가능이익은 300,000불이지만 당기분 배당가능이익이 영(0)이다.
(3) B에게 누적된 결손금이 300,000불 있지만 당기분 배당가능이익이 100,000불이다.
(4) B에게 전기 말까지 누적된 배당가능이익이 25,000불 있고 당기분이 25,000불이다.
(5) B에게 배당가능이익이 전혀 없다.
〔풀이〕
(1) 갑에게는 100,000불의 배당소득이 생기고 주식의 원가는 5,000불 그대로 남는다. (차) 현금 100,000 (대) 배당소득 100,000. B의 배당가능이익은 당기분이 100,000불 감소한다. (차) 자본(당기분 배당가능이익) 100,000 (대) 현금 100,000.

---

82) 이 단서 부분의 의의는 뒤에 다시 본다.

(2) 갑에게는 100,000불의 배당소득이 생기고 주식의 원가는 5,000불 그대로 남는다. B의 누적 배당가능이익은 100,000불 줄어서 200,000불 남는다. (차) 자본(전기이전 배당가능이익) 100,000 (대) 현금 100,000.

(3) 배당가능이익 당기분이 100,000불 있으므로 누적된 결손금에 관계없이 갑에게 100,000불 배당소득이 생긴다. 분배에 따라 당기분 배당가능이익은 소진된다. 누적결손금은 300,000불 그대로 남는다. (차) 자본(당기분 배당가능이익) 100,000 (대) 현금 100,000.

(4) 갑에게 생기는 배당소득은 50,000불이다. 주식의 원가는 5,000불을 뺀 영(0)이 되고, 나머지 45,000불은 출자를 환급받은 것이므로 주식의 양도소득으로 과세한다. (차) 현금 100,000 (대) 배당소득 50,000 + 주식 5,000 + 양도소득 45,000. B의 배당가능이익은 소진된다.

(5) 갑은 주식 취득원가에서 5,000불을 빼고, 나머지 $95,000은 주식의 양도소득으로 과세한다. (차) 현금 100,000 (대) 주식 5,000 + 양도소득 95,000. B의 입장에서는 주주에게 100,000불을 환급하는 것이므로 배당가능이익에는 변화가 없다. (차) 자본(출자액) 100,000 (대) 현금 100,000.

기실 위 보기에서는 분배금을 지급한 날이 언제인지를 일부러 밝히지 않은 채 사업연도 말 현재에 지급했다고 암암리에 가정하고 답을 내었다. 사업연도 중간에 분배금을 지급하는 경우에는 좀 복잡한 문제가 생긴다. 우선 누적된 배당가능이익이 없는 법인이 분배 당시에, 연말까지도 쭉 당기순손실이 나리라 생각하면서 분배를 했다고 하자. 그렇더라도, 그 뒤 사업이 잘 되어 "당 사업연도 말 현재"로 볼 때 "당 사업연도분 배당가능이익"이 분배금을 넘는다면 이미 분배한 것이더라도 배당소득이 된다. 둘째, 분배가 누적된 배당가능이익의 범위 안에 있는가를 따질 때에는 분배일 현재까지 당기분 배당가능이익이 어떻게 증감했는가를 따져야 한다.83) 이렇게 풀이하는 이유는, 제316조(a)(2) 괄호 속의 글귀 때문이다. 분배가 당기분 배당가능이익의 범위 안에 있는가를 따질 때에는 당기분 배당가능이익의 금액이 얼마인가를 연말 현재로 따지라는 명문규정이 있는데 비해서, 제316조(a)(1)에서 분배가 누적된 배당가능이익의 범위 안에 있는가를 따질 때에는 그런 말이 없으므로 배당금 지급시점 현재의 금액을 따져야 글귀에 맞다. 셋째, 분배금 지급시점 현재 누적된 배당가능이익이 얼마인가를 따질 때에

---

83) 재무부규칙 1.316-2조.

는 당기분 배당가능이익으로 이미 배당소득에 충당한 것을 다시 포함하면 안된다. 이중계산을 피해야 하기 때문이다. 한편 기중의 분배에 따라 배당가능이익이 감소한 것은 누적배당가능이익에서 빼주어야 한다. 제316조(a)(2) 괄호 속의 글귀는 당기분 배당가능이익에만 적용되기 때문이다. 결국 기중에 여러 차례 분배가 있다면 분배금과 당기분 배당가능이익의 관계는 비례안분이고, 분배금과 누적된 배당가능이익의 관계는 선착순 충당(first come, first serve)이라고 할 수 있다.[84] 가령 전기말 현재 누적배당가능이익이 12,000불이고 당기분이 30,000불(월별구분계산은 불가능)인 법인이 각 분기말에 15,000불씩을 배당한다고 하자. 당기분 먼저 4차례에 걸쳐 각 7,500불씩 배당한 것으로 보고 누적배당가능이익은 선착순으로 배당한 것으로 보면, 3월말 15,000불은 (당기분 7,500 + 누적 7,500)로 전액 배당소득이다. 6월말 15,000불 중 배당소득은 (당기분 7,500 + 누적 4,500 = 12,000불)이다. 9월말 15,000불과 12월말 15,000불 중 배당소득은 각 당기분 7,500불씩이다.[85]

[보기 5][86]

(1) 역년을 사업연도로 하는 X법인이 1971.7.1.에 배당금 15,000불을 현금으로 지급했다. 1971.1.1. 현재 이 법인의 배당가능이익은 40,000불이 누적되어 있다. 1971년에는 상반기동안의 손실이 50,000불이었지만 연 전체로는 당기분 배당가능이익이 5,000불 생겼다. 1971.7.1에 지급한 돈 15,000불 가운데 주주에게 배당소득으로 과세할 금액은 얼마인가? 1971.12.31. 현재 X법인의 배당가능이익은 얼마가 되는가?

〔풀이〕 제316조(a)에서 1971년 "당사업연도"분 배당가능이익이 5,000불이므로 15,000불 가운데 5,000불은 1971년분 배당가능이익에서 나온 배당소득이다. 나머지 10,000불의 과세는 '배당가능이익으로 누적된 것'에서 나오는가를 따져야 하는데, 이것을 따지는 시점이 따로 명시되어 있지 않으므로 배당시점인 1971. 7. 1 현재로 따져야 한다. 당기분 5,000불은 이미 배당소득에 반영해서 소진시켰으므로 1971.7.1. 현재 누적된 배당가능이익이란 1971.1.1. 현재의 누적된 배당가능이익 40,000불과 같다(1971년 상반기 손실이 50,000불이므로 7.1. 현재 누적된 배당가능이익이 없다는 식으로 생각하지는 않는다. 배당가능이익 당기분을 이

---

84) Bittker & Eustice, 8.03[2][b]절.
85) 재무부규칙 1.316-2(c), Ex.
86) Rev. Rul. 74-164, 1974-1 CB 74 (1974)에 나오는 내용을 손보아 풀어쓴 것이다.

미 따져서 소진시켰기 때문에 더 이상 따질 필요가 없다). 10,000불은 이 40,000불의 범위 안에 있으므로 역시 배당소득이고, 결국 주주의 배당소득은 15,000불이다. 1971.12.31. 현재의 배당가능이익은 1971.1.1. 현재의 배당가능이익 40,000불에서 배당금 지급액 10,000불을 뺀 30,000불이 된다.

(2) 역년을 사업연도로 하는 Y법인이 1971.7.1.에 배당금 15,000불을 현금으로 지급했다. 1971.1.1. 현재 이 법인에는 누적결손금 60,000불이 쌓여 있다. 1971년에는 상반기의 소득이 75,000불이었지만 하반기 사업부진으로 1971년 전체로는 5,000불의 소득이 생겼다.

〔풀이〕 배당액 15,000불 가운데 5,000불은 당기분 배당가능이익을 소진하면서 주주의 배당소득이 된다. 7.1. 현재 누적된 배당가능이익이 없으므로 나머지 10,000불은 출자의 환급으로 주주의 주식 취득원가에서 차감하되, 취득원가가 10,000불 미만이면 차액을 주식양도차익으로 과세한다. 1971.12.31. 현재 Y법인의 누적결손금은 60,000불 그대로이다. 제312조 본문에서 배당가능이익이란 '그 한도 안에서' 줄어들고, 출자의 환급 10,000불은 누적결손금을 늘리지 않는다.

(3) 앞 (1)에서 X법인의 1971년 연간 당기순손실이 5,000불이었다면 주주와 X법인에 생기는 법률효과는?

〔풀이〕 1971년 당기분 배당가능이익은 없고 논점은 15,000불이 누적된 배당가능이익에서 나오는가이다. 그를 알려면 배당금 지급일인 1971.7.1. 현재 누적된 배당가능이익이 얼마인지 알아야 한다. 재무부규칙대로 1971년분 손실 5,000불을 날짜수로 상하분기에 각 2,500불씩 안분한다면[87] 7.1. 현재의 배당가능이익은 40,000 – 2,500 = 37,500불이 된다. 이 금액은 15000불보다 크다. 따라서 15000불은 모두 누적된 배당가능이익에서 나온 것으로 배당소득이다. 1971.12.31. 현재 X법인의 배당가능이익은 40,000 – 2,500(상반기 손실) – 15,000 – 2,500(하반기 손실) = 20,000불이다.

(4) 앞 (1)에서 X법인의 1971년 당기순손실이 55,000불이었다면?

〔풀이〕 당기분 배당가능이익은 없고 논점은 15,000불이 7.1 현재 '배당가능이익으로 누적된 것'에서 나오는가이다. 당기순손실 55,000불을 날짜수로 안분하

---

87) 재무부규칙 1.316-2(b). 한편 7.1. 현재의 배당가능이익을 40,000불 – 50,000불(상반기손실) = –10,000불이라고(곧 연간손실 5,000불이 상반기손실이 50,000불이지만 하반기 이익이 45,000불이어서 연간 손실이 5,000불이라고) 생각해서 배당소득이 없다는 해석은 불가능하지만, 상하반기 실적이 위와 같다고 증명할 수 있다면 1971년분 손실 5,000불을 전액 상반기에 할당할 여지는 있다고 한다. Bittkerr & Eustice, 8.03[2][c]. 그렇게 하더라도 이 보기에서는 결론이 바뀌지 않는다.

면 7.1 현재의 배당가능이익은 40,000 - 27,500 = 12,500불이다.[88] 따라서 15,000
불 가운데 12,500불은 배당소득이고 2,500불은 자본의 환급이다. 1971.12.31. 현
재 배당가능이익은 40,000 - 27,500 - 12,500 = 0(영)이고, 하반기 손실 27,500불은
누적결손금이 된다.

2. 현물 배당

(1) General Utilities Doctrine

1986년 전에는 재산현물을 배당하는 경우 배당법인은 배당하는 재산에 딸
려 있는 미실현손익(시가와 취득원가의 차액)을 이득이든 손실이든 어느 쪽도 인식하
지 않는 것이 원칙이었다. 이 원칙은 일찍이 1935년 대법원의 판례로 생겼다.

(판례) **General Utilities & Operating Company v. Helvering**[89]
원고법인인 General Utilities Company가 50%를 소유하고 있는 Island Edison Company
의 주식은 취득원가가 2,000불이고 시가가 약 110만불이었다. 이 주식을 사겠다는 매수
인이 나서자 원고는 위 주식을 주주에게 현물배당하였고, 주주는 이 주식을 받고 나흘
뒤에 매수인에게 양도하였다. 국세청은 원고법인에게 주식양도차익 1,098,000불이 있다
고 보았지만,[90] 대법원은 양도가 없다는 이유로 과세소득이 없다고 판시하였다.[91]

위 판결에서 원고법인이 직접 매수인에게 양도하지 않고 주주를 거친 이유
는 무엇일까? 직접 양도한다면 원고법인에게 Island 주식양도소득 1,098,000불
이 생긴다. 원고법인은 이 1,098,000불의 양도차익 과세를 피하려 한 것이다.
그런데 여기에서 한 가지 의문이 생긴다. 현물배당을 통해 원고법인이 양도차
익 과세를 피할 수 있다는 말은, 주주의 입장에서 보자면 현물배당받은 Island
주식의 주식 취득가액이 2,000불이라는 말 아닌가? 그렇다면 주주에게 양도차
익이 1,098,000불만큼 생기게 되고, 결국 원고법인이 양도차익 과세를 피하는
대신 주주가 양도차익에 세금을 내는 것 아닌가? 그렇지는 않다. 재산을 현물배

---

88) 앞 주석에 있는 다른 견해를 이 보기에 적용한다면 상반기손실이 50,000불인데 연간손실로
　　55,000불을 상반기에 할당한다는 이상한 결과가 생긴다.
89) 296 U.S., 200 (1935).
90) (차) 배당가능이익 1,100,000 (대) 자산 2000 + 처분익 1,098,000.
91) (차) 배당가능이익 2000 (대) 자산 2000.

당 받는 경우 재산의 시가 110만불만큼 주주에게 배당소득이 생기고 주주의 입
장에서 본 재산 취득원가는 재산의 시가상당액이다.[92] 따라서 주주가 양도차익
에 세금을 낼 것은 없다. 그렇게 보면 결국 논점은 무엇인가? 회사가 재산을 직
접 팔고 처분대금 110만불을 배당한다면 회사에는 양도차익 1,098,000불이 생기
고 주주에게는 배당소득 110만불이 생긴다. 이 결과에 맞추자면 현물배당시에도
원고법인에 양도차익을 과세해야 논리의 앞뒤가 맞는다. 이것이 국세청 측 주장
이다.[93] 다른 한편, 이렇게 한다면 Island 주식의 가치가 올라서 생긴 이득을 회
사와 주주에게 이중과세, 곧 회사에게 양도소득으로 과세하면서 주주에게도 배
당소득으로 과세하는 결과가 된다. 이것은 결국 이 이득을 법인과 주주에게 이
중과세할 것인가, 또는 주주 한 단계에서만 과세할 것인가라는 classical system
의 본질문제이다. 국세청은 classical system이란 본래 이중과세하는 제도이므로
그래야 논리의 앞뒤를 맞출 수 있다고 보았던 것이고 법원은 이중과세를 피할
방도를 찾으려 한 것이다.[94] 그 뒤 General Utilities 판결의 적용범위를 어느 정
도 제한하려는 다른 방향의 판결들도 나오기는 했지만[95] 국회는 1954년 법 제
311조(a)로 General Utilities 판례를 명문화하였다.

제311조 (분배하는 법인에 대한 과세)
Sec. 311 TAXABILITY OF CORPORATION ON DISTRIBUTION
(a) 총칙 — 아래 (b)에 정한 것을 제외하고 차익이나 차손을 법인에게 인식하지 않는다:
분배(완전청산이 아닌 것으로[96])하는 것이 그 자신의 주식에 관련한 것으로서 다음에 해
당한다면 —
(a) GENERAL RULE — Except as provided in subsection (b), no gain or loss shall be
recognized to a corporation on the distribution (not in complete liquidation) with re-
spect to its stock of —
  (2) 재산
  (2) property

---

92) (차) Island 주식 1,100,000 (대) 배당소득 1,100,000.

93) 90)의 차변에 나오는 법인의 분배액(배당가능이익 감소액)과 92)의 양변에 나오는 주주의 배당소
   득 및 자산 취득가액이 모두 같아야 한다는 말이다. 따라서 90)의 대변이 맞다는 것이다.

94) Nolan, Taxing Corporate Distributions of Appreciated Property, 22 San Diego Law Review 97
   (1985). 결과적으로 법인 단계의 분배액과 주주단계의 배당소득은 따로 놀게 된다.

95) 가령 Comr. v. First State Bank of Stratford, 168 F.2d 1004 (5th Cir. 1948), cert. denied, 335
   U.S., 867 (1948).

96) 괄호 부분은 제5장 제1절 Ⅲ.1, Ⅲ.2.

(2) 처분익의 과세와 처분손의 부인

그러나 그 뒤 몇십년에 걸쳐서 General Utilities 원칙에 대한 비판이 높아졌다. 여러 가지 이유가 있지만 애초 classical system의 이중과세에 관하여, 각 사업연도의 소득에 대한 법인세와 배당소득에 대한 주주과세라는 한결 기본적인 부분의 이중과세는 그냥 내버려둔 채 어떻게 보자면 지엽적 문제인 현물배당 부분에서만은 이중과세를 배제해야 할 이유가 있는가?[97] General Utilities 원칙은 결국 법에 앞뒤가 맞지 않는 부분을 늘려서 조세회피의 가능성을 높였다고 평가할 수밖에 없다. 기실 같은 판결 그 자체에서 이미 제기된 쟁점 중 하나가 실질과세에 따른 거래의 재구성 문제였다. 곧 이 거래의 실질을, 110만불을 배당하기로 결의한 뒤 배당금 지급채무의 변제를 위하여 또는 변제에 갈음하여 Island 주식을 준 것으로 재구성할 수 있는가라는 문제였다.[98] 또 다른 재구성으로 국세청은 이 사건 주주는 매도인인 원고법인의 대리인이라는 지위에서 주식을 매도하였다고 주장했다. 어느 쪽이든 이런 식으로 재구성한다면 원고법인이 주식을 양도한 것이고 양도차익 1,098,000불이 원고법인의 과세소득이라는 점에 대해서는 당사자 사이에 다툼이 없었지만, 법원은 국세청의 이 주장이 이미 失期한 것이라는 절차법상의 이유로 심리하지 않았다. 이 쟁점이 보여주듯 General Utilities 원칙에는 분명한 어려움이 있었고, 몇 차례 보완입법이 들어오다가 결국 1986년에 이 원칙을 정면폐기하기 이르렀다. 현행법 조문으로는 제311조(b)에 따라서 현물배당시에도 차익 상당액을 인식해야 하므로 제311조(a)에 남아 있는 의의는 차손의 인식을 막는다는 것뿐이다.

제311조(b) (가치상승 재산의 분배)
Sec. 311(b) DISTRIBUTIONS OF APPRECIATED PROPERTY
(1) 일반규정 — 만일 —
(1) GENERAL RULE — If —
　　(A) 법인이 분배하는 재산(그 자신의 채무증서 제외)을 주주가 분배받는 것이 subpart A를[99] 적용받고, 그리고

---

97) ABA Section of Taxation Task Force Report, "Income Taxation of Corporations Making Distributions with Respect to Their Stock", 37 Tax Lawyer 625 (1984).

98) (차) 배당가능이익 1,100,000 (대) 미지급배당금 1,100,000, (차) 미지급배당금 1,100,000 (대) 자산 2,000 + 처분익 1,098,000.

99) 분배받는 사람에 대한 법률효과(제301조에서 제307조).

> (A) a corporation distributes property (other than an obligation of such corporation) to a shareholder in a distribution to which subpart A applies, and
>
> (B) 공정한 시가로 쳐서 그런 재산이 그 순취득가액(분배하는 법인의 입장에서)을 넘는다면,
>
> (B) the fair market value of such property exceeds its adjusted basis (in the hands of the distributing corporation),
>
> 차익을 인식하되 분배하는 법인이 마치 그런 재산을 분배받는 자에게 공정한 시가에 팔듯이 한다.
>
> then, gain shall be recognized to the distributing corporation as if such property were sold to the distributee at its fair market value.

현행법을 General Utilities 판결의 사실관계에 적용한다면 시가가 110만불인 재산을 주주에게 현물배당함으로써 회사에는 1,098,000불의 처분익이 생긴다. 주주가 분배받는 금액 110만불 가운데 과세소득이 얼마인가는 제301조의 3분법에 따르게 되고 당기분 배당가능이익이 최소 1,098,000불 있는 것은 분명하다. 다른 당기분 배당가능이익이나 전기말까지 누적된 배당가능이익이 2,000불 이상이라면 주주의 배당소득은 110만불이 될 것이다. 이월결손금이 있는 법인이면서 다른 당기분 배당가능이익도 없다면 배당소득은 1,098,000불이 될 것이다. 결국 원고가 재산을 매수인에게 직접 팔든 주주에게 현물배당하든 같은 법률효과가 생긴다.

다른 한편 시가 110만불짜리 재산을 법인이 애초 취득했던 원가가 120만불로 시가보다 더 높다고 하자. 재산을 판다면 원고에게 10만불의 처분손이 생기지만 현물배당한다면 제311조(a)가 처분손의 인식을 막는다. 그렇다면, 주주에게 시가상당액인 현금 110만불을 배당한 뒤 그 돈을 매매대가로 삼아서 주주에게 재산을 팔면(중간에 돈이 나갔다 다시 돌아오는 것도 피하자면 110만불 배당결의를 한 뒤 배당금지급채무와 매매대가를 상계하거나 배당금지급채무를 재산으로 대물변제하면) 처분손을 인식할 수 있는 것 아닌가? 반드시 이것 때문에 생긴 조문은 아니지만 법인과 주주 사이의 매매계약에서 생기는 처분손의 인식을 막는 것이 제267조(a)이다.100) 곧 법인은 그 주식을 50% 넘게 소유하고 있는 주주와 맺은 매매나 교환

---

100) Sec. 267(a). No deduction shall be allowed in respect of any loss from the sale or exchange of property, directly or indirectly, between persons specified in any of the paragraphs of sub-section (b). Sec. 267(b). The persons referred to in subsection (a) are: ...an individual and a

에서 생기는 손실을 인식할 수 없다. 이 논리를 연장하면, 법인이 제3자에게 재산을 판 뒤 제3자가 이를 주주에게 다시 파는 경우에도 실질과세로 거래를 재구성하여 법인의 처분손을 부인하는 경우가 생길 수 있다.[101]

(3) 배당가능이익에 대한 영향

제312조 (배당가능이익에 대한 영향)

Sec. 312 EFFECT ON EARNINGS AND PROFITS

(a) 총칙 ― 예외를 달리 정한 것이 이 조에 없는 한, 분배로 재산을 법인이 주식에 관련해서 내어주면 법인의 배당가능이익이(있는 만큼을 한도로) 줄고 주는 금액은 다음의 합계액이다 ―

(a) GENERAL RULE ― Except as otherwise provided in this section, on the distribution of property by a corporation with respect to its stock, the earnings and profits of the corporation (to the extent thereof) shall be decreased by the sum of ―

(1) 현금의 금액...

(1) the amount of money...

(3) 분배한 다른 재산의 순취득가액...

(3) the adjusted basis of the other property

으로 그렇게 분배한 것.

so distributed.

(b) 가치상승 재산의 분배 ― 분배로 법인이 주식에 관련해서 재산(법인 자신의 채무증서 제외)을 내어주고 그 공정한 시가가 순취득가액을 초과한다면 ―

(b) DISTRIBUTIONS OF APPRECIATED PROPERTY ― On the distribution by a corporation, with regard to its stock, of any property (other than an obligation of such corporation) the fair market value of which exceeds the adjusted basis thereof ―

(1) 법인 배당가능이익의 증가는 그런 초과액이고, 그리고

(1) the earnings and profits of the corporation shall be increased by the amount of such excess, and

(2) 위 (a)(3)을 적용하되 '공정한 시가'를 '순취득가액' 자리에 넣는다. 이 (b)와 위 (a)에서 순취득가액이란 어떤 재산에 대해서든, 순취득가액이라는 결정이 배당가능이익 계산상 이루어진 금액을 말한다.

(2) subsection (a)(3) shall be applied by substituting 'fair market value' for 'adjusted basis'. For purposes of this subsection and subsection (a), the adjusted basis of any property is its adjusted basis as determined for purposes of computing earnings and profits.

---

corporation more than 50 percent in value of the outstanding stock of which is owned, directly or indirectly, by or for such individual.

101) U.S. v. General Geophysical Co., 296 F.2d 86 (5th Cir. 1961).

미실현손실이 있는 재산이라면, 위 조문의 글귀에서 제312조(a)(3)만 해당한다. 가령 취득원가가 120만불이고 시가가 110만불인 재산을 현물배당한다면 배당가능이익은 취득원가인 120만불만큼 감소한다. 그렇더라도 주주의 입장에서 본 '분배의 금액'은 여전히 시가인 110만불이다.[102] 배당가능이익의 감소 120만불 가운데 주주에게 분배한 금액은 110만불이고, 나머지 10만불은 처분손 상당액만큼 자본(배당가능이익)이 직접 감소하기 때문이다.

[보기 6]

S법인의 배당가능이익은 전기이월액이 25,000불, 당사업연도분이 15,000불이다. S법인이 100% 주주 갑에게 투자자산인 토지(장부가액은 30,000불, 시가는 20,000불)를 분배하는 경우와 토지를 매각하고 그 대금을 배당하는 경우 법률효과에 어떤 차이가 있는가?

(풀이) 1) S법인이 주주 갑에게 장부가액 30,000불, 시가 20,000불인 토지를 현물분배하는 경우 손실은 인식하지 않는다. 따라서 S회사의 배당가능이익은 30,000불 감소하고, 차기이월 배당가능이익은 25,000(전기이월) + 15,000(당기분) − 30,000(312조(a)(3)) = 10,000불이 된다. 한편 S법인이 토지를 매각하여 배당을 하였다면 각 사업연도 소득계산시 처분손실 10,000불이 생기고, 같은 금액이 배당가능이익 감소로 나타나고 분배하는 금액 20,000불도 배당가능이익 감소로 나타난다. 현물분배하든 팔든 어느 쪽이나 차기이월 이익잉여금은 10,000불로 일단 같지만, 처분손실이 당기분 법인세에 미치는 영향만큼 차이가 생긴다. 2) 주주인 갑이 분배받는 금액은 현금이든 토지의 시가이든 20,000불이고, 이 금액은 배당가능이익의 범위 내에 있으므로 모두 배당소득이다. 갑의 토지 취득가액 역시 시가상당액 20,000불이고, 이를 파는 경우 처분손익은 생기지 않는다.

미실현이득이 있는 재산에 관해서 제312조의 글귀를 정리하면, 현물배당시 배당가능이익은 (b)(1)에 따라서 처분익 상당액만큼 증가한 뒤 다시 (b)(2) 및 (a)(3)에 따라서 분배한 재산의 시가만큼 감소한다. 다시 General Utilities의 숫자로 돌아간다면 배당가능이익은 처분익 상당액인 1,098,000불 증가한 뒤 다시 배당한 재산의 시가인 110만불만큼 감소하여, 결국은 취득원가 상당액인 2,000불만큼 감소한다.[103]

---

102) 제301조(b)(1).

103) (차) 배당가능이익 1,100,000 (대) 자산 2,000 + 처분익(배당가능이익) 1,098,000.

[보기 7]

개인인 갑은 S법인의 발행주식 전부를 소유하고 있다. 갑은 S법인 주식을 7년 전에 매수하였고, 주식의 장부가액은 8,000불이다. 다음 각 경우 갑과 S법인에게 생기는 법률효과는 무엇인가?

(1) S법인은 갑에게 재고자산을 현물분배하였다. 재고자산의 장부가액은 11,000불, 시가는 20,000불이다. 올해 초(X1년) S법인의 배당가능이익은, 전기이월분이 25,000불이고 이 재고자산 현물분배를 무시한다면 당사업연도분이 영(0)이다.

(풀이) S법인의 배당가능이익은 재고자산의 장부가액 11,000불과 시가 20,000불의 차액 9,000불만큼 늘어서 25,000 + 9,000 = 34,000불이 된다. S법인이 배당하는 금액은 20,000불이므로,[104] 차기로 이월되는 배당가능이익은 14,000불이다. 갑이 받은 배당의 금액 20,000불은 배당가능이익의 범위 안이므로 모두 배당소득이고, 갑이 지급받은 자산의 취득가액은 시가인 20,000불이다.[105]

(2) S법인은 갑에게 재고자산을 현물분배하였다. 재고자산의 장부가액은 11,000불, 시가는 20,000불이다. 올해 초(X1년) S법인의 배당가능이익은, 전기이월분이 영(0)이고 이 재고자산 현물분배를 무시하면 당사업연도분도 영(0)이다.

(풀이) 재고자산의 장부가액과 시가의 차액 9,000불만큼 당기분 배당가능이익이 생기는 것은 앞서 본 (1)과 같다. S법인이 갑에게 분배하는 금액은 20,000불이므로 차기이월 배당가능이익은 다시 0이 된다.[106] 갑이 S법인에서 받은 분배액 20,000불 중 배당소득은 배당가능이익의 범위 내에 있는 9,000불이다. 나머지 11,000불 가운데 8,000불은 출자를 환급받은 것으로 보아 주식의 장부가액을 감소시키며, 나머지 3,000불은 주식의 양도소득이 된다. 주주의 재고자산 취득가액은 시가인 20,000불이고 주식의 취득가액은 모두 소진되어 영(0)이 된다.[107]

[보기 8]

a. 어느 해 12/31에 AB자동차 법인은 주주들에게 공정한 시가가 125,000불이고 순취득가액이 75,000불인 자동차를 현물배당하였다. 법인에게 125,000불을 넘는 배당가능이익이 있다고 가정하면, 법인과 주주들에게 생기는 법률효과는?

---

104) (차) 배당가능이익 20,000 (대) 재고자산 11,000 + 처분익(배당가능이익) 9,000.

105) (차) 재고자산 20,000 (대) 배당소득 20,000.

106) (차) 배당가능이익 9,000 + 자본 11,000 (대) 재고자산 11,000 + 처분익(배당가능이익) 9,000.

107) (차) 재고자산 20,000 (대) 배당소득 9,000 + 주식 8,000 + 주식양도소득 3,000.

b. 현물배당이 이루어진 해에 AB자동차에 다른 배당가능이익이 없다면?

（풀이）　a) 분배하는 자동차의 공정한 시가 125,000불이 순취득가액 75,000불을 초과하므로 법인은 제311조(b)에 따라서 마치 자동차를 분배받는 주주들에게 공정한 시가에 판 것처럼 차익을 인식하여야 한다. 따라서, 법인은 125,000 – 75,000 = 50,000불의 과세소득을 인식한다. 법인의 배당가능이익은 제312조(b)(1)에 따라서 그런 초과액 50,000불만큼 증가하였다가 다시 제312조(b)(2) 및 (a)(3)에 따라서 재산의 공정한 시가 125,000불만큼 다시 줄어든다.[108)

주주들에게 생기는 법률효과를 보자면, 우선 제301조(b)에 따라 분배의 금액은 받은 재산의 공정한 시가인 125,000불이다. 분배의 금액 125,000불은 모두 배당가능이익에서 나오므로 제316조(a)의 배당이고, 이 배당인 부분 125,000불은 모두 제301조(c)(1)에 따라서 과세소득이다. 주주들의 자동차 취득원가는 제301조(d)에 따라 공정한 시가인 125,000불이다.[109)

b. 12/31 현재 다른 배당가능이익이 없다고 하더라도, 제312조(b)(1)에 따라 위 현물배당 그 자체에서 시가가 취득원가를 초과하는 50,000불만큼 당기분 배당가능이익이 늘어난다. 분배의 금액 125,000불 가운데 50,000불 부분은 제316조(a)에 따라서 배당가능이익에서 나오는 배당이고, 따라서 이 부분은 제301조(c)(1)에 따라서 주주의 과세소득이다. 배당이 아닌 나머지 부분 75,000불은 자본의 환급으로, 주식의 취득원가에 충당하여 그에서 차감하고 그래도 남는 부분은 주식양도차익으로 과세한다.[110) 한편 이 현물배당으로 회사의 배당가능이익은 제312조(b)(2) 및 제312조(a)(3)에 따르자면 125,000불 감소하나, 50,000불 '만큼을 한도로' 줄어들어(배당가능이익이 음수일 수는 없다는 말이다) 영(0)이 된다.[111)

[보기 9]

[보기 8]에서, 만약 현물분배한 자동차를 애초 법인이 취득한 원가가 60,000불이고 공정한 시가가 50,000불인 경우에는 a), b) 각 어떻게 되는가?

（풀이）　a)에서는 법인의 처분손 상당액은 10,000불이지만 각 사업연도 소득계산시 손금불산입한다. 배당가능이익은 60,000불 감소한다.[112) 주주의 경우 법인에게 충분한 배당가능이익이 있었으므로, 분배의 금액 50,000불은 배당소득으로

---

108) (차) 배당가능이익 125,000 (대) 재고자산 75,000 + 처분익(배당가능이익) 50,000.

109) (차) 재고자산 125,000 (대) 배당소득 125,000.

110) (차) 재고자산 125,000 (대) 배당소득 50,000 + (주식 + 양도소득) 75,000.

111) (차) 배당가능이익 50,000 + 자본(출자액) 75,000 (대) 재고자산 75,000 + 처분익(배당가능이익) 50,000.

112) (차) 배당가능이익 60,000 (대) 재고자산 60,000.

과세한다. 주주의 자동차 취득원가는 공정한 시가인 50,000불이다. b)에서는 처분손 10,000불의 손금불산입은 같고, 배당가능이익은 영(0) 그대로이다.[113] 주주의 경우 50,000불을 자본의 환급으로 보아 주식의 취득원가에서 감액하고 그래도 남는 것은 주식 양도소득이다. 주주의 자동차 취득원가는 공정한 시가인 50,000불이다.

한편 각 사업연도 소득 계산상의 순취득가액으로 남아있는 금액과 배당가능이익 계산상의 순취득가액으로 남아있는 금액이 다르다면 제312조(a)와 (b)에서 말하는 순취득가액이란 후자가 되는 것이 논리상 당연하고, 실제 제312조 (b)(2) 제2문도 그렇게 적고 있다.

[보기 10]
xx7년 S법인의 배당가능이익은 전기이월액이 25,000불이고, 당사업연도분이 영(0)이다. S법인은 사업에 사용하던 기계(시가 10,000불, 기업회계상 순취득가액 2,000불, 세법상 순취득가액 영(0)불)를 100% 주주인 자연인 갑에게 분배하였다. 이 기계는 xx1년 1월 1일에 14,000불 주고 산 것으로, 기업회계상 순취득가액 2,000불은 내용연수 7년으로 정액법 상각하고 남은 미상각잔액(순장부가액)이다. 세법에 따른 각 사업연도 소득 계산상으로는 법정내용연수 5년으로 조기상각하였고 미상각잔액(순장부가액)이 영(0)이다.[114] S법인 및 갑에게 생기는 법률효과는 무엇인가?

풀이 논점은 현물분배에 따라 생기는 배당가능이익이 얼마인가이다. 이 기계를 지난 6년간 감가상각하면서 배당가능이익 계산시에는 조기상각법을 배제하고 다시 추정내용연수에 따른 정액법을 적용하였으므로 배당가능이익 계산상의 순취득가액은 2,000불로 남아있다. 당기분 배당가능이익 증가액은 10,000 - 2,000 = 8,000불이다. 분배의 액은 10,000불이므로 차기이월할 배당가능이익은 25,000 + 8,000 - 10,000 = 23,000불이다. 주주 갑이 분배받는 금액 10,000불은 모두 배당가능이익의 범위 안이므로 배당소득이고, 기계의 취득가액은 10,000불이 된다. 주식의 취득가액에는 변화가 없다.

---

113) (차) 자본(출자액) 60,000 (대) 재고자산 60,000.

114) 이 문제를 푸는데 필요하지 않지만 5년간 조기상각시 초기상각률은 2/5이다. 감가상각액은 처음 3년 동안 $14,000 \times 2/5 = 5,600$, $(14,000 - 5,600) \times 2/5 = 3,360$, $(14,000 - 5,600 - 3,360) \times 2/5 = 2,800$이고 그 뒤 2년은 미상각잔액을 정액상각하여 각 1,120씩이다. 제1절 Ⅱ.2.(1).

제3절 부채가 딸린 재산의 현물배당

주주가 법인에 재산을 출자하면서 부채도 같이 넘길 수 있듯이[115] 법인도 주주에게 재산을 배당하면서 채무를 같이 넘길 수 있다. 전형적으로는 저당잡혀 있는 재산을 생각해보면 된다.

I. 주주 과세

이 경우 배당하는 금액은 재산의 가치에서 그에 딸린 채무를 빼면 되고, 그에 맞추어 여태껏 살펴본 조문을 적용하면 된다.

제301조(b) (분배의 금액) —
Sec. 301(b) AMOUNT DISTRIBUTED —
(2) 부채 공제 — 분배의 금액으로 위 제(1)항에 따라 정한 것을 다음만큼 공제한다(영 밑으로 내려갈 수는 없다) —
(2) REDUCTION FOR LIABILITIES — The amount of any distribution determined under paragraph (1) shall be reduced (but not below zero) by —
  (A) 부채의 금액으로, 법인의 것을 주주가 분배에 관련하여 인수한 금액, 더하기
  (A) the amount of any liability of the corporation assumed by the shareholder in connection with the distribution, and
  (B) 부채의 금액으로, 주주가 받은 재산이 분배 직전 및 직후에 부담하고 있는 금액
  (B) the amount of any liability to which the property received by the shareholder is subject to immediately before, and immediately after, the distribution.

가령 시가 150인 재산을 현물로 배당하면서 회사채무 100을 주주에게 인계시킨다고 하면, 주주가 실제 분배받는 금액은 50원이다. 주주의 입장에서 재산 취득가액은 150이지만 채무 100원을 떠안기 때문이다.[116] 한편 시가 150인 재산을 현물로 배당하면서 회사채무 180을 떠넘긴다면 어떻게 되는가? 위 (2) 본문의 괄호에 따라서 주주가 분배받는 금액은 (-)30이 아니라 영(0)이 된다. 음(-)의 분배라는 손해를 주주가 스스로 떠안을 리가 없고, 만일 이런 일이 생긴다면 이것은 재산의 가치가 30만큼 과소평가되었든가 채무의 실제가치가 30만큼 과대평가되

---

115) 제2장 제3절 Ⅵ.
116) 제301조(d). (차) 재산 150 (대) 채무 100 + 배당소득 50.

었다고 생각하는 것이다. 그런데 주주의 입장에서 본 취득가액은 분배당시의 시가라는 명문규정에 따라서 150이라는 금액으로 고정된다.[117] 따라서 채무의 실제가치가 30만큼 과대평가되었다고 보게 된다.[118]

II. 법인에 대한 과세

제311조 (분배하는 법인에 대한 과세) (b) 가치상승 재산의 분배
Sec. 311 TAXABILITY OF CORPORATION ON DISTRIBUTION (b) DISTRIBUTIONS OF APPRECIATED PROPERTY
(2) 부채의 취급 — 제336조(b)의 규칙과 비슷한 규칙을 이 (b)에도 적용한다.
(2) TREATMENT OF LIABILITIES — Rules similar to the rules of section 336(b) shall apply for purposes of this subsection.
제336조(b) 부채의 취급 — 재산으로서 그 분배를 청산 중에 한 것에 딸린 부채가 있거나 주주가 인수한 부채가 청산하는 법인의 것으로서 그런 분배와 관련한 것이라면...공정한 시가로 쳐서 그런 재산은 그 하한 금액이 그런 부채 금액이다.
Subsec. 336(b) TREATMENT OF LIABILITIES — If any property distributed in the liquidation is subject to a liability or the shareholder assumes a liability of the liquidating corporation in connection with the distribution,...the fair market value of such property shall be treated as not less than the amount of such liability.
제312조 배당가능이익에 대한 영향
Sec. 312 EFFECT ON EARNINGS AND PROFITS
(c) 채무의 조정 — 조정을 법인의 배당가능이익에 대해 위 (a)나 (b)에 따라 할 때에는, 적절한 조정을 다음에 대해서 하여야 한다 —
(c) ADJUSTMENT FOR LIABILITIES — In making the adjustments to the earnings and profits of a corporation under subsection (a) or (b), proper adjustment shall be made for —
   (1) 부채의 금액으로, 분배받은 재산에 딸린 금액, 그리고
   (1) the amount of any liability to which the property distributed is subject to, and
   (2) 부채의 금액으로, 법인의 것을 주주가 분배에 관련하여 인수한 금액
   (2) the amount of any liability of the corporation assumed by a shareholder in connection with the distribution.

---

117) 제7701조(g)는 인적책임이 없는 채무가 딸린 재산의 처분익을 계산하는 경우 재산의 시가는 채무액 이상으로 본다고 정하고 있지만 본문에 적용할 수 있는 규정은 아니다. 아래 II에서 다시 보겠지만 법인의 처분익을 계산할 때에는 제311조(b)(2) 및 제336조(b)에 따라서 재산의 시가가 채무익 이상이라고 본다.

118) (차) 재산 150 (대) 채무 150. 만일 뒤에 실제로 180이라는 채무를 변제하는 일이 생긴다면 추가 변제액 30을 자본적 지출로 재산의 취득원가에 가산할 수 있다고 보아야 논리가 맞다. Bittker & Eustice, 10.04절.

가령 취득원가가 120이고 시가가 150인 재산을 현물로 배당하면서 법인채무 100을 주주에게 떠넘긴다면, 법인의 소득과 배당가능이익에는 어떤 영향이 생기는가? 제311조(b)(1)에 따라 법인은 마치 이 재산을 시가 150에 판 것처럼 계산한 차익 30을 각 사업연도의 소득으로 잡아야 한다. 배당가능이익 역시 제312조(b)(1)에 따라 공정한 시가가 취득원가를 초과하는 금액 30만큼 증가한다. 동시에 배당가능이익이 같은 조 (b)(2) 및 (a)(3)에 따르자면 분배한 재산의 공정한 시가 150만큼 감소하지만, 위 제312조(c)에 따라 '적절한 조정'을 해야 한다. 법의 글귀에는 없지만 이 사실관계에서 적절한 조정이란 배당가능이익의 감소액을 채무인계액 100만큼 줄여서 50으로 잡는 것이다. 제301조(b)에서 주주가 분배받는 금액을 계산할 때 재산에 딸린 부채 100을 뺀 50으로 계산하므로, 법인의 배당가능이익 감소액에서도 100을 빼야 논리가 맞기 때문이다.[119) 한편 주주의 입장에서 본 재산 취득원가는 150이 된다.

[보기 11]
올해 초(X1년) S법인의 배당가능이익은, 전기이월분이 25,000불이고 당사업연도분이 영(0)이다. S법인은 갑에게 고정자산인 토지를 분배하였는데, 그 토지의 장부가액은 11,000불, 시가는 20,000불이다. 갑이 분배받은 토지에는 피담보채권 금액이 16,000불인 저당권이 설정되어 있다. S법인과 갑에게 생기는 법률효과는?
  [풀이] 주주 갑에게 장부가액 11,000불, 시가 20,000불의 토지를 분배하는 경우 S법인에는 9,000불의 처분익(배당가능이익)이 생긴다. 그런데 이 토지에는 부채 16,000불이 딸려있으므로 S법인이 배당한 금액은 20,000 – 16,000 = 4,000불이고, 나머지 배당가능이익 5,000불은 S법인에 누적된다.[120) 차기이월 배당가능이익은 25,000 + 9,000 – 4,000 = 30,000불이 된다. 갑이 분배받은 금액 4,000불은 배당가능이익 34,000불의 범위 안에 있으므로 모두 배당소득이다. 갑이 보유한 주식의 장부가액은 8,000불 그대로이고 토지의 취득가액은 시가인 20,000불이 된다.[121)

---

119) (차) 채무 100 + 배당가능이익 50 (대) 재산 120 + 처분익(배당가능이익) 30. 차변은 분개 116)의 대변과 일치한다.
120) (차) 채무 16,000 + 배당가능이익 4,000 (대) 토지 11,000 + 배당가능이익(처분익) 9,000.
121) (차) 토지 20,000 (대) 채무 16,000 + 배당소득 4,000.

주주에게 떠넘기는 채무의 금액이 분배하는 재산의 시가보다 더 높은 경우에는 특칙이 있다. 본문 앞 문단 숫자례에서 원가 120 시가 150인 재산을 현물로 배당하면서 회사채무 180을 떠넘긴다면 법인과 주주에게 어떤 효과가 생기는가? 우선 각 사업연도 소득계산상 법인의 처분익은 얼마인가? 앞서 주주과세에서는 재산의 취득가액을 150으로 고정하는 결과 채무의 금액이 과대평가되었다고 보는 결과가 생겼지만, 법인과세에는 제311조(b)(2) 및 제336조(b)의 특칙이 따로 있다. 제311조(b)(1)에 따르자면 처분익이 150－120 = 30이겠지만 위 특칙에서 재산의 시가를 180 이상이라고 보므로, 제311조에 따른 과세대상 처분익이 180－120 = 60이 된다.122) 둘째 법인 배당가능이익의 증감액은 얼마인가? 일단 제312조(b)(1)에서는 150－120 = 30이 는다.123) 분배에 따른 배당가능이익감소액은 제312조(b)(2) 및 (a)(1)에 따르자면 재산의 시가 150이지만 제312조(c)에 따라서 부채인계액을 빼는 '적절한 조정'을 해야 한다. 이 보기에서는 재산의 시가 150에서 뺄 '적절한 조정' 금액은 얼마인가? 부채인계액은 150인가, 180 전부인가? 전자라면 배당가능이익 변동은 제312조(b)(1)에 따른 30 증가 그대로이지만124) 후자라면 30을 추가조정해서 분배과정에서 배당가능이익이 60만큼 오히려 증가하는 것이 된다.125) 권위 있는 주석서는 '아마도' 후자라고 하고,126) 이 말은 결국 명문규정은 없지만 각 사업연도 소득계산상 처분익의 금액 전부를 배당가능이익 증가액으로 잡는다는 말이 된다. 한편 주주가 분배받는 금액은 이미 보았듯 (-)30이 아니라 영(0)이고, 주주의 입장에서 본 취득원가는 150이다.127) 결국 법인의 입장에서 떠넘기는 채무금액과 주주의 입장에서 떠안는 채무금액에 차이가 생긴다.

[보기 12]

a) [보기 8]에서 자동차(취득원가 75,000불 시가 125,000불)를 현물배당하면서 자동차에 딸린 부채 100,000불을 주주가 인수한다고 하자. 법인 및 주주에게 생기는 법률효과는 무엇인가?

---

122) (차) 채무 180 (대) 재산 120 + 처분익 60.
123) (차) 채무 150 (대) 재산 120 + 처분익(배당가능이익) 30.
124) (차) 채무 150 (대) 재산 120 + 처분익(배당가능이익) 30.
125) (차) 채무 180 (대) 재산 120 + 처분익(배당가능이익) 60.
126) Bittker & Eustice, 8.22절, Ex. 8-11.
127) (차) 재산 150 (대) 채무 150.

b) 주주가 인수하는 부채의 금액이 130,000불이라면?

[풀이] a) 법인의 처분익은 125,000－75,000 ＝ 50,000불이다. 주주의 입장에서 분배받는 금액은 자동차의 시가 125,000불에서 부채 100,000불을 뺀 25,000불이다. 위 25,000불 가운데 얼마가 배당소득이고 얼마가 출자의 환급인가는 법인의 배당가능이익에 달려 있다. 주주의 자동차 취득가액은 시가 125,000불이다. 법인의 배당가능이익은 우선 처분익 상당액 50,000불만큼 증가한다. 동시에 배당가능이익은 현물배당자산의 공정한 시가 125,000불에서 부채 100,000불을 뺀 25,000불만큼 감소한다.

b) 제311조(b)(2)에서 재산의 시가가 부채의 금액 이상이라고 정하고 있으므로, 법인의 소득은 130,000－75,000 ＝ 55,000불이다. 주주가 분배받는 금액은 영(0)이고, 따라서 배당소득은 없다. 주주의 자동차 취득원가는 시가 125,000불이다. 법인의 배당가능이익 증가액은 제312조(b)(1)에 따라 처분익상당액 50,000불이고 감소액은 125,000불에서 부채 130,000불을 조정하면 오히려 증가액이 5,000불 생겨서 합계 55,000불 증가한다.

제 4 절 숨은 배당

I. 숨은 분배

우리나라 법의 소득처분(배당처분)과 마찬가지로 미국법에서도 회사법상의 분배나 배당이 아닌 사건에서 배당소득이 생길 수도 있다. 제301조 등 여태 본 조문들은 모두 주주가 받는 돈이나 다른 재산이 '주식에 관련하여', 곧 주주라는 자격으로 받는 것이라고 전제하고 있다. 따라서 가령 주주겸 종업원인 자가 회사에서 받는 돈이, 그가 하는 일에 견주어 시세로 따져서 통상적인 임금 수준이라면 그런 돈은 배당이 아니다. 주주라는 자격에서 받는 돈이 아니기 때문이다. 역으로 주주겸 종업원인 자가 회사에서 임금 명목으로 돈을 받지만 실제는 아무런 근로를 하지 않거나 임금 시세를 넘는 돈을 받는다면 그런 돈의 실제는 주주이기 때문에 받는 분배이다. 설사 회사법상 배당 기타 분배에 필요한 절차를 밟지 않았다 하더라도 마찬가지이다. 이런 숨은 분배를 미국판례의 용례로 con-structive distribution 또는 constructive dividend라고 부른다. 의제배당이라고 옮기면 완전한 오역이고, 우리 법의 용례로 치자면 법인의 비용을 손금불산입하면서 배당소득으로 소득처분하는 것 정도에 해당한다. 한편 우리 법의 의제배당에 해당하는 것, 예를 들어 준비금의 자본전입으로 받는 주식, 법인의 해산청산 과정에서 주주가 받는 재산, 합병신주를 받아서 생기는 이익 따위는 미국법에서는 여태 살펴본 '분배'(distribution)라는 용어에 당연히 포함된다. 주주의 자격에서 받는 이익이기 때문이다. 다만 거래유형별로 제302조(주식을 내어놓으면서 받는 분배)나 제305조(무상주의 분배), 제331조(차익이나 차손을 주주가 회사청산 중 얻는 것) 등 법령에 따로 특칙을 둔 것들이 있을 뿐이다. 이하에서는 우리 법의 의제배당과 혼동하는 것을 피하기 위해 constructive dividend나 constructive distribution을 숨은 배당이나 숨은 분배라고 부르기로 한다.

(판례) Nicholls North, Buse Co. v. Comr[128]

판결문의 표제에는 법인 이름만 나와 있지만 이 사건 원고는 1) Herbert Rosenhoeft라는 개인 및 2) 그와 그의 가족이 100% 소유한 식품회사인 Nicholls라는 법인이다. Rosenhoeft 가족, 구체적으로는 아버지 Herbert(법인대표), 어머니 Charlotte 및 두 아들 Robert와 James는 Nicholls사 주식을 100% 소유하고 있었다. 의결권 있는 주식만 보자면, Herbert가 과반수를 소유하였고 나머지는 Charlotte가 소유하였다. Nicholls사는 68,600불을 주고 법인 명의로 요트를 사서 James에게 개인적 용도로 사용하게 하였다. 국세청은 요트가 Nicholls사의 사업자산이 아니라고 보고 요트 감가상각액 및 유지비를 접대비[129] 내지 Herbert에 대한 배당이라는 이유로 손금불산입하였다. 한편 Herbert에 대해서는 68,290불을 배당소득으로 과세하였다. 논의를 배당 부분에 국한한다면 쟁점은 (a) 배당이 있는가, (b) 있다면 누구에 대한 배당인가, (c) 배당의 금액은 요트 구입대가 더하기 유지비 전액인가, 또는 해당 사업연도분 임대료 상당액인가, 이 세 가지이다.

(a) 법인의 비용으로 주주가 덕을 보거나 법인이 소유한 시설을 주주의 개인적 용도로 사용하게 하는 것이 주주에 대한 숨은 배당이라는 것은 오랫동안 자리잡은 판례이다.

---

128) 56 TC 1225 (1971).

129) 미국법에서는 회사의 재산을 개인이 직접 소비하는 것은 접대비이다. 소비하는 자가 임직원인가 또는 거래선 등 외부인인가를 묻지 않는다. 우리 법에서도 그렇게 풀이해야 옳다. 이창희, 세법강의 22장 1절 VI.

쟁점 요트를 사업상 사용한 것은 25%이고, 75%는 주주의 개인적 용도로 사용하였다. (b) Herbert는 과반수 주주로서 Nicholls사를 지배하고 있었으므로, James에게 요트를 쓰도록 Herbert가 허용한 이상 배당소득의 귀속자는 소득이전 이론에[130] 따라서 Herbert이다. (c) 배당소득의 금액이 구입대가인가 아니면 임대료 상당액인가는 구체적 사실관계를 놓고 판단할 문제이다. 이 사건에서는 요트의 소유권이 법인에 남아있고, 법인 채권자들도 이 사실을 알고 있었으며 등기등록이나 소비세도 모두 법인의 비용으로 부담한 이상 해마다의 임대료 상당액이 해마다의 배당소득 금액이다.

II. 숨은 배당의 유형

1. 법인자산의 무상·저가양도나 무상·저가임대

위 Nicholls 판결에서 본 법인자산의 무상임대를 생각해보면 된다. 다른 유형으로 법인재산에 대한 일방적 매수권(옵션)을 주주에게 주는 경우 언제 얼마씩을 과세할 것인가가 문제된다. 판례의 대세는, 옵션권 부여 당시에 옵션의 가치를 확정할 수 있다면 그 금액을 배당소득으로 과세하고 확정할 수 없다면 매수권 행사 때까지 기다려서 재산의 가치와 행사가격의 차액을 한꺼번에 과세하라는 쪽으로 보인다.[131]

2. 주주겸 종업원에게 과다한 임금을 주는 경우

주주겸 종업원인 자에게 임금이라는 명목으로 주는 돈이 근로의 대가를 넘는다면 차액은 숨은 배당이다. 어느 쪽이든 돈을 받는 개인의 소득이 됨은 마찬가지이지만 법인 쪽에서 손금인가 아닌가라는 차이가 생긴다. 임금의 손금산입에는 제162조(a)(1)이 허용하는 '합리적인 금액'(reasonable allowance) 안에서만 가능하다는 명문규정도 있지만 기실 이 조항 역시 특수관계자 사이의 숨은 배당을 찾는다는 뜻을 지닐 뿐이다. 특수관계 없는 자 사이의 협상가격은 그 자체로 합리적인 시가이기 때문이다.[132] 전통적으로는 법인세가 준다는 점에서 임금이 배

---

130) 간단한 설명은 이창희, 세법강의, 10장 1절 4.

131) 관련 판결 요약은 Bittker & Eustice, 8.06[4]절.

132) Bittker, McMahon & Zelenak, Federal Income Taxation of Individuals, 11.06[1]절. 이창희, 세법강의, 22장 1절 Ⅶ.

당보다 납세자에게 유리하지만, 현행법에서는 거꾸로 배당소득이 유리한 경우도 생긴다. 배당소득은 저율로 과세하고 임금에 대해서는 사회보장세(우리 법으로 치면 건강보험료 등)가 붙기 때문이다.

3. 주주 재산의 고가매입이나 차입

차액 부분은 배당이다.

4. 주주에 대한 대여금이나 가지급금

주주에게 돈을 주면서 그냥 시늉으로 대여금이나 가지급금 같은 채권관계를 만들어둔다면 준 돈을 배당금으로 과세한다.[133) 실제 채권관계가 있더라도 이자율이 무상이거나 저율이라면 제7872조에서 정한 시세이자율로 인정이자를 계산하여 익금산입하면서, 주주는 같은 금액의 이자를 법인에 지급한 것으로 보고[134) 다시 법인은 같은 금액을 주주에게 배당으로 지급한 것으로 본다.

5. 주주의 횡령액

주주가 회사업무를 집행하면서 횡령한 금액은 배당소득으로 과세한다. 배당가능이익이 없더라도 과세하자는 생각에서 숨은 배당으로 보지 않고 그냥 제61조(총수입금액)에 따라서 위법소득으로 과세한 판결도 있지만 판례의 대세는 배당소득이라고 한다.[135)

6. 계열회사와 부당한 거래

오누이 회사 사이에서 부당한 거래, 가령 고가로 재산을 매매하는 거래는 매수인이 주주에게 차액을 배당한 것으로 보고 다시 주주가 매도인에게 차액을 출자한 것으로 재구성한다.[136)

---

133) Alterman Foods, Inc. v. U.S. 505 F2d 873 (5th Cir. 1974).
134) 이창희, 세법강의, 제22장 제3절 IV.1.
135) 상세는 Bittker & Eustice, 8.06[9]절.
136) Bittker & Eustice, 8.06[10]절. 이창희, 세법강의, 제22장 제3절 IV.1.

[보기 13]

Y법인은 출판회사이고, Z법인은 종이를 생산한다. 두 회사는 모두 주주 갑이 소유하고 있다. Y법인은 Z법인으로부터 시가 750,000불어치의 종이를 500,000불에 샀다. 주주 갑과 Y법인, Z법인에 생기는 법률효과는?

(풀이) Z법인은 갑에게 250,000불만큼 숨은 배당을 지급했고, 갑은 다시 이 돈을 Y법인에 출자한 것으로 본다. 갑의 배당소득은 Z법인의 배당가능이익의 금액에 달려 있고, 갑의 Y법인 주식 취득원가는 $250,000만큼 올라간다.

제 5 절 주식배당

I. Macomber 판결에서 현행법까지

주식배당이란 이익배당의 방법으로서 주식을 발행하여 주주에게 나누어 주는 것이다. 주식배당은 원칙적으로 주주의 보유주식 수만 증가시킬 뿐, 주주의 재산에는 아무런 변화를 가져오지 않는다. 그렇지만 다른 한편 주식배당은 주주가 현금배당을 받은 뒤 그 돈으로 신주를 발행받는 것과 똑같다. 현금배당은 과세할 수 있고 또 미국법이든 우리 법이든 실제로 과세한다는 점은 분명하다. 결국 주식배당의 과세 여부는 입법재량이다.[137] 우리 법에서는 주식배당을 과세하지만 미국법에서는 대법원의 Eisner v. Macomber 판결 이래로 주식배당을 과세하지 않는다.

(판례) Eisner v. Macomber[138]

제16차 개정헌법에 따라 연방정부가 '소득'을 과세할 수 있게 되자 연방정부는 1913년 소득세법을 제정하게 되었고 1916년 개정법은 주식배당을 주주의 소득으로 과세하는

---

137) 이창희, 세법강의 14장 3절 III.2.
138) 252 U.S., 189 (1920). 이창희, 세법강의 제7장 제3절.

명문규정을 두었다. 원고는 Standard Oil의 주주로 발행주식총수 500,000주 가운데 2,200주를 소유하고 있다가, 회사가 250,000주를 주식배당함에 따라 원고도 1,100주를 배당받았다. 회사의 주식은 액면이 100불이고, 원고가 소유한 주식의 시가는 주식배당 전에는 약 2,200주 × (370불 ± 10불) 정도였고 주식배당 뒤에는 3300주 × (250불 ± 15불) 정도여서 결국 별 변화가 없었다. 그러나 국세청은 법에 따라 주식배당 1,100주의 가치를 소득으로 보고 세금을 매겼다. 원고는 이 처분을 다투면서 주식배당이 원고의 부에 아무런 변화를 일으키지 않는 이상 헌법이 말하는 소득일 수가 없다고 주장하였다. 대법원은 이 견해를 받아들여 "주식배당이 있더라도 회사의 재산에서 유출이 전혀 없고 주주의 재산이 늘어나는 것도 전혀 없다…각 주주의 몫이 나타내는 재산은 전과 동일하다. 유일한 변화라면 이 주주의 몫이, 신주발행 전에는 구주의 숫자로 나타났고 신주발행 후에는 구주 더하기 신주의 숫자로 나타난다는 것뿐이다. 주식배당은 주주 소득의 실현이기는커녕, 잉여금이 자본전입되어서 실제 분배할 수 없게 된다는 점에서 실현에서 오히려 더 멀어져가는 것이다"라고 판시하였다.

주식배당이 주주의 부를 늘리지 않는다는 말은 옳다. 그렇지만 이 판결이 틀렸다는 점에는 오늘날 다툼이 없다. 논점을 잘못 잡았기 때문이다. 논점은 주식배당이 주주의 부를 늘리는가가 아니다. 현금배당 역시 주주의 부를 늘리지 않지만 과세한다. 이 판결의 바른 논점은 법인을 통해서 번 소득을 주주에게 과세할 수 있는 시기가 언제인가라는 문제이다.[139] 법인이 소득을 번 이상 이를 유보하든 배당하든 이미, 주주에게 과세하려면 할 수 있는 상태에 이르렀고 주식배당의 과세여부는 입법재량에 속한다고 보아야 옳다. 그렇지만, 비록 틀린 판결이기는 하지만, Macomber 판결의 취지 곧 주식배당은 과세소득이 아니고 한결 더 일반화한다면 소득이란 '실현'이라는 계기가 있어야 비로소 과세하는 것이라는 생각은 그 뒤 법률 및 판례에 자리를 굳힌다. 다른 한편, 이 생각이 안고 있는 내재적 어려움도 곧 드러나게 되었다. 가령 여러 종류의 주식이 있어서 보통주주가 우선주를 배당받는다면 현금을 배당받는 것처럼 과세할 것인가, 또는 보통주를 배당받는 것처럼 비과세할 것인가? 판례는 주주가 배당받은 주식이 배당의 근원이 된 기존주식과 상당히 달라서 주주의 몫에 변화가 있다면 과세하더라도 합헌이라고 보았다.[140] 이 애매한 구별을 놓고 다툼이 잇달자 결국 국회는

---

139) 이창희, 세법강의 14장 3절 Ⅲ.2.
140) Koshland v. Helvering, 298 U.S., 441 (1936).

1954년 법에 이 문제에 대한 명문규정을 두었고, 여러 차례의 개정을 거쳐 현행 법으로 이어지고 있다.

II. 주주과세

1. 비과세 원칙

제305조 (주식 및 주식에 관한 권리의 분배)
Sec. 305 DISTRIBUTIONS OF STOCK AND STOCK RIGHTS
(a) 일반 원칙 ― 예외를 달리 정한 것이 이 조에 없는 한, 총수입금액은 법인주식의 분배금액으로서 법인이 주주에게 주식에 관련하여 분배한 것을 포함하지 않는다.
(a) GENERAL RULE ― Except as otherwise provided in this section, gross income does not include the amount of any distribution of the stock of a corporation made by such corporation to its shareholders with respect to its stock.
제307조(주식이나 주식에 관한 권리를 분배받은 경우의 취득가액)
Sec. 307 BASIS OF STOCK AND STOCK RIGHTS ACQUIRED IN DISTRIBUTIONS
(a) 일반 원칙 ― 주주가 법인으로부터 분배받은 주식이나 주식취득권(이하 이 (a)에서 '신주'라 한다)의 분배에 제305조(a)가 적용된다면, 취득가액으로 신주 및 그의 분배에 관련 있는 주식(이하 이 (a)에서 '구주'라 한다) 각각에 대해 주주가 계산할 안분액은 구주와 신주 사이에 구주의 순취득가액을 안분해서 정한다. 안분하는 규칙은 장관이 정한다.
(a) GENERAL RULE ― If a shareholder in a corporation receives its stock or stock rights (referred to in this subsection as "new stock") in a distribution to which section 305(a) applies, then the basis of such new stock and of the stock with respect to which it is distributed (referred in this subsection as "old stock"), respectively, shall, in the share-holder's hands, be determined by allocating between the old stock and the new stock the adjusted basis of the old stock. Such allocation shall be made under the regulations prescribed by the Secretary.

주식배당을 주주에게 비과세하는 경우 회사의 배당가능이익에는 아무런 변화가 없다. 기업회계 쪽에서 이익잉여금을 자본전입하더라도 세법과는 무관하다. 배당가능이익에 아무런 영향을 주지 않는다. 주식배당으로 받은 주식이란 원래 가지고 있던 주식이 숫자만 느는 것으로 보기 때문에, 구주의 보유기간이 그대로 신주에도 미친다.

[보기 14]

T법인의 주주 김부친과 김아들은 부자관계에 있으면서 T 보통주식을 각 75주와 25주씩 소유하고 있었다. 김부친의 취득원가는 600불이고 김아들의 취득원가는 200불이다. T는 두 주주에게 우선주를 각 75주 및 25주씩 주식배당하였다. 배당직후 보통주 100주의 공정한 시가총계는 1,000불이고 우선주 100주의 공정한 시가총계도 1,000불이다. T의 배당가능이익은 1,000불이 넘는다. T법인 및 주주들에게 생기는 법률효과는?

〔풀이〕 주식배당 전이든 후이든 두 주주가 회사를 75 : 25로 지배한다는 점에는 아무 변화가 없다. 조문의 글귀로는 두 주주가 받은 우선주는 제305조(a)의 "법인주식…으로서 주식에 관련하여 분배한 것"에 해당한다. 뒤에 보겠지만 제305조(b)의 예외조항에도 해당하지 않는다. 따라서 김부친과 김아들에게 배당소득으로 과세할 금액은 없다. 제307조에서 취득원가 안분은 주식의 종류가 같은가 다른가를 묻지 않는다. 법에 명문규정은 없지만 구주의 취득원가를 구주(보통주)와 신주(우선주)에 안분할 기준은 공정한 시장가치인 것이 당연하다.[141] 김부친의 취득원가 600불을 750불 : 750불로 안분해서 보통주식 취득원가가 300불, 우선주식 취득원가가 300불이 된다. 주당 취득원가는 600불/75주에서 600불/150주로 감소한다. 마찬가지로 김아들의 취득원가 200불은 250불 : 250불로 보통주식에 100불, 우선주식에 100불 안분하고, 주당 취득원가는 200불/25주에서 200불/50주로 감소한다. 주당 보유기간은, 보통주식의 보유기간이 우선주식에도 미친다. T법인에게 생기는 법률효과는 없고, 기업회계에서 유보이익을 자본금으로 옮기는 계정대체가 생길 뿐이다.

2. 배당소득으로 과세

(1) 불비례 분배

어떤 주주는 주식배당을 받고 다른 주주는 현금 등 재산을 배당받아서 주주의 몫에 변화가 생긴다면 주식배당을 배당가능이익의 범위 안에서 제301조에 따라 배당소득으로 과세한다. 배당소득의 금액은 제301조(b)에 따라서 배당받는 주식의 공정한 시가가 되고, 같은 금액만큼을 제301조(d)에 따라서 주식의 취득가액에 넣는다. 나아가 어떤 주주가 감자나 자기주식 매매라는 형식으로 돈을 받고 그 결과 다른 주주의 몫이 늘어나는 경우 후자에게도 제305조(b)를 적용하는

---

141) 재무부규칙 1.307-1.

경우가 있다. '분배'라는 말은 배당보다 큰 개념이기 때문이다. 이에 대해서는 제 4장 제2절 Ⅰ. 3에서 다시 보기로 하고 우선은 주식배당에만 주목해보자.

제305조 (주식 및 주식에 관한 권리의 분배)
Sec. 305 DISTRIBUTION OF STOCK AND STOCK RIGHTS
(b) 예외 ― 다음 각 경우, 위 (a)를 법인의 주식 분배에 적용하지 않고 그런 분배를 재산 의 분배로 보아 제301조를 적용한다 ―
(b) EXCEPTIONS ― Subsection (a) shall not apply to a distribution by a corporation of its stock and the distribution shall be treated as a distribution of property to which section 301 applies ―
    (2) 불비례 분배 ― 분배(일련의 분배 가운데 하나라면 그런 일련)의 결과 ―
    (2) DISPROPORTIONATE DISTRIBUTIONS ― If the distribution (or a series of dis― tributions of which such distribution is one) has the result of ―
        (A) 어떤 주주는 재산을 받고, 그리고
        (A) the receipt of property by some shareholders, and
        (B) 다른 주주에게는 법인의 자산이나 배당가능이익 가운데 제 몫의 권리가 늘어 나는 경우
        (B) an increase in the proportionate interest to other shareholders in the assets or earnings and profits of the corporation.

[보기 15]
[보기 14]에서 김부친은 우선주 750불어치를 배당받고 김아들은 현금 250불을 배당받는 다면 어떻게 되는가?

(풀이) 1) 김부친이 받은 우선주는 제317조(a)에서는 재산이 아니다. 그러나 "주주 가운데 (김아들)은 재산을 받고 (김부친)에게는 제 몫의 권리가 늘어나"므 로 "법인[이] 분배하는 주식"을 "재산의 분배로 보아 제301조를 적용한다." 따라 서 김아들이 받는 현금만이 아니라 김부친이 받는 우선주 역시 배당소득으로 과 세한다. 김부친의 우선주 취득원가는 시가인 750불이 된다. T법인의 배당가능이 익은 1,000불 줄어든다.

[보기 16]
[보기 14]에서 법인이 김부친에게는 아무 것도 배당하지 않고 김아들에게만 주식배당을 하였다.
1) 김아들에게는 배당소득이 있는가?

2) 김아들에게만 주식배당을 한 뒤 1달이 지나서 회사가 김부친에게 회사소유의 재산을 250불 싸게 팔았다면?

3) 김아들에게만 주식배당을 한 뒤 4년이 지나서 회사가 김부친에게 회사소유의 재산을 250불 싸게 팔았다면? 주식배당과 회사소유 재산의 무상이전이 차례로 일어나도록 당사자들이 애초 거래구조를 그렇게 짰다면?

(풀이) 1) 김아들에게는 "법인의 재산이나 배당가능이익 가운데 제 몫의 권리"가 늘어난다. 문제는 제305조(b)(2)(A)의 요건이다. 김부친이 아무 재산을 받은 것이 없으므로 이 요건을 만족하지 않고, 제305조(a)로 돌아가면, 김아들이 받은 주식배당은 배당소득으로 과세하지 않는다. 이 경우 김부친이 김아들에게 증여한 것으로 보아 증여세 문제가 생길 수 있다.[142]

2) 한편 그 뒤 김부친이 숨은 배당을 받는 경우, 김아들이 받는 주식배당과 김부친이 받는 숨은 배당이 "일련의 분배 가운데 하나"라면 "분배의 결과 김부친은 재산을 받고 김아들에게는 제 몫이 늘어난다." 따라서 김아들의 주식배당은 과세대상이 된다. 문제는 "일련의 분배"의 범위이다. 제305조의 글귀 자체는 "일련의 분배"라고 적고 있을 뿐이고, 집행명령은 일련의 분배가 있었다는 결과가 있는 이상 계획을 미리 짜지 않았더라도 일련의 분배로 볼 수도 있다고 한다.[143]

3) 4년이라면 두 가지를 '일련의 분배'라고 볼 수 있을까? 분명한 정답이야 있을 수 없지만 집행명령은 36개월을 일응의 기준으로 삼고 있다.[144] 36개월이 넘더라도 사전계획에 따른 것이라면 일련의 분배에 해당한다.[145]

보통주주는 보통주식을 우선주주는 현금을 배당받으면 우선주주만 과세한다. 두 가지의 성질이 애초 달라서 보통주주의 권리가 늘어나는 것이 없다.[146] 한편 보통주주는 우선주식을 우선주주는 현금을 배당받으면 권리가 늘어나므로 보통주주도 과세한다.[147]

---

142) 이창희, 김석환, 양한희, 증여세 완전포괄주의와 영리법인을 이용한 간접증여, 조세법연구 21-3, 381쪽, 특히 397쪽.

143) 재무부규칙 1.305-3(b)(2). 한편 제351조와 제368조에서 출자 사이에 시차가 있는 경우 80% 지배요건을 만족하기 위해서는 사전계획이 필요하다고 한다. 재무부규칙 1.351-1(a)(1). 제2장 제2절 Ⅰ.2.

144) 재무부규칙 1.305-3(b)(4).

145) 같은 조항호.

146) 재무부규칙 1.305-3(c), Ex. 2.

147) 재무부규칙 1.305-3(e), Ex. 3.

(2) 현금에 갈음하는 분배

제305조(b) (예외...)
Sec. 305(b) EXCEPTIONS...
(1) 현금에 갈음하는 분배 — 분배가, 주주 가운데 누구라도 선택(권리행사가 분배결의 전
이든 후이든)하는 자에게는 그 지급을 다음 중 하나로 하여야 하는 경우.
(1) DISTRIBUTION IN LIEU OF MONEY — If the distribution is, at the election of any
of the shareholders (whether exercised before or after the declaration thereof), payable
either —
  (A) 주식으로 또는
  (A) in its stock, or
  (B) 재산으로
  (B) in property

주식을 받는 대신 다른 재산으로 배당을 받을 선택권이 주주들에게 있다면
주식배당을 받더라도 과세대상이다. 어느 한 주주에게라도 선택권이 있는 이상
제305조(b)의 제1문으로 돌아가서 법인이 하는 "분배를 재산의 분배로 보아 제
301조"의 3분법을 적용한다. 권리가 있는 이상 최종결과로는 모든 주주가 주식
을 고르더라도 여전히 과세대상이다. 가령 [보기 14]에서 김부친이나 김아들의
어느 쪽에든 애초 소유하고 있던 주식에 관한 배당을 주식이나 현금 가운데 하
나로 골라 받을 권리가 있다면, 실제로는 둘 다 주식을 고르더라도 두 사람 모두
과세대상이다. 다만 구체적 사실관계에서는 실제로 선택권이 있다고 보기 어려
운 사정이 있을 수도 있다. 역으로 일단은 주식만 배당하더라도 주주에게 주식
상환권이 있다면 이를 현금받을 선택권이라고 볼 여지도 있지만 역시 구체적 사
실관계 문제이다.[148] 주식배당을 받으면서 단주부분만 현금으로 받는 것은 현금
받을 선택권으로 보지 않는다.[149]

(3) 차별적 주식배당

제305조(b) (예외...)
Sec. 305(b) EXCEPTIONS...
(3) 우선주와 보통주의 분배 — 분배(일련의 분배 가운데 하나인 것을 포함한다)의 결과

---

148) Colonial Saving Association v. Comr., 854 F2d 1001 (7th Cir. 1988), cert. denied, 489 U.S.,
  1090 (1989) 등.
149) 재무부규칙 1.305-3(c).

---

(3) DISTRIBUTIONS OF COMMON AND PREFERRED STOCK ─ If the distribution (or a series of distributions of which such distribution is one) has the result of ─

    (A) 보통주주 가운데 어떤 이는 우선주식을 받고, 그리고

    (A) the receipt of preferred stock by some common shareholders, and

    (B) 보통주주 가운데 다른 이는 보통주식을 받는 경우

    (B) the receipt of common stock by other common shareholders.

보통주주들의 일부는 보통주식을 배당받고 나머지는 우선주식을 배당받는 다면 둘 다 과세한다. 한편 앞에서 보았듯 모든 주주가 우선주식을 배당받는다 면 비과세한다. 보통주주는 보통주식을 우선주주는 현금을 받는다면 차별적 배 당이 아니고 우선주주만 과세한다.

(4) 전환우선주의 분배

제305조(b) (예외...)

Sec. 305(b) EXCEPTIONS...

(5) 전환우선주의 분배─ 분배가 전환우선주인 경우. 다만 장관이 인정하기로 분배의 결과 가 위 (2)에 해당하지 않는다면 제외한다.

(5) DISTRIBUTIONS OF CONVERTIBLE PREFERRED STOCK ─ If the distribution is of convertible preferred stock, unless it is established to the satisfaction of the Secretary that such distribution will not have the result described in paragraph (2).

전환우선주를 배당한다면, 주주 가운데 일부는 전환권을 행사하고 일부는 행사하지 않을 가능성이 있다. 따라서 일단 모두 과세대상으로 삼되, 구체적 상 황에서 악용가능성이 없다고 인정하는 경우에는 과세하지 않는다. 재무부규칙은 전환권의 행사기간, 행사가격 등을 따져서 이를 판단하라고 정하고 있다.150)

[보기 17]

[보기 14]에서 T법인이 배당한 우선주가 1:1의 비율로 보통주로 전환할 수 있는 전환우 선주라면?

   (풀이) 제305조(b)(2)의 불비례분배라는 결과가 생기지 않을 것, 곧 전환권 행 사여부에서 두 주주가 똑같이 행동할 것이라는 점을 입증할 수 있다면 과세받지 않는다. 제305조(b)(5)의 글귀에서 입증책임은 납세의무자가 진다. 입증에 실패

---

150) 재무부규칙 1.305-6.

하는 경우 제301조에 따라 배당받은 주식의 공정한 시가가 소득이 되고 같은 시가를 배당받은 주식의 취득원가로 잡는다. T법인의 배당가능이익은 배당한 전환우선주의 공정한 시장가치 총계만큼 줄어든다.

(5) 우선주주에 대한 주식배당

제305조(b) (예외...)
Sec. 305(b) EXCEPTIONS...
(4) 우선주에 대한 분배 ― 분배가 우선주에 관련한 것인 경우. 다만 전환우선주의 전환율 증가로서 오로지 전환상대방이 되는 주식의 주식배당이나 주식분할과 맞추기 위한 것은 제외한다.
(4) DISTRIBUTIONS ON PERFERRED STOCK ― If distribution is with respect to pre-ferred stock, other than an increase in the conversion ratio of the preferred stock made solely to account of a stock dividend or stock split with respect to the stock into which such convertible stock is convertible.
제305조(c) 특정거래의 분배 간주 ― 이 조와 제301조에 관련하여 장관이 정하는 규칙으로 전환율의 변화...를 분배로 보되, 이 경우 분배받는 주주는 법인의 배당가능이익이나 자산에 대한 권리 가운데 제 몫이 그런 변화...덕택으로 늘어나는 자이다. (하략)
Sec. 305(c) CERTAIN TRANSACTIONS TREATED AS DISTRIBUTIONS ― For purposes of this section and section 301, the Secretary shall prescribe regulations under which a change in conversion ratio... shall be treated as a distribution... with respect to any shareholders whose proportionate interest in the earnings and profits or assets of the corporation is increased by such change...

우선주주에게 주식을 배당하는 일은 실제로는 거의 없다. 혹시라도 우선주주가 주식을 배당받는다면 이것은 당연한 과세대상인 현금배당의 대체물이라고 본다는 말이다.151) 곧 "분배가 우선주에 관련한 것"인 이상 보통주식이든 우선주식이든, 비례적이든 아니든 모두 과세대상이다. 제305조(c)는 전환율의 증가를 분배로 간주하지만 보통주의 주식배당이나 무상증자에 맞추어 전환율을 조정하는 것은 과세하지 않는다. 주식상환이나 자본재구성 관련 내용은 후술.

[보기 18]152)
X법인은 보통주식과 전환우선주식 두 가지를 발행했다. 우선주식은, 보통주주에 대한 주식배당시 그에 맞추어 전환율을 어떻게 조정할지를 미리 정하지 않은 채 발행했다. 1981

---

151) Senate Report No. 522, 1st Sess. (1969), 특히 55쪽.
152) Rev. Rul. 83-42, 1983-11 CB 76 (1983).

년 X법인은 보통주주에게 10% 주식배당을 하였다. 미리 정한 전환율 조정 조건이 없었기에, 두 가지 주식의 가치에 맞추어 우선주식에도 보통주식을 배당했다. 우선주주가 배당받는 보통주식은 배당소득으로 과세대상인가?

〔풀이〕 과세대상이다. 이 보통주식의 "분배[는] 우선주에 관련한 것"이다. "오로지 전환상대방이 되는 주식의 주식배당...과 맞추기 위한 것"이기는 하지만 "전환우선율의 증가"가 아니라 실제주식의 배당이므로 과세대상이다.

Ⅲ. 비과세로 배당한 우선주의 사후관리: 제306조

1. 입법배경

여태 보았듯 현금배당은 과세하고 주식배당은 비과세한다면, 이 차이를 이용해서 실제로는 현금을 받으면서 세금은 피할 수 있지 않을까?

〔판례〕 Chamberlin v. Comr.[153]

원고 C는 M법인의 보통주주 6명 가운데 하나이고, M법인에는 배당가능이익이 많이 쌓여있었다. 1946. 12. 28. M법인은 주주 6명에게 우선주를 비례 배당했고, 1946. 12. 30에 주주들은 이 우선주를 금융기관에게 팔고 현금 800,000불을 받았다. 기실 우선주를 배당하기 전에 M법인, 주주 6명 및 금융기관은 3면계약으로 주식매매계약을 이미 맺어두었고, 12. 30의 매매는 이 계약에 따른 것이다. 이 우선주는 우선배당금이 연 4.5%로 고정되어 있고 7년 분할상환 조건인 상환우선주였다. 다른 주주들이나 마찬가지로 원고는 현금 800,000불을 주식양도대금으로 신고하였다. 그러나 국세청은 이 거래는 주주들이 M법인으로부터 금융기관을 거쳐서 현금배당을 받으면서 이를 금융기관에서 주식매매대금을 받은 것으로 가장하였다고 보고 (또는 이 거래의 실질이, 주주들이 M법인에서 현금배당을 받되 다만 금융기관을 거쳐서 받은 것이라고 보고[154]) 배당소득으로 과세하였다. 금융기관의 우선주 인수는 그 실질이 자금의 대차관계라는 것이다. 그러나 법원은 이런 거래 재구성을 인정하지 않고, 대책을 두려면 법률에 두어야 한다고 판시하였다.

---

153) 207 F.2d 462 (6th Cir 1953), cert. denied, 347 U.S., 918 (1954).

154) 미국법에서 당사자가 택한 거래를 sham이라고 부르는 경우 우리 판례의 개념으로는 가장행위일 수도 있고 가장행위는 아니지만 경제적 실질과 다르다는 이유로 부인당하는 행위일 수도 있다. 어차피 민사법상 유무효가 쟁점이 아니므로 미국판례는 두 가지를 구별하지 않는다.

위 판례에서 주주 6명은 배당소득 800,000불에 대한 세금을 줄였다. 이처럼 우선주배당의 비과세를 이용 또는 악용해서 배당소득에 대한 세금을 피하는 것을 preferred stock bailout(우리 말로 옮기자면 "우선주로 빼내기" 정도의 느낌이다)이라고 부른다. 주식양도소득에 대한 세금은 남지만, 그 당시에는 양도소득은 배당소득보다 저율과세했다. 한편으로는 현금배당과 주식배당의 과세상 차이를 이용하고 다른 한편으로는 배당소득과 양도소득의 과세상 차이를 이용하여 세금을 줄인 것이다. 배당소득과 양도소득 사이의 구별을 넘나드는 점에서 앞서 보았던 bootstrap sale과 마찬가지이지만 방향이 서로 다르다. Waterman Steam Ship 판결에서 보았듯 bootstrap sale이란 법인주주의 주식매도대금을 배당금으로 둔갑시키는 것이다. 법인의 주식양도소득은 과세하지만 배당소득은 익금불산입하는 차이를 이용하려는 것이다. 이와 달리 preferred stock bailout이란 개인주주의 배당금을 주식매도대금으로 둔갑시키는 것이다. 배당소득을 경상소득으로 과세하면서 주식양도차익은 저율과세하던 시절에 이 차이를 이용했던 것이다. 이에 대한 입법적 반응이 1954년 법에 들어왔고 현행법으로는 아래 제306조에 남아 있다. 요는, 배당받는 주식이 우선주라서 앞서 보았듯 일단 비과세하는 일이 생기면, 이런 우선주를 이른바 '제306조 우선주'로 삼아 따로 사후관리하면서 뒤에 현금화하는지를 감시한다는 말이다. 현행법에서는 개인주주의 배당소득을 주식양도차익과 마찬가지로 저율과세하므로 배당금을 주식매도대금으로 둔갑시킬 유인이 많이 줄기는 했지만, 배당소득이라면 받은 돈 전액을 과세하는데 비해서 양도소득이라면 취득원가를 뺀 양도차익만 과세한다는 차이는 지금도 있다.

2. 법인에서 돈을 받는 경우

제306조 (특정주식의 처분)
Sec. 306 DISPOSITIONS OF CERTAIN STOCK
(a) 원칙 ― 주주가 팔거나 달리 처분하는 주식이 제306조 주식(그 뜻은 아래 (c))에 해당하고 ―
(a) GENERAL RULE ― If a shareholder sells or otherwise disposes of section 306 stock (as defined in subsection (c)) ―
　　(2) 상환 ― 처분이 상환이라면 실현된 금액을 재산의 분배로 간주하여 제301조를 적용한다.

(2) REDEMPTION — If the disposition is a redemption, the amount realized shall be treated as distribution of property to which section 301 applies.

제306조(c) (제306조 주식의 정의)

Sec. 306(c) SECTION 306 STOCK DEFINED

(1) 원칙 — ..."제306조 주식"이란, 주식으로서 아래 (A), (B) 또는 (C)[155]의 요건을 만족하는 것을 말한다.

(1) IN GENERAL — ..."section 306 stock" means stock which meets the requirements of subparagraphs (A), (B), or (C) of this paragraph.

(A) 분배를 매도인에게 하였을 것 — 주식(보통주식을 보통주식에 대해서 발행해주는 것 제외)을 분배받은 주주가 매도 기타 방법으로 주식을 처분하는 것으로서 제305조 (a) 때문에 분배 가운데 일부라도 주주의 총수입금액에 불산입되었던 것.

(A) DISTRIBUTED TO SELLER — Stock (other than common stock issued with re-spect to common stock) which was distributed to the shareholder selling or other-wise disposing of such stock if, by reason of section 305(a), any part of such dis-tribution was not includible in the gross income of the shareholder.

(2) 배당가능이익이 없는 경우의 예외 — 이 조의 용어로 "제306조 주식"은, 분배 당시에 주식 대신 돈을 분배했더라도 배당이 될 부분이 전혀 없었을 주식을 포함하지 않는다.

(2) EXCEPTION WHERE NO EARNINGS AND PROFITS — For the purpose of this sec-tion, the term "section 306 stock" does not include stock no part of the distribution of which would have been a dividend at the time of the distribution if money had been distributed in lieu of the stock

---

[보기 19]

앞의 [보기 14]의 사실관계로 돌아가 부자관계인 T법인의 주주 김부친과 김아들은 T 보통주식을 각 75주와 25주씩 소유하고 있었고 김부친의 취득원가는 600불 김아들의 취득원가는 200불이다. T는 두 주주에게 우선주를 각 75주 및 25주씩 주식배당하였다. 우선주를 배당한 ×××1년에 T사의 배당가능이익은 이월결손금이 쌓여있어서 누적된 금액은 없지만 당기분이 1,000불이다. 배당직후 보통주 100주의 공정한 시가총계는 1,000불이고 우선주 100주의 공정한 시가총계도 1,000불이다. T사는 ×××2년에 1,200불을 주고 김아들이 소유하고 있는 우선주를 사들였다. ×××2년의 배당가능이익도 누적분은 여전히 없지만 당기분이 500불이다.

1) 김아들이 배당받은 우선주는 제306조 우선주에 해당하는가?

2) T법인의 우선주 취득으로 김아들에게 생기는 법률효과는 무엇인가?

---

155) (B)는 재조직 과정에서 받는 주식을 비과세하는 경우이고 (C)는 transfer basis, 예를 들면 제306조 주식을 법인에 현물출자할 때 제351조에 따라 미실현이득을 과세이연받으면서 재산의 취득원가를 주식이 이어받거나 제306조 주식을 증여함에 따라 증여자의 취득원가를 수증자가 물려받는 경우이다.

3) 우선주배당을 한 ×××1년에 T법인의 배당가능이익이 당기분만 400불 있었다면 앞 2)의 답에 영향이 있는가?

4) T사가 ×××2년에 김아들 소유의 우선주를 사들인 가격이 75불이라면?

(풀이) 1) 우선주 배당 당시 T법인에 배당가능이익이 1,000불 있었음에도 불구하고 [보기 14]에서 이미 보았듯 "제305조(a) 때문에 주주(김부친과 김아들)의 총수입금액이 불산입"되었다. 이들이 배당받는 우선주는 제306조 주식에 해당한다. 2) ×××2년 김아들이 T법인에 '상환'하고(미국법은 감자와 자기주식 취득을 구별하지 않고 주주가 회사에 주식을 넘기는 이상 이는 다 상환이다) 돈을 받는 우선주는 애초 비과세 배당받은 제306조 주식이므로, 상환으로 '실현된 금액' 1,200불은 제306조(a)(2)에 따라 재산의 분배금액으로 제301조를 적용받는다. 따라서 분배(상환)하는 해(×××2년)의 배당가능이익 500불 부분은 배당소득이 된다. 나머지 700불 가운데 우선주의 취득원가를 넘는 부분은 양도차익이 된다. 김아들 의 우선주 취득원가는 당초 가지고 있던 보통주의 취득원가 200불을 (보통주가치 : 우선주가치 = 250불 : 250불)로 안분한 100불이다. 결국 실현된 금액 가운데 배당소득이 아닌 700불 부분 가운데 100불은 우선주 취득원가에 충당하고 나머지 600불은 양도차익이 된다.

3) 우선주배당을 한 해에 배당가능이익이 일부분이라도 있었던 이상 제306조 주식이 되는 것은 마찬가지이고, 상환시점에 가서 1,200불을 실현된 금액으로 보는 것은 마찬가지이다. 실현된 금액 가운데 배당소득이 되는 부분은 주식을 상환하는 해의 배당가능이익 500불이고, 앞 1)의 답은 그대로 옳다.

4) 김아들이 받은 돈 75불이 취득원가 100불보다 작음에 불구하고 제301조에 따라서 75불 전액이 배당소득이 된다. 우선주가 없어지므로 그 취득원가 100불은 다시 보통주식에 붙는다.[156] 애초 우선주를 배당받을 때 두 가지 주식의 구별이 없이 원가를 안분했기 때문이다.

3. 제3자에 대한 처분

사실관계를 바꾸어 이 보기에서 김아들이 우선주를 T법인에 되파는 것이 아니고 제3자에게 판다면 어떻게 해야 할까? Chamberlin 판결의 사실관계에서는 제3자는 중간단계였을 뿐이고 결국은 주식을 회사에 다시 팔았다. 이처럼 돈이 결국은 회사에서 나오는 경우 법이 우선주식의 처분대금을 분배금으로 보리라는 것은 쉽게 짐작할 수 있다. 제3자가 회사에 주식을 되팔지 않고 새로운 주

---

156) 집행명령으로 재무부규칙 1.306-1(b)(2), Ex. 2와 3.

주로 남는다면 우선주식의 처분대금에는 어떤 법률효과를 주어야 할까? 법은 이 경우에도 아래에서 보듯 우선주 처분대금의 전부나 일부를 분배로 간주하여 경상소득으로 과세한다. 현행법에서는 배당소득이나 제3자에게 주식을 파는 경우의 양도소득이나 똑같이 저율과세하지만, 취득원가 공제 여부에서는 두 가지가 여전히 다르기 때문이다.

제306조 (특정주식의 처분)

Sec. 306 DISPOSITIONS OF CERTAIN STOCK

(a) 원칙 ― 주주가 팔거나 달리 처분하는 주식이 제306조 주식...에 해당하고 ―

(a) GENERAL RULE ― If a shareholder sells or otherwise disposes of section 306 stock... ―

 (1) 상환 외의 다른 처분 ― 그런 처분이 상환...이 아니라면

 (1) DISPOSITIONS OTHER THAN REDEMPTIONS ― If such disposition is not a redemption...,

  (A) 실현된 금액을 경상소득으로 본다. 이 (A)는 다음 범위 안에서는 적용하지 않는다 ―

  (A) the amount realized shall be treated as ordinary income. This paragraph shall not apply to the extent that ―

   (i) 실현된 금액 빼기

   (i) the amount realized, exceeds

   (ii) 다음 금액 가운데 그런 주식의 몫: 분배시에 (제306조 주식 대신에) 법인이 돈을 분배하되 그 금액을 주식분배 당시의 공정한 시가만큼 하였더라면 배당이 되었을 금액.

   (ii) such stock's ratable share of the amount which would have been a dividend at the time of distribution if (in lieu of section 306 stock) the corporation had distributed money in an amount equal to the fair market value of the stock at the time of the distribution.

  (B) 실현된 금액 빼기 다음

  (B) Any excess of the amount realized over the sum of ―

   (i) 위 (A)에서 경상소득으로 보는 금액

   (i) the amount treated as under subparagraph (A) as ordinary income, plus

   (ii) 주식의 순취득가액

   (ii) the adjusted basis of the stock

  두 가지의 합 부분은 주식의 양도차익으로 본다.

  shall be treated as gain from sale of such stock.

  (C) 차손은 인식하지 않는다

  (C) No loss shall be recognized.

  (D) 배당간주 ― 제1조(h)(11)과 그 밖에 장관이 정하는 규정을 적용할 때, 경상

소득이라고 이 항에서 보는 금액은 배당소득을 법인에서 받는 것으로 본다.
(D) TREATMENT AS DIVIDEND— For purposes of section 1(h)(11) and such other provisions as Secretary may specify, the amount treated as ordinary in— come under this paragraph shall be treated as a dividend received from the corporation.

[보기 20]

[보기 19]에서 김아들이 주식배당받은 우선주 25주를 이듬해에 신주주에게 양도한다면 다음 각 경우 김아들에게 생기는 법률효과는 무엇인가? 1) 양도가액이 250불이다. 2) 양도가액이 1,200불이다.

(풀이) 1) 제306조(a)(1)(A) 제1문에서 주식처분에서 생긴 김아들의 실현금액 250불은 경상소득이 되면서 제2문의 상한에 걸린다. T법인이 우선주를 배당할 당시에 우선주 100주 대신 돈을 분배하되 그 금액을 100주의 공정한 시가 1,000불어치로 삼아 분배하였더라면, 배당가능이익 1,000불의 범위 안에 있으므로 1,000불 전액이 배당소득이 되었을 것이다. 이 1,000불 가운데 김아들이 처분하는 주식이 차지하는 몫은 25%이고 따라서 250불이 제306조(a)(1)(A) 제2문에 따라서 경상소득이 된다. [보기 19]의 주식상환에서는 상환 당시의 배당가능이익이 얼마인가를 따져서 500불만큼 경상소득이 생겼지만, 제3자에 대한 매각의 경우에는 제306조(a)(1)에서 애초 주식배당 당시의 배당가능이익이 얼마였는가를 묻는다. 경상소득으로 보는 금액 250불은 (D)에서 배당소득으로 간주하므로 저율과세한다. 2) 김아들의 실현금액 1,200불을 경상소득으로 보는 상한은 주식배당 당시의 배당가능이익 1,000불 가운데 배당소득이 되었을 금액 250불이다. 배당소득이 되었을 금액 경상소득 250불을 뺀 차액 950불은 제306조(a)(1)(A) 제2문에 따라서 경상소득으로 보지 않고, (B)로 가서 그 가운데 100불은 우선주식의 순취득가액에 충당하고 나머지 850불은 양도차익이 된다. 제306조가 없다면 김아들에게는 주식양도대금 250불에서 취득가액 100불(애초 보통주식 25주의 취득원가였던 200불의 반이 안분되었던 금액)을 뺀 양도소득 150불이 생길 것이다. 그러나 글귀 그대로 본다면 1,200 − (250 + 100) = 850이 양도차익이 된다. 이 경우에는 거래형식대로 1,200 − 100 = 양도소득 1,100불로 과세하나 경상소득(배당소득) 250불과 양도소득 850불로 과세하나 세부담이 같다.

[보기 21]

1) 주주 A, B가 각 50%의 지분을 소유하고 있는 X회사가 있다고 가정하자. 회사는 배당

가능이익이 100,000불 있는 해에 두 주주에게 각 300,000불어치의 의결권 없는 우선주를 주식배당했다. 두 주주에게 생기는 법률효과는?

2) 주주 A는 1)에서 배당받은 우선주식을 그 뒤 이해관계 없는 제3자에게 300,000불에 팔았다. 배당받을 당시 이 우선주식에 안분한 취득원가는 225,000불이다. 주주 A에게 생기는 법률효과는?

[풀이] 1) 배당가능이익이 있었음에도 불구하고 제305조(a)에 따라 비과세.

2) 주주 A가 판 주식은 "주식(보통주식을 보통주식에 대해서 발행해주는 것 제외)을 분배받은 주주가 매도 기타 방법으로 주식을 처분하는 것으로서 제305조(a) 때문에 분배 가운데 일부라도 주주의 총수입금액에 불산입되었던 것"에 해당하므로 제306조 주식이다. 따라서 실현된 금액 300,000불 가운데, 애초 현금을 분배받았더라면 배당소득이 되었을 부분 50,000불은 경상소득이 되고 나머지 250,000불 가운데 225,000불은 취득원가에 충당하고 차액 25,000불은 양도소득이 된다.

4. 사후관리 과세의 예외

제306조는 조세회피를 막자는 규정이므로 조세회피가 아니라고 볼 수 있는 경우에는 적용하지 않는다.

제306조(b) (예외) ― 위 (a)는 다음 경우 적용하지 않는다.

Sec. 306(b) EXCEPTIONS ― Subsection (a) shall not apply

(1) 주주권리의 종료 등 ―

(1) TERMINATION OF SHAREHOLDER'S INTEREST ETC. ―

(A) 상환 아닌 경우 ― 처분이 ―

(A) NOT IN REDEMPTION ― If the disposition ―

(i) 상환이 아닌 경우로서;

(i) is not a redemption;

(ii) 직·간접적 처분상대방이 소유한 주식의 귀속자(제318조(a))에 따른다)가 당해 주주가 아니고; 그리고

(ii) is not, directly or indirectly, to a person the ownership of whose stock would (under section 318(a)) be attributable to the shareholder; and

(iii) 주주로서의 권리로 당해 주주가 법인에 대해 가지고 있던 것 일체의 종료인 경우(이에 대해서는 제318조(a)를 적용한다).

(iii) terminates the entire stock interest of the shareholder in the corporation (and for purposes of this clause, section 318(a) shall apply.)

(B) 상환인 경우 ― 처분이 상환이고 제302조(b)의 제(3)항이나 제(4)항을 적용받는

경우.
(B) IN REDEMPTION — If the disposition is a redemption and paragraphs (3) or (4) of section 302(b) applies.
(2) 청산 — 제306조 주식의 상환으로 받는 분배가 완전청산 분배로서 part Ⅱ(제331조 이하)를 적용받는 경우
(2) LIQUIDATIONS — If the section 306 stock is redeemed in a distribution in complete liquidation to which part II (sections 331 and following) applies.
(3) 차익이나 차손을 인식하지 않는 범위 — 이 subtitle[157]의 어느 조항에서든 차익이나 차손을 주주에 대해서 인식하지 않는 대상에 제306조 주식의 처분이 해당하는 경우 그 범위 안에서
(3) WHERE GAIN OR LOSS IS NOT RECOGNIZED — To the extent that, under any provision of this subtitle, gain or loss to the shareholder is not recognized with respect to the disposition of the section 306 stock.
(4) 회피 아닌 거래 — 장관이 만족할 정도로 —
(4) TRANSACTIONS NOT IN AVOIDANCE— If it is established to the satisfaction of the Secretary —
(A) 분배가, 또한 처분이나 상환이...추구하는 계획적 주목적의 하나가 연방소득세 회피가 아닌 경우
(A) that the distribution, and the disposition or redemption... was not in pursuance of a plan having as one of its principal purposes the avoidance of Federal income tax

제306조(b)(1)(A)는 우선주 배당을 받았던 주주가 제 주식 전체를 제3자에게 완전히 처분하는 경우 제306조 주식에 관한 특칙을 벗어날 수 있다고 정하고 있다. 여기에서 완전히 처분한다는 말은 처분상대방이 제318조의 특수관계자가 아니고((A)(ii)), 나아가서 특수관계자가 소유한 주식이 없어야 한다는 말이다((A)(iii)). 제318조에 대한 분석은 제4장에서 다루겠지만, 가령 부자 관계라면, 아버지가 지배주주인 이상 자식도 지배주주이고 그 역도 성립한다는 말이다. 제306조 (b)(1)(B)에 나오는 제302조(b)(3)과 (b)(4)도 제4장에서 공부한다. 요는 제302조(b)(3)을 적용받는다는 말은 어떤 주주가 소유한 주식 전부를 법인에 상환하는 경우 주식양도로 본다는 말이고 제302조(b)(4)를 적용받는다는 말은 여러 사업부문을 가지고 있는 법인이 특정 사업부문을 청산하면서 주식을 상환받는 경우 주식양도로 본다는 말이다.[158] 제306조(b)(3)나 (b)(4)를 적용받기 위해서는 제318조의 특수관계자가 소유한 주식이 없어야 하므로,[159] 결국 처분상대방이 제3자이든 회

---

157) income tax (제1조에서 제1563조).
158) 제14장 제1절 Ⅱ. 2. (4).
159) 제302조(c).

사이든 특수관계자가 여전히 주주로 남아 있으면 다시 제306조(a)로 돌아가서 경상소득이 되는지 아닌지를 따진다.

[보기 22]

부자관계인 T법인의 주주 김부친과 김아들은 T 보통주식을 각 75주와 25주 소유하고 있었고 김부친의 취득원가는 600불 김아들의 취득원가는 200불이다. T는 두 주주에게 우선주를 각 75주 및 25주 주식배당하였다. 배당직후 보통주 100주의 공정한 시가총계는 1,000불이고 우선주 100주의 공정한 시가총계도 1,000불이다. 우선주 배당으로 두 주주에게 소득이 생긴 것은 없다. T사는 이듬해에 75불을 주고 김아들이 소유하고 있는 우선주 25주를 사들이고, 그와 동시에 김아들의 보통주 25주도 모두 공정한 시가로 사들였다. 우선주를 배당한 해에 T사의 배당가능이익은 이월결손금이 쌓여있어서 누적된 금액은 없지만 당기분이 1,000불이다. 이듬해의 배당가능이익도 누적분은 여전히 없지만 당기분이 500불이다. T사의 우선주 취득으로 김아들에게 생기는 법률효과는 무엇인가?

(풀이) 우선주 25주는 배당한 해에 김아들의 총수입금액에 들어가지 않았고 그 해에 T사에 배당가능이익이 있었으므로 제306조 주식에 해당하고, 보통주 취득원가의 절반인 100불을 우선주 25주의 취득가액으로 안분한다. 제306조(a)에 따른다면 75불을 T사에서 분배받는 금액으로 보아 75불 전체가 배당소득이 될 것이다. 문제는 김아들이 주식 전체를 T사에 넘겼으므로 배당이 아닌 양도가 되는가이다. 곧 제306조(b)(1)(B)를 거쳐서 제302조(b)(3)을 적용받아 양도로(이 경우 제306조(a)는 적용하지 않고 제302조(b)(3)에 따라서 취득원가 100불을 공제받아서 양도차손 25불이 생길 것이다) 볼 수 있는가이다. 제4장에서 보겠지만 김아들의 전부상환 이후에도 김부친이 100% 주주로 남으므로 김아들은 여전히 주주라는 지위를 완전종료하는 것이 아니다. 받는 돈 75불 전체가 그대로 배당소득으로 남는다.

제306조(b)(3)는 법인설립처럼 어차피 양도차익을 과세이연하는 거래, 가령 제2장에서 공부한 지배주주 현물출자의 일부라면 제306조 주식이라 하여 과세문제가 생기지는 않는다는 말이다. 마지막으로 (b)(4)는 국세청, 궁극적으로는 법원의 판단으로 비과세하는 경우가 있을 수 있다는 말이지만 실제로 비과세받기는 어렵다.[160]

---

160) 주식의 일부가 남아 있다는 이유만으로 제306조(b)의 비과세를 거부한 사례로 Fireoved v. U.S., 462 F.2d 1281 (3rd. Cir. 1972).

비과세 주식배당으로 제306조 주식을 취득한 자가 이 주식을 입질한다면, 재무부규칙에서는 입질 그 자체가 제306조(a)에서 말하는 처분이라고 본다.161) 한편 제306조 주식을 증여한다면 증여가 제306조(a)에서 말하는 처분이기는 하지만 '실현된 금액'을 영(0)이라고 본다.162) 제306조 주식이라는 지위는 수증자에게 이전되므로163) 수증자가 주식을 회사나 제3자에게 파는 경우 제306조(a)에 따른 법률효과가 생긴다. 그렇더라도 수증자가 비영리법인이라면 어차피 세금 낼 것이 없으므로, 애초 증여 당시 증여자가 받는 기부금 공제에 일정한 제한을 두고 있다.164)

---

161) 재무부규칙 1.306-1(b)(1).

162) 제170조(e)(1). 이창희, 세법강의 제22장 제1절 Ⅴ.

163) 제306조(c)(1)(C).

164) 제170조(e)(1)(A). 애초 증여를 시가로 보지 않으면서도 증여자에게 시가상당액의 기부금이 있다고 보는 모순 때문에 생긴 대책이다.

제4장

주식상환: 감자와 자기주식 취득

제3장에서는 배당(현금배당, 현물배당, 숨은 배당, 주식배당)을 다루었다. 눈썰미가 있는 독자라면 제3장에서 살펴본 법조문(제312조 제외)은 모두 '배당'이 아니라 '분배'라는 말을 쓰고 있다는 점을 깨달았을 것이다. 분배라는 말은 무상분배(=배당)만이 아니라 유상분배, 곧 주주의 기존주식을 상환해주는 대가도 포함한다. 제3장에서 다룬 '배당'이란 기실 출자자가 법인으로부터 재산을 무상분배받는 경우를 말한다. 출자자가 분배받는 재산이 무상분배가 아니고, 법인에게 주식을 넘겨주는 대가라면 어떻게 과세해야 할까? 제4장에서는 이 문제를 다룬다. 가능성은 유상양도로 보든가 아니면 무상분배나 마찬가지로 보든가 둘 중 하나이다. 어떻게 해야 할까?

Ⅰ. 주식상환이란?

이 장의 범위는 미국법의 개념으로 주식의 상환(redemption)이 있을 때 회사와 주주에게 세법상 어떤 법률효과가 생기는가이다. 여기에서 주식상환이란 주주가 법인에게 주식을 내어주고 법인은 그 대가로 주주에게 현금이나 재산을 지급하는 것을 말한다.[1] 우리 법의 개념에서는 회사법이든 세법이든 일단은 자기주식 취득과 감자를 구별하지만, 미국법(적어도 세법)에서는 주권이 자기주식으로 회사 금고에 남아있으나 회사법상 감자절차를 밟아 주권 자체를 찢어버리나 아무 차이가 없다고 생각해서 이 두 가지를 합쳐서 단일개념으로 주식상환이라 부른다.[2]

용례의 혼선을 저어해서 사족을 붙이자면, 이 글에서 말하는 주식상환은 우리 법의 개념으로 쳐서 무상감자는 포함하지 않는다. 법인이 내어주는 돈이 없기 때문이다. 우리 법에서는 감자 곧 자본금의 감소라는 상위 개념 밑에 유상감자와 무상감자를 하위개념으로 넣는다. 그리하여 무상감자도 유상감자나 마찬가지로 주주총회의 특별결의와 채권자보호절차를 밟게 하고[3] 자본금의 변경을 등기한다.[4] 이런 절차를 밟아서, 액면주식이라면 주당 액면을 줄이든가(주식병합) 주

---

1) 그야말로 어법 차이로 영어에서는 a corporation redeems shares 'from' a shareholder라고 말한다. 여기에서 redeem이라는 말을 그냥 '상환한다'로 옮긴다면 '회사가 주주로부터 주식을 상환한다'가 되어 우리 말로는 뜻이 통하지 않게 된다. 영어에서 redeem이라는 말은 목적물(주식)을 글자 그대로 '되(re)찾아온다(deem)'는 말이기 때문이다. 직역하자면 redeem을 '회수'라고 옮겨야 하겠지만 redemption이라는 말은 우리 말로 '상환'으로 굳어져 있고 이 말은 '주식과 대가(償)를 주고 받는다(換)'는 어감이다. 우리 말로는 '회사는 주주에게 주식을 상환해주는' 것이고 '주주는 회사에 주식을 내어주고 대가를 상환받는' 것이다. 이하 본문에서는 미국법 글귀의 from이나 to라는 전치사를 반대의 뜻으로 옮기고 싶지 않아서, '주주가 회사에 주식을 상환한다', '대금을 상환받는다', '회사가 주주로부터 주식을 상환받는다', '대금을 상환해준다' 이런 식으로 적기로 한다.

2) 제317조(b).

3) 상법 제438조, 제434조, 제232조. 무상감자 그 자체가 채권자를 해하지는 않지만 무상감자된 금액은 자본준비금(감자차익)이 되고, 그 뒤 자본준비금을 배당가능이익으로 돌려서 배당한다면 채권자보호 절차 없이 재산유출이 생길 수 있다. 상법이 애초 무상감자 단계에서 채권자보호 절차를 밟게 하는 것은 이 때문이다.

4) 상법 317조 제4항, 제183조.

식의 수를 줄이는(주식소각) 방식으로 무상감자가 생길 수 있다. 무액면주식이라면 이사회(정관으로 유보하였다면 주주총회)에서[5] 자본금을 줄이는 결의만 하면 된다. 무상감자에 따르는 법률효과란 자본금의 금액이 줄고 그 대신 자본준비금(감자차익)이 그만큼 늘어난다는 것이다. 감자차익은 익금이 아니다.[6] 주주에게는 아무런 세법상 법률효과가 따르지 않는다. 자본준비금의 자본금전입이 주주에게 아무런 법률효과를 낳지 않으므로, 자본금이 자본준비금으로 바뀌는 것도 마찬가지이다.

미국세법에서는, 무액면주식을 발행한 법인이 무상으로 자본금을 감소시키는 것은 애초에 아무런 사건이 아니고 법률효과를 따질 일이 아예 없다. 액면주식의 일부를 무상소각하거나 주권을 병합하는[7] 경우에도 우리 법 개념으로 자본금에 상당하는 개념(=발행주식 액면총계) 자체가 법인의 과세에서 아무런 법적 의의를 지니지 않는다.[8] 주주의 입장에서는 어떨까? 실무는 주식병합을 제368조(a)의 재조직, 그 가운데에서는 E형인 '자본재구성'(recapitalization)으로 보고, 그에 따라 제354조(a)에 따라서 비과세라고 해석하고 있다.[9] 주식분할을 자본재구성으로 보는 행정해석[10]을 논리적으로 연장한 것이다. 주식의 소각도, 혹시라도 실제 있다면 마찬가지로 볼 수 있을 것이다.

아무튼 이 글의 범위는 주식을 내어주고 돈이나 다른 재산을 받는 미국법상의 주식상환, 그러니까 우리 법의 개념으로 치자면 유상감자와 유상의 자기주식 취득 이 두 가지이다.

---

5) 상법 제451조 제2항.

6) 법인세법 제17조 제1항 제4호.

7) 주권병합은 대개 reverse stock split라 부른다. stock merger라는 표현도 쓴다.

8) 주식병합으로 주권을 새로 발행해주는 경우 주식배당이나 마찬가지로 아래에 볼 제311조의 글귀에 따라 법인에 아무런 법률효과가 생기지 않는다고 볼 수도 있을 것이다. 다만 그렇게 적고 있는 문헌은 찾지 못했다.

9) 예를 들어서 다음 주소에 나오는 American Commercial Lines 의 definitive proxy statement schedule 14a를 보라. http://www.wikinvest.com/stock/American_Commercial_Lines_(ACLI)/Certain_Federal_Income_Tax_Consequences_Reverse_Stock_Split.

10) Rev. Rul. 54-482, 1954-2 CB 148 (1954). 주식병합이나 주식분할로 새 주권을 받는 것은 일단은 주식배당이나 마찬가지로 제305조의 적용대상이다. 제317조(a)에서 정하기를, 제301조에서 제318조의 적용상 회사 자신의 주식은 '재산'이 아니라고 하므로 주주가 주식을 회사에 넘겨주는 것은 아무런 재산을 넘기는 것이 아니고 주식병합이나 주식분할은 새 주권을 무상으로 분배받는 것이 되어 제305조의 주식배당으로 과세하는 것이 원칙이지만 제354조(a)에 따라 재조직이 되므로 비과세한다.

> 제317조 (기타 정의) (b) ...주식을 법인이 상환한 것으로 본다: 법인이 자기의 주식을 취득하면서 주주에게 그와 교환하여 재산을 준다면. 그렇게 취득한 주식을 폐기하든 소각하든 또는 자기주식으로 보유하든 상관없다.
> Sec. 317 OTHER DEFINITIONS (b) ...stock shall be treated as redeemed by a corporation, if the corporation acquires its stock from a shareholder in exchange for property, whether or not the stock so acquired is cancelled, retired, or held as treasury stock.
> 제317조(a) 재산 — ...용어로서 "재산"이 뜻하는 바는 돈, 증권 및 다른 모든 재산이다; 다만 이 용어는 분배하는 법인 자신의 주식(또는 그런 주식을 취득할 권리)을 포함하지 않는다.
> Sec. 317(a) PROPERTY — ...the term "property" means money, securities, and any other property; except that such term does not include stock in the corporation making the distribution (or rights to acquire such stock).

이하 달리 적지 않은 한 주식상환이라는 말은 감자와 자기주식 취득, 이 두 가지를 포괄하는 개념이다. 글의 전개순서는 몇 절로 나누어서 주주에 대한 과세를 먼저 보고 그 다음에 법인에 대한 과세를 보기로 한다.

본론에 들어가기 전에 우리말이나 우리 법과 영어나 미국법 사이에 용례의 차이를 분명히 해둘 것이 한 가지 더 있다. 뒤따르는 본문에서 보겠지만 미국법은, 앞 문단에서 말하는 주식상환(회사법상의 주식상환이든 자기주식의 매매든 아무튼 세법이 주식상환이라 부르는 거래)에는 제302조에 따른 주식양도가 아닌 한 제301조를 적용하여 분배로 보고 과세한다고 정하고 있다.11) 여기에서 '주식양도'라는 말은 제302조의 exchange(이 말은 돈이든 다른 재산이든 아무튼 유상계약으로 주식을 취득한다는 말이다)라는 말을 우리말의 어감에 맞추어서 옮긴 것이다.12) 미국세법에서 주식양도에 해당하는 주식상환과 그렇지 않은 주식상환 사이의 구별은 우리 회사법상 자기주식 취득과 감자 사이의 구별과는 전혀 다른 문제이다. 거래형식이나 법률행위의 민사법상 평가야 어떻게 되든(감자이든 자기주식 취득이든) 회사가 자기주식을 취득하는 유상거래가 제302조(b)의 어느 한 항에 해당하는 경우(어림잡자면 실질적 지배력에 변화가 있는 경우) 이것을 주식양도라고 부르고 있고 그에 따르는 법률효과의 요는 회사와 주주 사이의 주식상환을 여느 매수인과 매도인 사이의 주식매매나 똑같이 주식양도로 본다는 것이다. 이하 이 말을 주식양도나 주식매매라고 옮기지만, 회사가 자기주식을 매수한다는 뜻이 아님을 다시 명심하라.

---

11) 제302조(d).

12) 이하에서는 문맥에 따라 주식매매 또는 주식양도라는 말을 같은 뜻으로 섞어 쓰기로 한다. 다만 법조문을 직접 번역하거나 인용한 부분에서는 그냥 직역하여 '교환'이라는 말을 쓰기로 한다.

이하의 논의는 우선 법인이 직접 주주의 주식을 상환받는 경우 주주와 법인
에 대해서 각각 어떤 법률효과가 생기는가를 살펴보는 데에서 시작한다. 제1절
Ⅱ에서 보듯이 미국법은 주식상환을 통해서 주주의 실질적 지위에 어떤 변화가
생기는가를 따져서 주주가 받는 대금을 주식매매나 마찬가지로 과세하든가 아
니면 배당이나 마찬가지로 과세한다. 제2절에서는 주식매매처럼 보는 경우와 배
당처럼 보는 경우로 나누어서 경우별로 주주 및 법인에게 어떠한 법률효과가 생
기는가를 Ⅰ, Ⅱ로 나누어 살펴본다. Ⅲ에서는 주주의 실질적 지위에 변화가 있
는가를 판단하는데 중요한 기준이 되는 주식의 의제소유 내지 주식에 대한 지배
력을 판단하는 기준을 살펴본다. 제3절에서는 법인이 직접 주식을 상환하는 것
이 아니고 관계회사를 매수인으로 내세워 주식을 사들이는 경우 법인, 매수인인
관계회사, 매도인인 주주 이 셋에게 어떤 법률효과가 생기는가를 살펴본다. 제4
절에서는 주식을 매매하면서 매매대금의 일부를 매도인이 법인에서 배당받거나
매수인이 배당받은 자금으로 지급하는 이른바 bootstrap 매매와 관련한 거래재
구성 문제를 살펴본다.

Ⅱ. 주식상환 과세의 기본구조

1. 비례 상환과 불비례 상환

우리 세법은 배당과 감자를 나누어 서로 다른 법률효과를 주고 있다. 배당
이라면 주주가 받은 현금액이나 재산의 시가를 배당소득으로 과세하지만[13] 감
자라면 "주식의 소각이나 자본금의 감소로 인하여 주주가 취득하는 금전 기타
재산의 가액이 주주가 그 주식을 취득하기 위하여 사용한 금액을 초과하는 금
액"만을 배당소득(의제배당)으로 과세한다.[14] 자기주식 매매는 경제적 실질 및 법
형식에 따라서 주식매매 개념에 포섭해서 주식양도소득으로 과세하기도 하고,
감자개념에 포섭해서 의제배당 소득으로 과세하기도 한다. 다만 배당가능이익으
로 취득하는 자기주식이라면 배당소득으로 과세한다.[15] 아무튼 감자(의제배당)는

---

13) 소득세법 제17조 제1항 제1호 및 같은 법조 제3항; 법인세법 제16조.
14) 소득세법 제17조 제2항 제1호; 법인세법 제16조 제1항 제1호. 이창희, 『세법강의』 제14장 제4절 Ⅳ.
15) 같은 책, 같은 절 Ⅴ.

주식매매(주식양도소득)와도 다르고 배당(배당소득)과도 다른 별개의 범주이다. 이와 달리 미국세법에서는 주식상환(감자와 자기주식 매매는 애초 구별이 없다)을 별개의 범주로 삼지 않고, 주식상환을 주식매매로 과세하든가 배당과 같은 범주로 묶어서 분배로 과세한다. 주식매매라면 양도소득을 과세하고[16] 분배라면 (분배액= 배당소득 + 주식 취득원가 + 양도소득)이라는 제301조의 3분법으로 과세한다. 우리 법의 감자에 따른 의제배당처럼 (분배액 – 주식 취득원가)를 배당소득으로 과세하지는 않는다.[17]

요는 주식매매와 분배 사이의 구별이다. 이 구별이 민사법에 따른 구별이 아님은 이미 본 바와 같다. 미국세법은 주식상환이 주주와 회사의 실질적 관계에 어떤 영향을 미치는가를 따져서, 주식상환이 각 주주의 주식 수에 비례한다면 분배로 보아 3분법으로 과세한다. 예를 들어 발행주식 총수가 2,000주인 법인의 주주 2명이 각 1,000주(50%)씩을 가지고 있다고 하자. 법인이 각 주주로부터 200주를 상환받는 대가로 현금을 지급하면 발행주식 총수는 1,600주로 줄어들고 각 주주의 주식수는 800주씩으로 줄어든다. 그러나 그들이 회사를 50 : 50으로 지배한다는 사실에는 아무 변화가 없다. 그렇다면 이런 주식상환은 배당과 다른 것인가? 실제 지배력에 아무런 변화가 없고 현금을 가져간다는 점에서 보면 경제적으로는 배당과 같다. 그러니까 배당과세에 관한 3분법을 적용한다는 것이다. 한편 사실관계를 바꾸어 위 법인이 주주 중 1명의 주식 1,000주를 모두 상환받는다면 발행주식 총수가 2,000주에서 1,000주로 줄어들고, 잔존주주의 지분율은 50%에서 100%로 상승한다. 이런 불비례상환은 주주의 실질적 지위를 변화시킨다. 상환한 주주는 그의 지분 전체를 법인에 되팔고 지분율이 50%에서 0%로 줄어든다. 상환한 주주의 입장에서 보면 제3자에게 주식을 파는 것이나 마찬가지라고 일응 생각할 수 있다. 그러니까 양도소득으로 과세한다는 것이다.

법조문으로 따지면 주식상환은 주식매매로 보지 않는 한 제301조의 적용을 받는 분배로 과세한다.[18] 제302조(b)의 어느 한 항에 해당하여 주식매매로 본다면 주주에 대해서는 상환대금과 주식 취득원가의 차액을 주식 양도소득으로 과

---

16) 제302조(a), 제1001조, 제301조. 제3장 제2절 Ⅰ.

17) 다만 일정한 상환 우선주에 대해서는 (분배액 – 주식취득원가)를 실효이자율로 우선주의 상환기간 동안 안분한 금액을 해마다 배당소득으로 본다. 제305조(b)(4)(c).

18) 제302조(d).

세하거나 양도차손을 공제한다.[19] 제302조(b)의 어느 항에도 해당하지 않는다면 주식상환대가 전액을 분배로 보아 제301조의 3분법을 적용한다.[20] 주식상환을 해마다 거듭해서 배당이나 진배 없는 경우라면 주식상환에 응하지 않는 주주에게 주식소유비율이 늘어나는 만큼 불비례 주식배당이 생긴다고 보아 배당소득이 생긴다. 아래 제2절 Ⅰ. 3. 제3장 제5절 Ⅱ. 2.

2. 주식매매 v. 분배의 구별기준

주식매매나 양도와 분배의 구별기준에 관해 1954년 전의 법에서는 "본질적으로 배당이나 마찬가지가 아닌"한 주식상환은 매매로 본다고 단순하게 정하고 있었다. 이런 불확정 개념은 많은 시비를 낳았고 법원은 구체적 사실관계의 판단 문제로 해결했다. 결국 공은 국회로 넘어와서 국회는 1954년 제302조를 입법하였다. 일정한 요건이나 징표를 법으로 정하고 그를 만족한다면 더 이상 따지지 않고 주식매매로 본다는 불문규정이다.[21]

제302조 (주식 상환대가인 분배)
Sec. 302 DISTRIBUTIONS IN REDEMPTION OF STOCK
(a) 일반원칙 — 법인의 주식상환(이 말의 뜻은 제317조(b))에 아래 (b)의 제(1), (2), (3), (4), (5)항 중 하나가 적용된다면 그런 상환을 분배로 다루되 분배가 주식교환대가의 일부나 전부인 것으로 한다.
(a) GENERAL RULE — If a corporation redeems its stock (in the meaning of Sec. 317(b)) and if paragraphs (1), (2), (3), (4), or (5) of subsection (b) applies, such redemption shall be treated as a distribution in part or full payment in exchange for the stock.
(b) 상환을 다루기를 교환으로
(b) REDEMPTIONS TREATED AS EXCHANGES —
   (1) 상환이 배당이나 마찬가지가 아닌 경우 — 위 (a)를 적용한다: 상환이 본질적으로 배당이나 마찬가지가 아니라면.
   (1) REDEMPTIONS NOT ESSENTIALLY EQUIVALENT TO DIVIDENDS— Subsection (a) shall apply if the redemption is not essentially equivalent to a dividend.
   (2) 현저히 불비례하는 주식상환 —
   (2) SUBSTANTIALLY DISPROPORTINATE REDEMPTION OF STOCK —

---

19) 제302조(a).

20) 제302조(d).

21) 일반적인 법률용어로 이런 식의 간주규정을 safe harbor 규정이라 부른다. 더 이상 따져묻지 않는다. 不問에 부친다는 뜻이다. 이하 '不問' 규정이라 부르기로 한다

(A) 원칙 ― 위 (a)를 적용한다: 상환이 현저히 불비례하게 주주에 대해 이루어진
다면

(A) IN GENERAL ― Subsection (a) shall apply if the redemption is substantially
disproportionate with respect to the shareholder.

(3) 주주지위의 종료 ― 위 (a)를 적용한다: 상환을 완전상환으로 법인의 주식을 주주
가 소유한 것 전부에 대해 한다면.

(3) TERMINATION OF SHAREHOLDER'S INTEREST ― Subsection (a) shall apply if
the redemption is in complete redemption of all of the stock of the corporation
owned by the shareholder.

(4) 비법인 주주로부터 상환받으면서 부분청산하는 때 ― 위 (a)를 분배에 적용한다:
분배를 ―

(4) REDEMPTION FROM NONCORPORATE SHAREHOLDER IN PARTIAL LIQUIDATION
― Subsection (a) shall apply to a distribution if such distribution is ―

(A) 대가로 해서 상환하는 주식을 보유한 주주가 법인이 아니고: 그리고

(A) in redemption of stock held by a shareholder who is not a corporation: and

(B) 분배하는 법인의 부분청산이라면.

(B) in partial liquidation of the distributing corporation

(6) 각 항의 적용 ― 상환이 위 제(1)항의 요건을 만족하는가를 정할 때에는 그런 상환
이 제(2), (3), 또는 (4) 항의 요건을 만족하지 못한다는 사실은 고려하지 않는다...

(6) APPLICATION OF PARAGRAPHS ― In determining whether a redemption meets
the requirements under paragraph (1), the fact that such a redemption fails to meet
the requirements of paragraphs (2), (3), or (4) shall not be taken into account...

(c) 의제소유주식...[22]

(c) CONSTRUCTIVE OWNERSHIP OF STOCK...

(d) 상환을 재산의 분배로 다루는 경우 ― ...법인이 주식을 상환(이 말의 뜻은 제317조
(b)[23])받지만 거기에 이 조(a)를 적용할 수 없다면, 그런 상환을 다루기를 재산의 분배로
해서 제301조를 적용한다.

(d) REDEMPTIONS TREATED AS DISTRIBUTIONS OF PROPERTY ― ...if a corporation
redeems its stock (within the meaning of section 317(b)), and subsection (a) of this
section does not apply, such redemption shall be treated as a distribution of property to
which section 301 applies.

(e) 부분청산의 정의 (생략)

(e) PARTIAL LIQUIDATION DEFINED (omitted)

위 제302조는 '받는 사람에 대한 효과'라는 절(제301조에서 제307조: Part Ⅰ
SUBPART A)에 들어있으므로 일단은 주주에 대한 법률효과를 정하는 조문이다.
그러나 뒤에 보듯 법인에 대한 법률효과에도 결국은 영향을 미친다. 아무튼 우

---

22) 아래 제3절.

23) 제1절 Ⅰ.

선은 주주에 대한 법률효과에 주목하면서 주식양도와 분배의 구분을 하나하나 따져보자.

(1) 주주권의 완전 종료: 제302조(b)(3)

제302조(b)에서 가장 단순한 규칙으로, 주주가 제 소유 주식을 모두 다 내놓고 손을 턴다면 주식양도로 본다. 예컨대, 지분이 각 50%인 2명의 주주 중 한 명이 자기 몫인 50%를 전부 상환하는 경우를 들 수 있다. 완전상환으로써 법인에 대한 주주권이나 주주로서의 지위가 사라진다. 이는 제3자에게 주식을 양도한 것과 같으므로 우연히 법인이 매수인이 되었다고 해서 법률효과를 달리할 이유가 없다.

몇 차례로 나누어서 상환한다면 어떨까? 가령 위 주주가 50%를 상환하면서 전체를 일시에 상환하지 않고 25%씩 두 번에 나누어서 상환한다면 어떨까? 50%를 한꺼번에 상환하나 두 번에 나누어 상환하나 차이를 둘 이유가 없다. 따라서 상환 후에 주식 일부가 아직 남아있더라도, 결국은 전부를 상환할 사전계획이 있고 그 계획에 따라서 이루어지는 상환이라면 주식의 양도로 본다.[24) 그런 계획이 있다고 볼 수 있는가는 구체적 사실판단의 문제이다. 주식의 일부는 상환받고 나머지는 제3자에게 파는 경우도 사전계획에 따른 것이라면 전부상환에 해당한다.[25)

다른 한편 소유한 주식을 다 상환했다고 하더라도, 특수관계자가 여전히 주주로 남아 있다면 완전종료가 아니다. 예컨대, 위의 사례에서 2명의 주주가 남편과 아내라면, 그중 1인이 주식을 전부 상환받았더라도 제302조(b)(3)를 적용받을 수 없다. 상환 이후에도 배우자의 주식이 남아있는 이상 자신이 주주로 남아있는 것이나 마찬가지로 보라고 제318조에서 정하고 있기 때문이다.[26) 주식소유의제에 대해서는 절을 바꾸어 뒤에 자세히 보기로 한다.

---

24) Bleily & Collishaw Inc. v. Comr., 72 TC 751 (1979), 특히 756쪽. 참고로 제2장 제2절 Ⅰ. 2.
25) Zens v. Quinlivan, 213 F.2d 914 (6th Cir. 1954): Rev. Rul. 77-226, 1977-2 CB 113. 아래 (3) 3), 제5절 Ⅱ.
26) 제351조와는 다르다. 제2장 제2절 Ⅰ. 2.

(2) 현저히 불비례하는 상환: 제302조(b)(2)

제302조(b) (상환 다루기를 교환으로)

Sec. 302(b) REDEMPTIONS TREATED AS EXCHANGES

(2) 현저히 불비례하는 주식상환 ―

(2) SUBSTANTIALLY DISPORPORTIONATE REDEMPTION OF STOCK ―

　(A) 원칙 ― 위 (a)를 적용한다: 분배가 현저히 불비례하게 주주에 대해 이루어진다면.

　(A) IN GENERAL ― Subsection (a) shall apply if the distribution is substantially disproportionate with respect to the shareholders

　(B) 제한 ― 이 항을 적용하려면 반드시 상환직후 주주가 소유한 의결권이 각종[27]의 주식에 딸린 의결권 일체의 50% 미만이어야 한다.

　(B) LIMITATION ― This paragraph shall not apply unless immediately after the re-demption the shareholder owns less than fifty percent of the total combined voting power of all classes of stock entitled to vote.

　(C) 정의 ― 이 항에서 분배는 현저히 불비례한다고 본다: 만일

　(C) DEFINITIONS ― For purposes of this paragraph, the distribution is substantially disproportionate if ―

　　(i) 법인의 의결권부 주식을 주주가 상환 직후 시점에 소유한 수가 그 시점 현재 법인의 의결권부 주식 전체에 대해 차지하는 비율이,

　　(i) the ratio which the voting stock of the corporation owned by the share-holder immediately after the redemption bears to all of the voting stock of the corporation at such time,

아래의 80% 미만이라면

is less than 80 percent of ―

　　(ii) 법인의 의결권부 주식을 주주가 상환 직전 현재에 소유한 수가 그 시점 현재 법인의 의결권부 주식 전체에 대해 차지하는 비율.

　　(ii) the ratio which the voting stock of the corporation owned by the share-holder immediately before the redemption bears to all of the voting stock of the corporation at such time

이 항에서 어떠한 분배이든 현저히 불비례한다고 보기 위해서는 주주가 소유한 법인의 보통주식(의결권이 있든 없든) 역시 상환 직전 및 직후에 위 문장의 80% 요건을 만족해야 한다. 직전 문장에서, 1종을 넘는 보통주식의 종류가 있다면 결정은 공정한 시가를 따져서 정한다.

For purposes of this paragraph, no distribution shall be treated as substantially dis-proportionate unless the shareholder's ownership of the common stock of the cor-poration (whether voting or nonvoting) after and before redemption also meets the 80 percent requirement of the preceding sentence. For purposes of the preceding sentence, if there is more than one class of common stock, the determinations shall

---

27) 우리 현행 상법에서 '종류주식'이라는 말에는 보통주가 들어가지 않지만 여기에서 '각종'이라는 말은 우리 법으로 쳐서 보통주식과 종류주식을 포함한다.

be made by reference to fair market value.

(D) 일련의 상환 ― 이 항은 적용하지 않는다: 만일 상환이 따르고 있는 계획의 목적이나 효과로 일련의 상환 결과 분배(다 합쳐서 볼 때)가 그 주주에게 현저히 불비례한 것이 아니라면.

(D) SERIES OF REDEMPTIONS ― This paragraph shall not apply to any redemption made pursuant to a plan the purpose or effect of which is a series of redemptions resulting in a distribution which (in the aggregate) is not substantially proportionate with respect to the shareholder.

주주의 권리나 지위가 완전종료하지 않더라도 상환받은 주주의 지배력이 현저히 줄어든다면 주식양도가 될 수 있다. '현저히'란 첫째 상환 후 잔존주식이 의결권의 50% 미만일 것, 둘째 상환 이후의 지배력이 옛 지배력의 80% 미만일 것, 곧 주주의 의결권이(의결권 없는 보통주식이 있다면 보통주식 전체의 가치도) 20% 이상 감소할 것, 이 두 가지를 만족하는 것을 말한다. 말 자체로만 따진다면 둘째 요건을 만족한다면 일단 현저히 불비례한다고 볼 수 있을 것 같지만, 잔존주식이 50% 이상인 과점주주라면 지배력이 그냥 있는 것이고 양도로 볼 수 없다는 것이다.28) 앞에서 특수관계자의 주식이 일부라도 남아 있다면 주주 지위의 완전종료를 인정하지 않는 것과 비슷한 생각이다.

[보기 1]
M법인의 주식 100주를 A가 50주, B가 50주씩 보유한 경우, A가 25주를 상환한다면 주식매매로 제302조(a)를 적용받는가, 분배로 제301조의 3분법을 적용받는가?
　풀이　 주식상환 후 M법인의 주식은 A 25주, B 50주로서 A의 지분율은 33.3%로 낮아진다. 잔존주식 50% 미만이라는 첫 번째 요건은 충족되었고, 의결권 비율이 (33.3% < 50% × 80%)가 되므로 두 번째 요건도 충족된다. 따라서 A의 주식상환은 제302조(b)(2)에 따라 제302조(a)의 주식매매이다.

[보기 2]
M법인의 주식을 A, B, C, D가 각 100주씩 소유하고 있다가, M이 A, B, C로부터 각 55주, 25주, 20주(합계 100주)를 넘겨받았다고 하자. A, B, C가 받는 상환대금은 주식매매로 제302조(a)를 적용받는가, 분배로 제301조를 적용받는가?

---

28) 잔존주식이 50% 이상이라면 제267조(a)가 주식양도손실의 공제를 막는다. 제3장 제2절 Ⅱ. 2. (2).

(풀이) 잔존주식 50% 미만이라는 요건은 세 사람 모두 만족한다. 상환전 각 주주의 지분비율은 25%였으므로, 현저히 불비례한 상환이 되기 위해서는 지분율이 25% × 80% = 20% 미만으로 떨어져야 한다. 주식상환 이후의 주식수는 300주이므로 300주 × 20% = 60주 미만으로 떨어져야 제302조(a)의 주식매매로 본다는 말이다. 네 사람 가운데 이 기준을 만족하는 사람은 A뿐이다.[29)]

[보기 3][30)]

애초 A가 설립한 X법인의 주식(의결권 있는 보통주)은 1983. 1. 1. 현재 특수관계자 아닌 네 주주 A, B, C, D가 각각 1,466주(A의 지분비율 = 72.18%), 210주, 200주, 155주(합계 2,031주)를 소유하고 있고, A는 X의 사장, B는 X의 부사장이다. A를 제외한 나머지 주주 B, C, D는 각각 X법인과 주식처분에 관한 특약을 맺어서 사업에서 손을 뗄 때는 경우 자기가 가진 주식을 장부가액으로 X법인에 넘기고 X법인은 6개월 안에 이를 매수하기로 정한 바 있다. 1983. 1. 1. B는 1983. 3. 22.자로 사임하겠다고 A에게 고지하였다. 이 고지를 받고 A는 1983. 3. 15. 제 소유주식 중 902주를 상환해서 X 법인의 주식 1,129주 중 564주(49.96%)를 갖게 되어(564 + 210 + 200 + 155 = 1,129), 제1주주이지만 과점주주는 아니게 되었다. 1983. 3. 22. B가 사임하자 X는 특약대로 B의 주식을 현금을 주고 상환받아서 X의 발행주식은 919주가 되고, A는 다시 과점주주가 되었다. A가 받는 주식상환대금은 분배로 제301조를 적용받는가, 주식매매로 제302조(a)를 적용받는가?

(풀이) A, B를 각각 따지면 902주 상환 직후 A의 지분율은 50% 미만이고, 상환 직전 72.18%에서 상환 직후 49.96%가 되어 감소율이 20% 이상이므로 제302조(b)(2)에 따라 주식매매가 된다. 그러나 B를 감안한 최종결과로는 A는 발행주식 919주 중 564주(61.37%)를 소유하여 50%를 초과하고, 지분율도 72.18%에서 61.37%로 감소하여 감소율이 20% 미만이다. A와 B의 상환이 두 사람이 합동하여 계획한 것은 아니지만, 902주의 상환과 210주의 상환은 명백히 관계가 있다. B에 대한 상환을 기화로 A는 제 지배력을 일시적으로 잃도록 계획을 짠 것이다. 제302조(b)(2)(D)는 주식상환이 현저히 불비례하는지를 따질 때 "계획된 목적이나 효과로 일련의 상환 결과 분배가(다 합쳐서 볼 때) 그 주주에게" 어떤 결과를 낳는가를 보도록 정하고 있지만, 여기에서 '계획'이란 반드시 둘 이상의 주주가 합의한 계획이라는 뜻이 아니다. 상환을 받는 주주 혼자서 짠 계획으로 충분하다.

29) 재무부규칙 1.302-3(b)의 보기.
30) Rev. Rul. 85-14, 1985-1 CB 83 (1985)를 손본 것이다.

(3) 본질적으로 배당과 다른 상환: 제302조(b)(1)

1) Davis 판결

앞서 보았듯 1954년 법이 현행 제302조를 들여오기 전에는 주식양도와 배당을 구별하는 유일한 기준이 '본질적으로 배당이나 마찬가지'인가 아닌가였고, 이 말이 무슨 뜻인가는 구체적 사건별로 판례에 맡겨져 있었다. 입법사를 보면, 1954년 법에서 이 주관적 요건을 그대로 남겨둔 이유는 아무런 지배력이 없는 우선주주를 염두에 둔 것이라고 말할 수 있다.[31]

> **[판례] U.S. v. Davis[32]**
>
> 원고인 Davis와 그의 처 및 자녀들은 가족기업인 폐쇄법인의 주주였다.[33] 쟁점은 법인이 원고에게 우선주를 발행해 주었다가 상환받으면서 상환대금을 원고에게 준 것을 원고에게 배당소득으로 과세할 수 있는가이다. 법인이 애초 무의결권 우선주를 발행한 것은 일시적 자금 사정으로 금융기관의 융자를 받아야 할 처지에 빠졌기 때문이다. 그런데 금융기관은 융자의 전제조건으로 자기자본 확충을 요구했다. 이에 할 수 없이 법인은 원고에게 우선주를 발행해주면서 25,000불을 납입받았고, 나중에 금융기관 차입금을 갚을 때 가서는 원고의 우선주와 상환으로 25,000불을 그대로 원고에게 돌려주기로 하였다. 그 뒤 법인은 실제로 25,000불을 돌려주면서 우선주를 상환받았다. 원고는 이 우선주 상환대금은 출자했다가 되돌려 받은 것일 뿐이라고 생각하여, 주식매매이지만 양도차익이 없다고 신고하였다. 그러나 국세청은 25,000불 전액을 원고의 배당소득으로 과세하였다. 상환을 통해서 우선주를 다 법인으로 넘긴 것은 맞지만 원고 및 특수관계자의 보통주식은 그대로 남아있으므로, 제302조(b)(3)에서 주주권의 완전종료라는 요건에 해당하지 않는다는 것이다. 현저한 불비례 상환이라는 요건도 해당하지 않았다. 특수관계자를 합쳐서 본다면 100% 지배권이 그대로 있었고 의결권이 20% 이상 감소한 것도 아니었기 때문이었다. 남은 쟁점은 자본으로 출자했던 돈을 돌려받는 것은 본질적으로 배당과 다르다고 볼 수 있는가 뿐이었다. 원고는, 1) 본질적으로 배당이나 마찬가지인가라는 판단에는 가족의 주식을 원고의 주식으로 의제하는 제318조(a)의 규정을 적용하면 안된다, 2) 정당한 사업목적이 있는 주식상환이므로 배당과 본질적으로 다르다고 주장하였다.
>
> 대법원 판결의 다수의견은 원고패소 판결을 내렸다. 우선 입법사에 나타난 국회의 의도를 보면 제318조(a)의 주식소유 의제규정을 제302조 전체에 적용해야 한다는 것이

---

31) Senate Report No. 1622, 83d Congress, 2d Sess. 44 (1954).

32) 397 U.S., 301 (1970).

33) 일시적으로 다른 주주가 있었지만 이 사건의 논점과 무관하다.

다. 둘째 1인 주주(소유의제의 결과이더라도)인 이상 지배력에 의미 있는 감소가 없다면 주식상환은 배당과 본질적으로 같다는 것이다. 제302조(b)(1)의 연혁을 보면 1954년 전의 판례는 정당한 사업목적이 있으면 본질적으로 배당과 다르다고 하였지만, 입법자료에 나타나는 국회의 의도를 보면 1954년 법이 종래의 판례를 내치고 있다는 것이다. 비록 "본질적으로 배당이나 마찬가지가 아니다"는 구법의 글귀가 살아남기는 했지만, 1954년 법의 의도가 구법에 따른 판례를 내치는 것이었음이 상원의 법안 검토보고서에서 분명하다는 것이다.

Davis 판결은 결국, '주식상환이 배당과 본질적으로 다르다'는 말은 '지배력에 의미 있는 감소가 있다'는 뜻이라고 본 것이다.[34] 이 사건 사실관계의 출자와 상환을 하나로 묶어보지 않고 상환만 따로 잘라서 보면서, 이 상환이 지배력에 의미 있는 감소를 일으키는가를 묻고 있는 것이다.

지배력에 '의미 있는 감소'가 있기 위해서는 최소한 일정한 감소가 있어야 한다. 이는 결국 1인 주주(Davis와 같이 주식소유 간주 규정에 따라 유일한 주주로 의제되는 자도 포함한다)의 주식상환은 항상 배당과 같은 것이고, 주식매매로 과세할 여지가 없음을 뜻한다. 그렇지만 생각해보면 꼭 그래야 하는가는 의문이다. 만약 Davis가 법인에 돈을 꿔주었다가 돌려받는 형식을 택했더라면 원금회수일 뿐이므로 배당소득 과세는 안 받았을 것이다. 이리해서 지금도 Davis 판결에 반대하면서 선의의 목적에서 이루어진 주식상환이라면 매매로 보아야 한다는 주장이 있다. 그러나 '의미 있는 감소'가 필요하다는 생각은 지금도 굳은 판례로 남아있고, 지배력을 그대로 유지하고 있는 사람이 받는 상환대금을 제302조(a)의 주식매매로 과세하는 법은 없다.

2) 의미 있는 감소의 구체적 기준

Davis 판결은 '의미 있는 감소'라는 기준을 세웠지만 어느 정도 감소라야 '의미 있는 감소'에 해당하는지는 다루지 않았다. 이 문제는 개별 사안의 구체적 사실관계에 달려있다.

우선 지배주주 관련 사건을 보면 의결권이 57%에서 50%로 감소하더라도, 의미 있는 감소가 아니라고 본 행정해석이 있다.[35] 지배력에 아무런 변화가 없

---

34) Rev. Rul. 85-106, 1985-2 CB 116 (1985).
35) Rev. Rul. 75-502, 1975-2 CB 111 (1975).

다는 것이다. 다른 한편 의결권이 85%에서 61.7%로 줄어든 것을 의미 있는 감소라고 본 판결도 있다.[36] 주회사법상 주총결의 특별정족수인 2/3를 넘는가 아닌가라는 중요한 변화가 있다는 것이다.

소수주주 관련 사건을 보면 의결권이 0.0001118%에서 0.0001081%로 줄어든 것은 의미 있는 감소라는 행정해석이 있다.[37] "소수주주로서 회사에 대한 주주권이 미미하여 어차피 회사에 대한 아무런 지배력이 없다"는 것이다. 다른 한편 의결권 있는 주식과 의결권 없는 우선주를 모두 가진 주주가 의결권 없는 우선주만 양도한 사안에서, 소수주주라고 하더라도 의결권이 그대로 있는 이상 분배로 제301조의 3분법을 적용한다는 행정해석도 있다.[38]

지배력이 있을 수도 있고 없을 수도 있는 경우라면 구체적 사정을 따져야한다. 행정해석으로는 27%의 지분이 22%로 지분이 감소한 경우 80% 기준에는 모자라지만 그래도 주식매매로 인정한 것이 있다. 구체적 사실관계에서 주식상환 전에는 27% 주주가 나머지 주주 중 한 명만 섭외한다면 회사의 의사결정을 지배할 수 있는 지위에 있었지만, 주식상환 후에는 그것이 불가능하게 되었다는 특별한 사정을 생각하면 지배력이 의미있게 감소하였다는 것이다.[39]

[보기 4]
Z법인은 보통주 100주를 발행하였으며, A가 28주, B가 25주, C가 23주 그리고 D가 24주씩 각각 보유하고 있다. 주주들 사이에는 특수관계가 없다. Z법인이 A로부터 7주를 취득하는 주식상환은 제302조(b)에 따른 주식매매가 되는가?

풀이 주식 상환 이후 A의 지분율을 보면, 상환 직전 A가 소유했던 지분인 28%의 80%인 22.4%보다 많은 22.5%(21주/93주)를 소유하게 되므로 제302조(b)(2)에서 주식매매가 되지는 않는다. 관건은 제302조(b)(1)의 요건을 충족하는가, 구체적으로 Davis 판결의 기준을 적용한다면 지배력 감소에 의미가 있는가이다. 주식상환 전 A는 제1주주였고 나머지 주주 중 한명만 섭외한다면 회사의 의사결정을 지배할 수 있었다. 주식상환 이후에는 지배력이 가장 적은 주주가 되었고 어느 주주와 협력하더라도 과반수에 못 미친다. 따라서 Z회사에 대한 A의 지

---

36) Wright v. U.S., 482 F.2d 260 (8th Cir. 1973).

37) Rev. Rul. 76-385, 1976-2 CB 127.

38) Rev. Rul. 85-106, 1985-2 CB 106.

39) Rev. Rul. 84-114, 1984-2 CB 90 (1984); Rev. Rul. 76-364, 1976-2 CB 91 (1976).

> 배력 감소에는 일응 의미가 있다고 보아야 하고, 제302조(b)(1)에 의하여 본질적
> 으로 배당과 다르다고 볼 수 있다.

3) 지배력의 감소와 주주권의 완전종료

이미 본 주주권의 완전종료에 관련한 내용이지만 Zenz v. Quinlivan 판결[40]
은 주식매도인이 애초 매수인과 합의한 내용에 따라서 주식의 일부는 매도인에
게 팔고 나머지는 법인에 넘기면서 주식상환대금을 받은 경우, 매도인이 받는
주식상환대금을 주식매매로 과세해야 한다는 이유의 하나로, 이런 주식상환은
본질적으로 배당과 다르다고 판시하고 있다.

(4) 사업부문의 청산: 제302조(b)(4)

앞서 다룬 세 가지 요건은 상환하는 주주와 다른 주주의 상대적인 관계에
어떤 변화가 있는가를 따지지만, 사업부문의 청산이라는 요건은 법인의 입장에
서 어떤 변화가 있는가를 따지는 것이다. 이 조항에 따라 주식양도로 보는 것은
개인주주만 가능하다.[41]

제302조(b) (상환을 교환으로 다루는 경우)
Sec. 302(b) REDEMPTION TREATED AS EXCHANGE
(4) 비법인 주주로부터 상환받으면서 부분청산하는 때 ― 위 (a)를 분배에 적용한다: 분배
를 ―
(4) REDEMPTION FROM NONCORPORATE SHAREHOLDER IN PARTIAL LIQUIDATION
― Subsection (a) shall apply to a distribution if such distribution is ―
    (A) 대가로 해서 상환하는 주식을 보유한 주주가 법인이 아니고: 그리고
    (A) in redemption of stock held by a shareholder who is not a corporation: and
    (B) 분배하는 법인의 부분청산이라면.
    (B) in partial liquidation of the distributing corporation
제302조(e) (부분청산의 정의)
Sec. 302(e) PARTIAL LIQUIDATION DEFINED
(1) 원칙 ― 위 (b)(4)에서 상환을 다루기를 분배하는 법인의 부분청산으로 다루기 위해서는,
(1) IN GENERAL ― For purposes of subsection (b)(4), a distribution shall be treated as
in partial liquidation of a corporation if
    (A) 분배가 본질적으로 배당이나 마찬가지(결정은 법인단계에서 정하고 주주단계가

---

40) 213 F.2d 914 (6th Cir. 1964). 아래 제4절 Ⅱ. bootstrap 매매 부분에서 다시 본다.
41) 법인주주라면 배당소득의 전부나 일부를 익금불산입받지만 사업부문 청산으로 받는 배당은 비정
   상적 배당으로 제1059조의 제약을 받는다. 제1059조(e)(1)(A)(i).

아니다)가 아니고; 또한

(A) the distribution is not essentially equivalent to a dividend (determined at the corporate level rather than at the shareholder level); and

(B) 분배가 계획에 따른 것으로서, 계획을 택한 과세연도나 그 다음 과세연도에 이루어질 것.

(B) the distribution is pursuant to a plan and occurs within the taxable year in which the plan is adopted or within the succeeding taxable year.

(2) 사업의 종료 — 분배로서 위 (1)(A)의 요건을 만족하는 것에는 이 항 (A)와 (B)를 만족하는 분배가 들어간다(그러나 그에 국한되지는 않는다):

(2) TERMINATION OF BUSINESS — The distributions which meet the requirements of paragraph (1)(A) shall include (but shall not be limited to) a distribution which meets the requirements of subparagraphs (A) and (B) of this paragraph:

(A) 분배의 원인이 분배하는 법인이 적격사업의 활동을 중지한 것이거나 분배하는 자산이 적격사업에 속할 것

(A) The distribution is attributable to the distributing corporations' ceasing to conduct, or consists of the assets of, a qualified trade or business; and

(B) 분배 직후 분배하는 법인이 적극적으로 영위하는 사업활동이 적격사업일 것

(B) Immediately after the distribution, the distributing corporation is actively engaged in the conduct of a qualified trade or business.

(3) 적격사업 — 위 제(2)항에서 '적격사업'이라는 말의 뜻은 어떠한 사업이든

(3) QUALIFIED TRADE OR BUSINESS — For purposes of paragraph (2), the term "qualified trade or business" means any trade or business which —

(A) 적극적 활동이 상환일로 끝나는 5년 기간동안 내내 한 것이고, 또한...

(A) was actively conducted throughout the 5-year period ending on the date of the redemption; and...

(4) 상환이 비례적이어도 좋다 — 상환이 앞 제(2)항의 (A)와 (B)를 만족하는가 아닌가라는 결정은 상환이 비례적으로 법인의 모든 주주에 대한 것인가 아닌가를 묻지 않는다.

(4) REDEMPTION MAY BE PRO RATA — Whether or not a redemption meets the requirements of subparagraphs (A) and (B) of paragraph (2) shall be determined without regard to whether or not the redemption is pro rata with respect to all of the shareholders of the corporation.

주식상환이 본질적으로 배당이나 마찬가지면 안 되고 이 판단은 법인을 기준으로 따진다는 말의 해석으로 재무부규칙은 '진짜로 법인사업이 수축했는가'를 기준으로 내세웠지만,[42] 무엇이 그에 해당하는가는 여전히 안개속이다. 이리하여 법은 제302조(e)(2)의 두 가지 요건을 충족하면 본질적으로 배당과 다르다고 본다는 불문규정을 두고 있다. 이 두 가지 요건은, 가) 상환이 적격 상태에서 5

---

42) 재무부규칙 1.346-1(a)(2).

년 이상 영위한 적극적 사업의 폐지에 기인할 것, 나) 상환 이후에도 계속 수행하는 사업이 남아있고 그 사업이 5년 이상 영위한 적극적 사업일 것이다. 결국 '법인사업의 수축'이란 어떤 법인이 여러 부문의 사업을 각 5년 이상 영위하다가 그 중 일부를 그만두면서 주식상환을 하는 경우를 뜻한다.[43]

3. 제306조 우선주의 상환

제3장 제5절 Ⅲ. 2. 참조.

4. 상속재산인 주식의 상환

주식이 상속재산의 35%를 넘는다면 그런 주식을 상환하고 받는 상환대금은 납부할 상속세액을 한도로 주식매매 대가로 본다.[44] 양도소득 계산상 주식 취득원가는 사망 당시의 시가이다.[45] 다른 가족이 주주로 남아있다고 하더라도 주식소유 의제에 관계없이 양도소득으로 과세한다.

5. 할인발행한 상환우선주의 상환

아래 제2절 Ⅰ. 2. 참조.

제2절 주식매매 v. 분배의 구별에 따른 법률효과

Ⅰ. 주주에 대한 과세

1. 상환하는 주주 본인

주식상환이 제302조(b)의 어느 한 항에 해당한다면 제302조(a)에서 주식매매

---

43) 이 두 가지 요건을 만족한다면 대개는 제355조의 회사분할의 요건도 만족하므로, 현물출자로 자회사를 설립하고 자회사주식을 spin-off하여 회사와 주주 모두 세금을 피할 수 있다. 이 점에서 부분청산을 주식매매로 보는 규정은 주주단계에서 양도차손을 인식하는 것이 더 유리한 경우가 아니라면 별 실익은 없다.
44) 제303조.
45) 제1014조.

로 보고, 그 결과 주주가 받는 상환대가에서 주식 취득원가를 공제한 차액이 양
도소득이나 양도손실이 된다.[46) 주식 취득원가는 한 주 한 주 개별법으로 추적
하지만, 그렇게 할 수 없다면 선입선출법으로 계산한다.[47) 50% 넘는 주식을 소
유하고 있다면, 제302조(b)에서 주식상환이 되더라도 제267조(a)가[48) 주식양도손
실의 공제를 막는다.

　　제302조(b)의 어느 항에도 해당하지 않는다면 제302조(d)에 따라 분배로 보
고 제301조를 적용하여 과세한다. 분배로 과세한다는 말은 주식상환대금 전액을
그대로 배당소득으로 과세한다는 말은 아니다. 전형적인 회사법상 배당금이라
하여 반드시 그대로 다 배당소득이 아니고 제316조(배당의 정의)에 해당하는 부분
만이 배당소득인 것과 똑같다. 제3장에서 보았듯 제301조는 분배금(배당이라면 배
당금. 주식상환이라면 상환대가)에 3분법을 적용하여, 배당가능이익의 범위 안에서는
배당소득으로 과세하고 나머지는 주식의 취득원가에 충당하고 그래도 남는 금
액이 있으면 주식의 양도소득으로 과세한다. 제301조를 적용받는 이상, 주식상
환 대가는 모두 '분배'이고, 분배로 인하여 주주에게 손실이 생길 수 있는 가능
성은 애초에 없다. 배당에서 손실이 생길 수 없는 것과 아무 차이가 없다. 제301
조의 글귀는 배당과 주식상환을 구별하지 않고 그냥 3분법을 정하고 있으므로
현금배당과 똑같다.[49)

[보기 5]

M법인의 주식을 A가 50주, B가 50주 소유하고 있다. A의 50주는 주당 1불씩 주고 산
것인데, A는 그 중 25주를 상환한다. 대금으로 i) 주당 2불씩 또는 ii) 0.5불씩을 받는다
면 A에게는 어떤 법률효과가 생기는가?

　(풀이)　[보기 1]에서 보았듯 주식양도에 해당하므로, i) 양도가액 50불에서 취
득가액 25불을 뺀 주식양도소득 25불이 생긴다. ii) 양도손실 12.5불이 생긴다.

---

46) 제61조(a), 1001조. 제1장 제2절 Ⅰ. 4.
47) 재무부규칙 1.1012-1(c). 한편 재무부규칙안 1.302-5(a)(1)은 취득가액이 다른 동종주식이라면 시
　　가에 비례하여 상환하는 것으로 본다.
48) 제267조(a)(1). 원문은 제3장 제2절 Ⅱ. 2. (2).
49) 제301조가 합헌이라는 판결로 Levin v. Comr, 385 F.2d 521 (2d Cir. 1967).

[보기 6]

법인의 발행주식 총수인 100주 전부를 주주가 44,000불에 취득했는데, 법인이 그 가운데 20주를 사들이면서 상환대가 160,000불을 준다고 하자. 상환대상 20주를 주주가 애초 취득했던 원가는 개별법으로 따져서 주당 1,000불이고 나머지 80주의 취득원가는 주당 300불이다. 주식상환에 따라 주주에게 생기는 법률효과는 무엇인가?

1) 이 법인의 배당가능이익이 160,000불을 넘는다면?
2) 이 법인의 배당가능이익이 120,000불이라면?
3) 이 법인의 배당가능이익이 50,000불이라면?

풀이

1) 20주가 줄었지만 주주의 실질적 지배력에는 아무런 변화가 없으므로 이 160,000불은 제301조의 적용을 받아서 현금배당을 받은 것과 똑같이 과세한다. 법인의 배당가능이익이 160,000불을 넘으므로 160,000불 전액이 배당소득이다.[50] 이 보기에서 20주, 그러니까 취득원가로 쳐서 주식 20,000불어치가 없어졌다는 사실은 어떻게 해야 하는가? 20주의 취득원가 20,000불은 그냥 사라져 버리는가? 그렇지는 않고, 종래의 100주의 취득원가 44,000불이 남아있는 주식 80주의 취득원가로 바뀌는 것이다. 따라서 주당 취득원가만 550불로 올라간다.[51] 실질적으로 지배권에 아무런 변화가 없으니 160,000불은 전액이 배당소득이고 주식은 숫자만 줄었을 뿐이지 100주이든 80주이든 100% 주주라는 그 자체에는 아무 변동이 없다는 생각이다.[52]

2) 이 160,000불은 제301조의 적용을 받는다. 법인의 배당가능이익이 120,000불이므로 160,000불 가운데 120,000불은 배당소득이다. 나머지 40,000불은 모든 주식이 주당 400불씩을 분배받는 것으로 주식의 취득원가에 충당하고 그래도 남은 것은 양도소득이다. 양도소득은 1주 1주 계산하므로 20주 부분의 양도대가 8,000불은 취득원가 20,000불의 일부회수에 충당한다. 80주 부분은 양도대가 32,000불에서 취득원가 24,000불을 뺀 양도소득 8,000불이 생긴다. 결국 160,000 (분배액) = 120,000(배당소득) + 32,000(투자원본회수) + 8,000(양도소득)이 성립한다.[53] 상환 후의 잔존주식 80주의 취득원가는 44,000 − 32,000 = 20,000 − 8,000 = 120,000불이 남는다.

---

50) (차) 현금 160,000 (대) 배당소득 160,000.

51) 80주 ×@ 550 = 44,000. 재무부규칙 1.302-2(c).

52) 뒤에 보듯 어느 법인(X)의 주주가 소유하고 있던 X주식 전부를 다른 관계회사(Y)가 사들이는 것을 주식상환으로 보아 제301조를 적용하는 경우에는 주주에게 남아있는 X주식이 더 이상 없으므로 어려운 문제가 생긴다.

53) (차) 현금 160,000 (대) 배당소득 120,000 + 주식 32,000 + 양도소득 8,000.

> 3) 배당가능이익이 50,000불이므로 제301조에 따라서 배당소득은 50,000불이다. 나머지 110,000불 가운데 44,000불은 주식의 취득원가에 충당하고 그래도 남는 66,000불은 양도소득이다.54) 80주가 남아있지만 이 80주의 취득원가는 영(0)으로 줄어든다.

일반적으로 개인주주라면 제302조(a)의 주식매매가 되는 편이 더 유리하다. 예전에 있던 양도소득과 배당소득 사이의 세율차이는 없어졌지만 그렇더라도 주식매매가 더 유리하다. 취득원가를 공제받을 수 있기 때문이다.55) 나아가 주식의 가치가 떨어져서 상환대가가 주주의 주식 취득원가보다 낮은 경우라면 양도차손도 공제받을 수 있다.56)

한편 법인주주의 경우에는 양도소득보다는 배당소득으로 과세받는 쪽이 오히려 유리하다. 배당소득 익금불산입57) 덕택이다. 이 때문에 법은, 이미 배당소득의 과세에서 보았듯이58) 익금불산입을 받는 배당금이 '비정상적 배당'이라면59) 그 금액만큼 주식의 취득가액을 깎도록 해서 결국 장기적으로 본다면 익금불산입을 배제한다.60) 법인주주가 받는 주식상환대금도, 제302조에 따라서 배당소득이 되기는 하지만 일정한 요건에 해당하는 것(어림잡아 실질적으로 주식매매라 볼 만한 것)은 비정상적 배당으로 보아61) 익금불산입받는 금액을 주식의 취득원가에서 차감하여62) 결과적으로 익금불산입을 배제하고 있다.

---

54) (차) 현금 160,000 (대) 배당소득 50,000 + 주식 44,000 + 양도소득 66,000.

55) 제301조(c).

56) 투자자산 양도차손의 공제에 관한 일반적 제약에 걸리는 것은 물론 똑같다. 제1장 제2절 Ⅰ. 3. 5).

57) 제243조.

58) 제3장 제2절 Ⅰ. 3.

59) 제1059조에서 비정상적 배당이라는 말은 기본적으로는 주식 취득원가의 일정비율을 넘는 배당이다. 제1059조(c). 제3장 제2절 Ⅰ. 3. (2)

60) 제1059조(a).

61) 사업부문 청산에 따른 상환, 주식소유비율과 다른 상환, 제304조(a)(아래 제3절)에 따른 의제상환 등. 제1059조(e).

62) 제1059조(a).

2. 상환우선주 할인발행액의 안분액 = 해마다 배당소득

할인발행 상환우선주의 상환에 대해서는 제305조(c)에 특칙이 있다. 상환기간이 있는 상환우선주를 할인발행하여 발행가액이 상환할 액면가액보다 낮은 경우 할인발행액은, 이를 상환기간의 각 사업연도에 안분한 금액을 주식배당 조항에 따라 해마다 배당소득으로 본다.

제305조(c) (특정거래의 분배간주) ─ 이 조와 제301조에 관련하여 장관이 정하는 규칙으로...상환가액과 발행가액의 차액...을 분배로 보되, 이 경우 분배받는 주주는 법인의 배당가능이익이나 자산에 대한 권리 가운데 제 몫이 그런...차액 덕택으로 늘어나는 자이다. 규칙이 위임을 위 문장에서 받아 정할 것은 ─

Sec. 305(c) CERTAIN TRANSACTIONS TREATED AS DISTRIBUTIONS. ─ For pur─poses of this section and section 301, the Secretary shall prescribe regulations under which...a difference between redemption price and issue price...shall be treated as a distribution with respect to any shareholder whose proportionate interest in the earni─ings and profits or assets of the corporation is increased by such...difference. Regulations prescribed under the preceding sentence shall provide that ─

(1) 주식발행자의 의무로 주식상환을 정해진 때에 하거나 주주에게 옵션이 있어서 발행자에게 요구하여 주식을 상환시킬 수 있는 경우, 상환차액으로서 그런 상환이나 옵션에서 생기는 것을 합리적이라 보는 것은 오로지 차액금액이...제1273조(a)의 원칙에 따라 결정되는 금액...이하일 때뿐이다,

(1) where the issuer of stock is required to redeem the stock at a specified time or the holder of the stock has the option to require the issuer to redeem the stock, a redemption premium resulting from such requirement or option shall be treated as reasonable only if the amount of such premium does not exceed the amount de─termined under the principles of section 1273(a),

(2) 상환차액은, 주식을 call할 수 있다는 이유만으로 분배(또는 일련의 분배)가 아니라고 보지는 않는다, 그리고

(2) a redemption premium shall not fail to be treated as a distribution (or series of distributions) merely because the stock is callable, and

(3) 언제든 상환차액을 분배(또는 일련의 분배)로 다루는 경우라면 그런 상환차액을 고려하는 원칙은 제1272조(a)의 원칙과 비슷하게 한다.

(3) in any case in which the redemption premium is treated as a distribution (or series of distributions), such redemption premium shall be taken into account under principles similar to the principles of section 1272(a).

제305조(b) (예외...)

(4) 우선주에 대한 분배 ─ 분배가 우선주에 관련한 것인 경우. 다만 전환우선주의 전환율 증가로서 오로지 전환상대방이 되는 주식의 주식배당이나 주식분할과 맞추기 위한 것은

제외한다.

Sec. 305(b) EXCEPTIONS...

(4) DISTRIBUTIONS ON PERFERRED STOCK — If distribution is with respect to pre-ferred stock, other than an increase in the conversion ratio of convertible preferred stock made solely to take account of a the stock dividend or stock split with respect to the stock into which such convertible stock is convertible.

제1272조와 제1273조는 사채를 할인발행할 경우 사채권자에게는 해마다 투자원금에 대한 실효이자율 상당의 소득이 생긴다는 것이다.[63] 단순한 예로 만기 2년이고 액면가액이 12,100원인 회사채를 10,000원에 할인발행한다면 여기에는 연 10%라는 실효이자율이 숨어 있는 것이므로, 첫 해의 이자소득은 10,000 × 10% = 1,000원이고 둘째 해의 이자소득은 (10,000 + 1,000) × 10% = 1100원이며, 사채상환시에 따로 양도소득이 생기지는 않는다는 것이다. 제305조(c)는 일정한 상환주식에 대해서도, 미리 예정된 상환차액을 분배로 보고 해마다의 분배금액은 상환차액을 실효이자율로 안분하여 정한다는 것이다. 이 경우 실제 현금을 받는 것은 없으므로 회사의 배당가능이익이나 자산에 대한 우선주주의 권리가, 곧 주식취득가액이 해마다 그만큼 늘어나고 상환시점에는 소득이 생기지 않는다는 것이 된다. 우선주주에 대한 분배가 있다고 제305조(c)에서 간주하는 결과, 다시 제305조(b)(4)로 돌아가면 "분배가 해마다 안분액만큼 우선주에 관련한 것"이므로 해마다 안분액만큼 우선주주에게 배당소득이 생긴다. 제3장 제5절 Ⅱ.

3. 주식상환이 다른 주주에게 미치는 영향

일부주주에 대한 주식상환은 가만히 있는 다른 주주에게 세금문제를 일으킬 수도 있다. 제305조(c)가 제305조(b)의 주식배당 과세에 다시 영향을 미치기 때문이다. 제3항 제5절 Ⅱ. 2.

(1) 정기적인 주식상환

제305조(c) (특정거래의 분배간주) — 이 조와 제301조에 관련하여 장관이 정하는 규칙으로...상환 다루기를 분배로 다루어 제301조를 적용하는 것...을 분배로 보되, 이 경우 분배

---

63) 이창희, 세법강의 제20장 제1절 Ⅱ. 3.

받는 주주는 법인의 배당가능이익이나 자산에 대한 권리 가운데 제 몫이 그런...상환... 덕택으로 늘어나는 자이다.

Sec. 305(c) CERTAIN TRANSACTIONS TREATED AS DISTRIBUTIONS — For purposes of this section and section 301, the Secretary shall prescribe regulations under which...a redemption which is treated as a distribution to which section 301 applies...shall be treated as a distribution with respect to any shareholder whose proportionate interest in the earniings and profits or assets of the corporation is increased by such...redemption.

제305조 (주식 및 주식에 관한 권리의 분배)

Sec. 305 DISTRIBUTION OF STOCK AND STOCK RIGHTS

(b) 예외 — 다음 각 경우, 위 (a)를 법인의 주식 분배에 적용하지 않고 그런 분배를 재산의 분배로 보아 제301조를 적용한다 —

(b) EXCEPTIONS — Subsection (a) shall not apply to a distribution by a corporation of its stock and the distribution shall be treated as a distribution of property to which section 301 applies —

    (2) 불비례 분배 — 분배(일련의 분배 가운데 하나라면 그런 일련)의 결과 —

    (2) DISPROPORTIONATE DISTRIBUTIONS — If the distribution (or a series of dis-tributions of which such distribution is one) has the result of —

        (A) 어떤 주주는 재산을 받고, 그리고

        (A) the receipt of property by some shareholders, and

        (B) 다른 주주에게는 법인의 자산이나 배당가능이익 가운데 제 몫의 권리가 늘어나는 경우

        (B) an increase in the proportionate interest to other shareholders in the assets or earnings and profits of the corporation.

[보기 7][64]

Z법인에는 24명의 주주가 있고 주주들은 모두 친인척이다. 1975년 발행주식총수가 6,500주이던 당시 이사회는 해마다 자기주식 40주씩을 이사회가 정한 가격으로 유상소각하되 각 주주의 주식소유비율에 맞추어 소각하고 이에 응하지 않는 주주의 몫만큼은 다른 주주의 주식을 소각하기로 정하였다. 1976년 이 계획대로 법인은 40주를 소각하였다. 최종결과로 주주 8명이 주식소각 대가로 현금을 받았지만 제302조(b)의 어디에도 해당되지 않는다. 나머지 26명은 주식소유비율이 올라가게 되었다. 8명 및 16명에게는 각 어떤 법률효과가 생기는가?

풀이 8명에게는 감자대가나 자기주식 매매대가 전체를 분배라고 보아 제301조의 3분법으로 과세한다. 26명에게 생기는 법률효과는 무엇인가? 26명은 그냥 가만 있었을 뿐이다. 그렇다면 아무런 법률효과도 없을 듯하지만, 정답은 주식

---

64) Rev. Rul. 78-60, 1978-1 CB 81 (1978).

> 소유비율이 늘어난만큼 주식배당을 받았다고 본다는 제305조(b)(2)의 명문규정
> 에 해당해서 배당소득이 생긴다는 것이다.

　　제305조(b)의 각 항으로 제3장에서 공부한 내용은 모두 일단 주식배당이 있을 것을 전제로 하면서 법에 정한 요건에 해당하는 주식배당이라면 배당소득으로 보는 것이다. 그런데 [보기 7]의 16명은 주식배당을 받는 것이 아니고 그저 가만히 있었다. 그런데 웬 배당소득? 다시 생각해보자. 이 사실관계는 제3장 [보기 15]의 사실관계와 과연 다른가? 일부 주주는 현금을 받고 일부 주주는 주식 소유비율이 늘어난다는 점에서 똑같지 않은가? 그렇다면 8명에게는 현금배당으로 26명에게는 주식배당으로 과세해야 하지 않을까? 실제로 그렇게 과세할 가능성이 있다. 우선 8명이 받는 주식상환대가는　현금배당이나 마찬가지로 보아 제301조를 적용하여 과세한다. 나아가 제305조(c)는 8명에 대한 "주식상환 다루기를 분배로 다루어 제301조를 적용하는" 경우라면 26명에 대해서도 분배가 있다고 본다. "법인의 배당가능이익이나 자산에 대한 권리 가운데 제 몫이 그런…분배…덕택으로 늘어나는 자"를 "분배받는 주주"로 보는 것이다. 그 결과 제305조(b)(2)로 돌아가 26명에게는 주식배당이라는 과세소득이 생긴다. 다만 재무부규칙은 어쩌다 일어나는 주식상환이라면 가만히 있는 주주에게 제305조(b)(2)를 적용하지 않는다고 풀이하고 있다.[65]

(2) 일부주주에 대한 상환우선주 할인발행

　　주식상환에 관련된 문제는 아니지만, 상환우선주주에게 할인발행액 안분액을 배당소속으로 과세하는 경우 다른 주주에게도 세금 문제가 생길 수 있다. 제3장 제5절 Ⅱ. 2. 참조.

제305조 (주식 및 주식에 관한 권리의 분배)
Sec. 305 DISTRIBUTION OF STOCK AND STOCK RIGHTS
(b) 예외 ― 다음 각 경우, 위 (a)를 법인의 주식 분배에 적용하지 않고 그런 분배를 재산의 분배로 보아 제301조를 적용한다 ―
(b) EXCEPTIONS ― Subsection (a) shall not apply to a distribution by a corporation of its stock, and the distribution shall be treated as a distribution of property to which section 301 applies ―

---

65) 재무부규칙 1.305-3(b)(3).

> (2) 불비례 분배 — 분배(일련의 분배 가운데 하나라면 그런 일련)의 결과 —
> (2) DISPROPORTIONATE DISTRIBUTIONS — If the distribution (or a series of dis-tributions of which such distribution is one) has the result of —
>> (A) 어떤 주주는 재산을 받고, 그리고
>> (A) the receipt of property by some shareholders, and
>> (B) 다른 주주에게는 법인의 자산이나 배당가능이익 가운데 제 몫의 권리가 늘어나는 경우
>> (B) an increase in the proportionate interest of other shareholders in the assets or earnings and profits of the corporation.

[보기 8][66]

V법인은 보통주식과 우선주식을 발행했다. 우선주주는 발행가액이 100불이고 미리 정해진 전환율로 보통주식으로 전환할 권리가 있다. 전환권에 더해서 우선주주는 10년 뒤에 가서 주식을 200불에 상환할 권리도 있다. 이번 사업연도 중 V법인은 보통주주에게 주식배당을 해준다. 다음 각 경우 우선주주와 보통주주에게는 어떤 법률효과가 생기는가?

(1) 보통주주에 대한 주식배당이 있더라도 상환주라는 속성상 우선주주의 전환율에는 아무런 조정을 하지 않기로 미리 정해두었다.

(2) 보통주식에 대한 주식배당이 있더라도 두 주식의 이해관계에 아무 변동이 없도록 우선주주의 전환율을 조정하는 조건을 미리 정해두었다.

풀이 (1) $200/(1+r)^{10} = 100$을 풀어서 구한 실효이자율로 할인액 100원을 안분한 해마다의 소득금액을 제305조(c)에서 우선주주가 분배받는 것으로 보므로, 다시 제305조(b)(4)에서 "분배가 우선주에 관련한 것"에 해당하여 우선주주의 배당소득으로 과세한다. 보통주주에 대한 과세여부는 제305조(b)(2)로 돌아간다. 우선주주에 대한 간주분배는 (A)의 "재산을 받고"라는 글귀에 해당하고, 보통주주는 주식배당을 받는 결과 "법인의 자산이나 배당가능이익 가운데 제 몫의 권리가 늘어나는 경우"에 해당한다. 따라서 보통주주에 대한 주식배당이라는 "법인의 주식분배에" 제305조(a)의 비과세 원칙을 "적용하지 않고 그런 분배를 재산의 분배로 보아 제301조를 적용한다."

(2) 할인발행액의 안분액이라는 "분배가 우선주에 관련한 것"이라는 점에는 변화가 없으므로 안분액을 우선주주의 배당소득으로 과세하는 것은 위와 같다. 제305조(b)(2)로 돌아가면, 전환율 조정을 통하여 우선주주의 몫과 보통주주의 몫의 권리가 그대로 유지되므로 보통주주에 대한 주식배당은 (B)에 해당하지 않는다. 따라서 보통주주에게는 과세소득이 생기지 않는다.

---

66) 재무부규칙 1.305-3(e), Ex. 15.

II. 법인에 대한 과세

주식상환이 제302조(b)의 어느 항에도 해당하지 않아서 제301조를 적용받는 분배가 되는 경우에는 제312조(a)에 정한대로 배당하는 현금액이나 재산의 시가만큼 배당가능이익이 감소한다. "분배하는 재산이 법인의 주식에 관련한 것이라면 법인의 배당가능이익이" "현금의 금액 분배한 것"만큼 줄어든다.67)

한편 제302조(b)의 어느 한 항에 해당해서 제302조(a)의 주식매매로 보는 경우에도 법인에게 생기는 법률효과는 여전히 "상환을 다루되, 분배가 주식교환대가인 것으로" 본다. 주식상환대금은 '분배'라는 법적 성격이 그대로 유지된다는 말이다.68) 따라서 법인의 입장에서는 자기주식을 자산으로 잡지 않고 상환대가 전액을 분배로 본다.69) 따라서 제312조(배당가능이익에 대한 영향)에 따라서 배당가능이익이 감소한다. "분배하는 재산이 법인의 주식에 관련한 것이라면, 법인의 배당가능이익이…줄[기]" 때문이다. 다만 배당가능이익의 감소액은 제312조(a) 그대로 "그렇게 분배한" 금액만큼 배당가능이익이 감소하지는 않고 제312조(n)(7)의 특칙에 따라서 '누적 배당가능이익 가운데 상환하는 주식에 해당하는 부분'만큼만70) 감소한다. 권위 있는 주석서는, 다른 주주에게 배당소득으로 과세할 금액이 얼마라야 하는가를 생각한 것이라고 적고 있다.71) 그 결과 주식상환을 매매로 과세하는 경우 주주에게 양도소득으로 과세하는 금액과 법인의 배당가능이익 감소액은 따로 돌아간다.72) 법을 이렇게 만든 것은, 법인을 해산청산하는 경우 법인에 배당가능이익이 얼마 남아있는가를 묻지 않고 주주의 소득을 양도소득으로 과세하는 것73)과 균형을 맞춘 것으로 보인다.74)

---

67) 분개의 형식으로 적으면 (차) 배당가능이익 xxx (대) 현금 xxx. 제3장 제1절 II. 2.

68) Baker v. U.S., 460 F.2d 827 (8th Cir. 1972), 특히 832쪽. 회계개념으로는 자본의 감소, 곧 배당가능이익감소액 더하기 납입자본의 감소라는 말이다.

69) 논리적 연장선에서 자기주식의 취득가격과 처분가격이 다른 경우에도 손익을 인식하지 않는다. 제1032조.

70) ratable share of the earnings and profits... accumulated..., attributable to the stock so redeemed.

71) Bittker & Eustice, *Federal Income Taxation of Corporations and Shareholders*, 9.24[2]절.

72) 이를 이용 내지 악용하여 주식인수의 양당사자가 모두 양도소득으로 과세받은 사례로 Zenz. v. Quinlivan, 213 F.2d 914 (6th Cir. 1954). 아래 제5절 II.

73) 제331조. 제5장 제1절 II.

74) 입법론으로는 의문이다.

[보기 9][75]

특수관계 없는 주주 갑과 을은 X법인의 50 : 50 주주이다. X는 50,000불을 주고 갑이 소유한 주식 전부를 상환받는다. 주식상환시점 현재 X의 누적 배당가능이익은 60,000불이고 순자산은 100,000불이다. 갑의 X주식 취득원가는 15,000불이다. 갑과 X에게는 각 어떠한 법률효과가 생기는가?

(풀이) 갑이 제 주식을 완전청산하므로 주식상환은 매매에 해당한다. 따라서 갑은 50,000불과 취득가액 15,000불의 차액 35,000불을 양도소득으로 과세받는다.[76] X법인의 입장에서는 배당가능이익 60,000불 가운데 갑의 몫 50%인 30,000불이 줄어든다.[77] 상환대가가 20,000불이라면 배당가능이익이 20,000불만큼 준다.

[보기 10]

X법인의 주주 갑과 을은 발행주식 200주를 100 : 100으로 소유하고 있다. 갑이나 을이나 주식 취득원가는 주당 1,000불씩이다. 전기말 현재 누적 배당가능이익은 100,000불이고 당기분 배당가능이익은 100,000불이다. X법인은 당기 7.1.에 갑의 주식 전부를 상환하면서 상환대금으로 250,000불을 지급하였다. 갑 및 X법인에게는 어떤 법률효과가 생기는가?

(풀이) 분개로 적는다면 갑은 (차) 현금 250,000 (대) 주식 100,000 + 양도소득 150,000. 상환일 현재 X법인의 누적배당가능이익은 당기분의 50%를 고려하면 150,000불이다.[78] '상환하는 주식에 해당하는', '누적배당가능이익'을 따지므로, 당기분이 먼저 감소하는 것이 아니다. 따라서 X법인은 (차) 배당가능이익 75,000 + 자본 175,000 (대) 현금 250,000.

제302조(a)에 따라 매매로 과세하는 주식상환과 통상적인 배당(제302조(d)에 따라 배당으로 보는 주식상환 포함)이 한 해에 일어나는 때에는 배당가능이익의 감소가 어느 쪽부터 일어난다고 보아야 하는가라는 문제가 생긴다. 배당가능이익의 감소를 주식매매 쪽부터 따지면 결과적으로 배당소득으로 과세하는 금액이 줄어들 가능성이 높아진다. 통상의 배당에서는 배당가능이익이 감소하는 만큼 주주에게 배당소득이 생기지만 주식매매로 보는 주식상환시에는 주주에 대한 과세

---

75) Bittker & Eustice, 9.24[2]절의 보기를 손본 것이다.
76) (차) 현금 50,000 (대) 주식 15,000 + 양도소득 35,000.
77) (차) 배당가능이익 30,000 + 자본 20,000 (대) 현금 50,000.
78) 제3장 제2절 Ⅱ. 1. 참조.

와 무관하게 배당가능이익이 감소하기 때문이다. 조문의 글귀에서는 어느 쪽이 정답인지가 나오지 않지만 판례는 국회의 입법의도를 따져볼 때 당기분 배당가능이익의 감소는 통상의 배당부터 따져야 한다고 한다.[79] 한편 누적된 배당가능이익의 감소에는, 배당과 매매로 보는 주식상환 사이에 선후가 없고 선착순이다.

[보기 11][80]

M법인은 1973. 7. 1. 발행주식의 1/4을 10,000불에 상환하였고 이 상환은 제302조(a)의 주식매매에 해당한다. 1973. 1. 1. 현재 M법인의 누적 배당가능이익은 2,000불이다. 1973. 6. 1. M법인은 1,000불을 배당하였고 다시 8. 31.에 4,000불을 배당하였다.

1) 1973년의 당기분 배당가능이익이 12,000불이라면 주식상환으로 인한 M법인의 누적 배당가능이익 감소액은 얼마인가?

2) 1973년의 당기분 배당가능이익이 2,000불이라면?

(풀이)

1)   당기분 배당가능이익 12,000불은 우선 1973. 6. 1.의 배당금과 8.31의 배당금만큼 감소한다.[81] 당기분 배당가능이익은 12,000 - 1,000 - 4,000 = 7,000불이 남는다. 다음 단계로 7. 1.의 누적 배당가능이익을 따져야 한다. 월할계산하면 2,000 + (7,000 × 1/2) = 5,500불이고, 주식 1/4의 상환으로 인한 누적 배당가능이익 감소액은 5,500 × 1/4 = 1,375불이다. 법인의 입장에서는 배당가능이익 감소액은 당기분부터 따져야 하므로, 이 1,375불은 당기분 배당가능이익 7,000불에서 먼저 줄인다.[82] 더 이상의 분배가 없다면, 나머지 당기분 5,625불(= 7,000 - 1,375)과 전기에서 넘어온 누적액 2,000불이 차기로 넘어가 누적 배당가능이익 7,625불이 된다.

2) 당기분 배당가능이익 2,000불은 1973. 6. 1.과 8. 31.의 배당금액 합계보다 적으므로 지급하는 배당금에 안분하여 소진된다. 시간순이 아니다. 당기분 배당가능이익은 기말이 되어야 확정되는 것을 이미 벌어진 기중의 배당에 할당하는 것이고 법에 할당기준이 따로 나와 있지 않기 때문이다. 6. 1.에 2,000 × [1,000/(1,000 + 4,000)]

---

79) Baker v. U.S., 460 F.2d 827 (8th Cir. 1972). 이 판결에서도 다수의견과 반대의견이 갈린다.

80) Rev. Rul. 74-338, 1974-2 CB 101을 손본 것이다.

81) 제3장 제2절 Ⅱ. 6. 1.에 (차) 당기분 배당가능이익 1,000 (대) 현금 1,000. 다시 8.31에 (차) 당기분 배당가능이익 4,000 (대) 현금 4,000.

82) (차) 당기분 배당가능이익 1,375 + 자본 8,625 (대) 현금 10,000. 배당금액이 누적 배당가능이익의 범위 안에 있는가를 따질 때에는 배당 시점 현재의 누적 배당가능이익을 따진다. 당기분 배당가능이익은 당기말 현재로 계산하고 누적 배당가능이익은 배당시점 현재로 계산하므로, 당기분 배당가능이익 가운데 기말까지 다 따져서 남아 있는 금액은 당기분이라는 성질을 유지한 채 기말 현재의 누적 배당가능이익에 들어간다.

= 400만큼 감소한다.[83] 8. 31.의 분배시에는 당기분 배당소득이 나머지 1600불만큼 감소한다. 누적배당가능이익은 6. 1.에는 600 감소하지만 8. 31.에 다시 얼마나 감소하는지는 7. 1.의 주식상환을 고려해야 계산할 수 있다. 누적 배당가능이익의 감소는 통상의 배당이든 매매로 보는 주식상환이든 모든 분배가 선착순이기 때문이다.[84] 7. 1. 현재의 누적 배당가능이익은 기초의 2,000에서 6. 1. 감소액 600을 뺀 1,400이고, 그 가운데 1/4인 350이 7. 1.에 "상환하는 주식(발행주식의 1/4)에 해당하는 부분"이다.[85] 다음 8. 31. 배당시에는 남아있는 누적 배당가능이익(2,000 – 600 – 350 = 1,050)과 당기분 배당가능이익 1,600이 전부 소진된다.[86]

주식상환의 대가로 재산을 현물로 내어주는 경우 법인에 생기는 효과는 현물배당과 같고, 주주가 제302조(b)의 어느 한 항에 해당하는가에 무관하다. 제302조(a)로 가든 제302조(d)를 거쳐 제301조로 가든 '분배'라는 성격이 그대로 남기 때문에 배당이나 마찬가지로 제311조를 적용하기 때문이다. 처분익(재산의 취득원가와 시가의 차액)은 언제나 각 사업연도의 소득에 들어가고[87] 동시에 배당가능이익에도 들어간다.[88] 시가가 취득원가보다 낮은 경우 차손을 손금산입할 수는 없지만,[89] 배당가능이익은 취득원가만큼 감소한다.[90]

---

83) 6. 1.의 배당은 (차) 당기분 배당가능이익 400 + 누적 배당가능이익 600 (대) 현금 1,000.
84) "모든 분배의 원천은 배당가능이익이 있는 한 그 금액, 그리고 가장 최근에 누적된 배당가능이익이다." 제316조(a) 단서. 제3장 제2절 Ⅱ.
85) (차) 누적 배당가능이익 350 + 자본 9,650 (대) 현금 10,000.
86) (차) 당기분 배당가능이익 1,600 + 누적배당가능이익 1,050 + 자본 1,350 (대) 현금 4,000.
87) 제311조(b). 상세는 제3장 제2절 Ⅱ.2.
88) 제312조(b).
89) 제311조(a).
90) 제312조(a).

제3절 특수관계자가 소유한 주식

I. 지배력 판정

제302조(b) 규정에서 주식소유 여부를 판정하려면, 주주가 실제로 소유한 주식만 아니라 소유의제 규정에 따라 특수관계자가 소유하는 주식도 고려하여야 한다. 예컨대, 부부가 주주인 폐쇄법인이라면 한 배우자가 소유주식 전부를 법인에 넘겼더라도 다른 배우자를 통한 지배권은 여전히 남아있다고 볼 수 있고, 그렇다면 주식양도라고 인정하기 어렵다는 것이다. 말하자면 주식상환이 분배인지 주식양도인지를 판정할 때에는 꼭 스스로 직접소유한 주식만이 아니라 달리 지배력이 있는 주식도 따져야 한다는 것이다. 아래에 보듯이 법조문의 표현으로는, 이런 관계를 의제소유(constructive ownership)라 부른다. 주식에 대한 소유권이라는 말의 용례를 제302조에서는 '소유 = 실소유 + 의제소유'라고 쓰고 있는 것이다.[91] 이하에서는 의제소유라는 말도 쓰지만 논의가 헛갈릴 염려가 있는 곳에서는 '지배력 있는 주식', '주식에 대한 지배력'이라는 말을 아울러 쓰기로 한다.

제302조(c) (의제소유 주식) ─
Sec. 302(c) CONSTRUCTIVE OWNERSHIP OF STOCK ─
(1) 원칙 ─ 예외로 정한 것이 아래 제(2)항에 없는 한 제318조(a)를 적용하여 주식소유를 판정해서 이 조를 적용한다.
(1) IN GENERAL ─ Except as provided in paragraph (2) of this section, section 318(a) shall apply in determining the ownership of stock for purposes of this section.

1. 제318조(a)의 네 가지 의제

제318조(a)의 소유의제 내지 지배력 규정에는 네 가지가 있다. 제318조(a)(1)은 가족간의 관계를 정하고 있다. (a)(2)는 파트너십이나 법인 같은 단체가 소유한 주

---

91) 실소유 내지 민사법상의 소유는 직접적일 수도 있고, 민사법상의 대리인을 통한 간접소유일 수도 있다. 제318조에서는 실소유를 '직·간접 소유'라고 부르고 있다.

식은 파트너나 주주가 소유한 것으로 의제하고, (a)(3)는 파트너나 주주가 소유한 주식은 파트너십이나 법인이 소유한 것으로 의제한다. 제318조(a)(4)는 옵션보유자를 주식소유자로 의제한다. 모두 매우 기술적인 규정이므로 법의 글귀가 왜 그런 뜻이 되는가라는 해석론의 논점은 접어놓고 내용만 간단히 살펴보기로 한다.

(1) 가족의 주식에 대한 나의 지배력

어떤 개인의 배우자, 자녀, 손자, 부모가 직·간접 소유한 주식은 "그 개인이 소유한 것으로 의제"한다. 형제자매간에는 의제가 없다. 가족불화가 있다는 것을 입증함으로써 이 의제를 벗어날 수 있을까? 판례가 엇갈리기는 하지만 대세는 벗어날 수 없다고 본다. 법의 글귀가 달리 풀이할 여지를 남기고 있지 않기 때문이다. "가족불화의 형태, 정도, 앞으로 얼마나 갈지, 이런 것을 가정법원이 솔로몬처럼 판단할 길이 없다…의제규정의 엄격성은 약점이 아니라 강점"이라는[92] 것이다.

[보기 12]

Z회사는 보통주 100주를 발행하였으며, A가 28주, B가 25주, C가 23주 그리고 D가 24주씩 각각 보유하고 있다. 아래의 각 상황에서 주식상환이 제302조(b)에 따른 주식매매가 되는가?

1) Z회사는 A로부터 5주를 취득했고, A와 D는 모녀관계이다.
2) Z회사는 A로부터 5주를 취득했고, A와 B는 모녀관계이다.
3) 위 2)에서 B는 어머니 A의 의사에 반하여 결혼했고 A는 B와 의절한 상태라면?

(풀이)

(1) 모녀관계에 있는 D가 소유한 주식을 고려하면 A의 지배력은 주식상환 직전에는 52%[(28+24/100)], 주식상환 직후에는 49.5%(23+24/95)이다. '49.5% > 52% × 80%'이므로 현저히 불비례하는 상환은 아니다. 그러나 지배력이 과반수를 넘다가 그 밑으로 떨어졌다는 것은 의미 있는 감소로서 본질적으로 배당과 다르다고 보아야 할 것이고, 아마도 제302조(b)(1)에 따라서 주식양도가 될 것이다.[93]

(2) B가 소유한 주식을 고려하면 A의 지분비율은 53%에서 50.5%[(23 + 25)/95]]로 감소한다. 이 감소는 80% 기준과 50% 기준의 어느 쪽도 만족하지 않으므로

---

92) David Metzger Trust v. Comr., 693 F.2d 459 (5th Cir. 1982), 특히 467쪽. 그 밖에 Cerone v. Comr., 87 TC 1 (1986). 다만 이 판결은 배당이나 마찬가지인지 판단에는 가족불화를 따질 여지가 어느 정도 있다고 보고 있다.

93) 앞 [보기 4].

현저히 불비례하는 상환이 아니다. 한편 지배력의 과반수를 그대로 유지하고 있으므로 본질적으로 배당과 다르다고 볼 여지도 없다.

(3) 가족 간의 불화가 있다고 해서 의제소유가 없어지지 않는다. 다만 조세법원의 Cerone v. Commissioner 판결[94]은 본질적으로 배당과 다른지를 검토할 때에는 가족간 불화도 고려할 수 있다고 하고 있고, 이 판결을 따른다면 배당과 다르다고 볼 여지도 있다. B의 지분을 고려하지 않는다면 A의 지분은 상환 직전에는 28%, 직후에는 24.2%(23주/95주)이다. 주식상환으로 인하여 A는 제1주주의 지위를 잃었고, C, D 중 누구와 협력하더라도 지분의 과반수에 못 미친다[A+C = (23주 + 23주)/95주 = 48.4%, A + D = (23주 + 24주)/95주 = 49.5%)]. B와는 의절 상태이므로 B와 합쳐서 과반수가 될 가능성은 배제한다. 따라서 A가 받는 주식상환대금은 본질적으로 배당과 다르다고 볼 여지도 있다.

(2) 단체의 주식에 대한 구성원의 지배력

파트너십, 유산재단, 신탁, 또는 법인이 소유한 주식은 각 구성원이나 수익자의 몫을 따져서 각자 제 몫만큼을 소유한 것으로 본다. 예컨대, 파트너 갑과 을이 X파트너십의 지분을 50 : 50으로 소유하고, X는 Y법인의 주식 100주를 소유한다고 가정하자. 갑과 을은 각각 Y주식을 50주씩 소유한 것으로 의제한다. 신탁의 수익자나, 법인의 주주도 마찬가지이다. 주주 병과 정이 M법인의 주식을 50 : 50으로 소유하고, M이 N법인의 주식 100주를 소유하고 있다면, 병과 정은 N주식을 각 50주씩 소유한 것으로 의제한다.

파트너십과 유산재단에 관한 의제 규정은 각 파트너나 수익자의 지분비율이 얼마이든 상관없이 적용한다. 가령 지분율이 10%인 파트너라면 파트너십이 가진 주식의 10%를 소유한 것으로 의제한다.[95] 그러나 법인에 관한 의제 규정은 50% 이상 지배력이 있는 주주에게만 적용한다. 파트너십 재산은 각 파트너가 지분만큼 소유하고 있는 것인데 비해 법인이 소유한 재산은 주주의 재산이 아니고 지배력이 있는 주주라야 법인과 동일시 할 수 있기 때문이다. 그렇지만 50% 이상 주주라고 해서, 법인소유 주식 전부를 주주가 소유한 것으로 보지는 않고 제 몫만큼만 주주의 소유로 의제한다.

---

94) 87 TC 1(1986).

95) 제318조(a)(2)(A).

(3) 구성원의 주식에 대한 단체의 지배력

파트너나 수익자가 직·간접 소유한 주식은 파트너십이나 신탁이 소유한 것으로 본다. 위 (2)에서는 구성원의 몫을 따지지만 제318조(a)(3)에서는 파트너, 주주, 수익자가 가진 주식 전부를 단체가 보유한 것으로 의제한다. 단체는 각 구성원의 합이므로 각 구성원의 주식은 모두 단체에 속한다는 논리이다. 다만 법인의 경우에는 50% 이상 주주의 소유주식이라야 법인에게로 뛴다. 예컨대, X법인의 50 : 50 주주인 갑과 을이 Z법인의 주식 100주를 각 50주씩 소유하고 있다면, X는 갑소유 Z주식 50주와 을소유 Z주식 50주, 합해서 100주를 소유한 것으로 본다. 법인(X)이란 주주(갑과 을)의 합이기 때문이다.

(4) 옵션소유자는 주식을 지배

주식을 취득할 수 있는 옵션을 소유한 자는 주식을 보유한 것으로 본다. 주식워런트나 전환사채에 딸린 전환권이 이런 옵션에 해당함은 당연하다.

2. 지배력의 징검다리

제318조의 적용상 소유의제 주식은 실소유 주식이나 똑같은 지배력이 있다고 본다.[96] 예를 들어 X파트너십의 파트너인 갑이 있는데, 갑의 어머니가 Z법인의 주식 50주를 보유하고 있다고 하자. 제318조(a)(1)에 따라 갑의 지배력은 어머니가 소유한 Z주식 50주에 미친다. 다시 이 주식에는 X의 지배력이 미치는 것으로 본다. 갑이 실소유한 것이든 의제소유한 것이든 갑이 지배하는 주식인 이상 제318조(a)(3)에 따라 X가 지배하는 것으로 본다.

장기판의 포(包)처럼 이런 징검다리는 여러 번 뛸 수 있지만 두 가지 예외가 있다. 첫째, 가족 사이에는 한번밖에 못 뛴다.[97] 형제자매의 주식에 지배력이 미치지 않는다고 미리 정해둔 이상, 맏아들에게서 아버지로 다시 아버지에게서 둘째 아들로 징검다리가 뛸 수 없기 때문이다. 같은 논리로 사위의 주식이 장인한테로 뛰지는 않는다. 둘째, 같은 이유로 파트너십, 유산재단, 신탁, 또는 법인에

---

96) 제318조(a)(5).

97) 제318조(a)(5)(B). 손자에서 조부모로는 한 번에 바로 뛰는 것이고, 부모를 거쳐 두 번 뛰는 것이 아니다. 조부모에서 손자로 뛰지는 않는다.

게로 내리 뛴 것이 다시 위쪽으로 출자자에게는 못 뛴다.[98] 특수관계가 없는 두 출자자 사이에서 서로 지배력이 없다는 당연한 사리 때문이다. 이 제한이 없다면 지배력이 한 출자자에서 단체로, 다시 단체에서 다른 출자자로 뛴다는 불합리한 결과가 생기기 때문이다.

[보기 13]

갑, 을, 병, 정 네 사람으로 이루어진 P파트너십은 X법인의 발행주식 100주를 전부 소유하고 있고, 네 사람의 지분비율은 균등하다. 갑의 처인 '갈'은 Y법인의 발행주식 100주를 전부 소유하고 있다.

1) 갑, 그의 처인 갈, 갈의 어머니, 이 세 사람이 직접 또는 의제소유한 X주식의 수는 각 얼마인가?

2) Y가 의제소유한 X주식의 수는 얼마인가? (가정을 바꾸어 갈이 소유한 Y법인 주식이 10%라면 Y가 의제소유한 X주식수는 얼마인가?)

3) 을, 병, 정, P파트너십 및 X법인이 소유한 Y주식의 수는?

〔풀이〕 1) 갑의 주식수는 25주. 한번 뛰어 갈도 25주. 다시 뛰지는 못하므로 갈의 어머니는 0주.

2) 갑이 소유한 25주는 갈에게 뛰고, 갈이 의제소유한 주식은 모두 Y에게로 뛰므로 Y가 소유한 X주식수는 25주(Y법인에 대한 갈의 주식소유비율이 50% 미만이라면 갈이 의제소유한 주식이 Y에게로 뛰지 않으므로 0주).

3) 갈이 소유한 Y주식 100주가 갑에게 뛰고 갑이 소유한 Y주식은 P파트너십에게 뛰어서 P파트너십이 소유한 Y주식은 100주. P파트너십의 소유주식이 다시 출자자 을, 병, 정에게 올려 뛰지는 못하므로 세 사람은 0주. P파트너십은 X법인의 100% 주주이므로, X법인이 의제소유한 Y주식은 100주.

II. 주주권 완전종료시 가족간 의제의 배제선택권

제318조는 법인과 주주 사이의 단체법상 거래 전체[99]에 적용되는 총칙이지만[100] 주식상환 그 중에서도 주주권의 완전종료 여부 판단에만 적용되는 특칙이

---

98) 제318조(a)(5)(C).

99) subchapter C, 즉 제301조에서 제385조.

100) 다만 명시적 규정이 필요하다. 예를 들어 제302조(c)와 아래 제4절에서 다룰 제304조(c)(3). 제318조(a).

제302조(c)에 있다. 내 주식을 회사에 다 넘겨주면서 손을 터는 경우 내가 원한 다면 가족(배우자나 직계존비속)간 소유의제를 벗어날 수 있는 선택권을 준다는 것 이다. 이 선택권을 행사한다면 다른 가족이 주주로 남아있더라도 주주권의 완전 종료로 보아서 주식매매로 과세받을 수 있게 된다.

내 주식을 회사에 넘기면서 손을 터는 상황에서 내 가족이 출자한(또는 수익 자로 있는) 다른 단체가 여전히 주주로 남아있다고 하자. 이제 내가 선택권을 행사 한다면 어떻게 되는가? 단체가 소유한 주식에 대해 내 가족이 지배력을 가지고 있다는 사실은 막지 못한다. 그러나 내 가족이 지배하는 주식이 있다는 이유로 내가 그 주식에 대한 지배력이 있다는 의제는 피할 수 있고, 그에 따라 나는 내 주식을 손터는 사람으로서 양도소득으로 과세받는다. 단체가 제 주주권을 완전 히 손터는 경우에도 선택권을 행사할 수 있다. 그리하면 아직 주주로 남아있는 자의 주식이 그의 가족(단체의 출자자나 수익자)에게 뛰는 것을 막을 수 있어서 결국 은 단체가 주식매매로 과세받을 수 있다.

선택권의 행사요건은 다음 세 가지이다.[101] 첫째 상환 직후, 채권 말고는 회 사에 대한 권리 내지 이해관계(임원, 이사, 종업원 지위를 포함한다)가 없어야 한다. 둘 째, 상환일로부터 10년 동안은 이런 이해관계를 취득하면 안 된다. 셋째, 혹시라도 10년 사이에 회사에 대한 이해관계가 생기면 이 사실을 재무부에 통지하고 관련 문서를 보존해야 한다. 이를 지키지 않으면 제318조에 의해 주주권이 남아있는 것 이 되어서, 주식상환을 배당으로 본다. 주식상환대금을 받는 자가 단체인 경우에 는 단체만이 아니라 잔존주주의 가족(단체의 출자자나 수익자)도 위 세 가지 요건을 만족해야 한다.[102] 애초부터 조세회피를 주목적으로 일부주식을 가족에게 넘기고 일부주식을 10년 안에 상환하는 경우라면 배제선택권을 행사할 수 없다.[103]

문제는 회사에 대한 이해관계가 채권인가 다른 권리인가의 구별이다. 채권 과 주식의 구별은 애초 정답이 없고,[104] 가령 재무부규칙은 이자율이 법인의 이 익과 연동된다면 채권이 아니라고 풀이한다.[105] 한편 Dunn vs. Comr. 판결[106]은

---

101) 제302조(c)(2)(A).
102) 제302조(c)(2)(C).
103) 제302조(c)(2)(B).
104) 제1장 제2절 III.
105) 재무부규칙 1.302-4(d).

회사의 자금사정에 따라 이자지급을 연기할 수 있는 약정이 있더라도 지급할 금액이 누적되는 이상 여전히 채권이라고 보았다. 또 다른 문제로 자주 생기는 것이 도급계약으로 자문 기타 노무를 제공하고 받는 대가이다. Lynch vs Comr. 사건에서 조세법원은 그런 대가가 이해관계가 아니라고 보았지만[107] 항소심 판결은 이해관계라고 보았다.[108] 결국 정답은 없다.

III. 제301조 적용시 주식 취득가액은 어떻게 되나?

이미 보았듯 주식상환대금을 분배로 보아 제301조의 3분법을 적용하는 경우에는 회사에 넘겨주는 주식이 있다하여 주주에게 처분손이 생기지는 않는다. 제301조의 성질상 주주는 회사에서 재산을 분배받는 것이고, 따라서 손실이 생길 수 없기 때문이다. 의제소유에서는 어떻게 될까? 내가 소유주식 전부를 법인에 넘기고 받는 주식상환대금에, 제318조의 특수관계자가 소유한 주식이 남아있다는 이유로 제301조를 적용한다면 손터는 주식의 취득원가는 어떻게 되는 것인가? 그냥 소멸한다는 말인가? 재무부규칙에 있는 사례를 가지고 생각해보자.

[보기 14][109]
남편 H와 아내 W는 X법인의 주식 100주를 50 : 50으로 소유하고 있다. 애초에는 1950년에 H가 이 주식 전부를 100,000불을 주고 샀던 것인데 그 가운데 50주를 W에게 증여해서, W의 50주 취득원가는 H의 취득원가를 물려받은 50,000불이다. 1955년 H는 소유주식 50주 전부를 X에 내어주고 상환대금 150,000불을 받는데, 이 돈은 전액 배당소득으로 과세되었다. 그 결과 주식상환 직후 W의 잔존주식 50주의 취득원가는 얼마가 되는가?

[풀이] 100,000불이 된다. H가 소유했던 주식 50주의 취득원가는 W의 주식 50주로 옮겨 붙는다. H가 받는 돈을 전액 배당소득으로 과세하는 논리가 H와 W를 한 사람처럼 본다는 것이니만큼, 남아있는 주식의 취득가액이 얼마인가를 따질 때에도 두 사람을 하나로 보고 따져야 한다.[110]

---

106) 615 F.2d 578 (2d. Cir. 1980).
107) 83 TC 597 (1984), 특히 606-607쪽.
108) 801 F.2d 1176 (9th Cir. 1986), 특히 1179쪽.
109) 재무부규칙 1.302-2(c), Ex. 2.
110) 이러다 보니 새로 생긴 문제로, 자기가 직접 상환하는 대신 특수관계 있는 다른 주주(배당소득이

제4절 관계회사 주식의 매매: 제304조

제301조의 3분법에 따른 배당소득 과세는 주주와 법인 사이의 직접거래(감자나 자기주식 취득)만이 아니라, 법인이 모회사나 다른 관계회사의 주식을 매수하는 경우에도 생길 수 있다. 예를 들어 주주 갑이 법인 X와 법인 Y의 주식 전부를 보유하고 있어서 두 회사가 자매관계라고 하자. 갑이 X 주식의 일부를 법인 Y에게 매도하는 경우, 그런 매매대금을 배당소득으로 과세하는 수가 있다는 것이다. 법인이 주주의 주식을 상환받는 것이든, 관계회사가 주주의 주식을 매수하는 것이든, 주식매매 전후 갑의 지배력에는 아무런 변화가 없기 때문이다. 모회사가 주식을 직접 상환받는 대신 자회사로 하여금 모회사주식을 매수하게 하는 경우에도 마찬가지로 분배로 과세할 수도 있다. 주주가 모회사를 지배하고 모회사는 자회사를 지배한다는 실질에는 아무 변화가 없기 때문이다. 나아가 특정법인의 주주와 관계회사 사이의 주식매매도, 주주와 법인 사이의 직접적 주식상환처럼 실질적 지배력에 변화가 없다면 분배로, 변화가 있다면 주식매매로 과세해야 논리가 맞다. 그러나 제317조(b)의 글귀로는 이런 관계회사 주식의 매매가 주식상환의 정의에[111] 해당하지는 않는다. 주식을 사는 법인은 자기의 주식이 아니라 관계회사의 주식을 사는 것이고 법인이 "자기의 주식을 취득하면서 주주에게 재산을" 주는 것이 아니기 때문이다. 이리하여 제304조는 이런 주식매매거래를 주식상환으로 의제해서 제301조 및 제302조의 영역으로 끌어들이기 위한 특칙을 정하고 있다.

생기더라도 세금 더 낼 것이 없는 사정이 있는 자)의 주식을 전부상환하고, 취득원가를 자기 앞으로 옮겨온 뒤 주식을 상환하거나 제3자에게 팔아서 소득을 줄이는 경우가 생겼다. 이에 대해서는 Bittker & Eustice, 9.22[2]절 참조.

111) 제1절 I.

Ⅰ. 제304조의 뼈대

제304조 (관계법인을 써서 하는 상환)

Sec. 304 REDEMPTION THROUGH USE OF RELATED CORPORATIONS

(a) 일정한 주식매수의 취급

(a) TREATMENT OF CERTAIN STOCK PURCHASE

  (1) 취득자가 관계법인(자법인 제외)이라면 ― 제302조와 제303조의 적용상, 만일 ―

  (1) ACQUISITION BY RELATED CORPORATION (OTHER THAN SUBSIDIARY) ― For purposes of section 302 and 303, if ―

    (A) 한 명 이상의 사람(들)이 지배하는 두 법인이 있고, 또한

    (A) one or more persons are in control of each of two corporations, and

    (B) 재산을 대가로, 그런 법인 가운데 하나가 위와 같이 지배하는 양도인(들)로부터 다른 법인 주식을 취득한다면,

    (B) in return for property, one of the corporations acquires stock in the other corporation from the person (or persons) so in control,

(아래 제2항이 적용되지 않는 한) 그런 재산을 다루기를 분배로 보되, 제 주식의 상환을 위하여, 위와 같이 주식을 취득하는 법인이 분배하는 것으로 본다. 이런 분배를 제301조를 적용받는 분배로 다루는 한, 양도인과 취득법인을 다루는 방식은 양도인이 주식을 취득법인에 양도한 것을 마치 취득법인의 주식으로 교환받는 거래를 하면서 제351조(a)[112]를 적용받은 것처럼 다루고, 그 다음으로는 취득법인이 이런 거래로 발행했다고 보는 주식을 취득법인이 상환받은 것처럼 다룬다.

then (unless paragraph (2) applies) such property shall be treated as a distribution in redemption of the stock of the corporation acquiring such stock. To the extent that such distribution is treated as a distribution to which section 301 applies, the transferor and the acquiring corporation shall be treated in the same manner as if the transferor had transferred the stock so acquired to the acquiring corporation in exchange for stock of the acquiring corporation in a transaction to which section 351(a) applies, and then the acquiring corporation had redeemed the stock it was treated as issuing in such transaction.

  (2) 취득법인이 자법인이라면 ― 제302조...의 적용상, 만일 ―

  (2) ACQUISITIN BY SUBSIDIARY ― For purposes of sections 302..., if ―

    (A) 재산을 대가로, 한 법인이 다른 법인의 주주로부터 취득하는 주식이 그런 다른 법인의 주식이고, 또한

    (A) in return for property, one corporation acquires from a shareholder of an― other corporation stock in such other corporation, and

    (B) 그를 발행한[113] 법인이 그를 취득하는 법인을 지배한다면,

---

112) 제2장 제2절 Ⅰ.

113) 법률의 글귀에는 '그를'에 해당하는 부분이 없이 그냥 '발행한 법인'이지만 문리상 '주식을 발행한 법인'일 수밖에 없고, 다시 그 말은 (A)항의 '다른 법인'일 수밖에 없다. 같은 용례는 제304조

(B) the issuing corporation controls the acquiring corporation,

그러면 위 재산을 다루기를 분배로 보되, 발행한 법인이 주식을 상환받는 분배로 본다. then such property shall be treated as a distribution in redemption of the stock of the issuing corporation.

(b) 위(a)의 적용에 관한 특칙

(b) SPECIAL RULES FOR APPLICATION OF SUBSECTION (a)

(1) 제302조(b) 판정의 규칙 ─ 어떠한 주식 취득이든 거기에 위 (a)가 적용된다면, 그런 취득의 취급에 대한 판정으로 제302조(b)를 이유로 분배금을 다루기를 주식대가의 일부나 전부로 다룰 것인가라는 판정은 발행법인의 주식을 기준으로 따진다. (하략)

(1) RULES FOR DETERMINATIONS UNDER SEC. 302(b) ─ In the case any acquisition of stock to which subsection (a) of this section applies, determinations as to whether the acquisition is, by reason of subsection 302(b), to be treated as a distribution in part or full payment in exchange for the stock shall be made by reference to the stock of the issuing corporation.

(2) 금액 중 얼마가 배당 ─ 어떠한 주식취득이든 거기에 위 (a)를 적용하는 경우, 금액 중 얼마가 배당이 되는가...라는 판정은 다음과 같이 따진다: 마치 재산의 분배를

(2) AMOUNT CONSTITUTING DIVIDEND ─ In the case of any acquisition of stock to which subsection (a) applies, the determination of the amount which is a dividend...shall be made as if the property were distributed ─

(A) 취득하는 법인이 그 배당가능이익의 범위 안에서 해주고,

(A) by the acquiring corporation to the extent of its earnings and profits, and

(B) 그리고는 발행한 법인이 그 배당가능이익의 범위 안에서 해 준 것처럼.

(B) then by the issuing corporation to the extent of its earnings and profits.

(c) 지배 ─

(c) CONTROL ─

(1) 원칙 ─ 이 조에서 지배의 뜻은 소유주식이 차지하는 바가, 50% 이상의 의결권을 의결권 있는 각종의 주식을 다 합한 주식에 대해서 차지하거나, 또는 50% 이상의 가치를 각종 주식의 총 가치에 대해서 차지하는 것이다. 어떤 사람(들)이 지배(그 뜻은 앞 문장)하는 법인이 차지하는 바가, 50% 이상의 의결권을 다시 다른 법인의 의결권 있는 모든 주식에 대해서 차지하거나 또는 다른 법인의 각종 주식의 총 가치의 50% 이상을 차지하는 경우에는, 그런 사람(들)이 다른 법인을 지배하는 것으로 다룬다.

(1) IN GENERAL ─ For purposes of this section, control means the ownership of stock possessing at least 50 percent of the total combined voting power of all classes of stock entitled to vote, or at least 50 percent of the total value of shares of all classes of stock. If a person (or persons) is in control (within the meaning of the preceding sentence) of a corporation which in turn owns at least 50 percent of the total combined voting power of all stock entitled to vote of another corporation, or owns at least 50 percent of the total value of the shares of all classes of stock of

---

(b)(1)에도 나온다. 재무부규칙의 용례에서는 매매대상인 주식을 발행한 법인과 그런 주식을 취득하는 법인을 각 '발행한 법인'과 '취득한 법인'이라고 부르고 있다. 가령 재무부규칙 1.304-5(b).

> another corporation, then such person (or persons) shall be treated as in control of such other corporation.
> (3) 의제소유
> (3) CONSTRUTIVE OWNERSHIP
>   (A) 원칙 ― 제318조(a)(주식의 의제소유)를 적용해서 이 조에서 지배여부를 판정한다.
>   (A) IN GENERAL ― Section 318(a) (relating to constructive ownership of stock) shall apply for purposes of determining control under this section.

위 요건을 만족하는 주식매매는 주식상환으로 보므로, 다시 거기에 어떤 법률효과가 따르는가는 앞서 본 제302조에 따른다. 곧 제302조(b)의 어느 한 항에 해당해서 주식매매가 된다면 제302조(a)에 따라서 양도소득으로 과세하고, 그렇지 않다면 제302조(d)에 따라서 양도대금에 제301조의 3분법을 적용하여 배당가능이익의 범위 안에서는 배당소득으로 과세하고 배당가능이익을 넘는 부분은 주식의 취득원가에 충당하고 그래도 남는 것은 양도소득으로 과세한다. 법문을 옮기지는 않았지만 주식을 넘기고 주식을 받는 부분에는 제351조(현물출자)를 적용한다.[114]

제304조에서 말하는 '지배'는 제368조(c)(법인설립이나 재조직시의 지배)와는[115] 판정기준이 전혀 다르다. 제368조(c)에서는 80%가 기준이지만 제304조(c)에서는 의결권의 50% 이상 또는 주식가치의 50% 이상이 기준이다. 제318조의 주식소유의제도 적용하지만, 다시 제304조에만 적용하는 특칙이 있어서 법인에서 주주로 뛰는 기준이 50%가 아니고 5%이다.[116] 따라서 주주 갑이 X법인의 주식 5%를 소유하고 있고 X가 Y법인의 주식 100주를 직접소유하고 있다면, 제318조에서는 갑이 의결권이 50% 미만이므로 Y주식의 소유가 X에서 갑으로 뛰지는 않는다. 그러나 제304조에서는 갑이 Y주식을 5주 소유한 것으로 의제한다.

---

114) 제351조(b)(2)(A).
115) 제2장 제1절 Ⅰ.
116) 제304조(c)(3)(B).

II. 관계회사 주식의 취득

모자회사 관계에서 자회사가 모회사 주식을 취득하는 경우는 다음 항에서 보기로 하고, 여기에서는 그에 해당하지 않는 관계회사, 전형적인 보기로 자매회사를 생각해보자.

[보기 15]
특수관계 없는 주주 A와 B가 법인 '사대오'(발행주식총수 100주)를 50 : 50으로, 법인 '오대오'(발행주식총수 100주)도 50 : 50으로 소유하고 있다가 A가 '사대오' 주식 10주를 법인 '오대오'에게 팔았다. A에게 생기는 법률효과는 무엇인가?

(풀이) 조문을 따지기 전에 우선 A의 실질적 지배력에 어떤 변화가 있는가를 생각해보자. 오대오에 대한 지배력은 거래가 있기 전이나 후나 모두 50%이다. 사대오에 대한 지배력은 거래 전에는 50%이다. 거래 뒤에는 얼마인가? 직접지배하는 주식은 40주이다. 그렇지만 오대오가 사대오의 주식을 10주 소유하고, 오대오에 대한 A의 지배력이 50%이므로, 5주가 오대오에서 A로 뛰게 되어, 결국 A는 사대오의 주식 45주를 지배하고 있는 셈이다. 한편 사대오 주식에 대한 B의 지배력은 직접소유한 주식 50주와 오대오에서 B로 뛴 5주를 합한 55주이다. 지배력으로 치면 사대오에 대한 A의 지배력은 50%에서 45%로 줄어든다. 사대오와 A의 관계에서 본다면 A의 지배력 감소는 제302조(b)에서 말하는 현저히 불비례하는 상환에 해당하지 않는다. (45%/50% ≥ 80%)라는 관계가 생기기 때문이다. 이 사실관계에서 제304조(a)(1) 때문에 분배가 되는가를 살펴보자. 우선 첫 번째 관건은 이 조항의 주식상환 간주요건에 해당하는가이다. 그 요건을 따져보면 'A가 지배하는 두 법인(사대오와 오대오)이 있고', '재산을 대가로 그런 법인 가운데 하나(오대오)가' '위와 같이 지배하는(사대오와 오대오를 지배하는) 양도인(A)으로부터 다른 법인(사대오)의 주식을 취득'하고 있으므로 이 법조항의 주식상환 간주요건에 해당한다.

보기의 사실관계가 제304조(a)(1)의 요건을 만족해서 생기는 법률효과는 A가 받는 주식매매대금을 '다루기를 분배로 보되, 제 주식의 상환을 위하여, 위와 같이 주식을 취득하는 법인(오대오)이 분배하는 것으로 본다'. 따라서 제302조(주식상환)의 적용을 받게 되고, 제302조(b)의 어느 한 항에서 주식매매가 되지 않는다면 제301조의 적용을 받는 분배가 된다.[117] 이 사실관계가 제302조(b)의 어느 한 항에 해당하는가? 주주권의 완전종료나 부분청산은 아니므로 적용할 여지가

---

117) 제302조(d).

있는 것은 현저히 불비례하는 주식상환 하나뿐이다. 그런데 문제는 지금까지 본 조문만 따지면 오대오에 대한 A의 지배력에는 변화의 여지가 아예 없다는 것이다. 이리하여 제304조(b)(1)은, 주식 취득이 제304조(a)의 요건을 일단 만족한다면 "그런 취득의 취급에 대한 판정으로 제302조(b)를 이유로 분배금을 다루기를 주식대가의 일부나 전부로 다룰 것인가라는 판정은 발행법인(이 사실관계에서는 사대오)의 주식을 기준으로 따진다"고 정하고 있다. 사대오의 주식을 기준으로 따진다면 A의 지배력은 50%에서 45%로 줄어들어서, 20% 이상 감소라는 기준에 모자란다.

A가 받는 매매대금은 현저히 불비례하는 주식상환에 해당하지 않고 달리 제302조(b)에서 양도대가로 볼 여지가 없으므로, 양도대가(=의제된 상환대가) 전체에 제301조의 삼분법을 적용해서 소득의 금액과 성격을 따지게 된다. 그러자면 배당가능이익의 금액이 얼마이고, 분배의 기초가 된 주식의 취득원가가 얼마인가를 알아야 한다. 후자부터 보면 여기에 한 가지 곤란한 문제가 생기는 것을 알 수 있다. A가 내어놓는 주식은 오대오 주식이 아니라 사대오 주식인데, 제301조의 글귀는 법인이 제 주식을 취득하는 것을 전제하고 있다는 점이다. 이리하여 제304조는 특칙을 두어, 제304조(a)(1)의 요건을 만족하는 의제된 "분배"를 "제301조를 적용받는 분배로 다루는 한, 양도인과 취득법인을 다루는 방식은 양도인이 주식을 취득법인에 양도한 것이 마치 취득법인의 주식으로 교환받는 거래를 하면서 제351조(a)를 적용받은 것처럼 다루고, 그 다음으로는 취득법인이 이런 거래로 발행했다고 보는 주식을 취득법인이 상환받은 것처럼 다룬다"고 정하고 있다.[118] A가 제351조에 따라 사대오 주식을 오대오에 현물출자하여 오대오 주식을 발행받은 것으로 보고(이 경우 사대오 주식의 취득원가는 가상적 오대오 주식으로 이어진다[119]), 다시 이 오대오 주식을 오대오가 상환받으면서 A에게 상환대가를 지급하였다고 본다는 말이다. 결국 A가 애초 사대오 주식을 취득하는 데 들었던 원가를 기준으로 제301조의 삼분법을 적용한다는 말이다. 오대오가 취득하는 사대오 주식은 자기주식은 아니므로 취득원가가 생기고, 이 취득원가 역시 제351조에 따라 A의 당초 취득원가가 그대로 넘어온다. 다음으로 배당가능이익에 관해서도 특칙이 있다. 주식을 취득하는 법인만이 아니라 발행한 법인도 따진다는 것이다. 주식양도(의제된 상환)대가는 주식을 취득하는 법인(오대오)이 그 배당가능이익의 범위 안에서 먼저 지급하고, 나머지는 주식을 발행한 법인(사대오)이 그 배당가능이익의 범위 안에서 지급한 것처럼 본다.[120]

---

118) 제304조(a) 제2문.
119) 제358조(a)(1). 제2장 제2절 Ⅱ.
120) 제304조(b)(2).

위 보기에서 A가 오대오 법인에게 판 사대오 주식의 수가 더 많아서 현저히 불비례하는 상환에 해당한다면 A가 받는 매매대금에는 제302조(a)를 적용하여 매매대금과 취득가액의 차액을 주식매매로 과세한다. 오대오 법인의 입장에서 사대오 주식의 취득가액이 어떻게 되는지 배당가능이익은 어떻게 되는지에 관해서는 법해석상 혼선이 있다.[121] 자기주식의 취득이 아니라는 점에서 실제 지급한 매매대금이 사대오 주식의 취득가액이 되고 배당가능이익은 감소하지 않는다고 보는 해석이 있지만[122] 다른 한편 제302조(a)에 따른 '분배'라는 성격이 여전히 유지되므로 자기주식 취득이나 마찬가지로 배당가능이익 가운데 A의 몫만큼이 감소하고 차액은 자본에서 차감한다고 볼 여지도 있다. 전자의 해석에 따른다면 사대오에는 아무런 법률효과가 생기지 않고, 후자의 해석에 따른다면 사대오의 배당가능이익도 A의 몫만큼이 감소하고 차액이 생기면 자본에 조정할 수밖에 없을 것이다.

[보기 16]
주주 A는 법인 '이할'의 발행주식총수 100주 가운데 50주와 법인 '오할'의 발행주식총수 100주 가운데 50주를 소유하고 있다가 이할 주식 30주를 30만불에 오할에 팔았다.
(1) 이 매매는 제304조(a)(1)에 따라서 주식상환으로 보는가?
(2) 주식상환으로 본다면 제302조(a)에 따른 주식매매로 보는가 제302조(d)에 따라 제301조의 3분법을 적용받는가?

(풀이)
(1) A는 이할과 오할의 주식을 각 50% 이상 소유하였으므로 두 법인을 지배하고 있다. A가 그렇게 지배하는 오할이 재산을 내어주면서 A로부터 A가 지배하는 이할의 주식을 매수하는 것이므로 제304조(a)(1)에 따라서 주식상환으로 본다.
(2) 제302조(a)에 따른 주식매매로 보는가 제302조(d)에 따라서 제301조의 3분법을 적용받는가는 제302조(b)의 어느 한 항에 해당하는가에 달려 있다. 이 사실관계에서 쟁점은 제302조(b)(2)의 현저히 불비례하는 상환에 해당하는가이고, 주식소유비율이 얼마나 감소하는가는 주식을 발행한 법인인 이할의 주식을 기준으로 따지도록 제304조(b)(1)에서 정하고 있다. 이할에 대한 A의 주식소유비율은 실소유 주식이 20주이다. 의제소유한 주식의 수는 어떻게 계산하는가? 이할 주식의 직접소유자인 오할에 대한 A의 주식소유비율은 50%이므로, 오할이

---

121) 상세는 Bittker & Eustice, 9.24[3].
122) 재무부규칙 1.304-2(c), Ex. 3. 이 예에는 배당가능이익이 감소하지 않는다는 말은 없지만 지급하는 매매대금 전액이 관계회사 주식 취득원가가 되므로 배당가능이익이 감소할 여지가 없다.

소유한 이할 주식 30주 가운데 50%인 15주는 제318조(a)(2)(c) 및 제302조(c)(1)에 따라서 A에게로 뛴다. 결국 A가 소유하였다고 보는 이할 주식은 35주가 되고 주식소유비율은 50%에서 35%로 감소하여 80% 미만 기준을 만족한다(35%/50% = 70%<80%). 따라서 A가 받는 주식매매대금은 제302조(a)에 따른 주식매매로 과세한다.

[보기 17]

주주 A는 법인 '손자사'의 주식 100%(취득원가 100불)와 법인 '아들사'의 주식 100% (취득원가 30불)를 각 직접 소유하고 있다. 손자사 주식과 아들사 주식의 시가는 각 150불씩이다. 손자사의 배당가능이익은 40불이고 아들사의 배당가능이익은 20불이다. A는 손자사 주식 전부를 아들사에 팔면서 현금 150불을 받았다. A에게 생기는 법률효과는 무엇인가?[123] 손자사와 아들사에게 생기는 법률효과는 무엇인가?

(풀이)   1) A는 손자사, 아들사 두 법인의 주식을 50% 이상 소유하므로 두 법인을 지배하고 있고, 그 중 손자사의 주식을 자기가 지배하는 아들사에게 매도하므로 제304조(a)(1)에 해당해서 A가 받는 돈 150불은 주식의 상환으로 제301조 아니면 제302조(a)를 적용받는다. 두 법인에 대한 A의 실질적 지배력에는 아무런 변화가 없다. 구체적으로 따져보면 아들사가 소유한 손자사 주식은 제302조(C)(1)과 제318조(a)(2)(C)에 따라서 A한테로 뛰므로 A가 손자사 주식을 아들사에게 넘기는 것은 주주권의 완전종료에 해당하지 않고, 달리 제302조(b)의 어느 항에도 해당하지 않으므로 제302조(a)에 해당하지 않는다. 따라서 A가 받는 매매대금 150불은 제301조를 적용받는 분배로 과세한다.

2) 배당가능이익은 주식을 취득하는 아들사의 배당가능이익이 40불이고 그 다음으로 손자사의 배당가능이익이 20불이므로, 150불 가운데 60불은 A에게 배당소득으로 과세한다. 나머지 90불은 주식의 취득원가에 충당하고 그래도 남는 것은 A의 양도소득이다.

3) 주식의 취득원가와 양도소득은 각 얼마인가? 제304조(a)(1) 제2문에 따라서 A는 손자사 주식을 제351조의 과세이연을 받으면서 아들사에 현물출자하고 아들사 주식을 받은 것으로 가상하고, 그 다음 단계로 다시 이 가상적 아들사 주식을 아들사에게 내어주면서 상환대금을 받은 것으로 본다. 가상적 현물출자는 제351조의 과세이연을 받으므로 가상적 아들사 주식의 취득원가는 당초 손자사 주식의 취득원가 100불이 그대로 이어진다.[124] 아들사의 손자사 주식 취득원가 역시

---

123) 재무부규칙안 1.304-2(a)(3), (a)(4), 및 (c), Ex. 2와 3.

124) A의 분개는 (차) 아들사 주식 100 (대) 손자사 주식 100.

이 100불이 그대로 넘어온다.[125]

4) 문제는 배당소득을 빼고도 남은 분배액 90불(= 150불 − 배당소득 60불)에서 취득원가를 공제받을 주식의 범위가 어디까지인가이다. A는 가상적 아들사 주식(법에 따라 이어지는 취득원가는 100불이고, 시가는 손자사 주식의 시가인 150불)만이 아니라 실제의 아들사 주식(취득원가 30불 시가 150불)을 가지고 있는 상황에서 분배액 90불을 받은 것이다. 가상적 주식과 실제주식은 가치가 같으므로 주수는 같아야 하고 모든 주식은 주당 분배액이 같아야 하므로 가상적 주식과 실제주식이 각 45불씩 분배받는 것이다. 양도소득은 1주 1주 계산하므로 가상적 아들사 주식 부분의 45불은 전액 취득원가(100불)에 충당하여 양도소득은 없고 가상적 아들사 주식의 취득가액은 55불 남는다. 실제 아들사 주식 부분의 45불에서는 취득원가(30불)을 회수하고 나머지 15불의 양도소득이 생긴다.

5) 아들사에게 생기는 법률효과를 분개의 형식으로 정리하면 i) (차) 손자사 주식 100 (대) 자본 100, ii) (차) 자본 110 + 배당가능이익 40 (대) 현금 150. 손자사는 (차) 배당가능이익 20 (대) 자본 20. A의 분개는 (차) 아들사 주식 100 (대) 손자사 주식 100, (차) 현금 150 (대) 배당소득 60 + 아들사 주식(가상주) 45 + 아들사 주식(실제주) 30 + 주식양도소득 15.

[보기 18]

주주 A, B, C 세 사람이 법인 '손자사'의 주식 180주와 법인 '아들사'의 주식 180주를 각 60 : 60 : 60으로 소유하고 있다. A와 B는 손자사 주식 30주씩을 각각 아들사에게 팔았다.

1) 두 사람이 받는 돈은 제301조의 분배로 과세하는가 제302조의 매매로 과세하는가?

2) A와 C가 부부라면 A가 받는 돈은 제301조의 분배로 과세하는가 제302조의 매매로 과세하는가?

(풀이) 1) A, B를 각각 따지면 주식소유비율이 50%에 못 미치므로 손자사와 아들사를 지배하고 있지 않고, 따라서 제304조(a)(1)을 만족하지 않으므로 주식상환에 관한 규정을 적용할 여지가 없이 그대로 주식매매가 된다. 그러나 두 사람을 묶어 따질만한 특별한 사정이 있는가 살펴야 한다. 제304조의 글귀가 아들사를 "지배하는 양도인(들)"이라고 적고 있기 때문이다.[126] 그런 사정이 있다고 전제하고 A와 B의 실질적 지배력에 어떤 변화가 있는가를 보자. 주식매매 전에는 손자사 주식에 대한 A나 B의 지배력은 각 60/180이다. 주식매매 후에는 A나

125) 재무부규칙 1.304-2(c)(1). Ex. 1.
126) 재무부규칙 1.304-2(b).

B가 각자 실소유한 손자사 주식은 30주이지만 아들사의 1/3(>5%) 주주이므로 아들사가 소유한 손자사 주식 60주 가운데 20주를 얹으면 각자 50주를 지배하므로 지배력은 50/180 = 28%이다. 이 비율은 60/180 × 80% = 26.6%보다 크므로 현저히 불균등한 상환이 아니고 제301조에 따른 분배로 과세한다.

2) 주식매매 전 손자사에 대한 A의 지배력은 C의 것을 합하면 120/180이다. 주식매매 후 실소유하는 손자사 주식은 30주이지만 C의 주식 60주가 A에게 뛰고 또 아들사가 소유한 손자사 주식 60주 가운데 A몫 20주가 A에게 뛰므로 지배력은 110/180이다.[127] 지배력이 80% 미만 기준을 만족하지 못하므로 제301조에 따른 분배로 과세한다.

III. 자회사가 취득하는 모회사 주식

[보기 19]

주주 A, B, C 세 사람이 P법인(모회사)의 주식 180주를 60 : 60 : 60으로 소유하고, 모회사는 S법인(자회사)의 주식 180주를 100% 소유하고 있다. 자회사가 현금을 주고 주주 A로부터 모회사 주식 30주를 매수한다고 하자.

1) A에게는 어떤 법률효과가 생기는가?

2) A와 C가 부부라면 A에게 어떤 법률효과가 생기는가?

(풀이) 우선 입법론적 관점에서 생각해보면, 이런 거래는 모회사가 자기주식을 직접 A로부터 매수하는 것과 달리 과세할 이유가 없다. 실제로도 제304조 (a)(2)가 그렇게 정하고 있다. "제302조…의 적용상, 만일 재산을 대가로 한 법인(자회사)이 다른 법인(모회사)의 주주로부터 취득하는 주식이 그런 다른 법인(모회사)의 주식이고, 또한 그를 발행한 법인(모회사)이 그를 취득하는 법인(자회사)을 지배한다면, 그러면 위 재산을 다루기를, 발행한 법인(모회사)이 제 주식을 상환하면서 하는 분배로 본다."

위 글귀에서 보듯, 자회사가 모회사 주식을 매수하는 경우에는 일반적 주식상환이나 마찬가지로 그대로 제302조를 적용해서, 제302조(b)의 어느 한 항에 해당한다면 주식매매로 과세한다. 어느 항에도 해당하지 않는다면 매매대금을 주주에게 분배해주는 것으로 보고 제301조의 삼분법을 적용하여, 배당가능이익의 범

---

127) 법인이 소유한 주식은 50% 이상 주주에게만 뛰지만 이 경우 50%는 의제소유 주식(이 보기에서는 C의 주식)을 포함한다. 재무부규칙 1.318-2. 한편 이때 뛰는 주식수에 C몫 20주도 포함해서 A의 지배력이 130/180으로 오히려 는다고 풀이할 여지도 있다. Bittker & Eustice, 9.01[3].

위 안에서는 배당소득으로 과세하고 나머지 금액은 주식의 취득원가에 충당하고 그래도 남는 금액은 양도소득으로 과세한다. 여기에서 배당가능이익은 앞서 본 제304조(b)(2)의 특칙에 따라서, 모회사의 배당가능이익만 보는 것이 아니고 2차적으로는 자회사의 배당가능이익도 고려한다.

앞의 보기에 제302조를 적용하면, 주식매매 전 모회사에 대한 A의 지배력은 60/180이다. 주식매매 후에는 지배력은 30/150(= 36/180)이다. 주식매매 후의 지배력이 주식매매 전 지배력의 80% 미만이므로 A가 받는 주식매매대금은 전액 양도가액으로 보고 주식양도소득을 과세한다.

2) A와 C가 부부라면 주식매매 전 모회사에 대한 A의 지배력은 120/180이다. 주식매매 후에는 실소유 주식이 30주, C의 주식이 60주, 자회사가 소유한 30주 가운데 A의 몫이 30 × 30/150이므로 지배력은 (30 + 60 + 6)/150이다. 지배력의 감소는 80% 기준을 만족하지 못하고 또 어차피 50%를 넘으므로 A가 받는 돈은 전액 제301조의 분배에 해당한다.

[보기 20]
주주 A는 P법인(모회사)의 주식 100%(취득원가 100불)를 소유하고 있고 P법인은 S법인의 주식 100%(취득원가 30불)를 소유하고 있다. P주식과 S주식의 시가는 각 150불씩이다. S법인의 배당가능이익은 40불이고 P법인의 배당가능이익은 20불이다. A는 P주식 중 50%를 S법인에 팔면서 현금 75불을 받았다. A, P, S에게 생기는 법률효과는 무엇인가?
(풀이) 1) P와 S에 대한 A의 지배력에는 아무런 변화가 없다. 따라서 A가 받는 돈은 모두 제301조로 과세한다. A가 받는 돈 75불은 S의 배당가능이익 40불과 P의 배당가능이익 20불의 차례로 합계 60불이 배당소득이다. 나머지 15불은 A가 파는 P주식의 취득원가에 충당하고, P주식 취득원가는 85불 남는다.
2) S는 (차) 배당가능이익 40불 + 자본 35불 (대) 현금 75불, P는 (차) 배당가능이익 20불 (대) 자본 20불. 둘을 묶은 자본감소액 15불은 앞서 본 취득원가충당액이다.

Ⅳ. 제304조(a)(1)과 (a)(2)의 경합

어떤 거래에 제304조(a)(1)을 적용할 것인지, (a)(2)를 적용할 것인지는 혼선이 생길 수 있다. 예컨대, 모자회사의 보기로 주주 A와 B가 법인 P의 주식을 50%씩 보유하고, 법인 P가 법인 S의 주식을 100% 보유하는 경우를 다시 들어보자. 주주 A와 B는 모회사 P를 지배하기 때문에 자회사인 S도 지배하는 것이 된다. 따라서 A와 B는 두 회사를 동일하게 지배하므로 S의 P주식 매수는 모자간이 아닌 관계회사에 관한 규정인 제304조(a)(1)에도 해당한다는 이상한 결과가 생긴다. 제304조(a)(1)의 괄호 안에서 "아래 제(2)항이 적용되지 않는 한"이라는 글귀는, 이런 경우 제2항만을 적용한다는 뜻이다.

역으로 모든 자매회사 관계는 모자회사 관계로 재구성할 수도 있다. 주주 A와 B가 X법인의 주식과 Y법인의 주식 둘 다를 50 : 50으로 소유하고 있다고 하자. 소유의제 규정에서 두 주주가 소유한 Y법인 주식에 X법인의 지배력이 미치는가? X란 곧 주주 A와 B의 합이므로 주주 A와 B가 직접소유한 Y법인 주식에는 X의 지배력이 당연히 미친다. 그렇다면 Y법인은 X법인의 모회사가 되고, 그 역도 성립한다. 자매회사 관계에 제304조(a)(2)를 적용할 수 있다는 말이 되고, 제304조(a)(1)의 "아래 제2항이 적용되지 않는 한"이라는 글귀와 합치면 모든 자매회사 관계에 대해서 제304조(a)(2)만 적용한다는 해석이 나올 수 있다. 이런 해석은 제304조(a)(1)을 무의미하게 만드는 결과를 낳으므로, 재무부규칙은 자매회사를 모자회사로 둔갑시킬 수는 없다고 풀이하고 있다.128)

제 5 절   Bootstrap매매와 거래재구성

주식을 매매하면서 매도인과 매수인이 매매대금의 일부를 매매대상인 회사의 돈으로 충당하는 이른바 bootstrap 매매의 경우, 좀 더 정확히는 주식매매 전(후)에 매도인(매수인)이 법인에서 대규모 배당을 받는 경우에는 실질을 본다면 배당받은 자가 주식의 매수인(매도인)이라는 시비가 붙는 경우가 많다. 시비가 붙는 방향은 납세의무자와 국세청의 이해관계가 어떻게 엇갈리는가에 달려있다.

---

128) 재무부규칙 1.304-2(c), Ex. 1.

Ⅰ. 법인주주

가령 100% 자회사 주식을 매매하기 얼마 전에, 자회사가 주식 일부를 모회사에서 상환받으면서 상환대금을 지급한 사실이 있고 모회사는 상환 뒤에 남은 주식을 매수인에게 판다고 하자. 앞서 보았듯 모회사가 받는 상환대금은 전부나 일부가 배당소득이 되지만, 법인이 받는 배당소득이므로 익금불산입한다.[129] 이런 주식상환이 없었더라면 주식의 양도대금이 그만큼 더 올라갔을 것이고 양도소득이 그만큼 늘어났을 것이다. 결국 이런 주식상환을 통해서 매도인의 세금이 줄어들게 되므로 주식상환 후 매매라는 거래형태를 놓고 조세회피 시비가 걸리기 마련이다. 기실 매매 전에 현금을 빼내서 주식의 가치를 떨어뜨려 주식양도소득을 비과세배당소득으로 변환한다는 점에서는 주식상환이나 단순한 배당이나 아무 차이가 없다. 그저 매매대상인 주식의 수가 줄어드는가 아니면 수는 그대로 있는 채 한 주당 가치가 줄어드는가라는 차이가 있을 뿐이다. 제3장에서 보았듯, 주식상환 후 매매라는 거래형태를 부인하고 주식상환대금의 실질을 매수인이 지급하는 매매대금이라고 재구성할 수 있는지는 구체적 사실관계에 달려있다. Waterman Steamship 판결[130]처럼 인위적 냄새가 강한 사건이 아니라면 주식매매대금이라고 거래형식을 그냥 존중한 판결이 더 많다.[131]

Ⅱ. 개인주주

매도인이 개인주주인 사례의 대표로, 주식양도소득을 배당소득보다 낮게 과세하던 당시의 Zenz vs. Quinlivan 판결[132]이 있다. 매매대상 법인의 100% 개인주주였던 이 사건 원고는 주식의 일부만을 매수인에게 팔고 애초 매수인과 합의한 바에 따라 나머지 주식을 법인에 넘겨주고 주식상환대금을 받았다. 쟁점은 이 주식상환 부분을 제301조의 분배로 과세할 것인가 제302조(b)(3)의 주주권 완

---

129) 제243조. 상세는 제2장 제2절 Ⅰ. 3.

130) Waterman Steamship Corporation v. Comr., 430 F.2d 1185 (5th Cir. 1970), cert. denied, 401 U.S., 939 (1971). 상세는 제3장 제2절 Ⅰ. 3.

131) 대표적 보기로 TSN Liquidating Corp. v. U.S., 624 F2d 1328 (5th Cir. 1980).

132) 213 F.2d 914 (6th Cir. 1964).

전종료로 보아 주식양도로 과세할 것인가이다. 원고의 주장은 거래형식대로 주주권의 완전 종료라는 것이고 국세청의 주장은 주식상환을 먼저 하고 그 뒤에 주식매매를 한 것이나 마찬가지이므로 배당소득이라는 것이다. 법원은 애초부터 전체적 계획에 따라 주식매매와 상환을 한 이상 본질적으로 배당과 다르고 주식매매로 과세한다고 판시하였다.

　　Zenz 판결에서 매도인은 왜 주식상환이라는 형식으로 돈을 받았을까? 법인에서 돈을 뽑지 않은 채 주식매매대금을 높게 책정했더라면 당연히 주식매매로 과세받았을 것이고, 국세청과 시비가 붙을 여지가 없었을 것이다. 법인에서 자금이 나가지도 않은 마당에 국세청이 나서서 법인에서 자금이 나간 것으로 재구성하고, 그런 자금이 배당소득이라는 식으로 과세하기는 어렵다. 그렇다면 Zenz는 왜 이런 위험을 자초했을까? 이것은 기실 매수인의 입장에서 구성한 거래형식이었다. 제312조(a)(7)에 따라 회사의 배당가능이익을 소진시킴으로써 앞으로 매수인이 회사에서 분배받을 돈을 양도소득으로 과세받으려는 속셈이다.[133] 물론 세금 말고 다른 사정으로 당장 매수대금이 덜 든다는 점도 생각할 수 있다. 아무튼 이런 배경은 개인주주(매도인)의 주식양도소득과 배당소득을 같은 세율로 과세하는 현행법에서도 그대로 통하고, 사전계획에 따른 매매와 주식상환은 Zenz 판결에 따라서 양도소득으로 과세한다.

[보기 21]

X법인은 순자산이 100,000불이고 배당가능이익이 30,000불 있다. 100% 주주인 갑은 사업을 을에게 처분하고자 하는데, 을은 돈이 70,000불 뿐이다. 갑의 주식취득원가는 50,000불이다. 다음 각 경우 갑과 을에게는 어떤 법률효과가 생기는가?

1) 갑은 자신의 주식 가운데 70%를 을에게 70,000불에 팔고 뒤이어 나머지 30%를 X법인에 상환해 주고 상환대금 30,000불을 받는다.

2) 갑은 X법인에서 30,000불을 배당받고 주식 100%를 을에게 70,000불에 판다.

3) 갑은 자신의 주식 가운데 30%를 X법인에 상환해 주면서 상환대금 30,000불을 받고 나머지 70%를 을에게 70,000불에 판다.

4) 갑은 자신의 주식 100%를 을에게 100,000불에 팔되, 70,000불은 즉시 받고 30,000불은 하루 뒤에 받기로 하였다. 이 계약으로 주식 100%를 취득한 을은

---

133) 같은 판결, 916쪽.

30,000불을 배당받아서 갑에게 지급하였다.

5) 갑은 자신의 주식 100%를 을에게 100,000불에 팔되, 70,000불은 즉시 받고 30,000불은 하루 뒤에 받기로 하였다. 이 계약으로 주식 100%를 취득한 을은 주식 30%를 X법인에 상환해주면서 상환대금 30,000불을 받아서 갑에게 지급하였다.

(풀이) 1) 갑에게는 주식매도대금 및 상환대가 100,000불 전체를 양도가액으로 보고 처분익 50,000불을 양도소득으로 과세한다. 을의 주식취득가액은 70,000불이다.

2) 갑에게는 배당소득 30,000불과 양도소득 20,000불(=70,000 − 50,000)을 과세한다. 을의 주식취득가액은 70,000불이다.

3) 상환 이후에도 갑의 지배력이 100% 그대로이기는 하지만 애초 주식전체를 넘기는 과정의 한 부분이므로 위 1)과 같다.

4) 갑에게는 양도소득 50,000불(=100,000−50,000)이 생긴다. 을에게는 배당소득 30,000불이 생기고 주식 취득가액은 100,000불이다.

5) 위 4)와 같다.

이 논리를 한결 더 연장하면 반드시 주주권의 완전종료만 아니라, 지배력이 현저히 감소해서 주식매매로 과세하는 것도 주식매매와 주식상환의 순서에 꼭 구애받을 필요가 없다는 말이 된다.

[보기 22]
1) 주주 A와 B가 50주 : 50주로 소유하던 법인에 2) C를 영입하여 지배력을 1 : 1 : 1로 하기 위한 수단으로 법인이 C에게 신주 25주를 발행하고 3) 뒤이어 A와 B의 주식을 각각 25주씩 상환받아, 결국 'A : B : C = 25주 : 25주 : 25주'가 되었다고 하자. A와 B의 주식상환은 제301조의 분배인가 제302조(a)의 주식매매인가?

(풀이) 2)와 3)을 견주면 A와 B의 지배력은 각 50/125에서 25/75으로 바뀌어서 80% 미만 기준을 만족하지 못한다(25/75 > 50/125 × 80%). 그러나 사전계획을 따른 것이라면 전체를 묶어서 보아 1)과 3)을 비교하여(25/75 < 50/100 × 80%) A와 B가 받는 주식상환대금을 주식매매로 과세한다.[134]

---

134) Rev. Rul. 75-447, 1975-2 CB 113 (1975).

Ⅲ. 주식매수인의 대금지급에 갈음하는 주식상환 = 숨은 배당

주식매매계약에 따른 매수인의 확정적 대금지급의무에 갈음하여 법인이 매도인의 주식을 상환하는 경우에는 법인이 매매대금을 매수인에게 분배한 것으로 볼 가능성이 있다.

[보기 23][135)

특수관계 없는 개인주주인 갑과 을은 주주간 약정을 맺고 X법인의 주식을 각 50：50으로 소유하고 있다가 을이 사망하자 X법인이 을주식을 을의 상속재단에서 상환받았다. 다음 각 경우 갑, 을, X에게 각 어떤 법률효과가 생기는가?

1) 주주간 약정은, 한 주주가 사망하는 경우 사망일로부터 90일 이내에 다른 주주가 사망자의 상속재단으로부터 주식을 약정에서 정한 가격으로 사들이기로 정하고 있다. 뒤에 B가 사망하자 갑과 을상속재단은 갑이 스스로 을의 주식을 사는 대신 주주간 약정에 정한 가격으로 X가 주식을 상환받았다.

2) 주주간 약정은, 한 주주가 사망하는 경우 사망일로부터 90일 이내에 X법인이 사망자의 상속재단으로부터 주식을 약정에서 정한 가격으로 사들이기로 하되, X법인이 그렇게 하지 않는 경우에는 갑이 같은 가격으로 사들이기로 정하고 있다. 뒤에 을이 사망하자 X법인은 주주간 약정에 정한 가격으로 주식을 상환받았다.

3) 앞 1)과 같은 내용의 약정이 있다가 그 약정을 해지하고 앞 2)와 같은 내용으로 주주간 약정을 새로 맺었다. 그 뒤 을이 사망하자 X법인이 새 약정에 정한 가격으로 주식을 상환받았다.

풀이

1) 애초 두 주주 사이의 매매계약을 무시한다면 을이 주식을 전부상환하므로 양도소득이 생기고 X법인은 배당가능이익 가운데 을 몫인 절반을 감소시키며 갑에게는 아무런 법률효과가 생길 것이 없다. 그러나 X법인의 주식상환은 기실 갑의 매매대금 지급의무에 갈음하는 것이므로, 이 거래는 X법인이 주식상환대금을 갑에게 분배하고 갑이 그 돈을 을에게 지급하면서 주식을 사들인 것으로 본다. 갑은 이미 100% 주주가 되었으므로 갑이 소유한 X법인의 주식수가 절반으로 줄었지만 갑이 받았다고 보는 주식상환대금 전액을 제301조에 따라서 갑에 대한 분배로 보아 3분법으로 과세한다.

2) 갑의 주식매수의무는 1차적 무조건인 것이 아니고 X법인의 의무에 대한 보

충적 지위에 있을 뿐이므로, 주식상환대금을 갑에 대한 배당으로 보지 않는다. 을에게는 양도소득이 생긴다. X법인은 배당가능이익 가운데 을 몫을 감소시킨다.

3) 새로 약정을 맺었다 하여 갑에 대한 배당이 있다고 보지는 않는다. 법률효과는 2)와 같다.

제5장

해산·청산

제3장의 배당, 제4장의 주식상환에 이어, 제5장은 우리 법 개념으로 법인의 해산·청산, 미국법의 용례로는 완전청산(complete liquidation)이 있는 경우 법인 및 주주에게 세법상 어떤 법률효과가 생기는가를 다룬다. 미국법의 용례로 부분청산(partial liquidation), 우리 법 개념으로 치자면 복수의 사업부문 가운데 일부 부문을 폐지하면서 주식을 상환하는 것은 이미 주식상환의 일부로 다루었다. 이 제5장의 범위는 법인 자체가 완전히 없어지는 경우, 그러니까 우리 법 개념으로 해산·청산이다. 제1절에서는 해산·청산에 따르는 일반적인 법률효과를 주주과세와 법인과세로 나누어 살펴보고 뒤이어 제2절에서는 자법인의 해산·청산에 따르는 특칙을 주주과세와 법인과세로 나누어 살펴보기로 한다.

Part I 법인에 의한 분배 (제301조에서 제318조)
Part II 법인의 청산 (제331조에서 제336조)
  SUBPART A 받는 사람에 대한 효과
    제331조(차익차손이 주주에게 법인청산으로 생기는 것)
    제332조(자법인의 완전청산)
    제334조(청산분배받은 재산의 취득원가)
  SUBPART B 법인에 대한 효과
    제336조(차익이나 차손의 인식; 재산분배가 완전청산이라면)
    제337조(과세이연; 재산분배를 모법인에게 완전청산하는 자법인이 하면)
Part III 법인의 설립과 재조직 (제351조에서 제368조)
Part IV [폐지]
Part V 승계 (제381조에서 제384조)
    제381조(일정한 법인간 취득시 승계)

Ⅰ. 해산청산의 의의

이 장에 큰 영향을 주지는 않지만 한 가지 미리 정리해 두어야 할 용례 차이가 있다. 우리 법의 용례로는 회사는 주주총회의 특별결의나 법원의 해산명령이나 해산판결 등에 따라 '해산'한 뒤[1] 잔여재산을 '청산'하는 절차가 끝남으로써 소멸한다. 미국세법의 용례로 dissolution이라는 말은 회사의 청산(liquidation) 절차가 끝나서 법인격이 소멸하는 것을 말한다.

청산은 으레 잔여재산을 매각하고 매각대가를 주주들에게 분배하는 방식으로 이루어진다. 잔여재산이란 하나하나 매각할 수도 있고 영업양도 방식으로 전체를 한꺼번에 매각할 수도 있다. 잔여재산을 제3자에게 매각하는 대신 주주에게 청산배당으로 그냥 분배할 수도 있다. 잔여재산을 지배주주인 법인에게 합병이라는 형식으로 넘기고 합병대가를 주주들에게 분배하는 경우도 이 장의 해산청산에 해당한다.[2]

해산청산 과정에서 법인은 재산을 매각하거나 분배하므로 양도차익 과세문제가 생긴다. 주주들에 대해서는 현금이나 재산의 분배에서 생기는 소득이 양도소득인가 배당소득인가라는 문제가 생긴다.

80% 이상 모자법인 사이라면 특칙이 있어서 자법인의 재산처분익을 과세하지 않고 모법인의 주식양도소득도 과세하지 않는다. 연결납세가 가능한 모자법인이라면 어차피 한 법인처럼 과세하기 때문이다. 자법인을 해산·청산하는 경우 자법인의 재산이나 모법인의 주식에 딸린 미실현이득을 과세하지 않으므로, 자법인의 재산 취득원가는 모법인에게 그대로 넘어간다. 취득원가로 따진 자법인 재산의 가액과 모법인의 자법인 주식 취득원가와의 차액 역시 모법인에게 과세하지 않는다.

---

1) 상법 제517조.
2) 재무부규칙 1.332-2(d)(e), Ex.

II. 주주에 대한 과세

1. (청산분배금 – 주식 취득원가) = 양도소득

해산청산에 따르는 법률효과를 따지기 전에 우선 주주가 현금이나 재산현물을 통상적인 배당으로 분배받거나 주식과 상환으로 받는 경우부터 다시 요약해보자. 배당의 경우에는 분배액(배당받은 현금액이나 재산의 시가)에 제301조의 3분법을 적용해서 배당가능이익의 범위 안에 있는 것은 배당소득이고, 나머지는 투자원본의 회수로 주식의 취득원가에서 차감하고, 그래도 남는 금액이 있으면 주식의 양도소득으로 본다.[3] 주식상환의 경우에는 주식상환이 주주지위의 완전청산 등 제302조(b)의 어느 한 항에 해당한다면 제302조(a)에서 주식매매로 보고, 그 결과 주주가 받는 상환대가에서 주식 취득원가를 공제한 차액이 양도소득이나 양도손실이 된다.[4] 주식상환이 제302조(b)의 어느 항에도 해당하지 않는다면 제302조(d)에 따라 분배로 보고 상환대금에 제301조를 적용하여 일반적인 배당과 똑같이 3분법으로 과세한다.

회사의 해산청산이 있는 경우 주주의 지위는 주식상환 가운데 주주지위의 완전종료와 논리적으로 같다고 볼 여지가 있지만 법은 제331조를 따로 두고 있다.

제331조 (차익차손이 주주에게 법인청산으로 생기는 것)
Sec. 331 Gain or Loss to Shareholders in Corporate Liquidations
(a) 분배가 완전청산이면 교환 — 금액을 받는 것이 주주가 분배를 완전청산 중인 법인에서 받는 것이라면 이를 다루기를 주식교환대가의 전부로 받는 것으로 한다.
(a) DISTRIBUTIONS IN COMPLETE LIQUIDATIONS TREATED AS EXCHANGE — Amounts received by a shareholder in a distribution in complete liquidation of a cor-poration shall be treated as in full payment for exchange of shares.
(b) 제301조 적용배제 — 제301조(주주에 대한 재산분배의 효과 관련)는 적용하지 않는다: 재산분배...가 완전청산에 따른 것이라면.
(b) NONAPPLICATION OF SECTION 301 — Section 301 (relating to effects on share-holder of distributions of property) shall not apply to any distribution of property ... in complete liquidation.

---

3) 제301조. 제3장.
4) 제61조(a), 1001조.

제334조 (청산분배 받은 재산의 취득원가)
Sec. 334 BASIS OF PROPERTY RECEIVED IN LIQUIDATIONS
(a) 원칙 ─ 재산을 받은 것이 분배를 완전청산으로 받은 것이고 차익이나 차손의 인식이 그런 재산 받은 것에 관해 이루어진다면, 재산 취득가액으로 분배받은 자가 잡을 것은 공정한 시가로 쳐서 그런 재산의 분배 당시 금액이다.
(a) GENERAL RULE ─ If property is received in a distribution in complete liquidation, and if gain or loss is recognized on receipt of such property, then the basis of the property in the hands of the distributee shall be the fair market value of such property at the time of the distribution.

위 법조에 따라 완전청산에 따라 주주가 받는 돈이나 재산에서 주식 취득원가를 공제한 차액이 양도소득이나 양도손실이 된다.[5] 법인에 배당가능이익이 얼마 남아 있는가와는 무관하게 차액이 양도소득이나 양도손실이 된다. 주식의 가치가 떨어져서 상환대가가 주주의 주식 취득원가보다 낮은 경우라면 양도손실도 공제받을 수 있다. 주식 취득원가는 한 주 한 주 개별법으로 추적하지만, 그렇게 할 수 없다면 선입선출법으로 계산한다.[6] 양도소득을 장단기로 구분하는 기준도 마찬가지이다.[7] 재산을 현물로 청산배당받는 경우 주주의 재산 취득원가는 시가이다. 법인이 완전청산하지만 받을 분배금이 없는 경우의 주식제각손실은 양도손실이다.[8]

[보기 1][9]
자연인인 '갑'은 X법인의 100% 주주이다. 갑이 소유한 주식은 어머니로부터 물려받은 것으로서 어머니의 취득원가는 250,000불이다. X법인에는 배당가능이익 100,000불이 있고 순자산의 시가는 250,000불이다.
1) X는 해산청산하면서 잔여재산 250,000불을 청산분배금으로 갑에게 분배하였다. 갑에게는 어떤 법률효과가 생기는가?
2) X는 250,000불 가운데 100,000불을 통상적인 배당금으로 갑에게 분배한 뒤 해산청산하면서 잔여재산 150,000불을 갑에게 청산분배하였다. 갑에게는 어떤 법률효과가 생기는가?

---

5) 제61조(a), 1001조.
6) J.K. Downer, 48 TC 86 (1967). 재무부규칙 1.1012-(c).
7) 재무부규칙 3.331-1(e).
8) 제165조(a) 및 (g).
9) Bittker & Eustice, 10.020절의 보기를 손본 것이다.

> 풀이
>
> 1) 갑이 청산배당금 250,000불이라는 "금액을 받는 것이 분배를 완전청산중인 X법인에서 받는 것이므로", 이 250,000불을 "주식교환대가의 전부"로 본다. 따라서 양도소득의 금액은 주식교환대가 250,000불에서 물려받은 취득원가 250,000불을 빼면 영(0)이다.[10]
>
> 2) 통상적인 배당금 100,000불은 배당가능이익의 범위 안에 있으므로 은 제301조의 (분배액 = 배당소득 + 원본회수 + 양도소득)이라는 3분법에 따라 배당소득이 된다. 잔여재산 분배액 150,000불은 청산배당으로 제331조에 따라 취득원가가 250,000불인 주식과 대가 관계에 선다. 따라서 양도손실 100,000불이 생긴다.[11] 다만 아래 2. 참조.

완전청산이라면 법인에 배당가능이익이 얼마나 남아있었는가와 무관하게 주주의 소득을 양도소득으로 구분하는 이유는 무엇인가? 입법자료를 찾아보면, 배당소득으로 과세한다면 세부담 때문에 해산 자체를 막는 왜곡이 생기고 그 결과 실제 세수를 걷지도 못하므로 양도소득으로 과세하는 것이 현실적으로 집행할 수 있는 유일한 방안이라고 한다.[12] 물론 2003년 이후에는 배당소득도 양도소득과 같이 낮은 세율로 과세하므로, 구별의 실익은 크지 않다.

주식상환과 달리 특수관계자간 거래라는 이유로 주식양도손실을 공제받지 못하는 경우는 없다. 법인이 완전청산해서 없어지므로 특수관계 자체가 사라지기 때문이다. 제267조(a) 제2문은 "손실을 청산법인이(또는 분배받는 자가) 입는 경우가 완전청산분배인 것"[13]은 공제한다고 명시하고 있다.

---

10) (차) 현금 250,000 (대) 주식 250,000.

11) (차) 현금 100,000 (대) 배당소득 100,000, (차) 현금 150,000 + 주식양도차손 100,000 (대) 주식 250,000. 자연인 주주의 경우 이 양도손실 100,000불 가운데 3,000불은 경상소득과 통산하여 공제받을 수 있지만 나머지는 양도소득에서만 공제받을 수 있다. 이 보기에서는 다른 소득이 전혀 없다면 올해의 과세소득은 배당소득 100,000불에서 양도손실 3,000불을 뺀 97,000불이 된다. 법인주주의 양도손실은 양도소득에서만 공제받을 수 있다. 미국세법 제1211조, 제1212조. 제1장 제2절 Ⅰ. 3.

12) H.R.Rep. No. 2475, 74th Cong. 2d Sess. (1936), 1939-1 CB 667, 특히 674. 이 판단을 전제로 하고 논리의 앞뒤를 맞춘 결과, 주식상환을 양도로 과세하는 경우에도 법인 배당가능이익과는 무관하게 주주 단계에서 양도차익을 계산한다. 제302조(a) 제4장 제2절 Ⅰ.

13) any loss of the distributing corporation (or the distributee) in the case of a distribution in complete liquidation. 미국세법 제267조(a).

2. 청산분배금의 범위

(청산분배금 - 주식 취득원가) = 양도소득이라는 공식에서 한 가지 문제는 이 청산분배금의 범위이다. 제331조의 청산분배와 제301조의 '분배'를 구별하는 기준, 정확히는 제301조에서 말하는 분배의 하부개념으로서 제331조의 특칙을 적용받는 청산분배라는 개념의 범위는 어디까지인가? 제331조의 글귀에서 보면 그 범위는 '완전청산 중인 법인에게서 받는' 금액이다. 구체적 예는 앞의 [보기 1]에서 1)과 2)를 나누어 본 바와 같다.

'완전청산 중'이란 대개는 회사법상 해산청산 절차 중이라는 뜻이 되지만 반드시 회사법상의 개념은 아니고 다른 미국세법상 개념이나 마찬가지로 세법상 자족적 개념이다. 반드시 회사법상 해산결의를 전제로 하지는 않는다.14) 법인격이 소멸할 필요도 없다. 가령 "재산을 다 팔아서 현금을 주주에게 나누어 준다면 청산의사로 하는 것이라고 보아야 하고, 영업허가가 취소되었다는 사정도 감안하는 것이 적절하다."15) 물론, 회사법상 아직 해산결의를 하기 전인 법인이 세법상으로는 이미 완전청산 중이라는 입증은 납세의무자가 부담한다.

3. 과세시기

제331조는 주식 전부의 대가로 청산분배금을 받는 것으로 본다고 정하고 있다. 그런데 청산분배금이란 한꺼번에 다 분배하기보다는 여러 차례 나누어서 분배하는 것이 오히려 일반적이다. 여기에서 과세시기를 언제로 볼 것인가라는 문제가 생긴다. 가령 앞 [보기 1]의 1)로 돌아가 250,000불 전체가 청산분배금에 해당하는데 1회분 100,000불은 01년에 분배하고 2회분 150,000불은 02년에 분배한다고 하자. 두 해의 소득은 각각 얼마인가? 이 보기에서는 1회분과 2회분의 금액을 이미 안다고 전제했지만 현실세계에서는 1회분의 분배 당시에는 아직 차후의 분배금액이 얼마가 될지 모르는 것이 오히려 보통일 것이다. 1회분으로 일단 100,000불을 분배하기는 하지만 차후의 분배액이 180,000불이 될지

---

14) 재무부규칙 1.332-2(c). 제332조 관련이지만 제331조에서도 같은 결론이 나와야 한다. Bittker & Eustice, 10.02절.

15) Kennemer v. Comr, 96 F2d 177 (5th Cir. 1938), 특히 178쪽.

150,000불이 될지 또는 130,000불이 될지 아직 알 수 없고 차후의 분배가 몇 번 있을지도 모른다고 하자. 그렇다면 주식양도소득은 언제 얼마를 과세해야 하는가?

일단 직관적으로 판단해본다면, 청산분배금이 주식의 취득원가에 이르기까지는 양도소득이 없는 것으로 보고 그 다음부터 양도소득이 생긴다고 볼 수 있지 않을까? 이렇게 원본회수부터 시작한다면 1회분 100,000불을 분배했을 때에는 원본회수뿐이고 2회분 160,000불을 분배한다면 나머지 원본 150,000불도 다 회수하였으므로 그 해에 양도소득이 10,000불 생기고 3회분 20,000불을 분배한다면 그 해에 양도소득이 20,000불 생긴다고 생각하면 된다.

다른 한편 문제가 그렇게 손쉽지는 않은 것이 청산분배란 꼭 현금일 필요가 없고 다른 재산일 수도 있다. 다시 같은 예에서 1회분 분배 뒤 남아있는 잔여재산의 가치를 180,000불로 평가할 수 있다면, 1회분 분배액을 현금 100,000불에 시가 180,000불 상당의 債權을 더한 280,000불이라고 보고 그뒤 180,000불을 받은 것은 이미 분배받은 채권을 변제받는 것일 뿐이라고 생각할 수도 있다. 이렇게 과세한다면 애초에 280,000불(현금 100,000 + 채권 180,000)의 재산을 분배받은 것이므로 주주에게는 양도소득 30,000불(= 분배액 280,000 - 주식 취득원가 250,000)이 생긴다. 180,000불로 쳤던 나머지 재산의 실제가치가 뒤에 190,000불이 된다면 차액 10,000불은 주식과는 무관하고, 180,000불짜리 채권에 딸린 이자소득이거나 달리 채권회수에서 생긴 경상소득이 된다. 실제로 받은 돈이 170,000불이라면 차액 10,000불은 아마도 양도손실이 될 것이다. 사업상 채권이 아닌 한 대손금은 양도손실로 본다는 특별규정이 있기 때문이다.[16) 180,000불이 앞으로 받을 돈에 대한 단순한 채권이 아니고 유가증권이나 증서를 받아 둔 것이라면 차액은 유가증권이나 증서의 양도소득이나 양도손실로 볼 수 있다.

판례는 엇갈리고 있다. 전자처럼 아직은 얼마 받을지 모른다는 생각을 전제하고 과세한다는 것도 있고[17) 후자처럼 애초 분배가 완결되었다고 보고 과세한다는 것도 있다.[18) 앞으로 받을 잔여재산의 가치를 평가할 수 없다면 전자로 과

---

16) 미국세법 제166조(d)(2). 제1장 제2절 Ⅲ. 1.

17) 효시는 Burnet v. Logan, 283 U.S., 404 (1931)이다. 후속판결은 Comr v. Carter, 170 F.2d 911 (2d. Cir. 1948) 등. Bittker & Eustice, 10.03[2]절 참조.

18) Campagna v. U.S., 290 F2d 682 (2d Cir. 1961) 등. Bittker & Eustice, 같은 절 참조.

세한다는 것이 판례의 대세이지만,[19] 가치평가가 불가능하다는 것을 원칙적으로 인정하지 않겠다는 것이 국세청의 원칙적 입장이다.[20] 한편 아직 돈을 다 받기 전에 잔여재산 가액이 확정되어 분배가 완결되었다고 보는 판결 가운데에는, 그렇더라도 양도소득을 당장 다 과세하지는 않고 할부판매 방식을 적용해서 실제로 받는 청산분배금에 각 안분해서 과세한 판결도 있다.[21] 가령 앞의 예에서 남아있는 재산을 180,000불로 쳐서 계산한 양도소득 30,000불은 나누어 받는 청산분배금의 금액에 안분하여 여러 차례로 나누어 과세하라는 것이다. 마지막으로 할부판매 방식의 적용범위를 넓혀놓은 입법으로 제453조(h)는, 법인이 잔여재산을 제3자에게 할부조건으로 팔고 뒤이어 주주에게 이런 할부채권을 청산분배한다면, 주주의 주식양도소득은 전체를 바로 과세하지 않고 할부채권 회수액에 안분하여 여러 차례로 나누어 과세한다고 정하고 있다.

양도소득은 주식 하나하나를 놓고 따로 따지는 것이므로 소득의 장단기 구분은 과세대상인 각 주식의 취득시기에서 과세시기 사이에 흐른 기간이 얼마인가를 따져서 정한다.[22] 민사법상 주식을 회사에 넘겨준 시기가 언제인가와는 상관이 없다. 할부판매란 이미 과세시기에 이른 재산에 대해서 소득계산만 특칙을 따르는 것이므로 할부판매법은 양도소득의 장단기 구분에 영향을 주지 않는다.[23]

[보기 2]

X법인은 해산을 결의하면서 잔여재산을 두 해에 걸쳐서 분배하기로 했다. 주주 갑은 이 결의에 따라, 해산한 해에 12,500불을 분배받고 이듬해에 12,500불을 분배받았다. 주주 갑의 X주식 취득원가는 20,000불이다. 주주 갑에게는 어떠한 법률효과가 생기는가?

(풀이) 구체적 사실관계에 따라 아래 세 가지 가운데 하나가 된다. 1) 해산시 갑이 받을 분배금의 가치가 특정되어 있다면, 첫해 현금 12,500불과 채권 12,500불, 합계 25,000불에서 숨은 이자를 뺀 금액을 분배받는다고 보고 거기에서 주식

---

19) 행정해석으로는 REV. Rul. 85-48, 1985-1CB(126). 이런 해석과 제453조(j)가 충돌한다는 주장으로 Stephen Schwarz & Daniel J. Lathroge, Fundamentals of Corporate Taxation (8th ed. 2012), 321쪽.

20) Rev. Rul. 58-402, 1958-2 CB 15 (1958). 한편 Bittker & Eustice, 10.03[2]절은 양도손실이 생기는 경우 국세청의 입장이 이 행정해석과 달라진 판결례도 보여주고 있다.

21) Joseph J. Weiss, P-H TC Memo ¶65,020 (1965).

22) J.K. Downer, 48 TC 86 (1967).

23) Bittker, McMahon & Zelenak, Federal Income Taxation of Individuals, 41.01[1]절.

취득원가 20,000불을 공제하고 양도소득(5,000불－숨은 이자)을 과세한다. 숨은 이자는 기간에 안분하여 과세한다. 2) 청산계획 채택시 주식양도소득이 생기기는 하지만 할부조건으로 보아 첫 해에 2,500불의 소득을 이듬해에 2,500불의 소득을 과세한다. 3) 청산계획 채택시 갑이 받을 분배금의 가치를 모른다면, 첫해에는 주식의 투자원본 가운데 12,500불을 회수할 뿐 소득은 없다. 남아있는 투자원본은 20,000－12,500 = 7,500불이다. 이듬해에는 분배금액 12,500불에서 남아 있는 투자원본 7,500불을 빼서 양도소득 5,000불을 과세한다.

[보기 2-1]

위 보기에서 X법인이 해산결의를 하지 않은 채 어느 해 영업을 중단하면서 잔여재산 가운데 절반을 주주에게 현물로 배당하고 이듬해 해산결의를 하면서 나머지 절반을 주주에게 청산분배한다면, 주주 갑에게는 어떠한 법률효과가 생기는가?

(풀이) 청산분배란 반드시 회사법상 해산을 필요로 하지는 않으므로 첫해에 받은 12,500불을 청산분배금으로 볼 수 있는가는 입증문제가 된다. 납세의무자가 입증에 실패한다면 첫해에 받은 12,500불은 통상의 배당이 되어 3분법을 적용받아서 배당가능이익의 범위 안에서는 배당소득이 되고 나머지는 주식의 취득원가에 충당한다. 가령 첫해의 배당가능이익이 10,000불이라면 2,500불은 주식의 취득원가에 충당한다. 이듬해 받는 12,500불은 청산분배금이 되고, 남아있는 주식 취득원가 17,500불(= 20,000 － 7,500)과의 차액 5,000불은 양도손실이 된다. 양도손실의 공제에는 제약이 따른다.

4. 현물분배

제334조 (청산분배 받은 재산의 취득원가)
Sec. 334 BASIS OF PROPERTY RECEIVED IN LIQUIDATIONS
(a) 원칙 — 재산을 받은 것이 분배를 완전청산으로 받는 것이고 차익이나 차손의 인식이 그런 재산 받은 것에 이루어진다면, 재산 취득원가로 분배받은 자가 잡을 것은 공정한 시가로 쳐서 그런 재산의 분배 당시 금액이다.
(a) GENERAL RULE — If property is received in a distribution in complete liquidation, and if gain or loss is recognized on receipt of such property, then the basis of the property in the hands of the distributee shall be the fair market value of such property at the time of the distribution.

재산을 현물로 청산배당받는 경우 주주의 재산 취득가액은 시가이다. 다음 절에 보듯 재산을 현물배당한다면 법인이 처분익에 세금을 내어야 하므로 법인에 달리 현금이 없다면 주주가 받을 청산분배액은 세금만큼 줄어든다.

[보기 3]
L법인의 해산청산에 따라 주주 갑은 현금 20,000불과 L법인 소유였던 광업권(존속기간 20년짜리 채굴권)을 분배받았다. 이 광업권은 다른 사람에게 20년짜리 조광권을 설정해준 상태이고 조광료(roylaty)는 조광권자가 채굴하는 광물의 가치의 일정비율이다. 갑의 L 주식 취득원가는 15,000불이다. 갑에게는 어떤 법률효과가 생기는가?

(풀이) 광업권의 가치를 산정할 수 없다면 일단 원본 15,000불부터 회수하고 나머지 5,000불은 주식 양도소득이고 그 뒤에 받는 조광료도 모두 청산분배금으로 보아 주식양도소득이 된다는 판례도 있음은 이미 보았다. 국세청 실무는 재산의 가치를 산정할 수 없는 경우란 없다는 쪽이므로 (광업권 가치의 산정치 + 현금 20,000불 - 주식 취득원가 15,000불)의 양도소득이 생기고, 광업권 가치의 산정치는 갑의 광업권 취득원가가 된다. 그 뒤 갑이 받는 조광료는 모두 광업권에서 생기는 경상소득이고, 광업권 상각액은 필요경비로서 조광료에서 공제받는다.

---

5. 법인채무의 인수

주주가 청산분배금을 받으면서 법인과의 합의에 따라 또는 법률의 규정에 따라 법인채무를 인수한다면 채무액을 청산분배금의 금액에서 빼는 것은 논리상 당연하다.[24] 통상적인 배당을 받으면서 법인채무를 인수하는 경우에는 제301조에 그런 명문규정이 있다.[25] 청산분배금에 대해서는 그런 명문규정이 없는 까닭에 애초 제331조에서 '금액을 받는 것'이라는 말의 뜻이 부채인수액을 뺀 금액이고 제1001조의 양도차익 계산에서도 양도가액이라는 말은 부채인수액을 뺀 금액이라고 풀이한다.[26] 주주가 인수할 당시 채무의 금액을 특정할 수 없다면

---

24) Ford v. U.S., 311 F.2d 951 (Ct. Cl. 1963).

25) 제3장 제3절 Ⅰ.

26) Ford. v. U.S., 311 F.2d 951 (Ct. Cl. 1963); Rev. Rul. 59-228, 1959-2 CB 59 (1959). 대법원 판결로 Arrowsmith v. Comr, 344 US 6 (1952)는 채무인수액을 청산분배금에서 빼고 양도소득을 계산한다는 것을 당연한 것으로 전제하고 있다.

청산분배금에서 뺄 수 없고 뒤에 실제로 채무를 물어내게 되면 그 때에 가서 제 165조의 손실(loss)로 공제하되 그 성격은 경상손실이 아니라 양도손실이다.[27]

(판례) Arrowsmith v. Comr.[28]

원고 B와 P상속재단은[29] BP법인의 주식을 50 : 50으로 소유하고 있다가 1937년 P가 죽자 법인을 해산하고 1937, 1938, 1940년에 걸쳐 네 차례 청산분배금을 지급받았다. 원고는 1937년분 청산분배금에서 주식 취득원가를 공제한 차익을 저율과세 대상인 1937년분 장기양도소득으로 신고하고 그 뒤에 받은 청산분배금은 수입금액 그대로를 모두 장기 양도소득으로 신고했다. 청산이 끝나기 전 1939년에 BP법인은 두 주주와 연대하여[30] 제3자에게 돈을 물어주라는 제1심 판결을 받았지만, 1940년에 그 돈을 아 직 물어주지 않은 상태에서 일단 나머지 잔여재산을 다 청산분배했다. 그 뒤 1944년에 돈을 물어주라는 판결이 확정되자 두 주주는 이를 물어주고,[31] 소득세 신고시 그렇게 물어준 돈을 경상손실로 공제했다. 국세청은 이 지급액을 경상손실이 아니라 양도손 실로 보고 세금을 부과했다. 원고가 지급한 돈은 애초 원고가 받은 청산분배금에서 차 감해야할 성격이고 그렇게 한다면 장기양도소득이 줄어들었을 것이므로 지급 시기에 가서 공제받는 것도 양도손실로 보아 다른 양도소득[32]에서만 공제할 수 있다는 것이 다. 원고 주장은 1937년분 소득세와 1944년분 소득세는 애초 서로 다른 과세물건이므 로 1944년분 손실의 성격은 1937년과는 무관하게 따로 따져야 하고, 그렇다면 양도에 서 생긴 손실이 아닌 이상 경상손실이라는 것이다. 그러나 대법원은 해마다의 소득이 각각 별개의 과세물건이라고 하더라도 1944년분 손실의 성격을 정하기 위해서는 지나 간 사정도 고려할 수 있다고 보았다. 가령 이 돈을 청산종료시기인 1940년 이전에 물 어냈다면 그만큼 양도소득이 줄어들었을 것이기 때문이다.

재산을 현물로 청산분배하는 경우에는 주주가 인수하는 법인채무의 금액이

---

27) Arrowsmith v. Comr. 344 U.S., 6 (1952).

28) 344 U.S., 6 (1952).

29) Arrowsmith는 P상속재단의 유언집행자이다.

30) 우리 법으로 친다면 연대채무자 사이의 내부적 부담부분은 회사가 100% 지고 있었다.

31) 애초 돈을 물어주라는 민사판결(144 F2d 379)에서 두 주주에게 연대채무를 지웠지만 이 사건 세 금 판결에서는 연대채무라는 부분은 아예 무시하고 잔여재산을 분배받은 주주로서 책임을 진 것 으로 적고 있다. 두 주주의 내부적 부담부분이 영(0)이었기 때문일 것이다. 실제로 이 판결에서 원고 가운데 B는 자신의 연대채무는 독자적 불법행위에서 생긴 것이고 따라서 자신이 물어낸 돈 은 경상손실이라 주장했지만, 법원은 실제로 B가 물어낸 돈은 전액이 아니라 50% 부분뿐이므로 B가 지급한 돈은 잔여재산을 분배받은 주주로서 물어낸 것일 뿐이라고 보았다.

32) 현행법에서는 양도소득 더하기 3,000불. 제1211조 제1장 제2절 Ⅰ. 3.

청산분배금보다 일견 더 많은 경우가 생길 수 있다. 가령 시가 150인 재산을 청산분배받으면서 회사채무 180을 떠안는다면 분배받은 금액은 (-)30인가? 주주의 책임이 유한한 이상 회사채무를 강제로 떠안는 것은 있을 수 없고 음(-)의 분배란 있을 수가 없다. 이런 경우 통상적인 배당이나 마찬가지로[33] 분배받는 재산의 가치는 시가 150으로 고정되어 있으므로[34] 채무가 30만큼 과대평가된 것으로 본다.[35]

Ⅲ. 법인에 대한 과세

해산·청산하는 법인에 대해서는 배당가능이익이 어떻게 변화하는가는 더 이상 의미가 없다. 청산분배금을 받는 주주의 소득은 법인의 배당가능이익과 무관하게 양도소득으로 과세하고, 청산이 끝나고 법인이 소멸하면 배당가능이익을 따질 수도 따질 이유도 없다. 따라서 법인과세에서 남는 논점은 회사가 재산을 현물로 분배하는 경우 그런 재산에 딸린 미실현이득을 어떻게 할 것인가라는 문제뿐이다. 앞서 보았듯 제334조가 주주가 분배받는 재산의 취득가액을 시가로 잡고 있는 이상 법인에 대해서도 미실현이득을 과세해야 논리의 앞뒤가 맞다. 그렇지만 그 밖에도 몇 가지 따질 점이 더 있다.

1. General Utilities Doctrine

청산분배 역시 1954년 전에는 General Utilities 판결[36]에 따랐고, 완전청산하는 법인은 분배하는 재산에 딸린 미실현이득에 세금을 내지 않았고 미실현손실을 공제받지도 못했다. 다른 한편 법인이 재산을 제3자에게 처분하고 처분대금을 주주에게 분배한다면 법인은 처분익에 세금을 내어야 하므로, 법의 앞뒤가 맞지 않는다는 문제를 안고 있었다.

이미 재산의 현물배당 부분에서 살펴본 것과 똑같은 모순점이지만 다시 한

---

33) 제301조(b)(2) 괄호. 제3장 제3절 Ⅰ.

34) 제334조(a).

35) 뒤에 실제로 180이라는 채무를 변제하는 일이 생긴다면 추가변제액 30을 자본적 지출로 재산이 취득원가에 가산할 수 있다고 보아야 논리가 맞다. Bittker & Eustice, 10.04절.

36) 296 U.S., 200 (1935). 제3장 제2절 Ⅱ. 2.

번 생각해보자.

[보기 4]
자연인 갑은 T법인의 유일한 주주이고, T주식 취득원가는 100,000불이다. T법인은 취득원가 30,000불 시가 400,000불인 부동산으로 임대업을 하고 있고 그 밖에 제조업도 하고 있다. 다른 자연인 을은 이 토지를 사려 한다. General Utilities 판결에 따라서 다음 두 가지 대안에 대한 세법상 법률효과를 분석하라.
1) T법인은 해산하면서 토지를 갑에게 청산분배하고 갑은 이 토지를 을에게 400,000불에 판다.
2) T법인은 토지를 을에게 400,000불에 팔고 그 돈을 갑에게 배당한다.

(풀이)

1) T법인은 미실현이득 370,000불에 대한 세금을 낼 것이 없고 갑의 주식 양도소득은 (400,000 - 100,000) = 300,000불이다. 갑의 토지 양도소득은 (400,000 - 400,000 = 영(0)이다.[37]
2) T법인은 토지양도소득 (400,000 - 30,000) = 370,000불에 세금을 낸다. 갑은 주식양도소득에 세금을 낸다.[38] 갑의 토지 양도소득은 없다.

위 보기에서 보듯 주주가 받는 청산분배금(토지의 시가 = 토지의 처분대금)을 주식의 양도가액으로 보고 주식양도소득을 과세한다는 점은 두 대안 사이에 차이가 없다. 주주에게 토지 양도소득이 없다는 점도 차이가 없다. 그러나 General Utilities 원칙에 따른다면 토지의 미실현이득에 대해서 법인세를 내는가 안 내는가가 서로 다르다. 이런 차이가 사람들의 행동을 완전청산 쪽으로 몰고가서 구태여 죽일 이유가 없는 법인을 죽이는 비효율을 낳는다는 점은[39] 접어두더라도 특정한 사실관계가 어느 쪽에 해당하는가를 놓고 국세청과 납세의무자 사이에 끝없이 시비가 붙게 마련이다.

---

37) T법인은 i) (차) 자본 30,000 (대) 토지 30,000. 갑은 ii) (차) 토지 400,000 (대) 주식 100,000 + 양도소득 300,000. iii) (차) 현금 400,000 (대) 토지 400,000. i)의 차변에 나오는 법인의 분배액과 ii)에 나오는 주주의 자산 취득가액(= 자산감소액 + 양도소득)은 따로 놓게 된다.

38) T법인은 i) (차) 현금 400,000 (대) 토지 30,000 + 양도소득 370,000, ii) (차) 자본 400,000 (대) 현금 400,000. 갑은 iii) (차) 현금 400,000 (대) 주식 100,000 + 양도소득 300,000. ii)와 iii)은 일치한다.

39) H.R.Rep. No. 99-426 (99th Cong. 1st Sess. 281 (1985)는 1980년대에 기업의 인수합병이 급증한 이유 가운데 하나가 General Utilities 원칙이라고 지적하고 있다.

(판례) Commissioner v. Court Holding Co.40)

원고 CHC 법인은 Miller 부부가 1934년에 특정한 주택을 사들여서 소유한다는 목적으로 설립하였다. 부부는 법인주식의 100%를 소유하고 있었다. 1939년 10월 1일과 1940년 2월 사이에 법인은 아파트를 팔기 위하여 매수인과 매각협상을 벌였다. 매각조건에 대한 구두합의가 이루어져서 1940년 2월 22일 계약서를 작성하기 위해 만났지만 원고의 법인세 부담이 너무 커서 이 상태로는 계약을 맺을 수가 없다는 원고측 변호사의 조언에 따라 계약서 서명은 하지 않았다. 바로 그 다음 날, 법인은 해산청산하면서 모든 재산을 청산분배하기로 결의했다. 그에 따라 Miller 부부는 주식을 내어놓고 주택을 분배받은 다음 부부와 매수인 사이에 매매계약을 맺었다. 계약조건은 전에 법인과 매수인 사이에 구두로 합의했던 것과 별 차이가 없었다. 매매대금을 지급받고 3일 뒤 부부는 주택을 넘겨주었다. 국세청은 실질과세의 원칙에 따라 거래를 재구성하여 주주는 법인이 재산을 매각하고 매매대금을 받는 과정의 도관일 뿐이고, 실제 매도인은 법인이며 법인이 대금을 받아서 이를 주주에게 분배한 것으로 보고,41) 법인에 처분익을 과세하였다. 제1심 조세법원은 국세청 승소 판결을 내렸지만 항소심은 납세의무자 승소 판결을 내렸다.

대법원은 국세청 승소판결을 내렸다. 양도소득의 귀속자가 누구인가는 반드시 민사법상 소유권자가 누구이었는가에 따르지 않고 거래 전체를 놓고 최초의 협상개시부터 거래의 완결까지 모든 단계를 다 보아서 종합적으로 판단하여야 한다. 해당 주의 민사법상 부동산 매매는 서면합의라야 유효하고42) 법인이 매매계약서를 서명한 적이 없지만, 이 점은 중요하지 않다. 거래 전체를 놓고 보면 주주들은 도관일 뿐이고 법인을 매도인으로 보아야 한다.

(판례) United States v. Cumberland Public Service Co.43)

비상장회사인 원고 CPS법인은 오랫동안 켄터키 주의 세 도시에서 디젤엔진으로 전기를 생산하고 판매했다. 그러다가 1936년 루즈벨트 대통령의 TVA 계획44)으로 대규모 수력발전이 시작되었고, 그 계획에 속하는 다른 기업이 전기를 싼 값으로 대량공급하기 시작했다. 사업을 정리할 수밖에 없는 처지에 놓인 CPS는 경쟁기업에 주식전체를 사라고 청약했으나 경쟁기업은 이를 거절하고 CPS의 송전·배전 설비만 사들이겠다고

---

40) 324 U.S., 331 (1945).
41) 이런 재구성 주장은 이미 General Utilities 판결 그 자체에 나온다. 제3장 제2절 Ⅱ. 2.
42) 이것을 Statute of Frauds라 부른다.
43) 338 U.S., 451 (1950).
44) Tennessee Valley Authority. 대공황 극복을 위한 경기부양책으로 테네시 계곡 일대를 개발하면서 그 목적으로 설립한 공기업의 이름이다.

반대청약을 보내왔다. 송전·배전 설비를 매각하는 경우 생길 법인세 부담 때문에 CPS 는 이 반대청약을 그대로 따를 수는 없다고 거절하였지만 그 대신에 CPS를 해산·청산하고 CPS의 주주들이 설비를 청산분배받은 뒤 경쟁기업에 팔기로 모두 합의했다. 그에 따라 주주들은 설비를 청산분배받은 뒤 이를 경쟁기업에 매각했다.

국세청은 설비의 매도인은 CPS 법인이되 다만 주주들을 거쳐서 팔았을 뿐이라고 보고 법인세를 매겼다. 하급심 판결에서는[45] 의견이 갈렸다. 다수의견은 이런 거래형태가 세금을 줄일 목적이었다는 점은 인정했지만 그렇더라도 법인이 매도인인 것은 아니라고 판시하였다. 이에 대해 반대의견은 Court Holding 판결에 따른다면 법인이 매도인이라고 보았다.

대법원은 이 사건은 Court Holding 판결의 사실관계와 다르다고 보았다. Court Holding 판결에서는 회사와 매수인이 구두합의에 이른 뒤 세금문제를 뒤늦게 깨닫고 재산을 청산배한 것인데 비해 이 CPS 사건에서는 정상적인 청산과 해산 절차를 통해 재산을 청산분배한 뒤에 주주들이 팔았다. 어떤 길로 가는가에 따라 세금에 차이가 생기도록 법을 정해 둔 것인 이상 세금을 줄일 목적이었더라도 법률효과가 달라지지 않는다는 것이다.

그 뒤 1954년 법은 General Utilities 판결을 명문화하였다. 현물배당에 관련해서는 제311조(현행법 제311조(a))를 두었다.[46] 완전청산에 관련해서도 따로 조문을 두어서 청산배당시 처분익을 과세하지 않는다고 정하고, 나아가 앞서 본 판결같은 시비를 피하기 위해 청산기간 중의 잔여재산 처분에도 처분익을 과세하지 않는다고 정하였다.[47] 그러나 그 뒤 General Utilities 판결에 대한 비판이 높아지자[48] 마침내 1986년에 이를 폐기하였다. 그 결과 및 후속입법이 현행법 제336조이다.

---

45) Cumberland Public Service Co. v. U.S., 113 Ct. Cl. 460 (1949). Court of Appeal for the Federal Circuit를 거치지 않고 바로 대법원으로 상고하게 된 사정은 판결문에 나오지 않아서 모르겠다. 아마 그 무렵의 절차법이 달랐으리라.

46) 제3장 제2절 Ⅱ. 2.

47) 1954년법 제337조. If ― (1) a corporation adopts a plan of complete liquidation...and (2) within the 12-month period beginning on the date of the adoption of such plan, all of the assets of the corporation are distributed in complete liquidation, less assets retained to meet claims, then no gain or loss shall be recognized to such corporation from the sale or exchange by it of property within such 12-month period. 현행법이 아니라서 우리 말로 옮기지는 않았다.

48) 제3장 제2절 Ⅱ. 2.

2. 현행법의 원칙: 처분익과 처분손을 모두 인식

> 제336조 (차익이나 차손의 인식: 재산분배가 완전청산이라면)
> Sec. 336 GAIN OR LOSS RECOGNIZED ON PROPERTY DISTRIBUTED IN COMPLETE LIQUIDATION
> (a) 원칙 ― 예외를 달리 정한 것이 이 조에...없다면, 차익과 차손의 인식을 청산법인이 분배하는 재산에 하되 완전청산이라면 마치 재산을 분배받는 자에게 공정한 시가로 판 듯이 한다.
> (a) IN GENERAL ― Except as otherwise provided in this section..., gain or loss shall be recognized to a liquidating corporation on the distribution of property in complete liquidation as if such property were sold to the distributee at its fair market value

이 법조와 완전청산 아닌 재산분배(재산현물로 하는 배당이나 주식상환)에 관한 제311조를[49] 견주면 그 내용이 정반대인 것처럼 잘못 읽기 쉽다. 제311조에서는 1954년에 General Utilities 원칙을 명문화하는 내용으로 (a)가 처분손익을 인식하지 않는다고 정하고, 그 뒤 1986년에 이 원칙을 폐기할 때 제311조(a)는 그냥 둔 채 제311조(b)에서 처분익을 인식한다고 정하면서 제311조(b)를 제311조(a)에 우선적용한다고 적고 있다. 이와 달리 현행법 제336조는, 1986년 법개정 때 종래의 General Utilities 규정(개정 전 제337조)을 아예 없애고 완전청산시에는 처분손익을 인식한다는 내용만 적고 있다. 제311조나 제336조나 처분익의 인식은 같다. 처분손은 제336조의 완전청산시에만 인식한다.

> [보기 5][50]
> T법인에는 사업부문으로 T-1과 T-2 두 부문이 있다. T법인은 완전청산하면서 각 부문의 재산을 (i) 개인주주 갑에게 청산분배하거나 (ii) 특수관계 없는 매수인 을에게 팔려고 한다. 아래 각 경우 위 두 대안 사이에 T법인에 생기는 법률효과에 차이가 있는가?
> (1) 두 부문 모두 재산의 시가가 순취득원가보다 높다.
> (2) 두 부문 모두 재산의 시가가 순취득원가보다 낮다.
> (풀이)
> (1) 없다. (i)이라면 제336조(a)에 따라 처분익을 과세하고 (ii)라면 양도소득의

49) 제3장 제2절 Ⅱ. 2. 제4장 제2절 Ⅱ. 제311조는 '완전청산이 아닌' 분배에 적용한다.
50) Bittker & Eustice, 10.05[7]절, Ex. 1과 2.

일반 원칙으로 돌아가 처분익을 과세한다.

(2) 원칙적으로는 없지만 청산분배의 경우 뒤이어 볼 제336조(d)(1)이나 (d)(2)에 따라 처분손의 전부나 일부를 손금불산입하는 경우가 생길 수 있다.

청산분배한 재산이 투자자산(capital asset)이어서 양도차손 손금산입에 제약이 있다면 제336조가 이 제약을 풀어주지는 않는다. 제336조에 따라 분배하는 재산 하나하나 처분손과 처분익을 계산한 뒤, 그 가운데 투자자산에서 생긴 양도차손은 투자자산 양도차익에서만 공제할 수 있다.[51] 법인격 자체가 소멸하는 마당이므로 공제받지 못한 양도차손은 영영 사라지는 결과를 빚을 수도 있다.

배당이나 주식상환과 달리 완전청산에서는 법인격 자체가 소멸하고 주주의 소득도 모두 양도소득으로 과세하므로 배당가능이익이 어떻게 변화하는가는 따질 필요가 없다.[52]

[보기 6]

ABC법인은 주주 5명이 각 현금 10,000불씩을 출자한 돈으로 50,000불어치 재산을 취득했다. 몇 해 동안 사업의 부침을 겪다가 현재 법인은 시가 125,000불 어치의 여러 가지 재산(취득원가 50,000불)과 현금 25,000불을 소유하고 있다. 올해 1. 1. 현재 누적 배당가능이익은 25,000불이고 올해에는 다른 소득은 영(0)이다. 이 시점에서 ABC법인은 완전청산하면서 앞의 125,000불 어치의 재산을 각 주주에게 시가 25,000불 어치씩 현물배당하기로 하였다. 법인세율은 법인소득의 1/3이라고 손쉽게 생각하기로 한다.

(i) 법인과 주주에게는 어떤 법률효과가 생기는가?

(ii) 법인이 소유하고 있는 현금은 없고 여러 가지 재산의 시가가 125,000불이 아니라 30,000불이고 취득원가가 50,000불이라면? (결손금 소급공제는 무시한다)

(iii) 위 (ii)에서 법인이 소유하고 있는 재산을 제3자에게 30,000불에 매각하고 매각대금을 청산분배한다면?

(풀이)

(i) ABC법인은 완전청산하므로 "차익의 인식을 청산법인이 분배하는 재산에 하되 마치 이 재산을 분배받는 자에게 공정한 시가"인 125,000불에 판 듯이 하여 취득원가 50,000불을 공제하고 75,000불의 처분익에 대해서 법인세를 낸다. 법인

---

51) 제1211조(a).

52) 외국법인이거나 최저한세 때문에 따져야 하는 경우가 있지만 이 강의의 범위 밖이다.

세 25,000불을 내고 나면 법인이 가진 현금은 다 없어진다. 각 주주가 받을 청산분배는 125,000/5 = 25,000불이다. 각 주주에게는 25,000 – 10,000 = 15,000불의 주식 양도소득이 생긴다. 각 주주의 재산 취득원가는 시가인 25,000불이 된다. 법인의 배당가능이익이 75,000불(= 전기이월 25,000 + 처분익 75,000 − 법인세 25,000) 있다는 사실은 주주과세에 아무런 영향이 없다.청산배당에 따라 법인의 배당가능이익이 어떻게 변동하는가도 더 이상 따질 이유가 없어진다.

(ii) 차익만이 아니라 '차손의 인식을 청산법인이 분배하는 재산에 하되 마치 이 재산을 분배받는 자에게 공정시가'에 판 듯이 하므로 법인에게는 30,000 – 50,000 = 20,000불의 처분손이 생긴다. 각 주주가 받는 청산분배금은 30,000/5 = 6,000불이고, 각 주주에게는 6,000 – 10,000 = 4,000불 양도손실이 생긴다. 각 주주의 재산 취득원가는 시가인 6,000불이다.

(iii) 일반적인 양도이므로 법인의 처분손은 20,000불이고 각 주주의 주식양도차손은 4,000불이다.

[보기 7]

Y법인은 x1.1.1. 해산을 결의했다. 잔여재산의 취득원가는 250,000불이다. 같은 해 2월 Y법인은 잔여재산을 시가상당액인 100만불에 제3자에게 팔면서, 대금은 앞으로 5년간 해마다 200,000불씩 분할상환받기로 하고 미상환금액에는 적정이자율인 8%의 이자를 받기로 했다. Y법인은 위 분할상환 약정의 원리금을 반영한 약속어음 5매를 받아서 같은 해 3월 이를 주주들에게 현물분배했다. 법인과 주주에게는 각 어떤 법률효과가 생기는가?

(풀이) 제3자에 대한 Y법인의 잔여재산 처분은 일반적인 양도로 과세대상이지만 장기할부조건이므로 전액 과세이연받는다.[53] Y법인이 약속어음을 청산분배하는 시점에는, 약속어음을 시가에 매도하는 것으로 본다.[54] 과세이연받은 할부채권의 매도대금은 할부대금을 변제받은 것으로 보므로 과세이연받았던 750,000불을 소득에 잡는다.[55] 주주는 제331조만 보면 약속어음이라는 재산을 시가 100만불에 분배받은 것이므로, 약속어음의 취득원가가 100만불이 되고 주식 취득원가를 뺀 차액이 주식양도소득이 된다.[56] 그러나 앞서 Ⅱ. 3에서 보았듯 제453조(h)는 이에 대한 특칙을 두어 완전청산 중 잔여재산을 처분해서 받은

---

53) 제453조(a)와 c. (차) 할부채권 25만 (대) 자산 25만. 한편 기업회계식 분개로는 (차) 할부채권 100만 (대) 자산 25만 + 선수수익(부채) 75만.

54) 제336조(a).

55) (차) 자본 100만 (대) 할부채권 25만 + 처분익 75만. 기업회계식 분개로는 (차) 자본 100만 + 선수수익(부채) 75만 (대) 할부채권 100만 + 처분익(소득) 75만. 제453B조(a). 이창희, 세법강의 19장 2절 Ⅲ.

56) (차) 할부채권 100만 (대) 주식 (xx) + 주식양도소득 (100만 – xx).

할부채권을 주주에게 현물분배한다면, 주주들의 양도소득을 할부조건으로 계산할 수 있다고 정하고 있다. 따라서 양도소득은 5분해서 해마다 1/5씩 과세한다. 어음이자는 주주의 경상소득이다.

3. 처분손 이중공제의 부인

제267조는 특수관계자간 거래라면 그 자체로 처분손의 손금산입을 일단 부인하지만, 완전청산에서 생기는 처분손은 부인하지 않는다.[57] 그러나 다시 제336조(d)는 처분손을 부인하는 특례를 두고 있다. 처분손을 무조건 부인하는 것은 아니고 법인과 주주가 각각 손실을 공제받는 이중공제를 막자는 생각이다.

제336조(d) (차손 인식의 제약) ㅡ
Sec. 336(d) LIMITATIONS ON RECOGNITION OF LOSS ㅡ
(1) 차손인식 금지: 일정한 분배로 특수관계자에 가는 것
(1) NO LOSS RECOGNIZED IN CERTAIN DISTRIBUTIONS TO RELATED PERSONS ㅡ
   (A) 원칙 ㅡ 손실을 인식하지 않는다: 청산법인이 분배하는 재산이 특수관계자(그 뜻은 제267조[58])에게 가고 또한
   (A) IN GENERAL ㅡ No loss shall be recognized to a liquidating corporation on the distribution of any property to a related person (within the meaning of section 267), if
      (i) 그런 분배가 불비례하거나, 또는
      (i) such distribution is not pro rata, or
      (ii) 그런 재산이 결격재산이라면.
      (ii) such property is disqualified property.
   (B) 결격 재산 ㅡ 위 (A)의 적용상 용어로 '결격재산'의 뜻은 재산취득을 청산법인이 한 거래에 제351조를 적용받았거나 재산취득이 자본출자였고, 그런 취득이 분배하는 날을 종기로 따져서 5년 사이에 있었던 것을 말한다. 이 말은 재산으로서 그 순취득가액의 산정(전부 또는 일부)이 앞 문장에 적고 있는 재산의 순취득가액에 따르는 것을 포함한다.
   (B) DISQUALIFIED PROPERTY ㅡ For purposes of subparagraph (A), the term 'disqualified property' means any property which is acquired by the liquidating corporation in a transaction to which section 351 applied, or as a contribution to capital, during the five year period ending on the date of the distribution. Such term includes any property if the adjusted basis of such property is determined (in whole or part) by reference to the adjusted basis of property described in the preceding sentence.

---

57) Ⅱ. 1.
58) 법인과 주주 사이라면 주식 50% 이상을 소유한 주주. 제267조(b)(2). 제3장 제2절 Ⅱ. 2. (2).

[보기 8]

H법인에는 60% 주주인 갑과 40% 주주인 을이 있고 재산은 시가 60만불인 토지와 현금 40만불이 있다. 다음 각 경우 법인과 주주에게는 어떤 법률효과가 생기는가? (계산을 맞추기 위해서 법인세율은 영(0)으로 가정).

1) H법인은 완전청산하면서 시가 60만불인 토지를 두 주주에게 공유비율 60 : 40으로 현물분배하였고, 현금 40만불을 각 24만불, 16만불씩 분배하였다. 이 토지는 H법인과 특수관계가 없는 다른 매도인으로부터 100만불에 산 것이다.

2) H법인은 완전청산하면서 시가 60만불 취득원가 100만불인 토지를 갑에게 현물분배하고 을에게는 현금 40만불을 분배하였다. 이 토지는 특수관계 없는 다른 매도인으로부터 100만불을 주고 산 것이다.

3) 위 1)에서 H법인에 현금 60만불과 시가가 40만불의 토지가 있는데 현금을 갑에, 토지를 을에게 분배한다면 H법인에 생기는 법률효과는?

[풀이] 1) 갑과 을에게는 청산분배금이 각 60만불, 40만불 생기고 이 분배금과 주식 취득원가의 차액은 주식 양도소득으로 과세한다. H법인은 완전청산하므로 제311조에 따른 처분손 부인은 적용할 여지가 없고 제336조만 적용한다. 제336조(a)만 보면 "공정한 시가(60만불)에 판 듯이" 처분손 40만불을 공제받지만, '청산법인이 분배하는 재산이 특수관계자(50% 이상 주주)에게 가는' 부분(60만불짜리 토지의 60%)에 대해서는 제336조(d)(1)이 처분손(36 − 60 = 24만불)의 인식을 막는지를 마저 살펴보아야 한다. 갑과 을은 토지를 주식소유비율에 비례해서 분배받는다. 또한 이 토지를 취득한 거래는 제3자에게서 돈 주고 산 것으로 '제351조를 적용'받지도 않았고 '재산취득이 자본출자'였던 것도 아니다. 따라서 결격재산도 아니다. 따라서 갑에게 가는 부분의 처분손은 제336조(d)(1)에 걸리지 않고 H법인은 24만불을 그대로 손금산입할 수 있다.

2) H라는 "청산법인이 분배하는 토지가 특수관계자(갑)에게만 가고" 또한 "그런 분배가 불비례"한다. 따라서 결격재산은 아니지만 토지 처분손 40만불을 공제하지 않는다. 주주과세는 1) 그대로.

3) 을은 특수관계자가 아니므로 처분손 60만불은 공제받는다.

[보기 9][59]

갑은 취득원가 1,000불인 토지를 소유하고 있다가 이 토지를 제351조(a)에 따라 X법인에 현물출자하여 X법인의 100% 주주가 되었다. 그에 따라 X법인은 갑의 토지 취득원가

---

59) Schwartz & Lathrope, Fundamentals of Corporaste Taxation (8th ed. 2012), 332쪽에 나오는 보기이다.

1,000불을 그대로 물려받았고[60] 갑의 X주식 취득원가도 1,000불이다.[61] 그로부터 3년 뒤 토지의 시가가 500불인 시점에서 X법인은 완전청산하면서 토지를 갑에게 청산분배했다. 청산분배로 갑 및 X법인에게는 어떠한 법률효과가 생기는가?

(풀이)   갑에게는 제331조(a)에 따라 주식교환대가의 전부인 500불에서 취득원가 1,000불을 뺀 양도차손 500불이 생기고, 주식보유기간은 당초 갑이 현물출자 전에 토지를 보유했던 기간에 주식보유기간 3년을 더한 기간이므로[62] 장기양도손실이다. X법인에 대해서는 제336조(a)만 본다면 취득원가 1,000불인 분배대상 토지를 마치 갑에게 공정시가 500불에 판 듯이 보아 양도차손 500불이 생긴다. 그러나 제336조(d)로 가면 갑은 100% 주주이므로 제267조에서 말하는 X법인의 특수관계자이다. "분배하는 재산이 특수관계자에게 가는" 이 토지는 "재산취득을 청산법인이 한 거래에 제351조를 적용받았거나 재산취득이 자본출자였고 분배하는 날을 종기로 따져서 5년 사이에" 그런 취득이 있었던 것이므로 결격재산에 해당한다. 따라서 X법인은 처분손 500불을 손금산입할 수 없다.

위와 같이 X법인의 처분손을 부인할 필요가 있는 것은, 그렇게 하지 않는다면 토지의 가치가 떨어져서 생긴 손실 500불을 법인과 주주 2단계에 걸쳐서 갑의 주식양도차손 500불과 X법인의 토지처분손 500불로 두 번 공제받기 때문이다. 갑이 이 토지를 현물출자하지 않고 그대로 가지고 있었더라면 갑에게 생기는 손실은 토지 가치의 하락 500불뿐이다. 그러나 이 토지를 현물출자했다가 다시 분배받는다면 법인에는 시가 500불에서 취득원가 1,000불을 뺀 토지처분손이 생기고 갑에게는 청산분배금 500불에서 주식 취득원가 1,000불을 뺀 주식양도손실이 생겨서 손실이 이중으로 생긴다. 이리하여 제336조(d)(2)로 법인 단계의 처분손을 부인한다는 것이다.

그러나 기실 현행법 전체를 놓고 보면 정확히 위의 보기처럼 되지 않는다. 제362조(e)(2)가 새로 생겨서 문제 자체가 달라지기 때문이다. 이 법조는 내재손실(미실현손실)이 딸린 재산의 현물출자에 제351조의 과세이연 조항을 적용하는 경우 법인이 양수한 재산의 취득원가로 잡을 수 있는 금액은 재산의 시가를 넘지 못한다고 정하고 있다.[63] 따라서 위 문제에서 현물출자 당시 토지시가가 이

---

60) 제362조(e)(2)는 잠시 접어두라. 곧 본다.
61) 제2장 제2절 Ⅱ와 Ⅲ.
62) 제1223조(1). 제2장 제2절 Ⅲ.
63) 제2장 제3절 Ⅲ.

미 500불로 떨어졌다면 X법인의 토지 취득원가는 500불이 된다. 그 결과 토지를 청산분배하는 단계에서 X법인에게는 처분손이 아예 생기지 않는다. 현물출자 후 토지시가가 떨어졌다면? 제366조(d)(1)은 불비례분배의 경우나 현물출자 후 회사가 소유하고 있는 사이에 가치가 떨어진 경우에도 적용한다.

[보기 10]

H법인에는 60% 주주인 갑과 40% 주주인 을이 있다. H법인은 완전청산하면서 시가 70만불인 토지를 두 주주에게 공유비율 60 : 40으로 현물분배하였다. 이 토지는 갑과 을이 x1년 중에 H법인과 특수관계가 없는 다른 매도인으로부터 100만불을 주고 사서 가지고 있다가, x5년 중에 시가가 70만불로 떨어진 상황에서 H법인에 현물출자했던 것이다. 완전청산으로 이 토지를 분배하는 것이 x12년 중이라면 법인에게 어떤 법률효과가 생기는가?

(풀이) 제362조(e)(2)에 따라 H법인의 토지 취득원가는 현물출자 당시의 시가인 70만불이 된다. 따라서 완전청산 분배시 H법인이 손금산입할 수 있는 처분손은 없다. 5년 기간이 넘은 ××12년에 분배하더라도 다를 바 없다.

---

4. 내재손실 이중공제의 부인

비슷한 취지이지만 적용범위가 다른 규정이 제336조(d)(2)에 있다.

제336조(d)(2) (특칙: 재산취득이 원가승계 거래였다면) ―
Sec. 336(d)(2) SPECIAL RULE FOR CERTAIN PROPERTY ACQUIRED IN CERTAIN CARRYOVER BASIS TRANSACTIONS ―
(A) 원칙 ― 차손의 금액을 결정하는 경우 이를 인식하는 청산법인이 매각, 교환, 분배하는 재산이 아래 (B)에 나오는 것이라면, 그런 재산의 순취득원가에서 공제할 금액(영 밑으로 내려갈 수는 없다)은 아래 (i)이 (ii)를 넘는 금액(넘는다면)이다.
(A) IN GENERAL ― For purposes of determining the amount of loss recognized by any liquidating corporation on any sale, exchange or distribution of property described in subparagraph (B), the adjusted basis of such property shall be reduced (but not below zero) by the excess (if any) of ―
  (i) 순취득원가로 친 그런 재산의 금액으로 취득을 법인이 한 직후의 금액,
  (i) the adjusted basis of such property immediately after its acquisition by such corporation, over
  (ii) 공정한 시가로 친 그런 재산으로 같은 시점의 금액
  (ii) the fair market value of such property as of such time.

(B) 재산이란

(B) DESCRIPTION OF PROPERTY

(i) 원칙 ― 위 (A)에서 이 (B)에 나오는 재산이란

(i) IN GENERAL ― For purposes of subparagraph (A), property is described in this subparagraph if ―

(I) 그런 재산취득을 청산법인이 한 거래에 제351조를 적용받았거나 재산취득이 자본출자였고, 그리고

(I) such property is acquired by the liquidating corporation in a transaction to which section 351 applied or as a contribution to capital, and

(II) 그런 재산취득을 청산법인이 한 것이 계획의 일부였고 계획의 주목적이 손실을 청산법인이 그런 재산으로부터 청산에 관련하여 인식하려 한 것을 말한다.

(II) the acquisition of such property by the liquidating corporation was a part of a plan a principal purpose of which was to recognize loss by the liquidating corpo ― ration with respect to such property in connection with the liquidation.

다른 재산도 이 (B)에 나오는 재산으로 다룬다: 재산의 순취득원가 결정(전부 또는 일부)이 앞 문장에 나오는 재산의 순취득원가에 따른다면.

Other property shall be treated as so described if the adjusted basis of such other property is determined (in whole or in part) by reference to the adjusted basis of property described in the preceding sentence.

(ii) 일정한 취득은 계획의 일부로 다룬다 ― 위 (i)의 적용상, (i)(I)에 나오는 재산을 청산법인이 취득한 것이 완전청산계획을 채택한 날 이전 2년 안이라면, 예외를 정해 둔 것이 규칙에 없는 한, 이를 다루기를 (i)(II)에서 말하는 계획의 일부로 취득한 것으로 다룬다.

(ii) CERTAIN ACQUISITIONS TREATED AS PART OF PLAN ― For purposes of clause (i), any property described in clause (i)(I) acquired by the liquidating cor ― poration after the date 2 years before the date of the adoption of the plan of complete liquidation shall, except as provided in regulations, be treated as acquired as a part of a plan described in clause (i)(II)

(C) 손금불산입 대신 익금산입 ― 장관이 정하는 규칙으로 차손을 위 (A)에 따라 지나간 어느 해에 손금불산입하는 대신 총수입금액으로 청산법인이... 당 사업연도에 잡을 금액을 손금불산입액만큼 늘릴 수 있다.

(C) Recapture in lieu of disallowance ― The Secretary may prescribe regulations under which, in lieu of disallowing a loss under subparagrah (A) for a prior taxable year, the gross income of the liquidating corporation for the taxable year... shall be increased by the amount of the disallowed loss.

이 조항은 청산법인이 처분손을 인식하려는 목적으로 짠 계획이 있다면 "매각·교환·분배"하는 재산에 곧, 청산분배이든 제3자에 대한 재산매각이든, 또한 거래상대방이 특수관계자이든 아니든 처분손(정확히는 그 가운데 내재손실 상당액)을

부인할 수 있다고 정하고 있다. (A)에서 [순취득원가 - (순취득원가 - 시가)] = [시가]가 된다. 곧 취득원가를 현물출자 당시의 내재손실(= 순취득원가 - 시가)만큼 깎아 낸 뒤 처분손을 계산한다는 것이다. 회사가 재산을 보유하고 있었던 기간이 얼마 동안인가도 묻지 않는다. 법의 글귀 자체는 2년 이내라면 부인대상이라고 밝힐 뿐이고 2년 넘는 경우에 관해서는 관련 재무부규칙에 맡기고 있다. 그렇지만 국회의 의사록은, 현물출자한지 2년 넘은 재산이라면 그를 통한 조세회피가 분명하게 드러나는 "아주 드문 극히 예외적인" 경우에만 부인해야 하고, 2년 이내이더라도 법인의 사업에서 중요한 재산이라면 부인하지 않아야 한다는 등 부인대상을 좁게 잡아야 한다는 뜻을 밝히고 있다.[64] 제336조(d)(1)이 처분손을 전액 손금불산입하는데 비해서 제336조(d)(2)는 법인의 취득원가를 취득 당시의 시가로 낮추어 처분손을 계산한다. 두 조항이 중복적용되는 경우에는 당연히 처분손 전체를 손금불산입한다. 제362조(e)(2)가 생긴 뒤에는 제336조(d)(2) 역시 실제 중요성이 뚝 떨어졌지만 그래도 적용가능성은 있다.

[보기 11][65]

G법인에는 서로 특수관계 없는 10% 주주 10명이 있다. 그 가운데 갑이 x1년에, 그동안 개인기업이었던 영업용 부동산(취득원가 80만불 시가 50만불)과 동산(취득원가 20만불 시가 50만불)을 G법인에 현물출자했다. 그와 동시에 다른 주주들은 모두 각 현금 100만불씩을 출자했다. x2년 G법인은 해산을 결의하면서 잔여재산을 모두 청산분배하기로 정했다. 갑은 해산결의에서 정한대로 앞의 영업용 부동산을 ×2년 중에 분배받았는데, 분배받을 당시의 시가는 45만불로 하락했다. 이 부동산 분배에서 G법인이 손금산입할 수 있는 처분손은 얼마인가?

(풀이) 갑은 다른 주주들과 더불어 G법인을 지배하므로 갑의 현물출자는 제351조를 적용받는다. G법인이 현물출자받은 재산의 취득원가는 제362조(a)에서는 부동산 80만불 동산 20만불이다. 취득가액은 제362조(e)(2)에 따라 시가를 넘지 못하지만, 이 비교는 재산 하나하나를 놓고 따지는 것이 아니고 재산 전체로 '순취득가액 합계'와 시가를 따진다. 취득원가 합계 100만불은 시가 합계 100만불을 넘지 아니하므로, 부동산의 취득원가는 80만불이다. 제336조(a)만 보면 청산분배시 G법인은 부동산의 처분손 35만불(=45-80)을 손금산입할 수 있지만

---

64) H.R. Rep. No. 99-841, 99th Cong. 2d Sess. Ⅱ(1986), 특히 200-201쪽.
65) Cheryl D. Block, Corporate Taxation (4th ed. 2010) 296쪽에서 옮겨왔다.

제336조(d)의 제약을 살펴보아야 한다. 갑은 특수관계자가 아니므로(주식소유 비율<50%) (d)(1)은 적용되지 않는다. (d)(2)에서는 조세회피 의도를 물으면서 현물출자와 청산분배계획 채택일 사이의 간격이 2년 이내라면 조세회피 의도가 있다고 본다. 이 보기에서는 그 간격이 2년 이내이므로 순취득원가 80만불에서 현물출자 당시의 시가 50만불을 공제한 30만불을 순취득원가 80만불에서 공제하고, 나머지 50만불을 순취득원가로 보고 처분손을 계산한다. 따라서 G법인의 처분손은 45 - 50 = 5만불이 된다. 다만 간격이 2년 안이더라도 사업에 필요한 재산이었다는 등 사업상 이유를 내세워 조세회피 의도가 없다고 입증할 수 있는 가능성은 높다. 갑에게는 45 - 80 = 35만불의 주식양도차손이 생긴다.

[보기 12][66]

법인이 제351조 거래로 시가 200불짜리 재산을 현물출자 받으면서 출자자의 취득원가 1,000불을 그대로 물려받았다고 하자(다른 현물출자 재산에 미실현이득이 넉넉히 있었다).

(i) 그 뒤 완전청산 과정에서 이 재산을 특수관계 없는 자에게 150불에 파는데, 당초의 현물출자는 나중의 매각으로 처분손을 손금산입할 목적이었다. 손금산입할 처분손은 얼마인가?

(ii) 그 뒤 완전청산 과정에서 이 재산을 당초의 현물출자자(제351조를 적용받았으므로 당연히 80% 이상 주주이다)에게 150불에 청산분배하였는데, 당초의 현물출자는 나중의 청산분배로 처분손을 손금산입할 목적이었다. 손금산입할 처분손은 얼마인가?

(풀이)

(i) 청산법인이 특수관계자에게 재산을 분배하는 것이 아니므로 제336조(d)(1)은 적용할 여지가 없다. 제336조(d)(2)에 따라 처분손 계산시 취득원가는 현물출자 당시 시가 200불로 본다. 따라서 처분손으로 손금산입할 금액은 50불이다.

(ii) 제336조(d)(1)의 처분손 부인과 (d)(2)가 모두 적용된다. 처분손으로 손금산입할 수 있는 금액은 없다.

[보기 13]

1) P법인과 갑은 S법인의 주식을 79 : 21의 비율로 소유하고 있으며, S법인의 가장 중요한 자산은 토지(취득원가 800,000불, 시가 300,000불)이다. S법인은 해산을 결의하고 두 주주에 대한 79 : 21 비율의 완전청산분배로 토지를 P법인에게 분배하고 갑에게는 현금 79,747불을 분배했다(300,000 : 79,747 = 79 : 21). 그 뒤 P법인은 이 토지를

---

66) Bittker & Eustice, 10.05[3][b]절에 나오는 보기를 손본 것이다.

300,000불에 특수관계 없는 매수인에게 팔았다. 결국 P법인에는 현금 300,000불이 갑에게는 현금 79,747불이 남았다. P법인, S법인 및 갑에게는 어떤 법률효과가 생기는가?

2) P법인과 갑은 S법인의 주식을 79 : 21의 비율로 소유하고 있으며, S법인의 가장 중요한 자산은 토지(취득원가 800,000불, 시가 300,000불)이다. S법인의 해산결의 직후 S법인은 토지를 300,000불에 특수관계 없는 매수인에게 팔았다. 그 뒤 곧이어 S는 완전청산분배로 P법인에게는 현금 300,000불을 갑에게는 현금 79,747불을 분배했다. 결국 P법인에는 현금 300,000불이 갑에게는 현금 79,747불이 남았다. P법인, S법인 및 갑에게는 어떤 법률효과가 생기는가?

[풀이]

1) P법인에게는 제331조에 따라 토지의 시가 300,000불과 주식 취득원가의 차액을 주식양도손익으로 과세한다. 갑에게는 제331조에 따라 청산분배금 79,747불과 주식 취득원가의 차액을 주식양도손익으로 과세한다. S법인에게는 제336조(a)만 보면 토지처분손이 500,000불 생기지만, P법인이 특수관계자이고 토지의 분배가 불비례하므로 제336조(d)(1)에 따라서 이 처분손의 손금산입을 부인한다. P법인의 토지 취득원가는 분배시 시가 300,000불이므로 이를 을에게 300,000불에 판다면 양도소득은 생기지 않는다.

2) P법인과 갑에게는 청산분배금과 주식 취득가액의 차액을 주식양도손익으로 과세한다. S법인이 토지를 특수관계 없는 매수인에게 팔아서 생긴 처분손 500,000불은 손금산입한다.

5. 부채가 딸린 재산의 청산분배

제336조(b) (부채의 취급) ― 재산으로서 그 분배를 청산 중에 한 것에 딸린 부채가 있거나 주주가 인수한 부채가 청산하는 법인의 것으로서 그런 분배와 관련한 것이라면...공정한 시가로 쳐서 그런 재산은 그 하한 금액이 그런 부채 금액이다.

Sec. 336(b) TREATMENT OF LIABILITIES ― If any property distributed in the liqui-dation is subject to a liability or the shareholder assumes liability of the liquidating corporation in connection with the distribution,...the fair market value of such property shall be treated as not less than the amount of such liability.

가령 시가 150인 재산을 청산분배하면서 법인채무 180을 떠넘긴다고 하고 이 재산의 취득원가가 120이라면 법인의 처분익은 얼마인가? 통상적인 배당에서도 그랬지만[67] 180 - 120 = 60이다. 법인이 채무를 면제받는 금액이 180이기

---

67) 제3장 제3절 Ⅱ.

때문이다. 이리하여 제336조ⓐ에 따라 청산분배에 따르는 법인의 처분익을 (공정한 시가 - 취득원가)로 계산할 때 공정한 시가의 금액은 법인이 면제받는 채무의 금액을 하한으로 한다.

[보기 14]

ABC법인은 주주 5명이 각 현금 10,000불씩을 출자한 돈으로 50,000불어치 재산을 취득했다. 몇 해 동안 사업의 부침을 겪다가 현재 법인은 시가 125,000불 상당의 부동산 (취득원가 50,000불)과 현금 25,000불을 소유하고 있고, 채무는 100,000불이 있다. 부동산에는 이 법인채무 100,000불에 대한 저당권이 설정되어 있다. 올해 1. 1. 현재 누적결손금은 25,000불이고 올해에 다른 소득은 없다. 이 시점에서 ABC법인은 완전청산하면서 분배가능한 모든 재산을 청산분배하기로 하였다. 부동산은 각 주주의 공유재산으로 현물배당하기로 한다. 법인채무 100,000불은 각 주주가 20,000불씩 인수한다. 법인세율은 법인소득의 1/3이라고 손쉽게 생각하기로 하고 이월결손금은 무시한다.

(i) 법인과 주주에게는 어떤 법률효과가 생기는가?

(ii) 사실관계를 바꾸어 법인이 소유하고 있는 부동산의 시가가 125,000불이 아니라 30,000불이라면?

(풀이)

(i) 법인은 125,000 - 50,000 = 75,000불의 처분익에 대해서 법인세 25,000불을 낸다. 현금 25,000불은 법인세를 내면 다 없어진다. 각 주주는 청산분배로 125,000/5 = 25,000불의 재산을 받고 채무 20,000불씩을 인수한다. 각 주주가 분배받는 금액은 25,000 - 20,000 = 5,000불씩이므로 5,000 - 10,000 = 5,000불씩 주식양도차손이 생긴다. 주식양도차손 가운데 3,000불은 경상소득에서 공제할 수 있지만 2,000불은 다른 투자자산 양도차익에서만 공제받을 수 있다. 각 주주의 재산 취득원가는 시가인 25,000불이 된다. 법인의 배당가능이익은 더 이상 따질 이유가 없다.

(ii) 부동산의 시가는 30,000불이지만 법인의 채무감소액이 100,000불이므로 법인의 처분익은 100,000 - 50,000 = 50,000불이고 그에 따라 법인세 16,667불을 내어야 한다. 현금은 8,333불 남고 각 주주가 분배받는 현금은 1,667불이다. 각 주주는 시가로 쳐서 부동산 6,000불과 현금 1,667불을 분배받으면서 채무 20,000불을 인수한다. 그러나 각 주주가 분배를 통해서 손실을 입을 리가 없으므로 부동산의 시가나 채무의 가액 중 하나를 고쳐잡아야 한다. 제367조(d)의 규정은 법인의 처분익 계산시에만 적용하고 주주단계에서는 부동산의 시가를 먼저 고정하므로 인수하는 채무를 청산분배받는 재산의 시가 7,667불로 본다. 혹시 나중

에 실제로 변제하는 금액이 7,667불을 넘으면 초과부분은 양도손실로 공제받는
다.(68)

제 2 절   자법인의 해산·청산

Ⅰ. 모법인 및 소수주주에 대한 과세

지금까지 보았듯 법인이 완전청산하면 청산법인에 대해서는 제3자에게 처
분하거나 주주에게 청산분배하는 재산에 대해 처분익을 과세하고 주주에 대해
서는 청산분배금과 주식 취득원가의 차액을 양도소득으로 과세한다. 그러나 모
자법인 사이에서는 특례가 있다. 연결납세를 택해서 한 회사처럼 과세받을 수
있는 모자 사이라면 위와 같은 일반적 규정을 적용할 여지가 없고 또 어차피 기
업구조조정을 위한 재조직 과세이연 제도를 두고 있으므로69) 모자법인에 대한
특례를 따로 정하고 있는 것이다. 기실 자법인을 해산청산하든 재조직이라는 형
식으로 흡수합병하든 실제 법률효과에는 별 차이가 없다. 다만 적용법조가 달라
질 뿐이다.

1. 모법인에 대한 과세이연

제332조 (자법인의 완전청산)
Sec. 332 COMPLETE LIQUIDATION OF SUBSIDIARIES
(a) 원칙 ― 차익이나 차손의 인식을 받는 법인에게 하지 않는다; 재산을 완전청산분배하
는 다른 법인에서 받는 것이라면.
(a) GENERAL RULE ― No gain or loss shall be recognized on the receipt by a corpo-
ration of property distributed in complete liquidation from another corporation.
(b) 이 조의 적용대상인 청산 ― 이 조에서 분배를 보기를 완전청산분배라고 보자면,
(b) LIQUIDATIONS TO WHICH SECTION APPLIES ― For purposes of this section, a

---

68) 제3장 제3절 Ⅰ.
69) 가령 자법인을 흡수합병하는 경우에 대해서는 제9장 제2절.

distribution shall be considered to be in complete liquidation only if,

(1) 재산을 받는 법인이, 청산계획을 채택한 날 현재 및 그 이후 재산 분배시까지 내내 소유주식(다른 법인의 주식)이 제1504조(a)(2)의 요건을 충족하고; 또한 아래 둘 중 하나를 만족해야 한다.

(1) the corporation receiving such property was, on the date of the adoption of the plan of liquidation, and has continued to be at all times until the receipt of the property, the owner of stock (in such other corporation) meeting the requirements of section 1504(a)(2); and either

(2) 분배를 다른 법인이 하는 것이 주식전부의 완전 소각이나 상환으로 하는 것이고, 재산이전을 과세연도 중에 마쳤을 것; 이 경우 주주들이 채택하는 결의로 승인한 바가 그런 법인의 자산전부를 분배하여 주식전부를 완전 소각하거나 상환하는 것이라면 그런 채택을 청산계획의 채택이라고 보며, 설혹 시한을 정하여 그 안에 재산이전을 완결하도록 정한 바가 결의에 없더라도 마찬가지이다.

(2) the distribution is by such other corporation in complete cancellation or re-demption of all its stock, and the transfer of all the property occurs within the tax-able year; in such case the adoption by the shareholders of the resolution under which is authorized the distribution of all the assets of such corporation in complete cancellation or redemption of its stock shall be considered an adoption of a plan of liquidation, even though no time for the completion of the transfer of the property is specified in such resolution.

(3) 그런 분배를 그 일부로 하는 일련의 분배가 다른 법인이 주식전부의 완전소각이나 상환을 청산계획에 따라서 하는 것이고 그런 계획을 보면 청산할 재산의 전부 이전의 완결이, 3년 기간을 계획에 따른 일련의 분배 가운데 첫 번째를 분배한 과세연도의 말부터 쳐서 그 기간 안에 일어나도록 정하고 있을 것. 다만 그런 이전의 완결이 위 기간 안에 일어나지 않거나 납세의무자가 위 제(1)항의 요건을 만족한다는 적격이 이전완결 전에 깨어진다면 계획에 따른 분배를 완전청산분배로 보지 않는다.

(3) such distribution is one of a series of distributions by such other corporation in complete cancellation or redemption of all its stock in accordance with a plan of liquidation under which the transfer of all the property under the liquidation is to be completed within 3 years from the close of the taxable year during which is made the first of the series of distributions under the plan, except that if such transfer is not completed within such period, or if the taxpayer does not continue qualified under paragraph (1) until the completion of such transfer, no distribution under the plan shall be considered a distribution in complete liquidation.

제1504조 (정의) (a) 연결집단의 정의

Sec. 1504 DEFINITIONS (a) AFFILIATED GROUP DEFINED

(2) 80% 의결권 및 가치 기준 ─ 법인 주식의 소유가 이 (2)항의 요건을 충족하자면, 소유로서

(2) 80 PERCENT VOTING AND VALUE TEST ─ The ownership of stock of any corpo-ration meets the requirement of this paragraph if it ─

(A) 그 차지하는 의결권이 그런 법인 주식 전체의 의결권 가운데 80% 이상이어야 하고, 또한

(A) possesses at least 80% of the total voting power of the stock of such corporation, and

(B) 그 가치가 그런 법인의 주식 전체의 가치 가운데 80% 이상이어야 한다.

(B) has value equal to at least 80% of the total value of the stock in such corporation

제334조(b) (자법인의 청산) —

Sec. 334(b) LIQUIDATION OF SUBSIDIARY —

(1) 원칙 — 만일 재산을 받는 법인주주가 완전청산분배로 제332조를 적용받는다면(또는 받는 거래가 제337조(b)(1)에 해당한다면[70]), 취득가액으로 재산에 대해 주주가 잡을 금액은 양도인에게 남아있을 것과 같은 금액이다; 다만 주주의 —

(1) IN GENERAL — If property received by a corporate distributee in a complete liquidation to which section 332 applies (or in a transfer described in section 337(b)(1)), the basis of such property in the hands of such distributee shall be the same as it would be in the hands of the transferor; except that, in the hands of such distributee —

(A) 재산 취득가액은 공정한 시가로 쳐서 분배당시 금액이되 이는 차익이나 차손의 인식을 청산법인이 그런 재산에 관해 함을 전제로 한다; 그리고...

(A) the basis of such property shall be the fair market value of the property at the time of the distribution in any case in which gain or loss is recognized by the liquidating corporation with respect to such property; and...

(2) 법인주주 — 이 (b)의 용어로 "법인주주 — "의 뜻은 오로지, 법인의 주식소유요건으로 제332조(b)에 정한 것을 만족하는 법인만을 말한다.

(2) CORPORATE DISTRIBUTEE — For purposes of this subsection, the term 'corporate distributee' means only the corporation which meets the stock ownership requirements specified in section 332(b).

[보기 15]

S법인의 전 재산은 취득원가 25,000불 공정한 시가가 100,000불이다. 100% 모법인인 P법인의 S주식 취득원가는 120,000불이다. 다음 각 경우 P법인에게는 어떤 법률효과가 생기는가?

1) S법인은 해산을 결의하고 그 해에 완전청산하면서 재산을 P법인에 청산분배한다.

2) P법인은 S법인을 흡수합병한다.

(풀이) 1) 모자관계가 없다면 제336조와 제331조의 일반규정에서 S법인에 재산 처분익이 100,000 - 25,000 = 75,000불 생기고 P법인에 주식 양도손실이 100,000 - 120,000 = 20,000불 생길 것이다. 그러나 P법인이 S법인에서 받는 분배

는 (1) 재산을 받는 P법인이 청산계획을 채택한 날 현재 및 그 이후 재산 분배시까지 소유하는 S주식(다른 법인의 주식)이, 그 차지하는 의결권이 그런 법인 주식 전체의 의결권 가운데 80% 이상이고 또한 그 가치가 다른 법인의 주식 전체의 가치 가운데 80% 이상이고 (2) 분배를 S법인이 하는 것이 주식전부의 완전소각으로 하는 것이므로, P법인은 제332조(a)에 따라 '재산을 완전청산분배하는 다른 법인'인 S법인에서 받는 이 분배에서 손익을 인식하지 않는다.[71] P법인의 재산 취득원가는 제334조(b)에 따라 양도인에게 남아있을 금액 25,000불이다.

2) 같다. 합병이라는 형식을 띠었더라도 해산청산에 해당한다. 합병으로서 A형 재조직에도 해당하지만, 애초 80% 자회사의 해산청산으로 과세이전을 받으므로 재조직 여부는 따질 필요가 없어진다.

앞의 보기에서 모법인이 자법인 주식을 취득한 원가[72]는 120,000불인데 자법인에서 물려받는 재산의 시가는 100,000불이다. 그렇지만 모법인이 물려받는 자법인 재산은 자법인의 취득원가[73] 25,000불을 그냥 물려받는다. 이 재산을 시가 100,000불에 판다면 모법인의 처분익은 75,000불이 된다. 그런데 좀 이상하지 않은가? 애초 투자한 원본이 120,000불이고 결국 회수한 돈이 100,000불이라면 20,000불이라는 손실(가정을 바꾸어 주식 취득원가가 80,000불이라면 20,000불이라는 이득)을 본 것 아닌가? 이렇게 생각한다면 재산을 청산분배받는 시점에서 자법인이나 모법인에 손익을 계산하지 않는 이상 모법인의 재산 취득원가는 25,000불이 아니라 당초의 주식 취득원가 120,000불(또는 80,000불)이 그대로 이어져야[74] 옳지 않을까? 아마도 모법인의 주식 취득원가와 자법인의 재산 취득원가는 애초 딱딱 맞는 것이 아니므로 모든 경우를 다 맞출 길이 없다는 것이 현실적인 설명일 것이다.[75] 아무튼 현행법은 모자법인을 하나로 본다고 전제하고, 재산에서 생기는 손익은 그 재산을 외부에서 사들인 원가(=자법인의 취득원가)를 기준으로 계산하고 있다고 평가할 수 있다.

모법인이 자법인의 자산부채를 취득원가 그대로 받아오는 것과 논리를 맞

---

71) P법인의 분개로는 (차) 자산 25,000 + 자본 95,000 (대) S주식 120,000. 아래 주식에 참조.

72) 주로 파트너십 세제에서 많이 쓰는 말로 주주 등 출자자가 출자한 가액을 outside basis라 부른다.

73) 이것을 inside basis라 부른다.

74) 회사분할 및 재조직 관련 제358조(a) 참조. 제7장 제2절 Ⅰ, 제8장 제2절 Ⅰ.

75) Bittker & Eustice, 10.20 및 10.21[5]절은 모법인의 자법인 주식 취득원가가 이처럼 사라지는 것을 법인세 이중과세의 부산물로 본다.

추어 자법인에 누적되어 있던 배당가능이익이나 이월결손금도 그대로 다 모법인이 이어받는다.[76] 한편 해산청산 이후에 생긴 모법인의 결손금을 자법인의 해산청산 전으로 소급해서 자법인의 소득에서 공제받지는 못한다.[77]

위 보기에서는 100% 자법인을 들었지만 제332조를 적용받기 위한 (b)의 주관적 요건은 연결납세가 가능한 80% 이상 모자관계이다. 연결납세와 연결되어 있기 때문에 이 80%는 반드시 개별회사의 입장에서 따지는 것이 아니다. 가령 같은 모법인 밑에 있는 두 100% 자법인 X와 Y가 손회사의 주식을 각 50%씩 소유하고 있다면, 손회사를 해산청산하는 경우 X와 Y는 제332조의 과세이연을 받을 수 있다.[78]

청산계획 채택과 재산분배 사이 기간에 잠시라도 80% 지배권은 내내 있어야 하고 잠시라도 없어진다면 제332조의 과세이연은 배제된다.[79] 납세의무자가 일부러 그렇게 했더라도 마찬가지이다.[80] 한편, 80% 지배권을 얻은(잃은) 지 얼마 안 되는 자법인을 해산한다면, 청산계획을 실제로 채택한 때가 언제인가, 80% 지배권을 얻기(잃기) 전인가 후인가라는 사실관계를 놓고 시비가 붙을 수 있다.[81]

자법인의 청산 당시 모법인이 받는 재산이더라도 주주자격에서 분배받는 것이 아니라 모자법인간의 채권채무 관계를 청산하는 것이라면 제332조의 적용대상이 아니지만 과세소득 생길 일이 없다. 한편 이 경우 자법인의 처분손익에 대해서는 제337조(b)에 특칙이 있다. 뒤에 본다.

80% 이상 모자관계가 있더라도 모법인이 비영리법인이라면 뒤에 보듯 자법인은 청산분배하는 재산에 대해 처분손익을 인식한다.[82] 한편 비영리법인이 받

---

76) 제381조(c)(1). [보기 14]에서 자법인 주식 취득원가 120,000이 모두 모법인의 출자가액이라면 자법인에게는 자산 25,000, 납입자본금 120,000, 이월결손금이 95,000 있을 것이다. 따라서 분개 71 차변의 자본 95,000은 이월결손금으로 모법인에게 넘어올 것이다. 자산가액이 가령 150,000이라면 자법인에 배당가능이익 30,000이 있을 것이고, 분개 71은 (차) 자산 150,000 (대) S주식 120,000 + 배당가능이익 30,000이 될 것이다. 자법인의 납입자본과 모법인의 주식 취득원가가 서로 다르다면 위 분개에서 대차가 맞지 않게 되는 부분은 모법인의 자본에 바로 조정한다.

77) 제381조(b)(3).

78) 재무부규칙 1.1502-34. 아래 제337(b)(3)과 견주어 보라.

79) 재무부규칙 1.332-2(a).

80) Comr v. Day & Zimmerman, 151 F2d 517 (3rd Cir. 1945). 좀 의아한 판결이지만 그 뒤 같은 취지의 판결도 있고 해서 Bittker & Eustice, 10.21[3][a]절은 '세월이 흘러 굳었다'고 적고 있다.

81) 한 예로 Riggs Inc. v. Comr, 64 TC 474 (1975) (원고승소).

는 청산분배금은 목적사업에서 생긴 것인 이상 비영리라는 성질 때문에 비과세
이다. 그렇더라도 비영리법인이 모법인으로서 청산분배받는 재산의 취득원가는
제334조(b)(1)(A)에 따라서 시가가 된다. "차익이나 차손의 인식을 청산법인이 그
런 재산에 관해서 했기" 때문이다.

과세이연을 받는 결과 모법인은 자법인의 재산 취득원가만 아니라 다른 세
무요소들도 물려받는다.

제381조 (일정한 법인간 취득시 승계)

Sec. 381 CARRYOVERS IN CERTAIN CORPORATE ACQUISITIONS

(a) 원칙 ― 취득하는 자산이 법인의 것을 다른 법인이 취득하는 것이라면 ―

(a) GENERAL RULE ― In the case of the acquisition of assets of a corporation by an ―
other corporation ―

　　(1) 분배를 다른 법인에게 하는 것에 제332조(자법인 청산 관련)가 적용된다면; ...

　　(1) in a distribution to such other corporation to which section 332 (relating to liq ―
uidations of subsidiaries) applies; ...

취득하는 법인이 승계받고 계산에 넣어야 한다. 분배나 양도가 끝나는 날 현재 아래 (c)에
적은 분배하거나 양도하는 법인의 사항을. 다만 그에 대한 조건과 제약이 아래 (b)와 (c)
에 나온다.

the acquiring corporation shall succeed to and take into accout, as of the close of the
day of distribution or transfer, the items described in subsection (c) of the distributor or
transferor corporation, subject to the conditions and limitations specified in subsections
(b) and (c).

(c) 분배하거나 양도하는 법인의 사항 ― 사항이라고 앞 (a)에서 말하는 것은:

(c) ITEMS OF THE DISTRIBUTOR OR TRANSFEROR CORPORATION ― The items re ―
ferred to in subsection (a) are:

　　(1) 이월결손금 (하략)

　　(1) NET OPERATING LOSS CARRYOVERS

　　(2) 배당가능이익 (하략)

　　(2) EARNINGS AND PROFITS

　　(3) 양도손실 이월

　　(3) CAPITAL LOSS CARRYOVER

　　(4) 회계방법

　　(4) METHOD OF ACCOUNTING

　　(5) 재고평가방법

　　(5) INVENTORIES

　　(6) 감가상각액계산방법

　　(6) METHOD OF COMPUTING DEPRECIATION ALLOWANCE

---

82) 제337조(b)(2).

(7) (폐기)

(7) (Repealed)

(8) 할부판매법

(8) INSTALLMENT METHOD

(제9호에서 제26호 생략)

제382조 (소유변동 이후 이월결손금 승계 및 특정 내재손실에 대한 제약) (생략)

Sec. 382 LIMITATION ON NET OPERATING LOSS CARRYFORWARDS AND CERTAIN BUILT-IN LOSSES FOLLOWING OWNERSHIP CHANGE

제383조 (일정한 세액공제 한도 초과액에 대한 특별제약) (생략)

Sec. 383 SPECIAL LIMITATIONS ON CERTAIN EXCESS CREDITS ETC

제384조 (취득전 손실을 사용해서 내재차익과 상계하는데 대한 제약) (생략)

Sec. 384 LIMITATIONS ON USE OF PREACQUISITION LOSSES TO OFFSET BUILT-IN GAINS

2. 소수주주에 대한 과세

자법인에 모법인 아닌 다른 소수주주가 있다면 이런 소수주주의 주식양도차익은 제331조의 일반규정에 따라 과세한다. 80% 소유 등 제332조의 요건에 해당하지 않기 때문이다. 소수주주가 분배받은 재산의 취득원가는 제334조(a)의 일반규정에 따라 분배 당시의 시가이다.

II. 청산하는 자법인에 대한 과세

자법인이 청산분배하는 재산에 대한 처분손익의 과세는 분배받는 자가 모법인인가 소수주주인가에 따라 다르다. 모법인에 대한 분배라면 연결납세와 관련해서 분배 자체가 아예 존재하지 않는다고 보거나 기업구조조정 세제와 관련해서 과세이연을 하는 것이 논리에 맞지만 소수주주에 대한 분배라면 다시 일반규정으로 돌아가기 때문이다.

1. 모법인에 대한 분배

제337조 (과세이연: 재산분배를 모법인에게 완전청산 자법인이 하면)
Sec. 337 NONRECOGNITION FOR PROPERTY DISTRIBUTED TO PARENT IN COMPLETE LIQUIDATION OF SUBSIDIARY
(a) 원칙 ― 차익이나 차손의 인식을 청산하는 법인이 하지 않는다. 분배받는 80% 주주가 재산을 완전청산 중 받는 것에 제332조가 적용된다면.
(a) IN GENERAL ― No gain or loss shall be recognized to the liquidating corporation on the distribution to the 80-percent distributee of any property in a complete liqui‐dation to which section 332 applies.
(b) 자법인 채무 다루기 등
(b) TREATMENT OF INDEBTEDNESS OF SUBSIDIARY, ETC.
　(1) 자법인이 모법인에 진 채무 ― 만일 ―
　(1) INDEBTNESS OF SUBSIDIARY TO PARENT ― If ―
　　(A) 법인청산이 제332조를 적용받는 청산으로 이루어지고, 또한
　　(A) a corporation is liquidated in a liquidation to which section 332 applies, and
　　(B) 청산계획 채택일 현재 그런 법인이 지고 있던 채무가 80% 주주에 대한 것이라면,
　　(B) on the date of the adoption of the plan of liquidation, such corporation was indebted to the 80-percent distributee,
이 조 및 제336조의 적용상, 이전하는 재산으로 80% 주주에 대해 위 채무를 갚는 것은 이를 다루기를 분배를 그런 주주에게 청산 중 해주는 것으로 본다.
for purposes of this section and section 336, any transfer of property to the 80-percent distributee in satisfaction of such indebtedness shall be treated as a distribution to such distributee in such liquidation.
　(2) 면세받는 주주 다루기 ―
　(2) TREATMENT OF TAX‐EXEMPT DISTRIBUTEE ―
　　(A) 원칙 ― ...위 (1)항과 위 (a)를 적용하지 않는다: 80% 주주인 조직이...이 chapter[83]가 매기는 세금을 면제받는다면.
　　(A) IN GENERAL ― ...paragraph (1) and subsection (a) shall not apply where the 80-percent distributee is an organization...exempt from the tax imposed by this chapter.
　　(B) 예외로서, 재산의 사용을 목적외 사업에 할 요량인 것 ― (생략)
　　(B) EXCEPTION WHERE PROPERTY WILL BE USED IN UNRELATED BUSINESS ― (omitted)
(c) 80% 주주 ― 이 조의 적용상, 용어로 "80% 주주"의 뜻은 오로지 법인으로서 제332조 (b)에 나오는 80% 주식소유 요건을 만족하는 바로 그 자뿐이다. 이 조 적용을 위한 판정

---

83) subtitle A (income tax)에서 chapter 1 (normal taxes and surtaxes). 이 글의 범위인 subchapter C(법인세와 주주과세)는 모두 chapter 1의 일부이다.

상 어떤 법인이 80% 주주인가는 연결납세 규칙과는 무관하게 정한다.
(c) 80-PERCENT DISTRIBUTEE — For purposes of this section, the term "80-percent distributee" means only the corporation which meets the 80-percent stock ownership requirements specified in section 332(b). For purposes of this section, the determination of whether a corporation is an 80-percent distributee shall be made without regard to any consolidated return regulations.

우선 위 조문의 글귀에서 한 가지 주의할 점은 제337조(b)의 제목이 '자법인 채무 다루기 등'으로 '등'이라는 글자가 붙어 있다는 것이다. (b)(2)의 내용 속에 (b)(1)의 자법인채무와는 다른 (a)에 관한 것으로, 모법인이 비영리단체나 외국법인이라면 청산분배시 자법인에게 처분익을 과세한다는 글귀가 들어있기 때문이다. 모법인이 비영리단체나 외국법인이라면 청산분배하는 재산에 딸린 자법인의 미실현이득은, 모법인에 대한 빚을 갚는 것이든 아니든 과세한다. 그렇게 하지 않으면 미실현이득이 영영 과세를 벗어나기 때문이다.

제337조(a)에 따라서 자법인이 모법인에 청산분배하는 재산에는 처분익을 과세하지 않고 제332조(a)에 따라서 모법인에게도 과세하지 않는다. 그에 따라 모법인은 제334조(b)에 따라 자법인의 재산 취득가액을 그대로 물려받는다. 다른 한편 자법인이 청산하면서 재산을 제3자에게 매각한다면 매각대금을 모법인에게 바로 분배하더라도 처분익을 과세한다. 이런 차이는, 적어도 모자법인 관계에서는 General Utilities 원칙이 그냥 살아있는 결과를 낳아서 법의 앞뒤가 틀어지게 한다. 자법인의 청산분배에 어떤 법률효과를 줄 것인가에 대한 입법론적 선택가능성은, 매각과 중립성을 맞추어 과세하든가 아니면 연결납세나 기업구조조정과 중립성을 맞추어 과세이연하든가 둘 중 하나를 골라야 한다. 미국법은 후자의 길을 택하고 있는 것이다.

아무튼 재산의 매각과 청산분배를 서로 달리 과세하는 이상 자법인이 모법인에 지고 있는 채무의 변제를 위하여 또는 변제에 갈음하여 재산을 넘겨주는 것은 재산의 매각과 마찬가지로 과세해야 일응 앞뒤가 맞다. 그렇지만 이 경우 채무변제인가 청산분배인가를 놓고 자꾸 시비가 붙게 마련이고, 그러다가 결국 1954년에는 제337조(b)(1)에 해당한다면 모법인에게 진 빚을 갚는 것은 청산분배의 일종으로 간주하도록 법에 정했다. 이 경우 모법인은 자법인의 재산 취득원가를 그대로 물려받는다(이 내용은 앞 Ⅰ. 1.에서 본 제334조(b)(1) 괄호 속에 있다).

[보기 16]

S법인은 100% 모법인인 P법인에 500,000불의 채무를 지고 있는 상황에서 해산·청산 하면서 취득가액이 200,000불 시가가 600,000불인 재산을 P법인에 넘겨주었다. 민사법 상으로는 S법인이 P법인에게 넘기는 재산은, 그 가운데 500,000불은 P법인에 대한 채무 원금을 갚은 것이고 20,000불은 이자를 갚은 것이며 나머지 80,000불은 P법인에 대한 청산분배금이다. S법인과 P법인에게는 어떤 법률효과가 생기는가?

(**풀이**) 제337조는 자회사가 청산분배하는 재산에 딸린 미실현이득을 과세이 연하고 채무변제액 역시 청산분배로 보므로, S법인은 재산에 딸린 미실현이득 400,000불에 세금을 내지 않는다. P법인이 받은 돈은 제332조의 청산분배금인 부분과 다른 부분을 각각 따져야 한다. 500,000불은 대여금 원금의 회수이므로 소득이 아니고 20,000불은 이자소득이다. 이 520,000불은 제332조에서 말하는 완 전청산분배금에 들어가지 않는다. 80,000불은 완전청산분배금에 들어가고, 제 332조에 따라 이 80,000불과 S주식 취득원가와의 차액은 P법인에게 과세하지 않 는다. P법인의 재산 취득원가는 제334조(b)(1)에 따라 S법인의 취득원가 200,000 불을 그대로 물려받는다.[84]

자법인이 재산을 할부조건으로 매각해서 일단은 과세이연을 받았지만 뒤이 어 매각대가를 표창하는 약속어음을 모법인에 분배한다면 어떤 법률효과가 생 기는가? 앞에서 보았듯[85] 할부매매채권의 매각은 할부매매대금의 회수로 보고 과세이연했던 소득을 익금산입한다.[86] 그러나 이 말이 낳는 법률효과는 모자관 계가 있는가에 따라 다르다. 모자관계가 아닌 경우 법인이 재산을 청산분배한다 면, 청산분배 자체를 매각으로 본다.[87] 매각을 회수로 본다는 것과 청산분배를 매각으로 본다는 것을 묶으면 법인이 할부매매채권을 표창하는 약속어음을 받 았다가 이를 청산분배한다면 이를 할부매매대금의 회수로 보아, 애초 과세이연

---

84) 가령 P법인의 당초 출자가액이 80,000이라면 S법인에는 누적된 결손금이 380,000불(미지급이자 를 감안하면 400,000불) 있을 것이다(200,000 + 380,000 = 500,000 + 80,000). 따라서 P법인의 분 개는 (차) 재산 200,000 + 결손금 400,000 (대) S주식 80,000 + 채권 500,000 + 이자소득 20,000.

85) 앞의 [보기 7].

86) 제453B조(a).

87) 제336조(a). 제1절 Ⅲ. 2.

했던 할부매매소득을 바로 익금산입하게 된다.[88] 할부채권을 청산분배받는 주주의 주식양도소득은 전체를 바로 과세하는 것이 아니고 제453조(h)에 따라 할부채권 회수액에 안분하여 여러 차례로 나누어 과세한다.[89] 한편 모자법인 관계에서는 할부채권을 청산분배하더라도 자법인이 세금을 내지 않는다. 자법인이 모법인에 재산을 분배하는 것은 매각으로 보지 않는다는 명문규정이 있기 때문이다.[90] 따라서 자법인은 처분익에 대한 과세를 피한 채 약속어음을 모법인에 청산분배할 수 있고,[91] 모법인의 입장에서도 청산분배에서 소득이 생기지는 않고 청산분배받는 약속어음의 취득원가는 자법인의 취득원가를 그대로 물려받는다.[92] 자법인은 할부매각 대가를 익금산입하지 않았으므로 이 약속어음 취득원가란 자법인이 할부조건으로 판 재산의 취득원가와 같다. 모법인이 할부채권을 지급받는 단계에 가서는 받는 돈을 익금산입하고 그에 안분하여 할부채권의 취득원가를 손금산입한다. 결국 모법인에 대한 과세는 제453조(h)의 규정과 결과적으로 같다.

[보기 17]
S법인은 취득가액 250,000불 시가 1,000,000불인 토지와 취득가액 250,000불 시가 1,000,000불인 재고자산을 소유하고 있다가, 토지를 특수관계 없는 제3자에게 할부조건으로 매각하면서 앞으로 5년간 해마다 200,000불(적정이자 별도)을 지급받을 수 있도록 약속어음 5매를 받았다. 그 뒤 아직 약속어음 지급기일에 이르지 않은 시점에서 S법인은 약속어음과 재고자산을 100% 모법인에게 청산분배하였다. S법인과 모법인에는 어떤 법률효과가 생기는가?

(풀이) 할부조건이므로 토지 매각시점에는 S법인에게 소득이 생기지 않는다.[93] 약속어음과 재고자산을 모법인에게 청산분배하는 것은 제453B조(a)에서는 매각으로 보지만 100% 모자관계이므로 제453B조(d)의 특칙에서 매각으로 보지 않는다. 따라서 S법인에게는 과세이연했던 할부매매이익을 과세하지 않는다.[94] 모법인은 청산분배에 따르는 주식양도소득을 제337조에 따라 과세이연 받고 취득원가는 토지에서 이어받은 약속어음의 취득원가 250,000불과 재고자산 취득

---

88) 앞의 [보기 7].
89) 제453조(h).
90) 제453B조(d).
91) 제337조(a).
92) 제334조(b).
93) (차) 할부채권 250,000 (대) 토지 250,000.
94) (차) 자본 500,000 (대) 할부채권 250,000 + 재고자산 250,000.

원가 250,000불이 그대로 넘어온다.[95] 모법인이 실제로 지급받는 어음채권은 모법인의 익금에 들어가고 할부채권 취득원가 250,000불은 해마다 지급받는 채권액에 안분해서 손금산입한다.[96]

'모법인에 대한 청산분배라면 제337조에 따라 자법인의 미실현이득을 과세이연한다'고 할 때 말하는 모법인, 곧 제337조(a)에서 말하는 '80% 주주'인 법인의 범위는 '청산분배시 모법인 주식양도손익의 과세이연을 정한 제332조에서 말하는 모법인보다 범위가 좁다. 제337조(c)의 제1문이 모법인의 범위를 일단 제332조에 맞추고 있기는 하지만 1986년에 추가된 제2문이 연결납세와의 관련을 잘라내고 있기 때문이다.[97]

2. 법인별 80% 판단

제337조(c)에 제2문이 추가된 것은 이른바 '거울 자법인' 기법이라는 조세회피가 성행했기 때문이다. 제2문이 없던 옛날 법으로 돌아가 가령 같은 연결집단에 속하는 P1법인과 P2법인이 자법인 S법인 주식의 80% 이상을 공동소유하고 있다가 S법인을 해산하면 과세이연을 받는다고 전제하고, 어떤 조세회피 문제가 생겼는지를 생각해보자.

> **[보기 18]**
> T법인은 공장으로 쓰는 부동산(취득원가 7,000불 시가 7,500불)과 동산(취득원가 1,000불 시가 2,500불)을 소유하고 있다. T법인의 주주들은 사업을 접고 현금을 확보할 생각이다. Z법인은 T법인의 부동산만 필요하고 T법인은 동산만 남길 생각이 없다. 이 상황을 전제로 다음 세 가지의 법률효과를 견주어보라.
> 1) Z법인은 T법인으로부터 부동산과 동산을 각 7,500불과 2,500불에 사고 그 뒤 동산을 제3자에게 2,500불에 판다. T법인은 해산·청산하면서 현금 10,000불을 주주들에게 청산분배한다. 결과적으로 T법인의 종래 주주들에게는 현금 10,000불이 남고 Z법인에게는 부동산이 남는다. Z법인의 현금 시재는 7,500불 준다.

---

95) (차) 할부채권 250,000 + 재고자산 250,000 (대) S주식 xx + 자본 (500,000 - xx).

96) (차) 현금 200,000 (대) 할부채권 50,000 + 토지양도소득 150,000.

97) 앞 주석 78의 본문 참조. 기실 법의 글귀에서 제1문과 제2문은 적용범위가 같고 따라서 그저 서로 모순이 아닌가라는 의문이 남지만, 미국문헌에서 이 의문을 제기하는 것은 보지 못했다. 서로 모순이라면 신법인 제2문이 우선한다.

2) Z법인은 T법인의 주주들로부터 T주식 전부를 10,000불에 산다. T법인은 그 뒤 곧바로 해산·청산하면서 부동산과 동산을 Z법인에게 청산분배하고 Z법인은 동산을 제3자에게 2,500불에 매각한다. 결과적으로 T법인의 종래 주주들에게는 현금 10,000불이 남고 Z법인에게는 부동산이 남는다. Z법인의 현금 시재는 7,500불 준다.

3) Z법인은 T주식을 직접 사들이지 않고 현금 7,500불과 2,500불을 각 출자해서 자법인 P1과 P2를 만들고 P1과 P2는 T법인의 주주로부터 T주식을 각 7,500불어치와 2,500불 어치를 사들인다(P1과 P2에 각 출자하는 현금이 원하는 재산과 원하지 않는 재산의 가치를 반영한다는 뜻에서 이것을 '거울' 자법인 기법이라 부른다). 그 다음 T를 해산·청산하면서 P1은 부동산을 P2는 동산을 청산분배받는다. Z법인은 P2의 주식을 2,500불에 제3자에 매각한다. 결과적으로 T법인의 종래 주주들에게는 현금 10,000불이 남고 Z법인의 100% 자법인 P1에는 부동산이 남는다. Z법인의 현금시재는 7,500불 준다.

<u>풀이</u>

1) T법인에는 부동산 처분익 500불과 동산 처분익 1,500불이 생긴다. T법인의 당초 주주들에게는 (10,000불 - T주식 취득원가)만큼 양도소득이 생긴다. Z법인은 동산을 처분하지만 양도가액과 취득가액이 같으므로 과세소득은 생기지 않는다.

2) T법인의 당초 주주들에게는 (10,000불 - T주식 취득원가)만큼 양도소득이 생긴다. T법인은 해산·청산하면서 80% 이상 모법인에 재산을 청산분배하므로 처분익이 생기지 않는다. Z법인에는 동산 처분익 1,500불(=양도가액 2,500불 - T법인에서 넘어온 취득원가 1,000불)이 생긴다. 문제에는 없지만 만일 Z법인이 부동산도 처분한다면 처분익 500불이 생길 것이다.

3) T법인의 당초 주주들에게는 (10,000불 - T주식 취득원가)만큼 양도소득이 생긴다. P1과 P2는 Z법인 산하의 연결집단에 속하므로 청산분배 단계에서 T의 재산처분익 및 P1, P2의 T주식양도차익은 과세이연을 받는다(P1, P2가 과세이연을 받지 않는다 하더라도 분배받는 재산의 시가와 내어놓는 T주식의 취득원가가 같으므로 어차피 세금 낼 것은 없다). P1은 토지 취득원가 7,000불을 물려받는다. P2는 동산 취득원가 1,000불을 물려받는다. 그 다음 Z법인이 P2주식을 시가대로 2,500불에 팔면, 매각대금 2,500불에서 P2주식 취득원가 2,500불을 공제받으므로 처분익은 없다. 문제에는 없지만 만일 Z법인이 P1주식을 매각하면 처분익이 7,500 - 7,500 = 영(0)일 것이다.

재산을 팔아서 분배하는 것과 3)처럼 재산 그대로를 분배하는 것을 달리 과세하는 이상 이 차이를 이용하려는 거래가 생기게 마련이다. 일반적인 청산분배에서는 General Utilities 판결이 폐지되었지만 80% 주주에 대한 청산분배 부분에서는 그대로 남아 있는 것이다. 이리하여 현행법에서는 제337조(c)를 두어 앞 보기의 P1, P2가 80% 모법인에 해당하는지는 연결납세 규칙을 배제하고 판단한 다고 정하고 있다. 그 결과 개별회사 기준으로 보아서 어느 회사도 80% 모법인 이 아니게 된다. 따라서 T의 해산·청산은 제336조로 돌아가 T의 청산분배시 동산 처분익 1,500불 및 부동산처분익 500불을 과세한다. 결국 3)은 1)과 같아져서 2)보다 오히려 더 불리하게 된다. 물론 이 보기에서 부동산의 시가가 8,000불이고 동산의 시가가 2,000불이라면 P1은 80% 모법인에 해당할 것이고 3)은 2)와 같아질 것이다. 80% 모법인에 대한 청산분배라면 미실현이득을 과세하지 않는 다고 정해놓고 다시 3)을 조세회피행위라고 보는 것이 과연 옳은지, 현행법의 대 책이 과연 옳은지, 이런 문제는 여전히 남는다. 아무튼 그 뒤에도 조세회피 시비 는 형태를 바꾸어 계속 생겼고, 결국 법에 일일이 대책을 두려는 생각을 포기하 고 재무부가 규칙을 만들어 대처하라고 정하기에 이르렀다.[98]

3. 소수주주에 대한 분배

제337조의 과세이연은 청산하는 자법인이 "80% 지배권을 보유하고 있는 모 법인"에게 재산을 분배하는 경우에 한정되기 때문에 소수주주들에 대한 분배는 제336조의 일반규정으로 돌아가서 자회사의 처분익을 과세한다. 다른 한편 재산 분배 상대방이 소수주주이더라도 자법인의 처분손은 손금산입할 수 없다. 제311 조(a)(완전청산이 아닌 분배에 따른 처분손 부인)는 적용되지 않지만 또다른 특칙이 있 기 때문이다.

제336조(d)(3) (특칙: 청산에 제332조를 적용하는 경우) ― 어떠한 청산의 경우이든 제332 조가 적용되는 이상 손실인식을 청산법인이 청산 중 하는 분배에 해주지 않는다. (하략)
Sec. 336(d)(3): SPECIAL RULE IN CASE OF LIQUIDATION TO WHICH SECTION 332 APPLIES ― In the case of any liquidation to which section 332 applies, no loss shall be recognized to the liquidating corporation on any distribution in such liquidation

---

98) 제337조(d).

[보기 19]99)

S법인의 주주는 80% 모법인인 P법인과 합계 20%를 소유하고 있는 여러 소수주주이다. S법인은 B토지와 W토지를 소유하고 있다. B의 시가는 800불이고 W의 시가는 200불이다. B의 취득원가는 790불이다. S법인은 해산하면서 B토지와 W토지를 P법인과 소수주주들에게 각 청산분배한다. 다음 각 경우 S법인과 소수주주들에게는 어떤 법률효과가 생기는가?

(1) W의 취득원가가 10불이다.

(2) W의 취득원가가 250불이다.

　풀이

(1) B토지에 딸린 미실현이득 10불은 제332조와 제337조에 따라 과세이연한 채 P법인에 넘어간다. P에게도 과세소득은 생기지 않고 제334조(b)에 따라 S법인의 취득원가 790불을 그대로 물려받는다. W토지에 딸린 미실현이득 190불은 청산분배시 S의 처분익으로 과세한다. 소수주주들은 시가 200불과 주식 취득원가의 차액을 양도손익으로 과세받고 시가 200불이 재산의 취득원가가 된다.

(2) B토지에 관련한 법률효과는 S나 P나 앞 보기 그대로이다. W토지에 관련해서는 S는 미실현손실 50불을 손금산입할 수 없다. 소수주주들은 시가 200불과 주식 취득원가의 차액을 양도손익으로 과세받고 시가 200불이 재산의 취득원가가 된다.

[보기 20]

S법인은 의결권 있는 보통주만 발행하고 있고, S주식은 80 : 20 비율로 모법인인 P법인과 소수주주인 자연인 갑이 소유하고 있다. S법인은 01년 1월 1일 해산을 결의했고 그에 따라 잔여재산 전부(시가 100만불)를 같은 해 12월 1일에 80 : 20의 비율로 청산분배했다.

1) P법인의 S주식 취득원가는 200,000불이고, 갑의 S주식 취득원가는 5,000불이다. S법인이 분배한 재산이 다음과 같다면 S법인, P법인 및 갑에게는 어떤 법률효과가 생기는가?

P에게 분배한 재산

	취득가액	시가
토지	150,000	750,000
건물	30,000	25,000
재고자산	20,000	25,000
합계	200,000	800,000

---

99) Bittker & Eustice, 10.22[1]절의 보기.

갑에게 분배한 재산

	취득가액	시가
현금	50,000	50,000
투자주식	100,000	150,000
합계	150,000	200,000

2) 다른 조건은 1)과 같고 S법인이 갑에게 분배한 재산이 다음과 같다면 S법인과 갑에게는 어떤 법률효과가 생기는가?

	취득가액	시가
현금	50,000	50,000
투자주식	200,000	150,000
합계	250,000	200,000

3) 다른 조건은 1)과 같고, P법인의 S주식 취득원가가 150,000불이라고 하자. S법인으로부터 청산분배받은 재산을 P법인이 제3자에게 800,000불에 처분한다면 P법인의 소득은 얼마인가? P법인의 S주식 취득원가가 900,000불이라면?

(풀이) 1) 80% 모법인에 분배하는 재산과 소수주주에게 분배하는 재산을 나누어 생각해야 한다.

i) P법인에 분배하는 재산에 관련해서는 P법인과 S법인 둘 다 과세이연을 받는다. P법인은 제332조에서 80% 주주에 해당하므로 제331조에 따른 주식양도소득 600,000불을 과세이연한다. P법인이 분배받는 재산의 취득원가는 S법인의 취득원가 200,000불이 그대로 넘어온다.[100] S법인은 청산분배에 따른 토지처분익 600,000불이나 재고자산 처분익 5,000불에 세금을 내지 않고 건물처분손 5,000불을 손금산입하지도 못한다.[101]

ii) 갑에게는 제331조에 따라 분배받는 재산의 시가 200,000불과 주식 취득원가 5,000불의 차액 195,000불을 주식양도소득으로 과세한다. 갑의 재산 취득원가는 시가 200,000불이다.[102] S법인은 제336조(d)에 따라 투자주식 처분익 50,000불에 세금을 낸다.[103]

2) 갑에게는 제331조에 따라 주식 양도소득 195,000불을 과세한다. S법인은 제336조(d)(3)에 따라 투자주식처분손 50,000불을 손금산입하지 못한다.[104]

3) P법인이 분배받는 재산은 S법인의 재산 취득원가 200,000불을 그대로 물려받

---

100) (차) 토지 150,000 + 건물 30,000 + 재고자산 20,000 (대) S주식 200,000.

101) (차) 자본 200,000 (대) 토지 150,000 + 건물 30,000 + 재고자산 20,000.

102) (차) 현금 50,000 + 투자주식 150,000 (대) S주식 5,000 + 주식양도소득 195,000.

103) (차) 자본 200,000 (대) 현금 50,000 + 투자주식 100,000 + 투자주식처분익 50,000.

104) (차) 자본 250,000 (대) 현금 50,000 + 투자주식 200,000.

으므로 재산처분익은 600,000불이다.[105] 돈이 S법인에 들어갔다 나온 것뿐이지 종국적 득실을 따지면 소득이 800,000 − 150,000 = 650,000불 되어야 할 것 같지만, 현행법에서는 과세소득이 800,000 − 200,000 = 600,000불이고 차액 50,000불은 영영 과세하지 않는다. P법인의 S주식 취득원가가 900,000불이더라도 손실 100,000불이 생기는 것이 아니라 재산처분익으로 과세소득이 600,000불 생긴다.

[보기 21]

P법인은 S법인의 90% 주주이고, 주식 취득원가는 20,000불이다. S주식의 나머지 10% 주주는 자연인 갑이고, 주식 취득원가는 3,000불이다. S법인에는 현금 10,000불 G토지 (취득원가 30,000불 시가 90,000불), L토지(취득원가 40,000불 시가 10,000불), 이 세 가지 자산(시가합계 110,000불)이 있고 P법인에 지고 있는 채무 10,000불이 있다. 다음 각 경우 P법인, S법인, 및 갑에게는 어떤 법률효과가 생기는가?

1) S법인은 현금 10,000불로 P법인에 대한 채무를 변제하고 G토지를 P법인에게 L토지를 갑에게 분배한다.

2) S법인은 L토지로 P법인에 대한 채무를 대물변제하고 G토지를 P법인에게 현금 10,000불을 갑에게 분배한다.

（풀이） 1) 채무변제에서는 P법인에게 손익이 생기지 않는다. 주식이 없어지고 G토지를 분배받아 생긴 P법인의 주식처분익 70,000불은 제332조에 따라 비과세하고, G토지 취득가액은 제334조(b)(1)에 따라 30,000불이다. S법인의 G토지 처분익 60,000불은 제337조(a)에 따라 비과세한다. 갑의 주식처분익 7,000불은 제331조에 따라 양도소득으로 과세하고, S법인의 L토지 처분손 30,000불은 제336조(d)(3)에 따라 부인한다. 갑의 L토지 취득가액은 제334조(a)에 따라 10,000불이다.

2) 대물변제받는 L토지에서 P법인에 소득 생길 일은 없다. S법인이 L토지로 채무 10,000불을 대물변제하는 것은 제337조(b)에 따라 P법인에 대한 분배로 보므로 제337조(a)에 따라 S의 L토지 처분손 30,000불은 부인하고, G토지를 P법인에게 분배하는 데에 따른 처분익 60,000불도 제337조(a)에 따라 비과세한다. P법인의 L토지 및 L토지 취득가액은 제334조(b)(1)에 따라 각 40,000불과 30,000불이며, S주식의 처분손은 부인한다. 갑의 주식처분익 7,000불은 양도소득으로 과세한다.

---

[105] (차) 토지 150,000 + 건물 30,000 + 재고자산 20,000 (대) S주식 150,000 + 자본 50,000.
   (차) 현금 800,000 (대) 토지 150,000 + 현금 30,000 + 재고자산 20,000 + 처분익 600,000.

제6장

자산인수와 주식인수

이 장은 미국세법상 자산인수와 주식인수, 이 두 가지 거래의 과세문제를 재조직(reorganization) 과세이연 대상에 해당하지 않는다는 전제 하에서 분석한다. 재조직이 아닌 이상 자산인수나 주식인수에 따르는 세법상 법률효과는 기실 제1 장에서 제5장까지 공부한 내용을 거래형태에 맞추어 적용해 나가는 것일뿐이다. 다만 한 가지 특칙으로 주식인수를 자산인수처럼 과세받을 수 있다는 제338조가 있다. 이하 제1절에서는 인수합병의 의의를 밝혀서 이 장의 논의 범위를 정한다. 제2절에서는 자산인수에 제3절에서는 주식인수에 어떤 법률효과가 따르는가를 분석한다. 제3절에서는 제338조의 특칙을 다룬다.

Part Ⅰ 법인에 의한 분배 (제301조에서 제318조)

Part Ⅱ 법인의 청산 (제331조에서 제346조)

　SUBPART A 받는 사람에 대한 효과

　SUBPART B 법인에 대한 효과

　　제338조(일정한 주식매수 다루기를 자산취득으로)

Part Ⅲ 법인의 설립과 재조직 (제351조에서 제368조)

Part Ⅳ [폐지]

Part Ⅴ 승계 (제381조에서 제384조)

제 1 절　인수, 인수합병, 기업인수

1. 이 글에서 '인수'라는 말은 미국 세법학의 acquisition을 옮긴 말이다. 우리 말의 인수합병, 기업인수, 회사인수라는 말에서 '인수'란 인수하는 자(아주 돈이 많은 개인일 수도 있겠지만 이하에서는 언제나 법인이 인수인이라고 전제한다)가 대상법인[1])의 주주로부터 주식을 매수하여 대상법인의 재산이나 사업에 대한 지배력을 얻는다, 곧 주식을 인수한다는 좁은 뜻으로 쓰는 경우가 많다. 그러나 제6장에서 말하는 인수 또는 기업인수란 그보다는 넓은 뜻으로 미국법의 용례를 따라서, 주식인수만이 아니라 인수법인이 대상법인의 자산이나 영업을 양수받아서 이를 직접 지배하는 자산인수까지 포함하는 뜻으로 쓰기로 한다. 우리 민법학의 용례로 돌아가자면 '인수'라는 말보다는 '양수'라는 말이 맞지만 회사법학 및 실무 용례에서는 M&A를 일컫는 말로 '인수합병'이 확실히 자리잡고 있으므로 미국세법 개념으로 asset acquisition을 '자산인수'라고 옮기기로 한다.

여기에서 '자산인수'라고 적기는 하지만 미국법인세의 관용어로 asset acquisition이라는 말은 우리말로 치자면 대체로 영업양수도라는 뜻이다. 우리말로 기업인수라는 개념에는 특정한 재산을 인수하는 경우를 집어넣기 어렵기 때문이다. 그렇지만 이 글에서 영업양수도라는 말 대신 영어표현을 그냥 옮겨서 '자산인수'라는 말을 쓰는 기본적인 이유는, 미국세법에는 '영업양수도'가 있으면 어떤 식으로 과세한다는 규정이 없기 때문이다. 특정한 자산 하나를 양수했든 여러 자산을 한꺼번에 양수했든 일단 모두 같은 규정을 적용하고, 그 다음에 필요한 범위 안에서 특칙을 두어 가령 채무를 같이 인수하는 경우에 관한 규정을 더 두거나 영업자산을 통째로 일괄양수하는 경우에 관한 규정을 더 두고 있을 뿐이다. 따라서 세법상의 개념으로는 영업양수도라는 개념이 없고 자산인수라는 개념이 있을 뿐이다. 물론 애초 글의 범위가 기업인수인만큼 이하 '자산인수'라는 말은 실제로는 개별자산의 인수를 염두에 둔 것은 아니고 영업양수도를 염두

---

1) 회사법학에서는 대상회사라고 쓰지만 미국세법에 나오는 corporation이라는 말을 법인으로 옮기는 것과 맞추어 미국세법 조문의 target corporation을 대상법인이라고 쓰기로 한다. 그에 맞추어 acquiring corporation도 인수법인이라고 쓴다.

에 둔 것이다.

　　영업양수도가 아니라 자산인수라는 말을 쓰는 또 다른 이유는 미국세법에서는 자산인수라는 말이 합병도 포섭하지만, 우리 법의 영업양도라는 개념 속에 합병을 포섭하는 것은 아무래도 말뜻에 무리가 오기 때문이다. 영업양도나 마찬가지로 미국세법에는 합병이 있으면 어떤 식으로 과세한다는 규정도 없다. 우리 법은 합병이 있으면 소멸법인에 대해서는 청산소득을 과세하고,[2] 소멸법인의 주주에게는 의제배당을 과세하고,[3] 존속법인에 대해서도 합병차익, 자산 취득가액, 세무요소 등에 대한 규정을[4] 두는 식으로 '합병' 그 자체에 법률효과를 주고 있다. 그러나 미국세법에서 합병에 관한 규정이라면, 합병을 이른바 재조직(우리나라에서 흔히 쓰는 말로 기업구조조정)의 하나로 삼아 과세를 이연한다는 규정 정도뿐이다. 합병에 따른 원래의 법률효과는 무엇이라는 말은 없는채 엉뚱하게도 합병이 재조직이라면 과세를 이연한다는 말만 있는 것이다. 한결 엄밀하게 따진다면 미국세법에는 합병이라는 개념은 없고 우리 법으로 친다면 흡수합병과 신설합병에 해당하는 merger와 consolidation이라는 개념이 따로 있을 뿐이되 다만 이 두 가지 개념이 거의 언제나[5] 나란히 나올 뿐이다.

　　합병이라는 개념이 세법에 없는 이상 합병에 대한 세법상 법률효과란 있을 수가 없다. 따라서 회사법상 합병이라는 법률행위가 있으면 세법에서는 다음 두 가지 중 하나가 일어난 것으로 보아서 법을 적용할 수밖에 없다. 첫째 가능성은 대상법인(소멸법인)이 자신의 영업을 인수법인(존속법인[6])에 넘겨주고(영업양도 = 자산인수) 합병대가를 받은 뒤, 해산하면서 이 합병대가를 주주에게 청산배당하는 것, 이 두 가지의 결합으로 보는 것이다. 둘째 가능성은 대상법인의 주주가 인수법인에게 주식을 팔면서 합병대가를 받고, 주주가 된 인수법인이 대상법인을 해산·청산하여(대상법인의 주식은 그 과정에서 당연히 없어진다) 대상법인의 영업을 넘겨받는 것, 이 두 가지의 결합으로 보는 것이다. 어느 쪽으로 볼 것인가? 자신의 주식을 넘길지 말지를 결정할 자유가 대상법인의 주주에게 없다는 점에서 합병은

---

2) 법인세법 제44조.

3) 소득세법 제17조, 법인세법 제16조.

4) 법인세법 제17조 제1항 제5호, 제44조의2, 제44조의3.

5) 그냥 '언제나'가 옳을지도 모르지만 미국세법 전체를 다 확인하지는 못했다.

6) 신설합병에서는 합병신설법인이지만 신설합병이란 실제로는 없으므로 이하 흡수합병만 따진다.

첫째 거래에 가깝다.[7] 따라서 합병에는 i) 자산인수 일반에 따르는 법률효과와 ii) 법인의 해산·청산에[8] 따르는 법률효과가 따른다. 다만 이런 법률효과에 대한 특칙으로 재조직에 해당하는 합병이라면 과세를 이연할 뿐이다. 한편 우리 법개념으로는 영업양도라는 말 속에 이런 식으로 합병을 포섭하는 것은 말뜻에 지나친 무리가 온다. 이하 이 글에서는 영업양도와 합병(그 가운데 두 회사의 관계 부분)의 상위개념으로 '자산인수'라는 말을 쓰기로 한다.

2. 기업인수에 대한 과세는 자산인수와 주식인수를 나누어서 따로 살펴보아야 한다. 자산인수의 경우에는 양도회사에 대해서는 양도차익을 어떻게 과세하고 양수회사에 대해서는 양수받은 자산부채의 가액이나 취득가액을 어떻게 정할 것인가라는 문제가 생긴다. 주식인수의 경우 인수법인은 대상법인의 모법인이 된다. 그 뒤에 어떻게 하는가에 따라서 주식인수는 다시 두 가지 경우로 나눌 수 있다. 인수법인은 새로이 자회사가 된 대상법인을 별도 법인으로 계속 존속시킬 수도 있고 아니면 대상법인을 해산·청산하여 대상법인의 자산부채 및 사업을 인수법인이 직접 청산배당으로 받을 수도 있다. 어느 쪽으로 가는가에 따라 서로 다른 법률효과가 생긴다. 인수법인이 대상법인의 주식을 100% 인수한 뒤 곧바로 해산청산하는 경우, 실질과세 원칙을 적용하여 주식인수와 해산·청산을 한 거래로 묶어볼 수 있다면 이것은 자산인수가 된다. 마지막으로 미국세법은 주식인수 후 대상법인을 자회사로 유지하면서도 일정한 요건을 만족한다면 이를 자산인수로 처리할 수 있는 제338조의 선택권을 인수법인에 주고 있다.

3. 이 장은 기업인수 가운데 관련당사자에 대해서 양도차익을 과세하는 이른바 과세대상 인수를 다룬다. 기업인수의 형태가 일정한 요건을 충족한다면 그런 기업인수는 이른바 '재조직'(reorganization)이 되어서 양도차익에 대한 과세를 이연한다. 재조직의 요건과 효과에 대해서는 제8장 이하로 미루기로 하고, 제6장에서는 재조직의 요건을 만족하지 않는다는 전제 하에서 지금까지 공부해온 원칙적 규정을 기업인수에 적용한다면 어떤 법률효과가 생기는가를 살펴보고, 기업인수에 관한 특칙에는 어떤 것이 있는가를 살펴보기로 한다. 이 장의 분석대상, 곧 재조직에 해당하지 않는 기업인수라는 것이 전형적으로 어떤 형태인가

---

7) West Shore Fuel Inc. v. U.S., 598 F.2d 1236 (2d Cir. 1979).
8) 제5장.

에 대한 감만 잡아 보자. 대표적인 전형은 인수법인이 대상법인의 자산이나 영업을 사면서 대상법인에 넘겨주는 대가가 현금이나 채권인 경우이다. 인수법인이 대상법인의 주식을 사면서 주주들에게 넘겨주는 대가가 현금이거나 채권인 것도 마찬가지이다. 이런 꼴의 자산인수나 주식인수는 재조직이 아니므로 대상법인이나 주주들이 버는 양도차익은 '차익 번 것으로 재산 거래에서 번 것'9)으로 총수입금액에 들어가서 과세대상이 된다. 재조직의 요건에 어긋나면 과세이연이 안 되고 속칭으로 과세대상(taxable) 인수라 부른다. 이와 반대로, 인수법인이 자산인수나 주식인수의 대가로 인수법인의 의결권부 보통주식만 넘겨준다면 재조직이 되어서10) 양도차익에 대한 과세를 이연한다. 속칭으로 비과세(non-taxable) 인수라 부른다. 이런 비과세 인수에는 재조직에 관한 특칙이 적용되므로 제6장의 분석이 그대로 적용될 여지는 거의 없다.

4. 마지막으로 미국법의 용례 문제로, 과세대상 인수라는 말 대신 원가기준 인수, 재조직 인수라는 말 대신 승계기준 인수라는 말을 쓰기도 한다. 과세대상이거나 비과세 인수라는 말은 대상법인이나 그 주주를 기준으로 하는 말이다. 인수법인의 입장에서 보자면 두 가지의 구별은 인수한 자산이나 주식의 취득원가를 얼마로 볼 것인가의 문제이다. 과세대상 인수는, 인수법인의 입장에서 볼 때 실제 들어간 돈을 취득원가로 삼는다는 뜻에서 원가(인수법인의 입장에서 본 원가)기준 인수라고 부르기도 한다. 비과세 인수는 대상법인이나 그 주주의 종래 취득원가를 그대로 받아온다는 뜻에서 승계기준 인수라고 부르기도 한다.

---

9) gains deviced from dealings in property. 제61조(a)(3). 제1장 제2절 I. 2.
10) 제368조(a).

제 2 절 과세대상 자산인수

I. 범위와 논점

과세대상 자산인수의 전형은 대상법인이 인수법인(또는 그 자회사)[11]에게 인수대상인 영업재산과 채무를 넘기면서 그 대가로 현금이나 유가증권 등을 받는 것이다. 과세대상 자산인수의 또다른 형태는 이른바 현금합병이다. 인수법인이 대상법인을 합병하면서 주는 합병대가가 현금 및 기타 유가증권이어서 재조직 과세이연을 받지 못하는[12] 경우 대상법인이나 인수법인(합병존속법인 포함)에게 생기는 법률효과는 다른 과세대상 자산인수나 마찬가지이다. 과세대상 자산인수라면 일반적인 자산매매와 마찬가지로 대상법인에는 처분익의 과세문제가 생기고 인수법인에는 인수받은 자산부채의 취득가액 내지 평가 문제가 생긴다. 영업재산을 이처럼 넘긴 뒤 대상법인이 그대로 존속한다면 대상법인의 주주에 대해서 바로 세금문제가 생길 것은 없지만, 대상법인이 곧바로 해산하면서 인수대가로 받은 현금이나 유가증권 등을 주주에게 청산배당한다면 청산배당에 따른 법률효과가 대상법인 및 주주에게 생긴다. 과세대상 합병은 대상법인의 해산·청산을 수반하므로 대상법인 및 주주에게 해산·청산의 법률효과가 당연히 따른다.

II. 대상법인에 대한 과세

과세대상 자산인수라면 대상법인에는 자산처분익에 관한 일반규정에[13] 따라 처분익이 생긴다. 문제는 받는 대가는 여러 자산을 일괄매각한 대가이지만, 처분익은 개개자산에 대해서 각각 계산해야 한다는 점이다. 재고자산 등에서 생

---

11) 이하 II에서 인수법인이라는 말은 자산을 넘겨받는 자회사를 포함한다.

12) 나중에 재조직 부분에서 보겠지만 합병대가로 받는 현금은 재조직 규정 가운데 boot 규정에 따라 과세대상이 되고 또 합병대가 가운데 현금 등의 비중이 일정정도를 넘으면 지분의 연속성이라는 판례상 과세이연 요건을 어기게 된다. Boot에 대해서는 제2장 제3절. 이창희, 세법강의 제21장 제4절 III.

13) 제61조(총수입금액), 제1001조(처분익), 제1조(h)(양도소득에 대한 세율상한), 제1222조(양도소득), 제1장 제1절 I.

기는 소득이라면 경상소득으로 과세하지만, 투자자산(capital asset)이나 사업용 고정자산(제1231조 자산)에서 생기는 소득은 양도소득이 되기 때문이다. 개인소득세와 달리 법인세에서는 양도소득이라고 해서 저율과세하지는 않지만, 양도차손의 공제는 양도차익을 한도로 하고[14] 결손금 이월에도 경상소득과 차이가 있다.[15] 따라서 일괄양도의 대가를 각 자산에 안분하는 기준이 필요해진다. 뒤에 보듯 인수법인에서도 같은 문제가 생기므로 안분기준은 그곳에서 살펴보기로 한다.

인수법인이 대상법인의 채무를 인수하는 경우 채무인수액 역시 대상법인이 받는 양도대가에 들어감은 물론이다. 현금주의 회계방법을 쓰는 대상법인을 인수하면서 이미 발생하였지만 아직 미지급상태인 부채를 인수하는 경우, 그런 부채도 대상법인의 양도대가에 들어간다.[16]

영업전부를 넘긴 뒤 대상법인이 해산·청산한다면, 대상법인에 대해서는 해산·청산에 따른 법률효과가 생긴다. 요는 청산분배하는 재산에 대해서 제336조에 따라서 처분익과 처분손을 모두 인식하는 것이 원칙이지만[17] 분배받는 주주가 특수관계자라면 처분손의 손금산입에 제약이 있고,[18] 분배받는 주주가 80% 모법인에 해당한다면 제337조에 따라서 대상법인에 처분손익을 인식하지 않는다는 것이다.[19] 인수법인으로 넘기지 않고 남겨두었던 재산이 있어서 이를 청산배당한다면, 제336조와 제337조에 따라서 처분손익을 위와 같이 과세하거나 과세이연한다. 그렇게 남아있던 재산이 없는 상황이라면 대상법인의 해산·청산에서 실제로 처분손익이 생기는 경우는 드물다. 현금 등을 받으면서 자산을 넘길 때 자산에 딸린 미실현이득이 이미 과세소득에 들어갔고, 현금분배에서 소득이 생기지는 않기 때문이다. 다만 애초 인수법인에 자산을 양도한 조건이 할부판매에 해당해서 미실현이득에 대한 과세이연을 받았다면 양도대가로 받은 할부채

---

14) 제1211조(a).

15) 제1212조(a).

16) 이 경우 현금주의에 불구하고 대상법인은 미지급 비용을 손금산입할 수 있다. 미지급부채의 인계액을 익금산입한 이상 미지급비용을 손금산입해야 수익비용이 대응하기 때문이다. 분개로 생각하면 1) 미지급비용을 손금산입해야 부채를 잡을 수 있고, 그래야 2) 미지급부채의 감소액을 익금산입할 수 있기 때문이다. 1) (차) 비용 (대) 미지급비용. 2) (차) 미지급비용 (대) 익금. Commercial Security Bank v. Comr., 77 TC 145 (1981).

17) 제336조. 제5장 제1절 Ⅲ. 2.

18) 제336조(d). 제5장 제1절 Ⅲ. 3.

19) 제5장 제2절 Ⅱ. 1.

권(어음)을 청산분배하는 시기에 가서 과세이연받았던 소득을 과세한다.[20] 그런 소득도 할부채권을 청산분배받는 주주가 80% 모법인에 해당한다면 과세이연한다.[21]

III. 대상법인의 주주에 대한 과세

자산인수 그 자체로 주주에게 법률효과가 생길 것은 없다. 영업을 넘긴 뒤에 대상법인이 해산·청산하면서 자산양도대가를 청산분배한다면 이를 분배받는 주주에 대해서는 청산분배 관련 제331조에 따라 주식양도소득이 생긴다.[22] 대상법인의 주주가 80% 이상 모회사라면 제332조를 적용하므로 청산분배금을 과세하지 않는다.[23] 대상법인이 자산양도대가로 약속어음을 받았다가 이 어음을 청산분배한다면, 대상법인에는 이연받았던 할부매매 소득을 과세하지만 주주에 대해서는 제453조(h)의 특칙이 제331조에 우선하므로 양도소득을 할부기준으로 과세한다.[24]

IV. 인수법인에 대한 과세

과세대상인 거래로 인수법인이 취득한 자산의 취득원가는 실제로 지급한 시가이다.[25]

실제로 지급한 시가란 여러 가지 영업재산을 일괄취득하는 대가이므로 각 자산에 안분해야 한다. 자산의 종류가 무엇인가에 따라 감가상각 여부나 방법이 달라질 수 있기 때문이다.

---

20) 제336조(a), 제453B조. 제5장 제1절 III.2. [보기 7].

21) 제453B조(d). 제5장 제2절 II. 1.

22) 제5장 제1절 II.

23) 제5장 제2절 I.

24) 제5장 제1절 II. 3, 제2절 II. 1.

25) 제1012조.

V. 양도가액의 안분

과세대상 자산인수, 우리 법으로 쳐서 영업양수도 대금을 각 자산에 안분하는 방법은 제1060조에 있고, 이 조는 대상법인의 자산별 처분익 계산과 인수법인의 자산별 취득원가 계산에 모두 적용한다.

제1060조 (특별한 안분규칙을 일정한 자산취득에)
Sec. 1060 SPECIAL ALLOCATION RULES FOR CERTAIN ASSET ACQUISITIONS
(a) 원칙 — 적용대상인 자산취득에서 결정할 다음 두 가지, 곧
(a) GENERAL RULE — In the case of any applicable asset acquisition, for purposes of determining both —
 (1) 양수인의 자산 취득가액, 및
 (1) transferee's basis in such asset, and
 (2) 양도인의 차익이나 차손으로 그런 취득에 관련한 것은
 (2) the gain or loss of the transferor with respect to such acquisition,
대가로 그런 자산에 대해 받은 것을 안분하여 자산취득을 위와 같이 취득한 것에 안분하여 정하되, 그 방법은 금액을 제338조(b)(5)에 따라 자산에 안분하는 것과 똑같이 한다. (하략)
the consideration received for such assets shall be allocated among such assets acquired in such acquisition in the same manner as amounts are allocated to assets under section 338(b)(5). (omitted)
(c) 적용대상인 자산취득 — 이 조의 용어로 "적용대상인 자산취득"의 뜻은 양도(직접이든 간접이든)로서 —
(c) APPLICABLE ASSET ACQUISITION — For purposes of this section the term 'applicable asset acquisition' means any transfer (whether directly or indirectly) —
 (1) 양도하는 자산이 사업을 구성하고, 또한
 (1) of assets which constitute a trade or business, and
 (2) 양도에 관련하여 양수인의 취득원가로 그런 자산에 잡을 금액의 결정기준이 전적으로 대가를 그런 자산에 지급한 금액인 것을 말한다. (하략)
 (2) with respect to which the transferee's basis in such assets is determined wholly by reference to the consideration paid for such assets.
제338조(b)(5) 자산 사이의 분배 — 금액을...결정한 것을 안분하여 대상법인의 자산에 나누는 규칙은 장관이 정한다.
Sec. 338(b)(5) ALLOCATION AMONG ASSETS — The amount determined...shall be allocated among the assets of the target corporation under regulations prescribed by the Secretary.

제338조 그 자체에 대한 논의는 뒤에 다시 보기로 하고, 우선은 제338조 (b)(5)에 따라 재무부규칙으로 정하고 있는 안분방법을 제1060조에서도 그대로

쓴다는 점만 주목하자.26) '나머지 배분' 방법27)이라고 부르는 이 방법의 요는 양수도 대가가 개별자산 시가의 합보다 더 크다면 나머지 금액은 영업권이라는 것이다. 구체적으로는 양수도한 자산을 시가가 얼마나 분명한가를 기준으로 7종으로 구분한 뒤 일괄매각대가를, 각 종별 자산의 개별적 시가를 상한으로 각 종에 안분하고, 나머지가 있으면 그 다음 종으로 넘어가서 같은 과정을 되풀이한다. 7종이란 Ⅰ종(현금, 예금), Ⅱ종(상장주식, CD, 외환), Ⅲ종(매출채권 등 한 해에 한번 이상 시가평가하는 자산), Ⅳ종(재고자산), Ⅴ종(나머지 유형자산), Ⅵ종(Ⅶ을 제외한 무형자산), Ⅶ종(영업권 내지 계속기업가치)이다. Ⅵ종은 경업피지약정 등 뭔가 따로 재산가치를 인정할만한 무형자산이고, Ⅶ종은 따로 값을 정할 수 없는 초과수익력을 영업권으로 잡는다는 말이다. 자산별 매매가액이 얼마라는 식으로 두 법인이 합의해 놓은 것이 있으면 이 합의에서 벗어나서 달리 안분할 수 없다. 그러나 국세청은 이 합의에 구속받지 않는다.28) 나머지 배분방법은 인수법인과 대상법인 양 쪽에 공통적으로 적용하므로 자산별 매각가액으로 대상법인이 안분하는 금액이나 자산별 취득가액으로 인수법인이 안분하는 금액이나 서로 같아야 한다. 애초 이 방법을 들여오던 당시에는 영업권은 상각대상이 아니었고 그러다보니 이 방법의 초점은 인수법인이 영업권을 과소계상하는 것을 막는데 있었다. 1993년 이후에는 영업권도 15년에 걸쳐 상각할 수 있게 되어서,29) 안분방법이 예전만큼 중요하지는 않지만 아무튼 나머지 배분이라는 틀은 그대로 남았다.

[보기 1]

대상법인은 출판업을 하고 있고 주식은 구주주씨가 100% 소유하고 있다. 구주주의 대상법인 주식 취득가액은 2,500불이다. 대상법인의 자산은 유가증권(취득원가 100불, 시가 500불), 재고자산(취득원가 400불, 시가 500불), 윤전기(당초 취득원가는 400불이지만 상각완료로 미상각잔액 0, 시가 1,000불), 건물(미상각잔액 4,000불, 시가 3,000불), 토지(취득원가 2,000불, 시가 5,000불)로, 취득원가 합계 6,500불, 시가합계 10,000불이다.

(1) 인수법인은 대상법인의 자산을 인수하면서, 윤전기는 이미 상각이 완료될 정도로 낡았기에 빼고 나머지 모든 자산을 현금 9,500불에 사들였다. 그 뒤 대상법인은 해산·청

---

26) 재무부규칙 1.1060-1(a)(1), 1.338-6.
27) residual allocation method.
28) 제1060조(a) 제2문. 앞에서 번역을 생략한 부분이다.
29) 제197조(a), (c)(2), (d)(1)(A).

산하면서 현금과 윤전기를 구씨에게 청산분배하였다. 대상법인, 구주주, 인수법인에게는 어떤 법률효과가 생기는가?

(2) 위 문제에서 대상법인에 금융기관 채무 500불이 있고 건물에 대한 저당권이 설정되어 있다. 인수법인은 대상법인에게 현금 9,500불을 지급하고 그에 더하여 피담보채무 500불을 인수한다. 나머지 사실관계는 위 (1)과 같다. 대상법인, 대상법인의 주주, 인수법인에게는 어떤 법률효과가 생기는가?

(3) 인수법인은 대상법인에게 현금 8,000불을 지급하였고 나머지 사실관계는 (1)과 같다면?

[풀이]

(1) 가) 대상법인은 취득원가 합계 6,500불인 자산(윤전기 = 0)을 9,500불에 일괄매각하였다. 따라서 처분익이 합계 3,000불 생기지만, 이 매매대가 9,500불을 자산별로 안분해서 각 자산별 처분익을 구하여 각각 경상소득인지 양도소득인지를 판정해야 한다. 7종으로 구분하여 각 종별로 시가를 상한으로 차례대로 안분하여 매매대가와 처분익을 구하면, Ⅰ종은 없고 Ⅱ종으로 유가증권에 500불(양도소득 400불), Ⅲ종은 없고 Ⅳ종으로 재고자산에 500불(경상소득 100불)이다. Ⅴ종의 건물과 토지에 안분되는 매매대가는 8,000불이고, 이 금액을 시가대로 3,000 : 5000으로 안분하면 건물처분손 1,000불, 토지처분익 3,000불이다. 건물처분손과 토지처분익은 투자자산은 아니므로 양도소득으로 구분하지는 않지만 제1231조 손익으로 양도소득처럼 과세한다.[30] 각 자산에 개별적 시가(500 + 500 + 8,000 = 9,000)를 상한으로 안분하고 남은 나머지 500불은 영업권조로 받은 것이 된다. 이 500불이 양도소득인가 경상소득인가는 조문으로는 분명하지 않지만, 행정해석은 양도소득이라고 한다.[31] 대상법인의 자산매각 그 자체로 구주주에게 법률효과가 생기지는 않는다.

나) 해산청산으로 인하여 대상법인에는 윤전기의 시가 1,000불과 미상각잔액 0불의 차액인 1,000불의 소득이 생긴다. 윤전기는 감가상각 자산이므로 경상소득이기는 하지만 제1231조 자산이 되어서 처분익은 양도소득처럼 과세하지만

---

30) 처분익이 생긴다면 기왕의 감가상각누적액 부분을 경상소득으로 재구분하지만 애초 처분손이 1,000불 생기므로 감가상각누적액을 무시한다. 제1245조(a)(1)(B)(ii). 이창희, 세법강의, 제11장 제1절 Ⅰ. 3. 양도소득(정확히는 제1231조에 따라 양도소득처럼 과세하는 소득)을 경상소득으로 재구분하는 개념이므로, 애초 양도소득이 나오지 않으면 재구분하지 않는다. 옳은 입법인지는 의문이다.

31) Private Letter Ruling 102728-02 (2002.10.25). 제1221조를 보면 제167조 감가상각자산은 투자자산(capital asset)이 아니다. 제197조(f)(7)은 상각대상인 무형자산을 제167조 감가상각자산에 포함한다. 따라서 상각대상인 무형자산은 투자자산이 아니다. 자기창설영업권은 상각대상이 아니므로 투자자산이고 따라서 자기창설영업권을 넘기고 받는 대가는 양도소득이다. 다만 투자자산이려면 일단 '재산'이어야 하는데, 자기창설영업권이라는 것이 매매대상인 '재산'일 수가 없다는 의문은 남는다.

처분익 중 기왕의 감가상각액 해당부분 400불은 제1245조의 재구분에 따라 경상소득으로 과세하고, 시가가 애초의 취득원가를 넘는 600불(＝ 1,000 － 400) 부분만 양도소득처럼 과세한다.[32] 대상법인이 영업양도에서 생기는 소득 및 해산청산에서 생기는 소득에 대해 법인세를 납부하고 청산분배하는 나머지 현금(＝ 9,500불 － 법인세)과 윤전기 시가 1,000불을 합한 금액에서 구주주의 주식 취득원가 2.500불을 공제한 금액은 구주주의 양도소득이다. 대상법인의 배당가능이익이 얼마인지는 아무 상관이 없다.

다) 인수법인의 자산 취득원가는 앞 가)에 따라 각 자산에 안분된 금액이고 영업권이라는 자산으로 잡을 금액은 500불이다.

(2) 가) 대상법인이 받는 영업양도대금은 채무인수액 500불을 포함하는 10,000불로, 이를 각 자산에 안분해서 자산별로 경상소득과 양도소득을 구해야 한다. 다른 답은 같고 제Ⅶ종에 안분되는 나머지 금액(영업권)만 1,000불로 달라지고 이 1,000불은 양도소득이다.

나) 대상법인이 해산청산시 납부할 법인세는 앞과 같다. 대상법인의 주주도 앞과 같다.

다) 인수법인의 영업권 취득원가는 1,000불이다.

(3) 가) 대상법인이 받는 자산양도대금 8,000불을 각 자산에 안분해야 한다. 시가가 분명한 자산부터 계산해나가면 유가증권에 500불(양도소득 400불), 재고자산에 500불(경상소득 100불)이다. 건물과 토지에 안분되는 매매대가는 나머지 7,000불로, 다시 시가로 안분하면 건물에 3,000/(3,000 ＋ 5,000) 만큼인 2,625불을 토지에 5,000/(3,000 ＋ 5,000) 만큼인 4,375불을 안분한다.

나) 대상법인이 해산청산시 납부할 법인세는 앞과 같다. 대상법인의 주주도 앞과 같다.

다) 인수법인의 건물 취득원가는 2,625불, 토지 취득원가는 4,375불이다.

---

32) Bittker, McMahon & Zelenak, 33.01[5]절.

제3절   과세대상 주식인수

Ⅰ. 대상법인에 대한 과세

대상법인을 인수법인의 자회사로 그냥 남겨두는 경우에는 대상법인에는 아무런 법률효과가 생기지 않는다. 다만 주식인수 전에 대상법인에 5% 이상 주주가 있어서 결과적으로 주주구성에 변화가 생기면 그전에 미리 대상법인에 쌓여 있던 이월결손금의 공제에 제약이 생긴다.[33]

주식 매매 이후 인수법인이 대상법인의 80% 이상 모회사가 된 상태에서 인수법인이 대상법인을 해산·청산한다면 대상법인에 대해서는 처분익을 과세하지 않고 인수법인은 대상법인의 자산 취득가액을 그대로 물려받는다.[34] 인수법인이 대상법인을 해산·청산하지 않고 그냥 남겨둔 채 제338조를 선택하는 경우의 자산 취득가액에 대해서는 뒤에 본다. 제338조는 선택하지 않고 인수법인이 대상법인을 합병·삼각합병하는 등 재조직하는 경우에 대해서는 제9장 제3절 Ⅰ. 2. (5).

Ⅱ. 대상법인의 주주에 대한 과세

주식인수로 인수법인이 대상법인의 주주로부터 주식을 넘겨받으면서 현금이나 채권을 매매대가로 지급하면 주주에게는 주식양도소득이 생긴다.[35] 인수법인이 지급하는 매매대가가 할부조건에 해당한다면 대상법인 주주의 과세소득은 일단 과세이연했다가 실제 받는 할부대금에 안분해서 나누어 과세한다.[36]

---

33) 제382조.
34) 제337조. 제5장 제2절 Ⅰ. 1.
35) 제61조(a)(3), 제1001조.
36) 제453조(a), (b).

Ⅲ. 인수법인에 대한 과세

인수법인이 대상법인을 자회사로 그냥 남겨두고 제338조를 택하지도 않은 경우 인수법인의 주식 취득원가는 대상법인 주주에게 실제 지급한 대가이다. 80% 주주인 인수법인이 대상법인을 해산·청산한다면 인수법인은 대상법인의 자산 취득원가를 그냥 물려받고, 주식 양도소득이나 양도손실이 생기지 않는다.[37] 자회사에 누적되어 있던 배당가능이익이나 이월결손금도 그대로 다 모회사(인수법인)가 이어받는다.[38] 한편 해산청산 이후에 생긴 모회사의 결손금을 자회사(대상법인)의 해산청산 전으로 소급해서 자회사의 소득에서 공제받지는 못한다.[39]

제4절 주식인수를 자산인수처럼 과세받을 선택권

Ⅰ. 제338조의 연원

인수법인이 대상법인 주식의 인수를 일단 했더라도 그 뒤 곧이어 대상법인을 해산·청산하여 대상법인의 영업과 자산부채를 넘겨받는다면 그 결과는 자산인수와 같다. 주식인수 후 인수법인이 대상법인을 해산·청산하나 자산인수 후 대상법인의 주주가 대상법인을 해산·청산하나, 그 과정이 다를 뿐 결과에는 아무 차이가 없다. 인수법인이 지급한 인수대가가 대상법인 주주의 손에 들어가고 대상법인 자산이 인수법인에 넘어가는 것은 똑같다. 그렇게 본다면 설사 주식인수 후 대상법인을 해산·청산하지 않더라도 인수법인이 대상법인을 지배하고 있는 이상 경제적 실질을 본다면 자산인수나 마찬가지이고, 그렇다면 주식인수에 대한 과세도 자산인수와 똑같아야 한다는 생각을 할 수 있다. 현행법 제338조가

---

37) 제332조. 제5장 제2절 Ⅰ. 1.
38) 제381조(c)(1). 제5장 제2절 Ⅰ. 1.
39) 제381조(b)(3).

이런 생각을 반영하고 있지만 우선 이 법조가 생기기 전의 판례부터 보자.

(판례) Kimbelll-Diamond Milling Co. v. Comr.[40]

1942년 원고인 KD(이하 인수법인)는 화재로 공장시설을 잃게 되자, 이를 대체하기 위하여 동종시설을 가지고 있는 Whaley사(이하 대상법인)의 주식 100%를 211,800불에 매수하고 3일 뒤 대상법인을 해산·청산하여 공장시설을 넘겨받았다. 그 뒤 인수법인은 이 공장시설의 감가상각액을 계산할 때 대상법인의 공장시설 취득원가를 기준으로 감가상각액을 계산하였다. 대상법인의 공장시설 취득원가는 328,000불로 인수법인이 지급한 주식 인수대가보다 훨씬 높았다.[41] 원고 주장은 100% 자법인의 해산·청산이므로 모법인은 자법인의 취득원가를 물려받는다는 것이다.[42] 그러나 국세청은 원고의 행위를 자산인수로 보고 취득가액을 110,721불로 보았다.[43] 그에 따라 감가상각액의 일부를 부인하였다. 법원은 주식인수 후 해산·청산이라는 인수법인의 주장을 내치고 국세청 승소 판결을 내렸다. 원고의 의도가 자산인수였다는 것이다.

그러나 Kimbelll-Diamond 판결은 역풍을 맞는다. 이 사건 당시 국세청은 아마도 납세의무자가 스스로 주식인수 더하기 해산청산이라는 2단계 형식을 취한 이상 납세의무자가 이것을 묶어서 자산인수로 주장할 수는 없고 국세청만 그렇게 재구성할 수 있다고 생각했을 것이다.[44] 그러나 Kimbell Diamond 판결은 그 뒤 납세의무자에게도 적용되어서[45] 주식을 인수하는 법인은 대상법인 주식을 취득하는데 들어간 돈과 대상법인의 자산취득원가 가운데 아무 쪽이나를 고를 수 있다는 결과를 낳았다. 주식인수의 의도가 자산취득이었다고 미리 잘 적어놓기만 하면 주식취득에 들어간 돈이 자산취득원가가 되기 때문이다. 이리하여 국회는 1954년 전면개정법으로 객관적 요건을 정해서, 인수법인이 대상법인

---

40) 14 TC 74 (1950).

41) 실제 사실관계는 좀 복잡하다. 인수법인은 애초 공장멸실로 인한 보험금 120,000불을 받았고, 보험차익이 101,079불 생겼다. 이 보험차익은 익금불산입하지만 그만큼을 대체자산의 취득가액에서 깎는다. 211,800불에서 보험차익을 깎은 주식취득가액은 110,721불이다.

42) (차) 현금 120,000 (대) 자산 18,921 + 보험차익 101,079; (차) 주식 110,721 + 보험차익 101,079 (대) 현금 211,800; (차) 자산 328,000 (대) 주식 110,721 + 자본 217,279. 제5장 제2절 I. 1.

43) (차) 자산 110,721 + 보험차익 101,079 (대) 현금 211,800.

44) 미국법의 일반론으로는 납세의무자가 스스로 취한 법형식과 다른 실질을 주장하기는 어렵다. 이창희, 세법강의, 3장 4절 II.

45) U.S. v. M.O.J. Corp., 274 F.2d 713 (5th Cir. 1960).

주식의 80% 이상을 매수한 뒤 2년 안에 청산계획을 채택하고 그에 따라 해산청산한다면 이를 일률적으로 자산인수로 과세한다고 정하였다.[46] 그러자 다시 생긴 문제가 법을 잘 모르는 사람들만 불시타를 맞는다는 시비였고, 그 결과 현행법 제338조가 1982년에 생겼다. 요는 납세의무자가 원하면 대상법인 자산에 딸린 미실현이득만큼 자산을 평가증할 수 있다는 것이다. 자산을 평가증하면 당장 세금을 내어야 하니 무슨 이득이 있을까 싶지만, 그 당시에는 그렇지 않았다. 1982년은 General Utilities 판결을 법에 명문화해 두고 있던 시기였다. 그 당시의 법에서는 청산계획을 채택한 후 12개월 기간 안이라면 청산배당만이 아니라 잔여재산 환가에서 생기는 처분익도 과세하지 않았고,[47] 그에 대한 연장선상에서 같은 기간의 자산 평가증에는 세금을 내지 않는 것이 원칙이었기 때문이다. 오늘날에는 납세의무자가 제338조를 택하면 평가증한 미실현이득에 세금을 내어야 하므로, 이월결손금이 있다든가 달리 특별한 사정이 없는 한 실제 이 조문을 택할 실익은 별로 없다.

II. 대상법인 자산에 대한 미실현이득 과세

제338조 (일정한 주식매수 다루기를 자산취득으로)

Sec. 338. CERTAIN STOCK PURCHASES TREATED AS ASSET ACQUISITIONS

(a) 원칙 ― ...매수법인의 선택이 이 조에 따른 것이라면... 적격주식매수의 경우 대상법인을

(a) GENERAL RULE ― ...if a purchasing corporation makes an election under this sec-tion...then, in the case of any qualified stock purchase, a target corporation ―

(1) 다루기를, 자산전부의 매각을 취득일 종료 때 공정한 시가로 단일한 거래로써 행한 것으로 보고, 그리고

(1) shall be treated as having sold all of its assets at the close of the acquisition date at fair market value in a single transaction, and

(2) 다루기를, 새로운 법인이 되어 위 제(1)항에서 말하는 자산 전부의 매수를 취득일 그 다음 날 개시 때 한 것으로 본다

(2) shall be treated as a new corporation which purchased all of the assets referred to in paragraph (1) as of the beginning of the day after the acquisition date.

(d) 매수법인; 대상법인; 적격주식매수 ― 이 조에서 ―

---

46) 1954년법 제334조(b)(2).

47) 1954년법 제337조. 제5장 제1절 III. 1.

(d) PURCHASING CORPORATION; TARGET CORPORATION; QUALIFIED STOCK PURCHASE — For purposes of this section,

(1) 매수법인 — 용어 '매수법인'의 뜻은 법인으로서 적격주식매수로 다른 법인 주식을 사는 자이다.

(1) PURCHASING CORPORATION — The term 'purchasing corporation' means any corporation which makes a qualified stock purchase of stock of another corporaton.

(2) 대상법인 — 용어 '대상법인'의 뜻은 법인으로서 그 주식의 취득을 다른 법인이 적격주식매수로 하는 자이다.

(2) TARGET CORPORATION — The term 'target corporation' means any corporation the stock of which is acquired by another corporation in a qualified stock purchase.

(3) 적격주식매수 — 용어 '적격주식매수'의 뜻은 한 거래 또는 일련의 거래로 어느 한 법인의 주식(제1504조(a)(2)의 요건을[48] 만족하는 것)을 다른 법인이 취득하는 것이 매수를 12개월 취득기간 사이에 하는 것이다.

(3) QUALIFIED STOCK PURCHASE — The term 'qualified stock purchase' means any transaction or a series of transactions in which stock (meeting the requirements of section 1504(a)(2)) of 1 corporation is acquired by another corporation by purchase during the 12 month acquisition period.

(g) 선택 —

(g) ELECTION —

(1) 언제 하나 — 예외로 달리 정한 것이 규칙에 없는 한, 선택을 이 조에 따라 하려면 늦어도 9번째 달의 15일까지 해야 하며, 여기에서 달수는 취득일이 속하는 달 다음 달부터 세기 시작한다.

(1) WHEN MADE — Except as otherwise provided in regulations, an election under this section shall be made not later than the 15th day of the 9th month beginning after the month in which the acquisition date occurs

(2) 방법 — 선택을 매수법인이 이 조에 따라 하는 방법은 장관이 규칙으로 정한다.

(2) MANNER — An election by the purchasing corporation under this section shall be made in such manner as the Secretary shall by regulations prescribe.

(3) 선택은 취소불능 — 선택을 매수법인이 이 조에 따라 일단 하면 취소불능하다.

(3) ELECTION IRREVOCABLE — An election by a purchasing corporation under this section, once made, shall be irrevocable.

(h) 정의와 특칙 — 이 조에서 —

(h) DEFINITIONS AND SPECIAL RULES — For purposes of this section —

(1) 12개월 취득기간 — 용어 '12개월 취득기간'의 뜻은 12개월 기간인바, 기간의 시작일은 주식취득으로 적격주식매수에 들어가는 것을 처음 매수하여 취득한 날이다...

(1) 12 MONTH ACQUISITIN PERIOD — The term '12 month acquisition period' shall mean the 12 month period beginning with the date of the first acquisition by pur─chase of stock included in a qualified stock purchase...

(2) 취득일 — 용어 '취득일'의 뜻은, 어떤 법인에 관련하여 그 법인 주식의 취득이 적격주식매수로 된 첫 날이다.

(2) ACQUISITION DATE — The term 'acquisition date' means, with respect to any corporation, the first day on which there is a 'qualified stock purchase' with respect to the stock of such corporation.

[보기 2]⁴⁹⁾

인수법인은 신문사로서 윤전기를 새로 마련해야 하는 입장인데 때마침 대상법인이 딱맞는 윤전기를 가지고 있다. 대상법인은 최근 폐업한 회사로서 영업권 내지 계속기업가치라 할 만한 것은 따로 없다. 윤전기는 취득원가가 2만불 시가가 40만불이고, 대상법인의 나머지 자산은 취득원가가 5만불 시가가 20만불이다. ×1년 1월 1일 인수법인은 대상법인 주식의 50%를 현금 30만불을 주고 주주로부터 사들였다. 그 뒤 같은 ×1년 7월 1일 인수법인은 나머지 주식 50%를 현금 30만불에 사들였다. 대상법인 자산의 가치는 1월 1일에나 7월 1일에나 그대로이다.

(1) 대상법인, 대상법인의 주주, 인수법인에게는 어떤 법률효과가 생기는가?

(2) 인수법인이 제338조를 선택한다면 앞의 답이 어떻게 되는가? (대상법인 자산 전부의 시가는 60만불이라고 가정하라. 이에 대해서는 뒤에 다시 본다.)

(3) 인수법인이 나머지 주식 50%를 사들인 날이 ×2년 2월 1일이라면 앞 (1),(2)의 답에 어떤 영향을 미치는가?

풀이

(1) 대상법인의 주주에게는 60만불과 주식 취득원가 7만불의 차액만큼 양도소득이 생긴다. 대상법인에는 아무런 법률효과가 없다. 다만 주식인수 전에 대상법인에 5% 이상 주주가 있어서 결과적으로 주주구성에 변화가 생기면 주식인수 전에 이미 있던 이월결손금의 공제에 제약이 생긴다.⁵⁰⁾ 인수법인의 주식 취득원가는 60만불이다.

(2) (i) 대상법인의 주주에 대한 법률효과와 인수법인의 주식 취득원가는 (1) 그대로이다. (ii) 대상법인은 1년 기간 안에(×1년 1월 1일에서 7월 1일<1년) 주식 80% 이상을 취득하여 적격주식매수가 되는 첫 날(취득일)인 7월 1일에 자산 전부를 60만불에 팔고 다시 이 자산을 60만불에 산 것처럼 과세한다. 대상법인이 '새로운 법인이 되어' 자산 전부를 7월 2일에 매수한 것처럼 보므로, 대상법인은 1월 1일에서 7월 1일까지 존속하고 새로운 법인이 7월 2일에 설립되는 것처럼 보아야 한다. 따라서 대상법인은 1월 1일에서 7월 1일까지의 기간을 한 사업연도로 삼아 법인세를 신고납부해야 한다.⁵¹⁾ 처분가액 60만불은 각 자산에 안분해

48) 연결대상의 요건으로서 의결권의 80% 및 주식가치의 80% 이상을 소유하는 것이다.

49) Block, Corporate Taxation, 365쪽의 보기를 손본 것이다.

50) 제382조.

서 자산별 경상소득이나 양도소득을 구해야 한다. 윤전기와 다른 자산이 각 몇
종 자산인가는 나와 있지 않지만 각 자산에 안분하는 가액은 종별 시가를 넘지
못하므로, 윤전기에는 40만불 다른 자산에 20만불을 안분한다는 결과에는 영향
이 없다. 따라서 윤전기 처분익은 38만불이고 나머지 재산 처분익은 15만불이
다. 윤전기 처분익은 제1231조에 따라서 양도소득처럼 과세하지만 그 가운데 감
가상각누적액 만큼은 경상소득으로 재구분한다. 나머지 재산은 재산의 성격에
따라 각 경상소득이나 양도소득이 된다. (iii) '새로운 법인'인 대상법인의 자산
취득원가는 윤전기가 40만불, 나머지 재산이 20만불이 된다.
(3) 제338조의 선택을 하기 위해서는 적격주식매수이어야 한다. 적격주식매수가
되자면 80% 이상의 주식의 매수가 12개월 기간 안에 이루어져야 하므로, 이 사
실관계에서는 적격주식매수가 아니다. 따라서 제338조를 선택할 수 없고 모든
법률효과는 앞의 (1)과 같다.

Ⅲ. 주식의 인수가격과 자산 일괄매각 간주시가

앞의 보기로 제338조(a)의 전체적 흐름은 이해했을 것이다. 그렇지만 꼼꼼한
독자라면 이 풀이에 무엇인가 아귀가 안 맞는다는 것을 이미 깨달았을 것이다.
가령 윤전기의 시가가 40만불이고 나머지 자산의 시가가 20만불로 자산총계가
60만불이지만 대상법인에 채무도 17만 6666불 있다고 하자. 대상법인의 주식을
60만불에 살 사람이 있을까? 있을 리가 없다. 당연히 채무를 공제해야 하기 때
문이다. 이 채무가 대상법인의 재무제표에 잡혀있지 않더라도 당연히 공제해야
하는 것은 마찬가지이다. 그런데 대상법인에 회계분식이 없더라도 당연히 생각
해야 하는 숨은 채무가 있다. 바로 주식인수 및 해산·청산에 따라 대상법인이
내어야 할 법인세이다.

주식의 가치란 채무를 공제한 순자산의 가치를 기초로 형성된다는 점을 생
각해본다면 순자산의 시가가 60만불이고 취득원가가 7만불(= 2만불 + 5만불)인 대
상법인의 주식을 60만불에 살 사람은 있을 리가 없다. 미실현이득 53만불에 대
한 세금부담을 고려해야 하기 때문이다. 대상법인의 재산을 언젠가 제3자에게
판다면 당연히 양도차익에 세금을 내어야 하고, 대상법인을 해산·청산하는 경우

---

51) 제443조(a)(2).

에도 인수법인은 대상법인의 자산가액을 애초 대상법인의 취득원가로 받아오므로 언젠가 미실현이득에 세금을 내어야 하는 것은 결국 마찬가지이다. 대상법인에는 미실현이득에 대해서 낼 법인세만큼 채무가 있는 것이고 대상법인 주식을 살 사람은 당연히 이 채무만큼을 차감하여 주식매매대금을 산정할 것이다. 인수법인의 입장에서 보자면 대상법인 주식의 가치는 자산의 시가에서 법인세 채무를 뺀 금액이다.[52] 뒤집으면 자산의 시가가 대상법인 주식의 매매가격에 법인세 채무를 더한 금액이라야 아귀가 맞다. 세율이 25%라 가정한다면 앞의 보기에서는 자산의 시가가 77만 6666불이라야 계산이 맞다. 자산의 시가가 77만 6666불이라면 대상법인의 양도소득은 77.6666－7 = 70만 6666불이 되고 거기에 25% 세율을 적용하면 대상법인이 낼 법인세는 17만 6666불이다. 따라서 대상법인자산의 현금가치는 77.6666－17.6666 = 60만불이 되어 인수법인이 치르는 주식가격과 아귀가 맞다.[53] 공식으로 적어보자면 제338조(a)에서 대상법인이 자산 전부를 매각했다고 보는 시가는 주식매매가격에서 역산해서 구해야 한다. 어떻게? 다음과 같이 구하면 된다. [X - (X － 취득원가) × 세율] = 주식매매가격. 위 보기에서는 [X - (X-7) × 0.25] = 60이고 이를 풀면 X = 77만 6666불이 나온다. 재무부규칙은 이 X값을 일괄매각 간주시가(aggregate deemed sale price, 줄여서 ADSP)라고 부르고 있다.[54] 법에는 제338조(a)에서 말하는 시가를 이런 공식으로 구하라는 말은 없다. 논리를 따지면 그런 결과에 이를 수밖에 없고, 이런 뜻에서 재무부규칙은 ADSP는 '세법의 일반 원칙에 따라 정한다'고 적고 있다.[55] "세법의 일반 원칙에 따라" 앞 보기의 풀이 (2)(ii)와 (iii)을 바로잡으면 다음과 같이 된다.

[보기 2의 바른 풀이]

(2) (ii) 대상법인은 주식 80% 이상을 취득하여 적격주식매수가 된 첫 날(취득일) 인 7월 1일에 자산 전부를 ADSP 77만 6666불(주식매매가격 60만불에서 역산한 자산가치)에 팔고 그 다음 날 다시 이 자산을 77만 6666불에 산 것처럼 과세한다. 대상법인이 '새로운 법인이 되어' 자산 전부를 7월 2일에 매수한 것처럼 보

---

52) 한편 법인에 이중과세가 전혀 없다면 주식의 가치와 자산의 가치는 같아질 것이다.

53) 법인세 이중과세가 없다면 본문에서 법인세 채무가 영(0)이든가(배당금 손금산입의 경우) 아니면 주주가 낼 세금의 선납이 되어서 자산(선납세액)으로 주주에게 넘어간다(배당세액 공제의 경우).

54) 재무부규칙 1.338-4(a).

55) 재무부규칙 1.338-4(b)(1)(2).

므로, 대상법인은 1월 1일에서 7월 1일까지 존속하고 새로운 법인이 7월 2일에 설립되는 것처럼 보아야 하고, 따라서 대상법인은 1월 1일에서 7월 1일까지의 기간을 한 사업연도로 삼아 법인세를 신고납부해야 한다.[56] 처분가액 77만 6666 불은 각 자산에 안분해서 자산별 경상소득이나 양도소득을 구해야 한다. 종별 자산의 시가가 각 40만불과 20만불이므로, 윤전기에는 40만불 다른 자산에는 20 만불을 안분하고 나머지 17만 6666불은 영업권에 안분한다. (순자산 전체의 시 가가 60만불인 법인을 77만 6666불 주고 산다는 말은 17만 6,666불만큼 영업권 이 있다는 말이다) 따라서 윤전기 처분익은 38만불이고 나머지 재산 처분익은 15만불이다. 윤전기 처분익은 제1231조에 따라서 양도소득처럼 과세하지만 그 가운데 감가상각누적액 만큼은 경상소득으로 재구분한다. 나머지 재산은 재산 의 성격에 따라 각 경상소득이나 양도소득이 된다. 영업권조로 받은 17만 6666 불은 양도소득이다.

(iii) '새로운 법인'인 대상법인의 자산 취득원가는 윤전기가 40만불, 다른 재산이 20만불, 영업권이 17만 6666불이 된다.

ADSP에는 몇 가지 더 생각해볼 점이 있다. 재무부규칙에 나오는 예를 가지 고 생각해보자.

[보기 3][57]

01년 7월 1일 현재 대상법인의 재산은 사업에 사용하던 건물만 남아있고 이 건물의 미상 각잔액은 50,400불이고 시가는 10만불이다. 당초 취득가액은 80,000불이다. 법인세율 은 34%이다. 인수법인이 제338조를 선택하는 경우 대상법인에게는 무슨 소득이 얼마 생 기는가?

(i) 01년 7월 1일 인수법인이 대상법인의 주식 전부를 7만 5천불에 샀다면?

(ii) 01년 7월 1일 인수법인이 대상법인의 주식 80%를 6만불에 샀다면?

(iii) 00년 6월 1일 인수법인이 대상법인의 주식 20%를 5천불에 샀고 01년 7월 1일 80%를 6만불에 샀다면?

(iv) 00년 7월 2일 인수법인이 대상법인의 주식 20%를 5천불에 샀고 01년 7월 1일 80%를 6만불에 샀다면?

(풀이)

(i) $ADSP - (ADSP - 50,400)(0.34) = 75,000$. 따라서 $ADSP = 87,672$. 검산하자

---

56) 제443조(a)(2).

57) 재무부규칙 1.338-4(g), Ex. 1. (iii)(iv)는 규칙에 나오지 않는 것을 따로 만들었다.

면 법인세 채무는 $(87,672 - 50,400)(0.34) = 12,672$불이므로,[58] 주식매매가액에서 역산한 자산 전체의 가치 곧 ADSP가 $75,000 + 12,672 = 87,672$불이어야 한다. ADSP가 건물의 개별적 시가 10만불보다 적으므로(수익력이 낮다는 말이다), 나머지 배분방법에 따라 87,672불 전액을 건물의 매각대가에 안분한다. 따라서 처분익은 $87,672 - 50,400 = 37,272$불이고, 그 가운데 7,672불($= 87,672 - 80,000$)불은 양도소득이고 나머지(과거에 경상소득 계산시 공제했던 감가상각액) 29,600불($= 80,000 - 50,400$)은 경상소득이다.

(ii) 대상법인 재산가치의 80%가 6만불이므로 재산 전체로 환산한 시가는 6만/(0.8) = 7만 5천불이다. 나머지는 (i)과 같다.

(iii) 대상법인이 100%를 사들이기는 했지만 이 보기의 답은 위 (ii)와 같아야 한다. 취득일일 01년 7월 1일 현재 대상법인 재산의 일괄매각 시가가 얼마인가는 01년 7월 1일의 주식가치를 기준으로 따져야 하고, 이 점에서 답이 (ii)와 다를 수가 없다. 과거 00년 6월 1일의 주식매매가액이 얼마였는가는 ADSP의 계산에 들어가지 않는다.

(iv) 이 경우에도 답이 (ii)와 같아야 한다고 생각할 여지가 있지만 재무부규칙에서는 답이 달라지고 00년 7월 2일에 산 20%와 01년 7월 1일에 산 80% 두 가지가 다 ADSP의 계산에 들어간다. 주가라는 것이 오르락내리락 한다는 점을 생각한다면 취득일로부터 일정기간 안에 들어가는 거래는 다 반영해야 옳다는 생각을 할 수 있고, 재무부규칙은 이 기준을 1년으로 정하고 있다.[59] 취득일 이전 12개월이라는 기간은 기실 제338조(b)에서 대상법인의 간주 취득원가를 정할 때 나오는 '최근매수주식'이라는 개념이지만 그것을 제338조(a)로 끌어당겨 쓰고 있는 것이다.[60] 00년 7월 2일에 산 주식도 최근매수주식이므로 역산에 반영한다. $ADSP - (ADSP - 50,400)(0.34) = 65,000$이라는 식을 풀면 $ADSP = 72,521$불이 된다. 검산하자면 법인세 채무가 $(72,521 - 50,400)(0.34) = 7,521$불이므로, 주식매매가액에서 역산한 자산의 시가 곧 ADSP는 $65,000 + 7,521 = 72,521$불이다. ADSP가 건물의 개별적 시가 10만불보다 적으므로, 나머지 배분방법에 따라 72,521불은 전액 건물의 매각대가에 안분한다. 따라서 처분익은 $72,521 - 50,400 = 22,121$불이고, $72,521 < 80,000$이므로 22,121불은 전액 경상소득이다.

---

58) 과세소득을 $(100,000 - 50,400)$으로 잡아 법인세채무를 계산하지는 않는다. 여기에서 '시가'란 안분기준의 역할을 할 뿐이고, 세액은 실제거래가액을 기초로 정한다.

59) 재무부규칙 1.338-4(b)(1). 아마도 제338조(b)의 12개월 기간이 숨은 영향을 주었을 것이다.

60) 미국법에서는 집행명령 내지 법률의 해석인 명령도 "불합리하고 법률에 어긋남이 분명하지 않은 이상 그대로 유효하다." Comr v. South Tex. Lumber Co., 333 U.S., 496 (1948). 한결 일반적으로 Chevron, USA Inc. v. Natural Resources Defense Council, 467 U.S., 837 (1984). 이창희, 세법강의, 제2장 제2절 3.

Ⅳ. 대상법인의 간주 취득원가

대상법인의 자산에 딸린 미실현이득에 세금을 물린 이상 자산의 가액은 시가로 평가증해야 앞뒤가 맞다.

제338조 (일정한 주식매수 다루기를 자산취득으로)

Sec. 338. CERTAIN STOCK PURCHASES TREATED AS ASSET ACQUISITIONS

(a) 원칙 ― ...매수법인의 선택이 이 조에 따른 것이라면...적격주식매수의 경우 대상법인을...

(a) GENERAL RULE. ― ...if a purchasing corporation makes an election under this section...then, in the case of any qualified stock purchase, the target corporation ―

(2) 다루기를, 새로운 법인이 되어 위 제(1)항에서 말하는 자산 전부의 매수를 취득일 그 다음 날 개시 때에 한 것으로 본다.

(2) shall be treated as a new corporation which purchased all of the assets referred to in paragraph (1) as of the beginning of the day after the acquisition date.

(b) 간주취득 자산의 취득원가 ―

(b) BASIS OF ASSETS AFTER DEEMED PURCHASE ―

(1) 원칙 ― 위 (a)의 적용상, 대상법인의 자산을 다루기를 그 매수를 다음 합계액 상당 금액에 한 것으로 본다 ―

(1) IN GENERAL ― For purposes of subsection (a), the assets of the target corporation shall be treated as purchased for an amount equal to the sum of ―

(A) 주수환산 취득원가로서 매수법인의 최근 매수주식분, 더하기

(A) the grossedup basis of the purchasing corporation's recently purchased stocks, and

(B) 취득원가로서 매수법인의 비최근 매수주식 금액

(B) the basis of the purchasing corporation's nonrecently purchased stock

(2) 채무 및 달리 적절한 사항의 조정 ― 위 제(1)항에 적은 금액을 조정하는 규칙을 정하여 장관은 채무로서 대상법인이 진 금액과 다른 적절한 사항들에 대해 정할 수 있다.

(2) ADJUSTMENT FOR LIABILITIES AND OTHER RELEVANT ITEMS. ― The amount described in paragraph (1) shall be adjusted under regulations prescribed by the Secretary for liabilities of the target corporation and other relevant items.

(3) 선택하면 일정한 대상법인주식을 평가증 ―

(3) ELECTION TO STEPUP THE BASIS OF CERTAIN TARGET STOCK ―

(A) 원칙 ― 규칙을 정하여 장관은...

(A) IN GENERAL ― Under regulations precribed by the Secretary...

(4) 주수환산 취득원가 ― 위 제(1)항에서 주수환산 취득원가의 금액은 취득원가로서 법인의 최근매수주식 금액에 다음 분수를 곱한다 ―

(4) GROSSED-UP BASIS ― For purposes of paragraph (1), the grossed-up basis shall

be an amount equal to the basis of the corporation's recently purchased stock mul-
tiplied by a fraction —

(A) 분자는 100% 빼기 대상법인 주식(금액기준) 가운데 매수법인의 비최근 매수주
식이 차지하는 비율

(A) the numerator of which is 100-percent minus percentage of stock (by value)
in the target corporation attributable to the purchasing corporation's nonrecently
purchased stock, and

(B) 분모는 대상법인 주식(금액기준) 가운데 매수법인의 최근매수주식이 차지하는
비율

(B) the denominator of which is the percentage of stock (by value) in the target
corporation attributable to the purchasing corporation's recently purchased stock

(5) 자산 사이의 안분 (생략)

(5) ALLOCATION AMONG ASSETS (omitted)

(6) 최근 매수주식과 비최근 매수주식의 정의 — 이 (b)에서,

(6) DEFINITIONS OF RECENTLY PURCHASED STOCK AND NONRECENTLY PUR-
CHASED STOCK — For purposes of this subsection,

(A) 최근 매수주식 — 용어 '최근 매수주식'의 뜻은 대상법인의 주식으로서 매수법인
이 취득일 현재 보유하고 있고 매수를 그 법인이 한 것이 12개월 취득기간 사이인
것이다.

(A) RECENTLY PURCHASED STOCK — The term 'recently purchased stock' means
any stock in the target corporation which is held by the purchasing corporation
on the acquisition date and which was purchased by such corporation during the
12 month acquisition period.

(B) 비최근 매수주식 (생략)

(B) NONRECENTLY PURCHASED STOCK (omitted)

1. 새로운 법인?

우선 제338조(a)(1)에 따라 자산의 미실현이득을 과세한다는 말은 자산을 시
가로 평가증한다는 말일텐데, 같은 제(2)항에서 대상법인이 "새로운 법인이 되어"
자산 전부를 매수한 것으로 본다는 말은 무슨 뜻인가? 대상법인에 종래 쌓여있
던 배당가능이익이나 이월결손금 같은 세무요소가 모두 사라지고 마치 새로 법
인을 신설한 것처럼 원점에서 새로 시작한다는 말이다. 두 번째로 '옛' 대상법인
은 인수법인의 자회사가 아니므로 제338조에 따른 과세대상인 대상법인의 미실
현이득을 인수법인이나 다른 연결대상 법인의 결손금과 상계할 수 없다.[61] 그에

---

61) 재무부규칙 1.338-10(a)(5).

더해 법은 옛 대상법인이 원래 속하던 연결그룹의 내부손익 상계에[62] 대해서도 일정한 제약을 가할 수 있다고 정하고 있다.[63]

2. 자산에 대한 간주 취득원가의 계산

제338조(a)(1)에 따라 세금을 낸 이상 각 자산의 가치를 앞의 ADSP 안분액으로 평가증하면 되는 것 아닐까? (b)는 무슨 말인가? 인수한 주식이 100%가 아닌 경우 100%였다면 주식매수가격이 얼마가 되었을까를 따지는 주수환산 규정이다. [보기 3]을 받아서 숫자례를 가지고 생각해보자.

[보기 4][64]

01년 7월 1일 현재 대상법인의 재산은 사업에 사용하던 건물만 남아있고 이 건물의 미상각잔액은 50,400불이고 시가는 10만불이다. 당초 취득가액은 80,000불이다. 법인세율은 34%이다. 인수법인이 제338조를 선택하는 경우 대상법인의 자산 취득가액은 얼마가 되는가?

(i) 01년 7월 1일 인수법인이 대상법인의 주식 전부를 7만 5천불에 샀다면?

(ii) 01년 7월 1일 인수법인이 대상법인의 주식 80%를 6만불에 샀다면?

(iii) 00년 6월 1일 인수법인이 대상법인의 주식 20%를 5천불에 샀고 01년 7월 1일 80%를 6만불에 샀다면?

(iv) 00년 7월 2일 인수법인이 대상법인의 주식 20%를 5천불에 샀고 01년 7월 1일 80%를 6만불에 샀다면?

(v) 00년 6월 1일 인수법인이 대상법인의 주식 10%를 2천 5백불에 샀고 01년 7월 1일 80%를 6만불에 샀다면?

풀이

(i) 주식전부를 취득일인 7월 1일에 사들였으므로 7월 1일의 주식매수는 적격주식매수이다. 제338조(a)(2)에 따라서 대상법인은 취득일 다음 날인 7월 2일에 자산을 사들였다고 본다. 7월 1일의 주식 매수는 모두 (b)(6)의 최근 매수주식이다. (b)(1)에서 "대상법인의 자산을 매수한 대가"는 "주수환산 취득원가로서 매수법인의 최근 매수주식분"이다. 주수환산 취득원가를 (b)(4)에 따라 구하면,

---

62) 이창희, 세법강의, 제13장 제2절 Ⅶ.

63) 제338조(h)(9). 재무부규칙 1.338-10(a). 이에 대해서는 제338조(h)(10)에 따른 예외가 다시 있을 수 있다.

64) 재무부규칙 1.338-4(g). Ex. 1. (iii) 이하는 규칙에 나오지 않는 것을 따로 만들었다.

(75,000) × (100% − 0%)/100% = 75,000불이다(실제 100%를 매수한 금액이 75,000불이니 그대로 쓰면 되지만, 위 공식은 실제 매수한 주식이 100%가 아닌 경우를 생각해서 그 경우 100% 상당액, 곧 주수로 환산한 취득원가를 구하기 위해서 만들어둔 것이다). 비최근 매수주식은 없으므로 (b)(1)에 따른 주수를 100%로 환산한 취득원 상당액은 75,000불이다. 대상법인이 자산을 취득하였다고 보는 간주 취득원가는 이 (b)(1)의 가액에 (b)(2)에 따른 채무액을 조정해야 하고, 대상법인의 미실현이득에 딸려있는 법인세채무 상당액도 당연히 고려해야 한다. 이 법인세채무 상당액이란 [보기 3]의 예제 (i)에서 보았듯 ADSP를 구하는 과정에서 나오고, 그 금액은 12,672불이다. 따라서 대상법인이 취득일 다음날 자산을 취득하였다고 간주하는 원가(재무부규칙은 이것을 adjusted grossed−up basis, 줄여서 AGUB라고 부르고 있다[65])는 75,000 + 12,672 = 87,672불이다. 주수가 100%이고 다른 채무가 없으므로 이 금액은 [보기 3]의 ADSP 금액 그대로이다.

(ii) 01년 7월 1일의 80% 매수는 적격주식매수에 해당하고 모두 (b)(6)의 최근 주식매수이다. 주식 80%의 가치가 60,000불이라면 100%의 가치는 75,000불이라야 하고 거기에 법인세를 더해서 ADSP를 구하면 앞에서 보았듯 87,672불이고 법인세채무는 12,672불이다. 법조문에 따라 (b)(1)에 따른 주식 100% 취득원가 상당액을 구하자면 (b)(4)의 주수환산 취득원가를 구해야 하고, 이 금액은 (60,000) × (100% − 0%)/80% = 75,000불이다. 주식 80%의 시가인 60,000불을 100%의 시가로 환산한 주수환산 취득원가는 60,000 × 100/80 = 75,000불이라는 당연한 내용을 조문에 적어두고 있는 것이다. 이하 법인세 채무의 조정은 앞 (i)과 같고 대상법인의 간주 취득원가(AGUB)는 87,672불이다.

(iii) 01년 7월 1일 80%를 60,000불에 산 매수는 적격주식매수에 해당하고 최근 주식매수이다. 00년 6월 1일 20%를 5,000불에 산 매수는 취득일로부터 12개월이라는 기간에 들어가지 않으므로 비최근 매수주식이다. ADSP와 법인세 채무는 최근 매수주식만 가지고 계산하므로 각 87,672불과 12,672불이다. 한편 제338조 (b)(1)에 따른 자산의 간주 취득원가는 최근 매수주식과 비최근 매수주식을 다 고려한다. 주식 100%를 다 샀고 최근 매수주식이 80%이므로 (b)(1)(A)에서 최근 매수주식분 80% 주수환산은 따로 할 것도 없다. (b)(4)의 공식으로는 60,000 × (100% − 20%)/(80%) = 60,000불 그대로이다. 나머지 20%는 (b)(1)(B)의 비최근 매수주식분 취득원가 5,000불이다. 두 가지를 더한 주식 100% 취득원가 상당액은 65,000불이고, 이 금액에 채무 등을 조정한 금액이 간주 취득원가이다. 다른 채무는 없으므로 법인세채무 상당액 12,672불을 더하면 AGUB가

---

65) 재무부규칙 1.338-5(a). Gross-up이라는 말에 속지 말라. 배당세액공제와는 아무 상관이 없다.

77,672불이 된다.

(iv) 00년 7월 2일 20%를 5,000불에 사고 01년 7월 1일 80%를 60,000불에 산 것은 12개월 기간 안에 80% 이상을 산 것이므로 묶어서(묶지 않더라도 물론) 적격 주식매수에 해당하고 두 가지는 모두 최근 주식매수이다. 따라서 두 가지 모두가 ADSP의 계산에 들어가고, [보기 3]에서 보았듯 (주식 가치) = (ADSP − 법인세 채무) = 72,521 − 7,521 = 65,000불이다. 주식 100% 취득원가 상당액은 1년기간 안이므로 00년 7월 2일분과 01년 7월 1일분을 다 고려해야 한다. 조문 글귀로는 (b)(1)(A)의 최근매수주식만 있으므로 최근 매수주식분 취득원가 65,000 × (100% − 0%)/100% = 65,000불이다. 따라서 법인세 채무를 조정한 AGUB는 65,000 + 7,521 = 72,521불로 ADSP와 같다.

(v) 00년 6월 1일의 10% 매수는 비최근 매수이고 01년 7월 1일의 80% 매수만이 최근매수이다. 따라서 ADSP와 법인세 채무 상당액은 최근매수(80%를 6만불에 매수)만 가지고 계산해야 하고 앞 (ii)에서 본 바와 같이 87,672불과 12,672불이다. 자산의 간주 취득가액은 최근매수분과 비최근매수분을 다 고려해서 주식 100%에 상당하는 자산가액을 구한다. 최근매수주식분 주수(90%)환산 취득원가는 60,000 × (100% − 10%)/80% = 67,500불이다. 80% 주식의 금액에서 90% 상당액을 구한 것이다. 나머지 10%인 비최근 매수주식분 취득원가는 2,500불이다. 따라서 (b)(1)의 주식 100% 취득원가 상당액은 67,500 + 2,500 = 70,000불이다. 거기에 법인세 채무 12,672불을 조정하면 자산 취득원가 간주액은 82,672불이다.

  취득법인이 취득일에 자산을 ADSP 상당액에 팔고 이튿날 자산을 다시 샀다고 본다면 응당 ADSP 상당액이 그대로 자산 취득원가 간주액이 되어야 옳지 않나? 왜 AGUB를 따로 정해서 대상법인의 처분익과 인수 후 자산평가증액에 차이를 두는가?[66] 아마도 애초 제338조의 역사가 주식매수 더하기 자회사 해산이라는 2단계 거래를 자산인수라는 1단계 거래로 재구성한 까닭일 것이다. 그런 관점에서 본다면 주식매수 대금 조로 인수법인이 지급한 금액을 기초로 자산 취득가액을 정해야 한다는 논리가 선다. 다른 한편 간주 처분익에 세금을 다 내었는데 자산평가증액이 간주 처분익보다 적다는 것은 아무래도 납득하기 어려운 면이 있다.

  이리하여 제338조(b)(3)에 특칙이 있다. 조문 내용이 길고 복잡한데다 세부는 다시 재무부규칙에 위임하고 있으므로 번역은 생략하고 논리만 적자면 위 (iii)이

---

66) 이유에 관한 입법자료는 찾지 못했다. 교과서나 논문에 설명이 없는 것도 아마 그 때문일 것이다.

나 (v)의 보기에서 인수법인이 비최근 매수주식을 시가(정확히는 최근 매수주식의 취득가액)로 평가증해서 세금을 낸다면 대상법인이 자산을 ADSP로 평가증할 수 있다는 것이다. 앞 보기 (iii)에서라면 최근 매수주식 80%의 취득가액이 60,000불이므로 비최근 매수주식 20%의 시가상당액은 15,000불일 것이다. 실제 주식 취득원가는 5,000불이므로 인수법인이 주식을 10,000불만큼 평가증해서 세금을 낸다면 결국 주식 100%를 75,000불에 산 셈이 된다. 따라서 이 75,000불을 기준으로 AGUB를 계산하면 (주식 100% 75,000 + 법인세채무 12,672) = 87,672불이고 이것은 ADSP와 같다. 그도 그럴 것이 AGUB 계산에서 법인세 채무 12,672는 그대로 있고 앞 부분의 주식가액만 최근매수 주식의 주당가치 기준으로 바꾼 것이고, 이것은 바로 ADSP를 구하는 방법이기 때문이다. 다시 말하면 주식을 10,000불 평가증함으로써 대상법인은 AGUB를 77,672불에서 87,672불로 올릴 수 있다. 앞 보기 (v)에서라면 인수법인이 비최근 매수주식 10%를 2,500불에서 7,500불로 평가증하여 미실현이득 5,000불에 세금을 내면 AGUB도 같은 금액이 82,672불에서 87,672불로 올라서 ADSP와 같아진다.

3. 적격주식 '매수'

제338조의 취지가 주식을 사느라 돈을 지급한 가액을 자산인수가액으로 할 수 있다는 말이므로, 과세이연 거래로 주식을 취득하는 것은 적격이 아니다.[67]

V. 선택권의 행사

제338조(g)는 인수법인이 법에 정한 기간 안에 법에 정한 절차를 따라 스스로 선택해야 한다고 정하고 있다. 여기에서 생각해 볼 것이 두 가지 있다.

1. Yoc-Heating 판결

첫 번째 문제는 선택을 하지 않은 채 주식인수 더하기 자회사의 해산·청산을 한 납세의무자가 Kimbell Diamond 판결에 기대어 이런 거래를 한 의도가 기실 자산인수였다는 것을 입증하여 주식매매대금조로 지급한 금액을 자산 매수

---

67) 제338조(h).

대금으로 다룰 수 있는가? Kimbell Diamond 판결은 제338조가 생긴 뒤에도 살아있는 법인가?

(판례) Yoc Heating Corp. v. Comr[68]

제338조의 전신인 1954년법 제334조(b)(2)에 관한 사건이다. 인수법인(R)은 대상법인(Old)의 자산 가운데 자신의 사업에 필요한 유류 접안시설 및 저장고를 직접 사들이려 했으나 대상법인 소수주의 반대 등 이런 저런 사정으로 불가능해지자 대상법인 주식의 85%를 현금으로 매수하였다. 주식매수 뒤 곧이어 인수법인은 새로운 자회사 N법인(=이 사건 원고)을 설립하고, 대상법인은 자산을 N법인에 넘기고, 대상법인의 85% 주주인 인수법인 및 15% 주주인 소수주주는 대상법인 주식과 교환하여 N법인으로부터 신주를 발행받거나 현금을 받기로 했다. 이 계약대로 대상법인은 자산을 N법인에 넘기고 바로 해산·청산했다. 소수주주들은 대부분 이 거래에 반대하였기에 주식매수청구권 소송을 거쳐 일부는 대상법인에게 일부는 인수법인에게 주식을 넘기면서 현금을 받고 빠져나갔다. 결과적으로 인수법인이 N법인의 100% 주주인 상태에서 N법인은 상호를 Old로 바꾸었다. (N법인이 대상법인을 흡수합병하는 것과 같은 결과가 생기지만 이 판결의 실제 사실관계에서는 위와 같이 계약을 맺었고 회사법상의 합병을 하지는 않았다.)

쟁점은 접안시설 및 유류창고의 감가상각 계산의 기초가 되는 취득원가가 얼마인가이다. N법인이 대상법인의 80% 주주였던 적이 없으므로, 제334조(b)(2)에 기대어 주식 취득원가를 자산 취득원가로 옮겨 갈 수는 없었다. 그러나 인수법인 주장은 애초 자산 취득을 목적으로 대상법인 주식을 샀고, 또 주식취득 더하기 해산·청산이 자산취득에 해당하므로 주식의 취득에 들어간 금액을 자산의 취득원가로 보아서 감가상각할 수 있다는 전제 하에서 이 거래를 했다는 것이다. 그리하여 인수법인은 주식매수대금으로 지급한 돈을 자산의 취득원가로 계상하고, 다시 이 자산을 인수법인이 N법인에 현물출자하는 것으로 보아 N법인은 인수법인의 자산 취득원가(= 주식 취득원가)를 제351조에[69] 따라 그대로 물려받는다고 전제하여 감가상각했다. 국세청은 이를 부인하고 대상법인의 당초 자산 취득원가에 따른 감가상각만 인정했다. 국세청 주장은 이 거래는 주식인수일 뿐이므로 대상법인 주식의 취득원가는 글자 그대로 주식 취득원가일 뿐이고, 제334조(b)(2)의 특칙에 해당하지 않는 이상 N법인의 자산 취득원가는 재조직으로서 대상법인의 당초 취득원가를 그대로 물려받는다는 것이다. 법원은 납세의무자 승소 판결을 내렸다. 제334조(b)(2)의 요건에는 어긋나더라도 그와는 별론으로 이 사

---

68) 61 TC 168 (1973).
69) 제2장.

건 사실관계에서 주식인수와 합병이라는 2단계의 거래를 묶어서 자산인수라는 1개의
거래로 보아야 한다는 것이다.

아직 재조직을 다루지 않았으므로 국세청 주장을 제대로 설명할 길이 없고
실제 이 판결에서 국세청 주장에는 다른 내용도 섞여 있지만, 아주 단순화한다
면 1) 대상법인 주식의 인수는 주식인수로서 그대로 법률효과가 있는 것이므로
인수법인은 일단 주식매수대금으로 지급한 금액을 그대로 주식 취득원가로 잡
아야 한다. 2) 그 뒤 대상법인이 N법인에 자산을 넘겨주면서 대상법인 주주(인수
법인 및 소수주주)가 대상법인 주식을 내어놓고 N주식을 받는 것은 재조직으로서[70]
과세이연 대상이다.[71] 3) 따라서 인수법인의 대상법인 주식 취득원가는 N주식
취득원가로 넘어갈 뿐이고[72] N법인은 대상법인의 자산 취득원가를 그대로 물려
받을 뿐이다.[73] 이런 주장이다. 아무튼 Yoc Heating 판결에 따른다면 주식을 매
수하여 자회사로 삼을 때 제338조의 선택권을 행사하지 않았더라도 나중에 자회
사를 청산하거나 합병하여 모회사로 흡수하는 시점에 가서 주식매수와 자회사
흡수를 하나로 묶어서 자산인수라고 주장하는 것이 가능하다는 말이 된다. 그러
나 현행법에서는 이 판결의 법해석은 다시 뒤집힌다. 재조직 부분에 가서 보겠지
만 재조직의 요건인 지분의 연속성에 관한 판례와[74] 재무부규칙이[75] 바뀌어서
꼭 오래 주식을 소유하고 있었던 주주뿐만 아니라 주식을 사들인지 얼마 안 되는
주주도 재조직당사자로 보기 때문에, 자회사 흡수는 그 자체로 재조직이 된다.
재조직 전의 주식매수는 그와는 별개의 행위이므로 그 당시 제338조의 선택권을
행사하지 않았다면 나중에 가서 주식매수가격을 자산의 취득원가로 삼을 수 없
다.[76]

---

70) 제368조(a)(1)(D) 가운데 인수형 자산이전. 제9장 제9절 Ⅲ.
71) 제8장 제2절 Ⅰ과 Ⅱ. 재조직의 법률효과를 우리 법으로 어림잡자면 법인세법 제44조의3 제1항.
   이창희, 세법강의, 제15장 제2절 Ⅳ.2.
72) 제8장 제2절 Ⅰ.
73) 제8장 제2절 Ⅲ.
74) Seagram v. Comr., 104 TC 75 (1995).
75) 특히 제338조에 관한 1.338-3(d)를 anti-Yoc 규칙이라 부른다. 그 전의 행정해석으로 Rev. Rul.
   90-95, 1990-2 CB 67. 한결 일반적으로 재조직의 요건인 지분의 연속성을 바꾼 것은 1.368-1(e)(1).
76) Rev. Rul. 90-95, 1990-2 CB 67.

2. 자산에 관한 일관성

여태까지의 논의는 인수법인이 대상법인의 주식을 사는 경우와 대상법인의 자산을 사는 경우를 나누어, 두 가지는 서로 달리 과세하지만 주식을 사는 경우에도 인수법인이 선택한다면 인수법인에 대해서는 자산인수처럼 과세한다는 것을 보았다. 그런데 대상법인이나 그 자회사의 자산 가운데 일부를 인수법인이 직접 사면서 대상법인의 주식도 사는 경우가 있을 수 있다.

[보기 5]
대상법인의 자산은 기계장치(취득원가 10,000불, 시가 60,000불)와 부동산(취득원가 50,000불, 시가 450,000불)이다. 대상법인 100% 주주의 주식 취득원가는 60,000불이다. 인수법인은 대상법인으로부터 기계장치를 현금 60,000불에 매수하고, 7월 1일 대상법인 주식 100%를 현금 510,000불에 매수하였다. 계산이 손쉽도록 법인세율을 영(0)으로 가정한다.
1) 여태껏 공부한 법조문만 본다면 인수법인이 제338조를 선택하지 않는 경우 인수법인 및 대상법인에는 어떤 법률효과가 생기는가?
2) 인수법인이 제338조를 행사한다면 인수법인 및 대상법인에는 어떤 법률효과가 생기는가?

(풀이)
1) 대상법인에는 기계장치 처분익이 50,000불 생기고 인수법인의 기계장치 취득원가는 60,000불이다. 대상법인의 주주에게는 주식 양도소득 450,000불이 생긴다. 인수법인의 대상법인주식 취득원가는 510,000불이다. 대상법인의 부동산 취득원가는 50,000불 그대로 남는다.
2) 대상법인에는 기계장치 처분익이 50,000불 생기고 인수법인의 기계장치 취득원가는 60,000불이다. 대상법인의 주주에게는 주식 양도소득 450,000불이 생긴다. 인수법인의 대상법인주식 취득원가는 510,000불이다. 제338조에 따라 대상법인에는 부동산처분익 400,000불이 생기면서 부동산 취득원가는 450,000불이 된다.

제338조(e)는 이런 혼합형의 경우 인수법인이 제338조를 선택하였다고 간주한다. 앞의 보기에서는 1)의 거래에 2)와 같은 법률효과를 준다는 것이다. 대상법인의 자산(재고자산 등 대상법인이 일상영업과정에서 파는 것은 제외)을 일부라도 직접 사는 이상 주식취득도 그 목적이 자산취득이었다고 보는 것이다. 결국 대상법인

의 당초 취득원가를 기계장치 10,000불, 부동산 50,000불로 그대로 유지하든가 아니면 2)처럼 대상법인 자산 전체를 평가증해서 기계장치 60,000불, 부동산 450,000불로 하는 이 두 가지 중 하나로 가야 하고 1)처럼 자산의 일부만 평가증해서 기계장치는 시가 60,000불로 올리고 부동산은 당초 원가 50,000불 그대로 유지하는 중간은 없다는 것이다.

　　그러나 기실 꼭 그렇게 해야 할 이유는 찾기 어렵다. 앞의 1)과 2)를 견주면 부동산에 딸린 미실현이득을 바로 과세하는가 나중에 과세하는가 시차가 있을 뿐이고 또 바로 과세해야 할 필연적 이유를 찾기 어렵다. 이리하여 재무부규칙은 제338조(e)의 적용범위를 연결납세 가운데 일정한 경우로 국한하고 있다. 연결납세에서는 자산평가증액을 과세소득에 잡지 않은 채 취득가액만 평가증하는 경우가 생길 수 있기 때문이다.77) 가령 [보기 5]의 1)에서 대상법인의 100% 주주가 법인이라면 대상법인에 기계장치 처분익이 50,000불 생기면 모법인은 대상법인 주식을 같은 50,000불만큼 평가증할 수 있어서 모법인의 주식양도소득을 그만큼 줄일 수 있다는 영구적 차이가 생긴다. 이런 경우 재무부규칙은 돈주고 산 자산의 평가증을 부인한다. 위 보기에서 인수법인의 기계장치 취득가액은 대상법인의 취득가액 10,000불을 물려받는다는 것이다.78)

3. 주식에 관한 일관성

　　인수법인이 대상법인의 주식과 그 자회사의 주식을 각각 적격주식매수로(요는 80% 이상을 12개월 기간 이내에) 사들이면서, 처음 살 때 제338조 선택권을 행사하면 그 효과는 그 뒤에 사는 주식에도 모두 미친다. 그러나 재무부규칙은 이 조의 적용범위를 아주 좁게 해석하여 연결납세를 통한 조세회피 가능성에 대한 대책 정도로 해석하고, 그리하다 보니까 조세회피 가능성이 없는 경우라면 법의 글귀와는 정반대로 먼저 사는 주식에 관련한 제338조 선택권의 행사가 나중에 사는 주식에는 미치지 않고 오히려 대상법인의 당초 취득원가가 그대로 유지된다고 해석하기도 한다.79)

---

77) 재무부규칙 1.1502-32; 1.338-8(a)(2).

78) 제338조(e) 글귀에서 이런 해석이 가능한지는 의문이지만 아무튼 실무는 그렇다.

79) 재무부규칙 1.338-8(e)(2), Ex. 2.

VI. 모법인의 주식 처분익

여태껏 공부한 제338조 내용의 요는 주식을 인수하는 법인이 선택한다면 마치 대상법인 자산을 시가(주식의 실제 매매가격에서 역산한 자산시가)에 직접 사들인 듯한 법률효과를 대상법인과 인수법인에게 준다는 것이다. 이 선택권을 행사하더라도 앞의 [보기 2]에서 보았듯 대상법인 주주에 대해서는 주식 양도소득을 그대로 과세한다. 자산인수시에는 대상법인만 세금을 내면 되지만, 주식인수 후 제338조를 행사하는 경우에는 대상법인과 그 모법인이 모두 세금을 내어야 한다는 차이가 생긴다. 그런데 제338조의 요건인 적격매수가 되기 위해서는 인수법인이 80% 이상을 일정기간 안에 사들여야 하므로, 제338조를 선택할 수 있는 경우란 대체로 대상법인에 80% 이상을 소유한 모회사가 있는 경우가 된다. 이를 전제로 하여 대상법인이 자산을 직접 팔고 받은 대금을 80% 모법인에게 청산배당한다고 생각하면 그런 청산배당금은 모법인의 과세소득이 되지 않는다.[80] 그렇다면 주식인수를 자산인수처럼 과세하는 이상 대상법인의 모법인에 대해서도 특칙이 필요하다는 생각을 할 수 있다. 애초 주식이 아니라 자산을 팔고 매매대금을 주주에게 청산배당하는 것처럼 과세하자는 것이다.

실제로 제338조(h)(10)에 그런 특칙이 있다. 법의 글귀에 이 강의의 범위 밖인 연결납세 관련 내용이 있고 위임명령의 내용까지 보아야 하므로 번역은 안 하겠다. 요는 제338조(h)(10)을 선택하는 경우 대상법인이 자산을 매각하고(대상법인의 처분익은 종래의 모회사 내지 연결그룹의 소득이 된다) 대금을 모법인에게 청산분배하는 것처럼 보아 비과세한다는 것이다.[81] 주식인수자가 개인인 경우라면 제338조의 적용범위 밖이므로 제338조(h)(10)을 선택할 수는 없지만 제336조(e)에 다른 특칙이 있어서, 대상법인의 80% 모법인이 대상법인 주식을 양도하는 것을 대상법인 자산의 양도로 간주하면서 모법인의 주식양도소득을 비과세한다.

---

80) 제5장 제2절 Ⅰ.

81) 재무부규칙 1.338(h)(10)-1(d)(3), (4), 특히 (4)(i). 나아가 80% 모회사가 아닌 다른 주주에 대해서도 특칙이 있다. 재무부규칙 1.338-4(h)(1), (2).

[보기 6]

모법인은 대상법인 주식 100주 전부를 소유하고 있고 주식취득원가는 20,000불이며 두 법인은 연결납세를 하고 있다. 대상법인의 자산은 취득원가가 40,000불이고 시가가 100,000불인 토지 1필 분이다. 인수자는 대상법인 주식 100주를 100,000불에 샀다. 다음 각 경우 인수자, 모법인, 대상법인에게 어떤 법률효과가 생기는가?

1) 인수자는 법인으로 인수법인과 대상법인은 제338조를 선택하면서 제338조(h)(10)도 선택하였다.

2) 인수자는 개인이고, 모법인과 대상법인은 제336조(e)를 선택하였다.

(풀이) 어느 쪽이든 같다. 모법인에게는 주식양도차익 80,000불이 생기지만 제338조(h)(10) 또는 제336조(e)에 의하여 모법인의 주식양도차익은 과세하지 않는다. 대상법인과 인수법인에게는 연결양도소득 60,000불이 생기고 새로운 대상법인 자산의 취득가액은 100,000불로 올라간다. 인수자의 주식취득가액은 100,000불이다.

제7장

회사분할: 자회사 분리

　　제6장의 자산인수와 주식인수에 이어 재조직에 들어가기 전 마지막 꼭지로 제7장은 모법인이 자법인을 산하에서 분리 내지 분할해서 주주가 직접 거느리는 별도 법인으로 변경하는 경우 세법상 어떤 법률효과가 생기는가를 공부한다. 자법인을 분리해낸다는 것은 모법인이 소유하고 있던 자법인 주식이 주주에게 넘어간다는 말이다. 따라서 모법인에 대해서는 주식양도와 관련한 세금문제가 생기고 주주에 대해서는 분배받는 주식과 관련한 세금문제가 생긴다. 이에 관해 제355조는 법인에게나 주주에게나 양도차익을 과세이연한다고 정하고 있다. 이하 제1절은 제355조의 연혁과 의의, 제2절은 제355조의 조문구조, 제3절은 과세이연의 요건을 분석한다. 제4절과 제5절은 제1장에서 제6장까지 공부한 법조문과 제355조가 서로 얽혀 주주과세와 법인과세에서 어떤 법률효과가 생기는지를 공부한다.

제 1 절 제355조의 연혁과 의의

I. 회사분할의 의의

자회사의 분리 내지 분할은 재조직에 해당하지 않더라도 제355조의 과세이연을 받을 수 있다. 재조직 그러니까 우리 실무에서 쓰는 말로 기업구조조정이 아닌 분할이 있다는 말도 이상하게 들릴 것이고 기업구조조정이 아닌데 과세이연을 한다는 말도 아마 이상하게 들릴 것이다. 우리나라 개념으로 회사분할하면 당연히 기업구조조정을 떠올리게 되는 것은, 합병이라는 제도는 옛날옛적부터 상법에 있었던데 비해 회사분할이라는 제도는 1990년대 말 금융위기 극복시기에 기업구조조정을 위하여 상법에 새로 들어왔기 때문이다. 그러나 미국법에서는 합병은 당연히 재조직에 연결되지만('합병'이라는 말 자체가 재조직 부분에서만 나온다) 회사분할은 그렇지 않다. 조금 생각해보면 기실 그것이 당연하다. 합병이란 대상법인(소멸법인)이 자신의 영업을 인수법인에 넘겨주고(영업양도 = 자산인수) 합병대가를 받은 뒤 해산하면서, 이 합병대가를 주주에게 청산배당하는 것, 이 두 가지를 하나의 단체행위로 묶어서 권리의무의 포괄승계 등 그에 대한 법률효과를 회사법이 인위적으로 부여한 것이다. 한편 회사분할이란 원래 회사법에 아무런 규정이 없더라도 회사와 그 주주들이 알아서 할 수 있다. 우리 상법상 물적분할이란 기실 재산과 영업을 현물출자하여 자회사를 세우는 것일 뿐이다.[1] 인적분할이란 그런 자회사의 주식을 주주들에게 현물배당하거나 기존주식과 상환하여 배당 또는 청산배당하는 것일 뿐이다. 물적분할이든 인적분할이든 회사법에 분할에 관한 규정이 구태여 없어도 그렇게 분할할 수 있다.[2] 회사분할은 재조직 개념에 앞서서 이미 존재하는 개념인 것이다. 재조직 개념 전에 이미 존재하는 개념인 회사분할에 대해 과세이연이 원칙이라는 것도 이상할 일이 없다. 현물출자로 회사를 설립하거나 자신이 지배하는 회사에 재산을 현물출자하는 경우, 재

---

[1] 다만 상법상 요건을 만족하면 재산이전 절차나 채권자 보호 절차 등에 특례가 있을 뿐이다.

[2] 회사분할이라는 제도를 우리 상법에 들여오기 전에 이것이 불가능했던 이유는 재산의 현물배당이 불가능하다는 형이상학적 '통설' 탓일 뿐이다. 이창희, 세법강의, 제16장 I. 1.

조직에 해당하지 않더라도 제351조가 따로 있어서 주주의 미실현이득에 대한 과세를 이연하는 것이나,[3] 모법인이 자법인을 해산청산하는 경우 과세를 이연하는 것과[4] 마찬가지이다.

'분할'이라는 용어의 뜻 내지 제355조의 적용범위를 분명히 짚고 넘어가자. 우리 법에서 회사의 분할이라는 말은 인적분할, 물적분할, 분할합병을 포괄하는 상위개념이다. 미국세법에서 회사를 분할한다고 할 때 분할(corporate division)이라는 말은 그런 뜻이 아니다. 미국법의 입장에서 본다면 우리 법의 물적분할은 그저 현물출자로 자법인을 신설하는 것일 뿐이다. 우리 법의 분할합병은 애초 미국세법상 분할의 개념에 들어가지 않고, 제7장에서 본 자산인수일 뿐이다. 대가로 주식만 받더라도 '분할'도 아니고 '재조직'도 아니다.[5] 우리 법의 인적분할은 미국법상 분할에 들어간다. 다른 한편 모법인이 자법인의 주식을 주주에게 넘겨서 별도법인으로 분리하는 경우는 적어도 우리 상법개념으로는 회사분할이 아니다.[6] 그러나 미국세법의 개념으로는 이것도 회사분할이고, 기실 회사분할의 가장 기본형이다. 우리 상법개념으로 회사분할을 하려면 회사재산을 넘겨서 자회사를 설립한 뒤 그 자회사의 주식을 주주에게 넘긴다. 새로 자회사를 설립한 뒤 주식을 넘기는 것보다는 이미 있는 자회사의 주식을 주주에게 넘기는 것이 더 기본형인 것은 당연하다. 이미 있는 자회사의 주식을 주주에게 분배하는 바로 이 기본형에 대해서 제355조(자법인 주식의 분배)의 과세이연 특례가 있다. 그 전단계로 사업과 재산을 현물출자하여 자회사를 세우는 단계는 제355조의 범위에 속하지 않고 제355조의 과세이연을 받지는 못한다. 그 대신 이 단계는 나중에 다시 보듯 재조직 개념과 결합하여 과세이연을 받는 것이 보통이고 따로 이미 본 제351조의 현물출자 과세이연을 받을 수도 있다. 우리말로는 이미 있는 자회사의 주식을 주주에게 넘겨서 모회사에서 독립시키는 것을 일컫기를 자회사를 '분리'한다고 말하는 것이 보통이지만, 이런 거래의 다수가 회사의 인적분

---

3) 제351조. 제2장.
4) 제332조와 제337조. 제5장 제2절.
5) 상대방이 자법인이라면 제351조의 현물출자 과세이연을 받을 가능성은 있다.
6) 우리 현행 상법에서는 자신의 사업과 재산을 출자하여 자회사를 세운 뒤 그 주식을 분배하는 것은 분할이지만 이미 있던 자회사의 주식을 분배하는 것은 분할이 아니다. 곧 분할의 일부는 분할에 속하지 않는다는 말이 된다.

할 과정에서 일어난다는 점을 생각해서 이하에서는 용어를 자회사 '분할'이라고 통일시켜 쓰기로 한다.

다른 한편 분할의 효과가 주주단계에까지 미치는 이상 영어에서는 corporate division이라고 부르고, 꼭 우리 법의 인적분할일 필요도 없다. 가령 A, B 두 가지 사업부문과 갑, 을 두 주주가 있는 회사가 A부문의 자산 및 영업을 갑에게 넘기면서 갑의 주식을 상환받는다면 회사에는 B부분만 남고 A부문은 갑에게 넘어간다. 어차피 헐거운 개념이기는 하지만 영어로는 이런 것도 corporate division이라 부른다. 다만, 이 거래는 뒤에 보는 과세이연을 받지 못하여 회사와 주주에게 각각 자산 및 주식에 딸린 미실현이득의 과세문제가 생기고, 이리하여 이런 거래를 과세대상 분할이라고 부른다. 이런 과세대상 분할은 제3장에서 제5장까지 이미 살펴본 배당, 주식상환, 또는 해산청산에서 살펴본 그대로이므로 이장에서 구태여 다시 살펴볼 필요가 없고, 이 장에서 회사분할이라는 말은 과세이연이 원칙인 분할, 곧 제355조를 적용받는 인적분할이라는 뜻으로 쓰기로 한다.

제355조에 따른 과세이연 요건과 효과가 무엇인가는 뒤에 본론에서 다루지만, 우선 용례 소개 차원에서 적는다면 제355조의 과세이연 요건을 만족하는 회사분할의 형태로 spin-off(배당형), split-off(상환형), split-up(청산형) 세 가지를 들 수 있다. 이제는 이미 우리나라에서도 귀에 익은 용어들이므로 구태여 다시 설명은 피하지만 요는 재산과 영업을 넘겨받은 분할신설 법인의 주식을 주주에게 내어주는 형태가 현물배당인가, 주주가 기왕 가지고 있던 주식을 상환하면서 그 대가로 주는 것인가, 또는 회사를 해산·청산하면서 청산배당 형태로 주는 것인가에 따른 구별이다. 새로 자회사에 자산과 영업을 넘기면서 받은 자회사 주식을 내어주는 형태가 아니고 기왕 있던 자회사의 주식을 주주에게 내어주는 제355에서도 이 세 가지를 구별할 수 있는 것은 마찬가지이다. 나아가 과세대상 분할의 경우에도 바로 앞 문단에서 보았듯 회사가 넘겨주는 것이 주식인가 재산인가는 다르지만 이 세 가지 유형을 구별할 수가 있다.[7]

---

7) 이 용어들이 모두 법전에 나오는 용어가 아니고 실무에서 쓰는 말이다 보니 용례에 혼선이 있는 부분도 있다. 가령 split-up이라는 말을 2 이상의 주주가 있던 회사를 분할한 결과 주주 단계에서도 서로 갈라서는 경우라는 뜻으로 쓰기도 한다. 갈라서는가 아닌가에 주목한다면(이 경우는 이 말을 '상환형' 분할이라고 부르는 것은 오역이 되고 '주주분리형'이라고 옮겨야 할 것이다) 주주가 기왕 가지고 있던 주식의 일부만을 회사에 내어주면서 자회사 주식을 받는 것은 split-up이 아니라 spin-off가 된다. 세법의 입장에서는 이 세 용어의 뜻을 어떻게 쓸까는 중요하지 않다. 법전

제355조에 따른 과세이연을 받으려면 조문에 명시된 요건만이 아니라 판례가 요구하는 사업목적, 지분의 계속성, 사업의 계속성 같은 몇 가지 주관적 요건도 만족해야 한다. 이 요건들은 제355조의 해석론으로 생겨난 것이지만 그 뒤 재조직 요건으로도 흘러들어가 이제는 법에 명문화된 부분도 있다.

II. 제355조의 연혁과 의의

제355조는 회사의 분할을 과세이연 대상으로 삼는 규정이다. 현행법에서 제355조는 일단은 재조직 개념과는 다른 독자적인 과세이연 규정이다. 민사법상의 소유관계에 변화가 있기는 하지만 경제적 지배력은 그대로 유지되는, 겉껍질의 변화라 볼만한 정도의 구조조정을 과세계기로 삼을 것인가 말 것인가라는 한결 큰 관점에서 본다면 제355조의 문제의식과 재조직 규정의 문제의식은 기본적으로 같은 것이고, 역사적으로나 현행법에서나 제355조와 재조직은 서로 뒤엉켜 있다. 제351조와 재조직도 상당부분 뒤엉켜 있다.

미국법이 법인을 단위로 삼아서 법인의 소득에 세금(우리나라 개념으로 법인세)을 매기기 시작한 것은 1913년부터이다.[8] 그 당시의 법을 해석적용하면서 국세청은 법인과 출자자 사이의 법률행위를 서로 다른 사람 사이의 행위로 보고 미실현이득의 과세계기로 삼았고, 판례도 같은 입장을 따랐다.[9] 이에 대해 생각을 달리한 국회는 1918년 세법에[10] "법인의 재조직이나 흡수합병 또는 신설합병"으로 주주가 기존주식을 내어놓고 새 주식을 받는 경우 주식의 처분손익을 인식하지 않는다(다만 후자의 액면금액이 더 큰 경우에는 과세)는 규정을 신설하여 '재조직'이라는 개념을 들여왔다. 그 연장선상에서 1924년 법은 (1) 법인이 재산의 일부나 전부를 자신이 지배하는 다른 법인(자회사)에 출자하는 것은 재조직으로 과세이연하고 (2) 자회사의 주식을 법인이 주주에게 기존주식과 상환으로(상환형이나 청산형

에 나오는 말이 아니므로 법률효과가 따르지 않기 때문이다. 법에 정한 요건을 만족하면 그에 따르는 법률효과가 생기는 것일 뿐이다. 달리 적지 않은 이상 세 용어는 본문의 뜻으로 쓰기로 한다.

8) 그 전의 법인특권세는 무시한 말이다. 이창희, 세법강의, 제13장 제3절 II.

9) 제1장 제2절. Marr v. U.S., 268 U.S. 536 (1925). 그 밖에 Rockerfellow v. U.S., 257 U.S. 176 (1921).

10) An Act to Provide Revenue and for Other Purposes (P.L. No. 254), 40 Statute at Large 1057 (1919), 제202조(b).

분할) 또는 배당으로(배당형 분할) 분배하면 주주를 과세하지 않는다고 법에 정하였
다.11) 이 조문의 후신을 놓고 벌어진 분쟁의 대표격이 실질과세의 기준을 처음
제시한, 저 유명한 Gregory v. Helvering 판결이다.

(판례) Gregory v. Helvering12)

원고 Gregory는 1928년 United Mortgage Corporation('U'법인)의 100% 주주였고, U법
인은 Monitor라는 증권회사의 주식 1,000주를 소유하고 있었는데 M주식의 가치는 U법
인의 취득원가보다 훨씬 오른 133,333불이었다. G는 M주식을 제3자에게 팔아서 처분
대금을 배당받을 작정이었다. 그런데 U법인이 M주식을 직접 판다면 U법인에게는 처
분익이 생기고 처분대금을 배당받는 G에게는 배당소득이 생기게 된다. 두 번째 방식
으로 G가 M주식을 배당받아서 이것을 파는 길도 있다. 이 경우13) G에게는 M주식의
시가만큼 배당소득이 생기게 된다. 이처럼 배당소득이 생기는 것을 피하고 양도소득
으로 저율과세 받을 길은 없을까? 생각해보면 쉽다. U주식을 팔거나 U법인을 해산·청
산하여 M주식을 팔면 된다. 문제는 U에는 M주식 말고도 다른 사업과 재산이 많았기
에 U에서 손을 털 수는 없었다는 점이다. 그렇다면 어떻게 하면 될까? M주식만 소유
한 법인을 만들고 그 법인의 주식을 팔면 된다. 이 경우 한 가지 문제점은 전통적 법
인세 이중과세 제도 하에서는 M주식만 소유한 법인이 하나 더 끼어들어 살 사람의 입
장에서 본다면 장차 세부담이 늘어날 수 있다. 결국은 무엇인가를 내놓으면서 M주식
을 대가로 받는 양도소득세 과세대상 거래를 내부적으로 만들어 내고, 그 뒤에 M주식
을 매수인에게 팔아야 한다. 이리하여 (1) U법인은 M주식을 현물출자하여 Averill법인
을 세우면서 A주식 100%를 받고 (2) U법인은 이 A주식을 G에게 분배하였다. 뒤이어
(3) G는 A법인을 해산청산시키면서 M주식을 청산분배받았다. 1928년 법의 해당조문
에서는 "법인(U)이 자산(M주식)의 일부나 전부를 다른 법인(A)에게 양도하는 경우 양
도 직후에 양도인(U)이나 그 주주(G) 또는 둘이 합하여 지배하는 법인(A)이 자산양수
인이라면"14) "이를 재조직으로 보고, 재조직 계획에 따라 재조직당사자 회사(U)의 주
주에게…다른 재조직당사자 회사의 주식(A주식)을 분배한다면 주주의 소득을 인식하

---

11) Revenue Act of 1924, 제203조(b)(3)(상환형이나 청산형)와 (c)(분배형).

12) 293 U.S., 465 (1935).

13) Abrams & Doernberg, Essentials of United States Taxation(1999), 265쪽은 General Utilities 원
   칙에 따라 주식을 분배할 때 U에게 미실현이득을 과세하지 않으므로 재조직이 되든 안 되든 U
   의 법인세에는 차이가 없었다고 적고 있다. Gregory 판결은 1935년 1월에 선고했고 General
   Utilities 판결은 1935년 12월에 선고했으므로 아마 틀린 설명일 것이다. Gregory 판결에서 법인
   세가 쟁점이 되지 않은 이유는 잘 모르겠다. 당사자가 다르므로 다른 판결에 있을 수도 있고 법
   인세 부분은 화해약정을 맺었을 수도 있을 것이다.

14) 현행법의 D형 재조직(회사분할 등 자산이전형)에 해당한다. 제8장 제1절 Ⅱ.

지 않는다"고 정하고 있었다. G는 (1),(2)의 거래는 위에서 정한 재조직에 해당하므로 A주식을 분배받을 때 소득이 생기지 않고(그 결과 G의 U주식 취득원가의 일부를 A주식에 안분해서 A주식 취득원가는 57,325불이 되었다[15]) (3)에서 M주식을 청산분배받는 시점에 가서 A주식 양도소득이 133,333 – 57,325 = 76,008불 생겼다고[16] 신고하였다. M주식의 취득원가는 133,333불로 잡으므로 그 뒤에 M주식 처분시의 양도소득은 133,333 – 133,333 = 영(0)이 된다.[17] 이에 대해 국세청은 (1), (2), (3)의 내부적 거래는 조세회피 행위일 뿐이므로 재조직으로 볼 수 없다는 이유로 A주식을 분배받을 때 G에게 배당소득 133,333불이 생기는 것으로 과세하였다. 법원은 국세청 승소 판결을 내렸다. 아무런 사업목적 없이 조세회피만 노리는 행위는 인정할 수 없다는 것이다. A라는 회사의 존재가 없다고 보면 U는 A주식이 아니라 M주식을 G에게 분배한 것이고 따라서 그 시점에서 G에게 배당소득이 생긴다[18]는 말이다.

Gregory 판결에서 인용한 재조직 조문은 현재의 회사분할 가운데 spin-off에 해당한다. 대법원에서 Gregory 판결이 나오기 전인 1934년 국회는 조세회피를 막겠다는 생각으로 법을 개정하여 판결문에 나온 재조직 조문, 곧 배당형 분할을 재조직으로 본다는 조문을 아예 삭제했다.[19] 재미있는 점은 1934년 개정전의 법에는 상환형 분할과 청산형 분할을 재조직으로 본다는 조문도 있었는데, 1934년 개정법은 배당형에 관한 재조직 조문만 삭제했다는 점이다. 아마도 실제 문제가 된 사건만 생각했던 듯 하다. 아무튼 1934년 이후에도 상환형과 청산형은 재조직 개념에 그대로 들어있었지만, 사업목적 없는 조세회피 행위는 부인할 수 있다는 Gregory 판결의 제약을 받게 되었다. 이 어정쩡한 상태가 한 20년 가다가 1951년에 다시 법을 바꾸어 배당형도 (i) 종래의 적극적 사업을 계속하고, (ii) 주로 배당소득에 대한 과세를 회피하는 도구로 고안한 것이 아니라는, 이 두 가지 요건을 만족한다면 재조직으로 본다고 정하여서[20] 결과적으로 회사분할의 세 가지 형태에 별 차이가 없어졌다. 이 상태의 법을 정리하여 회사분할에 관한

---

15) (차) A주식 57,325 (대) U주식 57,325.

16) (차) M주식 133,333 (대) A주식 57,325 + 주식양도소득 76,008. 제5장 제1절 Ⅱ. 1.

17) (차) 현금 133,333 (대) M주식 133,333.

18) (차) M주식 133,333 (대) 배당소득 133,333. 분개 15와 16에서 A주식을 상계하고, 실질적 지배력에 변화가 없으므로 U주식의 감소도 없다고 보는 것이다. 제3장 제1절 Ⅱ. 1.(4).

19) 입법사에 대해서는 Comr. v. Morris Trust, 367 F.2d 794 (1966); Lockwood's Estate v. Comr., 350 F.2d 712 (8th Cir. 1965); Estate of Parshelsky v. Comr, 303 F2d 14 (2d Cir. 1962)

20) 1951년법 제112조(b)(1).

통일적 조문을 둔 것이 1954년 법의 제355조이다.

제 2 절 제355조의 뼈대

제355조 (자법인 주식이나 증권의 분배)
Sec. 355 Distribution of Stock and Securities of Controlled Corporation
(a) 주주에 대한 효과 ―
(a) Effect on Distributees ―
   (1) 일반 원칙 ― 만일 ―
   (1) GENERAL RULE ― If ―
      (A) 법인(이하 이 조에서 "분배법인")이
      (A) a corporation (referred to in this section as the "distributing corporation")
         (i) 분배를 주주에게 주식에 관련하여 하는 것이...
         (i) distributes to a shareholder, with respect to its stock...
   오로지 법인(이하 이 조에서 "자법인")의 주식...이고 분배법인이 자법인에 대한 지배를 분배 직전에 하고 있고,
   solely stocks ... of a corporation (referred to in this section as "controlled corporation") which it controls immediately before the distribution,
      (B) 그런 거래의 이용이 주로 그를 분배도구로 삼아 배당가능이익을 분배법인이나 자법인 또는 둘 다에서 분배하는 것이 아니었고...
      (B) the transaction was not used principally as a device for the distribution of the earnings and profits of the distributing corporation or the controlled corporation or both...
      (C) 요건을 아래 (b)에 정한 것(적극적 사업 관련)이 만족되고, 그리고
      (C) the requirements of subsection (b) (relating to active businesses) are satisfied, and
      (D) 분배의 일부로 분배법인이 분배하는 것이 ―
      (D) as part of the distribution, the distributing corporation distributes ―
         (i) 자법인 주식...을 분배직전 보유하고 있던 것 모두라면...
         (i) all of the stock... in the controlled corporation held by it immediately before the distribution...
   그러면 차익이나 차손을 주주...가 받는 주식에 대해서 인식하지 않는다(또한 소득으로 과세할 금액이 없다).
   then no gain or loss shall be recognized to (and no amount shall be includible in the income of) such shareholder... on the receipt of such stock...

(2) 불비례 분배 등 ― 제(1)항의 적용은 다음에 관계 없이 그대로이다:

(2) NON PRO RATA DISTRIBUTIONS, ETC ― Paragraph (1) shall be applied without regard to the following:

(A) 분배가 비례적으로 분배법인의 모든 주주에게 이루어지는가의 여부

(A) whether or not the distribution is pro rata with respect to all of the shareholders of the distributing corporation,

(B) 주주가 분배법인의 주식을 제출하는가의 여부, 그리고

(B) whether or not the shareholder surrenders stock in the distributing corporation, and

(C) 분배가 재조직 계획...에 따른 것인가의 여부

(C) whether or not the distribution is in pursuance of a plan of reorganization...

(b) 적극적 사업에 관한 요건

(b) REQUIREMENTS AS TO ACTIVE BUSINESS

(1) 원칙 ― 위 (a)의 적용은 아래 둘 중 하나를 전제한다 ―

(1) IN GENERAL ― Subsection (a) shall apply only if either ―

(A) 분배법인 및 자법인...이 영위하는 사업이 분배직후 적극적 사업활동일 것, 또는

(A) the distributing corporation, and the controlled corporation...is engaged immediately after the distribution in the active conduct of a trade or business, or

(B) 분배 직전에 분배법인의 유일한 자산이 자법인 주식이나 증권이고 각 자법인이 영위하는 사업이 분배직후에 적극적 사업활동일 것...

(B) immediately before the distribution, the distributing corporation had no assets other than stock or securities in the controlled corporation and each of the controlled corporation is engaged immediately after the distribution in the active conduct of a trade or business...

(c) 분배시 법인에 대한 과세

(c) TAXABILITY OF CORPORATION ON DISTRIBUTION

(1) 원칙 ― 예외로 정한 것이 제(2)항에 없는 한 법인에게 차익과 차손을 인식하지 않는다. 분배에 이 조...가 적용되면 재조직 계획을 따른 것이 아니더라도.

(1) IN GENERAL ― Except as provided in paragraph (2), no gain or loss shall be recognized to a corporation on any distribution to which this section...applies and which is not in pursuance of a plan of reorganization.

제358조 (주주의 취득가액)

Sec. 358. BASIS TO DISTRIBUTEE

(a) 일반 원칙 ― 교환으로서 ... 제355조를 적용받는 경우에는 ―

(a) GENERAL RULE ― In the case of an exchange to which section ... 355 applies ―

(1) 과세이연 재산 ― 재산을 위 조의 허용에 따라 차익이나 차손의 인식 없이 받을 수 있는 경우 그 취득가액은 교환해 넘기는 재산의 취득가액...으로 한다.

(1) NONREGOGNITION PROPERTY ― The basis of the property permitted to be received under such section without the recognition of gain or loss shall be the

same as that of the property exchanged —

(b) 취득원가의 안분 —

(b) ALLOCATION OF BASIS —

(1) 원칙 — 규칙을 정하여 재무부장관은 취득가액으로서 위 (a)(1)에 따라 정하는 금액을 안분하되, 재산을 받으면서 차익이나 차손의 인식 없이 받을 수 있는 것들 사이에 안분하도록 한다.

(1) IN GENERAL — Under regulations prescribed by the Secretary, the basis de-termined under subsection (a)(1) shall be allocated among the properties permitted to be received without the recognition of gain or loss.

(2) 제355조 관련 특칙 — 교환에 제355조...를 적용한다면, 안분을 위 (b)(1)항에 따라 할 때 계산에 넣어야 할 것은 재산을 받으면서 차익이나 차손의 인식 없이 받을 수 있는 것만이 아니라 분배하는 법인의 주식이나 증권(있다면)을 그냥 가지고 있는 것도 쳐야 한다. 취득원가의 안분은 이런 재산 전체에 한다.

(2) SPECIAL RULE FOR SECTION 355 — In the case of an exchange to which sec-tion 355... applies, then in making the allocation under paragraph (1) of this sub-section, there shall be taken into account not only the property so permitted to be received without the recognition of gain or loss, but also the stock or securities (if any) of the distributing corporation which are retained, and the allocation of basis shall be made among all such properties.

(c) 제355조 거래로 교환이 아닌 것 — 이 조의 적용상 분배로서 제355조...를 적용받는 것...을 다루기를 교환으로 하되 이를 위하여, 분배하는 법인의 주식이나 증권을 그냥 가지고 있는 것을 다루기를 내어놓았다가 교환으로 다시 받는 것으로 한다.

(c) SECTION 355 TRANSACTIONS WHICH ARE NOT EXCHANGES — For purposes of this section, a distribution to which section 355... applies shall be treated as an ex-change, and for such purposes the stock and securities of the distributing corporation which are retained shall be treated as surrendered, and received back, in the exchange.

제312조(배당가능이익에 대한 영향) (h) 할당을 법인분리와 재조직에 —

Sec. 312 EFFECT ON EARNINGS AND PROFITS (h) ALLOCATION IN CERTAIN CORPORATE SEPERATIONS AND REORGANIZATIONS

(1) 제355조 — 분배나 교환에 제355조...를 적용하는 경우, 적절한 할당을 배당가능이익에 하여 분배하는 법인 및 자법인(들)에 할당하되 그 규칙은 장관이 정한다.

(1) section 355 — In the case of a distribution or exchange to which section 355... applies, proper allocation with respect to the earnings and profits of the distributing corporation and the controlled corporation (or corporations) shall be made under regulations prescribed by the Secretary.

I. 회사분할의 2단계 구조

제355조의 글귀는 분배법인이 이미 가지고 있는 자회사 주식을 주주에게 내어주는 경우를 다루고 있다. 그렇다면 우리 법의 인적분할, 가령 법인(분할법인)이 자기자신의 재산과 영업을 다른 법인(분할신설법인)으로 옮기면서 분할신설법인의 주식을 주주에게 내어주는 거래는 어떻게 되는 것인가? 이런 거래에 대한 규정이 따로 없으므로 (i) 현물출자(물적분할 포함)로 분할신설법인을 신설하고 그 뒤 (ii) 분할신설법인의 주식을 분배하는 것, 이 두 가지의 결합으로 보고 각각 그에 따르는 법률효과가 생긴다. 이미 보았듯 (i)단계에서 분할법인의 미실현이득을 과세하는가는 제351조를 적용하여 판정한다.[21] 분할신설법인의 재산 취득원가는 제362조에 따라 분할법인의 취득원가가 그대로 넘어온다.[22] (ii)단계는 이 장의 과제이다. 제355조에 정한 요건을 만족한다면 분할법인이나 주주가 과세이연을 받는다. 과세이연 요건을 만족하지 못한다면 배당, 주식상환, 또는 청산해산으로서 각각 그에 따른 법률효과가 제3장에서 제5장까지 공부한 그대로 생긴다.

"분배가 비례적으로 분배법인의 모든 주주에게 이루어지는가", "주주가 분배법인의 주식을 제출하는가"의 여부는 제355조(a)(1)의 과세이연 요건을 만족하는가에 영향을 주지 않는다.[23] 곧 spin-off, split-off 또는 split-up 가운데 어느 유형의 분할인가는 제355조(a)(1)의 과세이연 요건을 만족하는가에 영향을 주지 않는다.

> **[보기 1: 배당형 분할]**
> 1) 주주 갑과 을은 D법인의 주식을 각 50%씩 소유하고, D법인은 지난 10년 동안 자신이 직접 하는 음식 배달 사업과 100% 자회사인 K법인을 통해서 운영하는 꽃 배달 사업, 이 두 가지 사업부문을 운영해 왔다. 꽃 부문(K)의 자산은 취득원가가 10만불이고 시가(자산시가 = K주식시가)가 50만불이다. D의 K주식 취득원가는 10만불이다. 음식 부문의 자산은 취득원가가 7만 5천불이고 시가가 50만불이다. 주주 갑과 을의 D주식 취득원가는 각 2만 5천불씩이다. 두 사업의 성격이 아무래도 달라서 D법인의 이사회는 두 사업을 분리하기로 결정했다. 이를 위해서 D법인은 K주식을 주주 갑과 을에게 50:50 비례로

---

21) 제1장 제2절 I. 뒤에 보듯 재조직에 해당할 수도 있다.
22) 제362조. 제1장 제2절 III.
23) 제355조(a)(2).

현물배당했다. D법인의 배당가능이익은 125,000불인데, 꽃 부문에서 조성된 것이 75,000불 음식 부문에서 조성된 것이 50,000불이다. 주주 갑과 을 및 D법인에게는 어떤 법률효과가 생기는가?

2) 다른 모든 사실관계는 다 위 1)과 같지만, D법인은 지난 10년 동안 꽃 배달 사업과 음식 배달 사업, 이 두 가지 사업부문을 다 직접 운영해 왔다. 그러다가 사업을 분리하기 위하여 꽃 부문의 자산 전부를 현물출자하여 K법인을 세웠고, K법인은 꽃 배달 사업을 계속할 예정이다. D법인은 K법인의 주식을 주주 갑과 을에게 50 : 50 비례로 현물배당했다. 주주 갑과 을 및 D법인에게는 어떤 법률효과가 생기는가?

3) 다른 모든 사실관계는 앞의 1)과 같지만, 갑과 을이 K주식을 받으면서 이와 교환으로 각자 가지고 있던 D주식의 절반을 내어준다면 어떻게 되는가?[24]

(풀이)

1) 제355조가 없다면, D는 K주식을 현물배당하므로 일단 제311조(b)에 따라 과세대상 양도차익(50 - 10 = 40만불)을 실현한다.[25] D법인이 K주식을 두 주주에게 배당하는 것은 두 주주에게 각각 K주식 시가의 절반인 25만불씩을 분배하는 것으로 보고 제301조(c)의 3분법에 따라서 D의 배당가능이익(125,000불 + 400,000 불)의 범위 안에서 두 주주에게 배당소득(각 250,000불)으로 과세한다.[26] 그러나 제355조(a)(1)에 따를 때 D가 K주식을 현물배당하는 것은, (A) 분배법인인 D가 분배하는 것이 오로지 자법인인 K의 주식이며 D는 자법인 K에 대한 지배를 분배 직전에 하고 있고 (B) 이 거래의 이용이 그를 분배도구로 삼아 배당가능이익을 분배법인이나 자법인에서 분배하는 것이 아니고, (C) D나 K가 모두 적극적 사업을 하고 있고, (D) 분배의 일부로 D는 분배직전 보유하던 K주식 모두를 분배하므로, "차익이나 차손을 주주가 받는 주식에 대해서 인식하지 않고" 주주에게 "소득으로 과세할 금액이 없다." 나아가 제355조(c)에 따라 "분배법인(D)에게도 차익을 인식하지 않는다."[27] 문제는 주주 갑과 을의 K주식 취득원가이다. 주주는 D주식을 그대로 가지고 있는 채 K주식을 받는다. 조문으로 돌아가면 주주 갑과 을의 K주식 취득원가는 제301조(d)의 일반 원칙에서는 시가이지만[28] "제 351조를 적용받는 것"이므로 제358조(c)에 따라서 D법인의 "주식을 그냥 가지고

---

24) 주주 단계에서는 서로 갈라서지 않는다는 점에서 이것도 배당형 분할에 넣었지만 주식교환이 있다는 점에 주목해서 이것을 상환형 분할에 포함할 수도 있다. 무엇이라고 부르든 본문의 분석에는 아무런 차이가 없다.

25) 제3장 제1절 Ⅱ. 1. 및 제2절 Ⅰ. 1.

26) 제3장 제2절 Ⅱ. 2.

27) (차) 자본 100,000 (대) S주식 100,000. 제312조(h)와 관련하여 D법인의 배당가능이익 중 S법인에서 받은 배당금 부분은 S법인으로 보내야 하는가 하는 문제가 생기지만 그런 재무부규칙이 없다. Bittker & Eustice, 11.12[4]절.

28) 제3장 제2절 Ⅰ. 1.

있는 것을 다루기를 내어놓았다가 교환으로 다시 받는 것으로" 한다. 따라서 갑과 을은 각각 취득원가 25,000불인 D주식을 내어놓으면서 D주식과 K주식을 받는 것으로 의제한다. 그 결과 제358조(a)에 따라서 "차익이나 차손을 인식하지 않고 받을 수 있는 재산"인 D주식과 K주식의 취득가액은 "교환해 넘기는 재산"인 D주식의 취득가액 25,000불씩이다. 결국 25,000불을 제358조(b)(1)에 따라 "재산을 받으면서 차익이나 차손의 인식 없이 한" D주식과 K주식에 안분해야 하고, 시가기준으로 안분한다면 D주식 : K주식 = 50만 : 50만이므로 갑, 을 모두 D주식의 취득원가는 12,500불이고 K주식의 취득원가는 12,500불이다.[29]

2) D가 꽃 부문의 자산을 현물출자해서 K주식 100%를 취득하는 것은 제351조를 만족하고 D는 미실현이득에 세금을 낼 것이 없다.[30] D의 K주식 취득가액은 제358조에 따라서, 출자한 재산의 취득가액 10만불을 그대로 물려받는다.[31] K의 재산 취득원가는 D의 재산 취득원가 10만불이 그대로 넘어온다.[32] 이 단계에서 K에 소득이 생기지 않는 것은 논리적으로 당연하지만 제1032조에 명문규정도 있다. 다음 단계로 D가 K주식을 두 주주에게 배당하는 것은 앞 (1) 그대로이지만 D형 재조직(제9장 제9절 Ⅲ)이라면 배당가능이익 중 75,000불이 D법인에서 K법인으로 넘어간다.[33]

3) 제355조가 없다면 "법인(D)이 주주로부터 주식(D주식)을 취득하면서 그와 교환하여 재산(K주식)을 지급"하는 것은 제317조(b)에서 정한 주식상환에 해당한다.[34] 이런 주식상환은 이를 교환으로 다루는 제302조(b)의 어느 항에도 해당하지 않고, 비례적 상환으로서 "본질적으로 배당이나 마찬가지"이므로 제302조(d)에 따라서 제301조의 3분법(분배액 = 배당소득 + 투자원금상환 + 주식양도소득)으로 과세한다.[35] D법인은 K주식을 현물배당하므로 일단 제311조(b)에 따라 과세대상 양도차익(50 − 10 = 40만불)이 생긴다.[36] 그러나 이 분배는 제355조(a)(1)의 요건을 만족하므로 "차익이나 차손을 주주가 받는 주식에 대해서 인식하지 않고" 주주에게 "소득으로 과세할 금액이 없다." 주주 갑, 을이 D법인 주식의 일

---

29) 재무부규칙 1.358-2(c), Ex. 12. (차) K주식 12,500 (대) D주식 12,500.

30) 제2장 제2절 Ⅰ.

31) (차) K주식 100,000 (대) 꽃 재산 100,000. 제2장 제2절 Ⅱ.

32) (차) 꽃 재산 100,000 (대) 자본 100,000. 제2장 제2절 Ⅲ.

33) D법인의 분개는 (차) 배당가능이익 75,000 (대) K주식 75,000, K법인의 분개는 (차) 납입자본 75,000 (대) 배당가능이익 75,000. 분개 32)와 묶어서 보면 D가 출자한 납입자본 가운데 75,000을 배당가능이익으로 돌리는 것이다. 우리 상법에서 자본준비금을 감소시키는 경우를 생각해 보면 된다.

34) 제4장 제1절 Ⅰ.

35) 제4장 제2절 Ⅰ.

36) 제4장 제2절 Ⅱ.

부를 제출하는가는 제355조(a)(1)의 적용에 상관이 없다. 나아가 제355조(c)에 따라 "분배법인(D)에게도 차익을 인식하지 않는다." 주주 갑과 을의 K주식 취득원가에 관해서는 D주식 가운데 절반을 내어놓으면서 K주식을 받는다는 교환이 일어나므로 제358조(c)는 적용되지 않는다. 그 대신 제358조(b)(2)가 적용된다. "교환에 제355조를 적용"하므로 "안분을 위 제(1)항에 따라 할 때 계산에 넣어야 할 것은 재산 받으면서 차익이나 차손을 인식하지 않은 K주식 만이 아니라 분배하는 D법인의 주식을 그냥 가지고 있는 것도 쳐야 한다. 취득원가의 안분은 이런 재산 전체에" 해야 하므로, 결국 당초 가지고 있던 D법인의 주식 25,000불을 K주식과 남아 있는 D주식에 안분해야 한다. 최종결과는 12,500불 : 12,500불로 앞 1)과 같지만, 다만 D주식의 수가 줄었으므로 D주식의 주당 취득원가는 1)의 2배가 된다.

[보기 2: 상환형]

다른 사실관계는 앞 [보기 1]의 1)과 같고, 다만 두 사업을 분리하면서 갑이 음식을 을이 꽃 사업을 맡기로 결정했다. 이를 위해서 D법인은 K법인의 주식 전부를 주주 을이 가지고 있던 D주식 전부와 교환하여 을에게 내어주었다.

(풀이)   "법인(D)이 주주(을)로부터 주식을 취득하면서 그와 교환하여 재산(K주식)을 지급"하는 것은 제317조(b)의 주식상환이다. 따라서 주식매매에 해당하지 않는다면 분배로 보아, 제302조(d)에 따라 제301조의 3분법(분배 = 배당 + 원본회수 + 주식양도소득)을 적용하게 된다. 을의 D주식상환은 "상환을 완전상환으로 법인의 주식을 주주가 소유한 것 전부에 대해서" 하는 "주주지위의 종료"이므로 제302조(b)(3)에 해당하고,[37] 따라서 "그런 상환을 분배로 다루되 분배가 주식교환대가의 전부"이므로 제302조(a)에 따라 을에게는 주식양도소득이 생긴다. D는 K주식을 현물배당하므로 일단 제311조(b)에 따라 과세대상 양도차익(50 − 10 = 40만불)이 생긴다.[38] 그러나 제355조(a)(1)을 적용받으므로 을에게 과세하지 않는다. 분배가 불비례적이라도 상관없다. 제355조(c)에 따라 D에게도 차익을 과세하지 않는다. 갑의 D주식 취득원가는 25,000불 그대로이고 을의 K주식 취득원가는 제358조(a)에 따라서 "교환해 넘기는 재산"인 D주식의 취득가액 25,000불이다. 나머지는 모두 [보기 1]의 1)과 같다.

---

37) 제4장 제1절 Ⅲ. 3.
38) 제4장 제2절 Ⅱ.

[보기 3: 청산형]

주주 갑과 을은 D법인의 주식을 각 50%씩 소유하고, D법인은 지난 10년 동안 자신이 직접 하는 꽃 배달 사업과 음식 배달 사업, 이 두 가지 사업부문을 운영해 왔다. 꽃 부문의 자산은 취득원가가 10만불이고 시가가 50만불이다. 음식 부문의 자산은 취득원가가 7만 5천불이고 시가가 50만불이다. 주주 갑과 을의 D주식 취득원가는 각 2만 5천불씩이다. 두 사업의 성격이 아무래도 달라서 D법인의 이사회는 두 사업을 분리하기로 결정했다. 이를 위해서 D법인은 꽃 부문의 자산 전부를 현물출자하여 K법인을 세웠고, 음식 부문의 자산 전부를 현물출자하여 F 법인을 세웠다. K법인은 꽃 사업을, F법인은 음식 사업을 계속할 예정이다. D법인은 해산청산하면서 F주식을 갑에게 청산분배하고 K주식을 을에게 청산분배했다. 주주 갑과 을 및 D법인에게는 어떤 법률효과가 생기는가?

〔풀이〕 D법인이 꽃 부문과 음식 부문의 자산을 현물출자해서 K법인과 F법인을 세우는 것은 제351조를 만족하고 D법인은 미실현이득에 세금을 낼 것이 없다. K와 F의 재산 취득원가는 각 D의 재산 취득원가 10만불과 7만 5천불이 그대로 넘어오고 소득이 생기지 않는다. D의 K주식 및 F주식 취득가액은 제358조에 따라서, 출자한 재산의 취득가액 10만불과 7만 5천불을 그대로 물려받는다. 다음 단계로 D가 K주식과 F주식을 두 주주에게 각 청산분배하는 단계에서, 제331조에 따르자면 갑과 을에게 각 (청산분배금 50만불 − 주식 취득원가 25,000불) = 47만5천불씩 주식양도소득이 생기고, 제336조에 따르자면 D법인에게 (50만불 + 50만불) − (10만불 + 7만 5천불)의 처분익이 생긴다. 그러나 이 청산분배는 제355조(a)(1)을 적용받으므로 갑과 을에게 과세하지 않고, 제355조(c)에 따라 D에게도 차익을 과세하지 않는다. 갑의 F주식 취득원가와 을의 K주식 취득원가는 제358조(a)에 따라서 "교환해 넘기는 재산"인 D주식의 취득가액 25,000불씩이다. 뒤에 보겠지만 D형 재조직에 해당하므로 D의 배당가능이익은 75,000불은 K법인에 50,000불은 F법인으로 넘어간다.

Ⅱ. 회사분할과 부분청산

또 한 가지 짚고 넘어가야 할 것은 제355조와 주식상환 가운데 부분청산에 관한 제302조(b)(4) 및 제302조(e)의 관계이다. 제302조는 법인이 5년 이상 여러 부문의 적극적 사업을 영위하다가 그 중 일부부문을 청산하면서 주식과 상환하여 재산을 내어준다면, 이것을 주식의 매매로 보고 주주에 대해서는 양도소득으로 과세하고39) 법인에 대해서도 분배하는 재산에 딸린 미실현이득을 과세한다.40) 미실현이득은 법인의 배당가능이익에도 들어가고, 누적배당가능이익 감소액은 분배하는 재산의 시가 전체가 감소하지는 않고 누적배당가능이익 가운데 상환하는 주식이 차지하는 몫만큼 감소한다.41) 적극적 사업을 여러 부문 수행하다가 그 가운데 일부를 청산한다는 점은 같으므로, 제302조의 부분청산이 되는 편보다는 자회사 설립이라는 중간단계를 일부러 거쳐서 제355조의 회사분할이 되는 편이 보통은 더 유리하겠지만, 제302조를 적용받아서 주주가 양도손실을 인식하는 편이 더 유리한 경우도 있다.

Ⅲ. 사채권자에 대한 과세이연

마지막으로 회사분할에 따르는 과세이연은 주주만이 아니라 securities hold-er도 받을 수 있다. 앞에서 제355조(a)의 글귀를 볼 때 영어 원문과 우리 말 사이에 차이가 있다는 것을 눈썰미 있는 독자는 이미 알아차렸을 것이다. 원문에 dis-tributee라고 되어 있는 것을 '주주'라고 옮기면서 채권이나 다른 증권 관련 부분을 다 뺐기 때문이다. 뺐던 부분을 마저 채우면서 다시 옮기면 다음과 같다.

제355조 (자법인 주식이나 證券의 분배)
Sec. 355 Distribution of Stock and Securities of a Controlled Corporation
(a) 분배받는 사람에 대한 효과 ―
(a) Effect on Distributees ―
  (1) 일반 원칙 ― 만일 ―
  (1) GENERAL RULE ― If ―
    (A) 법인(이하 이 조에서 "분배법인")이
    (A) a corporation (referred to in this section as the "distributing corporation")
      (i) 분배를 주주에게 주식에 관련하여 하는 것, 또는
      (i) distributes to a shareholder, with respect to its stock..., or
      (ii) 분배를 證券 소유자에게 證券과 교환하여 하는 것이
      (ii) distributes to a security holder, in exchange for its securities
오로지 법인(이하 이 조에서 "자법인")의 주식이나 證券이고 분배법인이 자법인에 대한

---

39) 제302조(a). 제4장 제1절 Ⅱ.6과 제2절 Ⅱ.
40) 제311조(b). 제3장 제2절 Ⅱ.2; 제4장 제2절 Ⅱ.
41) 제4장 제2절 Ⅱ.

> 지배를 분배 직전에 하고 있다면
> solely stocks or securities of a corporation (referred to in this section as "controlled corporation") which it controls immediately before the distribution,
> 차익이나 차손을 주주 및 證券 소유자에게 그가 받는 주식이나 證券에 대해서 인식하지 않는다(또한 소득으로 과세할 금액이 없다).
> then no gain or loss shall be recognized to (and no amount shall be includible in the income of) such shareholder or security holder on the receipt of such stock or securities.

문제는 여기에서 증권이라는 말의 뜻이 법에 안 나온다는 점이다. 주식이나 마찬가지 대접을 받는다는 점에서 본다면 여기에서 증권이라는 말을 가령 자본시장법에서 말하는 증권이라는 뜻으로 풀이할 수 없다는 점은 분명하다. 가령 만기가 아주 짧은 회사채라면 이것을 과세이연 대상으로 삼을 수는 없다. 다른 한편 전전유통할 수 있는 성격이 아닌 단순한 채권채무 관계는 변제기한이 아무리 길더라도 '증권'이라는 개념에 담기 어렵다. 그러다보니 판례의 대세를 보면 회사채나 어음의 만기가 10년 이상이라면 제355조의 과세이연 대상이지만 5년 이하라면 아니라고 한다.42) 신주인수권 증권은 제355조의 과세이연 대상 증권에 들어간다.43) 자세한 논의는 재조직 부분으로 미루기로 한다.

주주가 주식을 내어놓으면서 장기채 등 증권을 받는다면 과세이연을 받는가? 제355조(a)(1)만 보면 받을 듯하지만, 좀 생각해보면 이처럼 이해관계가 엷어지는 것에 과세이연할 이유가 없다. 실제로도 과세이연하지 않는다는 조문이 제355조(a)(3)에 있다. 자세한 내용은 재조직 부분과 같다.44)

제3절 과세이연의 요건과 효과

I. 지배하는 주식의 분배

제355조에 따른 회사분할로 과세이연을 받기 위해서는, (a)(1)(A) 및 (a)(1)(D)(i)

---

42) Eustice & Brantley, 12.41[3].

43) 재무부규칙 1.355-2(f) 및 1.356-3(b).

44) 제8장 제2절 Ⅱ. 5. 아래 Ⅲ. 2.

에 따라 분배법인이 자회사를 '지배'하고 있다가 그런 자회사의 주식 전부를 분배하거나, 앞의 번역에 적지는 않았지만 (D)(ii)에 따라서 자회사를 지배할만큼의 주식을 분배해야 한다. 후자의 경우에는 분배법인에 일부 주식을 남기는 것이 조세회피 목적이 아님을 납세자가 입증해야 한다. 여기에서 지배란 제368조에 따른 80% 지배력을 뜻한다. 제355조(a)(1)(A)에서 '지배'란 정의가 따로 없으므로 일반규정인 제368조로 돌아가고, (a)(1)(D)(ii)에서 지배란 제368조의 지배라는 명문규정이 있다. 제368조에 따라서 의결권 및 주식총수 양 쪽 모두를 80% 이상 지배해야 한다는 점은 제351조(법인설립이나 현물출자)나[45] 같지만, 제351조에서는 출자하는 자가 80% 이상을 지배해야 하는데 비해서 제355조에서는 주식을 분배하는 회사가 자회사를 80% 이상 지배하면 되고 분배받는 주주들은 지배력이 없어도 과세이연을 받을 수 있다.

분배하는 회사가 자회사 주식을 취득한지 5년이 지나지 않았고 주식 취득이 과세이연 거래가 아니었다면, 그런 주식의 분배는 boot로 보아 제355조의 과세이연 혜택을 받지 못한다.[46]

II. 5년 이상 적극적 사업

법적 개념이라기보다는 修辭에 가까운 것일 수도 있지만 회사분할에 대한 과세이연은 그저 "겉껍질의 변화"일 뿐인데 세금을 매겨서는 안된다는 생각이다. 회사설립을 위한 현물출자나 뒤에 공부할 재조직도 모두 이런 생각으로 과세이연 규정을 두고 있는 것이다. 이런 관점에서 볼 때, 앞 보기에서 꽃 부문의 사업 전체가 아니라 가령 부동산만을 따로 별개의 회사로 분리해낸다면, 이런 변화를 겉껍질의 변화로 보자는 생각에는 심리적 저항감이 들게 마련이다. 이리하여 제355조는 '적극적 사업'이라는 요건을 만족해야 과세이연을 해준다고 정하고 있다.

제355조(b) (적극적 사업에 관한 요건)
Sec. 355(b) REQUIREMENTS AS TO ACTIVE BUSINESS
(1) 원칙 ― 위 (a)의 적용은 아래 둘 중 하나를 전제한다 ―

---

45) 제2장 제2절 I. 2.
46) 제355조(a)(3)(B). 아래 III. 2.

(1) IN GENERAL — Subsection (a) shall apply only if either —

(A) 분배법인 및 자법인(주식으로 둘 이상인 자법인의 것을 분배한다면 각 자법인)이 영위하는 사업이 분배 직후 적극적 사업활동일 것, 또는

(A) the distributing corporation, and the controlled corporation (or, if stock of more than one controlled corporation is distributed, each of such corporations), is engaged immediately after the distribution in the active conduct of a trade or business, or

(B) 분배 직전에 분배법인의 유일한 자산이 자법인 주식이나 증권이었고 각 자법인이 영위하는 사업이 분배직후에 적극적 사업활동일 것.

(B) immediately before the distribution, the distributing corporation had no assets other than stock or securities in the controlled corporations and each of the con—trolled corporations is engaged immediately after the distribution in the active con—duct of a trade or business.

(2) 정의 — 제(1)항의 적용상 법인을 다루기를 그 영위하는 바가 적극적 사업활동이라고 보자면 다음 모두를 만족해야 한다 —

(2) DEFINITIONS — For purposes of paragraph (1), a corporation shall be treated as engaged in the active conduct of a trade or business if and only if —

(A) 그 법인이 영위하는 바가 적극적 사업활동일 것,

(A) it is engaged in the active conduct of a trade or business.

(B) 그런 사업을 적극적으로 쭉 활동한 기간으로 5년 기간이 분배하는 날 현재까지 될 것,

(B) such trade or business has been actively conducted throughout the 5-year peri—od ending on the date of the distribution,

(C) 그런 사업을 위 (B)에서 정한 기간 사이에 취득한 거래가 차익이나 차손의 인식을 전부 또는 일부 한 것이 아닐 것, 그리고

(C) such trade or business was not acquired within the period described in sub—paragraph (B) in a transaction in which gain or loss was recognized in whole or in part, and

(D) 그런 사업을 하는 자법인에 대한 지배에(지배력을 얻을 당시) 관하여

(D) control of a corporation which (at the time of acquisition of control) was con—ducting such trade or business

　(i) 그 획득이, 분배받는 법인이 직접 (또는 분배하는 법인을 통하거나 또는 다른 방식으로 하나 이상의 법인을 거쳐서) 위 (B)에 정한 기간 사이에 획득한 것이 아니고 또한 분배하는 법인이 직접 (또는 하나 이상의 법인을 거쳐서) 그런 기간 사이에 획득한 것도 아닐 것, 또는

　(i) was not acquired by any distributee corporation directly (or through 1 or more corporations, whether through the distributing corporation or otherwise) within the period described in subparagraph (B) and was not acquired by discributing corporation directly (or through 1 or more corporations) within such period, or

　(ii) 그 획득을 그런 법인이 그런 기간 안에 했지만, 지배력을 그런 식으로 획득한

각 경우 지배력 획득의 사유가 된 거래가 차익이나 차손의 전부 또는 일부 인식
이 없는 거래였거나 또는 그런 거래를 그런 기간 개시전의 획득과 결합한 거래일
것. (하략)

(ii) was so acquired by any such corporation within such period, but, in each
case in which such control was so acquired, it was so acquired, only by reason
of transactions in which gain or loss was not recognized in whole or in part, or
only by reason of such transactions combined with acquisitions before the be−
ginning of such period.

(3) 연결집단의 경우 적극적 활동의 판단에 관한 특칙 (생략)

(3) SPECIAL RULES FOR DETERMINING ACTIVE CONDUCT IN THE CASE OF AFFILIATED
GROUPS

1. 적극적 사업

제355조에서 말하는 '적극적 사업'에 대한 명문의 정의는 없다. 재무부규칙
을 보면 사업이라는 말은 소득이나 이윤을 버는 활동이고, 소득을 받고 비용을
지불하는 행위 등이 그에 해당한다는 말 정도가 나온다.[47] 적극적 사업인지는
구체적 사실관계에 달려 있고, 회사 본인이 직접 하지 않고 제3자가 수급인으로
서 하는 행위는 회사의 적극적 사업이 아니다.[48] 유가증권의 소유는 적극적 사
업이 아니다.[49] 가령 앞의 Gregory 판결의 사실관계 같으면 현행법에서는 조세
회피 여부를 물을 것 없이 적극적 사업 요건에 걸려서 과세대상이 된다. 부동산
의 소유나 임대가 적극적 사업이 되는지는 구체적 사실관계에 따라 시비의 소지
가 크고 재무부규칙의 보기를[50] 보아도 분명한 판단기준은 찾기 어렵다.[51]

[보기 4]

주주 갑과 을은 D법인의 주식을 각 50%씩 소유하고, D법인은 지난 10년 동안 꽃 배달
사업과 음식 배달 사업, 이 두 가지 사업부문을 다 직접 운영해 왔다. D법인의 이사회는
꽃 부문의 자산 가운데 부동산만 현물출자해서 K법인을 세우고, 그 다음으로 K주식을 갑,
을의 소유주식수에 비례해서 50 : 50으로 배당하기로 했다. 주주 갑과 을 및 D법인에게는

---

47) 재무부규칙 1.355-3(b)(2)(ii).

48) 재무부규칙 1.355-3(b)(iii).

49) 재무부규칙 1.355-3(b)(2)(iv)(A), 1-355-3(c), Ex. 1.

50) 재무부규칙 1.355-3(c).

51) 재무부규칙 1.355-3(b)(2)(iv).

어떤 법률효과가 생기는가? 현물출자한 부동산(및 K주식)의 취득원가는 30,000불이고 시가는 430,000불이다. 다른 사실관계는 [보기 1]의 2)와 같다.

[풀이]   D가 꽃 부문의 부동산을 현물출자해서 K주식 100%를 취득하는 것은 제351조를 만족하고 D는 미실현이득에 세금을 낼 것이 없다. K의 부동산 취득원가는 D의 부동산 취득원가가 그대로 넘어온다. K에게는 소득이 생기지 않는다. D의 K주식 취득가액은 제358조에 따라서, 출자한 부동산의 취득가액을 그대로 물려받는다. K주식을 갑, 을에게 분배하는 단계에서는 아마도 '자법인이 영위하는 사업이 분배 직후 적극적 사업활동'이 아니라고 보아 제355조의 과세이연을 받지 못할 것이다.[52] 따라서 두 주주에게 각각 K주식 시가의 절반인 250,000불씩을 분배하는 것으로 보고 제301조(c)의 3분법에 따라서 D의 배당가능이익(125,000불 + 400,000불)의 범위 안에서 두 주주에게 배당소득으로 각 250,000불씩을 D는 K주식을 현물배당하므로 제311조(b)에 따라 과세대상 양도차익이 500,000 − 100,000 = 400,000불 생긴다. 주주 갑과 을의 K주식 취득원가는 제301조(d)의 일반 원칙에 따라 시가인 250,000불씩이다.[53]

법조문을 옮기지는 않았지만 2005년에 신설된 제355조(b)(3)는 연결납세집단에 속하는 회사는 모두 한 회사로 보고 적극적 사업 여부를 판단하라고 정하고 있다. 연결자회사의 사업은 연결모회사가 직접 하는 사업으로 보라는 것이다.

2. 5년 요건

제355조의 과세이연을 받자면 분할되는 회사에 남는 사업과 분할신설법인으로 넘어가는 사업 두 가지가 다 5년을 넘은 사업이라야 한다. 제355조(b)(1)을 보면 "분배법인 및 자회사가 영위하는 사업이 분배 직후 적극적 사업활동"일 것을 요구하고, 이 적극적 사업이란 제355조(b)(2)(B)를 보면 5년 이상 된 사업이라야 하기 때문이다.

[보기 5][54]
X법인은 10년 넘게 사무실용 건물 임대업을 하고 있고 빈 땅도 소유하고 있다. X법인은 이 땅을 분할신설법인 Y로 이전하면서 Y주식을 X의 주주들에게 분배한다, Y는 이 땅을 개발해서 택지를 조성한 뒤 아파트건설회사에 매각하려 한다. 이것은 제355조의 과세이

---

52) 재무부규칙 1.355-3(c), Ex. 13.
53) 제3장 제2절 I. 1, II. 2.
54) 재무부규칙 1.355-3(C), Ex. 2를 손본 것이다.

연 대상인가?

> 풀이 아니다. 부동산의 개발이 적극적 사업인 것은 틀림없지만 과세이연을
> 받지 못한다. 5년 요건에 걸리기 때문이다. Y의 사업은 택지개발업이므로 분할
> 이전에 X법인이 하던 사업과 다르다. "자법인(Y)이 영위하는 사업(택지개발업)"
> 은 "그런 사업을 적극적으로 쭉 해온 기간으로 5년 이상이 분배하는 날 현재까
> 지 될 것"이라는 요건을 만족하지 못한다.

　5년 사이에 사업내용에 변화가 있더라도 크게 보아 같은 업종에 속하는 이
상 5년 이상 했다면 과세이연 대상이다.[55] 서로 다른 두 업종의 사업을 하다가
하나를 분할신설법인으로 넘긴다면 두 사업 모두가 5년이 넘어야 한다. 한편 한
업종의 사업만 하다가 일부를 분할한다면 어떻게 될까? 이에 관련하여 우선 생
각해 볼 점으로, 서로 다른 사업의 분할이라야만 과세이연을 받는 것이 아닐까?
조문의 글귀를 보면 그렇지는 않고 단일한 사업의 분할 역시 과세이연을 받을
수 있다.[56] 문제는 5년 요건이다.

(판례) Lockwood's Estate v. Comr.[57]
원고인 T와 그의 처 M은 1935년 이후 쭉 Lockwood Grader라는 이름으로 감자 농사
관련 기계를 제조판매하는 사업을 파트너십 형태로 하다가 1946년부터는 이를 법인
(L)으로 전환해서 주식 전부를 소유하고 있었다. L법인의 본점은 네브라스카였으나 주
된 판매지역은 감자의 주산지인 노스다코다, 아이다호, 콜로라도였다. L법인의 사업은
예전에는 주로 감자를 선별하는 기계를 팔다가 1950년 이후에는 사업의 성격이 좀 바
뀌면서 주로 재배나 수확 등 밭에서 사용하는 경작기계를 팔게 되었다. L법인은 앞의
세 주에 지점을 두고 사업을 하다가 1952년에 각 지점의 자산과 영업을 현물출자하여
각 지점을 각각 자회사로 전환하면서 자회사의 주식을 T와 M에게 배당하는 spin-off
를 했다. 이 사건의 쟁점은 그 뒤 1956년에 분할한 메인 주 사업이다. L은 1949년부터
메인 주의 도매상에게 제품을 팔다가 1953년 8월부터는 영업사원을 보내서 메인 주의
농가에 직접 제품을 팔기 시작했다. 그 뒤 1954년에는 메인 주에 지점을 두었고 다시

---

55) 재무부규칙 1.355-3(b)(3)(ii).

56) Coady v.Comr., 33 TC 771, affirmed per curiam, 289 F.2d 490 (6th Cir. 1961)는 하수처리 사업
　을 계약별로 분할한 사건이다. 이 판결의 요지는 이제 재무부규칙 1.355-3(c), Ex. 4에 들어있다.
　U.S. v. Marett, 325 F.2d 28 (5th Cir. 1963)는 식용 돼지껍질 가공업을 고객별로 분할한 사건이
　다. 이 판결의 요지는 이제 재무부규칙 1.355-3(c), Ex. 5에 들어 있다.

57) 350 F.2d 712 (8th Cir., 1965).

1956년에 이를 자회사(ME)로 전환하면서 ME주식을 T와 M에게 배당했다. 국세청은 L이 메인 주에서 적극적 사업을 벌인 기간은 1953년 8월부터이므로 이를 ME로 분할해 낸 시점인 1956년까지 5년이 안 된다는 이유로 제355조에 따른 과세이연 대상이 아니라고 보고 세금을 매겼다. 그러나 법원은 적극적 사업을 했는지는 ME로 넘어간 사업을 기준으로 판단하는 것이 아니라 L을 기준으로 판단해야 한다고 보았다. L은 감자 농사 관련 기계의 제조판매 "사업을 적극적으로 쭉 활동한 기간으로 5년 이상이 분배하는 날 현재까지"되고, 또한 "분배법인(L) 및 자회사(ME)가 영위하는 사업이 분배 직후 적극적 사업활동"이므로 제355조의 요건을 다 만족한다는 것이다. 제355조의 입법사를 돌이켜보면, 조세회피 문제 때문에 과세이연 규정을 아예 없애버렸다가 다시 들여오면서 조세회피 방지 규정을 두었다. Coady 판결과 Marret 판결에서 설시했듯 단일 업종인 사업의 분할도 조세회피에 해당하지 않고 과세이연을 받을 수 있다. 나아가 분할신설 회사가 분할전 사업과 같은 사업을 하는 이상 지역이 어디인가는 과세이연 여부에 영향을 주지 않는다.[58] L법인의 사업의 대종이 선별 기계에서 경작기계로 바뀌었지만, 그렇다고 해서 새로운 사업을 시작한 것이라 볼만큼 내용이 달라진 것은 아니므로 5년이라는 요건을 만족한다.

　이 판결에서 볼 수 있듯, 한 업종의 사업만 하다가 이것을 지역적으로 분할하는(영어표현을 그냥 쓰면 칼을 세로로 꽂아서 자르기) 것도 과세이연 대상이고, 이 경우 5년간 사업을 했어야 한다는 요건은 분할대상인 지역 그 자체만 놓고 따지는 것이 아니고 회사의 사업 전체를 놓고 따진다.

　기능별 분할(영어표현으로는 가로로 자르기)도 분할전 사업이 5년 이상인 이상 일응 과세이연 대상이 된다는 점에서는 Lockwood 판결이 그대로 적용된다. 다만 분할 후 각 회사가 적극적 사업을 한다고 볼 수 있는가는 사실관계에 따라서는 시비가 붙을 수 있다. 재무부규칙은 가령 X법인의 연구개발 부문을 분할해 낸 분할신설법인 Y(연구개발 회사)의 유일한 사업이 X를 위한 연구개발이더라도 적극적 사업에 해당한다고 풀이하고 있다.[59]

---

58) 이 판결의 요지는 이제 재무부규칙 1.355-3(c), Ex. 8에 들어있다.

59) 재무부규칙 1.355-3(c), Ex. 9.

3. 5년 이내 과세거래로 취득한 것은 과세

제355조(b)(2)(C)와 (D)는 적극적 사업이더라도 이를(자회사가 사업을 하는 경우라면 자회사 주식을) 취득한 지 5년 안 된 것이라면 5년간 사업이라는 요건을 만족하지 않는다고 정하고 있다. 너무나 당연한 것을 괜히 정해놓은 것처럼 보이지만 제355조의 글귀에서는 불가피하다. 제355조(b)(2)(B)의 글귀에서 분할신설법인이 5년 이상 사업을 했다는 것은 논리적으로 불가능하므로 사업이 5년 이상된 것인가라는 질문은 법인이 아니라 사업을 단위로 판단하는 것일 수밖에 없다. 그렇다면 애초 남이 5년 이상 하던 사업을 사들여서 분할대상으로 삼는 것도 과세이연 대상이 된다는 해석이 가능하게 되고, 이 가능성을 막으려다 보니 제355조(b)(2)(C)와 (D)를 둔 것이다. 분할되는 법인(또는 그 자회사)이 사업을 한 기간이 5년이 안되더라도, 그 사업을 돈으로 사들인(과세거래) 것이 아니라 과세이연 거래로 취득한 것이라면 사업의 계속성을 인정할 수 있고 그런 사업의 분할은 과세이연 대상이다.

제355조(b)(2)(D)의 (i)은 분배받는 주주가 법인이고 분배하는 법인에 대해 80% 지배력을 얻은 것이 5년 기간 사이였다면 분배하는 법인이 5년 사업요건에서 불합격이라고 정하고 있다. 전면적으로 과세대상이라는 말은 아니다. 80% 주주법인이 받는 배당소득공제나 80% 자법인의 해산청산에 따른 특례가 있기 때문이다.

4. 분배도구라면 과세

회사분할이 "주로 그를 분배도구로 삼아 배당가능이익을 분배법인이나 자회사 또는 둘 다에서 분배하는 것"이라면 제355조(a)(1)(B)에 따라서 과세이연 혜택을 배제하고 다시 일반 원칙으로 돌아가 주주에게는 무상분배라면 제301조의 3분법에 따라 과세한다. 주주가 당초 가지고 있던 주식의 일부나 전부를 내어놓는 경우로서 제317조의 주식상환에 해당한다면 경우에 따라 주식양도소득이 생길 수도 있고 제301조의 3분법을 적용할 수도 있다. 청산형 분할이라면 제331조에 따라 양도소득을 과세한다. 법인에 대해서는 제311조나 제336조에 따라서 분배하는 주식에 딸린 미실현이득을 과세한다. 무엇이 이런 분배도구인가에는 시비가 걸리게 마련이고 제355조(a)(1)(B)에는(제2절 첫 머리 번역문에는 생략한 부분) "그 저, 분배 뒤에 그런 법인 … 주식이나 증권의 매각이나 교환을 … 주주가 한다는 것만으로는(미리 약정을 협상하거나 맺은 것이 분배 전에 있지 않다면) 거래가 주로 그를 분배도구로 삼았다고 풀이하지 않는다"[60]는 말이 있다. 주로 분배도구였다고 보는 경우와 아닌 경우를 구별하는 기준은 무엇이고 구별의 실익은 무엇인가.

[보기 6][61]

X법인은 M주에서 주법에 따른 규제산업을 하고 있고 규제산업이 아닌 다른 사업을 하는 Y법인을 100% 자회사로 거느리고 있다. M주의 법이 바뀌어 규제산업 법인은 자회사를 통하더라도 다른 사업을 할 수 없게 되었다. X법인은 가지고 있던 현금을 Y법인의 사업상 필요를 넘는 정도로 Y법인에 출자했다. 그 결과 현금 대 사업용 자산의 비율을 보면 X법인보다 Y법인이 훨씬 높아졌다. 이렇게 한 뒤, X법인은 Y주식을 주주들에게 주식소유비율에 비례해서 배당했다. 이 분배는 회사분할을 주로 분배도구로 삼은 것인가?

(풀이) 한 쪽에 사업상 필요를 넘는 정도로 현금을 몰아두는 것은 분배도구라는 징표가 된다. 분배가 비례적이라는 것도 같은 징표이다. 회사분할 그 자체에 사업목적이 있기는 하지만 Y법인으로 현금을 옮기는 것에는 사업목적이 없다. 전체적으로 보면 이 거래는 주로 분배도구이다.

회사분할이 분배도구인가 아닌가에 따라 법률효과에는 어떤 차이가 있는가? 분배도구라면 일반 원칙으로 다시 돌아가므로 주주는 제301조의 3분법에 따라 소득이 생긴다. 가령 위 보기 X법인의 배당가능이익이 Y주식의 시가를 넘는다면 Y주식의 시가만큼 배당소득이 생기고, 같은 금액이 Y주식 취득원가가 된다. X법인에게는 Y주식 처분익을 과세한다. 한편 분배도구가 아니라면 제355조의 과세이연을 받으므로 주주에게 소득이 생기지 않고 X주식의 취득원가 가운데 일부를 Y주식의 취득원가로 안분한다. X법인에게도 Y주식 처분익을 과세하지 않는다.

---

60) the mere fact that subsequent to the distribution stock or securities ... of such corporations are sold or exchanged by ... the distruibutees (other than pursuant to an arrangement nego-tiated or agreed upon prior to such distribution) shall not be construed to mean that the transaction was used principally as a device.

61) 재무부규칙 1.355-2(d)(4), Ex. 3.

[보기 7]

장난감 제조업체인 D법인에는 2개의 사업부문이 있다. 하나는 어린이용 장난감이고 다른 하나는 성인용 게임이다. D법인은 이 두 사업을 10년 넘게 해왔는데, 그 가운데 성인용 부문을 현물출자하여 분할신설법인 N을 세우면서 N주식을 D법인의 주주들에게 배당했다. N주식 분배 당시 D법인에는 N주식의 시가를 넘는 배당가능이익이 있었다.

1) 분배 2주 뒤 주주 전부가 N주식을 다른 회사에 팔았고, 회사분할 당시 이미 주식 매수인과 D법인 및 주주들은 주식매매 조건에 관한 실질적 협상을 다 마친 상태였다. 주주, D법인 및 N법인에게는 어떤 법률효과가 생기는가?

2) 분배 2주 뒤 주주 가운데 90%가 N 주식을 다른 회사에 팔았다. 회사분할 당시에는 나중에 주식을 제3자에게 매매할 가능성에 관한 이야기는 전혀 없었다. 주주, D법인 및 N법인에게는 어떤 법률효과가 생기는가?

(풀이) D법인이 분배하는 것이 오직 자회사(N)의 주식이고 D법인이 N에 대한 지배를 분배 직전에 하고 있고, D법인 및 N이 영위하는 사업이 둘 다 분배 직후 적극적이고 그런 사업이 적극적으로 쭉 이루어진 기간으로 5년 이상이 분배하는 날 현재까지 되므로 제355조의 과세이연을 받을 수 있는 요건을 일단 만족하지만 문제는 "그런 거래의 이용이 주로 그를 분배도구로 삼아 배당가능이익을 분배법인이나 자법인 또는 둘 다에서 분배하는 것"인가 아닌가이다.

1) 결과를 놓고 보면 주주들이 D법인에서 현금을 배당받은 것이나 진배없다. '분배 뒤에 주식매각'을 하고 그에 관해 '미리 약정을 협상하거나 맺은 것이 분배 전에' 있었으므로 이 회사분할은 제355조(a)(1)(B)에서 "주로 그를 분배도구로 삼은" 것에 해당한다. 따라서 주주들은 제355조의 과세이연을 받지 못하고 제301조에 따라서 N주식의 공정한 시가만큼 배당소득을 과세받고 같은 시가가 N주식의 취득가액이 된다. D법인에는 제311조에 따라서 N주식의 취득원가(=N에 현물출자한 재산의 당초 취득가액)와 시가의 차액만큼 처분익이 생긴다.

2) 주식의 매각에 관해 "미리 약정을 협상하거나 맺은 것이 분배 전에" 없었으므로 그저, 분배 뒤에 N법인 주식의 매각을 일부 주주가 한다는 것만으로는 거래가 주로 그를 분배도구로 삼았다고 보지는 않는다. 한편 N주식을 매각한 자의 비율이 90%에 이르고 주식매각이 겨우 2주 뒤였다는 점은 이 회사분할이 주로 그를 분배도구로 삼은 것이라고 볼 가능성을 높인다. 거래가 주로 분배도구였던 것으로 볼 수 없다면 제355조의 과세이연을 받으므로 주주들은 N주식 분배 당시에는 소득이 없다. 주주들의 N주식 취득원가는 제358조(c), (a) 및 (b)(1)에 따라 D주식의 당초 취득원가를 시가에 따라서 D주식과 N주식에 안분한 금액이 되고, 3주 뒤 N주식 매각시점에 가서 이 취득가액과 매각대가의 차액이 양도소득이 된다. N주식의 분배로 D법인에게 과세소득이 생길 것은 없다. 한편 거래가

주로 분배도구였던 것이라고 본다면 제301조를 적용받고 N주식 배당시 주주들에게는 N주식의 시가만큼 배당소득이 생기고 N주식 취득원가는 시가가 된다. 2주 뒤 N주식 매각시점에는 매각대가와 취득원가가 모두 같은 시가 금액일 것이므로 양도소득이 생길 것은 없다. N주식 분배시 D법인에게는 제311조에 따라서 처분익만큼 소득이 생긴다.

　　이 예에서 보듯 회사분할이 '주로 그를 분배도구로' 삼는 것인가 아닌가에 따라서 법인과 주주 양 쪽 모두에 차이가 생긴다. 분배하는 법인에 대해서는 분배하는 주식에 딸린 미실현이득의 과세여부에 차이가 나고 주주에 대해서는 분배받는 주식의 시가만큼 배당소득을 바로 과세하는가 않는가라는 차이가 난다. 주주의 소득을 과세이연하는 경우 당초 가지고 있던 주식 취득원가의 일부가 새로 분배받는 주식에 안분되므로 나중에 주식을 양도하는 단계에 가서 양도소득의 금액에도 그만큼 차이가 생긴다. 그러나 도대체 어떤 경우 회사분할이 '주로 그를 분배도구로' 삼는 것이라 볼 것인가에는 뚜렷한 기준이 없고 국세청과 법원의 주관적 판단에 따를 뿐이다. 재무부규칙을 보더라도, 비례적 분배일수록, 주식을 매각한 주주의 비율이 높을수록 또한 주식매각 시점이 빠를수록, 사업상 필요가 없는 자산이 많을수록, 분배도구로 볼 가능성이 높다는 정도의 주관적 기준 뿐이다.[62]

　　사업상 필요가 없는 자산 때문에 분배도구로 볼 가능성에 관해서는 한 가지 不問규정이 2005년에 새로 생겼다. 종래 재무부규칙은 회사분할로 주주가 종래 가지고 있던 주식을 상환하면서 그 대가로 주식을 분배받는 것이 주식매매에 해당한다면[63] 회사분할을 분배도구로 보지 않았다.[64] 그러다보니 회사를 분할하면서 현금이나 투자자산을 한 쪽 회사로 몰고, split-off나 split-up의 형식으로 주주 상호간의 관계를 종료하면서 실제 사업을 하는 회사의 주식은 한 쪽 주주가 투자자산을 보유한 회사의 주식은 다른 쪽 주주가 나누어가지면서 제355조의 과세이연(나아가 자법인 해산청산에 대한 과세이연)을 받을 수 있다는 문제가 생겼다. 대표적 예로 Clorox가 일부 사업을 독일계 주주에게 split-off해 준 것이 사회문제

---

62) 재무부규칙 1.355-2(d)(2)(iii).
63) 제302조(a). 제4장 제1절 Ⅱ.
64) 재무부규칙 1.355-2(d)(5)(iv).

로 떠올랐다. 분할신설회사의 자산구성을 보면 현금성 자산이 21억불 사업자산이 7억 4천만불이니 분할신설회사의 주식은 현금이나 진배없다. 일부 주주의 주식을 감자하면서 감자대가로 현금을 내어주는 것과 진배없는데도 과세이연을 받는다는 문제가 생긴 것이다.[65] 이리하여 법을 바꾸어 분할되는 회사나 분할신설회사 어느 쪽이든 '부적격 투자회사'에 해당하고 회사분할 결과 이 부적격 투자회사 주식의 50% 이상을 소유하게 되는 주주가 생겨나는 경우라면 제355조의 과세이연을 배제하게 되었다.[66] 부적격 투자회사란 자산총액 가운데 투자자산의 비중이 2/3 이상인 회사를 말한다.[67] 투자자산의 비중을 2/3 미만으로 맞추면서 다른 과세이연 요건을 만족하는 회사분할은 그 뒤에도 여전히 성행하고 있다.

5. 과세이연을 받기 위한 판례 요건

앞서 본 바 있지만 일찍이 1935년 Gregory v. Helvering 판결에서 회사분할이 법에 나와 있는 과세이연 요건을 만족하더라도 아무런 사업목적도 없이 조세회피만 노리는 것이라면 과세이연을 해 줄 수 없다고 판시한 이래 실질과세가 확고한 원칙으로 자리잡았다. 그러면서 회사분할도 명문규정을 만족한다는 것만으로는 과세이연을 받을 수 없다는 것이 판례법상 확실한 원칙이 되었다. 구체적으로 어떤 요건을 더 만족해야 하는가는 기실 회사분할만 따로 떼어내서 판례를 찾기는 어렵다. 실제 Gregory 판결 당시의 법에서는 회사분할이 재조직 개념의 부분집합이었고, 그런 법의 글귀를 놓고 판례는 사업목적이 없다면 과세이연 대상인 재조직이 아니라고 보았다. 그 이후 조문의 글귀와 법전의 체계로는 회사분할이 재조직에서 빠져나왔지만, 이런 역사 때문에 재조직의 과세이연에 관한 판례 요건[68] 내지 이를 정리한 재무부규칙의 규정이 회사분할에도 다 그대로 적용된다. 사업목적과 이해관계의 연속성(우리나라에서 쓰는 용어로는 지분의 계속성)에 관한 재무부규칙을 간추려보자.

---

65) Willens, "Dividends, Capital Gains, and Spin-Offs Affected by Increase, Prevention and Reconciliation Act.", 104 Journal of Taxation 327 (2006).

66) 제355조(g).

67) Block, Corporate Taxation 519-520쪽은 반대해석으로 투자자산이 2/3 미만이라면 과세이연이 가능하고 분배도구에서도 벗어날 수 있다고 풀이하지만 적어도 법의 글귀로는 과세이연을 배제하는 불문규정이다.

68) 제8장 제3절.

(1) 사업목적

서로 밀접한 관계가 있다는 점은 분명하지만 분배도구가 아니라고 해서 당연히 사업목적이라고 보지는 않는다. 과세이연을 받자면 "진정하고 적지 않은, 연방조세 외의 사업상 목적"이 적극적으로 있어야 한다.[69] 아래 보기를 가지고 사업목적이 있고 없고 경계선을 따져보자.

[보기 8]

1)[70] X법인은 정유사업을 하고 있다. 1985년 X법인은 역시 정유사업자인 Y법인의 자산전부를 인수하였다. 1991년 독점금지 소송의 결과 X법인은 Y법인에서 인수한 자산을 모두 처분하라는 명령을 받았다. X는 해당 재산을 모두 새로운 법인인 Z법인에게 현물출자하면서 Z주식을 주주들에게 분배하였다. 처분명령에 따른 것이므로 이 분배에는 사업목적이 있다.

2)[71] X법인은 장난감 제조판매업과 과자류 제조판매업을 하고 있다. X법인의 주주들은 과자류 제조판매업을 장난감 사업의 위험에서 분리하기를 원한다. 그리하여 X법인은 장난감 사업을 현물출자하여 Y법인을 세우고 Y주식을 주주들에게 분배하였다. 관련법령상(Y법인이 우리나라 법의 주식회사나 유한회사에 해당하는 경우 등의 이유로) 장난감 사업을 Y법인에 이전함으로써 과자류 사업은 장난감 사업의 위험에서 보호받는다. 이 경우 현물출자만으로 위험은 분리되므로 Y주식의 분배에는 사업목적이 없다.

3)[72] X법인은 소프트웨어 사업을 주력사업으로 하고 있고 100% 자회사 Y법인을 통하여 제지업을 하고 있다. 제지업은 소프트웨어 사업에 도움되는 관련사업으로 5년 전에 주식을 취득한 것이다. X법인의 경영진은 제지업 때문에 소프트웨어 사업에 집중하는데 지장이 있다고 생각하고 제지업의 담당임원은 경영진이 제지업을 제대로 돌볼 시간이 없어서 문제라고 생각한다. 그 결과 X법인은 Y주식을 주주들에게 비례분배하였다. Y법인이 자회사로 남아 있는 이상 X의 경영진이 그에 대한 책임을 진다는 점에서 이런 선택과 집중을 위한 분배에는 사업목적이 있다.

4)[73] X법인은 가구 제조판매업과 보석 제조판매업을 하고 있고 두 사업의 비중

---

69) 재무부규칙 1.355-2(b)(1) 및 (2).
70) 재무부규칙 1.355-2(b)(5), Ex. 1
71) 같은 조 Ex. 3.
72) Rev. Rul. 2003-74, 2003-2 CB 77.
73) 재무부규칙 1.355-2(b)(5), Ex. 2.

은 같다. X법인의 주식은 주주 갑과 을이 50:50으로 소유하고 있다. 갑은 가구 사업을 하기를 원하고 을은 보석 사업을 하기를 원하여 서로 갈라서기로 했다. 두 사람은 이렇게 하는 편이 사업상으로도 더 유리하다고 생각한다. 그리하여 X는 보석 사업을 현물출자하여 Y법인을 세우고 Y주식을 을에게 을소유 X주식과 상환으로 분배한다. 주주 개인을 위한다는 것은 사업목적이 아니지만[74] 이 사안에서는 주주 개인만이 아니라 동시에 회사 자체의 사업목적도 있다.

5) 제철업을 하는 P법인은 탄광을 자법인으로 거느리고 있다가 자법인 주식을 주주들에게 비례분배하였다. 만일 탄광을 제3자에게 넘겼더라도 제철업에 지장이 없다는 사정이 있다면 이 비례분배는 제355조에서 불합격이다.[75]

(2) 이해관계의 연속성: 지분의 계속성

겉껍질의 변화일 뿐이니 세금을 매기면 안 된다는 식의 생각에서는 회사분할 전후 주주구성에 본질적 변화가 없어야 한다. 그 경계선이 어디까지인가 일률적으로 말할 수는 없지만 보기를 몇 개 들어보자.

[보기 9]

1) [보기 8]의 4)처럼 50:50 주주인 갑과 을이 갈라서는 경우, 두 사람을 합해서 보면 회사분할 후 주식의 100%를 소유하므로 지분의 계속성이 있다.[76]

2) 50:50 주주 갑, 을이 갈라서면서 동시에 갑이 소유주식 가운데 절반을 새 주주 병에게 팔아서 한 회사는 갑과 병이 50:50으로 소유하고 다른 회사는 을이 100%를 소유하는 경우에도 갑, 을을 합해서 보면 회사분할 후 지분의 계속성이 있다.[77]

3) 50:50 주주 갑, 을이 갈라서면서 동시에 갑은 소유주식 가운데 80%를 새 주주 병에게 팔아서 한 회사는 갑과 병이 20%:80%로 다른 회사는 을이 100%를 소유한다. 갑, 을을 합쳐 볼 때 두 회사를 합한 주식의 60%(= 120/200)를 소유하고 있기는 하지만 그 중 한 쪽 회사에 대해서는 20%를 소유할 뿐이므로 지분의 계속성이 없다.[78]

또한 주식을 사들인지 5년이 안 된 50% 이상 주주에 대한 자회사 주식 분

---

74) 재무부규칙 1.355-2(b)(2).

75) 재무부규칙 1.355-2(d)(2)(iv)(c)는 분배도구라는 이유를 들고 있다. 사업목적은 분배도구에서 벗어날 수 있는 일응의 기준이다. 재무부 규칙 1.355-3(d)(3)(i).

76) 재무부규칙 1.355-2(c)(2), Ex. 1.

77) 같은 조 Ex. 2.

78) 같은 조 Ex. 4.

배는 제355조(d)(2)에 따라 자회사 주식에 딸린 미실현이득의 과세문제를 일으킬 수 있다. 뒤에 다시 본다.

(3) 사업의 계속성

재조직에서는 사업의 계속성이라는 요건도 필요하고 회사분할도 이 요건을 만족해야 과세이연을 받을 수 있다고 볼 수 있는 글귀가 재무부규칙에 있지만[79] 국세청 실무에서 회사분할 후 종전의 사업을 처분했다고 해서 세금을 추징하는 경우는 없다고 한다.[80]

III. 주주에 대한 법률효과

1. 과세이연

회사분할이 제355조의 과세이연 요건을 충족한다면 주식을 분배받는 주주들에게 당장 과세소득이 생길 것은 없고, 분할의 형태가 어떠한가에 따라서 분할 전 소유하고 있던 주식 취득원가를 새로 분배받는 주식으로 넘기든가 종전 주식 취득원가의 일부를 새로 분배받는 주식에 안분한다. 이미 본 바와 같다.

2. Boot의 법률효과

회사분할을 하면서 주식만이 아니라 현금이나 다른 재산을 추가로 더 받는다면 그 부분에 대해서는 과세이연을 하지 않는다. 구체적 법률효과는 상환형·청산형 분할인가 또는 배당형 분할인가에 따라서 제356조(a)와 제356조(b)가 각각 정하고 있다.[81]

---

79) 재무부규칙 1.355-1(b) 마지막 문장.

80) Gregory N. Kidder, Basics of U.S., Tax-Free Spin-Offs under Section 355, http://www.steptoe.com/assets/attachments/4358.pdf. 뒤에 볼 Morris Trust 판결(367 F.2d 794)도 회사분할 이후 사업내용에 변화가 있더라도 과세이연을 허용했다.

81) 제356조 자체에서는 (a)의 교환과 (b)의 분배의 관계에 관해 정하고 있지 않으므로 주식상환에 관한 일반규정인 제302조로 돌아가서 제302조(b)의 요건 가운데 하나에 해당하면 제302조(a)에 따라 주식교환이 되고 아니라면 제302조(d)에 따라 분배로 보아야 옳지 않은가라는 의문이 들지만, 권위있는 주석서는 본문에 적었듯 배당형 분할이라면 제356조(b), 상환형이나 청산형 분할이라면 제356조(a)를 적용한다고 풀이하고 있다. Bittker & Eustice, 11.10[2]절 등. 관련판결은 못 찾았다.

제356조 (받은 추가대가)

Sec. 356 RECEIPT OF ADDITIONAL CONSIDERATION

(a) 교환차익

(a) GAIN ON EXCHANGES

   (1) 인식할 차익 — 만일 —

   (1) RECOGNITION OF GAIN — If —

     (A) 아래 (B)만 아니라면...[82] 제355조가 적용될 교환으로

     (A) section ... 355 would apply to an exchange but for the fact that

     (B) 재산을 교환으로 받은 것에, 재산을...제355조의 허용에 따라 차익의 인식 없이 받을 수 있는 것만 아니라 다른 재산이나 현금이 있다면,

     (B) the property received in the exchange consists not only of property permit-ted by section...355 to be received without the recognition of gain but also of other property or money,

차익이 있다면 이를 받는 사람에게 인식하되, 다만 그 금액의 상한을 그런 현금과 공정한 시가로 친 다른 재산의 합으로 한다.

then the gain, if any, to the recipient shall be reconized, but in an amount not in ex-cess of the sum of such money and the fair market value of such other property.

     (2) 다루기를 배당으로 — 만일 교환이라고 제(1)항에 적혀 있지만 그 효과가 배당의 분배(그 판단에는 제318조(a)를 적용)라면 이를 다루기를 배당을 각 주주가 분배받는 것으로 다루고 그 금액은 차익을 제(1)항에 따라 인식한 금액으로 정하되...[83]

     (2) TREATMENT AS DIVIDEND — If an exchange is described in paragraph (1) but has the effect of the distribution of a dividend (determined with the application of section 318(a)), then there shall be treated as a dividend to each distributee such an amount of the gain recognized under paragraph (1)...

(b) 추가대가를 받는 특정한 분배 — 만일 —

(b) ADDITIONAL CONSIDERATION RECEIVED IN CERTAIN DISTRIBUTIONS. — If —

   (1) 아래 제(2)항만 아니라면...제355조가 적용될 분배로,

   (1) section...355 would apply but for the fact that

   (2) 재산을 분배 받은 것에, 재산을...제355조의 허용에 따라 차익의 인식 없이 받을 수 있는 것만 아니라 다른 재산이나 현금이 있다면,

   (2) the property received in the distribution consists not only of property permitted by section 355 to be received without the recognition of gain, but also of other property or money,

그런 현금과 공정한 시가로 친 다른 재산의 합을 다루기를 그 금액만큼 분배하는 재산으로 다루면서 제301조를 적용한다.

then an amount equal to the sum of such money and the fair market value of such

---

82) 생략된 부분은 제354조로 재조직을 위한 주식교환에서 생기는 양도차익의 과세이연에 관한 조문이다. 뒤에 재조직에서 본다.

83) 생략된 부분은 유보된 배당가능이익을 배당소득 금액의 상한으로 하고, 상한을 넘는 양도차익은 양도소득으로 본다는 내용이다. 이에 대해서는 뒤에 제8장 제2절 Ⅱ. 재조직 부분에서 보기로 한다.

other property shall be treated as a distribution of property to which section 301 applies.

제358조 (분배받는 자의 취득가액)

Section 358. BASIS TO DISTRIBUTEES

(a) 일반 원칙 — 교환으로서 제351조, ..., 355조, 356조...를 적용받는 경우에는 —

(a) GENERAL RULE. — In the case of an exchange to which section 351...355, 356 or...applies —

(1) 과세이연 재산[84] — 위 조의 허용에 따라 차익이나 차손의 인식 없이 받을 수 있는 재산의 취득가액은 교환해 넘기는 재산의 취득가액에서

(1) NONARECOGNITION PROPERTY — The basis of the property permitted to be received under such section without the recognition of gain or loss shall be the same as that of the property exchanged —

(A) 다음 금액을 빼고 —

(A) decreased by —

(i) 공정한 시가로 쳐서 다른 재산(현금은 제외)을 납세의무자가 받은 것,

(i) the fair market value of any other property (except money) received by the taxpayer,

(ii) 현금의 금액으로 납세의무자가 받은 것, 더하기

(ii) the amount of any money received by the taxpayer, and

(iii) 차손의 금액으로 납세의무자가 교환차손으로 인식한 것;

(iii) the amount of loss to the taxpayer which was recognized on such ex-change, and

(B) 다음 금액을 더한 것 —

(B) increased by —

(i) 금액을 다루기를 배당으로 한 것, 더하기

(i) the amount which was treated as a dividend, and

(ii) 차익의 금액으로 납세의무자가 교환차익으로 인식한 것... 으로 한다.

(ii) the amount of gain to the taxpayer which was recognized on such exchange...

(b) 취득원가의 안분 —

(b) ALLOCATION OF BASIS

(1) 원칙 — 규칙을 정하여 재무부장관은 취득가액으로서 위 (a)(1)에 따라 결정하는 금액을 안분하되, 재산을 받으면서 차익이나 차손의 인식 없이 할 수 있는 것들 사이에 안분하도록 한다.

(1) IN GENERAL — Under regulations prescribed by the Secretary, the basis determined under subsection (a)(1) shall be allocated among the properties permitted to be received without the recognition of gain or loss.

(2) 제355조 관련 특칙 — 교환에 제355조...를 적용한다면, 안분을 위 (b)(1)에 따라

---

84) 제2장 제3절 Ⅰ에서 제351조와 관련하여 이미 본 내용이다.

할 때 계산에 넣어야 할 것은 재산받으면서 차익이나 차손의 인식없이 받을 수 있는 것만이 아니라 분배하는 법인의 주식이나 증권을 그냥 가지고 있는 것도 (있다면) 쳐야 한다. 취득원가의 안분은 이런 재산 전체에 한다.

(2) SPECIAL RULE FOR SECTION 355 — In the case of an exchange to which sec-tion 355...applies, then in making the allocation under paragraph (1) of this sub-section, there shall be taken into account not only the property so permitted to be received without the recognition of gain or loss, but also the stock or securities (if any) of the distributing corporation which are retained, and the allocation of basis shall be made among all such properties.

(c) 제355조 거래로 교환이 아닌 것 — 이 조의 적용상, 분배로서 제355조...를 적용받는 것...을 다루기를 교환으로 하되 이를 위하여, 분배하는 법인의 주식과 증권을 그냥 가지고 있는 것을 다루기를 내어놓았다가 다시 받는 교환으로 다룬다.

(c) SECTION 355 TRANSACTIONS WHICH ARE NOT EXCHANGES — For purposes of this section, a distribution to which section 355...applies shall be treated as an ex-change, and for such purposes the stock and securities of the distributing corporation which are retained shall be treated as surrendered, and received back, in the exchange.

[보기 10]

1) 주주 갑과 을은 D법인의 주식을 각 50%씩 소유하고, D법인은 지난 10년 동안 자신이 직접 하는 음식 배달 사업과 100% 자회사인 K법인을 통해서 운영하는 꽃 배달 사업, 이 두 가지 사업부문을 운영해 왔다. 꽃 부문의 자산은 취득원가가 10만불이고 시가(자산시가 = K주식시가)가 50만불이다. D의 K주식 취득원가는 10만불이다. 음식 부문의 자산은 취득원가가 7만 5천불이고 시가가 50만불이다. 주주 갑과 을의 D주식 취득원가는 각 2만 5천불씩이다. 두 사업의 성격이 아무래도 달라서 D법인의 이사회는 두 사업을 분리하기로 결정했다. 이를 위해서 D법인은 K법인의 주식을 갑과 을에게 50 : 50 비례로 현물배당하면서 그와 동시에 현금도 각 5만불씩 배당하기로 했다.

1) D법인의 배당가능이익은 10만불이 넘는다. 주주 갑과 을에게는 어떤 법률효과가 생기는가?

2) D법인의 배당가능이익은 7만불이다. 주주 갑과 을에게는 어떤 법률효과가 생기는가?

（풀이）

1) 현금 5만불씩을 받는다는 점을 제외하면 [보기 1]에서 보았듯 이 분배는 제355조에 따른 과세이연을 받으므로 현금 받는 부분에만 제356조(b)를 거쳐 제301조(c)의 3분법에 따라서 D의 배당가능이익의 범위 안에서 두 주주에게 각 5만불씩을 배당소득으로 과세한다. 주주 갑과 을의 K주식 취득원가는 제301조(d)의 일반 원칙에서는 시가이지만[85] "제351조를 적용받는 것"이므로 제358조(c)에

---

85) 제3장 제2절 I.

따라서 D법인의 "주식을 그냥 가지고 있는 것을 다루기를 내어놓았다가 교환으로 다시 받는 것으로" 한다. 따라서 갑과 을은 각각 취득원가 25,000불인 D주식을 내어놓으면서 D주식과 K주식을 받는 것으로 의제한다. 그 결과 제358조(a)에 따라서 "제355조에 따라 차익이나 차손을 인식하지 않고 받을 수 있는 재산"인 D주식과 K주식의 취득가액은 i) "교환해 넘기는 재산"인 D주식의 취득가액 25,000불에서 ii) '현금의 금액으로 납세의무자가 받은' 5만불을 빼고 iii) '금액을 다루기를 배당으로 한 것' 5만불을 더하여, 25,000불 그대로이다.[86] 결국 25,000불을 제358조(b)(1)에 따라 "재산을 받으면서 차익이나 차손의 인식 없이 한" D주식과 K주식에 안분해야 하고, 시가기준으로 안분한다면 D주식 : K주식 = 40만불(= 50만불 − 현금 10만불) : 50만불이므로 D주식의 취득원가는 11,111불이고 K주식의 취득원가는 13,889불이다.

2) D법인의 배당가능이익이 7만불뿐이므로 제356조(b)에 따라 갑과 을이 받는 boot 각 50,000불씩에 제301조를 적용하면 각 35,000불씩 배당소득이 생기고 나머지 15,000불씩은 원본회수로 D주식의 취득원가에서 공제한다.[87] D주식 취득원가로 남은 금액은 10,000불이고, 두 주주는 제358조(c)에 따라서 이 D주식 10,000불어치를 내어 놓고 새로 D주식과 K주식을 받는 것으로 본다. D주식에 취득원가로 남은 금액 10,000불을 시가기준으로 40만불(= 50만불 − 현금지급액 10만불) : 50만불로 안분하면 D주식의 취득원가는 4,445불 K주식의 취득원가는 5,555불이 된다.[88]

간추리자면 배당형 분할이라면 boot의 금액을 제301조의 3분법(배당소득 + 원본회수 + 양도소득)으로 과세한다. 한편 상환형이나 청산형 분할이라면 boot의 범위 안에서 양도차익을 과세하되, 원칙적으로는 양도소득으로 과세하고 예외적으로 제356조(a)(2)에서 말하는 '배당의 효과'가 있다면 경상소득으로 과세한다. 상환형이나 청산형 회사분할로 받는 boot에 배당의 효과가 있는가는, 제302조를 원용하여 주식상환을 주식매매로 보는가 분배로 보는가를 따질 때와[89] 마찬가

---

86) (차) 현금 50,000 + (D+K)주식 25,000 (대) 배당소득 50,000 + D주식 25,000.

87) (차) 현금 50,000 (대) 배당소득 35,000 + D주식 15,000.

88) (차) (D+K)주식 10,000 (대) D주식 10,000. 본문과 달리 주식 취득원가 25,000불을 D주식과 S주식에 각 12,500불씩 먼저 안분하고 이를 전제로 현금 50,000 받는 것에 제301조를 적용하여 배당소득이 35,000불 양도소득이 2,500불 생긴다(D주식의 취득원가는 영(0)이 되고 S주식의 취득원가는 12,500불이 된다)는 계산도 일응 가능하지만 법의 글귀와 맞지 않는다. 제355조와 제356조를 적용한다는 것을 이미 전제한 뒤 주식취득원가를 안분하기 때문이다. 이를 분명히 다룬 판례나 행정해석은 찾지 못했다.

89) 제4장 제1절 Ⅱ. 2.

지 기준을 따를 수밖에 없다.[90]

[보기 11][91]

D법인은 보통주 1,000주를 발행했고 주당 시가는 1불이다. 주주는 5명이고 서로 특수관계가 없으며, 주주 갑이 400주를 소유하고 있다. D법인은 100% 자회사 C법인을 거느리고 있고 C주식의 시가는 200불이다. D법인은 C주식 전부와 현금 200불을 주주 갑에게 그가 소유한 D주식과 상환으로 분배한다. 현금을 받는 점을 제외한다면 이 상환은 제355조의 과세이연 요건을 만족한다. D법인의 배당가능이익은 200불을 넘는다. 갑에게는 어떤 법률효과가 생기는가?

〔풀이〕 이 주식상환이 제356조(a)의 주식교환에 해당하는지 아니면 제356조(b)의 분배에 해당하는지부터 판단해야 한다. 전자라면 일단은 양도차익을 구하여 제356조(a)를 적용하고 후자라면 바로 제301조의 3분법을 적용하기 때문이다. 이 보기에서 갑은 상환형 분할로 D주식을 내어놓으면서 C주식 및 현금을 받고 있고 현금을 받는다는 점을 제외한다면 제355조의 과세이연 대상이라고 문제에 적혀 있으므로 이 거래는 일단 제356조(a)의 주식교환에 해당한다. 따라서 제356조(a)(1)에 따르자면 갑에게 양도차익을 양도소득으로 과세하되 boot의 금액 200불을 양도소득의 상한으로 하여 과세한다. 한편 제356조(a)(2)는 교환의 효과가 배당의 분배라면 이를 다루기를 배당으로 한다고 정하고 있으므로 이 주식교환으로 인식할 양도차익에 배당의 분배라는 효과가 있다면 양도소득이 아니라 경상소득이 된다. 양도차익에 배당의 분배라는 효과가 있는가는 boot 부분의 효과만 따로 떼내어 따져야 하는 문제이므로, 실제 거래에서 현금 부분만을 따로 분리해내어 현금을 받아가기 전후 갑의 지위에 어떤 변화가 있는가를 따져야 한다. 이 거래가 있기 전 갑의 지배력은 40%이다. 한편 현금 200불에 해당하는 D주식은 200주이므로, 갑이 현금을 받으면서 D주식 400주 중 200주를 내어주고 나머지 200주는 아직 그냥 가지고 있는 상황을 가정해 보면 갑의 지배력은 200/800 = 25%가 될 것이다. 현금 200을 받은 대가로 지배력이 40%에서 25%로 감소하는 것은 20% 이상의 변화가 있는 현저한 불비례 분배이므로 주식교환에 해당하고 배당의 효과가 따르지 않는다. 결국 갑에게는 200불을 상한으로 D주식 양도소득이 생기고 C주식 취득원가는 제358조(a)에 따른다.

---

90) Comr. v. Clark, 489 U.S., 726 (1989). 제8장 제2절 Ⅱ. 2.

91) Rev. Rul. 93-62, 1993-2 CB 118을 간추렸다. 풀이의 설명은 이 행정해석에 있는 설명과 똑같지는 않고 법조문의 글귀로 따져본 것이다.

[보기 12]

주주 갑과 을은 D법인의 주식을 각 50%씩 소유하고, D법인은 지난 10년 동안 자신이 직접 하는 음식 배달 사업과 100% 자회사인 K법인을 통해서 운영하는 꽃 배달 사업, 이 두 가지 사업부문을 운영해 왔다. 음식 부문의 자산은 취득원가가 10만불이고 시가가 60만불이다. K법인의 자산 및 D법인의 K주식은 각 취득원가가 7만 5천불씩이고 시가가 40만불씩이다. 주주 갑과 을의 D주식 취득원가는 각 2만 5천불씩이다. 두 사업의 성격이 아무래도 다른데다 갑은 음식 사업에 주력해야 한다고 생각하고 을은 꽃 사업에 주력해야 한다고 생각해서 두 주주 및 D법인의 이사회는 두 사업을 분리하여 음식사업은 갑에게 꽃 사업은 을에게 맡기기로 결정했다. 이를 위해서 D법인은 K주식과 현금 10만불을 을이 소유한 D주식과 상환하여 을에게 분배하기로 했다. D법인의 배당가능이익 가운데 을의 몫은 10만불이 넘는다. 을에게는 어떠한 법률효과가 생기는가?

[풀이] "법인(D)이 주주(을)로부터 주식을 취득하면서 그와 교환하여 재산(S 주식)을 지급"하는 것은 제317조(b)의 주식상환이고 을의 D주식상환은 "상환이 회사의 주식으로서 주주가 소유한 것 전부의 완전상환"인 "주주지위의 종료"이므로[92] 제302조(b)(3)에 해당하고, 따라서 "그런 상환을 분배로 다루되 분배가 주식교환대가의 전부"이므로 을에게는 주식양도소득이 500,000 − 25,000 = 475,000불 생긴다. 그러나 현금 10만불을 받는다는 점을 제외하면 제355조(a)(1)의 요건을 만족하는 교환이므로, 제356조(a)(1)에 따라 10만불만을 과세한다. 이 10만불이 양도소득인가 배당소득인가는 제356조(a)(2)에 따라 배당의 효과가 있는가를 다시 따져야 한다. 을이 현금 10만불만 받았다면 D법인에 남은 재산 90만불(=음식 부문 자산 남은 것 50만불 + K주식 40만불) 가운데 50만불은 갑의 몫이고 40만불이 을의 몫일 것이므로 을은 D법인의 44.44% 주주로 남아있을 것이다. 을의 지배력은 44.44%>50% × 80%이므로 10만불은 배당소득으로 과세한다. 을의 K주식 취득원가는 제358조(a)에 따라서 i) "교환해 넘기는 재산"인 D주식의 취득가액 25,000불에서 ii) "현금의 금액으로 납세의무자가 받은" 10만불을 빼고, iii) "차익의 금액으로 납세의무자가 교환차익으로 인식한" 10만불을 더하여[93] 25,000불이 된다.

기실 앞 두 보기의 풀이에서 소득구분이 과연 맞는지는 의문이 들 것이다. 현금 부분의 효과만 추려내서 배당의 효과가 있는지를 따져야 한다는 말 자체는 맞지만, 비교대상이 과연 옳은가? 풀이에서는 갑이 현금부터 먼저 받는다고 보

---

92) 제302조(b)(1).
93) (차) K주식 25,000 + 현금 100,000 (대) D주식 25,000 + 배당소득 100,000.

고 아무 것도 받지 않는 경우와 현금만 받는 경우를 비교하여 [보기 11] 같으면 전자의 지배력 40%와 후자의 지배력 25%를 [보기 12] 같으면 50%와 44.44%를 견주고 있다. 그 차이가 현금탓이라는 생각이다. 그와 달리 주식을 현금보다 먼저 받는다고 볼 수도 있지 않을까? 그렇지는 않다. 주식을 먼저 현금을 나중에 받는다고 생각하면 현금을 받은 뒤의 지배력은 0%로 주주지위의 완전종료가 되어서 현금 부분의 효과는 언제나 양도소득이라는[94] 모순이 생긴다.

Boot가 있는 경우 주식교환에 따르는 차익은 제356조(a)에 따라 과세대상이 되지만, boot가 있다고 해서 차손을 인식할 수는 없다. 제356조(c)가 그렇게 정하고 있다. 배당형 분할이라면 제356조(b)에 따라서 배당소득이 생길 뿐이므로 차손의 인식 문제는 애초 발생할 여지가 없다.

제356조(c) (차손) ― 만일 ―
Sec. 356(c) Loss ― If ―
(1) 아래 제(2)항만 아니라면...제355조가 적용될 교환이나 분배로,
(1) section...355 would apply to an exchange or distribution, but for the fact that
(2) 재산을 교환받거나 분배 받은 것에, 재산을...제355조의 허용에 따라 차익이나 차손의 인식 없이 받는 것만 아니라 다른 재산이나 돈이 있다면,
(2) the property received in the exchange or distribution consists not only of property permitted by section...355 to be received without the recognition of gain or loss, but also of other property or money,
차손을 교환이나 분배에 대해 인식할 수 없다.
then no loss from the exchange or distribution shall be recognized.

Boot의 범위에 관해서는 몇 가지 특칙이 있다.

가) 법인의 설립이나 현물출자에 관한 제351조에서는 회사채도 boot이지만 제356조의 boot는 회사채를 포함하지 않는다. 법인설립이나 현물출자시의 과세이연은 성질상 출자자만 받지만, 회사분할에 따르는 과세이연은 사채권자도 받을 수 있기 때문이다. 그렇지만 사채권자가 새로 받는 사채의 원금이 내놓는 사채의 원금보다 더 크다면 그런 차액은 과세한다.[95] 주주가 회사채를 받는 것은

---

94) 제302조(b)(3). 제4장 제1절 Ⅱ. 2. 제8장 제2절 Ⅱ. 2.
95) 제355조(a)(3)(A)(i)과 제356조(d)(2)(C). 재무부규칙 1.355-2(f)(1), 1.356-3(a). 원금의 뜻은 제8장 제2절 Ⅵ. 신주인수권에는 액면가액이 없으므로 과세대상이 아니다.

과세대상이다.96)

　나) 속된 말로 '따끈따근한 주식'에 관한 특칙으로 최근 5년 사이에 과세거래로 취득한 자회사주식은 과세대상이다.97) 기실 최근 5년 사이의 과세거래로 자회사를 지배하게 되었다면 이미 제355조(b)(2)(C)와 (D)의 5년간 사업이라는 요건을 만족하지 않아서 애초 과세대상이므로 boot 문제는 애초 생기지 않는 것이 보통이다. 다만 예전부터 지배하던 자회사가 있었는데 최근 5년 사이에 자회사 주식을 과세거래로 추가취득한 것이 있다면 그런 주식은 boot가 된다.

　다) 일정한 주주에게 상환권이 있는 상환우선주나 배당률이 특별히 높은 우선주 등 일정한 비참가적 우선주는 boot로 본다.98) 신주인수권 증권이 과세이연 대상인 것과 견주어보면 앞뒤가 맞지 않는다고 주석서는 적고 있다.99)

Ⅳ. 분배하는 법인에 대한 법률효과

　제355조의 과세이연 요건을 만족하는 회사분할을 위하여 주식이나 증권을 분배하는 경우 그에 딸린 처분익을 분배하는 회사에 과세하지는 않는다. 회사분할을 기화로 다른 재산을 분배한다면 그에 딸린 처분익을 과세하는 것은 당연하다. 주식이나 증권의 분배에 대해서도 악용을 염려한 특례규정이 있고 그에 해당하는 경우 주주에 대한 과세는 이연하지만 법인의 처분익은 과세한다.

1. 회사분할에 쓰이는 주식이나 증권 처분익의 과세이연

　조문체계가 혼란스럽기는 하지만 주주에 대한 법률효과라는 제목을 달고 있는 제355조에는 법인에 대한 법률효과도 들어 있다. 재조직과 연관이 워낙 깊다보니 Part Ⅰ(법인이 하는 분배)이 아니라 Part Ⅲ(설립과 재조직)에 특칙형식으로 넣었고, 그러다보니 주주든 법인이든 묶어서 제355조에서 정하고 있다.

---

96) 제355조(a)(3)(A)(ii).
97) 제355조(a)(3)(B).
98) 제355조(a)(3)(D). 제356조(e)(1), 제351조(g). 제2장 제3절 Ⅴ.
99) Eustice & Brantley, 12.41[6].

제355조 (자법인 주식이나 증권의 분배)

Sec. 355 Distribution of Stock and Securities of a Controlled Corporation

(c) 분배하는 법인에 대한 과세

(c) TAXABILITY OF CORPORATION ON DISTRIBUTION

(1) 원칙 — 예외로 정한 것이 제(2)항에 없는 한 차익과 차손의 인식을 법인에게 하지 않는다; 분배에 이 조...가 적용되면 재조직 계획을 따른 것이 아니더라도.

(1) IN GENERAL — Except as provided in paragraph (2), no gain or loss shall be recognized to a corporation on any distribution to which this section...applies and which is not in pursuance of a plan of reorganization

(2) 가치상승 재산의 분배 —

(2) DISTRIBUTION OF APPRECIATED PROPERTY —

(A) 원칙 — 만일 —

(A) IN GENERAL — If —

(i) 분배가 제(1)항에 적은 것이기는 하지만 법인이 분배하는 재산이 적격재산이 아니고, 그리고

(i) in a distribution referred to in paragraph (1) the corporation distributes a property other than qualified property, and

(ii) 공정한 시가로 쳐서 그런 재산이 순취득원가(분배하는 법인의 입장에서)를 넘는다면,

(ii) the fair market value of such property exceeds its adjusted basis (in the hands of the distributing corporation),

차익을 인식하되 분배하는 법인이 그런 재산을 팔기를 분배받는 자에게 시가에 판 것처럼 한다.

then, gain shall be recognized to the distributing corporation as if such property were sold to the distributee at its fair market value.

(B) 적격재산 — 위 (A)에서 쓰는 용어로 "적격재산"의 뜻은 주식이나 증권으로서 그 발행자가 자법인인 것이다.

(B) QUALIFIED PROPETY — For the purposes of subparagraph (A), the term "qualified property" means stock or securities in the controlled corporation.

(C) 부채의 취급 — 만일 재산 분배가 제(1)항에 적은 것이기는 하지만 그런 재산이 부담하고 있는 채무가 있거나 주주가 인수하는 채무로 분배하는 법인의 것이 분배와 연관되어 있다면, 위 (A)의 적용상 공정한 시가로 쳐서 그런 재산은 그런 채무액 이상으로 다룬다.

(C) TREATMENT OF LIABILITIES — If any property distributed in the distribution referred to in paragraph (1) is subject to a liability or the shareholder assumes a liability of the distributing corporation in connection with the distribution, for the purposes of subparagraph (A), the fair market value of such other property shall be treated as not less than the amount of such liability.

(3) 제311조 및 제336조(a)와 조정 — 제311조와 제336조(a)는 분배가 제(1)항에 적은

것이라면 적용하지 않는다.[100]
(3) COORDINATION WITH SECTIONS 311 AND 336(a) — Sections 311 and 336(a) shall not apply to any distribution referred to in paragraph (1).

제355조(c)는 제(1)항에서 회사분할을 위하여 법인을 해산·청산하거나 자법인 주식을 배당하는 경우 분배하는 법인에 대해 자법인 주식에 딸린 미실현이득 과세를 이연한다. 이를 위하여 제(3)항에서 일반적인 현물배당이나 해산·청산시 현물분배에 관한 규정을 명문으로 배제한다.

2. 5년 안된 지배주주에 대한 분배

회사분할로 자법인 주식에 딸린 미실현이득의 과세를 피할 수 있다는 말은, 자법인 주식을 처분하고 처분대금을 분배하는 것과 자법인 주식을 그냥 분배(배당형, 상환형, 처분형)하는 것을 달리 과세한다는 말이다. 그렇다면 그 차이를 이용해서 세금을 줄이려는 거래가 생기기 마련이다.

[보기 13]
장난감 제조업체인 T법인에는 2개의 사업부문이 있다. 하나는 어린이용 장난감이고 다른 하나는 성인용 게임이다. T법인은 이 두 사업을 10년 넘게 해왔는데, 50 : 50 주주인 자연인 갑, 을 두 사람은 사업을 접고 현금을 확보할 생각이다. 한편 자연인 X, Y는 각 어린이용 장난감 사업과 성인용 게임 사업을 인수할 의향이다. 이에 T는 어린이용 부문과 성인용 부문을 각각 따로 현물출자하여 자회사 T1과 T2를 세웠다. 아래 각 경우 갑, 을, X, Y, T에게 어떤 법률효과가 생기는가?(제355조(d)는 무시한다)
1) T는 특수관계 없는 X, Y 회사에 각 T1주식과 T2주식을 팔고 현금을 받는다. 그 뒤 곧이어 T는 해산하면서 현금을 주주인 자연인 갑, 을에게 청산분배한다. 결과적으로 갑, 을에게는 현금이 남고 X에게는 T1주식이, Y에게는 T2주식이 남는다. T1과 T2는 종전에 하던 사업을 계속한다.
2) T는 해산하면서 청산형 분할(사업목적은 있다고 전제한다)로 T1주식과 T2주식을 갑과 을에게 청산분배하고, 분배 뒤 곧이어 주주 전부가 T1주식과 T2주식을 각 X와 Y에게 팔고 현금을 받는다. 이 주식매매는 회사분할 당시 이미 실질적 협상을 다 마친 상태였다. 결과적으로 갑, 을에게는 현금이 남고 X에게는 T1주식이, Y에게는 T2주식이 남는다. T1과 T2는 종전에 하던 사업을 계속한다.

---

100) 제311조(배당에 제3장 제2절 Ⅱ. 2. 제336조(청산분배)에 대해서는 제5장 제1절 Ⅲ. 2.

3) 갑과 을은 자기가 소유한 T주식을 특수관계 없는 X, Y에 각 팔고 현금을 받았고, 그리하여 X와 Y가 각 T의 50% 주주가 되었다. 그 뒤 곧이어 T는 해산하면서 청산형 분할(사업목적은 있다고 전제한다)로 T1 주식을 X에게, T2 주식을 Y에게 각 분배한다. 결과적으로 갑, 을에게는 현금이 남고 X에게는 T1주식이 Y에게는 T2주식이 남는다. T1과 T2는 종전에 하던 사업을 계속한다.

(풀이)

1) 갑, 을은 제331조에 따라 청산분배로 받는 현금과 애초의 T주식 취득가액의 차익에 양도소득세를 낸다. T는 T1주식 및 T2주식의 매각에서 생기는 처분익에 세금을 낸다. X, Y는 주식을 사들인 것뿐이므로 세금 낼 것이 없고, 매수가액이 주식 취득원가가 된다.

2) T법인이 분배하는 것이 오직 자회사(T1, T2)의 주식이고 T법인이 T1, T2에 대한 지배를 분배 직전에 하고 있고, 분배 직전에 분배법인의 유일한 자산이 자회사 주식이고 각 자회사가 영위하는 사업이 분배직후에 적극적 사업활동이고, 이 적극적 사업이 쭉 이어진 기간으로 5년 이상이 분배하는 날 현재까지 되므로 T1주식 및 T2주식의 분배는 T법인과 갑, 을이 제355조의 과세이연을 받을 수 있는 명시적 요건을 만족한다. 그러나 갑, 을은 미리 한 약정에 따라 주식을 처분하고 대금을 받았으므로 [보기 7]에서 보았듯 회사분할이 '주로 그를 분배도구로 삼은' 것에 해당하여 제355조의 과세이연을 배제한다. 따라서 갑, 을은 T1주식과 T2주식을 청산분배받을 당시 제331조에 따라 양도소득으로 과세받는다. 갑, 을의 주식 취득원가는 시가가 되므로 나중에 처분시점에 양도소득이 생기지는 않는다. T법인에는 제336조에 따라서 T1주식과 T2주식에 딸려 있는 미실현이득을 처분익으로 과세한다.

3) 갑, 을에게는 당초 T주식의 취득가액과 시가(=X, Y에게서 받은 현금)의 차액을 양도소득으로 과세한다. X, Y, 및 T법인에 생기는 법률효과는 회사분할로 과세이연을 받는지를 따져야 한다. X, Y가 분할 뒤에 곧 주식을 판 것도 아니고 (갑, 을이 현금을 받고 주식을 팔았다는 것은 회사분할 이전의 일이고 갑,을의 양도소득을 과세한다. 갑, 을이 현금을 받았다는 것은 회사분할의 과세이연 여부와는 무관하다) T1이나 T2의 어느 한 쪽으로 현금을 몰아준 것도 아니며, 달리 이 분할이 주로 분배도구로 쓰였다고 볼 사정도 없다. 판례 요건 가운데 사업목적은 문제 자체에서 이미 전제하고 있고, 분할 전의 주주인 X와 Y가 분할 후에도 두 회사의 주식 전부를 소유하고 있으므로 이해관계의 계속성이라는 요건도 만족한다. 분할 전의 주주 갑, 을이 주식을 현금 받고 팔았다는 것은 분할로 이해관계의 계속성이 깨졌는가와는 무관하다. 결국 제355조의 과세이연을 받으므로 T는 T1주식이나 T2주식에 딸린 미실현이득에 세금을 낼 것이 없다. X와 Y

> 도 과세이연을 받지만, 설혹 과세대상이라고 하더라도 어차피 청산형 분할과정에서 내어놓는 T주식의 취득가액과 T1주식이나 T2주식의 시가가 같을 것이므로 세금 낼 것은 없을 것이다. X와 Y의 T1주식 및 T2주식 취득가액은 내어놓는 주식인 T주식의 취득가액이 그대로 넘어온다.

앞의 세 가지를 견주면 주주 갑과 을의 T주식에 딸린 미실현이득을 과세하는 점은 똑같다. 그러나 결과적으로 똑같은 거래를 놓고, T1주식 및 T2주식에 딸려 있는 미실현이득(이는 물론 T_1 및 T_2의 사업이나 재산에 딸려있는 미실현이득을 반영한다)에 대해 T가 세금을 내는가는 다르다. 1)과 2)에서는 자법인 주식을 처분해서 처분대금을 분배하므로 미실현이득에 세금을 내지만 3)에서는 주주변동 후 신주주에게 회사분할로 자법인 주식을 분배하므로 내지 않는다. 기실 이 보기는 제5장 제2절 Ⅱ. 2.에서 본 거울 자회사 기법과 논점이 같다. 차이점이라면 청산분배라는 형식으로 재산 실물을 직접 받는가, 회사분할이라는 형식으로 자회사 주식을 받는가가 다를 뿐이다.101) 어느 쪽이든 분배대상인 재산(실물 v. 주식)에 딸린 미실현이득을 비과세하는 점은 같다. 그러나 현행법의 대책은 아주 다르다. 청산분배에서는 80% 모법인이라는 요건을 손보고 있지만 회사분할에서는 주식을 얼마나 오래 소유했는가를 따진다. 현행법은 아래에서 보듯 제355조(d)에 규정을 두어 3)의 X, Y가 소유한 T주식처럼 돈 주고 산 지 5년이 지나지 않은 마당이라면 제355조(c)의 적격재산이 아니라고 본다. 따라서 제355조(c)(2)의 가치상승 재산인 주식(T_1 주식, T_2 주식)을 회사분할 과정에서 분배하면 분배하는 법인(T)에 대해 처분익을 과세한다.

제355조(d) (자법인 주식이나 증권의 분배 중 특정한 것은 차익을 인식) —
Sec. 355(d) REGOGNITION OF GAIN ON CERTAIN DISTRIBUTIONS OF STOCK OR SECURITIES IN CONTROLLED CORPORATION —
(1) 일반 원칙 — 부적격분배의 경우 자법인 주식이나 증권을 다루기를 적격재산이 아닌 것으로 하여 이 조 위 (c)(2)를 적용한다.
(1) GENERAL RULE — In the case of a disqualified distribution, any stock or securities in the controlled corporation shall not be treated as qualified property for purposes of

---

101) 이 보기에서는 주주가 자연인이므로 80% 모법인 과세이연은 못 받고, 제5장의 [보기 17]에서는 재산실물을 분배하므로 회사분할 과세이연은 못 받는다. 곰곰히 본다면 이 보기의 회사분할이 제5장 [보기 17]에서는 자법인 설립과 자법인 주식의 청산분배로는 두 단계로 나뉘어 있다는 점이 다를 뿐이고 거래구조는 근본적으로는 같다.

subsection (c)(2)...

(2) 부적격분배 — 이 (d)의 용어로 '부적격분배'의 뜻은 분배에 이 조(또는 제356조 가운데 이 조 관련 부분)를 적용하는 경우로, 분배 직후에 —

(2) DISQUALIFIED DISTRIBUTION — For purposes of this subsection the term 'disqualified distribution' means any distribution to which this section (or so much of section 356 as relates to this section) applies if, immediately after the distribution —

(A) 누구든 그가 소유하는 부적격주식이 분배하는 법인의 주식이고, 그런 주식이 차지하는 권리가 그런 법인에 대해 50% 이상이거나

(A) any person holds disqualified stock in the distributing corporation which con-stitutes a 50-percent or greater interest in such corporation, or

(B) 누구든 그가 소유하는 부적격주식이 자법인(주식으로 1 넘는 자법인의 것을 분배한다면 자법인 가운데 어느 하나)의 주식이고, 그런 주식이 차지하는 권리가 그런 법인에 대해 50% 이상인 것이다.

(B) any person holds disqualified stock in the controlled corporaton (or, if stock of more than 1 controlled corporations is distributed, in any controlled corporation), which constitutes a 50-percent or greater interest in such corporation.

(3) 부적격주식 — 이 조의 용어로 "부적격주식"의 뜻은 —

(3) DISQUALIFIED STOCK — For purposes of this subsection, the term "disqualified stock" means —

(A) 분배하는 법인의 주식으로서 그를 매수하여 취득한 것이...분배하는 날로 종료하는 5년 기간 안인 것과, 또한

(A) any stock in the distributing corporation acquired by purchase... during the 5 year period ending on the date of the distribution, and

(B) 자법인의 주식으로서 —

(B) any stock in any controlled corporation —

(i) 이를...매수하여 취득한 것이...분배하는 날로 종료하는 5년 기간 안인 것...

(i) acquired by purchase...during the 5 year period ending on the date of the distribution...

앞 보기의 (3)에서 X와 Y가 소유한 T_1, T_2주식은 "자법인의 주식으로서 그를 매수하여 취득한 것이…분배하는 날로 종료하는 5년 기간 안"이므로 부적격주식이고 분배 직후에…X와 Y가 각 "소유한 부적격주식이 차지하는 권리가 그런 법인에 대해 50% 이상"이므로 T법인이 T_1주식과 T_2주식을 분배하는 것은 부적격분배가 된다. 따라서 "자회사 주식(T_1주식과 T_2주식)을 다루기를 적격재산이 아닌 것으로 하여" T법인에게 제355조(c)(2)를 적용하여, "공정한 시가로 쳐서 그런 재산이 순취득원가(분배하는 법인의 입장에서)를 넘는 차익을 인식하되 분배하는 법인이 그런 재산을 팔기를 분배받는 자에게 시가에 판 것처럼 한다." 결국 T는 회사

분할로 T_1주식과 T_2주식을 분배할 때 그에 딸린 미실현이득에 세금을 내어야 하고 앞 보기의 (3)에 대한 과세는 (1)과 같아진다.

입법사를 보면 제355조(d)의 목적은 "납세자들이 매각에 유사한 거래로 자회사를 처분하면서 또는 장차 취득원가가 공정한 시가로 평가증되도록 하여 장차 처분시 처분익이 생기지 않도록 하는 식으로 제355조를 이용하여 법인단계의 세금을 피하는 것"을 막자는데 있다.[102] 재무부규칙은 회사분할로, 분배하는 주식(앞 3)의 T_1, T_2 주식)을 직·간접적으로 지배하는 자(X, Y)의 지배비율이 올라가는 (두 주식 50%에서 한 주식 100%로) 경우 또는 분배하는 주식(T_1 주식, T_2 주식)의 취득원가가 이를 직·간접적으로 지배하는 자(X, Y)의 지배력의 기반이 되는 주식의 취득원가(= T 주식매수가액)로 평가증되는 경우 법인에 대해 처분익을 과세한다고 정하고 있다.[103] 새 주주가 끼어들면서 큰 그림이 바뀐다면 법인단계의 과세이연 여부에 영향을 미칠 수 있다는 말이다.

[보기 14][104]

P법인은 D법인의 50% 주주이고 나머지 D주식 50%는 P법인과 특수관계 없는 다른 주주들이 소유하고 있다. D법인은 C법인을 100% 자회사로 거느리고 있다. A는 P법인의 주주로부터 P주식 전부를 샀다. 그 뒤 5년 내에 D법인은 상환형 분할로 P법인이 소유한 D주식과 상환으로 C주식을 P법인에게 분배했다. C주식의 분배는 제355조(d)에 따라서 과세대상인가?

(풀이) 이 보기에서는 회사분할 전에 P의 주주가 P주식을 A에게 팔아서 결과적으로 A가 P를 통하여 C주식을 지배하게 된다. 주주(정확히는 주주의 주주)변동 이후의 회사분할이라는 큰 그림만 보면 C주식을 A에게 판 것이나 마찬가지라는 생각을 할 수 있다. 실제로 제355조(d)는 이런 간접소유와 직접소유를 마찬가지로 다루고 있다.[105] 이 보기에서는 P법인의 C주식 취득원가가 A의 P주식 취득원가로 평가증되지는 않지만 C주식에 대한 A의 직간접 지배비율이 50%에서 100%로 올라가므로 D에게 처분익을 과세한다. 제355조(d)(4) 이하 글귀는 구조와 내용이 복잡하고 아주 기술적인 규정이므로 생략한다.

---

102) H.R. Rep. No. 101-881 (1990), 341쪽.

103) 재무부규칙 1.356-b(3)(i). 본문의 글귀는 어림잡아 정리한 것이다. 제355조(d)에서 생략한 부분과 재무부규칙이 창설한 몇 가지 개념을 길게 설명하지 않고서는 정확한 문장은 쓸 수가 없다.

104) 재무부규칙 1.355-6(b)(3)(vi), Ex. 5.

105) 제355조(d)(8).

3. 분배 후 주주변동

회사분할과 주주변동의 결합으로 겉껍질을 넘는 실질변화가 생겼다는 시비가 붙은 또 다른 유형으로 유명한 사건이 Morris Trust 판결이다. 재조직(D형) 관련 분석은 피하면서 제355조의 범위 안에서만 살펴보자.

(판례) Comr. v. W. Morris Trust[106]

원고는 노스캐롤라이나 주법의 허가를 받아 같은 주 안에서 은행업과 보험업을 영위하고 있던 American이라는 회사의 주주였다. American을 은행업 법인과 보험업 법인으로 회사분할하기 위하여 American은 1960년 배당형 분할로, 보험업 부문을 현물출자하여 자회사 Agency(이하 'Agency')를 신설하면서 Agency 주식을 주주들에게 배당하였다.[107] 그 뒤 은행업만 남은 상태의 American을, 연방법에 따라 미국 전역에 걸친 은행업 허가를 받아서 영업하는 North Carolina National Bank('North')라는 은행이 흡수합병하였다. 이런 분할합병이 생긴 것은 금융규제에 관한 연방법이 전국단위 은행에 대하여 보험업의 겸영을 금지하고 있었기 때문이다. 쟁점은 Agency 주식의 배당이 회사분할로 과세이연대상인가, 한결 구체적으로는 제355조(b)에 나오는 적극적 사업 요건, 곧 "분배법인 및 자회사가 영위하는 사업이 분배 직후 적극적 사업활동일 것"이라는 글귀를 만족하는가이다. 국세청의 주장은 두 가지이다. 첫째 Agency 주식은 American이 분배했는데 American은 분할합병으로 소멸해서 합병 후에 아무런 적극적 사업을 영위하는 바가 없고, North가 하는 은행업을 American이 하는 것으로 볼 수는 없다는[108] 것이다. 다시 말하면 "분배법인(American)이 분배 직후 영위하는 사업이 적극적 사업활동"이 아니므로 American의 Agency 주식 분배는 제355조의 과세이연을 받지 못하고 그에 딸린 미실현이득은 과세대상이라는 것이다. 법원은 납세의무자 승소 판결을 내렸다. 제355조의 과세이연 요건은 Gregory v. Helvering 등 종래의 판례를 염두에 두고 조세회피 방지 규정을 분명하게 정해 둔 것이고 그 내용을 보면 분배 이전에는 5년간 적극적 사업을 했어야 한다는 등의 요건을 두었지만 분배 이후에 대해서는 분배법인이 영위하는 사업이 '분배 직후' 적극적 사업활동일 것을 요구했을 뿐이

---

106) 367 F.2d 794(4th Cir. 1966).

107) 나중에 보겠지만 이런 꼴의 배당형 분할은 D재조직으로 과세이연 대상이지만, D재조직이 되자면 그 전제로 Agency 주식의 분배가 제355조의 과세이연 요건을 충족해야 한다. 제368조(a)(1)(D).

108) 연방은행법은 은행 사이의 합병이 있는 경우 합병 후의 존속법인(N)을 합병 전의 소멸법인(American)으로 본다는 포괄승계 규정을 두고 있었지만 법원은 이 조문의 효력은 연방은행법의 해석적용에 미칠 뿐 세법에는 미치지 않고 세법상 쟁점은 세법 자체로 풀어나가야 한다고 판시하였다. 비슷한 우리 판례로 대법원 2013.11.28. 선고 2009다79736 판결.

라는 것이다. 따라서 찰나일 뿐이더라도 American이 분배 직후 적극적 사업활동을 한 이상, 제355조의 회사분할로서 과세이연 대상이라고 결론지었다. 국세청의 두 번째 주장은 분배법인인 American의 사업내용이 합병으로 인해 크게 바뀌었다는 것이다. 법원은 법의 글귀 어디에도 분배법인의 사업내용에 대한 그러한 제약은 없다고 판시하였다.

회사분할로 주주가 자법인 주식을 분배받은 뒤 직·간접적 주주변동이 있더라도 과세이연대상이라는 것이다. 국회는 이 판결에 대한 반응으로 제355조(e)로 속칭 Morris trust 방지규정을 신설했다. 제355조(e)는 아주 길고 복잡한 규정이지만 아래에 간추린 부분이 고갱이다. 회사분할 이후의 주주변동이 과세이연에 영향을 준다는 점에서는 제355(a)(1)(B)의 분배도구 개념과 마찬가지이지만 적용요건도 다르고 법인과세라는 점에서 효과도 다르다.

제355조(e) (차익인식: 분배하는 주식이나 증권이 인수와 연관되는 특정한 경우)
Sec. 355(e) RECOGNITION OF GAIN ON CERTAIN DISTRIBUTION OF STOCKS OR SECURITIES IN CONNECTION WITH ACQUISITION
(1) 일반 원칙 — 분배가 있고 거기에 이 (e)가 적용되면, 자법인 주식이나 증권의 분배를 적격재산이 아닌 것으로 보고 이 조 (c)(2)...를 적용한다.
(1) GENERAL RULE — If there is a distribution to which this subsection applies, any stock or securities in the controlled corporation shall not be treated as qualified property for purposes of subsection (c)(2) of this section...
(2) 분배에 이 (e)를 적용하는 경우 —
(2) DISTRIBUTIONS TO WHICH SUBSECTION APPLIES
   (A) 일반 원칙 — 이 (e)의 적용대상인 분배란
   (A) IN GENERAL — This subsection shall apply to any distribution
      (i) 이 조...의 적용대상인 분배로서
      (i) to which this section...applies, and
      (ii) 계획...의 일부인 것이되, 계획에 따라 1인 이상의 사람이 직간접 취득하는 주식이 차지하는 권리가 분배법인이나 자법인의 50% 이상인 것을 말한다.
      (ii) which is a part of a plan...pursuant to which 1 or more persons acquire directly or indirectly stock representing a 50% or greater interest in the distrib－uting corporation or any controlled corporation.
   (B) 계획이 있다고 추정하는 경우 — 만일 1인 이상의 사람이 직간접 취득하는 주식으로서 그 차지하는 권리가 분배법인이나 자법인의 50% 이상인 것의 취득이, 시작하는 날을 분배일 전 2년으로 잡아 정한 4년 기간 동안이라면, 그런 취득을 다루기를 계획에 따라 위 (A)(ii)대로 하는 것으로 본다. 다만 분배 및 취득이 계획이나 서로 관계가

있는 일련의 거래에 따른 것이 아님을 밝힌다면 예외로 한다.
(B) PLAN PRESUMED TO EXIST IN CERTAIN CASES — If 1 or more persons ac-
quire directly or indirectly stock representing a 50% or greater interest in the dis-
tributing corporation or any controlled corporation during the 4-year period begin-
ning on the date which is 2 years before the date of the distribution, such acquis-
ition shall be treated as pursuant to a plan described in subpargrpah (A)(ii), unless
it is established that the distribution and the acquisition are not pursuant to a plan
or a series of related transacations.

지배력의 50% 이상이 다른 사람에게 넘어가고 주식분배 당시에 그런 거래에 대한 계획이 이미 있었다면 분배법인은 자법인 주식에 딸린 미실현이득에 세금을 내어야 한다는 것이다. 자법인 주식을 분배받은 주주가 꼭 현금을 받는가도 묻지 않는다. 분배법인이나 자법인에 대한 지배력에 변동이 있는 이상 변동사유가 과세이연 재조직이더라도 자법인 주식에 딸린 미실현이득을 과세한다. 자법인 주식 분배일 ± 2년 사이에 지배력이 변동한다면 그런 계획에 따른 것이라고 추정한다. 그렇지만 기실 Morris Trust의 사실관계 그대로에 제355조(e)를 적용한다면 American에게 세금이 나오지는 않는다. 앞에 적지는 않았지만 이 판결의 사실관계에서는 American이 North보다 더 큰 회사여서 '지배력'에 변동이 없기 때문이다. 회사법상으로는 American이 소멸하고 North가 존속법인으로 남았지만 종래 American의 주주였던 사람들은 존속법인 주식의 50% 이상을 지배하게 되었고 따라서 분배법인에 대한 지배력이 50% 이상 다른 사람에게 넘어간 경우에 해당하지 않는다.[109] 그런데 지배력이라는 잣대로 재면 어느 쪽이 존속법인이고 어느 쪽이 소멸법인인가는 전혀 중요하지 않다. 그렇다면 제355조(e)는 어떤 경우에 과세이연을 부인하는 것인가? 이 보기의 분할합병에서 상대방 법인인 North가 American보다 더 크다면 존속법인은 Agency 주식에 딸린 미실현이득에 세금을 내어야 한다. 한결 일반화한다면 자산인수를 하면서 대상법인의 자산 가운데 원치 않는 자산을 별도의 법인으로 분할해서 종래의 주주들에게 넘기고 인수법인은 원하는 자산만을 인수한다면 제355조(e)에 따라서 별도법인의 주식에 딸린 미실현이득은 과세대상이다.

---

109) Bittker & Eustice, 제11.3[c]절, Ex. 3. 기업회계에서는 이런 경우 이른바 회계상의 역취득으로 American이 존속법인인 것으로 다룬다. 기업회계기준서 제1103호 B15문단, B19문단 이하.

[보기 15][110]

T법인은 100% 자회사 S법인을 거느리고 있고 S주식의 가치는 T법인 재산의 1/4이다. 다음 각 경우 S주식에 딸린 미실현이득은 과세대상인가?

(1) T법인은 배당형 분할로 S주식을 주주들에게 분배하고 그 뒤 훨씬 더 큰 회사인 P법인과 합병한다. P법인, T법인 및 그 주주들 사이에는 특수관계가 없다.

(2) T법인은 배당형 분할로 S주식을 주주들에게 분배하고 그 뒤 S법인은 훨씬 더 큰 회사인 P법인과 합병한다. P법인, T법인 및 그 주주들 사이에는 특수관계가 없다.

(3) T법인은 배당형 분할로 S주식을 100% 주주인 갑에게 분배하고 그 뒤 T법인은 역시 갑이 100% 주주인 P법인과 합병한다.

(4) 위 (3)에서 분배 당시에는 지배력의 변동에 관한 아무런 계획이 없었는데 그 뒤 우연히 지배력의 변동을 일으키는 사건이 생겼다.

(풀이)

(1) 과세대상이다. 분배회사에 대한 지배력이 50% 이상 바뀐다.

(2) 과세대상이다. 자회사에 대한 지배력이 50% 이상 바뀐다.

(3) S법인이든 T법인이든 지배력에 변동이 없으므로 과세대상이 아니다.

(4) 입증할 수 있다면 과세대상이 아니다.

---

110) Bittker & Eustice, 11.11[3][c].

제8장

재조직 과세이연의 기본구조

A형에서 G형까지 법에 정한 일정요건을 만족하는 7가지 '재조직'에 해당하는 거래는 과세이연을 받는다. 제8장은 재조직 총론으로 7가지 재조직의 개념을 살펴보고, 재조직 전체에 공통되는 법률효과를 주주에 대한 법률효과와 법인에 대한 법률효과로 나누어 살펴본다. 뒤이어 판례요건 세 가지를 하나씩 살펴본다.

제1절 재조직의 의의

I. '재조직'이란?

미국법에서 reorganization이라는 말은 도산법(미국공법 title 11, Bankruptcy Code)에도 나오고 세법에도 나오는데 서로 뜻이 다르다. 도산법에서는 title 11 가운데 chapter 11에 나오는 회사회생이라는 뜻이지만 세법에서는 제368조(a)(1)의 (A)에서 (G)에 나오는 7가지 거래를 말한다. 미국세법의 reorganization을 기업구조조정이나 기업조직재편으로 옮기기도 하지만 이 글에서는 '재조직'으로 옮기기로 한다. 우리 말에서는 거의 쓰지 않는 재조직이라는 말을 구태여 쓰는 이유는, 최근 이십여년 사이 우리 말로 기업구조조정이나 조직재편이라는 말은 나름대로 어느 정도 고유한 뜻을 얻게 되었고 그 범위가 미국세법의 재조직과는 다르기 때문이다. 대표적인 예로 회사분할은 우리 말로 기업구조조정이라는 개념에 들어간다고 생각하게 마련이지만 미국법에서는 반드시 재조직의 일부는 아니다. 다른 한편 우리 말로 기업구조조정이라는 말은 꼭 과세이연을 받는다는 뜻은 아니고 과세대상이든 과세이연 대상이든 자산이나 주식 매매를 통해서 기업구조를 재편한다는 뜻이다. 이런 의미의 기업구조조정은 여태껏 공부해온 회사설립, 현물배당, 주식상환, 해산·청산, 자산인수, 주식인수, 회사분할 등 여러가지 거래형태로 이루어지고 그에 따른 미국세법상 법률효과는 여태 본 바와 같다. 이런 거래 가운데 재조직의 요건을 만족하는 거래가 있으면 여태 살펴본 법률효과에 우선해서 재조직에 따르는 법률효과가 생겨나게 된다. 재조직에 해당하면 어떤 법률효과가 생기는가는 다시 법에 정한 7가지 유형별로 법조문을 하나하나 보아야 한다. 어림잡자면 재조직과정에서 생기는 실물재산이나 주식의 처분익이나 양도차익을 과세이연한다는 것이다. 다른 한편 과세이연은 반드시 재조직에 특유한 효과는 아니다. 가령 회사의 설립이나 회사분할은 재조직이 아니더라도 회사설립이나 회사분할 관련 조문에서 정한 요건을 만족한다면 과세이연을 받을 수 있다. 회사설립, 회사분할, 재조직 전체를 꿰뚫는 생각은 법인격이라는 것이 결국은 허깨비일 뿐이라고 생각하고 법률적 또는 형식적인 겉껍질의 변화일 뿐 실질에 변화가 없다면 미실현이득의 과세계기로 삼지 말아야 한다는 생각이다. 이런 생각의 한 갈래로 재조직이란, 판례의 표현을 빌자면 "재산에 대한 이해관계가 계속되면서 법인이라는 형식을 바꾸어 조정하는 것"이다.[1] 엄밀하게 정의할 수 없는 생각인만큼 법적 기준이라기보다는 그저 수사일 뿐이라고 생각할 수도 있지만 아무튼 이런 생각이 미국법에서 시작해서 이제는 우리 현행법에도 들어와 있다.

　　재조직 과세이연의 요건이나 효과를 정한 법조문은 매우 복잡하고 읽기 어렵다. 나아가 문제가 한결 더 어려워지는 것은 법조문만 보아서는 안 되고 법조문에 아예 없는 내용을 정한 판례가 오랫동안 차곡차곡 쌓여있다는 점이다. 법으로 과세이연의 가능성을 열었더니 법의 취지와 맞지 않는 조세회피가 온갖 방식으로 생겨나 이를 막는 것이 국세청과 법원의 과제로 등장했기 때문이다. 물론 세법 전체에 걸친 개념으로 실질과세를 동원할 수 있고 실제로 이를 재조직에 적용한 판례도 많지만 실질과세라는 개념 속에 포섭하기 어려운 온갖 유형의 조세회피가 생김에 따라 재조직에 특유한 판례가 숱하게 쌓였다. 재조직에 특유한 이런 판례를 우격다짐으로 정형화해본다면 법령에 명시된 요건에 더하여, 1) 이해관계의 연속성 또는 우리식 용어로 지분의 계속성, 2) 사업의 계속성, 3) 사업목적, 이 세 가지가 있어야 과세이연을 받는다는 것이다. 그 가운데 3)은 기실 실질과세의 일반 원칙으로 사업목적이나 사업활동이 필요하다는 점이[2] 재조직에서도 마찬가지라는 말이다. 한 걸음 나아가 2)의 사업을 계속하여야 한다는 개념 역시 실질과세가 요구하는 사업활동이라는[3] 점에서는 재조직에 특유한 판례요건은 아니라고 말할 수도 있다. 더구나 이런 판례요건은 재조직의 유형별로 판례를 구체화하여 이미 법률에 반영하고 있는 것도 있고 판례보다 더 강화해서 법률에 정한 것도 있다. 가령 C형 재조직이 되려면 인수대가가 오로지 주식이어야 한다는 명문규정은 이해관계의 연속성 요건을 판례보다 한결 강화해서 정하고 있다. 또 유형에 따라서는 성질상 적절하지 않은 판례요건도 있다. 뒤에 보듯

---

[1] Southwest Natural Gas Co. v. Comm'r, 189 F.2d 332, 334 (5th Cir. 1951). 이 표현은 재무부규칙 1.368-1(b)에 그대로 들어와 있다.

[2] 간단한 설명은 이창희, 세법강의, 제3장 제4절 Ⅱ.

[3] 적어도 역사적으로는 사업의 계속성이라는 요건은 실질과세 원칙의 효시인 Gregory 판결에서 끌어낸 것이다. Graham, 37 BTA 623 (1938).

E형 재조직이나 F형 재조직에서는 성질상 1), 2)의 요건이 잘 맞지 않는다.[4] 이러다보니 아직 살아있는 법으로서 판례요건이 무엇인가를 딱 잘라서 정리하기는 어렵다. 교과서나 주석서를 보면 재조직 전반에 걸친 총론부분에서 판례의 역사를 전체적으로 설명하는 책도 있고 나름대로 살아있는 판례를 추려서 7가지 유형마다 판례요건을 따로따로 설명하는 책도 있다.

II. 7가지 재조직

재조직이란 미국세법 제368조(a)(1)의 (A)에서 (G)의 7가지 가운데 어느 하나에 해당하는 것을 말한다. 그러다보니 그들 하나하나를 A형, B형 … G형 재조직이라고 부르는 것이 보통이다.

제368조 (정의) (a) 재조직
Sec. 368 DEFINITIONS (a) REORGANIZATIONS
(1) 일반 원칙 — …"재조직"의 뜻은 —
(1) IN GENERAL — …"reorganization" means —
 (A) 회사법상의 흡수합병이나 신설합병,
 (A) a statutory merger or consolidation
 (B) 취득하는 법인이 교환하여 주는 것이 오로지 그 의결권부 주식의 전부나 일부이고 (또는 교환하여 주는 것이 오로지 그런 취득법인을 지배하고 있는 법인이 발행한 의결권부 주식의 전부나 일부이고) 취득하는 것이 다른 법인의 주식인 것으로서, 취득 직후에 취득하는 법인이 그런 다른 법인을 지배하는 것(취득하는 법인이 지배를 취득 직전에 했는지는 무시한다),
 (B) the acquisition by one corporation, in exchange solely for all or a part of its voting stock (or in exchange solely for all or a part of the voting stock of a corporation which is in control of the acquiring corporation), of stock of another corporation, if, immediately after the acquisition, the acquiring corporation has control of such other corporation (whether or not such acquiring corporation had control immediately before the acquisition).
 (C) 취득하는 법인이 교환하여 주는 것이 오로지 그 의결권부 주식의 전부나 일부이고 (또는 오로지 취득하는 법인을 지배하고 있는 법인이 발행한 의결권부 주식의 전부나 일부이고) 취득하는 것이 실질적으로 다른 법인 재산의 전부인 것. 교환하여 주는 것이 오로지 주식인가라는 결정은 취득하는 법인이 다른 법인의 채무를 인수하는 것은 무시하고 정한다.
 (C) the acquisition by one corporation, in exchange solely for all or a part of its

---

4) 재무부규칙 1.368-1(b).

voting stock (or in exchange solely for all or a part of the voting stock of a corpo-ration which is in control of the acquiring corporation), of substantially all of the properties of another corporation, but in determining whether the exchange is solely for stock the assumption by the acquiring corporation of a liability of the other shall be disregarded.

(D) 양도하는 법인이 그 자산의 전부나 일부를 다른 법인에 양도하는 것으로 양도 직후 양도인이, 하나 이상의 주주...가, 또는 둘이 합하여 지배하는 법인이 자산의 양수인인 것; 다만 계획에 따라서 이루어지는 분배로서, 자산 양수 법인의 주식이나 증권의 분배를 제354조, 제355조 또는 제356조에서 적격인 거래로 해야 한다.

(D) transfer by a corporation of all or a part of its assets to another corporation if immediately after the transfer the transferor, or one or more of its shareholders..., or any combination thereof, is in control of the corporation to which the assets are transferred; but only if, in pursuance of the plan, stock or securities of the corpo-ration to which the assets are transferred shall be distributed in a transaction which qualifies under section 354, 355 or 356.

(E) 자본재구성

(E) a recapitalization

(F) 변화하는 것이 그저 법인의 동일성, 형식 또는 설립장소를 한 법인 안에서 어떤 형식이든 바꾸는 것; 또는

(F) a mere change in identity, form, or place of organization of one corporation, however effected; or

(G) 양도하는 법인이 자산의 전부나 일부를 다른 법인에 양도하는 것이 title 11에 따른 것이거나 그와 비슷한 것; 다만 계획에 따라서 이루어지는 분배로서 자산 양수 법인의 주식이나 증권의 분배가 제354조, 제355조 또는 제356조에 따르는 거래라야 한다.

(G) a transfer by a corporation of all or a part of its assets to another corporation in a title 11 or similar case; but only if, in pursuance of the plan, stock or securities of the corporation to which the assets are transferred are distributed in a transaction which qualifies under section 354, 355 or 356.

A형에서 G형은 크게 보아 인수형, 분할형, 내부조정형으로 나누어볼 수 있다. 재조직의 개념이나 요건은 제368조(a)(1) 외에 다른 조항이 복잡하게 얽혀 있지만 우선은 개념만 어림잡아 보자.

1. 인수형 재조직

재조직 유형 가운데 몇 가지는 인수법인을 기준으로 재조직개념을 정하고 있다. 인수회사가 대상회사의 자산이나 주식을 인수하여 대상회사의 사업에 대한 지배력을 얻는다면 재조직이라고 정하는 꼴이다. 취득형이나 기업결합형 재

조직이라고 부를 수 있다. A형으로 회사법에 따른 합병(뒤에 볼 삼각합병 포함5)), B형으로 주식과 교환으로 대상회사 주식을 인수하는 것, C형으로 주식과 교환으로 대상회사 자산을 인수하는 것, 이 세 가지는 이런 식으로 재조직 여부를 인수법인의 입장에서 정의한 것이다. 여기에서 '교환'이라고 옮겼지만 B형의 글귀는 우리 식 개념으로는 내어주거나 받는 주식이 새로 발행하는 신주인 것도 포함한다. 또 C형은 오히려 전형이 자산을 현물출자받으면서 그 대가로 신주를 발행해주는 것이다. 우리 법의 교환과 딱 맞지는 않지만, 일일이 풀어쓰는 번거로움을 피하기 위해 이하에서는 '교환'이라는 말을 이런 신주발행도 포함하는 뜻으로 쓰기로 한다. 제1장에서 제7장까지 여태 써 온 용어로는 주식인수를 하면서 지급하는 인수대가가 주식인 것은 B형 재조직이고 자산인수를 하면서 지급하는 인수대가가 주식인 것은 A형 또는 C형 재조직이 된다. 기실 C형 재조직이란 사실상의 합병이다. C형 재조직이 되자면 자산을 넘긴 대상법인이 해산청산하면서 주식을 주주들에게 분배해야 하는 것이 원칙이라고 법에 정하고 있기 때문이다.6) C형에서 1단계의 현물출자와 2단계의 해산청산을 묶으면 그 결과는 합병과 같다. 나아가 재조직 개념을 아직 들여오지 않은 부분에서는 합병이라는 개념이 존재하지 않고 합병은 자산인수와 인수법인의 해산청산, 이 두 가지의 결합일 뿐이기 때문이다.7) 그러나 재조직 부분에 들어와서는 아무튼 한 단계로 완결되는 A형과 2단계로 이루어지는 C형을 따로 두면서 재조직의 요건과 효과를 각 따로 정하고 있고 이론상은 대상법인이 그냥 남는 C형도 가능하므로 C형을 자산인수형이라고 부르기로 한다. 이하의 논의에서는 A, B, C형 재조직이라는 말과 합병형, 주식인수형, 자산인수형 재조직이라는 말을 필요에 따라 섞어 쓰기로 한다.

　　주식인수나 자산인수가 재조직이 되기 위한 요건으로 우선 눈에 띄는 것은 인수법인이 내어주는 대가가 주식이어야 한다는 점이다. B형과 C형에는 명문규정이 있고, A형의 합병에서는 인수법인(존속법인)이 내어주는 합병대가는 본디 주식이기 때문이다. 대가의 일부로 주식 아닌 다른 재산을 boot로 내어준다면 뒤

---

5) 제368조(a)(2)(D).

6) 제368조(a)(2)(G). 예외적으로 대상법인을 그대로 유지하려면 국세청의 승인을 받아야 하는데 실제로 승인해주는 경우가 없는 듯하다.

7) 제6장 제1절 1.

에 자세히 보듯 아예 재조직이 아니라 보기도 하고, 적어도 boot 부분은 과세이
연을 받지 못한다. 두 번째로 눈에 띄는 것은 지배력 요건이다. 주식인수형 B형
에서는 인수법인이 대상법인을 지배해야 한다는 지배력 요건이 있다. 제351조(회
사설립이나 현물출자)처럼 주주에게 지배력이 있어야[8] 하는 것은 아니고 제355조(회
사분할)와 마찬가지로 법인과 법인 사이에 지배력이[9] 필요하다. A형과 C형에서는
인수법인이 대상법인의 자산 전부를 인수하고 대상법인은 소멸하므로 인수법인
이 대상법인을 지배하는가를 물을 이유가 없다. 대상법인이나 그 주주가 인수법
인을 지배할 필요가 없는 것은 당연하다.

2. 자산이전형 재조직

　D형은 자산을 이전하는 대상법인의 입장에서 재조직을 정의한 것이다. 자
산이전형이라고 부를 수 있다. D형 재조직이 되자면 자산이전이 제354조나 제
355조 둘 중 하나에서 적격이 되어야 한다. 글귀에는 제356조도 나와 있지만 이
조는 boot의 과세에 관한 조문으로[10] 제354조나 제355조와 결합하여 적격요건을
판단하는 기준이 될 뿐이고 따로 제356조에 의하여 적격이 되는 경우는 없다.

　제355조는 이미 본 것으로 회사분할에 관한 조문이다. 법인이 이미 거느리
고 있는 자회사주식을 통상적인 배당, 주식상환 또는 청산배당의 형태로 주주에
게 현물로 분배한다면 과세이연한다는 내용이다.[11] 우리 식 회사분할(물적분할)
개념으로 회사의 사업부문을 별도법인으로 분할해 내자면, 자회사 주식을 배당
하기에 앞서서 그런 사업부문의 재산을 현물출자하여 자회사를 설립하는 방식
으로 자산을 자회사로 이전하는 과정이 필요한데 이 과정에 대해서는 제355조에
아무 말이 없다. 바로 이 공백을 메우는 조문이 D형 재조직이다. 재산을 이전하
는 법인이 사업부문을 현물출자해서 자회사를 세우는 것이 재조직에 해당한다
는 것이다. 이 과정이 D형 재조직의 요건을 만족하지 못하더라도 법인설립 일반
에 관한 제351조에 따라 과세이연받는 경우도 있지만,[12] 실제 회사분할은 거의

---

8) 제2장 제2절 Ⅰ.
9) 제7장 제2절 Ⅰ 및 제3절 Ⅰ.
10) 제7장 제2절 Ⅲ. 2.
11) 제7장.
12) 제7장 제2절 Ⅰ.

다 D형 재조직 조문과 제355조의 결합이라는 꼴을 따른다.

회사분할 아닌 자산이전이 D형 재조직이 되기도 한다. 조문의 글귀에서 보듯 제354조(재조직 과세이연)와 결합해서 D형 재조직이 될 수 있기 때문이다. 가령 법인이 자산 전부를 현물출자하여 자회사를 설립하고 스스로를 해산하면서 자회사주식을 청산배당한다면 이는 그냥 법인격만 대체하는 셈이다. 이런 법인격 변경을 위한 현물출자(자회사 주식의 인수)와 청산배당은 제354조와 결합한 재조직으로 과세이연을 받는다. 이런 D형은 새로운 이해관계자가 끼지 않는다는 점에서 내부조정형(아래 3)이 될 수도 있겠지만, 인수형, 분할형, 내부조정형이라는 구분 자체가 애초 법에 나오는 것이 아니고 강학상 편의일 뿐이다.

G형도 D형처럼 자산을 이전하는 쪽에서 재조직을 정의한 것이지만, 차이점은 도산절차에서 법원이 인가한 계획에 따라 자산을 이전하는 경우라면 양도법인이 양수법인을 지배할 필요가 없다는 것이다. 이하에서는 D형을 자산이전형이라고 부르고 G형은 도산이전형이라고 부르기로 한다.

3. 내부조정형 재조직

합병(A형), 주식인수(B형), 자산인수(C형), 또 회사분할이든 법인격 대체든 자산이전형(D형)이나 도산이전형(G형)은 모두 법인격을 기준으로 본다면 둘 이상의 법인이 관여하는 거래인데 비해서 E형과 F형은 법인 하나만 관여하는 나홀로형 재조직이다. E형은 회사의 사채권자나 주주가 사채나 주식을 같은 법인에 대한 다른 권리로 바꾸는 것이다. F형은 법인의 동일성, 형태, 또는 설립지를 바꾸는 것이다. 손쉬운 보기로 우리 상법상의 조직변경 정도를 생각하면 된다.

4. 유형구분

7가지 재조직은 반드시 상호 배타적 관계는 아니고 한 가지 거래가 동시에 둘 이상의 재조직에 해당할 수 있다. 우선, 인수대가의 80% 이상이 주식인 합병은 나중에 보듯 원칙적으로 합병형(A형)과 자산인수형(C형) 재조직에 동시에 해당한다.[13] 미국세법에서 합병이란 자산인수와 대상법인 해산·청산의 결합일 뿐이기 때문이다. 그러나 A형 재조직과 C형 재조직의 요건에 나름대로 차이가 있고

---

13) 제368조(a)(2)(B)(iii).

대체로 후자가 더 엄격하므로 합병의 구체적 사실관계에 따라서는 C형에서는 탈락하지만 A형 재조직으로 과세이연을 받는 경우가 있다. 대상법인의 해산청산이 뒤따르지 않는 자산인수가 생긴다면 혹 국세청의 승인을 받아 C형 재조직은 될 수 있더라도, 회사법상 합병이 아니므로 A형 재조직은 될 수가 없다.

둘째, 거래의 실질이 무엇인가, 특히 다단계 거래를 묶어서 하나의 거래로 볼 수 있는가에 따라 요건사실을 서로 달리 확정하게 되어서 유형구분이 달라지고 재조직 여부가 달라질 수 있다. 가령 1단계로 대상법인의 자산을 인수하고 2단계로 대상법인이 해산청산하는 경우, 두 단계가 서로 구분되는 거래라면 이것은 C형 재조직이 될 수 있고 두 거래를 하나로 묶어서 1개의 거래로 본다면 A형 재조직이 될 수 있다. 어느 쪽으로 보더라도 재조직의 요건을 만족한다면 '재조직' 그 자체에 따르는 법률효과는 차이가 없다. 가령 인수대가가 100% 주식이라면 자산인수와 해산청산을 묶어서 1거래로 보든 두 가지를 서로 별개로 보든 A형 또는 C형으로 재조직이 된다. 다른 한편 인수대가 가운데 주식의 비중이 70%라면 A형에서는 적격이 될 수 있지만[14] C형에서는 불합격이므로[15] 1단계와 2단계의 관계를 둘러싼 시비가 붙게 마련이다. 그와 반대로 특정한 거래 하나만 본다면 A형 재조직에 해당하는데도 이것을 다른 거래와 묶어서 파악하여 전체적으로 C형 재조직의 요건을 갖추지 못한 자산인수로 보는 수도 생긴다.[16] 다른 보기로 1단계로 인수법인이 대상법인의 주식을 인수하여 자회사로 삼고 2단계로 인수법인이 대상법인을 해산청산하여 자산을 넘겨받는다고 하자. 이 두 거래를 각각 평가한다면 주식인수와 자회사 해산청산으로 각각 평가해서 1단계로 B형 재조직의 요건과 효과를 따지고 2단계로 자회사의 해산청산에 따르는 법률효과[17]를 따져야 한다. 두 거래를 하나로 묶어서 1개의 거래로 보아야 한다면 인수법인이 대상법인 자산을 현물출자받으면서 그 대가로 준 인수법인 주식을 대상법인 주주에게 넘겨주는 것으로 보게 되어서 C형 재조직의 요건과 효과를 따져야 한다. 가령 1단계의 주식인수가 B형 재조직의 요건을 갖추지 못하였더라도

---

14) 아래 이해관계의 계속성 부분 참조..
15) 제368조(a)(2)(B)(iii).
16) Rev. Rul. 2008-25, 2008-1 CB 986.
17) 제5장.

다른 거래와 묶어서 본 최종결과가 자산인수로서 C형 재조직에 해당하는 수도 생긴다.[18] 특정 유형 안의 세부유형의 어디에 해당하는가라는 판단에서도 똑같은 문제가 생긴다. 가령 대상법인의 주주가 받은 주식이 A형 삼각합병의 요건에 미달했지만 그 뒤 일어난 추가적인 자회사 합병절차를 묶어서 보면 A형 합병에 해당한다고 본 경우도 있다.[19]

5. 재조직당사자와 재조직계획

재조직 과세이연은 '재조직당사자' 및 그 주주(및 다른 증권소유자)들이 받는 것이다. 아래에서 보겠지만 가령 주주의 주식양도차익에 대한 과세이연은 "주식…으로서, 발행법인이 재조직당사자인 것을 재조직계획에 따라 교환해 주는 경우로 교환대상이 오로지 주식…으로서 그런 법인이 다른 재조직당사자인 법인이 발행한 것 뿐"이라야 받을 수 있다.[20] 법인의 자산양도차익에 대한 과세이연은 "법인이 재조직당사자이고 교환해 넘기는 재산이 재조직 계획을 따른 것이며 받는 대가가 오로지 재조직당사자인 다른 법인의 주식이나 증권 뿐"이라야 받을 수 있다.[21] "재조직당사자인 법인"이라는 말은 무슨 뜻인가?

제368조(b) (재조직당사자) ― 이 part[22]의 용어로 '재조직당사자'에 들어가는 것은 ―
Sec. 368(b) PARTY TO A REORGANIZATION ― For purposes of this part, the term 'a party to a reorganization' includes ―
(1) 법인으로서 재조직으로 생겨나는 것, 및
(1) a corporation resulting from a reorganization, and
(2) 두 법인 다. 만일 재조직이 생기는 까닭이 한 법인이 다른 법인의 주식이나 재산을 취득하는 것이라면.
(2) both corporations, in the case of a reorganization resulting from the acquisition by one corporation of stock or properties of another.

"재조직으로 생겨나는 법인"의 전형은 합병신설법인이다. 주식인수나 자산

---

18) Rev. Rul. 67-274, 1967-2 CB 141. 이와 달리 일반적으로는 납세의무자가 거래의 실질이 형식과 다르다는 주장을 할 수는 없다. 간단한 소개는 이창희, 세법강의, 제3장 제4절 Ⅱ.

19) Rev. Rul. 2001-26, 2001-1 CB 1297.

20) 제354조(a).

21) 제361조(a).

22) PART Ⅲ 법인의 설립과 재조직(제351조에서 제368조).

인수, 곧 "한 법인이 다른 법인의 주식이나 재산을 취득"하여 생기는 재조직의 경우에는 "두 법인 다" 재조직당사자이다.[23) 합병도 마찬가지이다. 위 번역에서 생략한 부분으로 삼각 인수합병, 예를 들어, 대상법인의 주식 또는 자산을 취득하는 대가가 취득하는 법인(존속법인측 자법인)을 지배하는 법인(존속법인측 모법인)의 주식이라면 그런 모법인 역시 재조직당사자가 된다.[24) 해당 부분에서 보기로 한다.

재조직 과세이연 조문의 대부분은 앞에서 인용한 법조문에 보듯 "재조직계획"을 따를 것을 요구한다. 이 요건은 재조직계획에 들어간 거래는 다 과세이연한다는 의미가 아니고 재조직계획에 명시한 거래라야 과세이연을 받을 수 있다는 뜻이다.[25) 적어도 일반론으로서는, 재조직계획에 명시한 거래를 다른 거래와 묶어서 재조직이 아니라고 볼 수는 있지만 재조직계획에 명시하지 않은 거래를 다른 거래와 묶어서 재조직이라고 볼 수는 없다.

제 2 절 재조직에 대한 과세이연

재조직의 법률효과를 이해하려면 그에 앞서 우선 A에서 G까지의 각 유형마다 민사법적 구성이 다르므로 재조직 과세이연을 받지 못하는 경우 생길 기본적 법률효과가 유형마다 다르다는 점을 인식해야 한다. 자세한 논의는 뒤에 유형별로 하나하나 보기로 하고 우선 재조직 과세이연의 공통적인 윤곽만 보자. 주주에 대해서는 제354조에 따라 양도차익 과세를 이연한다. 대상법인에 대해서는 제361조에 따라 양도차익 과세를 이연한다. 인수법인에 대해서는 대상법인에서 넘겨받는 재산이나 대상법인 주주에게서 넘겨받는 주식의 취득가액 등 세무요소 승계 문제가 생긴다.

---

23) 제368조(b).
24) 같은 조.
25) 재무부규칙 1.368-2(g).

Ⅰ. 대상법인 주주에 대한 과세이연

제354조 (재조직으로 교환하는 주식이나 증권)

Sec. 354 EXCHANGES OF STOCK...IN CERTAIN REORGANIZATIONS

(a) 일반 원칙 —

(a) GENERAL RULE —

(1) 원칙 — 차익이나 차손을 인식하지 않는다; 주식...으로서, 발행법인이 재조직당사자인 것을 재조직계획에 따라 교환해 주는 경우로 교환대상이 오로지 주식...으로서 그런 법인이나 다른 재조직당사자인 법인이 발행한 것뿐이라면.

(1) IN GENERAL — No gain or loss shall be recognized if stock...in a corporation a party to a reorganization are, in pursuance of the plan of reorganization, exchanged solely for stock...in such corporation or in another corporation a party to the re-organization.

(2) 제한 —

(2) LIMITATIONS —

    (C) 부적격 우선주 —

    (C) NONQUALIFIED PREFERRED STOCK —

        (i) 원칙 — 부적격 우선주(그 정의는 제351조(g)(2)를 받는 것은...이를 다루기를 주식이나 증권으로 보지 않는다.

        (i) IN GENERAL — Nonqualified preferred stock (as defined in sec. 351(g)(2)) received...shall not be treated as stock or securities

제358조 (분배받는 자의 취득가액)

Sec. 358 Basis to Distributees

(a) (총칙) — 교환으로서...제354조를 적용받는 경우에는 —

(a) GENERAL RULE — In the case of an exchange to which section 354...applies—

(1) (과세이연 재산) — 위 조의 허용에 따라 차익이나 차손의 인식 없이 받을 수 있는 재산의 취득가액은 교환해 넘기는 재산의 취득가액...으로 한다.

(1) NONRECOGNITION PROPERTY — The basis of the property permitted to be received under such section without the recognition of gain or loss shall be the same as that of the property exchanged...

　　재조직 과정에서 주주가 종래 가지고 있던 주식을 내어놓으면서 다른 주식을 받는다면 제354조에 따라서 양도소득을 과세이연하고, 새로 받는 주식은 제358조에[26] 따라 종래 주식의 취득원가를 그대로 물려받는다. 제351조(g)(2)의 부적격 우선주란 실질이 회사채에 가까운 우선주라는 말로, 법인을 설립하면서 부적격 우선주를 받는다면 제351조의 과세이연을 받을 수 없다. 주식과 사채의 구별

---

26) 제2장 제2절 Ⅱ, 제7장 제2절. 아래 제3절 Ⅰ. 특히 [보기 10]의 2).

은 애초 정답이 없지만 아무튼 제351조(g)(2)에 나오는 일응의 기준에 따라 판정할 때 사채에 가까워서 부적격이라면 과세한다는 말이다. 제354조가 제351조(g)(2)를 원용하기 때문에 제조직에서도 부적격 우선주의 범위는 법인설립 때[27]와 같다.

II. Boot의 법률효과

주주가 받는 boot는 과세대상이다. 재조직에 관한 boot 조문이 따로 있지는 않고, 앞서 상환형 회사분할에서 공부했던 제356조(a)와 (c)를[28] 적용한다. 제354조(재조직 주식교환)와 제355조(상환형 회사분할)는 둘 다 주식 대 주식의 교환이라는 성질이 같으므로 제356조(a)와 (c)라는 같은 조문에서 boot에 대해 한꺼번에 정하고 있는 것이다.

제356조 (받은 추가대가)
Sec. 356 RECEIPT OF ADDITIONAL CONSIDERATION
(a) 교환차익
(a) GAIN ON EXCHANGES
   (1) 인식할 차익 ― 만일 ―
   (1) RECOGNITION OF GAIN ― If ―
      (A) ...아래 (B)의 사실만 아니라면 제354조나 제355조가 적용될 교환으로
      (A) ...section 354 or 355 would apply to an exchange but for the fact that
      (B) 재산을 교환받는 것에, 재산을 제354조나 제355조의 허용에 따라 차익의 인식 없이 받을 수 있는 것뿐만 아니라 다른 재산이나 현금이 있다면,
      (B) the property received in the exchange consists not only of property per ― mitted by section 354 or 355 to be received without the recognition of gain but also of other property or money,
차익이 있다면 이를 받는 사람에게 인식하되, 다만 그 금액의 상한을 그런 현금과 공정한 시가로 친 다른 재산의 합으로 한다.
then the gain, if any, to the receipient shall be recognized, but in an amount not in excess of the sum of the money and the fair market value of such other property.
   (2) 다루기를 배당으로 ― 만일 교환이라고 제(1)항에 적혀 있지만 그 효과가 배당의 분배(그 판단에는 제318조(a)를[29] 적용)라면 이를 다루기를 배당을 각 주주가 분배받

---

27) 제2장 제2절 V.
28) 제7장 제3절 III. 2.
29) 주주에게 지배력이 있는가 판정할 때 특수관계자가 소유한 주식도 감안한다는 조문. 제5장 제3절 I.

는 것으로 다루고 그 금액은 차익을 제(1)항에 따라 인식한 금액으로 정하되 그 상한을 각자 몫의 미분배 배당가능이익이 법인에...유보된 금액으로 한다. 나머지 차익으로 제(1)항에 따라 인식한 금액이 남는 것이 있으면 재산교환에서 생기는 차익으로 다룬다.

(2) TREATED AS DIVIDEND — If an exchange is described in paragraph (1) but has the effect of the distribution of a dividend (determined with the application of sec. 318(a)), then there shall be treated as a dividend to each distributee such an amount of the gain recognized under paragraph (1) as is not in excess of his ratable share of the undistributed earnings and profits of the corporation accumulated...The remainder, if any, of the gain recognized under paragraph (1) shall be treated as gain from the exchange of property.

(c) 차손 — 만일 —

(c) Loss — If —

(1) 아래 (2)만 아니라면 제354조가 적용될 교환이거나 제354조나 제355조가 적용될 교환이나 분배로,

(1) section 354 would apply to an exchange or section 354 or 355 would apply to an exchange or distribution, but for the fact that

(2) 재산을 교환받거나 분배받은 것에, 재산을 제354조나 제355조의 허용에 따라 차익이나 차손의 인식 없이 받을 수 있는 것만 아니라 다른 재산이나 돈이 있다면,

(2) the property received in the exchange or distribution consists not only of property permitted by section 354 or 355 to be received without the recognition of the gain or loss, but also of other property or money,

차손을 교환이나 분배에 대해 인식할 수 없다.

then no loss from the exchange or distribution shall be recognized.

1. 양도소득 v. 배당소득

제356조(a)의 글귀를 보면 boot가 있는 경우 과세소득의 성격은 일반적으로는 제(1)항에 따라 양도소득이지만 배당의 분배라는 효과가 있다면 제(2)항에 따라 배당소득이 된다. 소득의 성격이 어느 쪽이든 소득금액은 양도차익 상당액이지만 boot 금액을 상한으로 한다. 제(2)항에 따른 배당소득이 생기는 경우 배당소득 금액은 다시 미분배 배당가능이익을 상한으로 하므로 상한을 넘는 소득금액은 양도소득이 된다. 제(2)항에 따라 배당소득이 되거나 배당소득 더하기 양도소득이 되는 금액은 실현된 차익이 아니라 "차익을 제(1)항에 따라 인식한 금액"이다.

[보기 1]30)

현금과 다른 재산 부분을 제외한다면 제354조의 재조직 과세이연을 받을 거래로 주주 갑은 시가가 175불인 대상법인 주식을 내어주면서 시가가 100불인 인수법인 주식, 현금 25불, 시가가 50불인 다른 재산, 합계 175불 상당을 받았다. 현금 25불 및 다른 재산 50불에는 배당의 효과가 있고 배당가능이익 가운데 갑의 몫은 30불이다. 다음 각 경우 갑에게는 무슨 손익이 얼마 생기는가?

(1) 갑의 대상법인 주식 취득원가는 85불이다.

(2) 갑의 대상법인 주식 취득원가는 200불이다.31)

［풀이］

(1) 대상법인 주식의 처분으로 실현한 이득은 175－85 ＝ 90불이지만 "차익을 제(1)항에 따라 인식할 금액"은 "현금과 공정한 시가로 친 다른 재산의 합"인 25＋50 ＝ 75불이다. 이 75불을 "주주가 분배받는 것으로 다루"지만 "그 상한을 각자 몫의 미분배 배당가능이익이…법인에 유보된 금액"인 30불로 한다. 따라서 나머지 45불은 양도소득이다.

(2) 사실관계에서 앞 (1)처럼 배당소득 30불이 생긴다고 얼핏 생각할 수 있지만 문제 자체의 함정이다. 취득원가 200불인 자산을 내어놓고 시가 175불 어치 자산을 받는 것이므로 애초 양도차익이 생기지 않아서 배당소득이 생길 수 없다. 제356조(a)(2)에 따른 배당소득은 (a)(1)에서 과세할 양도차익이 생기는 경우 그 가운데 일부나 전부의 법적 성격이 배당소득일 수 있다는 말일 뿐이다. 한편 boot가 있더라도 양도차손 25불은 인식할 수 없다. 제356조(c).

제356조(a)(2)는 양도소득을 배당소득보다 낮게 과세하던 당시 실질적인 배당에 양도소득이라는 옷을 입혀서 세금을 줄이는 것을 막자고 들여온 조문이다. 보기로 배당가능이익 50,000불이 있는 X법인이 이를 배당한다면 주주에게는 당연히 배당소득이 생긴다. 배당소득을 양도소득으로 둔갑시킬 길은 없을까? 간단하다. X법인을 해산청산하면 된다.32) 사업을 법인으로 계속하면서 할 수 있는 길은 없을까? 제354조와 제356조(a)(1)을 이용해서 양도소득으로 둔갑시킬 길은 없을까? 여러 가지 있다. 요는 주주가 주식을 내어 놓는 양도거래를 만들어 내는 것이다. 가령, X법인이 최소자본금으로 자회사 Y법인을 만든 뒤 Y법인이 X법인

---

30) 재무부규칙 1.356-1(d), Ex. 1.

31) 같은 조 Ex. 2.

32) 제331조. 제5장 제1절 Ⅱ.

을 흡수합병하면서 주주가 주식을 내어놓으면 된다. Y법인은 Y주식에 더하여 합병교부금으로 50,000불을 주주들에게 내어주면 된다. 합병은 A형 재조직이므로, 이 거래는 "재산을 교환으로 받은 것(Y주식과 현금)에, 재산을 제354조…의 허용에 따라 차익의 인식 없이 받을 것(Y주식)만 아니라…현금이 있다"는 사정만 아니라면 "주식 … 으로서, 발행회사가 재조직당사자인 것(X주식)을 재조직계획에 따라 교환해 주는 것이며 그 대상이 오로지 주식…으로서…다른 재조직당사자인 회사(Y)가 발행한 것(Y주식)뿐"이므로 "제354조가 적용될 교환"에 해당한다. 따라서 제356조(a)(1)에 따라 "차익을 받는 사람에게 인식"하여 양도소득으로 과세하되 다만 "그 금액의 상한을 그런…현금(50,000불)…로 한다." 50,000불을 합병교부금이라는 형식으로 내어주면 배당소득이 양도소득으로 둔갑한다.33) 이런 결과를 피하기 위하여 제356조(a)(2)를 들여온 것이다. 다만 배당소득을 양도소득과 같은 세율로 과세하는 현행법에서는 제356조(a)(2)에서 큰 의의를 찾기는 어렵다.

2. 배당의 효과가 있는가?

(판례) Comr. v. Clark34)

원고 C는 15년간 정유 관련 기술용역업체인 B법인의 대표자로 있다가 1978년에 B법인의 100% 주주가 되었다. 1978년 NL법인이라는 상장회사가 B법인의 인수에 관심을 보였고 그 결과 삼각합병이 이루어져 B의 자산 및 사업 일체는 NL의 손회사로 넘어가고(판결문에는 원고가 B주식 전부를 NL의 자회사에 넘겼다고 적혀 있지만, 앞뒤를 맞추어 읽으면 B의 자산 및 사업 일체가 NL의 손회사로 넘어갔다는 뜻인 듯하다) 그 대가로 원고는 NL주식 300,000주(발행주식 총수의 0.92%)와 현금 325만불(가치로 따지면 NL의 발행주식총수의 0.38%인 125,000주 상당)을 받게 되었다. 제368조(a)(2)(D)는 삼각합병을 A형 재조직(합병)에 포섭하는 특칙을 두고 있으므로35) 이 거래는 A형 재조직에 해당한다.36) 이 거래는, "재산을 교환으로 받은 것(NL주식과 현금)에, 재산을

---

33) 다른 예로 제7장 제1절 Ⅱ의 Gregory v. Helvering 판결을 다시 보라.

34) 489 U.S., 726 (1989).

35) 제9장 제7절 정삼각합병 부분 참조.

36) 만일 NL의 손회사가 B의 자산과 사업을 넘겨받는 것이 아니고 NL의 자회사가 B주식을 원고에게서 받는 것이라면 판결문에는 안 나오지만 이 거래는 제368조(a)(1)(B)의 주식인수형 재조직, 곧 "취득하는 법인(NL의 자회사)이 교환하여 주는 것이 오로지…그런 법인(NL의 자회사)을 지배하고 있는 법인(NL)이 발행한 의결권부 주식의 전부나 일부이고 취득하는 것이 다른 법인(B)의 주식인 것으로서, 취득 직후에 취득하는 법인(NL의 자회사)이 그런 다른 법인(B)을 지배하는 것(취

제354조…의 허용에 따라 차익의 인식 없이 받을 수 있는 것(NL주식)만 아니라…현금이 있다"는 사정만 아니라면 주주가 재조직계획에 따라 교환해주는 주식이 "발행법인이 재조직당사자인 것(B주식)"이고 "교환대상이 오로지 주식이나 증권으로서…다른 재조직당사자인 법인이 발행한 것(NL주식)뿐"이므로 "제354조가 적용될 교환"에 해당한다. 따라서 제356조(a)(1)에 따르자면 "차익을 받는 사람에게 인식"하여 양도소득으로 과세하되 다만 "그 금액의 상한을 그런…현금(325만불)…로 한다." 원고는 이 조문에 따라 325만불을 주식 양도소득으로 신고했다. 그러나 국세청은 제356조(a)(2)를 들면서, "교환으로 제(1)항에 적힌 것의 효과가 배당의 분배"에 해당하므로 "이를 다루기를 배당으로서 주주가 분배받는 것으로" 다루되, "차익을 제(1)항에 따라 인식한 금액"은 325만불이지만 배당소득의 상한을 원고 "몫의 미분배 배당가능이익이 법인에…유보된 금액"인 232만불로 삼아서, 232만불을 배당소득으로 나머지 93만불을 양도대금으로 보고 과세하였다. 결국 이 사건의 쟁점은, 원고가 B주식과 교환하여 받은 NL주식과 현금 가운데 232만불에 "배당의 분배라는 효과"가 있는가라는 점이다.

제356조(a)(2) 그 자체에는 배당이라는 효과가 있는가를 판단하는 기준은 없다. 국세청 주장은 제302조(주식상환에서 매매와 분배의 구별)를 준용하여 판단하되, 이 거래의 성격을 원고가 B에서 감자대가로 현금을 분배받고 그 뒤에 B와 NL의 합병이 있었던 것으로 보아야 한다는 것이다. 이렇게 본다면 감자대가로 현금을 분배받는 단계에서는 B에 대한 원고의 지배력은 100% 그대로 유지되므로 배당소득이 된다.[37] 그러나 대법원은 원고가 합병으로 NL주식을 받은 뒤에 NL주식의 일부를 내어놓으면서 NL측으로부터 현금을 분배받았다고 보면서 원고승소 판결을 내렸다. 원고가 현금을 받은 거래의 성격은 거래 전체를 놓고 파악하여야 하고 또한 B에는 325만불이라는 현금도 없었으므로, 합병이 없었더라면 원고가 현금 325만불을 받는다는 사건 자체가 애초 생기지 않았을 것이라는 것이다. 나아가 국세청 주장을 따른다면 boot는 거의 언제나 자동적으로 배당소득이 되어서 제356조(a)(2)의 예외가 (a)(1)의 일반규정을 제치고 오히려 원칙이 된다는 이상한 결과가 생긴다.

대법원의 논리로 합병 후에 현금을 받은 것으로 보고 지배력을 따지면 원고의 지배력은 425,000주(300,000주 + 125,000주 = 1.3%)에서 300,000주(0.92%)로 줄었고(300,000 / 425,000 < 80%)라는 관계가 성립하므로 제302조(b)(2)의 현저히 불비례하는 상황이고, 원고가 받은 현금은 주식 양도대가가 된다.[38] 다시 이에 대한 반론으로 국세청은 지배력이 20% 이상 줄었는가라는 제302조의 기준은 주식상환에 관한 것이라는 점을 지적한다. 쟁점 거래는 합병일 뿐이고 주식상환이 아니라는 것이다. 그러나 법원은 이 주

득하는 법인이 지배를 취득 직전에 했는지는 무시한다)"에 해당할 것이다.

37) 제4장 제1절 Ⅱ. 제7장 제1절 Ⅳ. 2.

38) 제4장 제1절 특히 Ⅱ. 4.

장을 내친다. 제356조(a)(2)의 입법자료를 보면 조세회피 의도가 없는 한 양도소득으로 과세하는 것이 입법의도였다고 보아야 하고 이 사건 쟁점 거래는 특수관계 없는 자 사이의 거래이며 조세회피 의도를 찾을 수 없다.

현금 등 boot를 배당소득으로 보는 경우에는 미분배 배당가능이익을 상한으로 한다. 여기에서 배당가능이익이란 소멸법인과 존속법인, 둘 중 어느 쪽을 기준으로 판단하는가? Clark 판결은 아예 배당소득이 없다고 판단했기에, 배당소득의 상한을 어느 법인을 기준으로 판단하는가는 다루지 않았다. 같은 판결의 사실관계에서 보듯 국세청은 소멸법인(B법인)의 배당가능이익을 기준으로 이 상한을 산정했다. 감자가 합병 전에 있었다고 보았기 때문이다. Clark 판결대로 boot는 합병이 일어난 뒤 존속법인이 지급하는 것이라고 보면 합병 후 존속법인을 기준으로, 곧 합병 전의 금액으로 치자면 소멸법인과 존속법인의 배당가능이익을 합한 금액을 기준으로 배당소득의 상한을 따진다고 보아야 앞뒤가 맞겠지만 판례나 행정해석은 아직 없다.[39]

[보기 2]
배당가능이익 50,000불이 있는 X법인이 최소자본금으로 자회사 Y법인을 만든 뒤 Y법인이 X법인을 흡수합병하면서 Y주식에 더하여 합병교부금으로 50,000불을 주주들에게 주식소유비율대로 내어준다. 이 50,000불은 주식양도대가인가 아니면 배당소득인가?

（풀이） 50,000불을 분배한 뒤에도 주주의 지배력이 100%라는 점에는 아무런 변화가 없다. 따라서 50,000불에는 배당의 효과가 있고 합병 후 Y법인에게는 X법인에서 물려받은 배당가능이익 50,000불이 있으므로 주주가 받는 50,000불은 전액 배당소득이 된다.

---

3. 재조직으로 받는 주식의 취득가액과 Boot 금액의 충당

재조직으로 boot를 받고 분배의 효과가 없다면 주주가 교환받는 주식의 취득원가는 (종래 가지고 있던 주식의 취득가액 + 양도소득 - boot금액)이 된다.

---

39) Davant v. Comr., 366 F.2d 874 (5th Cir. 1966), cert. denied, 386 U.S., 1022 (1967).

제358조 (분배받는 자의 취득가액)[40]

Sec. 358 Basis to Distributees

(a) (총칙) ― 교환으로서...제354조...를 적용받는 경우에는 ―

(a) GENERAL RULE ― In the case of an exchange to which section...354...applies ―

(1) (과세이연 재산) ― 위 조의 허용에 따라 차익이나 차손의 인식 없이 받을 수 있는 재산의 취득가액은 교환해 넘기는 재산의 취득가액에서

(1) NONARECOGNITION PROPERTY ― The basis of the property permitted to be received under such section without the recognition of gain or loss shall be the same as that of the property exchanged ―

(A) 다음 금액을 빼고 ―

(A) decreased by ―

(i) 공정한 시가로 쳐서 다른 재산(현금은 제외)을 납세의무자가 받은 것,

(i) the fair market value of any other property (except money) received by the taxpayer,

(ii) 현금의 금액으로 납세의무자가 받은 것, 더하기

(ii) the amount of any money received by the taxpayer, and

(iii) 차손의 금액으로 납세의무자가 교환차손으로 인식한 것;

(iii) the amount of loss to the taxpayer which was recognized on such ex― change, and

(B) 다음 금액을 더한 것 ―

(B) increased by ―

(i) 배당으로 다룬 금액, 그리고

(i) the amount which was treated as a dividend, and

(ii) 차익의 금액으로 납세의무자가 교환차익으로 인식한 것...으로 한다.

(ii) the amount which was of gain to the taxpayer which was recognized on such exchange...

[보기 3][41]

모든 사실관계는 (보기 1)과 같다. 다음 각 경우 갑의 인수법인 주식 취득원가는 얼마가 되는가?

(i) 대상법인 주식의 취득원가가 85불이다.

(ii) 대상법인 주식의 취득원가가 200불이다.

(풀이)

(i) 갑의 과세소득은 차익을 인식한 금액 곧 현금 25불과 다른 재산 50불의 합인 75불이다. 배당소득은 상한금액인 30불이고 나머지 45불은 양도소득이다. 따라

---

40) 이미 제2장에서 제351조(법인설립과 현물출자)와 관련해서 보았고 제7장에서도 제355조(회사분할) 및 제356조(boot)와 관련하여 본 내용이다.

41) 재무부규칙 1.356-1(d), Ex. 1.

서 취득법인 주식 취득원가는, (대상법인 주식 취득원가 85불) − (현금 25불 + 다른 재산 50불) + (배당소득 30불 + 양도소득 45불) = 85불.[42]

(ii) 양도차손 25불은 인식할 수 없다. 인수법인 주식 취득원가는 200 − 75 = 125불.[43]

[보기 4][44]

대상법인의 소수주주인 을은 인수법인이 대상법인을 A형 재조직으로 흡수합병하는 과정에서 대상법인 보통주(취득원가 30불 시가 100불)와 무의결권우선주(취득원가 90불 시가 100불)를 내어놓으면서 현금 100불과 인수법인 보통주 100불어치를 받았다. 현금 100불을 받는다는 점을 제외하면 이 거래는 제354조의 과세이연이 적용될 교환에 해당한다. 다음 각 경우 을에게는 어떤 법률효과가 생기는가?

(i) 합병관련 계약서 및 이사회나 주총 결의 등에는 대상법인의 보통주주나 우선주주에게 대가를 어떤 식으로 주는지에 관한 특별한 언급이 없다.

(ii) 합병관련 계약서 및 이사회나 주총 결의 등은 각 주주가 소유한 대상법인 보통주는 인수법인 보통주로 교환해주고 대상법인 우선주는 현금으로 교환해준다고 정하고 있다. 이 내용에는 경제적 합리성이 있다.

（풀이） 문제는 현금 100불을 보통주와 우선주 매매대금에 어떻게 충당하는가이다. 제351조에서는 현물출자하는 재산이 둘 이상인 경우라면 받은 현금을 출자하는 재산의 시가대로 안분한다.[45] 이와 달리 재조직에 관한 재무부규칙은 당사자 사이의 약정을 원칙적으로 존중하여, 약정에 경제적 합리성이 있는 이상 약정대로 현금흐름을 충당한다고 정하고 있다.[46] 이 규칙을 따르면 다음과 같이 된다.

(i) 합병대가인 (현금 100불 + 인수법인 주식 100불)을 대상법인 보통주에 (현금 50불 + 인수법인 주식 50불)만큼 안분하고 대상법인 우선주에 (현금 50불 + 인수법인 주식 50불)만큼 안분한다. 보통주의 양도차익 70불 가운데 양도소득으로 과세할 금액은 현금 50불이므로 인수법인 주식 취득원가는 (30 + 50 − 50) = 30

---

42) (차) 현금 25불 + 다른 재산 50불 + 인수법인주식 85불 (대) 배당소득 30불 + 양도소득 45불 + 대상법인주식 85불. 대변을 미리 고정하는 이상 차변의 인수법인 주식은 85불일 수밖에 없다.

43) (차) 현금 25불 + 다른 재산 50불 + 인수법인주식 125불 (대) 대상법인주식 200불.

44) 재무부규칙 1.356-1(d), Ex. 3과 4를 손본 것.

45) 제2장 제3절 Ⅲ [보기 7].

46) 재무부규칙 1.356-1(b), 1.356-1(d), 특히 Ex. 4. 법률의 글귀에서 이 해석이 반드시 나오지는 않지만 제351조는 주주가 자신이 지배하는 법인에 재산을 출자하는 것인데 비해서 특수관계 없는 자 사이의 협상결과 재조직이라면 일응 약정내용을 존중할 필요는 있을 것이다.

불이 된다.[47] 우선주가 받은 현금은 50불이지만 양도차익 자체가 10불이므로 양도소득으로 과세할 금액은 10불이고, 인수법인 주식 취득원가는 (90 + 10 - 50) = 50불이 될 것이다.[48]

(ii) 대상법인 보통주에는 인수법인 주식 100불을 안분하고 대상법인 우선주에는 현금 100불을 안분한다. 대상법인 보통주의 양도에서는 양도소득을 과세하지 않고 인수법인 주식의 취득원가는 대상법인 보통주의 시가 30불을 그냥 물려받는다.[49] 대상법인 우선주에 대해서는 양도소득 10불을 과세하므로 인수법인 주식 취득원가는 (90 + 10 - 100) = 0불이 된다.[50]

4. 회사채는 boot

주식을 내어놓고 회사채를 받는다면 이 회사채는 현금이나 마찬가지로 boot가 된다.

제354조 (재조직으로 교환하는 주식이나 증권)
Sec. 354 EXCHANGES OF STOCK and SECURITIES IN CERTAIN REORGANIZATIONS
(a) 일반 원칙 ―
(a) GENERAL RULE ―
(1) 원칙 ― 차익이나 차손을 인식하지 않는다; 주식...으로서, 발행법인이 재조직당사자인 것을 재조직계획에 따라 교환해 주는 경우로 교환대상이 오로지...증권으로서 그런 법인이나 다른 재조직당사자인 법인이 발행한 것 뿐이라면.
(1) IN GENERAL. ― No gain or loss shall be recognized if stock...in a corporation a party to a reorganization are, in pursuance of the plan of reorganization, exchanged solely for...securities in such corporatin or in another corporation a party to the reorganization.
(2) 제한 ―
(2) LIMITATION ―
　(A) 원금초과액 ― 제(1)항을 적용하지 않는다; 만일 ―
　(A) EXCESS PRINCIPAL AMOUNT ― Paragraph (1) shall not apply if ―
　　(ii) 그런 증권 받는 것은 있지만 그런 증권 내어주는 것이 없다면.
　　(ii) any such securities are received and no such securities are surrendered.

"주식…교환대상이 증권"이더라도 일단은 제354조(a)(1)의 과세이연 대상에

---

47) (차) 현금 50불 + 인수법인 주식 30불 (대) 대상법인 보통주 30불 + 양도소득 50불.
48) (차) 현금 50불 + 인수법인 주식 50불 (대) 대상법인 우선주 90불 + 양도소득 10불.
49) (차) 인수법인 주식 30 (대) 대상법인 보통주 30.
50) (차) 현금 100 + 인수법인 주식 0 (대) 대상법인 우선주 90 + 양도소득 10.

는 들어간다. 여기에서 '증권'이라는 말은 법에 정의가 없지만, 주식처럼 과세이연을 해줄 수 있을 정도의 장기적 관계가 필요하다는 것을 바로 알 수 있다. 이런 '증권'의 전형은 회사채이다. 그렇다면 주식을 내어놓고 회사채를 받는다면 과세이연을 받는가? 사업주라는 이해관계가 약해지는 변화이므로 아마 아닐 것이라고 짐작할 수 있고, 실제로도 과세이연 받지 못한다. 제354조(a)(2)에서 "증권 받는 것은 있지만 증권 내어주는 것"이 없기 때문이다. 글귀가 이렇게 복잡한 것은 뒤에 보듯 社債權者와 주주를 같은 제354조에 묶다보니 생긴 일이다.

Ⅲ. 대상법인에 대한 과세이연

재조직의 유형에 따라서는 대상법인이 재산을 인수법인에 양도하는 경우도 있고 대상법인이 해산청산하는 경우도 있다.

주식인수형(B형) 재조직이라면 대상법인 그 자체에는 아무런 변화가 없다. 다만 주주가 바뀔 뿐이다. 주주에게 지급할 boot를 인수법인에서 받더라도 그 자체로 대상법인에게 세금을 물리지는 않는다. Boot를 받는 주주는 그에 대한 세금을 내어야 함은 이미 본 바와 같다. 대상법인에는 손익이 생길 것이 애초 없고 재조직 과세이연이라는 문제가 애초 생기지 않는다.

한편 다른 유형의 재조직, 가령 합병형(A형), 자산인수형(C형), 자산이전형(D형), 도산이전형(G형)에서는, 인수법인은 주식을 넘겨주고 대상법인 자산 전부를 받는다. 따라서 대상법인에 대해서 자산양도차익 과세문제가 생긴다. 그러나 재조직에 해당하면 과세이연을 받는다. 가령 자산인수형 재조직에서 대상법인이 자산을 포괄적으로 인수법인에 넘기고, 받은 대가를 다 분배한다면 대상법인의 자산양도차익은 대가로 현금을 받은 부분도 과세이연을 받는다.

제361조 (차익이나 차손의 인식을 법인은 하지 않는다; 분배의 효과)
Sec. 361 NONRECOGNITION OF GAIN OR LOSS TO CORPORATIONS; TREATMENT OF DISTRIBUTIONS)
(a) 일반 원칙 ― 차익이나 차손의 인식을 법인에게 하지 않는다. 만일 그런 법인이 재조직 당사자이고 교환해 넘기는 재산이 재조직 계획을 따른 것이며 받는 대가가 오로지 재조직 당사자인 다른 법인의 주식이나 증권뿐이라면.

(a) GENERAL RULES — No gain or loss shall be recognized to a corporation if such corporation is a party to a reorganization and exchanges property, in pursuance of the plan of reorganization, solely for stock or securities in another corporation a party to the reorganization.

(b) 교환의 일부만 현물 —

(b) EXCHANGES NOT SOLELY IN KIND

(1) 차익 — 위 (a)를 적용받을 교환이지만 다음 사실에 걸려서 안된다면: 재산을 교환받는 것에 주식이나 증권을 위 (a)의 허용에 따라서 차익이나 차손의 인식 없이 받을 수 있는 것만 아니라 다른 재산이나 현금이 있다는 사실. 이런 경우 —

(1) Gain — If subsection (a) would apply to an exchange but for the fact that the property received in exchange consists of not only stock or securities permitted by subsection (a) to be received without recognition of gain or loss, but also other property or money, then —

(A) 재산분배시 — 법인이 받은 그런 다른 재산이나 현금을 재조직 계획대로 분배한다면, 차익을 법인에게 교환으로부터 인식하지 않는다. 그러나

(A) PROPERTY DISTRIBUTED — If the corporation receiving such other property or money distributes it in pursuance of the plan of reorganization, no gain to the corporation shall be recognized from the exchange, but

(B) 재산 불분배시 — 법인이 받은 그런 다른 재산이나 현금을 재조직계획대로 분배하는 것이 아니라면, 차익을 법인에게 인식한다.

(B) PROPERTY NOT DISTRIBUTED — If the corporation receiving such other property or money does not distribute it in pursuance of the plan of reorganization, the gain, if any, to the corporation shall be recognized.

차익 금액의 인식을 위 (B)에 따라 하는 것의 상한은 현금이나 공정시가로 쳐서 다른 재산을 위와 같이 받고서 위와 같이 분배하지 않은 것의 합계액이다.

The amount of the gain recognized under subparagraph (B) shall not exceed the sum of the money and the fair market value of the other property so received which is not so distributed

(2) 차손 — 위 (a)를 적용받을 교환이지만 다음 사실에 걸려서 안된다면: 재산을 교환받는 것에 재산을 위 (a)의 허용에 따라서 차익이나 차손의 인식 없이 받을 수 있는 것만 아니라 다른 재산이나 돈이 있다는 사실. 이런 경우 차손을 교환으로부터 인식하지 않는다.

(2) Loss — If subsection (a) would apply to an exchange but for the fact that the property received in exchange consists not only of property permitted by subsection (a) to be received without recognition of gain or loss, but also of money or other property or money, then no loss from the exchange shall be recognized.

Ⅳ. 인수법인의 자산인수나 주식인수

재산을 양도하는 자에 대해 차익을 과세이연하는 이상 인수법인은 양도인의 취득원가를 그대로 물려받는다.

제362조 (법인의 취득가액)
Sec. 362 BASIS TO CORPORATIONS
(b) 양도받는 법인 ― 재산을 취득하는 법인에게 재조직으로서 이 part가[51] 적용된다면, 취득가액은 양도인에게 남아있다면 해당할 금액 그대로에다가 더할 금액으로 차익인식을 양도인이 양도로부터 한 금액을 더한 것이다...
(b) TRANSFERS TO CORPORATIONS ― If property was acquired by a corporation in connection with a reorganization to which this part applies, then the basis shall be the same as it would be in the hands of the transferor, increased in the amount of gain recognized to the transferor on such transfer...

주식인수형 재조직의 경우에도 인수법인이 양도인의 주식 취득원가를 물려받는 점은 같다. 제362조(b)의 제2문에 나온다.

제362조(b)...이 (b)의 적용을 하지 않는다. 만일 재산 취득하는 것이 주식이나 증권을 법인으로서 재조직당사자가 발행한 것이라면, 다만 그런 취득의 대가로 교환해 주는 것이 주식이나 증권이며 그 발행자인 양수인(또는 양수인을 지배하는 모법인)이 양도대가의 일부나 전부로 주는 것이라면 적용한다.
Sec. 362(b)...This subsection shall not apply if the property acquired consists of stock or securities in a corporation a party to a reorganization, unless acquired by the exchange of stock or securities of the transfree (or of a corporation which is in control of the transferee) as the consideration in whole or in part for the transfer.

자산인수법인은 대상법인의 자산 취득원가만이 아니라 이월결손금 등 다른 세무요소도 승계받지만 일정한 제약이 있다. 자법인을 청산하고 모법인이 재산을 물려받는 경우[52]와 기본적으로는 같다.

제381조 (일정한 법인간 취득시 승계)
Sec. 381 CARRYOVERS IN CERTAIN CORPORATE ACQUISITIONS

---

51) Part Ⅲ 법인의 설립과 재조직(제351조에서 제368조).
52) 제5장 제2절 Ⅰ. 1.

(a) 원칙 ― 취득하는 자산이 법인의 것을 다른 법인이 취득하는 경우라면 ―

(a) GENERAL RULE. ― In the case of acquisition of the assets of a corporation by an ― other corporation ―

  (1) (생략)

  (1) (omitted)

  (2) 양도에 제361조(차익이나 차손을 법인에게 인식하지 않는 것 관련)를 적용하는 경우로 양도가 재조직으로 제368조(a)(1)의 (A), (C), (D), (F)나 (G)에 나오는 것에 관련이 있다면,

  (2) in a transfer to which section 361(relating to nonrecognition of gain or loss to a corporation) applies, but only if the transfer is in connection with a reorganization described in subparagraph (A), (C), (D), (F) or (G) of section 368(a)(1),

취득하는 법인은 승계받고 계산에 넣어야 한다. 분배나 양도가 끝나는 날 현재 아래 (c)에 적은 분배하거나 양도하는 법인의 사항을. 다만 그에 대한 조건과 제약이 아래 (b)와 (c)에 나온다.

the acquiring corporation shall succeed to and take into account, as of the close of the day of distribution or transfer, the items described in subsection (c) of the distributor or transferror corporation, subject to the conditions and limitations specified in subsections (b) and (c).

(c) 분배하거나 양도하는 법인의 사항 ― '사항'이라고 앞 (a)에서 말하는 것은:

(c) ITEMS OF DISTRIBUTING OR TRANSFERRING CORPORATON ― The items referred to in subsection (a) are:

  (1) 이월결손금 (하략)

  (1) NET OPERATING LOSS CARRYOVERS

  (2) 배당가능이익 (하략)

  (2) EARNINGS AND PROFITS

  (3) 양도차손 이월

  (3) CAPITAL LOSS CARRYOVER

  (4) 회계방법

  (4) METHOD OF ACCOUNTING

  (5) 재고평가방법

  (5) INVENTORIES

  (6) 감가상각액 계산방법

  (6) METHOD OF COMPUTING DEPRECIATION ALLOWANCE

  (제7호에서 제26호 생략)

제382조 (소유변동 이후 이월결손금 승계 및 특정 내재손실에 대한 제약) (생략)

Sec. 382 LIMITATIONS ON NET OPERATING LOSS CARRYFORWARDS AND CERTAIN BUILT-IN LOSSES FOLLOWING OWNERSHIP CHANAGE)

제383조 (일정한 세액공제 한도초과액 등에 대한 특별제약)

Sec. 383 SPECIAL LIMITATION ON CERTAIN EXCESS CREDITS, ETC

제384조 (취득전 손실을 사용해서 내재차익과 상계하는데 대한 제약)

Sec. 384 LIMITATION ON USE OF PREACQUISITION LOSSES TO OFFSET BUILT-IN GAINS)

V. 대상법인이 주주에게 분배하는 재산에 대한 양도차익 과세

제361조(c) (분배를 다루기를) —
Sec. 361(c) TREATMENT OF DISTRIBUTIONS —
(1) 원칙 — 예외를 정한 것이 아래 제(2)항에 없는 한, 차익이나 차손의 인식을 법인인 재조직당사자가 하는 분배로서 주주에게 재산을 재조직계획대로 주는 것에는 하지 않는다.
(1) IN GENERAL — Except as provided in paragraph (2), no gain or loss shall be recognized to a corporation a party to a reorganization on the distribution to its shareholders of property in pursuance of the plan of reorganization.
(2) 가치상승 재산의 분배 —
(2) DISTRIBUTION OF APPRECIATED PROPERTY —
  (A) 원칙 — 만일 —
  (A) IN GENERAL — If —
    (i) 분배가 제(1)항에 적은 것이기는 하지만 법인이 분배하는 재산이 적격재산이 아니고, 그리고
    (i) in a distribution referred to paragraph (1), the corporation distributes property other than qualified property
    (ii) 공정한 시가로 친 그런 재산이 순취득원가(분배하는 법인의 입장에서)를 넘는다면,
    (ii) the fair market value of such property exceeds its adjusted basis (in the hands of the distributing corporation),
차익을 인식하되 분배하는 법인이 그런 재산을 팔기를 분배받는 자에게 공정한 시가에 판 것처럼 한다.
then gain shall be recognized to the distributing corporation as if such property were sold to the distributee at its fair market value
  (B) 적격재산 — 이 (c)의 용어로 "적격재산"의 뜻은 —
  (B) QUALIFIED PROPERTY — For purposes of this subsection, the term "qualified property" means —
    (i) 주식(또는 주식을 취득할 권리)으로서 그 발행자가 분배하는 법인인 것 또는 채권으로서 분배하는 법인에 대한 것, 또는
    (i) any stock in (or right to acquire stock in) the distributing corporation or obligation of the distributing corporation
    (ii) 주식(또는 주식을 취득할 권리)으로서 그 발행자가 다른 법인이지만 재조직당사지인 법인인 것 또는 채무로서 다른 법인이지만 재조직당사자인 법인이 진 것. 다만 그런 주식(또는 권리)이나 채권은 이를 분배하는 법인이 교환에서 받는 것이어야 한다.

> (ii) any stock in (or right to acquire stock in) another corporation which is a
> party to the reorganization or obligation of another corporation which is such a
> party, if such stock (or right) or obligation is received by the distributing cor—
> poration in the exchange.

법인이 재조직계획에 따라 인수법인에 재산을 넘기고 받은 주식을 주주에게 분배하는 것은 제361조(c)(1)(B)(ii)의 적격재산이므로 비과세한다. 합병에서 주주가 주식을 받는 것도 미국세법에서는 일단 소멸법인이 현물출자로 주식을 받은 뒤 이 주식을 주주에게 분배하는 것으로 보아 법인의 해산청산에 해당하지만[53] 역시 제361조(c)(1)(B)(ii)를 적용받게 되므로 소멸법인의 양도차익은 과세하지 않는다. 한편 주식이 아니라 비적격 재산을 합병당사자인 법인이 분배한다면 재조직계획대로 분배하는 것이더라도 모두 양도차익을 과세한다. 이런 사실관계의 전형은 합병소멸법인이나 달리 재산을 넘긴 법인이 boot로 분배하는 재산에 딸린 양도차익을 과세하는 것이겠지만 재산을 인수한 법인이 재산을 분배하는 경우에도 마찬가지이다. 대상법인이 재산을 인수법인에 넘기고 받은 사채를 주주에게 분배하는 것은 해당 부분에 가서 보기로 한다.

[보기 5]
대상법인의 순자산은 시가가 100,000불이고 원가가 55,000불이다. 대상법인은 C형 재조직에 해당하는 거래로 자산을 인수법인에 넘기고 인수법인에서 받은 인수대가 전부를 청산분배한다. 다음 각 경우 대상법인에게 과세할 소득은 얼마인가?
1) 인수대가 100,000불은 전액 인수법인 주식이다.
2) 인수대가 중 90,000불은 인수법인 주식이고 10,000불은 현금이다.
3) 인수대가 중 90,000불은 인수법인 주식이고 10,000불은 토지인데, 청산분배시 토지 시가는 15,000불이다.
(풀이) 1) 영(0) 2) 영(0) 3) 5,000불

VI. 사채권자 기타 채권자

재조직이 있다고 하더라도 가령 주식인수형 같으면 대상법인의 주주가 인

---

53) 제6장 제1절 1. West Shore Fuel Inc. v. U.S., 598 F.2d 1236 (2d Cir. 1979).

수법인으로 바뀔 뿐이지 대상법인 그 자체에는 아무런 변화가 없고, 대상법인의
債權者에게는 애초 아무런 과세계기가 없다. 이와 달리 자산인수형에서는 대상
법인의 순자산을 인수법인에게 현물출자하므로, 채무자의 동일성이 대상법인에
서 인수법인으로 바뀐다. 그렇지만 재무부규칙에서는 재조직에 의해서 채무자의
동일성이 바뀌거나[54] 종래의 채무자가 소유하던 재산을 새로운 채무자가 실질
적으로 전부 다 인수하는 경우라면[55] 채권자에게는 아예 아무런 변화가 없다고
풀이하고 있으므로, 채권자의 소득을 과세이연할 것인가라는 문제 자체가 아예
생기지 않는다. 결국 재조직이 있다 하더라도 債權者에게는 애초 과세대상 소득
이 생길 여지가 없다.

　　재조직이 주주만이 아니라 채권자에게도 영향을 주어서 기존의 채권을 내어
놓고 다른 권리를 받는 경우가 있을 수 있다. 가령 자본재구성형 재조직에서는
채권자의 권리도 감축되는 것이 보통이다. 주식인수형, 합병형, 또는 자산인수형
에서도 社債權者가 재조직계획의 일환으로 기존의 회사채를 내어놓고 다른 권리
를 받는 수가 생긴다. 사채권자가 기존의 회사채를 내어놓고 다른 권리를 받는다
는 사실 그 자체는 재조직 여부와는 무관하다. 재조직인가 아닌가는 오로지 제
368조(a)의 A에서 G까지의 각 유형별 요건에 맞는가 아닌가만 따져서 정한다.[56]
일단 그런 유형 중 하나에 해당한다면 사채권자에 대한 법률효과는 무엇인가?

제354조 (재조직으로 교환하는 주식이나 증권)
Sec. 354 EXCHANGES OF STOCK AND SECURITIES IN CERTAIN REORGANIZATIONS
(a) 일반 원칙 ―
(a) GENERAL RULE ―
　　(1) 원칙 ― 차익이나 차손을 인식하지 않는다; ...증권으로서, 발행법인이 재조직당사
　　자인 것을 재조직계획에 따라 교환해 주는 경우로 교환대상이 오로지 주식이나 증권
　　으로서 그런 법인이나 다른 재조직당사자인 법인이 발행한 것뿐이라면.
　　(1) IN GENERAL ― No gain or loss shall be recognized if... securities in a corpo-
　　ration a party to a reorganization are, in pursuance of the plan of reorgaqnization,
　　exchanged solely for stock or securities in such corporatin or in another corporation
　　a party to the reorganization.

---

54) 재무부규칙 1.1001-3(e)(4)(i)(B).

55) 재무부규칙 1.1001-3(e)(4)(i)(C).

56) 가령 주식인수형 재조직에 관한 것으로 Rev. Rul. 98-10, 1998-1 CB 643.

(2) 제한 ―

(2) LIMITATION ―

    (A) 원금초과액 ― 제(1)항을 적용하지 않는다; 만일 ―

    (A) EXCESS PRINCIPAL AMOUNT ― Paragraph (1) shall not apply if ―

        (i) 원금액으로 쳐서 그런 증권 받는 것이 원금액으로 쳐서 증권 내어주는 것 보다 크다면, 또는...

        (i) the principal amount of any such securities received exceeds the prin― cipal amount of any such securities surrendered, or...

    (B) 재산 중 기간경과분 이자에 상당하는 것 ― 제(1)항과 제356조 가운데 제(1) 항 관련 부분은 다음 범위에서 적용하지 않는다. 주식(비적격우선주로 그 정의가 제351조(g)(2)에 있는 것 포함), 증권 또는 다른 재산 받은 것 가운데 그 상당하 는 바가, 이자로서 증권에 대해서 발생한 것이 보유자의 보유기간 시작일 이후인 부분.

    (B) PROPERTY ATTRIBUTABLE TO ACCRUED INTEREST ― Neither paragraph (1) nor so much of section 356 as relates to paragraph (1) shall apply to the extent that any stock (including nonqualified preferred stock, as defined in section 351(g)(2)), securities or other property received is attributable to the interest which has accrued on securities on or after the beginning of the hold― er's holding period.

    (C) 부적격 우선주 ―

    (C) NONQUALIFIED PREFERRED STOCK ―

        (I) 원칙 ― 부적격 우선주(그 정의는 제351조(g)(2)를 받는 것은...이를 다루 기를 주식이나 증권으로 보지 않는다.

        (I) IN GENERAL. ― Nonqualified preferred stock (as defined in sec. 351(g)(2)) received...shall not be treated as stock or securities

제356조 (받은 추가대가)

Sec. 356. RECEIPT OF ADDITIONAL CONSIDERATION

(a) 교환차익 ―

(a) GAIN ON EXCHANGES ―

    (1) 인식할 차익 ― 만일 ―

...차익이 있다면 이를 받는 사람에게 인식하되, 다만 그 금액의 상한을 그런 현금과 공정한 시가로 친 다른 재산의 합으로 한다.

    (1) RECOGNITION OF GAIN ― IF ―

...then, the gain, if any, to the recipient shall be recognized, but in an amount not in excess of the sum of such money and the fair market value of such other property.

(d) 증권은 다른 재산 ― 이 조에서

(d) SECURITIES AS OTHER PROPERTY ― For purposes of this section,

    (1) 원칙 ― 예외를 정한 것이 아래 (2)항에 없는 한 용어로 "다른 재산"에는 증권이 들어간다.

(1) IN GENERAL. — Except as provided in paragraph (2), the term "other property" includes securities.

(2) 예외 —

(2) EXCEPTIONS —

(A) 증권에 대해 차익 미인식을 허용한다면 — 용어로 "다른 재산"은 다음 범위에서는 증권을 포함하지 않는다. 제354조...의 허용에 따라 그런 증권을 차익 인식 없이 받을 수 있는 범위 안이라면.

(A) SECURITIES WITH RESPECT TO WHICH NONRECOGNITION OF GAIN WOULD BE PERMITTED — The term "other property" does not include securities to the extent that, under section 354..., such securities would be permitted to be received without the recognition of gains.

(B) 더 큰 원금이 제354조 교환에서 있다면 — 만일 —

(B) GREATER PRINCIPAL AMOUNT IN SECTION 354 EXCHANGE — If —

(i) 교환으로 제354조(그 조 (c)는 제외)에 적은 것에서, 증권으로서 그 발행법인이 재조직당사자인 것을 제출하고 증권으로서 다른 발행법인이 재조직당사자인 것을 받는다면, 그리고

(i) in an exchange described in section 354 (other than subsection (c) thereof), securities of a corporation a party to the reorganization are surrendered and securities of another corporation a party to the reorganization are received, and

(ii) 원금으로 그렇게 받은 증권상 금액이 원금으로 그렇게 제출한 증권상 금액을 초과한다면,

(ii) the principal amount of such securities received exceeds the principal amount of such securities surrendered,

그렇게 받은 증권에 관한 한, 용어로 "다른 재산"의 뜻은 공정시가로 친 그런 초과액이다. 이 (B)...에서, 만일 제출하는 증권이 없다면, 차액이란 원금으로 받은 증권상 금액 전액이다.

then, with respect to such securities received, the term "other property" means the fair market value of such excess. For purposes of this subparagraph..., if no securities are surrendered, the excess shall be the entire principal amount of the securities received.

사채권자가 회사채 대신 존속법인 주식을 받는다면 어떻게 될까? 제354조가 적용되어 사채권자 역시 과세이연을 받는다. 주인으로서의 이해관계가 높아가기 때문이다. 한편 재조직을 계기로 사채권자가 기존의 회사채를 내어놓으면서 그 대신 다른 회사채를 받는다면 어떻게 될까? 제354조의 과세이연은 주식만이 아니라 '증권'에도 미치므로 역시 제354조의 과세이연을 받을 수 있다. 그러나 회사채의 원금이 증가하는 부분이 있다면 그런 차액을 boot로 과세한다. 기

존의 회사채에 딸려있는 기간경과분 이자는 증권을 내어놓는 것이 아니고 이자 債權을 변제받는 것일 뿐이므로 변제받는 방법이 현금이든 주식이든 회사채든 모두 경상소득으로 과세한다. 제354조(a)(2)(A)와 제356조(d)(2)(B)에서 '원금'이라는 말은 반드시 사채 권면에 '원금'이라고 적힌 금액은 아니고, 법에서 원금으로 다루는 금액, 어림잡자면 원리금 현금흐름의 현재가치 상당액이다.[57]

제 3 절 재조직의 판례요건

재조직이라는 개념이 법에 처음 들어올 때부터 법원은 온갖 유형의 조세회피와 씨름해왔다. 판례를 우격다짐으로 정형화해본다면 법령에 명시된 요건을 충족하는 것만으로 재조직이 되지는 않고 1) 이해관계의 연속성 또는 우리식 용어로 지분의 계속성, 2) 사업의 계속성, 3) 사업목적, 이 세 가지를 충족해야 한다는 것이다. 이런 판례 가운데에는 오랜 세월에 걸쳐서 법률에 반영된 것도 많고 판례 내용을 한결 강화한 요건을 법률에 정해둔 것도 많으므로, 어떠한 판례요건이 필요한가는 재조직의 유형별로 하나하나 따져야 한다. 우선 이 절에서는 재조직의 역사 전체에 걸쳐서 판례가 어떻게 형성되었는가라는 윤곽을 짚어보자.

Ⅰ. 이해관계(지분)의 연속성

재조직으로 보아 과세이연하기 위한 판례요건 가운데 가장 중요한 것은 이해관계의 연속성 내지 계속성이다.[58] 재조직 과세이연이란 한 마디로, 주주나 사채권자가 특정한 법인과 맺고 있던 관계가 다른 법인과 새로 맺는 관계로 바뀌지만 기실 법인격이 이렇게 바뀐 것이 겉껍질의 변화일 뿐이라면 이런 변화를 과세계기로 삼아서는 안 된다는 생각이다. 겉껍질은 바뀌었지만 이해관계는 계

---

57) 가령 사채를 할인발행하는 경우 '원금'은 발행가이다. 제163조(e), 1272-1275조 참조.
58) 연속성이라는 말과 계속성이라는 말을 문맥에 따라 섞어 쓰기로 한다.

속 그대로 있다는 생각이다. 이런 뜻에서 판례와 행정해석은 일찍부터 권리 내지 이해관계의 연속성(continuity of interest)이라는 요건을 요구했다. 사채권자 같은 '증권'상 권리자를 제외하고 쓴다면 우리나라에서 흔히 쓰는 말로 지분의 계속성이라고 부를 수도 있다.

판례가 이해관계의 연속성이라는 요건을 요구하게 된 것은 재조직 과세이연 제도가 들어올 당시의 법 그 자체는 이 요건을 명시하고 있지 않았고 그러다 보니 법의 글귀 그 자체는 만족하지만 입법취지로 따져 본다면 과세이연 대상이 아닌 것들을 추려서 내칠 필요가 있었기 때문이다. 현행법에서는 지분의 계속성이라는 개념을 판례보다 한결 강화하거나 구체화하여 법조문에 정하고 있는 것도 있다. 가령 주식인수형 재조직이 되자면 대상법인의 주주는 오로지 인수법인(또는 그 모회사)의 주식만 받아야 하고 현금을 받으면 안 된다. 자산이전형이라면 인수대가의 80% 이상이 주식이어야 한다. 다른 한편 주식 아닌 사채를 받아도 재조직이 되는 경우로 자산이전형(D형) 재조직에서는 주식 말고 다른 증권을 받더라도 재조직일 수 있다고 법에 정하고 있다. 이처럼 판례와 다른 요건을 법에 따로 정하고 있는 것은 각 유형별 분석에 가서 보기로 하고 여기에서는 이해관계의 계속성이라는 개념을 판례가 들여온 연유가 무엇인가에서부터 논의의 실마리를 풀어보자.

1. 초기 판례

재조직이라는 개념을 처음 들여온 1918년 세법[59]은 "재조직이나 흡수합병 또는 신설합병"을 과세이연 대상으로 삼았다. 그 뒤 1921년 세법에서는 재조직을 합병의 상위개념으로 삼으면서 "한 법인이 인수하는 것이 다른 법인의 의결권 부 주식의 과반수와 다른 종류주식의 과반수인 것 또는 실질적으로 다른 법인의 재산 전부인 것"을 합병이라는 개념 속에 포함시켰다.[60] 이 글귀만 놓고 보면 자산인수의 대가가 현금인 경우에도 재조직 개념에 들어간다.[61] 그러나 법원

---

59) An Act to provide revenue and for other purposes, P.L. No. 254, 40 Statute at Large 1057 (1919), 제202조(b). 1918년 법은 1919년에 소급입법했다.

60) Revenue Act of 1921, 제202조(c)(2), 42 Statute at large 227 (1921), 230쪽.

61) Brookes, The Continuity of Interest Test in Reorganizations — A Blessing or a Curse, 34 Cal. L. Rev. 1, 25 (1946), 특히 5-6쪽은 이것이 실수라고 단언한다.

은 이러한 풀이를 내쳤고, 이해관계의 계속성에 관한 효시로 1932년의 Cortland Specialty Co. 판결은 대상법인이 받는 인수대가가 인수법인의 주식이 아니라 현금과 어음뿐이라면 재조직에 해당하지 않는다고 판시하였다. "재조직이란 법인형태는 바뀌었더라도 이해관계가 계속되어야 한다"는 것이다.[62] 이런 생각은 일련의 대법원 판결로 이어져서 1933년의 Pinellas Ice 판결은[63] 다른 법인의 재산 전부를 사들였더라도 현금으로 사들인 것이라면 재조직 조항의 명백한 취지에 어긋나고, 법인격이 바뀔 뿐이지 주주라는 지위 자체는 그대로 남는 흡수합병이나 신설합병과 비슷하다고 볼 수 없다고 판시하였다. 재조직 과세이연을 받으려면 사업을 넘기는 사람이 이를 물려받는 법인에 관여하는 정도가 매매대금 채권보다는 한결 굳건한(definite) 정도에 이르러야 한다는 것이다.

(판례) Helvering v. Minnesota Tea Co.[64]

원고법인은 1928년 자산 전부를 양도하고 인수법인으로부터 현금 425,000불과 인수법인의 보통주 540,000불어치를 받아서 주주들에게 분배하였다.[65] 이 거래에 적용되는 1928년법은 재조직의 유형으로 (A) 합병형, (B) 자산이전형 (C) 자본재구성형, (D) 법인의 동일성이나 설립지 변경 등, 4가지를 정하고 있었다. 이 사건 쟁점은 A형으로서 "흡수합병이나 신설합병(한 법인이 인수하는 것이 다른 법인 주식의 과반수이거나 실질적으로 다른 법인의 재산 전부인 것)을 포함한다"라는 말의 뜻이다.[66] 국세청은 원고의 자산양도차익이 (A)형[67] 재조직에 해당하지 않는다고 보고 양도소득을 과세하였지만 원고는 이에 불복하였다.

국세청의 첫 주장은 인수법인이 대상법인의 재산 전부를 인수해서 A형 재조직이 되자

---

62) Cortland Specialty Co. v. Comr., 60 F.2d 937 (2d Cir. 1932), cert. denied, 288 U.S., 599 (1933), 특히 940쪽. 1926년 법의 재조직(자산인수형) 개념에 관한 판결이다.

63) Pinellas Ice & Cold Storage Co. v. Comr., 287 U.S., 462, 470 (1933). 1928년법의 재조직(자산인수형) 개념에 관한 판결이다.

64) Helvering v. Minnesota Tea Co., 296 U.S., 378, 385 (1935). 1928년법의 재조직(합병형) 개념에 관한 판결이다.

65) 실제 사실관계는 좀 더 복잡해서 인수법인이 둘이고 인수대가도 보통주를 직접 받은 것이 아니라 주식신탁에 따른 수익권을 받았지만 본문의 논점과는 무관하므로 단순화했다.

66) The word 'reorganization,' as used in this paragraph, includes a merger or consolidation (including the acquisition by one corporation of at least a majority of the voting stock and at least a majority of the total number of shares of all other classes of stock of another corporation, or of substantially all the properties of another corporation), ...

67) 현행법으로 치자면 A형, B형, C형을 합한 것.

면 재산이전 직후 대상법인이 인수법인을 지배한다는 요건이 해석상 필요하다는 것이다. 이 지배 요건은 (B)[68]의 자산이전형에만 명시되어 있지만 A형도 마찬가지로 풀이해야 한다는 것이다. 좀더 일반화한다면 B형 재조직에서 불합격하는 거래가 A형 재조직이라는 이유로 과세이연을 받는다면 법에 모순이 생긴다는 것이다. 그러나 법원은 재조직의 각 유형은 서로 독립적이고, 어느 유형에서든 적격이라면 재조직이 된다고 판시하였다. 따라서 쟁점은 이 사건 자산양도가 A형의 요건으로 "한 법인이 인수하는 것이…실질적으로 다른 법인의 재산 전부"라는 글귀를 만족하는가로 좁힐 수 있다. 원고는 위 글귀에 인수대가에 관한 언급이 아예 없는 이상 이 사건 자산인수 역시 그 글귀를 만족한다는 점이 분명하고 따라서 A형 재조직이라고 주장하였다. 법원은 원고승소 판결을 내렸지만 인수대가의 성질을 무시해야 한다는 이 주장 그 자체는 내쳤다. 명문 규정은 없더라도 Pinellas Ice 판결에서 보았듯 재조직의 입법취지로 따져볼 때, 대상법인의 종래주주가 인수법인(사업을 넘겨받은 법인)에 대해 유지하는 이해관계가 "굳건하고도 중요"하여 거래의 실질이 합병과 비슷하다고 볼 수 있어야 합병형 재조직이 된다는 것이다. 그렇다면 대상법인 주주는 인수법인과 어느 정도의 관계를 유지해야 하는가? 구체적으로 이 사건에서는 원고승소 판결이 나왔다. 원고가 받은 인수대가를 보면 현금보다는 주식이 더 많았고 주식의 비중이 굳건하고도 중요한 정도에 해당한다는 것이다. 따라서 원고의 자산양도차익은 재조직으로서 과세이연 대상이라고 판시하였다.

(판례) LeTulle[69]

원고 L은 Irrigation('I')라는 회사의 100% 주주로서 관개사업을 하다가 1931년에 Water('W')라는 회사에 사업을 넘기기로 했다. 이 약정에 따라서 I는 자산과 영업 전체를 W에 넘기고 그 대가로 현금 50,000불과 W가 발행한 회사채 750,000불어치를 받았고, 뒤이어 I는 해산청산하면서 모든 재산을 L에게 청산배당했다. 쟁점은 이 거래가 1928년법에서 (A)형 재조직으로 정하고 있던 "흡수합병과 신설합병(한 법인이 인수하는 것이…실질적으로 다른 법인의 재산 전부인 것)"에 해당하는가이다. 글귀만 본다면 이 거래는 인용 법조문의 괄호부분에 해당하지만 대법원은 이 법조문을 글귀 그대로 읽으면 안 된다고[70] 판시하면서 국세청 승소 판결을 내렸다. 대가가 오로지 회사채이거나 일부 현금 일부 회사채라면 사업주라는 이해관계를[71] 유지한다

---

68) 현행법으로 치자면 D형.

69) LeTulle v. Scofield, 308 U.S., 415 (1940).

70) 세법의 해석방법에 관한 중요한 표현이므로 그대로 적어보면 "the section is not to be read literally".

71) proprietary interest. 1:1로 대응하는 우리말을 찾기가 어렵고 본문에서는 이 정도의 뜻이다. 문맥에 따라 주인, 사업주, 주주 정도로 옮긴다.

고 말하기 어렵고, 양도인은 양수인에 대한 채권자일 뿐이라는 것이다. 회사채에 대한
담보가 I가 넘긴 재산뿐이고 W가 인적책임을 지지 않더라도 이 결론은 마찬가지라는
것이다.

2. 이해관계 계속성의 요건

재조직이 되자면 대상법인 내지 종래주주가 받는 대가의 상당부분이 주식
이어야 한다고 일단 정리하면 다시 여기에서 몇 가지 논점이 뒤따르게 된다.

(1) 보통주 v. 우선주

대상법인이 받는 주식은 반드시 의결권 있는 보통주일 필요는 없고, 무의결
권 우선주를 받더라도 재조직에 해당한다.[72] 이런 판례를 논리적으로 연장한다
면 제351조(g)(2)의 부적격 우선주[73]를 받더라도 재조직의 요건은 일단 만족한다
고 보아야 할 것이다. 다만 이것을 받는 주주가 특칙에 따라 과세이연을 못 받을
뿐이다.[74] 한편 대상법인의 주주 쪽에서 주식을 인수법인에 장차 되팔 권리가
있는 상환주식이라면 아마도 재조직에 해당하지 않겠지만, 인수 뒤에 우연적으
로 주식을 되판 것이라면 재조직의 요건에 어긋나지 않는다.[75]

(2) 주식의 비중

재조직이 되자면 양도인이 받는 대가 가운데 어느 정도가 주식이어야 하는
가? 우선 이 질문은 인수대가 그 자체를 놓고 주식과 현금 등의 비중을 따지는
것이다. 대상법인이나 그 주주가 받는 주식이 인수법인이 발행한 주식 전체 가
운데 어느 정도의 비중인가를 따지는 것이 아니다. 말하자면 동네 햄버거 가게
를 맥도날드에 넘기면서 맥도날드 주식의 0.0000001%를 받더라도, 받는 대가가
주식인 이상 동네 햄버거 주인의 입장에서 본다면 주주라는 이해관계는 계속하
고 있는 것이다. 인수대가 가운데 주식의 비중이 얼마 이상이어야 재조직인가?
앞의 Minesota Tea 판결에서는 주식의 비중이 56%라면 재조직을 인정했다.

---

72) John A. Nelson Corp. v. Helvering, 296 U.S., 374 (1935).
73) 제2장 제2절 Ⅴ.
74) 제354조(a)(2)(c), 제2절 Ⅰ.
75) Rev. Rul. 99-58, 1999-2 CB 701.

Nelson 판결76)에서는 38%라도(더구나 이 38%는 무의결권 우선주였다) 재조직을 인정했다. 현행 재무부규칙은 주식의 비중이 40%라면 재조직을 인정한다.77) 당연한 사리로 주식의 비중이 얼마나 되는가는 계약시점 현재의 가치로 평가해야 한다.78) 둘째, 주식의 비중이 얼마나 되는가는 주주 전체를 놓고 따지는 것이지 한 사람 한 사람을 놓고 따지는 것이 아니다.79) 재조직인가 아닌가는 법인 단위의 개념이기 때문이다.

[보기 6]

대상법인은 보통주만 발행하고 있다. 주주는 갑, 을, 병, 정 네 명이고 주식소유비율은 갑 40%, 을 40%, 병 18%, 정 2%이다.

1) 인수법인은 네 주주로부터 주식을 인수하면서 그 대가로 갑, 을, 병에게는 인수법인의 보통주를 발행해주었으나 정에게는 현금을 지급했다. 이 거래는 재조직인가?

2) 다른 사정은 다 1)과 같고 인수법인이 대상법인을 합병했다면?

〔풀이〕 1) 주식인수형(B형) 재조직의 명문요건은 "취득하는 법인(인수법인)이 교환하여 주는 것이 오로지 그 의결권부 주식…이고 취득하는 것이 다른 법인 (대상법인)의 주식인 것으로서, 취득 직후에 취득하는 법인이 그런 다른 법인을 지배하는 것"이다. 인수법인은 대상법인 주식을 취득하는 대가로 일부 현금을 주었으므로 이 글귀에 맞지 않는다. 재조직이 아니다.

2) A형 재조직이다.

[보기 7]

대상법인은 보통주만 발행하고 있고 있다. 주주는 갑, 을, 병, 정 4명이고 주식소유비율은 갑 35%, 을 30%, 병 20%, 정 15%이다. 대규모 상장법인인 인수법인은 대상법인을 흡수합병하기로 하고 합병결의대로 대상법인 주주에게 합병대가를 주었다. 다음 각 경우(제 351조(g)의 부적격우선주는 아니다) 이 합병은 재조직인가?

1) 갑과 을은 현금, 병은 인수법인의 보통주, 정은 인수법인의 의결권 없는 우선주를 받았다.

2) 갑과 병은 현금, 을은 인수법인의 보통주, 정은 인수법인의 의결권 없는 우선주를 받았다.

3) 갑과 병은 현금, 을과 정은 인수법인의 의결권 없는 우선주를 받았다.

---

76) 296 U.S., 374(1935).

77) 재무부규칙 1.368-1(e)(2)(v), Ex. 1

78) 재무부규칙 1.368-1(e)(2)(i).

79) Miller v. Comr, 84 F2d 415 (6th Cir., 1936).

> 4) 갑과 병은 현금, 을은 인수법인이 발행한 장기사채, 정은 의결권 없는 우선주를 받았다.
>
> 〔 풀이 〕
> 1) 법조문의 글귀만 보면 합병은 그 자체로 A형 재조직에 해당하지만 쟁점은 합병 전후로 주주의 계속성이 있는가라는 판례요건이다. 이 요건은 다시 대상법인 주주들이 받는 합병대가의 성질이 무엇인가라는 질적인 기준과 합병대가 가운데 주식이 차지하는 비중이 얼마나 되는가라는 양적인 기준을 다 따져보아야 한다. 우선 질적인 기준으로 갑과 을은 현금을 받으므로 인수법인의 주주로 계속 남지 않는다. 병은 보통주주로 존속한다. 정은 의결권 없는 우선주를 받지만 이해관계의 계속성을 따질 때에는 우선주주도 주주로 구분한다. 병과 정을 합하면 인수법인이 내어주는 합병대가 가운데 주식은 35%이다. 문제는 35%면 재조직의 양적 기준을 만족하는가이다. 재무부규칙에 정한 일응의 기준인 40%에는 모자란다. 판례 가운데에는 38%를 재조직으로 본 것도 있다.
> 2) 합병대가 가운데 주식(보통주나 우선주)이 차지하는 비중은 45%로 재무부규칙에 정한 일응의 기준으로 볼 때 이해관계의 계속성이 있고 재조직이다.
> 3) 합병대가 가운데 보통주가 아예 없다는 점에서 이것이 단순한 겉껍질의 변화인가에는 의문이 생기지만 아무튼 종래의 판례는 의결권 없는 우선주라도 주식으로 보고 따지므로 결론은 2)와 같다.
> 4) 장기라 하더라도 회사채는 주식과 다르고, 합병대가 가운데 주식의 비중은 15%뿐이다. 이해관계의 계속성이 없으므로 재조직이 아니다.

(3) 사후의 주식처분

대상법인의 주주들이 재조직으로 받은 주식을 바로 팔아버린다면 재조직 여부에 소급적으로 영향이 있는가? 애초 현금을 받은 것이나 마찬가지로 보아 재조직이 아니라고 보아야 하는가? 국세청의 전통적인 입장은 다단계 거래를 하나로 묶어본다면 소급적으로 재조직에서 불합격할 수도 있다는 것이었다.[80]

> (판례) McDonald's Restaurant of Illinois v. Comr.[81]
> 맥도날드(합병존속법인의 모법인)가 1973년에 동네별로 수십개의 자회사를 세워서 각 자회사가 동네의 가맹점 법인(소멸법인)을 합병한 삼각합병사건이다. 소멸법인의 주주들은 현금을 받기를 원했으나 맥도날드는 당시의 기업회계 때문에 이를 거절하고

---

80) Rev. Proc. 77-37, 1977-2 CB 568, 특히 569쪽 3.02 문단.
81) 688 F.2d 520 (7th Cir. 1980).

주식만 줄 생각이었다.[82] 이리하여 절충안으로 합병계약서에 적기를, 나중에 맥도날드가 주식을 증권시장에서 다수의 투자자에게 매출할 때[83] 소멸법인의 주주가 합병대가로 받은 주식을 포함하여 매출할 수 있다고 정했다. 1973. 4.1. 이런 조건으로 합병이 이루어졌고 같은 해 10. 3 소멸법인 주주들은 주식을 실제로 그렇게 팔았다. 이 과정에서 소멸법인 주주들과 맥도날드의 관계는 더욱 악화되었다. 1973. 12. 18 맥도날드는 이 합병이 재조직에서 불합격이라고 보고[84] 합병으로 인수한 자산의 취득가액을 합병신주의 시가 상당액으로 잡았다. 국세청은 이를 부인하면서 소멸법인의 당초 취득가액을 그대로 물려받는 것으로 보고, 시가로 계산한 감가상각 등을 손금불산입했다.

쟁점은 애초의 합병과 그 뒤에 일어난 주식매출이라는 2단계 거래를 묶어서 하나의 거래로 보아 재조직에서 불합격시킬 것인가이다. 법원은 불합격시키면서 원고승소 판결을 내렸다. 대상회사의 주주들이 실제 받기를 원한 것이 현금이었다는 사정을 고려할 때, 주주가 합병대가로 받은 주식을 제3자에게 다시 팔 약정상 의무를 지지는 않았지만 그렇더라도 두 개의 거래는 하나로 묶어서 보아야 한다는 것이다. 그렇게 묶어본다면 역사적 주주가 그대로 남는 것이 아니므로 이해관계의 계속성이 없다는 것이다.

이미 보았듯 실질과세는 세법 전체에 걸친 원칙이므로 다단계거래를 묶어볼 수 있다는 것은 재조직에서도 당연하다. 다만 이 판결에 관해서는 소멸법인의 주주로부터 주식을 산 사람이 존속법인이 아니라 증권시장의 불특정 다수였다는 점에서 시비가 생긴다. 현재의 재무부규칙은 주식발행법인이 아니라 제3자에게 주식을 파는 것은 이미 재조직이 일어났다는 점에 영향을 미치지 않는다고 풀이하고 있다.[85] 구체적으로는 위 맥도날드 판결의 사실관계를 적시한 뒤, 대상법인의 주주가 대상법인 주식을 내어 놓고 인수법인의 주식을 받는 것은 사업주라는 이해관계를 상당부분 유지하는 것이므로 이해관계의 계속성을 만족한다고 적고 있다.[86] 한편 사후적 주식처분의 상대방이 인수법인의 특수관계자라면 재조직에서 탈락한다. 애초부터 인수법인에서 현금을 받으면서 빠져나가는 것이

---

82) 주식만 준다면 당시의 기업회계에서 이른바 풀링법에 따라 대상법인의 낮은 장부가액을 그대로 가져올 수 있었으므로 배당가능이익도 물려받고 장차 생길 처분익도 늘릴 수 있다. 지금은 풀링법은 원칙적으로 안 되고 취득원가를 이른바 취득법(종래의 이름으로 매수법)에 따라 시가로 잡는다. 이창희, 세법강의, 제15장 제2절 Ⅳ. 1. 1).

83) 우리 법으로 쳐서 자본시장법 제9조 제9항, 제119조 등 참조.

84) 재조직 여부와 기업회계의 풀링법 가부는 직결되지 않는다.

85) 재무부규칙 1.368-1(e)(1)(i), (e)(8), Ex. 1(i).

86) 재무부규칙 1.368-1(e)(8), Ex. 3. 그러나 여전히 McDonald 판결을 따른 2002년 판결로 NovaCare, Inc. v. U.S., 2001-1 USTC 50,389 (Fed. Dl. 2002).

나 진배없기 때문이다.[87] 다시 그에 대한 예외로 대상법인과 처분상대방이 모두 동일한 기업집단에 속한다면, 재무부규칙의 글귀로는 재조직 이전에 대상회사의 직간접 소유자였던 자가 재조직 이후 인수회사의 직간접 소유자라면, 재조직의 요건은 그대로 만족된다.[88] 대상법인의 주주가 제3자에게 팔고 빠져나가는 것이 아니기 때문이다.

[보기 8][89]

대규모 상장법인인 인수법인은 대상법인을 흡수합병하였고, 합병대가의 절반은 인수법인의 주식이고 절반은 현금이었다. 인수법인은 주식의 희석화를 막고 발행주식 총수를 유지하기 위하여 기존의 주식상환제도를 변경해서 합병대가로 내어주는 주식수와 같은 수의 주식을 상환받기로 하고 합병 전에 이를 공시하였다. 상환대상이 되는 주식은 미리 특정하지 않은 채 증권시장의 자유로운 거래로 자기주식을 사는 꼴이고(주식매매당사자의 어느 쪽도 주식상환 거래인지 아닌지는 모른다) 이런 주식상환은 합병조건이나 합병협상 과정의 일부는 아니다. 이해관계의 계속성이 있는가?

(풀이)　있다. 이해관계의 계속성이라는 요건은 그 성질상 처분손익으로 과세해야 마땅한 거래를 재조직으로 과세이연해서는 안 된다는 것이다. 이 때문에 "재조직과 관련하여" 주식상환이 일어난다면 사업주라는 이해관계가 계속하지 않는다고 재무부규칙에 정하고 있는 것이다. 이 사건에서는 인수법인이 대상법인 주주였던 자로부터 주식을 상환하는 결과가 생길 수 있지만, 이것은 우연적인 결과일 뿐이다. 재조직과 관련하여 일어나는 주식상환이 아니다.

---

(4) 오랜 주주라야 하는가?

재조직 과세이연은 대상법인의 주주가 재조직이 있기 전부터 쭉 있던 종래의 주주이었을 것, 영어를 그대로 옮긴다면 '역사적인 주주'이었을 것을 요건으로 하는가? 가령 주식인수로 대상법인을 100% 자회사로 삼은 뒤 다른 자회사와 합병한다고 하자. 주식인수와 합병을 별개의 거래로 보면서 합병이 재조직(A형)인가를 따지는 경우라면 주주라는 이해관계가 계속한다. 인수법인 그 자신이 대상법인을 흡수합병하는 경우에도 같다. 주식인수를 합병의 한 단계로 보는 경우

---

87) 재무부규칙 1.368-1(e)(8), Ex. 4.
88) 재무부규칙 1.368-1(e)(8), Ex. 8.
89) Rev. Rul. 99-58, 199-2 CB 701.

에는 어떻게 되는가?

(판례) Yoc Heating Corp. v. Comr.[90]

예전에 주식인수와 자산인수의 구분에 관련해서 본 판결이지만 그 때는 무시했던 재조직 여부라는 논점을 살펴보자. 이 사건에는 여러 쟁점이 있지만 재조직이 아니라면 원고주장이 옳다는(그 결과 거래의 실질이 자산인수가 된다는) 판시내용을 전제로 하고 재조직 여부만 따져보자. 인수자측 R법인은 대상법인 O의 자산 가운데 사업에 필요한 일부만을 직접 취득하고자 하였으나 대상법인 소수주주의 반대 등 이런 저런 사정으로 불가능해지자 대상법인 주식의 85%를 현금으로 매수하였다. 주식매수 뒤 곧이어 재조직계획을 이사회결의로 채택하고 그 계획에 따라, R법인은 새로운 자회사 N법인(= 이 사건 원고로 뒤에 이름을 Yoc Heating으로 상호변경)을 설립하였다.[91] 대상법인은 자산을 N법인에 넘기고, 그 대가로 N법인이 대상법인의 주주(인수법인 및 15% 소수주주)에게 대상법인 주식과 교환하여 N법인 주식을 발행해 주거나 현금을 지급하기로 했다. 이 계약대로 대상법인은 자산을 N법인에 넘기고 바로 해산청산했다. 소수주주들은 모두 이 거래에 반대하였기에 주식매수청구소송을 거쳐 N법인에게 주식을 넘기면서 현금을 받고 빠져나갔다.[92]

쟁점은 N법인이 대상법인 자산을 스스로의 자산처럼 감가상각할 수 있는가, 할 수 있다면 감가상각 대상이 되는 취득원가는 얼마인가이다. N법인은 애초 자산취득을 목적으로 주식을 샀던 것인만큼 주식취득 후 해산청산이라는 두 단계를 자산취득이라는 한 단계로 묶을 수 있다고 생각했다. 거래의 실질이 자산인수인만큼 R법인이 주식매수대금조로 지급한 금액이 자산의 취득원가가 되고, 따라서 그런 취득원가를 감가상각할 수 있다는 전제 하에서 이 거래를 했고, 실제로 주식매수대금(당초 매수분 85% 더하기 소송을 통한 매수분 15%)으로 지급한 돈을 자산의 취득원가로 계상했다. 뒤이어 R법인이 N법인에게 자산을 제351조에 따라 현물출자한 것으로 보면서, N법인은 R법인의 자산 취득원가(= 주식매수가액)를 물려받아[93] 감가상각했다. 국세청은 이를 부인하고 원고 N법인에게 대상법인의 당초 자산 취득원가에 따른 감가상각만 인정했다. 국세청 주장은 이 거래의 각 단계를 따로 따로 파악해야 한다는 것이다. 곧 1) R법

---

90) 61 TC 168 (1973). 제6장 제3절 V. 앞선 판결로 Kass v. Comr, 60 TC 218(1973).

91) 이 사건의 정확한 사실관계와는 다르지만 소수주주의 주식 15%를 매수하는데 필요한 현금을 N법인에 출자했다고 생각하면 된다.

92) N법인이 대상법인을 흡수합병하는 것과 같은 결과가 생기지만 이 판결의 실제 사실관계에서는 위와 같이 계약을 맺었고 회사법상의 합병을 하지는 않았다. 그렇지만 이 판결 자체나 그를 인용하는 후속 판결에서는 이를 합병이라고 부른 경우가 많다. 어차피 세법의 입장에서는 회사법상의 합병도 본문과 같은 2단계로 분해하여 파악하기 때문이다.

93) 제358조(a)(1). 제2장 제2절 II.

인이 대상법인주식을 시가로 인수한 뒤에, 2) 재조직을 통하여 대상법인의 재산이 원고법인으로 넘어가면서 대상법인의 주식이 원고법인의 주식으로 바뀐 것뿐이며, 3) 따라서 원고법인은 대상법인의 당초 취득원가를 그대로 물려받는다는 것이다. 법원은 납세의무자 승소 판결을 내렸다. 2)가 1)에서 분리된 재조직거래가 아니고 1), 2)를 묶어서 자산인수라는 한 개의 거래로 보아야 한다는 것이다.

쟁점을 2)의 재조직 여부로 좁히면 이 사건 당시의 법은 자산이전형(D형)으로 현행법과 똑같은 내용을 정하고 있었다. 국세청 주장은, "양도하는 법인(대상법인)이 그 자산의 전부나 일부를 다른 법인(원고법인)에 양도하는 것으로 양도 직후 양도인…의 주주(R법인)가…, 지배하는 법인(원고법인)이 양수인인 것"이라는 내용을 재조직에 포함하고 있었다. 국세청 주장은 자산 양도 시점 현재 대상법인의 주주가 R법인이고 R법인이 원고법인을 지배하고 있었으므로 대상법인이 원고법인에 자산을 양도하는 것은 자산이전형 재조직이고, 따라서 원고법인은 대상법인의 당초 취득원가를 물려받는다는 것이다. 그러나 주식인수와 자산인수(대상법인 쪽에서 보면 자산양도)가 묶어서 한 개의 거래라면 거래시점 현재 대상법인의 주주는 R법인이 아니라 대상법인의 당초 주주가 된다. 주식인수와 자산인수를 묶어서 자산인수로 보는 이상 자산의 양도양수 당시 대상법인의 당초 주주는 원고법인을 지배하고 있지 않으므로, 대상법인의 자산양도는 자산이전형 재조직에 해당하지 않는다.

재조직 여부의 판단은 앞뒤의 사정, 구체적으로 이 사건에서는 주식양도 이전부터 자산양도 이후까지의 사정을 묶어서 이해관계가 계속하고 있는가를 판단해야 한다는 판시취지는 결국 종래의 역사적 주주(=주식 양도 전의 주주)가 자산양도 이후까지 이해관계를 계속 유지해야만 재조직이라는 말이다. 그러나 역사적 주주라는 이해관계가 계속되어야 한다는 이 판시취지는 그 뒤 Seagram 판결로 적용범위가 대폭 축소되어 종래의 역사적 주주가 재조직 전에 주식을 사전매각하더라도 매수인이 독립적인 제3자라면 재조직이 된다.

(판례) J.E. Seagram Corp. v. Comr[94]

1981년 J.E. Seagram('JES')은 Conoco사('C')를 놓고 Dupont사('D') 등 다른 법인과 공개매수 경쟁을 벌이면서 C주식의 32%를 현금으로 매수하였으나 D가 한결 높은 값(현금이나 주식)을 내면서 46%를 취득하는 바람에 경쟁에서 밀리고 말았다. 그리하여 JES는 D의 공개매수에 응하여 C주식 32%를 내놓고 D주식을 받았다. JES가 C주식 32%를

---

94) 104 TC 75 (1995).

살 때에는 주당 92불이 들었지만 그 대가로 받은 D주식은 73불어치라 JES에는 약 5억 3천만불의 손실이 생겼다.[95] 그 후 D는 C를 합병했다.[96]

쟁점은 JES가 C주식과 D주식의 교환에서 생기는 양도차손 5억 3천만불을 손금산입할 수 있는가이다. 국세청은 D의 주식 공개매수와 합병을 묶어서 하나의 거래로 보면서, JES가 공개매수에 응하여 C주식과 D주식을 교환한 것은 합병형(A형)재조직의 일환으로 양도차손을 인식할 수 없다고 보았다. 이에 대해 JES는 공개매수를 통한 주식교환과 합병이 별개의 거래라는 주장을 내세웠다. 별개의 거래라면 모든 주주가 주주라는 이해관계를 계속하지만 D가 소유한 C주식이 78%(소수주주에게서 산 46%와 JES에서 산 32%)로 80% 미만이어서 D는 C를 지배하는 것이 아니고 따라서 주식교환은 주식인수형(B형) 재조직에서 불합격이다.[97] 그러나 법원은 이 주장을 내치고 공개매수를 합병의 한 단계로 본다. 다시 이에 대하여 JES는 Yoc Heating 판결을 근거로 재조직이 아니라고 주장했다. C의 종래주식 가운데 78%는 JES(32%)와 D(46%)에게 팔고 빠져나갔으므로 이해관계의 연속성이 있는 것은 나머지 22%뿐이고 이 정도라면 겉껍질의 변화를 넘는다는 것이다.

법원은 국세청 승소판결을 내리면서 Yoc Heating 판결이 요구한 역사적 주주 개념을 그 판결의 글귀보다 축소했다. Yoc Heating 판결의 취지는 인수자측(인수법인 및 특수관계자)이 인수과정에서 취득한 대상법인 주식을 내놓으면서 인수법인(또는 그 자회사)의 주식을 받는 것은 이해관계의 연속성이 없다는 뜻이라는 것이다. 다시 말하면 인수법인이 스스로를 역사적 주주라고 내세울 수는 없다는 말이다. Yoc Heating 판결의 취지를 이렇게 읽는다면 Seagram 사건에서 C의 주주들이 받은 주식 가운데 인수법인인 Dupont이 받는 46%는 이해관계의 연속성이 없지만 JES(32%) 및 소수주주들(22%)이 받는 54%는 이해관계의 연속성이 있다는 것이다. 이 결론에 이르는 이유를 방론으로 설명하면서 법원은 기업인수계획이 공시된 뒤 대상회사의 주식이 투자자들 사이에서 어떻게 흘러다닐지는 전혀 알 수 없는 것이고 그렇다면 인수계획이 있기 전의 주주 가운데 일정비율 이상이 인수회사의 주주로 남아야 한다는 요건은 전혀 비현실적이라고 적고 있다. 결국 Seagram 사건에서 법원은 합병과정에서 교환한 C주식 54% 중 JES의 32%는 최근에 취득한 주식이며 역사적 주주는 아니지만, 그렇더라도 이해관계의 계속성이 있고 합병은 비과세 재조직이라고 판시하였다.

Yoc Heating 판결의 사실관계에 Seagram 판결을 적용한다면 어떻게 될까?

---

95) 손해를 보면서 교환에 응할 리가 있는가라는 생각이 얼핏 들 수 있지만 틀린 생각이다. D주식의 가치와 비교해야 할 대상은 JES가 지급한 값(주가는 경쟁과정에서 당연히 올라가지만 일이 끝나면 거의 언제나 뚝 떨어진다)이 아니라 C의 소수주주로 남을 경우 C주식의 가치이다.

96) 정확히는 D의 자회사를 전면에 내세워 뒤에 보는 정삼각합병을 했다. 제9장 제7절.

97) 제9장 제1절.

원고법인(N)이 대상법인의 자산을 양수하면서 내준 주식 가운데 모법인인 R의 지분 85% 부분은 이해관계의 계속성이 없고, 소수주주 15%는 인수합병 과정에서 모두 현금을 받고 빠져나갔으므로 이해관계의 계속성이 없다. 인수법인이 자산인수 대가로 내주는 인수법인 주식 가운데 인수법인과 특수관계 없는 자들이 받는 주식은 없다. 따라서 Yoc Heating 판결의 구체적 사실관계에서는 재조직이 아니라는 결론은 그대로이다. 이와 달리 Seagram 판결에서는 인수대가로 인수법인 주식을 받는 대상법인 주식 가운데 54%(JES의 32% 더하기 소수주주 22%)는 이해관계의 계속성이 있으므로 재조직이라는 차이가 생긴다. Seagram 판결을 받아서 현행 재무부규칙은, 대상법인 주식을 대상법인의 특수관계자나 인수법인의 특수관계자 아닌 제3자에게 사전처분하는 것은 이해관계의 계속성을 해치지 않는다고 정하고 있다.[98] 결국 사전처분이든 사후처분이든 독립적 제3자에 대한 처분은 이해관계의 계속성을 해치지 않는다.

[보기 9]
범세계적 규모로 음반 제작판매업을 하는 인수법인은 재즈앨범에 특화하고 있는 소규모 음반사인 대상법인을 인수하고자 한다. 대상법인의 주식은 자연인 최다자가 75%를 다른 자연인 차선자가 25%를 소유하고 있다. 인수법인과 대상법인은 주식교환 방식으로 두 주주가 소유한 주식을 인수법인에 넘겨주고 그 대가로 두 주주는 인수법인의 주식을 받기로 합의하였다.
1) 위 합의대로 주식교환이 일어났다. 재조직으로 과세이연 대상인가?
2) 차선자는 현금이 필요해서 인수법인 주식을 받는 직후에 이를 인수법인과 아무런 특수관계가 없는 권계무에게 시가에 팔았다. 이 거래는 재조직으로 과세이연 대상인가?
3) 차선자는 현금이 필요해서 인수법인 주식을 받는 직후에 이를 인수법인의 완전자회사에게 매도하기로 미리 합의해 둔 상태이다. 이 거래는 재조직으로 과세이연 대상인가?
4) 주식교환을 둘러싼 협의 중에 최다자와 차선자는 현금이 필요해서 주식을 인수법인과 특수관계 없는 권계무에게 팔았고, 그 뒤 권계무는 소유한 대상법인 주식과 인수법인의 주식을 교환하였다. 이 거래는 재조직으로 과세이연 대상인가?
(풀이)
1) "취득하는 법인(인수법인)이 교환하여 주는 것이 오로지 그 의결권부 주식의…일부이고…취득하는 것이 다른 법인(대상법인)의 주식인 것으로서, 취득 직

---

98) 재무부규칙 1.368-1(e)(1).

후에 취득하는 법인이 그런 다른 법인을 지배"하고 있으므로 이 주식교환은 주식인수형(B형) 재조직의 명문요건을 만족하고 재조직이다.

2) 문제는 주주의 계속성이다. 인수법인이 인수대가로 내어주는 주식을 받는 자인 최다자와 차선자는 인수법인과 아무런 특수관계가 없으므로 인수전후로 이해관계의 계속성이 있다. 따라서 재조직에 해당한다. 재조직 이후에 차선자가 주식을 인수법인과 특수관계 없는 권계무에게 매도한다는 점은 재조직이라는 데에 영향을 미치지 않는다.

3) 인수법인의 특수관계자에게 주식을 매도하는 것은 주식교환과 묶어서 1개의 거래로 파악해야 하고 실질적으로 인수법인에서 현금이 나가는 셈이다. 그렇게 보면 "교환하여 주는 것이 오로지 그 의결권부 주식"이라는 요건이 깨어지므로 B형 재조직이 아니다.

4) 인수합병 계획이 공시된 후에도 주식매매가 일어나는 것은 당연하다. 권계무가 대상법인이나 인수법인과 특수관계가 없는 이상 인수법인이 내어주는 주식을 받는 주주인 권계무는 인수합병 전후로 계속 주주였던 자에 해당한다.

(5) 제338조 적격매수와 뒤따르는 재조직

재조직 바깥의 일반적인 조문에서는 합병이란 법인의 해산청산이므로 80% 이상 자법인을 모법인이 흡수합병하는 것은 자법인의 해산청산으로 과세이연을[99] 받고, 애초 합병 과세이연을 따질 필요가 없어진다. 제338조에 따른 80% 이상 적격주식매수로 대상법인을 자법인으로 삼은 뒤 제338조에 따른 자산평가증 선택권을 행사하지 않은 상태에서 자법인을 모법인이나 모법인의 다른 자법인이 흡수합병하거나 자법인의 자산을 모법인이나 모법인의 다른 자법인이 인수한다면 이해관계가 계속되는가?, 애초의 적격주식매수와 합병·자산인수가 한 개의 재조직계획에 따른 것이더라도 합병이나 자산인수 부분을 한 개의 거래로 따로 잘라내어 재조직 여부를 판단할 수 있고 이 판단에서는 모법인의 주식에는 이해관계의 계속성이 있다는 것이 재무부규칙이다.[100] 다른 한편 이 규칙은 모법인과 자법인 사이의 관계에만 적용되므로 자법인의 다른 주주에게 생기는 법률효과는 여전히 주식인수와 뒤따르는 합병·자산인수가 한 개의 거래인가 별개의 거래인가에 달려있다. 전자라면 주식인수 단계에서 대상법인 주식의 80% 이

---

99) 제6장 제2절.
100) 재무부규칙 1.338-3(d).

상을 인수법인이 현금으로 인수하므로 이해관계의 계속성이 없어서 대상법인의 다른 주주는 합병 단계에서 주식만 받더라도 재조직 과세이연을 받지 못한다.

[보기 10][101]

대상법인의 85% 주주인 최다자와 15% 주주인 차선자는 인수법인 측과 아무런 특수관계가 없다. 인수법인은 2단계 재조직계획의 첫 단계로 최다자의 주식 전부를 현금으로 사들였고 제338조의 자산평가증은 선택하지 않았다. 다음 각 경우 인수법인과 차선자에게는 어떤 법률효과가 생기는가?

1) 둘째 단계로 인수법인의 100% 자법인인 인수자법인이 대상법인을 흡수합병했고 그에 따라 인수법인과 차선자는 대상법인 주식을 내어놓고 인수자법인 주식을 받았다.

2) 둘째 단계로 인수법인은 대상법인을 흡수합병하여 자산과 영업 전부를 넘겨받으면서 대상법인 주식가치의 15%에 상당하는 인수법인 주식을 차선자에게 발행해주었다.

[풀이] 1) 인수자법인과 대상법인의 합병에 관한 한 인수법인이 내어놓는 대상법인 주식과 받는 인수자법인 주식 사이에는 이해관계의 계속성이 있다. 따라서 대상법인과 인수자법인의 회사법상 합병은 합병형(A형) 재조직에 합격한다. 동시에 이 합병은 자산이전형(D형) 재조직에도 해당한다. 대상법인이 자산을 실질적으로 전부 인수자법인에 넘기고 해산청산하면서 이전대가(인수자법인 주식)를 다 분배하고 대상법인의 주주(=인수법인)가 인수자법인을 지배하기 때문이다.[102] 따라서 대상법인은 제361조(a)에 따라 자산 양도차익을 과세이연받고 인수자법인은 제362조(b)에 따라 대상법인의 자산취득가액을 그대로 물려받는다. 인수법인은 제354조에 따라 주식 양도차익을 과세이연받고 인수자법인 주식의 취득가액은 제358조에 따라 대상법인 주식 취득가액(매수가액)을 그대로 물려받는다. 다른 한편 인수법인 아닌 다른 주주(차선자)에 관한 한 두 단계를 합병이라는 한 개의 거래로 묶어서 이해관계의 계속 여부를 판정한다. 합병대가의 85%를 현금으로 지급하였으므로 거래전체가 재조직에서 탈락하고, 그에 따라 현금을 받은 최다자의 주식양도차익만이 아니라 주식만 받은 차선자의 대상법인 주식 양도차익도 과세이연받지 못한다.

2) 인수법인이 합병과정에서 자기주식을 받지는 않지만 대상법인의 주주였다는 인수법인의 이해관계는 재산의 직접적 소유자라는 한결 강화된 이해관계로 바뀌므로 이해관계의 연속성이 있다. 나머지는 1)과 같다.

---

101) 재무부규칙 1.338-3(d)(5), Ex.

102) 제354조(a), (b)(1), 제368조(a)(2)(H), 제304조(c)(1), 제9장 제9절 Ⅱ.

II. 사업목적과 사업의 계속성

1. Gregory 판결과 Bazley 판결

이미 보았던 Gregory 판결이 확립한 원칙은 아무런 사업목적 없이 조세회피만 노리는 행위는 부인하고 거래를 재구성하여 과세한다는 것이다. 재조직 측면에서 이 판결을 다시 한번 생각해보자.

> **(판례) Gregory v. Helvering**[103]
>
> 원고 Gregory는 1928년 United Mortgage Corporation의 100% 주주였고, U법인은 Monitor라는 증권회사의 주식 1,000주를 소유하고 있었다. M주식의 가치는 U법인의 취득원가보다 훨씬 오른 133,333불이었다.
>
> 이리하여 G는 재조직이라는 개념을 이용하여 (1) U법인은 M주식을 현물출자하여 Averill 법인을 세우면서 A주식 100%를 받고 (2) U법인은 이 A주식을 G에게 분배하였다. 뒤이어 (3) G는 A법인을 해산청산시키면서 M주식을 청산분배 받았다. 1928년 법은 현행법으로 치자면 (D)형 재조직에 해당하는 조문으로, "법인(U)이 자산(M주식)의 일부나 전부를 다른 법인(A)에게 양도하는 것으로 양도 직후 양도인(U), 하나 이상의 주주(G) 또는 둘이 합하여 지배하는 법인이 자산의 양수인"이라면 이를 재조직으로 보고, 현행법 제355조의 배당형 회사분할에[104] 해당하는 내용으로 "재조직 계획에 따라 재조직당사자인 회사(U)의 주주에게⋯다른 재조직당사자 회사의 주식(A주식)을 배당한다면 주주의 소득을 인식하지 않는다"고 정하고 있었다. G는 (1),(2)의 거래는 위에서 정한 재조직에 해당하므로 A주식을 분배받을 때 소득이 생기지 않고(그 결과 G의 U주식 취득원가의 일부를 A주식에 안분해서 A주식 취득원가는 57,325불이 되었다[105]) M주식을 청산분배받는 시점에 가서 A주식 양도소득이 133,333 – 57,325 = 76,008불 생겼다고[106] 신고하였다. M주식의 취득원가는 133,333불로 올라가므로 그 뒤에 M주식의 양도소득은 133,333 – 133,333 = 영(0)이 된다. 이에 대해 국세청은 (1), (2), (3)의 거래는 조세회피 행위일 뿐이므로 (1)과 (2)는 회사분할형 재조직에서 불합격이라는 이유로 A주식을 분배받을 때 G에게 A주식 시가에 해당하는 배당소득 133,333불이 생기는 것으로 과세하였다. 법원은 국세청 승소 판결을 내렸다. 이 사건 거래는 "사업상의 목적이 없는" "단순한 도구로서, 법인의 재조직이라는 외형을 띠는

---

103) 293 U.S., 465 (1935). 제7장 제1절 II.
104) 현행법으로 제355조(a)(1). 제7장 제2절.
105) 현행법으로 제358조(b)(2). 제7장 제2절.
106) 제5장 제1절 II. 1.

식으로 진정한 성격을 가리려는 것"이고 "그 유일한 목적과 실적은 미리 짠 계획, 곧 사업의 전부나 일부의 재조직이 아니라 법인주식의 일부를 원고에게 이전하는 것"이라는 말이다. A라는 법인이 아예 존재하지 않는다고 보면 U는 A주식이 아니라 M주식을 G에게 분배한 것이고 따라서 그 시점에서 G에게 배당소득이 생긴다는 말이다.

무슨 일이 벌어진 것인가? G는 M주식을 제3자에게 팔고 처분대금을 배당받을 작정이었다. 그런데 U법인이 M주식을 직접 팔아서 처분대금을 배당한다면 G에게는 배당소득이 생기게 된다. 두 번째 방식으로 G가 M주식을 배당받아서 이것을 팔더라도 G에게는 M주식의 시가만큼 배당소득이 생기게 된다. 이처럼 배당소득이 생기는 것을 피하고 양도소득으로 저율과세 받을 길은 무엇일까? M주식을 G에게 옮기는 단계에서 배당소득이 아니라 양도소득으로 과세받게 할 수 있다면 M주식의 취득원가는 시가로 올라갈 것이고 M주식 양도단계에 가서는 과세소득이 생기지 않는다. 가령 U법인의 유일한 재산이 M주식이라면 U법인을 해산청산해서 이 결과를 얻을 수 있다. 그러나 U법인에는 다른 재산과 사업이 있어서 이것은 취할 길이 못되었다.

Gregory 판결은 세법 전체에 걸쳐 실질과세 원칙의 효시를 이루는 판결로 조세회피를 유일한 목적으로 하는 행위는 없는 것으로 보고 당사자의 행위를 재구성하여 과세할 수 있다는 것이다. 기실 구체적 사실관계를 놓고 본다면 Gregory 판결의 쟁점은 재조직이기 위해서는 법에 나오는 명문요건을 만족하는 것만으로는 부족하고 사업목적이나 사업행위가 있어야 재조직이 된다고 판시한 것이지만, 그 뒤에 이 판결의 적용범위가 세법 전체에 걸치게 된 것이다. 재조직 맥락에서만 자주 인용되는 것으로는 Bazley 판결이 있다.

(판례) Bazley v. Comr[107]
원고 부부 등은 폐쇄법인의 100% 주주로 기존주식 1,000주 전부(액면총계 100,000불)를 내어놓고 신주 5,000주(무액면 주식으로 자본금은 300,000불)와 회사채를 받았다. 회사채의 액면총계는 400,000불이고 상환사채였다. 법인에는 배당가능이익이 855,000불 있었다. 원고는 주식을 내어놓고 주식과 사채를 받는 것이 재조직(자본재구성형)에 해당하여서 당시의 법령에 따를 때 양도차익에 세금 낼 것이 없다고 주장하였다. 그러

107) 331 U.S., 737, reh'g denied, 332 U.S., 752 (1947).

나 대법원은 이 회사채는 현금이나 마찬가지이고, 이 사건 교환은 정당한 사업목적이 없는 도구일 뿐이라고 보았다. 재조직이라고 볼만한 성질이 없는, 그저 숨은 배당일 뿐이라는 것이다. 따라서 사채의 금액 300,000불은 전액 배당소득이다.

2. 사업의 계속성

인수합병의 결과 대상법인이 종래 하던 사업은 아예 접고 재산만 물려받는 결과가 된다면 이것을 단순한 껍질의 변화라 볼 수 있는가? 재산만 넘기는 것이라면 응당 세금을 물려야 하지 않을까?

> **(판례) Bentsen v. Phinney**[108]
> 원고 B는 텍사스에서 Rio라는 부동산 개발 법인의 지배주주였다. B는 부동산 개발업을 그만두고 새로 보험업을 하기로 결심하고, R의 재산 전부를 현물출자하여 보험업 법인(I)을 자회사로 신설하여 R이 I주식을 받은 뒤, R을 해산청산하면서 원고가 I주식을 청산배당받았다. 쟁점은 이 거래가 현행법으로 쳐서 (D)형 재조직에 해당하여[109] 원고의 양도소득이 과세이연 대상인가이다.
> 국세청 주장은 부동산개발업과 보험업은 아예 다른 사업이므로 사업의 계속성이 없고, 이것은 단순한 겉껍질의 변화를 넘는다는 것이다. 기실 재조직에서 '사업의 계속성'(continuity of business enterprise; COBE)이라는 말은 법률에는 없이 재무부규칙에 나오는 개념이어서 이 사건의 쟁점은 이 말의 해석이라는 형식을 띠게 되어, 구체적으로는 업종이 다른 법인으로 재산을 넘긴다면 사업의 계속성이 있는가 없는가가 쟁점이 되었다. 부동산개발업과 보험업이 서로 다른 사업인 것은 자명하고, 특히 텍사스법에서는 보험회사는 다른 사업을 겸영할 수 없도록 정하고 있었다. 법원은 재산이 넘어가는 이상 사업의 계속성이라는 요건을 만족한다고 판시하였다.

적어도 우리 말로 옮겨놓는다면 '사업의 계속성'이라는 말은 종래의 업종이 그대로 이어지는 듯한 어감이 들지만 위 판결이 보여주듯 재조직이 되자면 업종이 같아야 하는 것은 아니다. 종래의 사업재산이 상당한 정도로 존속하는 이상 재조직이라는 것이다. 한편 사업재산을 물려받지 않더라도 종래의 업종을 계속한다면 사업의 계속성이 있다고 본다. 대상법인이 하던 사업이 여러 업종에 걸

---

108) 199 F. Supp. 363 (Southern District Texas 1961).
109) 판결문은 C형과 D형을 다 인용하고 있으나 양쪽에 다 해당하면 C형에서는 탈락한다. 뒤에 본다.

첫다면 그 가운데 일부 업종만 계속하더라도 그 정도가 상당한 이상은 사업의 계속성이 있다.[110] 어느 정도라야 '상당'한가는 구체적 사실문제이지만 가령 재산의 27%가 존속한다면 재조직이라는 판결도 있다.[111] 이런 판례는 현행 재무부규칙에도 들어와 있다.[112] 업종을 유지하더라도 사업재산은 처분한다면 재산에 딸린 미실현이득은 어차피 과세하지만, 주주에 대한 미실현이득 과세여부는 재조직이 되는가 안 되는가에 따라 달라진다. 사업의 계속성이란 대상법인의 사업에 관한 것이고 존속법인이 당초사업을 계속해야 한다는 말은 아니다.

[보기 11][113]

대상법인은 농기구 제조업을 영위하고 있다. 인수법인은 목재제재업을 영위하고 있다가 대상법인을 흡수합병한 후 곧 대상법인에서 넘겨받은 재산을 다 제3자에게 매각하였다. 이 거래는 재조직인가?

〔풀이〕 법률의 글귀만 본다면 회사법상의 합병이라는 합병형(A형) 재조직의 요건을 만족하지만 업종도 다르고 재산도 다 팔았으므로 사업의 계속성이라는 판례요건에 어긋나서 재조직이 아니다.

[보기 12]

세탁업 회사인 인수법인은 음반 제작사인 대상법인의 자산을 모두 인수하면서 인수대가로 의결권부 보통주(발행주식 총수의 20% 상당)를 대상법인에 발행해 주었고 대상법인은 해산청산했다. 인수 직후, 인수법인은 음반제작 공장을 세탁공장으로 변경하고 나머지 자산은 다 팔았다. 이 자산인수는 재조직인가?

〔풀이〕 글귀로는 자산인수형(C형) 재조직의 요건, 곧 "취득하는 법인(인수법인)이 교환하여 주는 것이 오로지 그 의결권부 주식…이고 취득하는 것이 실질적으로 다른 법인 재산의 전부인 것"에 해당하지만 문제는 사업의 계속성이라는 판례법상 요건이다. 업종은 음반제조업에서 세탁업으로 바뀌었지만 종래의 자산 가운데 공장이 사업자산으로 존속하고 있고 이 공장의 가치가 인수한 자산 가운데 상당한 비중이라면 재조직이 된다.

---

110) Lewis v. Comr., 176 F.2d 646 (1st Cir. 1949).
111) Laure v. Comr., 70 T.C. 1087 (1978), aff'd in part and rev'd inpart, 653 F.2d 253 (6th Cir. 1981).
112) 재무부규칙 1.368-1(d)(3).
113) 재무부규칙 1.368-1(d)(5), Ex. 5.

> **[보기 13]**[114)]
> 의류제조업을 하는 대상법인은 재조직계획에 따라 재산 전부를 팔고 처분대금으로 단기투자 주식 및 채권을 샀다. 그 뒤 대상법인은 3년 동안 금융투자를 주업으로 하다가 재조직 계획대로 재산전부를 인수법인에 출자하면서 인수법인 주식으로 발행주식 총수의 2% 상당을 받아서 주주에게 분배하였다. 인수법인은 regulated investment company(우리나라로 쳐서 자본시장법상의 투자회사; 펀드)이다. 뒤이어 대상법인은 해산청산하면서 인수법인 주식을 주주들에게 청산배당하였다. 이것은 재조직으로 과세이연 대상인가?
> (풀이)   애초 재조직 계획 자체가 종래의 사업을 처분하는 것이므로 사업의 계속성이 없다. 재조직이 아니다.

마지막 보기의 최종결과를 놓고 본다면 대상법인의 주주들은 종래의 이해관계는 다 정리하고 펀드를 산 셈이다. 그러니까 재조직이 아니라는 것이다. 그런데 이 사실관계와 동네 햄버거 가게의 주인이 가게를 맥도날드로 넘기고 0.000001% 소수주주가 되는 것은 같은가 다른가? 펀드투자자의 지위나 맥도날드 소수주주의 지위나 환금성 면에서 마찬가지라고 볼 수도 있지만 이 보기의 의류 제조업자는 재조직이 아니라고 한다. 두 가지의 차이는 무엇인가? 종래 하던 사업이 남아 있는가 사라졌는가라는 점이 다르다.

> **[보기 14]**
> 위 보기에서 인수법인이 투자회사가 아닌 대규모 철강회사라면?
> (풀이)   앞과 같다.

재조직이 아닌 이유를 주주의 사후적 지위가 아니라 사업의 존속 내지 계속성 여부에서 찾는다면 이 보기에서 철강회사로 흡수합병되는 것 역시 재조직이 아니라야 논리가 맞다. 한편 주주의 계속성에 관해서는 이 행정해석 뒤에 나온 Seagram 판결이, 재조직 전이든 후이든 제3자에 대한 주식처분은 계속성을 해치지 않는다고 판시한 것은 이미 보았다. 겉껍질의 변화라고 보려면 법인 단계에서 사업은 계속해야 하지만 주주단계에서 각 주주가 그대로 남아있을 필요는 없다는 것이다.

---

114) 재무부규칙 1.368-1(d)(5), Ex. 3.

일단 사업재산이 존속한다고 보아 재조직이 된 경우 다시 두 가지 문제가 파생된다. 대상법인에서 넘어온 재산은 얼마나 오래 가지고 있어야 하는가? 이 문제에 대해서는 판례나 행정해석을 찾지 못했다. 그 까닭은 아마도 재산의 일부, 가령 재산가치로 쳐서 1/3 정도만 유지하더라도 재조직이 있었다는 사실에 소급적 영향이 없으므로 개별재산의 처분이 실제 문제로 등장하지 않는 듯 싶다. 두 번째 문제로, 재조직이 끝난 뒤 인수법인에게 다시 사업재편의 필요성이 생기는 경우, 가령 인수법인의 자회사에게 재산을 넘긴다면 재조직에서 탈락하는가?

(판례) Groman v. Comr.[115)]

삼각합병에 관한 규정이 생기기 전 1928년 법에 관한 판결이다. 원고는 I법인(대상법인)의 주주였다. 인수자측 G법인은 자법인 O를 신설하여, O가 대상법인의 주주들로부터 대상법인의 주식을 넘겨받는 대가로 대상법인의 주주들에게 O주식 및 G주식을 발행해주었다(뒤이어 O는 대상법인을 해산청산하여 대상법인의 자산을 직접 소유하게 되었다). 이 과정에서 원고는 대상법인 주식을 내어주면서 O주식 및 G주식을 받았다. 원고는 대상법인 주식의 양도차익을 재조직 과세이연 대상이라 생각하고 신고하지 않았다. 이에 대해 국세청장은 위 거래에서 O주식 부분은 원고의 신고를 그대로 받아들였지만 G주식 부분은 아예 재조직이 아니라고 보고 원고의 양도차익 전액을 과세하였다.[116)]

현행법으로 치자면 G주식 부분도. 인수대가가 "[주식인수]법인을 지배하고 있는 법인(G)이 발행한 의결권부 주식"인 삼각거래로 주식인수형 재조직에 해당하겠지만 이 사건 당시의 법에는 삼각거래에 관한 규정이 없었다. 그저 "취득하는 법인(O)이 교환하여 주는 것이 오로지 그 의결권부 주식의 전부나 일부이고 취득하는 것이 다른 법인(대상법인)의 주식인 것…"이 재조직이라는 글귀만 놓고 판단해야 하는 사건이었다. 대법원은 원고가 받은 주식은 G주식인데 비하여 원고가 넘긴 주식은 O법인이라는 다른 법인에 넘어갔으므로 쟁점거래에는 이해관계의 계속성이 없다고 보아서 재조직이 아니라고 판시하였다.

---

115) 302 U.S., 82 (1937).

116) 한 가지 이상한 점으로 실제 사실관계를 보면 원고가 인수대가로 인수자측 모법인에서 받은 것에는 주식만 아니라 현금도 있었다. 이것은 1928년 법에서 인수대가가 '오로지 주식'이어야 한다는 요건에 어긋나는 것처럼 보인다. 뭔가 특별한 사정이 있었을듯한데 판결문에 나오지 않는다.

거의 비슷한 사실관계이지만 인수자측 모회사가 대상법인 주식과 대상법인 재산의 일부를 직접 취득하였다가 자회사로 넘긴 Bashford 판결에서도 대법원은 같은 논리로 재조직이 아니라고 보았다.[117] 판결의 논리를 그대로 따라서 쟁점을 이해관계의 연속성이 있는가로 생각한다면, 인수법인이 재조직으로 대상법인의 주주에게 줄 수 있는 것은 자신의 주식뿐이라고 법에 정해 둔 이상 모회사의 주식을 주는 것은 그 글귀에 해당하지 않는다. 자회사의 주식이니까 인수법인과 무관한 것은 아니지만 이런 너무 먼 연속성(remote continuity)만으로는 재조직이 아니라는 것이다. 기실 Groman 판결 등 '너무 먼 연속성' 판례의 실제 쟁점은 주주의 이해관계의 연속성 문제라기보다는 사업의 계속성 문제로 파악하는 것이 옳다. 대상법인이나 그 주주에게서 넘겨받은 재산을 꼭 인수법인이 들고 있어야 하는가, 자법인 같은 특수관계자에게 넘기면 재조직에서 탈락시킬 것인가, 이것이 바른 문제라고 생각할 수 있다. 이 점에 대해 현행법에서는 아예 처음부터 인수법인의 자회사를 이용하는 삼각 인수합병에 관한 명문규정도 있고 또 일단 주식이나 자산을 인수한 뒤 자회사로 내려보내더라도[118] 재조직에 해당한다는 명문규정도[119] 있다. 이런 명문규정이 없는 경우에는 먼 연속성만으로는 안 된다는 판례가 아직 살아있는 법이다. 그러다보니 재조직으로 받은 재산을 특수관계자에게 이전하다보면 혹시 과세이연의 요건이 사후적으로 깨어지는 경우도 생길 수 있다. 실무적으로는 이런 먼 연속성 판결 뒤에 나온 재무부규칙으로 재조직 뒤 재산이전의 가부에 관해 자세히 정하고 있다.[120] 요는 '적격집단' 안이라면 재산이전이 있더라도 재조직에서 탈락하지 않는다는 것이다.[121] 바꾸어 말하면 대상법인이 종래 하던 업종을 계속하던가 종래 소유하던 재산을 계속 써야 한다는 사업의 계속성 요건은 꼭 인수법인 그 자체가 계속해야 하는 것이 아니고 적격집단 안에서 계속하기만 하면 된다는 것이다. 적격집단의 범위도 처음에는 모법인이 직렬관계로 지배하는 자회사, 손회사만 넣다가 이제는 직렬뿐 아니라 병렬관계로(곧 자회사 2개 이상을 묶어서) 지배하는 손회사, 증손회사도 넣고 있

---

117) Helvering v. Bashford, 302 U.S., 454 (1938).
118) 속칭 drop-down.
119) 제368조(a)(2)(C). 제9장 제4절.
120) 재무부규칙 1.368-2(k) (as amended by T.D. 9396, 73 Fed. Reg. 26,322 (May 9, 2008).
121) 재무부규칙 1.368-1(d)(4)(i).

다.122)

[보기 15]

대상법인은 소규모 음반제조업자이다. 인수법인은 대규모 상장법인으로 음반제조업자이고 산하에 S1, S2, S3라는 세 개의 자회사를 두고 있다. 인수법인은 대상법인의 자산전부를 인수하면서 인수대가로 보통주를 대상법인에 발행해주었다. 인수 직후 인수법인은 인수한 자산 가운데 일부를 세 자회사에 출자하였고, 다시 그 뒤 S1은 출자받은 구대상법인 자산을 S2에 출자하였다. 자산인수 뒤에 일어난 두 거래는 자산인수가 재조직인가에 어떤 영향을 주는가?

(풀이)   자법인 현물출자에 관한 제368조(a)(2)(C)의 상세는 나중에 보기로 하고 앞에서 설명했듯 인수법인이 인수한 자산을 세 자회사에 출자하더라도 여전히 C형 재조직에 해당한다. 자회사가 다른 자회사에 다시 재산을 출자하는 것은 제368조(a)(2)(C)의 글귀에 딱 들어가지는 않고 먼 연속성만으로는 안 된다는 판례로 돌아가면 재조직에서 탈락한다고 볼 여지가 있다. 그러나 현행 재무부규칙에서는 세 자회사 모두 인수법인을 중심으로 하는 적격집단에 들어가므로 그 안에서 자산이전이 일어나더라도 여전히 재조직이라고 풀이하고 있다.

---

122) 재무부규칙 1.368-1(d)(4)(ii).

제9장

재조직 유형별 요건과 효과

재조직 유형에는 거래유형별로 A형에서 G형까지 7가지가 있다. 각 거래유형별로 법에 명시한 재조직의 요건과 판례요건 또 법률효과를 차례차례 살펴본다. 재조직의 요건을 유형별로 법이 명시하고 있지만 그에 어긋나지 않는 한 제8장에서 공부한 판례요건도 만족해야 한다. 재조직의 요건을 만족하는 경우 그에 따른 과세이연은 어느 유형이든지 관계없이 똑같이 제8장에서 공부한 법률효과가 법인과 주주에게 생긴다. 재조직의 요건을 만족하지 않는다면, 각 거래유형별로 제1장에서 제7장까지 공부한 법률효과가 생긴다.

Part Ⅰ 법인에 의한 분배 (제301조에서 제318조)

Part Ⅱ 법인의 청산 (제331조에서 제346조)

Part Ⅲ 법인의 설립과 재조직 (제351조에서 제368조)

 SUBPART A 법인의 설립 (제351조)

 SUBPART B 주주 및 증권보유자에 대한 효과

  제354조(재조직으로 교환하는 주식이나 증권)

  제355조(자법인 주식이나 증권의 분배)

  제356조(받은 추가대가)

  제357조(채무인수)

  제358조(분배받는 자의 취득가액)

 SUBPART C 법인에 대한 효과

  제361조(차익이나 차손의 인식을 법인은 하지 않는다; 분배의 효과)

  제362조(법인의 취득가액)

 SUBPART D 특칙; 정의

  제368조(정의)

Part Ⅳ [폐지]

Part Ⅴ 승계 (제381조에서 제384조)

  제381조(일정한 법인간 취득시 승계)

제 1 절 주식인수형(B형) 재조직

주식인수에 따르는 원칙적인 법률효과로는, 대상법인 그 자체에는 민사법상 아무런 변화가 없으므로 세법상 법률효과도 생길 것이 없고, 주주에게는 양도소득을 과세하고, 인수법인은 대상법인 주식의 취득에 들어간 돈을 주식 취득원가로 잡아야 한다.[1] 그러나 인수법인의 입장에서 보아 대상법인 주식의 인수가 B형 재조직에 해당한다면 대상법인의 주주는 과세이연을 받고 인수법인은 대상법인 주주의 취득원가를 그대로 물려받는다. 이하 재조직의 요건과 효과를 보자.

I. 주식인수형 재조직의 요건

제368조(a) (1) (일반 원칙) — …"재조직"의 뜻은 —
Sec. 368(a) (1) IN GENERAL — …"reorganization" means
(B) 취득하는 법인이 교환하여 주는 것이 오로지 그 의결권부 주식의 전부나 일부이고 (또는 교환하여 주는 것이 오로지 그런 취득법인을 지배하고 있는 법인이 발행한 의결권부 주식의 전부나 일부이고) 취득하는 것이 다른 법인의 주식인 것으로서, 취득 직후에 취득하는 법인이 그런 다른 법인을 지배하는 것(취득하는 법인이 지배를 취득 직전에 했는지는 무시한다)…
(B) the acquisition by one corporation, in exchange solely for all or a part of its voting stock (or in exchange solely for all or a part of the voting stock of a corporation which is in control of the acquiring corporation), of stock of another corporation, if, immediately after the acquisition, the acquiring corporation has control of such other corporation (whether or not such acquiring corporation had control immediately before the acquisition)…
제368조 (정의…)
Sec. 368 DEFINITIONS…
(c) (지배의 정의) — 이 Part[2]에서…'지배'라는 말의 뜻은 소유주식이 법인주식으로서 의결권 있는 주식종류를 모두 다 합한 것의 80% 이상의 투표력을 차지하고 법인주식으로서 모든 다른 종류의 주식에서 주식총수의 80% 이상을 차지하는 것을 말한다.
(c) CONTROL DEFINED. — For purposes of…this Part…the term control means the

---

1) 제6장 제2절.
2) Part Ⅲ 법인설립과 재조직(제351조에서 제368조).

> ownership of stock possessing at least 80% of the total combined voting power of all classes of stock entitled to vote and at least 80% of the total number of shares of all other classes of stock of the corporation

주식인수형 재조직이 일어나는 가장 간단한 유형은 인수법인과 대상법인 사이의 주식교환 계약으로 대상법인이 인수법인의 100% 자회사가 되는 것이다. 그 뒤 인수법인은 대상법인을 그냥 유지할 수도 있고 아예 해산·청산할 수도 있다. 인수법인이 자사의 주식을 대가로 주면서 대상법인 주식을 공개매수하는 유형의 재조직도 있을 수 있다. 대상법인 주식의 80% 이상만 소유하면 되기 때문이다. 회사법상의 거래형태야 어떻든 재조직 여부는 세법해석 문제일 뿐이다.

1. 이해관계의 계속성: 인수대가가 오로지 의결권부 주식

주식인수형 재조직은 인수법인이 대상법인 주주로부터 대상법인 주식을 받으면서 그 대가로 인수법인의 주식 또는 모회사의 주식을 넘겨주는 거래의 직후 (거래 전부터 또는 거래 결과로[3]) 대상법인에 대한 80% 지배력이 있다는 것이다. 법은 이해관계의 계속성에 관한 질적 요건을 판례보다 훨씬 강화해서 대상법인 주식을 "취득하는 법인이 교환하여 주는 것"은 "오로지 의결권부 주식(의결권이 있는 이상 보통주든 우선주든)"이어야 한다.[4] 현금이나 다른 재산을 조금이라도 끼워주면 안된다.

> **(판례)** Helvering v. Southwest Consolidated Corporation[5]
> 현행법으로 치면 자산인수형(C형) 재조직에 관한 사건이지만 현행법의 A형과 C형을 묶어서 같은 유형으로 정하면서 인수대가가 오로지 의결권부 주식이어야 한다는 요건을 두었던 1934년 법에 관한 사건이다. 원고인 Southwest Consolidated는 Southwest Gas라는 회사(이하 Old)의 자산 전부를 인수하면서 인수대가로 의결권부 보통주식과 A종 및 B종 신주인수권 증서를 발행해 주었는데 이것이 재조직이 되자면 인수대가가 오로지 의결권부 주식이어야 한다는 요건을 만족하는가가 이 사건 쟁점이다.

---

3) 아래 Ⅵ.

4) Helvering v. Southwest Consolidated Corp., 315 U.S., 194 (1942), 특히 198쪽.

5) 315 U.S 194(1942).

Old는 부실기업으로 1932년 5월에 변제불능 상태에 빠졌다. 이리하여 1934년에 법원이 관리인을 선임하고 회생계획을[6] 인가했다. 회생계획을 짤 때 회사의 채무는 선순위 권리인 회사채만 치더라도 액면금액으로 약 287만불이었다. 한편 재산은 애초 약 900만불을 주고 샀던 것이지만 시가로 친 가치는 약 177만불일 뿐이었다. 사채권자 가운데 대다수(액면 약 245만불)는 사업을 계속하는 편이 더 유리하다고 생각했지만 이에 반대하는 일부(액면 42만불)는 청산하는 편이 낫다고 생각했다. 후자는 약 10만불을 현금으로 받으면서 빠져나갔고, 이 돈은 Old가 은행에서 꿔서 지급했다. 나머지 사채권자(액면 약 245만불)들은 새 법인(원고)을 세워서 사업을 계속하기로 하여 원고법인은 Old의 자산 전부를 넘겨받으면서 그 대가로 의결권부 보통주식과 A종 및 B종 신주인수권 증서를 Old에 주고, 그에 더해서 Old의 은행채무 10만불을 인수했다. 뒤이어 Old는 해산청산하면서 보통주식과 A종 신주인수권증서를 사채권자에게 선순위로 분배하고 후순위인 B종 신주인수권증서를 주주에게 분배했다.

재조직인가 아닌가라는 쟁점은 원고가 Old에게서 인수한 자산의 취득원가가 얼마인가를 따지는 전제로 생겼다. 국세청은 자산인수 당시의 시가[7]를 취득원가로 보고 과세했지만 원고는 이 자산인수는 재조직에 해당하므로 Old의 당초 취득원가 900만불을 그대로 물려받는다고 주장했다. 1934년 당시의 법은 현행법의 주식인수형과 자산인수형을 B형이라는 한 유형으로 같이 묶어서 "(B) 취득하는 법인(원고법인)이 교환하여 주는 것이 오로지 그 의결권부 주식의 전부나 일부이고 취득하는 것이 다른 법인(Old) 주식…의 80% 이상이거나 실질적으로 다른 법인(Old) 재산의 전부인 것"을 재조직 가운데 하나로 정하고 있었다. 원고가 Old의 재산을 전부 인수하였으므로 쟁점은 인수대가가 "오로지 그 의결권부 주식"인가가 된다.

앞서 Helvering v. Minnesota Tea Co 판결[8]에서 보았듯 1934년법이 생기기 전의 1928년 법에서는 자산인수를 합병형에 포섭하면서 "(A) 흡수합병이나 신설합병(한 법인이 인수하는 것이…실질적으로 다른 법인의 재산 전부인 것을 포함한다)"은 재조직이라고 정하고 있었다. 1928년 법의 이 법의 글귀에는 인수대가에 관한 제약이 없지만 법원은 그렇더라도 이해관계의 계속성이 필요하다고 풀이하되 다만 인수대가 가운데 주식의 비중이 굳건하고도 중요한 정도에 해당하는 이상 인수대가 가운데 현금의 비중이 오히려 더 크더라도 재조직이라고 판시하였다. 이 1928년법에서라면 원고의 자산인수는 재조직에 해당할 것이다. 그러나 1934년법이 자산인수나 주식인수의 경우 인수대가가 "오로지 그 의결권부 주식"이라야 재조직일 수 있다고 명문으로 정하고 있는 것은 이해관계의 계속성이라는 요건을 대폭 엄격하게 고친 것이다. 인수대가에 의

---

6) 도산법 용어로는 이 회생이 reorganization이다.

7) 본문에 설명하지 않은 좀 복잡한 사실관계 때문에 이 시가란 177만불이 아니라 752,000불이라고 국세청은 결정했다. 어느 쪽이든 본문의 논점과는 무관하다.

8) Helvering v. Minnesota Tea Co., 296 U.S., 378, 385 (1935). 제8장 제3절 I. 1.

결권부 주식 말고 무엇이라도 다른 것이 있으면 재조직이 아니다.

사채권자 가운데 일부가 약 10만불을 받으면서 빠져나간 것은 원고가 준 자산인수대가의 일부에 해당한다. 형식적으로는 이 10만불은 원고가 아니라 Old에서 받은 것이고 원고는 Old의 채무를 인수한 것이지만 그 실질은 원고가 사채권자들에게 현금을 준 것으로 보아야 한다. 원래 있던 Old의 채무를 인수한 것이 아니라 다른 인수대가와 함께 회생계획에 따라 비로소 생겨난 채무이기 때문에 원고 자신이 내어주는 인수대가의 일부일 뿐이다.

신주인수권 역시 의결권 있는 주식이 아니다. 신주인수권자의 권리는 채권일 뿐이고 주주권(사원권)은 아니므로 반드시 주권으로 바뀐다는 보장은 없고 손해배상을 받을 뿐이다.

이 사건 거래는 자산이전형 재조직, 곧 "법인이 자산의 일부나 전부를 다른 법인에게 양도하는 경우 양도 직후에 양도인이나 그 주주 또는 둘이 합쳐 자산양수법인을 지배"하는 것에도 해당하지 않는다. 여기에서 '지배'란 의결권의 80% 이상이고 다른 종류의 주식 모두의 80% 이상이라는 뜻이다. 이 사건에서는 Old나 그 주주들이 원고법인을 지배하지 않았고, 설사 Old의 주주들이 받은 신주인수권을 모두 다 행사하였더라도 지배력은 여전히 사채권자들에게 있다. '자본재구성' 재조직에도 해당하지 않는다. 어느 한 법인의 내부조정이 아니기 때문이다. '그저 법인의 동일성, 형식, 설립장소'가 바뀐 것도 아니다.

(판례) Mills et als v. Comr., 331 F.2d 321 (1964)

원고 3명은 형제간으로 소규모 가스업 법인(대상법인)의 주식 100%를 똑같은 비율로 소유하고 있었다.[9] 대상법인은 General Gas라는 대규모 가스업 법인(인수법인)과 주식교환 방식으로[10] 합치기로 하여 원고는 대상법인 주식을 인수법인에 내어주고 그 대가로 인수법인의 주식을 받게 되었다. 합치는 비율은 대상법인의 순자산 가치에 따르게 되었는데 인수법인 주식의 1주당 가격이 14불이어서 원고는 인수법인 보통주 1321주와 단주처리를 위한 현금 10.88불을 받았다. 쟁점은 이 주식교환이 주식인수형(B형) 재조직에 해당하는가이다. 국세청은, B형 재조직이란 주식을 "취득하는 법인(인수법인)이 교환하여 주는 것이 오로지 그 의결권부 주식의 전부나 일부이고…취득하는 것이 다른 법인(대상법인)의 주식인 것으로서, 취득 직후에 취득하는 법인이 그런 다른 법인을 지배하는 것"이어야 하는데, 인수법인이 대상법인 주식을 취득하는 대가

---

9) 정확히는 대상법인이 3개 회사였고 3사 모두 3형제가 똑같은 비율로 주식을 소유하고 있었지만 논점과 무관한 부분은 생략했다.

10) 판결문에서는 이것도 합병이라고 부르고 있다.

로 지급하는 것에는 의결권부 주식만이 아니라 현금 10.88불이 있으므로 B형 재조직
이 아니라고 보았다. 그리하여 (원고가 받은 인수법인주식의 시가 + 10.88불) − (대상
법인주식의 취득원가)를 대상법인 주식의 양도차익으로 계산하여 양도소득을 과세했
다. 법원은 원고승소 판결을 내렸다. '오로지'라는 위 글귀의 취지는, 대상법인의 주식
과 인수법인 주식 사이의 대가관계가, 오로지 인수법인 주식만이 대상법인 주식의 대
가가 될 수 있다는 뜻이라는 것이다. 단주란 대가관계를 다 결정한 뒤 그저 계산을 맞
추는 것일 뿐이므로 단주로 현금을 주고받는다고 해서 주식 말고 다른 대가를 받은
것은 아니라고 판시하였다.

어쩔 수 없는 단주처리가 아닌 이상 인수대가에 일부라도 현금이 들어가면
주식인수는 재조직이 아니다. 주식교환에서 대상법인의 주주 가운데 이에 반대
하는 소수주주가 주식매수청구권을 행사한다면[11] 문제가 생길 수 있다. 주식이
아니라 회사채이기는 하지만 Southwest Consolidated 판결에서도 이 문제가 나
온다. 법원은 반대하는 채권자로부터 회사채를 10만불에 사들인 매수인이 대상
법인이었다는 형식을 부인하고 실제 매수인을 인수법인이라고 보았다. 물론 이
것은 사실관계 판단 문제이다.

[보기 1][12]
대상법인에는 갑, 을 두 주주가 있다. 인수법인은 대상법인의 주식을 인수하려 하는데 갑
은 인수법인의 주식을 받을 생각이 없다. 대상법인은 갑이 소유한 주식을 현금으로 상환
하였다. 인수법인이 이 과정에 돈을 대준 것은 전혀 없다. 인수법인은 그 뒤 을 소유 대상
법인 주식 전부를 인수하고 대가로 인수법인의 주식을 넘겨주었다. B형 재조직에 해당하
는가?
　풀이　해당한다. 갑이 받은 현금은 제356조의 부가급부로 보지 않는다. 재조
직 전에 주식상환은 이미 일어난 것이고 을은 재조직 전후 사업주라는 이해관계
를 그대로 유지했다.

2. 사업의 계속성

주식인수형 재조직에서는 대상법인 그 자체는 그대로 있으므로 인수과정에

---

11) 우리 법의 해당조문으로 상법 제360조의5.
12) 재무부규칙 1.368-1(e)(8), Ex. 9. Bittker & Eustice, 12.23[5]절.

서 사업의 계속성이 깨어지는 경우란 있을 수가 없다. 주식인수 후에 업종을 변경하더라도 사업재산의 상당부분(가령 1/3)이 남아있다면 사업의 계속성은 있다. 주식인수 전이나 후에 사업재산의 대부분을 처분해버리는 경우라면, 재산처분을 주식인수와 묶어서 하나의 거래라고 볼 수 있는가에 따라 재조직 여부가 갈릴 수 있다.

Ⅱ. 주주에 대한 과세이연

기본적인 법률효과는 제8장에서 이미 본 바와 같다. 대상법인의 주주들은 대상법인 주식에 딸린 양도소득을[13] 과세이연받고[14] 양도대가로 받은 인수법인 주식의 취득원가는 종전에 가지고 있었던 대상법인 주식의 취득원가를 그대로 이어받는다.[15] 공개매수 등 과정에서 인수법인이 대상법인 주식의 일부(80% 이상)만을 취득한 경우 공개매수에 응하지 않은 자들은 대상법인의 소수주주로 그대로 남아있으므로 손익 생길 것이 애초에 없다.

Ⅲ. 대상법인에 대한 과세이연

100% 자법인이 되었든 80% 자법인이 되었든 대상법인은 주주가 바뀌었을 뿐이므로 그 자체에는 아무런 변화가 없으므로 손익 생길 것이 없다. 그렇지만 지배주주가 바뀐다는 점에서 이월결손금 등 세무요소에는 영향이 생긴다.[16]

Ⅳ. 인수법인

인수법인은 신주를 발행하거나 자기주식을 내어줄 뿐이므로 손익이 생기지 않는다.[17] 인수법인의 대상법인주식 취득가액은 내어준 주식의 시가가 아니라

---

13) 제61조(a)(3), 제1001조.
14) 제354조(a)(1).
15) 제358조(a)(1). 주식 보유 기간도 합산한다. 제1223조(1).
16) 제382조.
17) 제1032조.

대상법인 주주의 당초 취득가액을 그대로 물려받는다.[18] 주식인수인이나 자산인수인을 모두 묶어서 같은 조문에 적다보니 조문의 글귀는 좀 복잡하다.

제362조 (법인의 취득가액)
Sec. 362 BASIS TO CORPORATIONS
(b) 양도받는 법인 — 재산을 취득하는 법인에게 재조직으로서 이 Part가 적용된다면, 취득가액은 양도인에게 남아 있다면 해당할 금액 그대로...이다. 이 (b)의 적용을 하지 않는다; 만일 재산 취득하는 것이 주식이나 증권을 다른 법인으로서 재조직당사자가 발행한 것이라면. 다만 그런 취득의 대가로 교환해 주는 것이 주식이나 증권이며 그 발행자인 양수인(또는 양수인을 지배하는 모법인)이 양도대가의 일부나 전부로 주는 것이라면 적용한다.
(b) TRANSFERS TO CORPORATIONS — If property was acquired...by a corporation in connection with a reorganization to which this Part applies, then the basis shall be the same as it would be in the hands of the transferor... This subsection shall not apply if the property acquired consists of stock or securities in a corporation a party to a re-organization, unless acquired by the exchange of stock or securities of the transfree (or of a corporation which is in control of the transferee) as the consideration in whole or in part for the transfer.

취득원가를 그대로 물려받자면 실무에서는 곤란한 문제가 생긴다. 인수법인이 실제로 대상법인 주주 하나 하나의 당초 주식 취득가액을 다 파악하기는 어렵다. 이리하여 실무에서는 파악할 수 있는 자료를 통계적 표본으로 삼아서 계산한 추정치를 주주 전체로 확대해서 주식 취득가액으로 잡는다.[19]

인수법인이 대상법인을 자회사로 남겨두지 않고 청산해산하거나 흡수합병하는 경우가 있을 수 있다. 이런 후속거래의 실질이 앞섰던 주식인수와는 독립해서 일어나는 별도의 거래라면 해산·청산이나[20] 합병에 따르는 법률효과가 따로 생긴다. 한편 거래의 실질상 주식인수와 후속거래를 묶어서 하나로 보아야 한다면 자산인수로 보면서[21] 뒤에 볼 자산인수형 재조직의 요건을 갖추었는가를 다시 따져야 한다.[22]

---

18) 제362조(b).
19) Rev. Proc. 2011-35, 2011-25 IRB 890.
20) 제332조. 제5장.
21) 제6장
22) Rev. Rul. 67-274, 1967-2 CB 141.

V. 대상법인의 채권자

주식인수가 생기더라도 대상법인의 법인격 자체에는 아무런 변화가 없고 대상법인의 채권자의 지위에도 법적으로는 일단은 아무런 변화가 없다. 그렇지만 금전소비대차나 사채계약은 채무자(대상법인)의 주요주주가 바뀌는 경우 기한의 이익을 상실한다는 특약이 있는 것이 오히려 보통이다. 이런 특약에 따라 채권자가 채권을 변제받는다면 이자소득에 대한 세금을 내는 것은 당연하다.

대상법인에 대한 사채권자가 인수법인에게 사채권을 넘기고 주식을 받는 것은 어떨까? 주주가 받는 인수대가가 주식이라는 요건을 만족한다는 사실에 영향이 없고 일단 B형 재조직의 요건을 만족하는 이상 사채권자도 과세이연을 받는다. 제354조의 조문으로 다시 돌아가보면 주주만이 아니라 '증권소유자'도 재조직으로 과세이연을 받을 수 있기 때문이다. 대상법인과 인수법인이 모두 재조직당사자이므로 "증권으로서 발행회사가 재조직당사자인 것을 재조직계획에 따라 교환해주는 경우로 교환대상이 오로지…증권으로서…다른 재조직당사자인 회사가 발행해 준 것 뿐"이므로 사채권자도 과세이연을 받는다.23) 대상법인 회사채를 내놓으면서 인수법인 회사채를 받는 것은 어떨까? 인수법인 회사채의 액면이 대상법인 회사채의 액면보다 크다면 그 차액을 boot로 과세한다.24) 기간경과분 이자는 주식으로 변제받더라도 경상소득으로 과세한다.25)

[보기 2]

인수법인은 델라웨어 법인으로 설계 및 건설업을 하고 있고, 건물관리 사업으로 업역확장을 고려하면서 역시 델라웨어 법인이면서 상가건물 관리업을 하는 대상법인의 인수에 관심이 있다. 대상법인의 자산부채는 다음과 같다.

	취득가액	공정시가
현금	$200,000	$200,000
차량운반구	$250,000	$350,000
청소용품	0	$50,000

---

23) Rev. Rul. 98-10, 1998-1 CB 643. 제8장 제2절 Ⅵ.
24) 제354조(a)(2)(A), 제356조(d)(2)(B).
25) 제354조(a)(2)(B).

투자자산	$250,000	$800,000
고객관리부	0	$600,000
합계	$700,000	$2,000,000

대상법인의 창업자이자 최대주주는 최다자이다. 인수 제안 시점에 최다자는 발행주식 총수의 75%를, 그의 동업자였던 차선자는 15%를 각각 보유하고 있었다. 최다자의 주식 취득가액은 825,000불이고 차선자의 주식 취득가액은 165,000불이다. 대상법인의 나머지 10% 주식은 여러 소수주주들이 보유하고 있으며, 이들 중 전체 주식의 1%를 초과하여 보유하고 있는 자는 없다. 다음 각 경우 인수법인, 대상법인 및 각 법인의 주주와 채권자들에게는 어떤 법률효과가 생기는가?

(i) 인수법인과 대상법인은 포괄적 주식교환계약을 맺어서 대상법인 주식 1주당 인수법인 주식 5주씩을 받기로 하였다. 그에 따라 최다자가 받은 인수법인 주식의 시가는 1,500,000불이고 차선자는 300,000불이다. 주식교환 시점 현재의 계획으로는 인수법인은 대상법인을 별도의 자회사로 유지할 생각이다. 대상법인의 소수주주들은 주식교환에 반대하고 있다.

   (a) 주회사법은, 주식교환에 반대하는 대상법인 소수주주들에게 대상법인에 대한 주식 매수청구권을 주고 있지는 않지만 그 대신 주식교환 단계에 가서 인수법인으로부터 주식 대신 현금을 받을 권리를 주고 있다. 소수주주들은 주식교환으로 주식을 인수법인에 넘겨주면서 현금 200,000불을 대가로 받았다.

   (b) 주회사법은 주식교환에 반대하는 대상법인 소수주주들에게 대상법인에 대한 주식 매수청구권을 주고 있다. 소소주주들은 교환계약을 승인하기 위한 대상법인 주주총회에서 주식교환에 반대하고 주식매수청구권을 행사하여 대상법인에서 현금 200,000불을 받고 주식을 상환하였다.

(ii) 인수법인과 대상법인은 주식교환계약을 맺었다.

   (a) 다른 모든 사실관계는 (i)(b)와 같지만, 교환비율이 대상법인 주식 1주당 인수법인 의결권부 주식 5주 더하기 무의결권부 주식 1주이다. 의결권부 주식과 무의결권부 주식을 합친 인수대가는 시가로 최다자 : 차선자 : 소수주주 = 1,500,000 : 300,000 : 200,000불 그대로이다.

   (b) 다른 모든 사실관계는 (i)(b)와 같지만, 교환비율이 대상법인 주식 1주당 인수법인 의결권부 주식 5주 더하기 인수법인 사채(만기 10년 권면이자 8%)이다. 최다자는 주식과 사채 1,500,000불어치를, 차선자는 주식과 사채 300,000불어치를, 소수주주는 현금 200,000불을 받았다.

   (c) 다른 모든 사실관계는 (i)(b)와 같지만 인수법인이 최다자에게는 의결권부 주식 1,500,000불어치만 주고 차선자에게는 인수법인 사채 300,000불어치를 준다면?

(iii) 인수법인은 최다자 및 차선자와 개별적으로 주식을 교환하는 계약을 맺어서 최와 차

가 대상법인 주식을 인수법인에 넘겨주고 그 대가로 인수법인 주식을 받기로 하였다. 이 계약에 따라 최다자가 받은 인수법인 주식의 시가는 1,500,000불이고 차선자는 300,000불이다. 그 뒤 대상법인은 해산·청산했다. 대상법인에 부채는 없어서 대상법인의 소수주주들은 대상법인의 해산·청산 과정에서 현금 200,000불(자산시가의 10%)을 청산배당받았고, 인수법인은 대상법인의 모든 다른 자산(시가 1,800,000불)을 청산배당받았다.

 (a) 교환계약 당시에는 대상법인을 해산·청산할 계획이 없었으나 그 뒤 새로 생긴 사정으로 대상법인을 해산·청산하면서 잔여재산을 위와 같이 청산배당했다.

 (b) 애초 소수주주들은 대상법인의 주주가 바뀌는 것에 반대했다. 이를 고려하여 최다자 및 차선자와 인수법인 사이의 교환계약은 주식교환이 끝난 뒤 인수법인이 대상법인을 해산·청산하면서 잔여재산을 청산배당하는 형식으로 소수주주들에게 현금을 내어주기로 했고 그에 따라 위와 같이 청산배당했다.

(풀이)

(i) (a) 재조직 과세이연에 해당하지 않는다면, 주식교환으로 대상법인에게는 주주변동이 있을 뿐이고 손익이 생기지 않는다. 인수법인은 주식을 인수하는 것뿐이므로 당장 손익이 생기지 않고 인수대가로 내어준 주식의 시가가 대상법인 주식의 취득가액이 된다. 인수대가가 인수법인의 자기주식이라 하더라도 제1032조에 따라 손익이 생기지 않는다. 인수법인은 100%(>80%)를 인수하므로 제338조를 선택하여 자산인수와 비슷한 법률효과를 얻을 수 있다.[26] 인수법인이나 대상법인의 채권자들에게도 아무런 손익이 없고 인수법인의 주주에게도 아무런 손익이 없다. 대상법인의 주주들에게는 주식양도차손익이 생긴다. 최의 양도소득은 1,500,000 - 825,000 = 675,000불이고 차의 양도소득은 300,000 - 165,000 = 135,000불이다. 소수주주에게도 현금받은 금액과 대상법인 주식 취득원가의 차액만큼 양도소득이 생긴다.

문제는 이 주식교환이 B형 재조직에 해당해서 과세이연을 받는가라는 점이다. 주식교환이 B형 재조직이 되자면 "취득하는 법인(인수법인)이 교환하여 주는 것이 오로지 그 의결권부 주식…이고…취득하는 것이 다른 법인(대상법인)의 주식인 것"이고 인수법인의 "소유주식이 (대상)법인주식으로서 의결권 있는 주식종류를 모두 다 합한 것의 80% 이상의 투표력을 차지하고 (대상)법인주식으로서 모든 다른 종류의 주식에서 주식총수의 80% 이상을 차지"하여 주식 "취득 직후에 취득하는 법인(인수법인)이 그런 다른 법인(대상법인)을 지배"해야 한다. 판례요건으로 사업목적과 사업의 계속성은 만족하는 것으로 이 문제의 사실관계 자체에서 드러나고, 취득 직후 지배력은 100%(≥80%)이다. 문제는 이해관계의

---

26) 제6장 제4절.

계속성에 관련한 명문요건으로 "주는 것이 오로지 의결권부 주식"이라는 요건이다. 이 사실관계에서는 인수법인이 교환해 주는 것(200만불 상당)의 일부로 의결권부 주식 아닌 현금 200,000불이 들어있다. 따라서 이 주식교환은 재조직에 해당하지 않고 앞 문단에서 본 법률효과가 그대로 생긴다.

(b) 사실관계는 가) 대상법인이 소수주주의 주식을 상환하고, 그 뒤 나) 포괄적 주식교환으로 대상법인 주주가 최와 차에서 인수법인으로 바뀌는 것이다. 가) 단계의 주식상환은 "완전상환으로 회사의 주식을 주주가 소유한 것 전부에 대해" 하는 것이므로 제302조(b)(3)에 해당하여 대상법인이 소수주주에게 지급하는 주식상환대금은 제302조(a)에 따라 이를 "분배로 다루되 분배가 주식교환대가의…전부인 것"으로 한다. 따라서 소수주주의 양도차익을 제61조(a)와 제1001조에 따라서 양도소득으로 과세한다.[27] 대상법인도 상환대금을 '분배로 다루'어야 하므로 자기주식은 자산이 아니고, 상환대금은 분배라는 성격을 그대로 유지한다. 따라서 배당가능이익이 감소하지만 감소액은 제312조(a)의 "그렇게 분배한" 금액이 아니라 제312조(n)(7)의 특칙인 '누적 배당가능이익 가운데 상환주식에 해당하는 부분'이다.[28]

나)의 주식교환 단계에서 대상법인에게는 주주변동이 있을 뿐이고 손익이 생기지 않는다. 재조직 과세이연이 적용되지 않는다면, 인수법인은 주식을 인수하는 것뿐이므로 당장 손익이 생기지 않고 인수대가로 내어준 주식의 시가가 대상법인 주식의 취득원가가 된다. 인수대가로 새로 발행하는 주식이 아니라 인수법인의 자기주식을 주더라도 제1032조에 따라 손익이 생기지 않는다. 인수법인은 100%(>80%)를 인수하므로 제338조를 선택하여 주식인수에 자산인수와 비슷한 법률효과를 줄 수 있다. 인수법인이나 대상법인의 채권자들에게도 아무런 손익이 없고 인수법인의 주주에게도 아무런 손익이 없다. 대상법인의 주주들에게는 주식양도차손익이 생긴다. 최의 양도소득은 1,500,000 - 825,000 = 675,000불이고 차의 양도소득은 300,000 - 165,000 = 135,000불이다. 최의 인수법인 주식 취득원가는 1,500,000불이고 차의 인수법인 주식 취득원가는 300,000불이다.[29]

다) 그러나 이 주식교환은 "취득하는 법인(인수법인)이 교환하여 주는 것이 오로지 그 의결권부 주식…이고…취득하는 것이 다른 법인(대상법인)의 주식인 것"이고 인수법인의 "소유주식이 (대상)법인주식으로서 의결권 있는 주식종류를 모두 다 합한 것의 80% 이상의 투표력을 차지하고 (대상)법인주식으로서 모든 다른 종류의 주식에서 주식총수의 80% 이상을 차지"하여 주식 "취득 직후에 취

---

27) 제4장 제1절 Ⅱ. 제2절 Ⅰ.

28) 제4장 제2절 Ⅱ.

29) 최에게 생기는 법률효과는 (차) 인수법인 주식 1,500,000 (대) 대상법인주식 825,000 + 양도소득 675,000.

득하는 법인(인수법인)이 그런 다른 법인(대상법인)을 지배"하므로 B형 재조직이 된다. 소수주주가 주식매수청구권을 행사하여 빠져나갔기는 하지만 주식교환 이전에 이미 일어난 일이고 이를 주식교환의 일부로 볼 특별한 사정이 없으므로 B형 재조직이 된다는 결론에 영향이 없다.[30] 따라서 위 문단의 법률효과는 최, 차에 관한 부분과 인수법인의 주식 취득원가 두 부분에서 재조직 특칙을 적용받아서 결론이 달라진다.

대상법인 주주인 최와 차의 경우, "주식…으로서, 발행법인(대상법인)이 재조직 당사자인 것(대상법인 주식)을 재조직계획에 따라 교환해 주는 경우로 교환대상이 오로지 주식…으로서…다른 재조직당사자인 법인(인수법인)이 발행한 것(인수법인 주식)뿐"이므로 제354조에 따라 대상법인 주식에 대해서는 "차익이나 차손을 인식하지 않는다." 따라서 최와 차가 실현한 양도소득 675,000불과 135,000불은 인식하지 않는다. 인수법인 주식을 "분배받는 자"인 최와 차의 인수법인 주식 취득가액은 "교환으로서…제354조를 적용받는 경우"이므로 "위 조에 따라 차익이나 차손의 인식 없이 받을 수 있는 재산(인수법인 주식)의 취득가액은 교환해 넘기는 재산(대상법인 주식)의 취득가액"이 그대로 이어져서 각 825,000불과 165,000불이 된다.[31]

인수법인의 대상법인 주식 취득가액은 "재산(대상법인 주식)을 취득하는 법인에게 재조직으로서 이 Part가 적용"되므로 제362조(b)에 따라서 "양도인(대상법인 주주)의 입장에서 본 취득원가(최 주식 825,000불 차 주식 165,000불, 합계 990,000불) 그대로"를 물려받는다.[32]

(ii) (a) 인수법인이 주는 교환대가에 의결권 없는 주식이 들어있어서 '교환하여 주는 것이 오로지 의결권부 주식'이라는 요건을 만족하지 않는다. 따라서 (i)(b)(다)의 과세이연은 생기지 않고 (i)(b)(가), (나)와 똑같다.

(b) 같다.

(c) 같다. 대상법인 주주 전체에 균등하든 일부주주에 국한되었든 교환대가에 회사채가 들어 있다는 사정은 똑같다. 교환대상이 오로지 주식인가라는 요건은 지배력 부분(80%)만 놓고 따지는 것이 아니라 인수하는 주식 전체를 놓고 따진다. 제368조(a)(1)(B)의 글귀에서 "취득하는 것이 다른 법인의 주식"인 이상 "교환하여 주는 것이 오로지 그 의결권부 주식"이어야 한다.[33]

(iii) (a) 법률효과는 개별계약에 따른 주식교환 부분과 해산청산 부분으로 나누어 따져보아야 한다.

---

30) 앞 [보기 1].

31) 최에게 생기는 법률효과는 (차) 인수법인주식 825,000 (대) 대상법인주식 825,000.

32) (차) 대상법인주식 990,000 (대) 자본 990,000.

33) 뒤에 볼 Chapman 판결 참조.

주식교환은 "취득하는 법인(인수법인)이 교환하여 주는 것이 오로지 그 의결권부 주식…이고…취득하는 것이 다른 법인(대상법인)의 주식인 것"이고 인수법인의 "소유주식이 (대상)법인주식으로서 의결권 있는 주식종류를 모두 다 합한 것의 80% 이상의 투표력을 차지하고 (대상)법인주식으로서 모든 다른 종류의 주식에서 주식총수의 80% 이상을 차지"하여 주식 "취득 직후에 취득하는 법인(인수법인)이 그런 다른 법인(대상법인)을 지배"하므로 B형 재조직이 된다. 소수주주가 현금 200,000불을 분배받는 것은 인수법인이 최 및 차와 주식교환을 한 것과는 별개의 거래라고 문제에서 전제했으므로 교환이 재조직이라는 사실에는 영향이 없다. 따라서 최 및 차에게는 양도차익의 과세를 이연하고 두 사람의 인수법인 주식 취득원가는 종래의 대상법인주식 취득원가 835,000불과 165,000불이 그대로 이어진다. 인수법인의 주식 취득원가는 최 및 차의 주식 취득원가 835,000불과 165,000불, 합계 990,000불을 그대로 물려받는다.

해산·청산에 관해서는 인수법인이 "소유하는 주식"이 90%로 '80% 이상'이므로 "제1504조(a)(2)의 요건을 충족하고 또한" "분배를 다른 법인(대상법인)이 하는 것이 주식전부의 완전소각으로 하는 것"이므로 청산배당은 제332조(B)의 완전청산분배에 해당한다.

(가) 대상법인에게 생기는 법률효과는 분배받는 자가 모법인인가 아닌가에 따라 다르다.[34] "분배받는 80% 주주(인수법인)가 재산을 완전청산 중 받는 것에 제332조가 적용"되므로 "차익이나 차손의 인식을 청산하는 법인(대상법인)이 하지 않는다." 소수주주에게 분배하는 부분은 제336조(a)에 따라 "차익과 차손의 인식을 청산법인이 분배하는 재산에 하되 완전청산이라면 마치 재산을 공정시가에 판 듯이" 하지만, 분배하는 재산이 현금이므로 차익이나 차손이 생길 것은 없다.

(나) "받는 법인(인수법인)이 재산을 완전청산분배하는 다른 법인(대상법인)에서 받는 것"에는 제332조(a)에 따라 "차익이나 차손을 인식하지 않는다."[35] 인수법인이 넘겨받는 재산의 취득가액은, "차익이나 차손의 인식을 청산법인이 그런 재산에 관해" 하는 것이 없고 "완전청산분배로 제332조를 적용"받는 것이므로 제334조(b)에 따라 "취득가액으로 재산에 대해 잡을 금액은 양도인(대상법인)에게 남아있을 것과 같은 금액"인 500,000불이다.[36]

(다) 소수주주에게는 제331조(a)에 따라 양도소득이 생긴다.[37] 소수주주는 "금액을 받는 것이 주주가 분배를 완전청산중인 법인에서 받는 것"이므로 제331조

---

34) 제5장 제2절 Ⅱ.
35) 제5장 제2절 Ⅰ. 1.
36) (차) 자산 500,000 + 자본 490,000 (대) 대상법인주식 990,000. 앞의 분개(주식취득)와 상계하면 결국 (차) 자산 500,000 (대) 자본 500,000이 된다.
37) 제5장 제2절 Ⅰ. 2.

(a)에 따라 "이를 주식교환대가의 전부를 받는 것으로" 해서 양도소득이 생긴다.

　(b) 주식인수와 해산·청산이라는 두 거래는 아마도 하나의 거래로 묶어서 자산인수로 과세해야 할 것이고, 자산인수형(C형) 재조직이 된다면 과세이연을 받을 수 있다. 후술.

VI. 점진적 주식인수

　대상법인 주식의 80% 이상을 한꺼번에 확보해야 B형 재조직이 되는 것은 아니다. "취득 직후에" 지배하는 이상 "취득 직전에" 이미 지배하고 있었더라도 상관이 없다. 그러나 다시 문제는 "오로지 주식으로" 인수하라는 요건이다. 인수법인이 대상법인 주식의 80% 이상을 확보한 것이 여러 차례에 걸친 인수인 경우, 가령 주식 일부를 현금으로 사놓은 것이 있는 법인이 자사주를 대가로 주식을 추가로 인수해서 80%를 넘겼다면 B형 재조직이 되는가? 최초의 매수와 추가인수를 각각 별개의 거래로 본다면 추가인수는 B형 재조직이다. 주식을 "취득하는 법인이 교환하여 주는 것이 오로지…주식이고 취득 직후에 취득하는 법인이 다른 법인을 지배"하기 때문이다. 한편 이 두 가지를 묶어서 그 실질이 하나의 거래일 뿐이라면 인수대가가 "오로지 주식"이 아니므로 재조직이 아니다.

[보기 3][38]
(i) 인수법인은 대상법인 주식 30%를 1939년에 현금으로 매수했다. 16년이 지난 1955년 인수법인은 자사주를 대가로 대상법인의 주식을 공개매수해서 60%를 추가로 인수했다. 1955년의 주식인수는 재조직인가?
(ii) 인수법인은 대상법인 주식 80%를 1939년에 현금으로 매수했다. 16년이 지난 1955년 인수법인은 자사주를 대가로 대상법인의 주식을 공개매수해서 20%를 추가로 인수했다. 1955년의 주식인수는 재조직인가?
(풀이) 둘 다 재조직이다. 제368조(a)의 글귀에서 한꺼번에 80% 지배력을 얻을 필요는 없다.

---

38) 재무부규칙 1.368-2(c).

(판례) Chapman v. Comr.[39]

원고는 대상법인인 Hartford 보험회사의 소수주주였다. 1968년 인수법인 ITT는 H를 인수하려 했으나 H의 이사회는 이를 거절했다. 1968년에서 1969년에 걸쳐 I는 H주식의 9% 정도를 현금으로 매수했다.[40] 그 뒤 I는 H를 흡수합병하기로 합의하고 절차를 진행했으나 금융감독 당국의 승인을 받지 못했고, 그러자 I는 당초 합의했던 합병비율대로 H주식을 공개매수하기로 하였고 금융감독 당국도 이것을 승인했다. 1970. 5. 23. I는 H주식의 86%를, 자사주를 대가로 공개매수했다.

쟁점은 이 공개매수가 재조직인가이다. 국세청 주장은 애초의 9%매수와 그 뒤의 86% 공개인수는 모두 H를 인수하겠다는 목적으로 이루어진 것이므로 둘을 합쳐서 한 거래로 보아야 하고 따라서 인수대가가 오로지 주식이라는 요건에 어긋난다는 것이다. 원고 주장은 두 가지이다. 첫째는 두 거래 사이에 14개월의 시차가 있고 앞 단계의 주식매수는 재조직계획의 일부가 아니므로 주식공개매수를 별개의 거래로 따로 평가해야 한다는 것이다. 둘째는 묶어서 H주식의 9%는 현금으로 86%는 I주식으로 취득한 것으로 보더라도 인수대가의 80% 이상이 I주식인 이상 9% 현금인수가 있어도 주식인수형 재조직이라는 것이다.

항소법원은 두 번째 주장만 판단하여 Southwest Consolidated 판결 등 선례에 따라 인수대가의 일부라도 주식 말고 다른 것이 있으면 주식인수형 재조직은 될 수 없다고 판시하였다. 첫 번째 주장은 사실확정 문제이므로 사건을 제1심으로 환송했다.

Chapman 사건을 다시 환송받은 제1심이 어떻게 했는지가 기록에 나오지 않는 것으로 보아 아마 사건은 화해로 끝난 듯하다. 아무튼 눈여겨 볼 점은 적어도 국세청은 제1단계의 현금거래를 제2단계의 주식인수와 묶어서 하나의 거래로 볼 수 있다면 B형 재조직이 안 된다고 본다는 것이다.

Chapman 판결의 원고가 이 위험을 벗어날 길은 없었을까? 1단계에서 현금 주고 샀던 주식 9%를 제3자에게 다 팔아버리고 그 다음에 86%를 주식으로 인수한다면 '인수대가'는 오로지 주식 아닌가? 맞다. 기실 원고도, 그렇게 하면 재조직이 된다는 국세청 질의회신을 미리 받아놓고 1단계로 사들였던 주식을 팔았다. 그렇지만 제3자가 인수법인의 공개매수에 응해서 이 주식을 인수법인에게 다시 넘기기로 했고 그 결과 이 주식은 한 바퀴 돌았을 뿐이지 결국 인수법인에

---

39) 618 F.2d 856, 862(1st Cir. 1980), cert. denied by 451 U.S., 1012 (1981).
40) 실제 사실관계는 복잡한 부분이 있지만 논점과 무관하다.

게 다시 돌아오기로 되어 있었다는 사실을 질의 과정에서 숨겼던 것이 나중에 불거지면서, 결국 이 주식은 인수법인이 내내 소유하고 있는 것으로 의제하기로 원고와 국세청이 서로 합의한 까닭에 주식처분을 인정받지 못했다.

[보기 4][41]

인수법인은 대상법인 주식 30%를 01년 10.1.에 인수하면서 인수대가로 자사주를 주었다. 02년 6.1. 인수법인은 대상법인 주식 60%를 추가로 인수하면서 인수대가로 자사주를 주었다. 01년과 02년의 주식인수는 재조직인가?

　풀이　02년의 주식인수가 재조직이라는 점은 분명하다. 01년의 주식인수는, 이를 02년과 묶어서 하나의 거래로 볼 수 있다면 재조직이다. 재무부규칙은 12개월이라는 일응의 기준을 두고 있다.[42]

제 2 절　합병형 재조직

재조직을 논외로 한다면 미국세법에 합병이라는 개념은 없다. 합병이란 대상법인이 자산과 사업을 현물출자한 뒤(인수법인의 입장에서 보자면 주식을 대가로 자산인수를 한 뒤) 대상법인이 해산·청산하면서 현물출자(인수)대가로 받은 주식을 주주에게 청산분배하는 것이다. 따라서 재조직 과세이연이 없다면 대상법인에게는 자산양도차익이 생기고 인수법인의 자산 취득가액은 인수대가의 시가이다.[43] 해산·청산 단계에 가서는 대상법인에게는 과세소득이 생길 것이 없다. 이미 현물출자 단계에서 양도소득을 다 과세했기 때문이다. 대상법인의 주주에게는 청산분배에 따른 양도소득이 생긴다.[44] 80% 이상 자법인의 합병이라면 자법인이 모법인에 분배하는 재산에 딸린 미실현이득과 모법인의 자법인 주식에 딸린 미실

---

41) 재무부규칙 1.368-2(c).
42) 재무부규칙 1.368-2(c).
43) 제6장 제2절.
44) 제6장 제2절 Ⅱ.

현이득 둘 다 자법인 해산청산으로 과세이연을 받는다.[45] 합병이 A형 재조직에 해당한다면 재조직 과세이연을 받지만 자법인 해산청산으로 과세이연받는 경우라면 애초 합병과세이연까지 가지 않게 된다.

I. 합병형 재조직의 요건

> 제368조(a) (1) (일반 원칙) — ..."재조직"의 뜻은 —
> Sec. 368(a) (1) IN GENERAL — ..."reorganization" means
> (A) 회사법상의 흡수합병이나 신설합병,
> (A) a statutory merger or consolidation;

합병, 흡수합병, 신설합병이라는 말의 뜻은 기본적으로는 우리 법이나 마찬가지이다. 합병의 효과로 소멸법인(대상법인)의 재산은 존속법인(인수법인)으로 넘어가고 소멸법인의 주주는 존속법인의 주주로 바뀐다. 합병은 회사 사이의 단체행위이므로 합병에 반대하는 소멸법인 주주는 주식매수청구권을 행사하여 회사에서 빠져나갈 수 있을 뿐이고 소멸법인의 주주로 남을 수가 없다. 한편 합병에 반대하는 존속법인의 소수주주는 주식매수청구권을 행사하여 빠져나갈 수도 있지만, 행사하지 않은 채 존속법인에 그대로 남아있을 수도 있다. 신설합병이라면 종래의 법인은 둘 다 소멸하므로, 합병에 반대하는 소수주주는 모두 현금을 받고 빠져나가게 된다. 한편, 우리 법의 분할합병,[46] 곧 인수법인이 대상법인 재산의 일부만을 물려받는 형태는 여기에서 말하는 합병이 아니다.

1. 이해관계의 계속성: 인수대가의 상당부분이 주식

합병형 재조직이 되자면 회사법상 합병이라는 명문규정을 충족하는 것만으로는 안 되고 이해관계의 계속성 등 판례요건을 충족해야 한다.

애초 재조직 과세이연 제도를 처음 들여온 1918년법은 과세이연의 요건을 "재조직이나 흡수합병 또는 신설합병"이라고 정했다.[47] 1921년법은 재조직을 합

---

45) 제6장 제2절.

46) 상법 제530조의2 제2항.

47) 1918년법 제202조(b). 다만 새로 받는 주식의 액면이 내놓는 주식의 액면보다 더 크다면 차액을 과세한다고 정하고 있다가 1921년법 제202조(c)(3)으로 없앴다. Bank, Federalizing the Tax-Free

병의 상위개념으로 끌어올리면서 재조직을 합병, 자본재구성, 법인의 동일성이나 설립지 변경, 이 3가지로 정하면서 합병형에 "한 법인이 인수하는 것이 다른 법인 주식의 과반수이거나 실질적으로 다른 법인의 재산 전부인 것"을 포함하고 있었다.[48] 말하자면 합병이라는 말을 주식인수/자산인수까지 포함해서 '합친다' 나 '뭉친다' 정도의 뜻으로 느슨하게 쓴 셈이다. 그 뒤 1924년법은 자산이전형(현행법의 D형)을 추가하면서 재조직을 (A) 합병, (B) 자산이전, (C) 자본재구성, (D) 법인의 동일성이나 설립장소변경, 이 4가지로 정하고, 합병형의 산하에 현행법의 B형(주식인수형)과 C형(자산인수형)을 넣었다. 다시 그 뒤 1934년법은 주식인수/자산인수형을 합병형에서 따로 독립시켜 B형으로 삼고 나머지 셋은 C, D, E형으로 정했다. 그와 동시에 합병형을 '회사법상의 합병'으로 다시 정의했다. 합병형의 정의에 회사법이라는 요건을 덧붙이게 연유로, 그 무렵의 회사법에 따른 합병이라면 겉껍질의 변화로 볼만한 것이어서 세법 쪽에서도 과세이연해줄 만한 이유가 있었다는 설명이 있지만[49] 아마 틀린 설명일 것이다. 역사를 보면 처음에는 법인이란 이른바 특허주의로 법인 하나하나마다 그를 설립하는 개별적인 준거법에 의해서만 설립할 수 있었고 이런 법제에서는 법인의 합병이란 다시 개별적 법률로 이루어지게 마련이다. 그러다가 19세기 후반부터는 이른바 준칙주의로 법인설립의 일반적인 준거법이 되는 법, 지금으로 치면 회사법이 미국 각 주에서 생겨나기 시작했다. 이런 주법에 합병이라는 제도를 들여온 초기에는 동종사업이라야 합병할 수 있다는 제약이 있었지만[50] 1935년 현재에는 그런 제약이 이미 없어진 주가 33주라고 한다.[51] 한편 그 당시의 주법에서 합병대가가 주식으로 국한되어 있었다는 점은 아마 옳은 듯 싶다.[52]

아무튼 1934년 법의 입법당시부터 이미 그랬던 것인지 그 뒤에 새로 생긴 현상인지는 잘 모르겠지만 회사법상의 합병이라고 해서 반드시 존속법인이 소

Merger: Toward an End to the Anachronistic Reliance on State Corporation Laws, 77, N.C. L. Rev. 1307 (1999).

48) 1921년법 제202조(b).

49) Block, Corporate Taxation (2010), 444쪽.

50) 이 쟁점을 다룬 뭇 판결 가운데 하나로 Nef v. Gas & Electric Shop, 232 Ky 66 (1929).

51) Note, 45 Yale L. J. 105 (1935), 특히 109쪽.

52) 같은 글, 111쪽은 이것을 당연한 전제로 삼고 회사법상의 합병절차를 설명하고 있다. 물론 단수 조정을 위한 합병교부금은 불가피했을 것이다.

멸법인의 사업을 계속한다는 보장도 없고, 합병대가가 반드시 주식이라는 보장
도 없어서53) 회사법상 합병이라고 해서 반드시 과세이연을 해줄 수는 없다는 점
은 그 법의 해석적용에서 곧 분명해졌다. 이리하여 회사법상의 합병이라고 해서
다 과세이연을 해줄 수 없다는 점이 판례로 확립되었다. 1932년의 Cortland 판
결54) 이래 명문규정을 만족시키는데 더해서 이해관계의 계속성, 사업의 계속성,
사업목적 등을 따져서 겉껍질의 변화라 볼만한 경우에만 과세이연을 해준다는
판례가 확립되었고, Minnesota Tea 판결에서 보았듯 합병 역시 예외가 아니다.
소멸법인의 주주가 존속법인에 대해서 계속 유지하는 이해관계가 "굳건하고도
중요"해야 한다는 것이다. 합병대가 부분만 다시 정리하자면, 보통주식이든 우선
주식이든 주식이 차지하는 비중(주가란 변동하는 것이므로 이 비중이란 합병계약 당시로
따진다)이 Nelson 판결을 기준으로 한다면 38%, 재무부규칙을 기준으로 한다면
40% 이상이라면 이해관계의 계속성이 있다. 앞서 본 주식인수형에서는 인수대
가가 100% 주식이어야 한다는 것과 비교하면 훨씬 손쉬운 요건이다. 이해관계의
계속성이란 합병대가 가운데 주식의 비중을 따지는 것이지 존속법인의 주식발
행총수 가운데 소멸법인 주주였던 자가 차지하는 비중을 따지는 것이 아니다.
동네 햄버거 가게의 주인이 가게를 맥도날드에 넘기면서 0.0000001% 주주가 되
더라도 여전히 재조직이다. 한편 소멸법인의 역사적 주주가 주식을 존속법인과
무관한 제3자에게 팔고 나간 뒤 합병이 일어나더라도 이해관계의 계속성이 있다
는 점은 앞서 Seagram 판결에서 보았다.

(판례) Southwest Natural Gas Co. v. Comr.55)
이 판결의 쟁점은 원고법인이 흡수합병으로 인수한 자산의 취득원가가 얼마인가이다.
델라웨어 법인인 원고는 루이지애나에 주사무소를 두고 가스업을 하다가 1940년에 동
종 사업을 하는 자매회사 Peoples Gas를 흡수합병하였다. 1940. 12. 28 양사의 합병주
총과 합병계약이 있었고 1941.2.3. 합병등기가 이루어졌다. 원가기준으로 합병당시 원
고(존속법인)의 자산은 435만불, 부채는 142만불이었고 Peoples(소멸법인)의 자산은

---

53) 미국 각 주의 회사법을 다 뒤져보지는 못했다.

54) Cortland Specialty Co. v. Comr., 60 F.2d 937 (2d Cir. 1932), cert. denied, 288 U.S., 599 (1933).
    특히 940쪽. 자산인수형에 관한 판결이다. 제8장 제3절 I.

55) 189 F.2d 332, cert. denied 342 U.S., 860 (1951). 사실관계는 하급심 판결인 14 TC 81 (1950)에
    서 요약했다.

938,912불, 부채는 94,906불이었다. 존속법인의 주식은 우선주 9,590주(주당 시가 12.75
불)과 보통주 566,150주(주당 시가 5전)이었고 소멸법인의 주식은 보통주 18,875주(주
당 시가 30불)이었다. 소멸법인 주주들은 합병대가로 소멸법인 주식 1주당 (i) 보통주
10주 더하기 존속법인 회사채(액면 기준 33불어치), (ii) 현금 30불, 이 두 가지 가운데
하나를 고를 수 있었다. 시가 기준으로 두 안의 가치는 거의 같다. 소멸법인의 보통주
주 가운데 7,690주만큼은 (ii)안을 택해서 현금 230,700불을 받아 나갔다. 나머지
11,185주만큼은 (i)안을 택하여 보통주 111,850주와 사채(사채액면기준 349,350불), 그
리고 단좌처리액으로 현금 17,779불을 받았다.

원고는 소멸법인의 자산 취득원가 938,912불을 물려받는다고 주장했지만 국세청은 A
형 재조직에 해당하지 않는다고 보고 원고가 내어준 합병대가의 시가 698,328불(= 현
금 230,700 + 보통주 시가 5,592 + 사채액면 349,350 + 현금 17,779)이 자산 취득원가
라고 보았다.

원고는 델라웨어 회사법에 따른 합병이라는 이유로 A형 재조직에 해당한다고 주장하
나 1심과 항소심 모두 국세청 승소 판결을 내렸다. 합병대가 가운데 주식이 차지하는
비중이 1%도 못 되니 이해관계의 계속성이 없다는 것이다.

[보기 5][56)]
대상법인의 주주 갑, 을, 병, 정은 각 25%씩을 소유하고 있다. 인수법인은 대상법인을 흡
수합병한다. 다음 각 경우 A형 재조직에 해당하는가?
(i) 인수법인은 갑, 을에게 각 현금 50불씩을 지급하고 병, 정에게 각 50불어치의 인수법
   인 보통주를 준다.
(ii) 인수법인은 4명 모두에게 현금 25불 더하기 인수법인 보통주 25불어치를 준다.
   〔풀이〕 어느 쪽이든 주식의 비중이 50%로 A형 재조직이다. 인수대가는 개별
주주가 아니라 전체를 묶어서 판단한다. 주주가 받는 현금부분은 과세대상이다.

[보기 6]
인수법인과 대상법인은 주회사법의 합병요건을 다 충족하면서 다음 거래를 하였다. 다음
각 경우 A형 재조직에 해당하는가?
(i) 대상법인은 자산부채 모두를 인수법인에 넘기면서 해산·청산하고 대상법인 주주는 인
   수법인에서 현금만 받는다.
(ii) 대상법인은 자산부채 모두를 인수법인에 넘기면서 해산·청산하고 대상법인 주주는 인

---

56) Rev. Rul. 66-224.

수법인 우선주만 받는다.

(iii) 대상법인과 인수법인은 자산부채 모두를 신설법인인 Z법인에 넘기면서 해산·청산하고 대상법인 주주와 인수법인 주주는 Z보통주를 받는다.

(iv) 대상법인은 자산부채 모두를 인수법인에 넘기면서 해산·청산하고 대상법인 주주는 인수법인 우선주 200불어치와 인수법인 사채 100불어치를 받는다.

(v) 대상법인은 자산부채 모두를 인수법인에 넘기면서 해산·청산하고 대상법인 주주는 인수법인 우선주 100불어치와 인수법인 사채 100불어치를 받는다.

(vi) 대상법인은 자산부채 모두를 인수법인에 넘기면서 해산·청산하고 대상법인 주주는 인수법인 전환사채 200불어치를 받는다. 전환사채는 언제나 주식으로 전환할 수 있는 상태이다.

(vii) 대상법인은 자산부채 모두를 인수법인에 넘기면서 해산·청산하고 대상법인 주주 가운데 2/3는 인수법인 우선주 200불어치를 받고 1/3은 인수법인 사채 100불어치를 받는다.

(viii) 인수법인은 5년 전 대상법인 주식의 70%를 현금으로 샀는데 올해 들어서 대상법인을 흡수합병한다. 소수주주(30%)는 합병대가로 인수법인 주식 28불과 현금 72불을 받는다.

(ix) 인수법인은 대상법인 주식의 80%를 현금으로 공개매수하고 그 뒤 6개월이 지난 시점에 대상법인을 흡수합병한다. 대상법인은 자산부채 모두를 인수법인에 넘기면서 해산·청산하고 소수주주들은 인수법인 보통주를 대가로 받는다.

(풀이)

(i) ×. 주법상 합병이지만 이해관계의 계속성이 없다.

(ii) ○. 우선주도 이해관계의 계속성이 있다.

(iii) ○. 신설합병이고 이해관계의 계속성이 있다.

(iv) ○. 우선주도 주식으로서 합병대가 중 주식의 비중이 상당해서 이해관계의 계속성이 있다. 사채는 boot이므로 양도차익을 과세한다.

(v) 아마도 ○. 합병대가 중 주식이 50% 정도라면 재무부규칙이 정한 일응의 기준인 40%를 넘으므로 이해관계의 계속성이 있다.

(vi) ×. 이해관계의 계속성이 없다. 전환사채는 아직 주식이 아니고 반드시 주식으로 바뀐다는 보장이 없다. Southwest Consolidated 판결의 신주인수권과 다를 바 없다.

(vii) ○. 합병대가 가운데 주식의 비중은 주주전체를 놓고 따진다. 물론 사채만 받은 주주는 boot로 양도차익을 과세한다.

(viii) 5년의 세월이면 일응 주식매수는 이미 완결된 것이고 합병은 별개의 거래라고 보고 재조직인지를 따로 따져야 한다. 합병대가 가운데 현금의 비중은 30% × 72% = 21.6%이고 주식의 비중은 X법인이 받는 70%와 소수주주가 받는 부분

8.4%(= 30% ×28%)로 주식이 압도적이므로 합병은 재조직에 해당한다. 한편 5년의 세월이 흐르기는 했지만 주식매수와 합병을 한 거래로 묶어서 평가할만한 사정이 있다면, 인수대가 중 현금의 비중이 압도적이므로 재조직이 아니다.

(ix) 주식매수와 합병을 묶어서 하나의 거래로 볼 수 있는가에 따라 결론이 달라진다. (가) 6개월 차이면 아마도 묶어서 보아야 할 것이고 현금의 비중이 80%이므로 거래전체로는 재조직이 아니지만 인수법인이 80% 이상 주주이므로 인수법인의 대상법인 합병은 제332조와 제337조에 따른 자법인의 관련청산으로 과세이연을 받는다. 대상법인이 소수주주에게 분배하는 주식양도차익이나 소수주주의 주식양도차익은 과세한다. 혹 자법인 관련청산 과세이연을 받지 못하는 경우, 제338조의 자산평가증 선택권을 행사하지 않았다면 인수법인과 대상법인의 합병을 따로 따져서 인수법인에게는 이해관계의 계속성이 있어서 과세이연을 받지만[57] 소수주주는 받지 못한다.[58] (나) 주식매수가 이미 완결된 것으로 볼만한 특별한 사정이 있어서 합병만 따로 따진다면 합병대가가 모두 주식이므로 재조직이다.

2. 사업의 계속성

합병형 재조직이 되려면 사업의 계속성이 필요하다. 업종이 다른 대상법인에서 흡수합병으로 넘겨받은 영업재산의 1/3 정도만 남아있더라도 사업의 계속성이 있지만[59] 인계받은 자산을 곧바로 다 팔아버린다면 사업의 계속성이 없다.[60]

3. 회사법상의 합병?: 재무부규칙상 합병의 정의

나아가, 주회사법의 개념이나 용례가 자꾸 바뀌는만큼 새로운 문제가 생기기도 한다. 가령 주에 따라서는 우리 법으로 쳐서 분할합병이나 주식의 포괄적 이전도 합병이라는 개념에 포함시키기도 한다.[61] 결국 종래의 판례요건만으로는 다룰 수 없는 새로운 문제가 다시 생겨남에 따라 과세이연 대상을 다시 다듬을

---

57) 재무부규칙 1.338-3(d).

58) 제8장 제3절 I. 2. (5).

59) Laure v. Comr.,70 TC 1087.

60) 재무부규칙 1.368-1(d)(5). Ex. 5.

61) 예를 들어 Texas Business Organizations Act는 우리 법으로 쳐서 분할합병이나 주식의 포괄적 이전 등도 다 merger라는 개념 속에 넣고 있다. 같은 법 1.002조.

필요가 생겼다. 또 다른 문제는 외국법인과 합병하는 것이다. 애초 주회사법 자체에서 다른 주 법인과는 합병할 수 없었던 경우가 초기에는 많았지만 그런 제한은 이미 오래 전 없어졌고 요사이 한 이십년 사이에는 서로 다른 나라 법인도 합병할 수 있도록 회사법이 바뀌기 시작했다.

이리하여 2006년 신설된 재무부규칙은 합병이라는 말의 뜻을, (i) 자산부채가 소멸법인에서 존속법인으로 포괄적으로 넘어가고 (ii) 소멸법인의 법인격이 없어지는 것이라고 풀이하고 있다. (A)형을 정하는 글귀 그 자체에 아직 남아있는 '회사법상'이라는 수식어를 떼어버리는 해석론이라고 할 수 있다.

[보기 7][62]

다음 각 거래는 합병형 재조직에서 말하는 합병에 해당하는가?

(i) W주 회사법에 따라 C Corporation[63]인 대상법인은 자산부채 전부를 LLC[64]인 인수법인에 이전하고 소멸한다. LLC는 투시과세를 선택하였으므로 인수법인 자산은 모두 100% 주주인 Y법인의 일부로 본다. Y는 C Corporation이다.

(ii) 다른 사실관계는 (i)과 같지만 대상법인의 주주가 합병대가로 받는 주식이 Y법인의 100% 주주인 V법인(C Corporation)의 주식이라는 삼각합병이다.

풀이

(i) 해당한다. 자산부채가 Y법인에게 포괄적으로 넘어가고 대상법인이 소멸한다.

(ii) 마찬가지. 다만 뒤에 보듯 제368조(a)(2)(D)의 요건을 만족해야 하는데, 이 사실관계라면 만족한다.

II. 소멸법인 주주에 대한 과세이연

합병이 있는 경우 회사법의 규정에 따른 법률효과로 대상법인(소멸법인)의 주주는 인수법인(존속법인)의 주주로 바뀐다. 대상법인의 법인격이 소멸하므로 대상법인 주식은 그냥 사라진다. 소멸법인의 주권과 교환하여 존속법인 주권을 실제 내놓더라도 법적으로는 이 교환은 아무 의미가 없다. 주주의 지위가 소멸법인에

---

62) 재무부규칙 1.368-2(b)(1)(iii).

63) 제1장 제2절 II.

64) 우리 법으로 쳐서 유한회사이지만 세법상으로는 투시과세 여부를 납세의무자가 선택한다. 이창희, 세법강의, 제13장 제2절 III.

서 존속법인으로 바뀌는 것은 법률의 규정에 따른 변동일 뿐이다. 그러나 세법
상으로는 주주지위의 이런 변동을 소멸법인 주주가 기존주식을 양도하면서 그
대가로 존속법인 주식을 받는 것으로 보아 양도소득을 과세한다. 다만 재조직
요건을 만족하면 소멸법인 주주 가운데 인수대가(합병대가)로 존속법인 주식만 받
는 사람들에 대해서는 양도차익에 대한 과세를 이연하고[65] 인수법인주식의 취
득원가는 당초의 대상법인주식 취득원가가 그대로 이어진다.[66] 재조직인가 아닌
가는 개별 주주의 입장이 아니라 주주전체를 놓고 판단하므로 합병대가의 전부
나 일부를 현금 등 주식 아닌 재산(boot)으로 받은 사람의 양도차익도 일단은 재
조직에 해당하지만 boot에 관한 특칙을 적용받아서, 양도차익을 과세하되 boot
의 금액을 상한으로 한다.[67] 소득의 성격은, 배당의 분배라는 효과가 없다면 양
도소득이고, 있다면 미분배 배당가능이익 안의 금액은 배당소득이고 그를 넘는
금액은 양도소득이다.[68]

III. 소멸법인에 대한 과세이연

소멸법인이 존속법인에서 자산을 받는 것은 없다. 그러나 세법상으로는 소
멸법인이 (i) 자산을 존속법인에 넘겨주면서 그 대가로 존속법인 주식을 받은 뒤
(ii) 해산·청산하면서 존속법인 주식을 주주들에게 청산하는 것으로 보고 그에
따른 법률효과가 생긴다. 따라서 (i)단계는 "교환해 넘기는 재산이 재조직 계획에
따른 것이며 받는 대가가 오로지 재조직당사자인 다른 법인의 주식…뿐"인 경우
라면 양도차익을 과세이연한다.[69] 나아가 주주가 boot를 받는 경우에도 소멸법
인에 소득이 생기지는 않는다. "법인이 받은…재산이나 돈을 재조직계획대로 분
배"하는 것이기 때문이다.[70] (ii)단계로 주주에게 주식이나 인수법인에 대한 회사

---

65) 제354조.
66) 제358조. 보유기간도 통산한다. 제1223조(1).
67) 제356조(a)(1).
68) 제356조(a)(2).
69) 제361조(a).
70) 제361조(b)(1)(A). 합병대가는 대상법인이 받았다가 분배하는 것으로 보므로 제361조(a)와 제361
조(b)(1)(A)에 따라 대상법인이 손익의 인식 없이 받을 수 있는 자산이 되어서 그 결과 합병대가
로 받는 재산은 모두 제358조(a)(1)의 미인식자산이 되지만 제358조(f)는 미인식자산의 범위를 주

채 등 債權을 넘겨주는 것 역시 과세하지 않는다. "주식…으로 그 발행자가 다른 법인이지만 재조직당사자인 법인인 것 또는 채무로서 다른 법인이지만 재조직당사자인 법인이 진 것"이며 그런 주식이나 債權은 "이를 분배하는 법인이 교환에서 받는 것"이므로 제361조(c)(1)(B)(ii)의 적격재산이어서 제361조(c)(2)에 따른 과세대상이 아니고 제361조(c)(1)에 따라 비과세하기 때문이다. 혹시라도 합병대가 가운데 주식이나 채권이 아닌 실물자산이 있다면 적격재산이 아니므로 제361조(c)(2)에서 소멸법인에게 분배에 따르는 양도차익이 생길 수 있다.

Ⅳ. 존속법인

존속법인에게 합병에서 소득이 생길 것은 없다. Boot가 있더라도 존속법인의 자산 취득원가는 소멸법인의 원가를 그대로 물려받는다.[71] 소멸법인에게 양도소득을 과세하지 않기 때문이다. 논리적 연장선에서 소멸법인의 배당가능이익이나 이월결손금도 그대로 물려받지만[72] 법에 여러 가지 제약이 있다.

Ⅴ. 소멸법인의 채권자

합병은 소멸법인에 대한 채권자가 손익을 인식할 계기가 되는가? 합병이 채권자가 부담하는 위험에 영향을 미치기는 하지만 법률상으로는 채권자의 지위에 아무런 변화가 없고 합병 그 자체를 채권자가 소득을 실현하는 계기로 보지는 않는다. 합병을 계기로 사채권자가 사채권을 넘기고 존속법인 주식을 받는다면 어떻게 될까? 앞서 주식인수에서 보았듯 제354조가 적용되어 사채권자 역시 과세이연을 받는다. 사채권자가 사채권을 넘기고 새로운 사채권을 받는 것도 마찬가지이지만 원금의 금액에 차이가 나는 부분과 기간경과분 이자는 과세한다.[73]

식과 사채로 줄이고 있다. 따라서 합병대가 가운데 주식과 사채의 취득원가는 제358조(a)(1)과 (b)(1)에 따라서 양도한 자산의 취득원가를 안분해서 정하고, 혹시라도 다른 재산이 있다면 그 취득원가는 제358조(a)(2)에 따라서 시가가 된다. 이 경우 주식과 사채 부분의 취득원가가 음수(-)가 될 가능성이 생긴다. 양도소득을 과세하지 않는다고 미리 정하고 있기 때문이다.

71) 제362조(b).

72) 제381조(c)(2).

73) 제354조(a)(2).

VI. 대상법인 채무의 이전 ≠ boot

주식인수에서는 대상법인이 지고 있는 채무가 인수법인에 넘어가는 일이 없는데 비해 합병에서는 그 정의상 대상법인(소멸법인)의 채무가 인수법인(존속법인)으로 넘어간다. 소멸법인이 벗어나는 채무금액은 boot로 보아 소멸법인에게 양도차익을 과세해야 하지 않을까? 비슷하게 보이는 경우로 법인을 설립하면서 가령 취득원가가 60이고 시가가 100인 재산과 채무 50을 넘긴다면, 채무인계액을 현금이나 마찬가지로 boot로 보아 양도소득을 과세해야 하지 않을까라는 문제가 있다.74) 그러나 법인설립시에도 이런 채무인계액을 boot로 보지는 않는다. 출자자 자신이 지는 채무나 그가 지배하는 법인이 지는 채무나 그게 그거라고 생각하기 때문이다. 그게 그거라는 논리는 합병의 경우에도 똑같고, 나아가 합병에서는 주주가 자신의 채무를 면책받는 일이 없으므로 법인채무의 인계액을 주주에게 과세할 이유가 없다. 구태여 조문이 없어도 당연하다 싶지만 현행법에서는 법인설립이나 현물출자시의 채무인계액과 합병으로 인한 채무인계액을 같은 조문에 묶어서 boot로 보지 않는다고 명시하고 있다.

제357조 (채무인수)
Sec. 357 ASSUMPTION OF LIABILITY
(a) (총칙) - 아래 (b)나 (c)에서 달리 정한 것을 제외하고, 만일-
(a) GENERAL RULE - Except as provided in subsections (b) and (c), if -
   (1) 납세의무자가 받는 재산이, 그것이 유일한 대가였다면 제351조나 제361조의 허용에 따라서 차익인식 없이 받을 수 있을 것이고, 또한
   (1) the taxpayer receives property which would be permitted to be received under section 351 or 361 without the recognition of gain if it were the sole consideration, and
   (2) 대가의 일부로, 교환의 다른 당사자가 납세의무자의 채무를 인수한다면,
   (2) as part of the consideration, another party to the exchange assumes a liability of the taxpayer,
그런 채무인수는 현금이나 다른 재산이 아니라고 보아서 교환이 제351조나 제361조 가운데 해당규정에 해당하는 것을 막지 않는다.
then such assumption shall not be treated as money or other property, and shall not prevent the exchange from being within the provisions of section 351 or 361, as the case may be.

---

74) 제2장 제3절 VI.

[보기 8]

인수법인, 대상법인, 대상법인의 주주에 관한 사실관계는 모두 주식인수 부분의 [보기 2]
와 같고 인수방법이 합병이라는 점만 다르다. 다음 각 경우 인수법인, 대상법인 및 각 법
인의 주주와 채권자들에게는 어떤 법률효과가 생기는가?

(i) 인수법인과 대상법인은 합병계약을 맺어서 대상법인 주식 1주당 합병대가로 인수법인
    주식 5주씩을 주기로 하였다. 대상법인의 모든 주주는 합병에 찬성하여 대상법인 주식
    을 내어놓고 인수법인 주식을 받았다. 합병대가의 가치는 최가 1,500,000불, 차가
    300,000불, 소수주주가 200,000불이다.

(ii) 다른 모든 사실관계는 (i)과 같지만, 대상법인 주식 1주당 합병대가로 인수법인 보통
    주식 5주 더하기 우선주식 1주를 받았다. 합병대가의 가치는 최가 1,500,000불, 차가
    300,000불, 소수주주가 200,000불이고, 시가기준으로 보통주식 : 우선주식 = 38% :
    62%이다.

(iii) 다른 모든 사실관계는 (i)과 같지만, 합병대가로 인수법인 의결권부 주식(주당 시가
    2,000불)과 인수법인 사채(만기 10년 권면이자 8%, 1좌당 시가 5,000불)를 준다. 시
    가로 쳐서 합병대가에서 주식이 차지하는 비중은 38%이다. 합병대가의 가치는 최가
    1,500,000불(주식 570,000 + 회사채 930,000), 차가 300,000불(주식 114,000 + 회
    사채 186,000), 소수주주가 200,000불(주식 76,000 + 회사채 124,000)이다.

(iv) 다른 모든 사실관계는 (i)과 같지만, 합병대가로 주식과 현금을 38 : 62의 비중으로
    준다.

(v) 다른 모든 사실관계는 (iii)과 같지만 합병대가로 최는 보통주식 260,000불어치와 회
    사채 1,240,000불어치를 차는 인수법인 보통주식 300,000불어치를 소수주주는 인
    수법인 보통주식 200,000불어치를 받는다면? (주식총계 : 사채총계 = 38 : 62)

(풀이)

(i) 재조직에 해당하지 않는다면 합병에 따르는 기본적인 법률효과는, 대상법인
이 순자산(장부가액 70만불)을 양도하면서 그 대가로 인수법인 주식(시가 200만
불)을 받은 뒤 이 주식을 주주에게 분배하는 것과 같다. 따라서 대상법인에는 순
자산을 양도할 때 양도소득 130만불이 생기고 주식을 분배할 때에는 다시 양도
소득이 생기지는 않는다.[75) 주주는 분배받는 재산의 가액(합병대가 - 법인세 자
기몫)과 주식 취득원가의 차액만큼 양도소득이 생긴다. 주주의 인수법인 주식

---

75) 순자산양도는 (차) 인수법인주식 2,000,000 (대) 순자산 700,000 + 양도차익 1,300,000, 주식분배
   는 (차) 자본 2,000,000 (대) 인수법인주식 2,000,000. 계산을 맞추기 위해 법인세율은 영(0)으로
   가정한다. 가령 법인세율이 30%라면 세금 390,000을 내고 나면 주주에게 분배할 주식이
   1,610,000이 될 것이다.

취득가액은 시가이다.[76] 대상법인의 채권자에게는 소득이 생기는가? 채권자가
안고 있는 위험에 합병이 영향을 미치기는 하지만 법률상으로는 채권자의 지위
에 아무런 변화가 없다. 일반론으로 채무자가 바뀌는 경우에도 종래의 채무자가
소유하던 재산을 새로운 채무자가 다 인수한다면 채권자에게는 아무런 변화가
없다고 풀이하고 있으므로[77] 합병을 채권자가 소득을 실현하는 계기로 보지는
않는다. 인수법인은 주식을 대가로 자산을 취득하는 것일 뿐이므로 손익이 생길
것은 없고, 자산취득 가액은 합병대가의 시가이다. 인수법인의 주주나 채권자에
게는 아무런 변화가 없다.

문제는 이 합병이 **A형** 재조직에 해당해서 과세이연을 받는가이다. 회사법상의
합병이라는 요건은 만족하고 있으므로 나머지는 판례법상 요건이다. 사업목적
이나 사업의 계속성은 만족되는 것으로 이 문제의 사실관계에서 드러나 있다.
이해관계의 계속성도 만족된다. 합병대가가 전액 주식이기 때문이다. 따라서 위
문단의 법률효과는 대상법인, 대상법인의 주주, 인수법인의 자산 취득원가 세
부분에서 재조직 특칙을 적용받아서 결론이 달라진다.

(가) 대상법인의 양도소득은 대상 "법인이 재조직당사자이고 교환해 넘기는 재
산이 재조직 계획을 따른 것이며 받는 대가가 오로지 재조직당사자인 다른 법인
의 주식이나 증권뿐"이므로 제361조(a)에 따라 "차익이나 차손을 인식하지 않는
다." 따라서 대상법인은 자산전부를 장부가액 700,000불에 양도하면서 인수법인
주식을 받는 것으로 보아 양도소득은 없고[78] 뒤이어 인수법인 주식을 장부가액
700,000불 그대로 주주에게 청산배당한 것으로 본다.[79]

(나) 대상법인 주주는 "주식…으로서, 발행법인(대상법인)이 재조직당사자인 것
(대상법인 주식)을 재조직계획에 따라 교환해 주는 경우로 교환대상이 오로지 주
식…으로서…다른 재조직당사자인 법인(인수법인)이 발행한 것(인수법인 주식)
뿐"이므로 제354조에 따라 대상법인 주식에 대해서 "차익이나 차손을 인식하지
않는다." 따라서 최와 차가 실현한 양도소득 675,000불(＝인수법인주식 시가
1,500,000－대상법인주식 취득원가 825,000)과 135,000불(＝인수법인 주식 시가
300,000－대상법인주식 취득원가 165,000), 또한 소수주주가 실현한 양도소득은
인식하지 않는다. 인수법인 주식을 "분배받는 자"인 주주들의 주식 취득가액은
"교환으로서…제354조를 적용받는 경우"이므로 "위 조의 허용에 따라 차익이나
차손의 인식 없이 받을 수 있는 재산(인수법인 주식)의 취득가액은 교환해 넘기

---

76) (차) 인수법인주식 2,000,000(법인세를 생각하면 가령 1,610,000) (대) 주식 취득원가 xxx + 양도
소득(2,000,000 － xxx).

77) 재무부규칙 1.1101-3(e)(4)(i)(C).

78) (차) 인수법인주식 700,000 (대) 자산 700,000.

79) (차) 자본 700,000 (대) 인수법인주식 700,000.

는 재산(대상법인 주식)의 취득가액"이 그대로 이어진다. 최의 경우 인수법인 주식 취득가액은 825,000불, 차의 경우는 165,000불이 된다.[80] 소수주주도 종래의 대상법인 주식 취득원가가 그대로 이어진다.

(다) 인수법인의 자산 취득원가는 "재산을 취득하는 법인에게 재조직으로서 이 Part가 적용"되므로 제362조(b)에 따라서 "양도인(대상법인)의 입장에서 본 취득원가 그대로"를 물려받아서[81] 700,000불이다. 인수법인은 배당가능이익이나 이월결손금 등 소멸법인의 세무요소도 물려받지만 법에 일정한 제약이 있다.

(ii) 이 합병은 A형 재조직에 해당하는가? 회사법상의 합병이라는 요건은 만족하고 있으므로 나머지는 판례법상 요건이다. 사업목적이나 사업의 계속성은 만족되는 것으로 이 문제의 사실관계에서 드러나 있다. 이해관계의 계속성도 만족된다. 합병대가 가운데 무의결권 우선주가 있기는 하지만 이런 무의결권 우선주도 A형 재조직에서는 이해관계의 계속성을 만족한다. 따라서 위 문단의 법률효과는 대상법인, 대상법인의 주주, 인수법인의 자산취득원가 세 부분에서 재조직 특칙을 적용받아서 모두 (i)과 같다. 다만 추가적 논점으로 각 주주가 받는 보통주와 우선주의 취득가액 안분 문제가 있을 뿐이다. 종래의 대상법인주식 취득원가를 인수법인 보통주 및 우선주의 시가기준으로(38 : 62) 안분한 가액이 각 취득원가가 된다.[82] 대상법인이 순간적으로 취득했다고 보는 인수법인 주식도 같은 법조에 따라 똑같이 안분하지만 바로 장부가액에 청산했다고 보므로 실익은 없다.[83]

(iii) 이 합병은 A형 재조직에 해당하는가? 문제는 합병대가 가운데 들어있는 회사채이다. 회사채는 사업주라는 이해관계가 아니다. 그러나 이 사실관계에서는 주식의 비중이 합병대가의 38%로서 이해관계의 계속성이 있는지 없는지의 경계선 정도에 해당한다. 일응은 재무부규칙의 40% 기준에 모자라지만 앞서 Nelson 판결에서 보았듯 소송까지 간다면 재조직에 해당한다는 판결을 받을 수도 있다.

재조직이 아니라고 본다면, 합병에 따르는 기본적인 법률효과는 (i)의 첫 문단과

---

80) 최에게 생기는 법률효과는 (차) 인수법인주식 825,000 (대) 대상법인주식 825,000. 법인의 입장에서 본 분배액(자본감소 + 배당금)은 700,000이지만 주주의 자산 취득원가는 825,000으로 따로 놓게 된다.

81) (차) 자산 700,000 (대) 자본 700,000. 자본 가운데 소멸법인의 배당가능이익을 물려받는 것은 구분계산해야 한다.

82) 제358조(b). 최에게 생기는 법률효과는 (차) 인수법인 보통주 313,500 + 인수법인 우선주 511,500 (대) 대상법인 주식 825,000.

83) 제358조(b)에 따라 보통주와 우선주에 시가 기준으로 안분하여 (차) 인수법인 보통주 266,000 + 인수법인 우선주 434,000 (대) 자산 700,000. 그 다음 제361조(c)에 따라 취득원가로 분배해서 (차) 자본 700,000 (대) 인수법인 보통주 266,000 + 인수법인 우선주 434,000. 둘을 묶으면 (차) 자본 700,000 (대) 자산 700,000.

같다. 대상법인이 순자산(장부가액 70만불)을 양도하면서 그 대가로 인수법인 주식(시가 760,000불)과 회사채(시가 124만불)를 받은 뒤 이 주식과 회사채를 주주에게 분배하는 것과 같다.

재조직이라고 본다면, 대상법인의 양도소득은 대상 "법인이 재조직당사자이고 교환해 넘기는 재산이 재조직 계획을 따른 것이며 받는 대가가 오로지 재조직 당사자인 다른 법인의 주식이나 증권뿐이라면" 제361조(a)에 따라 "차익이나 차손을 인식하지 않는다." 이 사안에서는 '받는 대가'에 회사채라는 boot가 들어있어서 제361조(a)가 그대로 적용되지는 않는다.

(가) 이 합병은 제361조 "(a)를 적용받을 교환이지만 재산을 교환받는 것에 주식이나 증권을 위 (a)의 허용에 따라 차익의 인식 없이 받을 수 있는 것 만 아니라 다른 재산이나 현금이 있다는 점에 걸려서 받지 못하는 것"이지만, 대상"법인이 받은 그런 재산이나 현금을 재조직 계획대로 분배"하는 이상 제361조(b)에 따라서 "차익을 법인에게 교환으로부터 인식하지 않"는다. 따라서 대상법인은 자산 전부를 장부가액에 양도하면서 인수법인 주식과 회사채를 받는 것으로 보아 양도소득은 없고 뒤이어 인수법인 주식과 회사채를 장부가액대로 주주에게 청산배당한 것으로 본다.[84]

(나) 대상법인 주주인 가운데 최와 차의 경우, "주식…으로서, 발행법인(대상법인)이 재조직당사자인 것(대상법인 주식)을 재조직계획에 따라 교환해 주는 경우로 교환대상이 오로지 주식…으로서…다른 재조직당사자인 법인(인수법인)이 발행한 것(인수법인 주식)뿐"이라면 제354조에 따라 대상법인 주식에 대해서 "차익(최 675,000불, 차 135,000불, 소수주주는 금액 모름)…을 인식하지 않는다." 그러나 실제는 "재산을 교환으로 받은 것에, 재산을 제354조나 제355조의 허용에 따라 차익의 인식 없이 받을 것뿐만 아니라 다른 재산(최는 930,000불, 차는 186,000불, 소수주주는 124,000불)이 있"으므로 제356조(a)(1)에 따라 "차익을 받는 사람(주주)에게 인식하되, 다만 그 금액의 상한을…공정한 시가로 친 그런 다른 재산"으로 한다. 따라서 소득금액은 최가 675,000불, 차가 135,000불, 소소주주는 124,000불과 양도차익 중 적은 쪽이 된다.

소득의 성격은 이 합병의 "효과가 배당의 분배라면" 제356조(a)(2)에 따라 "이를 다루기를 배당으로서 주주가 분배받는 것으로" 다룬다. Clark 판결 등에 따라 제302조를 이 문제의 사실관계에 준용한다면 문제는 각 주주의 주식소유비율이 얼마나 감소하는가에 달려 있다. 합병 전에 감자가 있는 것으로 보고 대상법인

---

[84] 우선 제358조(b)에 따라 (차) 인수법인주식 266,000 + 인수법인사채 434,000 (대) 자산 700,000. 제358조(b). 뒤이어 제361조(c)에 따라 (차) 자본 700,000 (대) 인수법인주식 266,000 + 인수법인 사채 434,000. 둘을 묶으면 (차) 자본 700,000 (대) 자산 700,000.

을 기준으로 판단한다면 각 주주의 주식소유비율이 균등하게 감소하여 최 : 차 :
소수주주의 주식소유비율은 원래 75% : 15% : 10% 그대로 남아있어서 지배력에
아무런 변화가 없고 제302조(b)의 어디에도 해당하지 않아서 제302조(a)를 적용
할 수 없어서, 제302조(d)에 따라 "그런 상환을 다루기를 재산의 분배로 해서 제
301조"의 3분법(배당소득, 원본회수, 양도소득의 순)에 따라 과세하게 될 것이
다. 그러나 Clark 판결은 합병 후에 감자가 있는 것으로 보므로 각 주주의 주식
소유비율이 얼마나 감소하는가는 인수법인과 대상법인의 자본규모에 따라 달라
진다. 가령 합병전 인수법인 주식의 시가총액이 2,000,000불이라면 합병후 시가
총액이 일단 4,000,000불이 되었다가 그 가운데 회사채 부분(62%) 1,240,000불을
감자하는 것으로 평가하게 되어서 대상법인 주주들의 주식소유비율은 50% =
(2,000/4,000)에서 27.5% = (2,000 − 1,240)/(4,000 − 1,240)로 감소하여 종전 지
배력의 80%보다 낮아져서 제302조(b)(2)의 '현저히 불비례하는 상환'이 되고, 제
302조(a)에 따라 "그런 상환을 분배로 다루되 분배가 주식교환대가의 일부나 전
부"인 것으로 보아 양도소득으로 과세한다. 최의 양도소득은 675,000불, 차의 양
도소득은 135,000불이 되고 소수주주의 소득금액은 대상법인 주식 취득원가가
얼마였는가에 달려있다. 합병 후 지배력이 종전의 80%를 넘는다면 최에 대해서
는 675,000불 가운데 미분배 배당가능이익 가운데 75%까지는 배당소득이고 넘
는 부분은 양도소득이다. 차의 경우 135,000불 가운데 미분배배당가능이익의
15%까지는 배당소득 넘는 부분은 양도소득이다. 소수주주도 마찬가지.
인수법인 주식을 "분배받는 자"인 대상법인 주주의 인수법인 주식 취득가액은
"교환으로서…제354조를 적용받는 경우"이므로 "위 조의 허용에 따라 차익이나
차손의 인식 없이 받을 수 있는 재산(인수법인 주식)의 취득가액은 교환해 넘기
는 재산(대상법인 주식)의 취득가액"(최는 825,000불 차는 165,000불)에서…"다
른 재산으로 납세의무자가 받은 것의 시가"(최는 930,000불 차는 186,000불)를
빼고 "차익의 금액으로 납세의무자가 교환차익으로 인식한 것"(최는 675,000불
차는 135,000불)을 더하면, 최는 570,000불 차는 114,000불이 된다.[85] 소수주주도
마찬가지로 생각하면 된다.
(다) 인수법인의 자산 취득원가는 "재산을 취득하는 법인에게 재조직으로서 이
Part가 적용"되므로 제362조(b)에 따라서 "양도인(대상법인)의 입장에서 본 취득
원가 그대로"를 물려받아 700,000불이 된다.[86] 세무요소도 원칙적으로 승계받지
만 법에 여러 가지 제약이 있다.

---

85) 최에게 생기는 법률효과는 (차) 인수법인주식 570,000 + 회사채 930,000 (대) 대상법인주식 825,000 +
   (양도소득 + 배당소득) 675,000.
86) (차) 자산 700,000 (대) 자본 (-)540,000 + 회사채 1,240,000. Boot의 금액이 자산 취득원가보다 더
   클 경우에도 자산의 취득원가를 그대로 물려받으므로, 그 경우에는 자본이 감소하게 된다.

(iv) 앞 (iii)과 다를 바 없다.[87]

(v) 이 합병이 A형 재조직에 해당하는가는 앞의 (iii)과 같다. 합병대가 가운데 boot가 차지하는 비중이 얼마인가는 합병대가 전체를 놓고 따지고 주주별로 따지는 것이 아니다.

재조직이 아니라고 보는 경우의 법률효과는 앞의 (iii)과 같다. 대상법인은 자산 전부를 장부가액에 양도하면서 인수법인 주식과 회사채를 받는 것으로 보아 양도소득은 없고 뒤이어 인수법인 주식과 회사채를 장부가액대로 주주에게 청산배당한 것으로 본다. 주주에게는 주식양도소득을 과세한다. 인수법인의 자산취득원가는 합병대가의 시가이다. 재조직이라고 보는 경우는 다음과 같다.

(가) 대상법인에는 양도소득을 과세하지 않는다. 대상법인 주주 가운데 최의 경우, "재산을 교환으로 받은 것에, 재산을 제354조나 제355조의 허용에 따라 차익의 인식 없이 받을 것뿐만 아니라 다른 재산(1,240,000불)이 있"으므로 제356조(a)(1)에 따라 "차익(675,000불)을 받는 사람(주주)에게 인식하되, 다만 그 금액의 상한을⋯공정한 시가로 친 그런 다른 재산(1,240,000불)"으로 한다. 따라서 최에게 과세할 소득금액은 675,000불이다. 최의 주식 취득가액은 825,000 - 1,240,000 + 675,000 = 260,000불이다.[88] 차나 소수주주는 주식만 받으므로 양도소득을 과세하지 않고 인수법인주식 취득가액은 대상법인 주식 취득가액이 그대로 이어진다. 최에게 과세할 소득의 성격은 주식소유비율이 얼마나 낮아지는가에 달려 있다. 가령 합병 전 인수법인의 주식시가 총액이 2,000,000불이라면 최의 주식소유비율이 1,500/4,000에서 260/4,000으로 감소하므로 675,000불은 전액 양도소득이다. 최의 지배력이 종전의 80%를 넘는다면 675,000불 가운데 최 몫의 미분배 배당가능이익까지는 배당소득이고 넘는 부분은 양도소득이다.

(다) 인수법인의 자산취득원가는 "재산을 취득하는 법인에게 재조직으로서 이 Part가 적용"되므로 제362조(b)에 따라서 "양도인(대상법인)의 입장에서 본 취득원가 그대로"인 700,000불을 물려받는다.[89]

---

87) 대상법인의 양도소득을 따로 분개한다면 (차) 인수법인주식 (-) 540,000 + 현금 1,240,000 (대) 자산 700,000. 제358조(b). (차) 자본 700,000 (대) 인수법인주식 (-) 540,000 + 현금 1,240,000. 주식의 취득가액이 음수라는 점이 좀 이상하지만 소멸법인의 합병대가 취득가액은 소멸법인의 양도소득 계산에 필요한 중간개념일 뿐이어서 결국 사라지는 것일 뿐이다. 아예 묶어서 분개한다면 (차) 자본 700,000 (대) 자산 700,000이므로 논리에 문제가 없다. 제361조(c).

88) (차) 인수법인주식 260,000 + 회사채 1,240,000 (대) 대상법인주식 825,000 + 과세소득 675,000.

89) (차) 자산 700,000 (대) 자본 (-) 540,000 + 회사채 1,240,000.

Ⅶ. 주식인수 후 합병

점진적 인수로 일단 대상법인의 주식을 인수하여 자법인으로 만든 뒤 나중에 이 자법인을 모법인이 흡수합병하면 어떻게 과세하는가? 합병이란 순자산을 존속법인에 넘기면서 소멸법인이 해산·청산하는 것이므로, A형 재조직이 되지 않는다면 일반적인 해산·청산의 법률효과로서 자법인(소멸법인)에는 재산의 처분익을 과세하고 주주(모법인)에게는 주식양도소득을 과세한다. 다만 80% 이상 모법인이 있는 경우 자법인을 모법인 몫 부분과 소수주주 몫 부분으로 나누어 생각한다. 모법인 몫 부분은 자법인의 처분익과 모법인의 주식양도소득을 모두 과세이연하고 모법인은 자회사의 취득원가를 그대로 물려받는다. 소수주주 몫 부분은 앞 문장으로 돌아가 자법인의 처분익과 주주의 양도소득을 과세한다.[90] 한편 A형 재조직이 된다면 자법인의 청산소득, 모법인의 양도소득, 소수주주의 양도소득을 모두 과세이연한다.

가령 1단계로 대상회사의 기존주주로부터 주식 70%를 현금으로 매수한 뒤 2단계로 대상회사를 흡수합병한다고 하자. 1단계의 주식매수가 일어난 뒤 그와 무관한 별도의 거래로 2단계의 합병이 생긴다면 합병 당시의 역사적 주주는 모법인 및 소수주주이다.[91] 따라서 2단계의 합병은 A형 재조직에 해당한다. 다른 한편 1단계의 주식매수와 2단계의 합병을 묶어서 한 거래로 보아야 한다면 합병대가 가운데 현금의 비중이 70%이므로 A형 재조직에 해당하지 않을 것이다.

(판례) Kass v. Comr[92]
Track(인수법인)은 1)단계로 Acra(대상법인) 주식의 80.2%를 현금으로 공개매수한 뒤 2)단계로 대상법인을 흡수합병했다. 이 사건 원고는 1)단계의 공개매수에 응하지 않은 채 대상법인의 주주로 있다가 2)단계의 합병과정에서 대상법인 주식을 내놓고 인수법인 주식을 받았다. 국세청은 두 단계를 묶어서 합병이라는 한 개의 거래로 보고 원고의 주식양도소득을 과세하였다. 묶어서 보면 합병대가의 80.2%가 현금이어서 이해관계의 계속성이 없다는 것이다. 이에 대해 원고는 2)단계의 합병 그 자체가 1)단계와

---

90) 제5장 제2절.

91) J. E. Seagram Corp. v. Comr., 104 TC 75 (1993).

92) 60 TC 218 (1973). 같은 뜻으로 Yoc Hearing Corp. v. Comr., 61 TC 168 (1973). 제8장 제3절 Ⅰ. 2. (4).

분리된 독립된 거래이고 대상법인 주주가 받은 합병대가는 오로지 주식뿐이므로 A형 재조직으로서 주주의 양도소득은 과세이연을 받는다고 주장하였다. 법원은 합병대가 가운데 인수법인 몫 80.2%에는 이해관계의 계속성이 없고 20%도 못되는 나머지 주식만으로는 이해관계의 계속성이라는 요건을 만족하지 않는다고 보아서 국세청 승소 판결을 내렸다. 사실관계 부분에 대해서는 분명히 적고 있지는 않지만, 인수법인의 대주주가 애초 인수법인을 설립한 이유 자체가 대상법인의 합병이고 대상법인 주식의 공개매수는 그를 위한 전단계 작업일 뿐이라는 점을 적시하고 있는 점에 미루어보면 두 단계를 묶어서 한 거래로 보고 있다.

숫자를 바꾸어 1)단계에서 현금으로 주식을 매수한 비율이 30%라고 하자. 주식매수와 합병이 별개의 거래라면 1)단계의 주식매수는 B형 재조직에 해당하지 않는다. 한편 주식매수와 합병을 묶어서 한 거래로 보아야 한다면 합병대가 중 주식의 비율이 70%로 이해관계의 계속성을 만족하는 정도에 이르고 A형 재조직에 해당할 것이다.[93]

[보기 9]
인수법인은 대상법인 주식 78%를 인수법인 주식을 대가로 공개매수한 뒤 대상법인을 흡수합병했다. 인수법인은 애초 그런 계획을 적은 합의서를 대상법인과 맺었지만, 이 합의서에는 공개매수가 실제 성공해야 합병을 진행하는 것으로 적고 있다. 주식인수와 합병을 별개로 보는가 한 거래로 보는가에 따라 대상법인의 주주에 대한 과세가 어떻게 달라지는가? 이 사실관계에서 주식인수와 합병은 한 개의 거래인가 별개 거래인가?

(풀이) 앞서 본 Seagram 판결[94]에서 미루어 두었던 쟁점이다. 별개의 거래로 본다면 2)단계의 합병 그 자체는 A형 재조직이지만 1)단계의 주식인수가 재조직인가는 주식인수형(B형)의 요건을 만족하는가를 따로 따져야 한다. 별개의 거래라면 1)단계의 주식인수는 B형 재조직이 아니고 주식을 판 종래주주는 양도차익에 세금을 문다(Seagram 판결의 사실관계에서는 양도차손을 승계받는다). 인수직후 인수법인에 대상법인에 대한 지배력(80%)이 없기 때문이다. 한 개의 거래로 본다면 미리 교환한 주식이나 합병과정에서 교환한 주식이나 구별이 없고 A형 재조직이 되어서 주주의 양도차익은 과세이연을 받는다. Seagram 판결은

---

93) 자산인수가 B형 재조직이 안 되지만 뒤따르는 합병과 묶어서 C형 재조직으로 본 사례로 King Enterprises, Inc. v. U.S., 418 F.2d 511 (Ct. Cl. 1969).
94) 104 TC 75 (1995). 제8장 제3절 Ⅰ. 2.(4).

결과적으로 주식매수가 성공하여 애초 계획대로 합병이 이루어진 이상 한 개의
거래라고 보았고 주식양도차손을 부인하였다.

제 3 절 자산인수형 재조직

재조직이 아니라면 자산인수의 경우 양도법인에는 양도차익을 과세하고 인
수법인의 자산 취득원가는 인수대가의 시가이다. 양도법인이 해산·청산하면서
양도대가를 청산분배한다면 주주에게는 주식양도소득을 과세하되, 주주가 80%
이상 모회사라면 청산분배금을 과세하지 않는다. 그러나 자산인수형 재조직의
요건을 만족한다면 과세이연을 받는다.

Ⅰ. 자산인수형 재조직의 요건

제368조(a) (재조직)
Sec. 368(a) REORGANIZATIONS
(1) 일반 원칙 ― ...“재조직”의 뜻은 ―
(1) IN GENERAL ― ...“reorganization” means ―
  (C) 취득하는 법인이 교환하여 주는 것이 오로지 그 의결권부 주식의 전부나 일부이
  고 (또는 오로지 취득하는 법인을 지배하고 있는 법인이 발행한 의결권부 주식의 전
  부나 일부이고) 취득하는 것이 실질적으로 다른 법인 재산의 전부인 것. 교환하여 주
  는 것이 오로지 주식인가라는 결정은 취득하는 법인이 다른 법인의 채무를 인수하는
  것은 무시하고 정한다.
  (C) the acquisition by one corporation, in exchange solely for all or a part of its
  voting stock (or in exchange solely for all or a part of the voting stock of a corpo-
  ration which is in control of the acquiring corporation), of substantially all of the
  properties of another corporation, but in determining whether the exchange is solely
  for stock, the assumption by the acquiring corporation of a liability of the other
  shall be disregarded;
(2) 특칙으로 (1)항 관련
(2) SPECIAL RULES RELATING TO PARAGRAPH (1)
  (B) 추가대가로 특정한 (1)항(C) 사항 ― 만일 ―

(B) ADDITIONAL CONSIDERATION IN CERTAIN PARAGRAPH (1)(C) CASES — If —

(i) 한 법인이 취득하는 것이 실질적으로 다른 법인 재산의 전부이고,

(i) one corporation acquires substantially all of the properties of another corpo-ration,

(ii) 취득이 위 (1)(C)에 해당할 것이지만 다만 취득하는 법인이 교환해 주는 것에 현금이나 다른 재산이 의결권 있는 주식에 더해서 있다는 사실 때문에 해당하지 않고, 그리고

(ii) the acquisition would qualify under paragraph (1)(C) but for the fact that the acquiring corporation exchanges money or another property in addition to voting stock, and

(iii) 취득하는 법인이 취득하는 것 가운데, 오로지 의결권부 주식으로서 위 (1)(C)에 적은 것을 대가로 하는 다른 법인 재산의 공정한 시가가 적어도, 공정한 시가로 친 다른 법인 재산 전부의 80%에 이른다면,

(iii) the acquiring corporation acquires, solely for voting stock described in paragraph (1)(C), property of the other corporation having a fair market value which is at least 80% of the fair market value of all of the property of the other corporation,

그런 취득을...다루기를 위 (1)(C)에 해당하는 것으로 다룬다. 오로지, 결정할 것이 앞 문장의 (iii)의 적용여부인 경우에 한하여, 부채액으로서 그 인수를 취득하는 법인이 한 것은 이를 다루기를 현금을 재산의 대가로 주는 것으로 다룬다.

then such acquisition...shall be treated as qualifying under paragraph (1)(C). Solely for the purpose of determining whether clause (iii) of the preceding sentence applies, the amount of any liability assumed by acquiring corporation shall be treated as money paid for the property.

(G) 분배요건으로 (1)(C) 관련

(G) DISTRIBUTION REQUIREMENT FOR PARAGRAPH (1)(C)

(i) 일반 원칙 — 거래가 위 (1)(C)의 요건을 실패하지 않으려면, 취득되는 법인은 주식, 증권 또는 다른 재산을 받은 것과 자신의 다른 재산을 재조직계획대로 분배해야 한다. 앞 문장의 적용상, 만일 취득되는 법인의 청산이 재조직계획대로 이루어진다면 분배로서 채권자에게 청산에 관련하여 하는 것은 이를 다루기를 재조직계획대로 하는 것으로 본다.

(i) IN GENERAL — A transaction shall fail to meet the requirement of paragraph (1)(C) unless the acquired corporation distributes the stock, securities and other properties it receives, as well as its other properties, in pursuance of the plan of reorganization. For purposes of the preceding sentence, if the acquired corpo-ration is liquidated pursuant to the plan of reorganization, any distribution to its creditors in connection with such liquidation shall be treated as pursuant to the plan of reorganization

(ii) 예외 — 장관의 면제로, 앞 (i)의 적용은 어떤 거래든 조건을 장관이 정한 바에 따라 면제할 수 있다.

> (ii) EXCEPTION. — The Secretary may waive the application of clause (i) to any transaction subject to any conditions the Secretary may prescribe.

재산이 대상법인에서 인수법인으로 넘어간다는 점에서는 자산인수형(C형) 재조직은 합병형(A형) 재조직과 마찬가지이다. 기실 C형 재조직을 들여온 입법연혁 자체가 세법의 입장에서 보면 합병에 해당할만한 거래 가운데 회사법상 합병이라는 요건을 만족하지 못하여 A형 재조직이 되지 못하는 것을 과세이연 대상으로 삼자는 생각이었다.95) 회사법상의 합병은 A형에 들어가면서 동시에 C형에도 들어간다. 합병이란 자산인수와 대상법인 해산·청산의 결합이기 때문이다. 물론 A형과 C형 재조직의 요건이 서로 다르고 A형의 요건이 더 느슨하므로 A형 재조직에서 탈락하면서 C형 재조직에서 합격하는 경우는 쉽지 않다. 한편 자산인수와 대상법인 해산·청산이라는 두 단계 거래를 하는 경우 이것이 당연히 A형에 들어가지는 않는다. 회사법상의 합병이라는 요건에 해당하지 않기 때문이다. 다만 실질적으로 두 거래가 아니라 한 거래라고, 곧 실질이 합병이라고 보아 A형에 해당할 가능성은 있다. 자산이전형(C형)과 뒤에 볼 자산이전형(D형) 사이의 관계도 문제된다. 인수법인이 대상법인의 자산을 다 인수한다는 말이나 대상법인이 자산의 전부나 일부를 인수법인에 이전한다는 말은 당연히 서로 겹칠 가능성이 높기 때문이다. 이에 관해서는 D형 부분에서 보기로 한다.

1. 이해관계의 계속성: 의결권부주식 ≥ 80% × 대상법인 자산

제368조(a)(1)(C)에서 인수대가가 '오로지 의결권부 주식'이라는 말의 뜻은 이미 본 B형 재조직과 같다. 앞서 B형 부분에서 본 Southwest Consolidated 판결은96) 기실 C형에 관한 사건이다. 그 판결에서 보았듯 신주인수권조차도 주식은 아니다. 반드시 의결권부라야 한다는 점에서 A형과 다르다.

현행법에서는 C형 재조직의 인수대가가 전부 의결권부 주식일 필요는 없다. 제368조(a)(2)(B)에서 20% 까지는 boot가 있더라도 여전히 C형 재조직에 해당한다고 정하고 있기 때문이다. 가령 인수법인이 대상법인 자산을 전부 인수하면

---

95) S. Rep. No. 558, 73d Cong., 2d Sess. 16, 17(1939).
96) 315 U.S., 194 (1942).

서 "자산가액의 80%만큼 의결권부 주식"을 주고 20%는 현금을 주더라도 자산인수형 재조직의 요건에 맞는다. 이 점에서, 같은 80%이기는 하지만 그 의미가 주식인수형(80% 지배력이 있는 주식)과 다르다. 대상법인 자산이 100불 있는데 인수법인이 90불만큼의 자산('실질적으로 자산의 전부'라는 요건은 일단 해당한다고 하자)을 인수한다면 주식이 얼마 이상이어야 하는가? 80불 이상인가 72불 이상인가? 현금 지급액의 상한은 얼마인가? "공정한 시가로 친 다른 법인 재산 전부"가 100불이므로 "취득하는 법인이 취득하는 것 가운데, 오로지 의결권부 주식으로서 (1)항(C)에 적은 것을 대가로 하는 것"이 80불 이상이어야 한다. 따라서 자산을 90불어치 취득한다면 현금의 상한은 18불이 아니라 90 - (100 × 80%) = 10불이다.

2. 사업의 계속성: 실질적으로 재산 전부를 인수

대상법인이 넘기는 자산이 실질적으로 재산 전부에 미치지 못하면 C형 재조직은 못 된다. 회사분할의 성격이 있다면 C형 재조직이 될 수 없다는 말이다 (재조직 여부는 오로지 뒤에 볼 D형 재산이전형에 해당하는가로 따진다는 말이다). 어느 정도라야 실질적으로 재산 전부인지에 대해서는 명문규정이 없다.

> **(판례) Schuh Trading Co. v. CIR.**[97]
> 이 판결의 쟁점은 1928년 법에서 합병형(A형) 재조직요건의 일부였던 '한 법인이 인수하는 것이 실질적으로 다른 법인의 재산 전부인 것'이라는 말을 충족하는가이다. 원고법인('취득되는 법인' = '대상법인')은 당초 Schuh Drug라는 상호로 몇십년 동안 여러 주에 걸쳐서 약품도매업을 운영하다가, 1929년 MR이라는 법인('취득하는 법인' = '인수법인')과 자산인수 계약을 맺었다. 이 계약에 따라 대상법인은 인수법인에[98] 자산부채와 영업을 양도하고 그 대가로 인수법인의 주식을 받고[99] 단주처리를 위한 현금도 조금 받았다. 대상법인의 자산은 430,359불어치였었는데 그 가운데 365,745불어치

---

97) 95 F.2d 404 (1938).

98) 실제 사실관계에서는 MR의 자회사인 FM이라는 법인을 명의수탁자로 내세워서 받았다. 같은 1928년법이어서 국세청은 1937의 Groman 판결에 따를 때 이해관계가 너무 멀다고 주장했지만 법원은 명의신탁관계이므로 MR이 직접 받은 것이나 마찬가지라고 보았다.

99) 의결권부 보통주만 아니라 우선주도 받았지만 이 사건 당시의 자산인수형에는 인수대가가 의결권부 주식이라야 한다는 제한이 없었다. 따라서 인수대가에 관해서는 이해관계의 계속성에 관한 일반적인 판례기준만 적용되고, 무의결권 주식이 있다는 이유로 재조직에서 탈락되지는 않는다. 앞서 본 1933년의 Pinellas Ice 판결(287 U.S., 462) 참조.

(85%)를 인수법인에 넘기고 64,614불어치(15%)는 대상법인에 그대로 남았다. 남겨둔 자산은 부동산(25,000불이었지만 이 부동산은 인수법인에 임대했다), 투자유가증권 (16,300불이었지만 결국은 무가치했다), 임원가지급금(14,035불), 주주겸 대표자를 피보험자로 하는 생명보험증권(6,098불 상당) 등이었다. 인계한 채무는 49,291불이어서 순자산으로는 266,454불을 넘겼다. 아울러 Schuh Drug라는 상호도 인수법인으로 넘기면서 약품도매업에 대한 경업피지의무를 지기로 했다. 대상법인 자신의 상호는 Drug라는 말을 빼고 Schuh Trading으로 바꾸었다.100) 영업양도 뒤 대상법인은 자산인수 계약에 정한대로, 양도한 채권 가운데 불량채권 부분을 물어주었고 또 남겨둔 다른 자산의 실제가치가 더 낮은 부분도 있어서 그런 점을 다 생각하면 남겨둔 자산의 가치는 결국은 24,395불이되었다. 이런 점을 다 고려하면 금액 기준으로 대상법인은 자산총계 가운데 90% 이상을 넘겼다. 또한 자산의 질적 성격을 따져보면 약품도매업에 관련된 자산은 다 넘겼고, 남겨둔 자산은 모두 양도한 영업과 무관한 자산이다. 결국 인수법인은 실질적으로 대상법인의 재산 전부를 인수하였다고 보았으므로 재조직에 해당한다.

행정해석은 순자산의 90% 이상이고 자산총계의 70% 이상일 것을 금액에 관한 일응의 기준으로 삼고 있다.101) 질적 기준으로서는, 중요한 영업자산은 다 넘기고 유동자산만 남는 경우, 유동자산의 비율이 높더라도 채무청산에 쓸 것이라면 재조직이 될 수 있다.102)

자산인수 전후의 영업재산 처분은 재조직에 어떤 영향을 미치는가? 앞서 보았듯 영업재산의 1/3 정도만 남아있더라도 사업의 계속성이 있다는 판결이103) 있고 그런 내용은 재무부규칙에도 들어와 있다.104)

[보기 10]105)

대상법인과 인수법인은 오랫동안 철물업을 해왔고 서로 특수관계가 없다. 대상법인에는 철물 소매업과 배관재 도매업 두 부문이 있고 비중은 약 50 : 50이다. 인수법인은 대상법인의 철물 소매업을 인수하기를 원한다. 그리하여 전체적인 계획 하에 다음 두 단계의 거래를 했다. 1단계로 대상법인은 배관재 도매업 부분의 자산전체를 두 회사 가운데 어느

---

100) 1928년법의 자산인수형 재조직에는 대상법인이 해산·청산해야 한다는 요건이 없다.
101) Rev. Proc. 77-37, 1977-2 CB 568, 특히 3.01 문단.
102) Rev. Rul. 57-518, 1957-2 CB 253.
103) Laure v. Comr.,70 TC 1087.
104) 재무부규칙 1.368-1(d)(3).
105) Rev. Rul. 88-48, 1988-1 CB 117.

쪽과도 특수관계가 없는 매수인에게 팔았다. 처분익은 물론 과세대상이다. 2단계로 대상법인은 1단계의 처분대금으로 받은 현금을 포함하여 자산 전부와 채무 전부를 인수법인에 양도하고 그 대가로 인수법인의 의결권부 주식을 받았다. 그 뒤 대상법인은 해산·청산하면서 인수법인 주식을 주주들에게 청산배당했다. C형 재조직에 해당하는가?

(풀이) 해당한다. 회사 자산 가운데 일부만 다른 회사가 인수하여 사업을 분할하는 성격의 거래는 C형 재조직에 해당하지 않지만, 이 사실관계에는 그런 분할의 성격이 없다. 대상법인이 종래 가지고 있던 자산의 절반만 인수법인에 넘어가기는 하지만 다른 자산을 처분하고 받은 대금도 다 인수법인에게 넘어가므로 분할의 성격이 없다. 처분한 자산의 매수인은 특수관계자가 아니므로 대상법인의 주주들이 그런 자산에 대해서 직간접 사업주라는 지위에 남지 않는다. 결국 인수법인은 실질적으로 대상법인 자산의 전부를 인수한 것으로 보아야 한다.

(판례) Wortham Machinery Co. v. U.S.[106]

원고법인(인수법인)은 Madera라는 회사(대상법인)와 자매관계에 있었다. 대상법인은 부실기업이 되었고 대상법인의 주요채무는 다 주주들이 지급보증하고 있었다. 1968년 현재 이미 사업중단 상태에 있었던 대상법인은 자산부채와 사업전체를 원고법인에 양도했다. 양도당시 대상법인의 자산은 19,537불 채무는 40,331불이었고, 양도대가로 인수법인은 1,600불어치의 인수법인주식을 발행해주었다. 대상법인은 해산청산하면서 이 주식을 주주들에게 청산분배했다. 쟁점은 원고법인이 대상법인의 이월결손금을 물려받아서 공제받을 수 있는가이고, 이 쟁점은 다시 이 사건 사업양도가 C형 재조직에 해당하는가에 달려있다.[107]

인수법인이 대상법인의 사업을 양도받은 데에는 사업상 목적이 없고 오로지 대상법인의 이월결손금을 물려받아서 세금을 줄일 목적뿐이었다. 대상법인의 주주와 인수법인 주주가 같은 사람이라는 점에서는 이해관계의 계속성은 있지만 인수법인은 인계받은 자산을 사업에 쓸 의사가 없었으므로 사업의 계속성이 없다.

---

3. 채무인수 = 인수대가?

Schuh Trading 판결에서도 보았듯 자산인수의 전형은 한 사업부문의 순자산, 곧 그 부문에 속하는 자산부채를 다 넘기면서 그 대가로 인수법인 주식을 받

---

106) 521 F.2d 160 (1975).

107) 제381조(a)와 (c)(1).

는 것이다. 그런데 자산을 기준으로 이 말을 달리 적어본다면 대상법인이 자산을 넘기면서 받는 대가가, 일부는 채무를 넘기는 것이고 나머지 일부는 인수법인 주식을 받는 것이라고 생각할 수도 있다. 인수법인의 입장에서 본다면 자산인수의 대가가 채무인수와 주식교부라고 할 수 있다. 그렇다면 이것은, 자산인수의 대가가 오로지 의결권부 주식이어야 한다는 C형 재조직의 요건, 또 20%까지는 boot가 있어도 된다는 요건과는 어떤 관계에 있는가? 제368조(a)(1)(C)의 글귀를 보면 "교환하여 주는 것이 오로지 주식인가라는 결정"을 할 때에는 "취득하는 법인이 다른 법인의 채무를 인수하는 것은 무시하고 정한다." 채무인수만 아니라 다른 boot가 더 있다면 제368조(a)(1)(C)의 글귀 그 자체에서는 불합격이다. 그러나 제368조(a)(2)(B)의 세 요건을 만족하면 "(1)(C)에 해당하는 것으로 다룬다." 이 경우 80% 여부 판단에서는 채무인수를 현금수수나 마찬가지로 본다. 결국 채무를 인수하더라도 순자산에 상당하는 주식만 준다면 재조직이지만, 순자산 상당의 대가에 현금 등 boot가 조금이라도 있으면 대상법인 자산 총액의 80% 이상이 주식이라야 재조직이다. 자법인의 자산을 인수하는 경우라면 구태여 인수법인 자신에게 자기주식을 발행하지 않더라도 그 부분은 당연히 인수대가가 주식인 부분에 해당한다. 이 경우 소수주주도 인수법인 주식만 받는다면 채무인수가 있더라도 재조직이지만 소수주주가 얼마라도 boot를 받는다면 boot와 채무인수액의 합계가 대상법인 자산의 20% 이하라야 재조직이다.

[보기 11]

대상법인에는 100만불 어치의 자산이 있고 인수법인은 자산전부를 인수하고 대상법인은 해산청산한다. 다음 각 경우 C형 재조직인가?

(i) 인수법인은 대상법인의 채무 30만불을 인수하고 순자산 70만불의 대가로 의결권부 주식 70만불을 준다.

(ii) 인수법인은 대상법인의 채무 30만불을 인수하고 순자산 70만불의 대가로 의결권부 주식 69만불과 현금 1만불을 준다.

(iii) 인수법인은 대상법인의 채무 15만불을 인수하고 순자산 85만불의 대가로 의결권부 주식 84만불과 현금 1만불을 준다.

(iv) 인수법인은 대상법인의 채무 19만불을 인수하고 순자산 81만불의 대가로 의결권부 주식 79만불과 현금 2만불을 준다.

(v) 인수법인은 대상법인의 채무 100만불을 인수하고 순자산 0불의 대가로 의결권부 주식 1불을 준다.

(vi) 다른 모든 사실관계는 (iii)과 같지만 인수법인은 대상법인의 60% 주주이고 나머지 40%는 차선자 소유이다. 대상법인의 자산을 인수하면서 인수법인은 의결권부 주식 33만 불과 현금 1만불(85×40%=34)을 차선자에게 넘겨주고 자기주식을 발행하지는 않는다.

〔풀이〕 (i) 재조직이다. 제368조(a)(1)(C)에서 "교환하여 주는 것이 오로지 주식인가라는 결정"을 하면서 "취득하는 법인이 다른 법인의 채무를 인수하는 것은 무시"한다면, 인수법인이 자산인수를 하면서 "교환하여 주는 것이 오로지 그 의결권부 주식"이어서, 이 자산인수는 이 (a)(1)(C)에 해당해서 C형 재조직이다. (a)(2)(B)는 더 이상 살펴볼 필요가 없다. (a)(2)(B) 가운데 (ii)호는 (a)(1)(C)에 해당하지 않을 것을 요건으로 삼고 있기 때문이다.

(ii) 재조직이 아니다. 제368조(a)(1)(C)에서 "교환하여 주는 것이 오로지 주식인가라는 결정"을 하면서 취득하는 법인이 다른 법인의 채무를 인수하는 것은 무시하더라도 인수법인이 자산인수를 하면서 "교환하여 주는 것이 오로지 그 의결권부 주식"에 해당하지 않는다. 현금 1만불이 있기 때문이다. 따라서 이 자산인수는 제368조(a)(1)(C)에 해당하지 않는다. 그러나 다시 제368조(a)(2)(B)로 넘어오면 (i), (ii), (iii)의 요건을 모두 만족하면 "그런 취득을…다루기를 위 (1)(C)에 해당하는 것으로 다루어서" C형 재조직이 될 수 있다. 세 가지 요건 가운데 (i) 한 법인(인수법인)이 취득하는 것이 실질적으로 다른 법인(대상법인) 재산의 전부이고, (ii) 취득이 위 (1)(C)에 해당할 것이지만 다만 취득하는 법인(인수법인)이 교환해 주는 것에 현금이나 다른 재산이 의결권 있는 주식에 더해서 있다는 사실 때문에 해당하지 않는다는, 두 가지는 만족한다. 그러나 (iii)에서는 "취득하는 법인(인수법인)이 취득하는 것 가운데, 오로지 의결권부 주식으로서 위 (1)(C)에 적은 것을 대가로 하는 다른 법인 재산의 공정한 시가"는 69만불이어서 "공정한 시가로 친 다른 법인 재산 전부의 80%"인 80만불에 이르지 못한다. 그런데, (1)(C)에서 "교환하여 주는 것이 오로지 주식인가라는 결정"을 하면서 취득하는 법인이 다른 법인의 채무를 인수하는 것은 무시하므로, 인수대가의 99%를 주식으로 준다고 보아야 하지 않을까? 이 (iii)의 판단에서는 "부채액으로서 그 인수자가 취득하는 법인인 것을 다루기를 현금을 재산의 대가로 주는 것으로" 다룬다고 적극적으로 명시하고 있으므로, 주식으로 인수하는 부분은 69만불뿐이고, 대상법인 재산전부의 80%에 이르지 못한다. 결국 (a)(1)(C)에서도 (a)(2)(B)에서도 재조직에 해당하지 않는다.

(iii) 제368조(a)(2)(B)에 따라서 재조직이다. 제368조(a)(1)(C)에서 "교환하여 주는 것이 오로지 주식인가라는 결정"을 하면서 취득하는 법인이 다른 법인의 채

무를 인수하는 것은 무시하더라도 인수법인이 자산인수를 하면서 "교환하여 주는 것이 오로지 그 의결권부 주식"에 해당하지 않는다. 현금 1만불이 있기 때문이다. 따라서 이 자산인수는 제368조(a)(1)(C)에 해당하지 않는다. 다시 제368조(a)(2)(B)로 넘어오면 (i), (ii), (iii)의 요건을 모두 만족하면 C형 재조직이 된다. 세 가지 요건 가운데 (i)과 (ii)는 만족한다. (iii)에서는 "취득하는 법인(인수법인)이 취득하는 것 가운데, 오로지 의결권부 주식으로서 위 (1)(C)에 적은 것을 대가로 하는 다른 법인 재산의 공정한 시가"는 84만불이어서 "공정한 시가로 친 다른 법인 재산 전부의 80%"인 80만불을 넘으므로 (iii)도 만족한다. (iii)의 판단에서는 "부채액으로서 그 인수자가 취득하는 법인인 것을 다루기를 현금을 재산의 대가로 주는 것으로" 다루면, 현금으로 인수하는 부분이 16만불이고 주식으로 인수하는 부분이 84만불이어서 대상법인 재산전부의 80%를 넘는다. 결국 (a)(1)(C)에는 해당하지 않지만 (a)(2)(B)에 따라서 C형 재조직이 된다.

(iv) 재조직이 아니다. 제368조(a)(1)(C)에서 자산인수를 하면서 "교환하여 주는 것이 오로지 그 의결권부 주식"에 해당하지 않는다. 현금 1만불이 있기 때문이다. 다시 제368조(a)(2)(B)로 넘어오면 (i), (ii), (iii)의 요건을 모두 만족하면 C형 재조직이 된다. 세 가지 요건 가운데 (i)과 (ii)는 만족한다. (iii)에서는 "취득하는 법인(인수법인)이 취득하는 것 가운데, 오로지 의결권부 주식으로서 (1)(C)에 적은 것을 대가로 하는 다른 법인 재산의 공정한 시가"는 79만불이어서 "공정한 시가로 친 다른 법인 재산 전부의 80%"인 80만불에 미치지 못한다. (iii)의 판단에서는 "부채액으로서 그 인수자가 취득하는 법인인 것을 다루기를 현금을 재산의 대가로 주는 것으로" 다루면, 현금으로 인수하는 부분이 21만불이고 주식으로 인수하는 부분이 79만불이어서 대상법인 재산전부의 80%에 미치지 못한다. 결국 (a)(1)(C)에 해당하지 않고 (a)(2)(B)에도 해당하지 않아서 C형 재조직이 아니다.

(v) 제368조(a)(1)(C)의 글귀에는 해당하지만 아마도 이해관계의 계속성이 없어서 재조직에서 탈락할 것이다. "취득하는 법인이 다른 법인의 채무를 인수하는 것은 무시"하는 결과 인수대가로 "교환하여 주는 것이 오로지 주식"이기는 하지만, 부채비율을 고려할 때 대상법인의 실질적 주주는 채권자라고 보아야 한다. 사업양도 후 이 채권자들은 인수법인의 주주가 아니므로 이해관계의 계속성이 없다고 보아야 할 것이다.[108] 한편 이 채권자들이 인수법인의 주식을 받는다면 재조직에 해당한다.

(vi) 재조직이다. 주주라는 이해관계가 계속하는 부분은 자기주식에 배당할 81만불과 실제발행주식 33만불의 합인 84만불이다. 현금 1만불이 있지만 의결권부 주식이 80만불을 넘는다.

---

108) 재무부규칙 1.368-2(d)(1). Bittker & Eustice, 12.24[2][b]절, 특히 주석 222; 12.24[3][c]절.

4. 대상법인의 해산청산

자산인수시 대상법인이 해산·청산해야 한다는 제368조(a)(2)(G)의 요건은 합병형 재조직과 균형을 맞추자는 것이다. 인수대가 가운데 boot가 있다면 합병형 재조직이 되더라도 boot를 상한으로 주주의 주식양도소득을 과세한다. 1984년까지는 자산인수형에서 대상법인의 해산·청산이라는 요건이 없다보니, 인수법인이 대상법인을 자회사로 유지한다면 주주단계의 주식양도소득 과세를 피할 수 있었다. 이 차이를 없애기 위해 제368조(a)(2)(G)를 추가한 것이다. 국세청장의 승인을 받는다면 대상법인을 자회사로 유지할 수 있지만 실제 승인해주는 경우가 없다고 한다.

II. 대상법인에 대한 과세이연

대상법인만이 아니라 모든 당사자에 걸쳐서 자산인수에 따르는 과세이연은 합병에서 본 그대로이다. 합병이란 자산인수를 한 뒤 대상법인이 해산·청산하는 것이라고 보기 때문이다. 자산인수의 민사법상의 형식이 합병과 다른 부분만 고치면 그대로 C형 재조직의 법률효과가 된다.

대상법인은 (i) 자산을 인수법인에 넘겨주면서 그 대가로 인수법인주식을 받은 뒤 (ii) 해산·청산하면서 인수법인주식을 주주들에게 청산하는 것이므로 그에 따른 법률효과가 생긴다. (i)단계는 "교환해 넘기는 재산이 재조직 계획에 따른 것이며 받는 대가가 오로지 재조직당사자인 다른 법인의 주식…뿐"인 경우라면 양도차익을 과세이연한다.[109] 나아가 인수대가의 일부로 boot를 받는 경우에도 대상법인에 소득이 생기지는 않는다. "법인이 받은…재산이나 돈을 재조직계획대로 분배"하는 것이기 때문이다.[110] (ii)단계로 주주에게 주식을 넘겨주는 것 역시 과세하지 않는다. "주식…으로 그 발행자가 다른 법인이지만 재조직당사자인" 법인이며 "그런 주식…은 이를 분배하는 법인이 교환에서 받는 것"이다. 이 주식은 제361조(c)(2)(B)(ii)의 적격재산이어서 제361조(c)(2)에 따른 과세대상이 아니고

---

109) 제361조(a).
110) 제361조(b)(1)(A).

제361조(c)(1)에 따라 비과세하기 때문이다.

III. 대상법인의 주주

주주는 대상법인에서 인수법인주식을 분배받는다. 그렇게 주식만 분배받는 사람들에 대해서는 양도차익에 대한 과세를 이연하고[111] 인수법인주식의 취득원가는 당초의 대상법인주식 취득원가가 그대로 이어진다.[112] 대상법인이 인수법인에게서 받은 boot를 주주에게 분배하는 경우 주주의 양도차익을 과세하되 boot의 금액을 상한으로 한다.[113] 소득의 성격은, 배당의 분배라는 효과가 없다면 양도소득이고, 있다면 미분배 배당가능이익 안의 금액은 배당소득이고 그를 넘는 금액은 양도소득이다.[114]

IV. 인수법인

자산인수에서 소득이 생길 것은 없다. 인수법인의 자산 취득원가는 대상법인의 원가를 그대로 물려받는다.[115] 논리적 연장선에서 대상법인의 배당가능이익이나 이월결손금도 그대로 물려받는다.[116] 다만 이월결손금의 구분계산 등 여러 가지 제약이 있다.

V. 대상법인에 남겨두었던 재산의 분배

대상법인의 자산 가운데 일부를 대상법인에 남겨두는 경우에는 해산·청산 시점에 가서 인수법인주식과 함께 청산배당하게 된다. 이런 재산에 딸린 미실현 손실은, "법인인 재조직당사자가 하는 분배로서 주주에게 재산을 재조직계획대

---

111) 제354조.
112) 제358조. 보유기간도 통산한다. 제1223조(1).
113) 제356조(a)(1).
114) 제356조(a)(2).
115) 제362조(b).
116) 제381조(c)(1)과 (2).

로 주는 것"이므로 제361조(c)(1)에 따라서 인식하지 않는다.[117] 한편 인수법인 주
식이 아닌 이런 재산은 제361조(c)(2)(B)의 '적격재산'이 아니므로, 미실현이득 곧
"공정한 시가로 친 그런 재산이 잔존 취득원가(분배하는 법인의 입장에서)를 넘는" 차
액은 제361조(c)(2)에 따라서 "차익을 인식하되 분배하는 법인이 그런 재산을 분
배받는 자에게 공정한 시가에 판 것처럼" 인식한다. 이런 재산을 받는 주주에 대
해서는 제356조를 적용하므로 앞의 2)에서 본 boot와 마찬가지로 주주의 양도차
익을 과세하되 받은 재산의 시가를 한도로 과세한다.

VI. 대상법인의 채무 ≠ boot

자산인수를 하면서 대상법인의 채무를 인수법인이 인수한다면 대상법인이
벗어나는 채무금액은 boot로 보아 소멸법인에게 양도차익을 과세해야 하지 않
을까? 앞서 합병에서 이미 보았지만 대상회사의 순자산이 넘어가는 것일 뿐이
다. 나아가 명문규정으로 제357조(a)는 "채무인수는 현금이나 다른 재산이 아니
라고" 보면서 "교환이…제361조…에 해당하여" "납세의무자가 받는 재산, 그것
이 유일한 대가였다면…제361조에 따라서 차익인식 없이 받을 수 있을 것"인지
를 판단하라고 정하고 있다. 따라서 제361조에 따른 과세이연을 따질 때 채무인
수액은 boot로 보지 않는다.[118]

VII. 대상법인의 채권자

채무자가 대상법인에서 인수법인으로 바뀐다는 점에서 자산인수는 합병과
다르고 일단은 소득의 실현이 있는가라는 문제가 생긴다. 그러나 재무부규칙에
서는 재조직에 의해서 채무자의 동일성이 바뀌거나,[119] 종래의 채무자가 소유하
던 재산을 새로운 채무자가 실질적으로 다 인수한다면[120] 채권자에게는 아예 아
무런 변화가 없다고 풀이하고 있으므로 가만히 있는 채권자에게는 과세문제가

---

117) 제361조(c)(1).
118) 다만 조세회피에 대한 예외가 있다. 제357조(b).
119) 재무부규칙 1.1001-3(e)(4)(i)(B).
120) 재무부규칙 1.1001-3(e)(4)(i)(C).

아예 생길 여지가 없다. 자산인수를 계기로 채권자가 채권 대신 존속법인 주식을 받는다면 어떻게 될까? 제354조가 적용되어 채권자 역시 과세이연을 받지만 원금 초과부분과 기간경과분 이자는 과세한다.[121]

[보기 12]

인수방법이 자산인수라는 점을 제외한다면 [보기 2] 및 [보기 8]과 똑같은 사실관계이지만 읽기 편하도록 다시 적어보자. 인수법인은 델라웨어 법인으로 설계 및 건설업을 하고 있고, 건물관리 사업으로 영역확장을 고려하면서 역시 델라웨어 법인이면서 상가건물 관리업을 하는 대상법인의 인수에 관심이 있다. 대상법인의 자산부채는 다음과 같다.

	장부가액	공정시가
현금	$200,000	$200,000
차량운반구	$250,000	$350,000
청소용품	0	$50,000
투자자산	$250,000	$800,000
고객관리부	0	$600,000
합계	$700,000	$2,000,000

대상법인의 창업자이자 최대주주는 최다자이다. 인수 제안 시점에 최다자는 발행주식 총수의 75%를, 그의 동업자였던 차선자는 15%를 각각 보유하고 있었다. 최다자의 주식 취득가액은 825,000불이고 차선자의 주식 취득가액은 165,000불이다. 대상법인의 나머지 10% 주식은 여러 소수주주들이 보유하고 있으며, 이들 중 전체 주식의 1%를 초과하여 보유하고 있는 자는 없다. 다음 각 경우 인수법인, 대상법인 및 각 법인의 주주와 채권자들에게는 어떤 법률효과가 생기는가?

(i) 인수법인과 대상법인은 사업양수도계약을 맺어서 대상법인의 사업과 자산부채 전부를 인수법인에 넘기기로 하였다. 사업양수도 대가는 인수법인주식 2,000,000불어치이다. 사업양도 후 대상법인은 해산·청산하면서 인수법인주식을 최에게 1,500,000불, 차에게 300,000불, 소수주주에게 200,000불어치씩 청산배당하였다.

(ii) 다른 모든 사실관계는 (i)과 같지만, 사업양도 대가로 인수법인 의결권부 주식과 무의결권부 주식을 시가기준으로 38% : 62%로 받았다. 두 가지를 합한 가치는 2,000,000불 어치이고 세 주주의 주식소유비율대로 주식과 무의결권부 주식을 청산배당하였다.

(iii) 다른 모든 사실관계는 (i)과 같지만, 사업양도 대가로 인수법인 의결권부 주식과 인수법인 사채(만기 10년 권면이자 8%, 1좌당 시가 5,000불)를 시가기준으로 9 : 1로 받았

---

121) 제354조(a)(2).

다. 청산배당한 내용은 최에게 1,500,000불(주식 1,350,000 + 회사채 150,000), 차에게 300,000불(주식 270,000 + 회사채 30,000), 소수주주에게 200,000불(주식 180,000 +회사채 20,000)이다.

(iv) 다른 모든 사실관계는 (i)과 같지만 사업양도 대가로 인수법인 의결권부 주식과 인수법인 사채(만기 10년 권면이자 8%, 1좌당 시가 5,000불)를 시가기준으로 9 : 1로 받았다. 청산배당으로 최는 의결권부 주식 1,500,000불어치를, 차는 의결권부 주식 300,000불어치를 소수주주는 사채 200,000불어치를 받는다.

(v) 다른 모든 사실관계는 (iv)와 같지만, 국세청장의 승인을 받지 않은 채 대상법인을 해산·청산하지 않고 자회사로 유지한다.

(vi) 다른 모든 사실관계는 (i)과 같지만 대상법인에 채무 300,000불이 있었고, 인수법인이 이를 인수하면서 인수법인주식 1,7000,000불을 대상법인에 넘겨준다. 대상법인은 해산·청산하면서 청산배당으로 인수법인주식을 최에게 1,275,000불, 차에게 255,000불, 소수주주에게 170,000불어치씩(3인 합계 1,700,000불) 준다.

(vii) 다른 모든 사실관계는 (i)과 같지만 대상법인에 채무 300,000불이 있었고, 인수법인이 이를 인수하면서 인수법인주식 1,530,000불어치와 회사채 170,000불어치를 대상법인에게 넘겨준다. 대상법인은 해산·청산하면서 최에게는 최에게는 인수법인주식 1.275,000불어치를, 차에게는 인수법인주식 255,000불어치를 청산배당하고, 소수주주에게는 회사채 170,000불어치를 청산배당한다.

(viii) 다른 모든 사실관계는 (i)과 같지만 대상법인에 채무 300,000불이 있었고, 대상법인은 소수주주의 주식을 상환하면서 현금 200,000불을 내어준다. 그와 동시에 인수법인은 대상법인의 나머지 순자산 1,500,000불(= 1,800,000 – 300,000)을 인수하면서 인수대가로 대상법인 주식 1,500,000불어치를 넘겨준다. 대상법인은 해산·청산하면서 최에게 주식 1,250,000불어치를 차에 250,000불어치를 청산배당한다.

(ix) 인수법인은 대상법인의 자산 가운데 영업자산만 인수할 생각이다. 따라서 대상법인은 현금(200,000불)과 투자자산(800,000불)을 제외한 나머지 자산을 다 대상법인에 넘기고, 대상법인은 그 대가로 의결권부 주식 1,000,000불어치를 대상법인에 교부하였다. 그 뒤 대상법인은 해산·청산하면서 현금, 투자자산 및 인수법인주식을 주주들에게 배당하였다.

〔풀이〕

(i) 재조직에 해당하지 않는다면 자산인수 및 해산·청산에 따르는 기본적인 법률효과는, 앞서 합병에서 본 것과 같다. (가) 대상법인은 순자산(장부가액 70만불)을 양도하면서 그 대가로 인수법인주식(시가 200만불)을 받으므로 양도소득 130만불이 생기고 주식을 분배할 때에는 다시 양도소득이 생기지는 않는다. (나) 주주는 분배받는 재산의 가액(합병대가 – 법인세 자기몫)과 주식 취득원가

의 차액만큼 양도소득이 생긴다. 주주의 인수법인 주식 취득가액은 시가이다. 대상법인의 사업양도를 채권자가 소득을 실현하는 계기로 보지는 않는다.[122] (다)인수법인은 주식을 대가로 자산을 취득하는 것일 뿐이므로 손익이 생길 것은 없고, 자산취득 가액은 인수대가의 시가이다. 인수법인의 주주나 채권자에게는 아무런 변화가 없다.

문제는 이 사업양수도 내지 자산인수가 자산인수형(C형) 재조직에 해당해서 과세이연을 받는가라는 점이다. 인수법인이 "교환하여 주는 것이 오로지 그 의결권부 주식…이고 취득하는 것이 실질적으로 [대상]법인 재산의 전부"이며, 또한 대상법인은 "주식, 증권 또는 다른 재산을 받은 것과 자신의 다른 재산을 재조직계획대로 분배"하므로 제368조(a)(1)(C)의 요건을 만족한다. 판례요건으로 사업목적이나 사업의 계속성은 만족되는 것으로 이 문제의 사실관계에서 드러나 있다. 대상법인의 해산·청산도 사실관계에 나온다. 따라서 위 문단의 법률효과는 대상법인, 대상법인의 주주, 인수법인의 자산 취득원가 세 부분에서 재조직 특칙을 적용받아서 결론이 달라지고 구체적 내용은 앞에서 합병부분에서 본 것과 같다.

(가) 대상법인은 자산전부를 장부가액 700,000불에 양도하면서 인수법인주식을 받는 것으로 보아 양도소득은 없고[123] 뒤이어 인수법인 주식을 장부가액 700,000불 그대로 주주에게 청산배당한 것으로 본다.[124]

(나) 대상법인 주주인 최와 차가 실현한 양도소득 675,000불(= 인수법인주식 시가1,500,000 - 대상법인주식 취득원가 825,000)과 135,000불(= 인수법인주식 시가 300,000 - 대상법인주식 취득원가 165,000), 또한 소수주주가 실현한 양도소득은 인식하지 않는다. 최의 경우 인수법인주식 취득가액은 825,000불, 차의 경우는 165,000불이 그대로 이어진다.[125] 소수주주도 종래의 대상법인 주식 취득원가가 그대로 이어진다.

(다) 인수법인은 대상법인의 자산 모두를 취득하면서 대상법인의 입장에서 본 취득원가 700,000불을 그대로 물려받는다.[126]

(ii) 이 사업양수도 내지 자산인수는 C형 재조직에 해당하는가? 문제는 이해관계의 계속성에 관한 강화된 명문요건이다. 인수법인이 "취득하는 것 가운데, 오로지 의결권부 주식으로서 위 (1)(C)에 적은 것(의결권부 주식)을 대가로 하는 [대상]법인 재산의 공정한 시가"(200만불 × 32%)가 "공정한 시가로 친 다른 [대상] 재산 전부"(200만불)의 80%에 이르지 못한다. 따라서 C형 재조직에 해당하지 않

---

122) 재무부규칙 1.1101-3(e)(4)(i)(C).

123) (차) 인수법인주식 700,000 (대) 자산 700,000.

124) (차) 자본 700,000 (대) 인수법인주식 700,000.

125) 최에게 생기는 법률효과는 (차) 인수법인주식 825,000 (대) 대상법인주식 825,000.

126) (차) 자산 700,000 (대) 자본 700,000.

고 법률효과는 (i)의 첫 문단에서 본 바와 같다.

(iii) 이 사업양수도 내지 자산인수는 C형 재조직인가? 그렇다. 인수법인이 "취득하는 것 가운데, 오로지 의결권부 주식으로서 위 (1)(C)에 적은 것을 대가로 하는 다른 법인 재산의 공정한 시가"는 180만불이어서 "공정한 시가로 친 다른 법인 재산" 200만불의 80% 이상이다. 따라서 이런 자산인수를 "다루기를 위 (1)(C)에 해당하는 것으로 다룬다."

(가) 대상법인의 양도소득은 대상 "법인이 재조직당사자이고 교환해 넘기는 재산이 재조직 계획을 따른 것이며 받는 대가가 오로지 재조직당사자인 다른 법인의 주식이나 증권뿐이라면" 제361조(a)에 따라 "차익이나 차손을 인식하지 않는다." 이 사안에서는 '받는 대가'에 회사채가 들어있어서 제361조(a)가 그대로 적용되지는 않는다. 이 합병은 제361조 "(a)를 적용받을 교환이지만 재산을 교환받는 것에 주식이나 증권을 위 (a)의 허용에 따라 차익의 인식 없이 받을 수 있는 것만 아니라 다른 재산이나 현금이 있다는" 점에 걸려서 받지 못하는 것이다. 그러나 대상 "법인이 받은 그런 재산이나 현금을 재조직 계획대로 분배"하므로 제361조(b)(1)(A)에 해당하여 "차익을 법인에게 교환으로부터 인식하지 않"는다. 따라서 대상법인은 자산전부를 장부가액에 양도하면서 인수법인 주식과 회사채를 받는 것으로 보아 양도소득은 없고[127] 뒤이어 인수법인 주식과 회사채를 장부가액대로 주주에게 청산배당한 것으로 본다.[128]

(나) 재조직이기는 하지만 대상법인 주주는 "재산을 교환으로 받은 것에, 재산을 제354조의 허용에 따라 차익의 인식 없이 받을 것뿐만 아니라 다른 재산(최는 150,000불, 차는 30,000불, 소수주주는 20,000불)이 있"으므로 제356조(a)(1)에 따라 "차익(최는 675,000불, 차는 135,000불, 소수주주는 취득원가 모름)을 받는 사람(주주)에게 인식하되, 다만 그 금액의 상한을…공정한 시가로 친 그런 다른 재산"으로 한다. 따라서 소득금액은 최가 150,000불, 차가 30,000불이고 소수주주는 20,000불과 양도차익 중 적은 쪽이 된다. 소득의 성격은 이 합병의 "효과가 배당의 분배라면" 제356조(a)(2)에 따라 "이를 다루기를 배당으로서 주주가 분배받는 것으로" 다룬다. Clark 판결 등에 따라 제302조를 이 문제의 사실관계에 준용한다면 자산인수 후에 감자가 있는 것으로 보므로 각 주주의 주식소유비율이 얼마나 감소하는가는 인수법인과 대상법인의 자본규모에 따라 달라진다. 인수법인의 규모가 아주 커서 대상법인의 주주에게는 애초부터 아무런 지배력이 없다면 Davis 판결[129]에서 말하는 '의미 있는 감소'가 되어 제302조(b)(1)의 '본질

---

127) (차) 인수법인 주식 630,000 + 회사채 70,000 (대) 자산 700,000.

128) (차) 자본 700,000 (대) 인수법인 주식 630,000 + 회사채 70,000.

129) 397 U.S., 301 (1970).

적으로 배당과 다른 상환'이 될 가능성은 있다.[130)

인수법인 주식을 "분배받는 자"인 대상법인 주주의 인수법인 주식 취득가액은 "교환으로서…제354조를 적용받는 경우"이므로 "위 조의 허용에 따라 차익이나 차손의 인식 없이 받을 수 있는 재산(인수법인 주식)의 취득가액은 교환해 넘기는 재산(대상법인 주식)의 취득가액"(최는 825,000불 차는 165,000불)에서…"공정한 시가로 쳐서 다른 재산을 납세의무자가 받은 것"(최는 150,000불 차는 30,000불)를 빼고 "차익의 금액으로 납세의무자가 교환차익으로 인식한 것"(최는 150,000불 차는 30,000불)을 더하면, 최의 주식 취득가액은 825,000불이고 차의 주식 취득가액은 165,000불이다.[131) 소수주주도 마찬가지로 생각하면 된다.

(다) 인수법인의 자산 취득원가는 "재산을 취득하는 법인에게 재조직으로서 이 Part가 적용"되므로 제362조(b)에 따라서 "양도인(대상법인)에게 남아 있다면 해당할 금액 그대로"(700,000불)를 물려받는다.

(iv) 이 사업양수도 내지 자산인수는 C형 재조직에 해당하는가? 앞 (iii)에서 본 그대로이므로 해당한다.

(가) 대상법인의 양도소득은 앞 문단에서 본 그대로 과세이연하여, 대상법인이 자산전부를 장부가액에 양도하면서 인수법인 주식과 회사채를 받는 것으로 보아 양도소득은 없고 뒤이어 인수법인 주식과 회사채를 장부가액대로 주주에게 청산배당한 것으로 본다.

(나) 대상법인 주주인 가운데 최의 경우, "주식…으로서, 발행법인(대상법인)이 재조직당사자인 것(대상법인 주식)을 재조직계획에 따라 교환해 주는 경우로 교환대상이 오로지 주식…으로서…다른 재조직당사자인 법인(인수법인)이 발행한 것(인수법인 주식)뿐"이라면 제354조에 따라 대상법인 주식에 대해서 "차익(675,000불)…을 인식하지 않는다." 차의 경우 마찬가지 이유로 차익 135,000불을 인식하지 않는다. 소수주주의 경우에는 "재산을 교환으로 받은 것에, 재산을 제354조나 제355조의 허용에 따라 차익의 인식 없이 받을 것"은 없고 오로지 "다른 재산(300,000불)"만 있으므로 애초 "제354조가 적용될 교환"이 아니어서 제356조의 boot 과세와는 무관하고, 제302조를 적용받는다.[132) 소수주주의 주주권은 제302조(b)(3)의 완전종료에 해당하므로 제302조(a)에 따라서 "분배가 주식교환대가"인 것으로 보아 양도소득을 과세한다.

인수법인 주식을 "분배받는 자"인 최와 차의 인수법인 주식 취득가액은 "교환으

---

130) Rev. Rul. 76-385, 1976-2 CB 127.

131) 최에게 생기는 법률효과는 (차) 인수법인주식 825,000 + 회사채 150,000 (대) 대상법인주식 825,000 + 양도소득 150,000.

132) 재무부규칙 1.354-1(d), Ex. 3과 4.

로서…제354조를 적용받는 경우"이므로 "위 조의 허용에 따라 차익이나 차손의 인식 없이 받을 수 있는 재산(인수법인 주식)의 취득가액은 교환해 넘기는 재산(대상법인 주식)의 취득가액"(최는 825,000불 차는 165,000불)에서… "다른 재산으로 납세의무자가 받은 것의 시가"(0불)를 빼고 "차익의 금액으로 납세의무자가 교환차익으로 인식한 것"(0불)을 더하면, 최의 주식 취득가액은 825,000불 그대로[133] 차의 주식 취득가액은 165,000불 그대로 이어진다. 소수주주의 경우에는 인수법인 주식을 받는 것이 없고 사채의 취득가액은 시가인 200,000불이다. (다) 인수법인의 자산 취득원가는 "재산을 취득하는 법인에게 재조직으로서 이 Part가 적용"되므로 제362조(b)에 따라서 "양도인(대상법인)의 입장에서 본 취득원가 그대로" 700,000불을 물려받는다. 인수법인은 대상법인의 자산을 모두 취득하면서 대상법인의 입장에서 본 취득원가 700,000불을 그대로 물려받는다.

(v) C형 재조직의 요건에 어긋나므로 앞 (i)의 첫문단에서 말한 법률효과가 생겨서, 대상법인에는 양도소득 130만불, 대상법인의 주주인 최에게는 675,000불, 차에게는 135,000불의 양도소득이 생긴다. 소수주주도 인수법인 주식시가와 취득원가의 차액만큼 양도소득이 생긴다. 대상법인 주주의 인수법인주식 취득가액은 시가가 된다. 인수법인의 대상법인 자산 취득원가는 200만불이 된다.

(vi) 이 사업양수도 내지 자산인수는 자산인수형(C형) 재조직에 해당해서 과세이연을 받는가? 인수법인이 "교환하여 주는 것이 오로지 그 의결권부 주식…이고 취득하는 것이 실질적으로 [대상]법인 재산의 전부"이며, 또한 대상법인은 "주식, 증권 또는 다른 재산을 받은 것과 자신의 다른 재산을 재조직계획대로 분배"하면 제368조(a)(1)(C)의 요건을 만족한다. 문제는 "교환하여 주는 것이 오로지 그 의결권부 주식"인가라는 점이다. 채무 300,000불을 인수하기 때문이다. "[인수]법인이 [대상]법인의 채무(300,000불)를 인수하는 것은 무시하고 정"하면, 인수법인이 "교환하여 주는 것(1,700,000불)은 오로지 그 의결권부 주식"이다. 따라서 C형 재조직에 해당한다.

나아가 재조직 과세이연이라는 법률효과를 따질 때에도 채무인수액은 boot로 보지 않는다. 제357조에서, "교환이…제361조…에 해당하여" "납세의무자가 받는 재산이, 그것이 유일한 대가였다면…제361조에 따라서 차익인식 없이 받을 수 있을 것"인지를 판단할 때에는 "채무인수는 현금이나 다른 재산이 아니라고" 보기 때문이다. 결국 대상법인의 자산 양도소득과 주주의 주식 양도소득은 모두 과세이연을 받고, 인수법인은 대상법인의 당초 자산 취득원가를 그대로 물려받고[134] 주주의 인수법인주식 취득원가는 대상법인주식의 취득원가가 그대로 이

---

133) (차) 인수법인주식 825,000 (대) 대상법인주식 825,000.
134) (차) 자산 700,000 (대) 채무 300,000 + 자본 400,000.

어진다.

(vii) 이 사업양수도 내지 자산인수는 자산인수형(C형) 재조직에 해당해서 과세이연을 받는가? "[인수]법인이 [대상]법인의 채무(300,000불)를 인수하는 것은 무시하고 정"하더라도, 인수법인이 "교환하여 주는 것(1,700,000불)은 오로지 그 의결권부 주식"이지는 않다. 1,700,000불 가운데 회사채 170,000불이 있기 때문이다. 따라서 제368조(a)(1)(C)의 글귀 그 자체에서는 C형 재조직이 아니다. 그렇더라도 제368조(a)(2)의 특칙을 만족하면 C형 재조직이 될 수 있다. (i) [인수]법인이 취득하는 것이 실질적으로 [대상]법인 재산의 전부이고, (ii) 취득이 위 (1)(C)에 해당할 것이지만 다만 [인수]법인이 교환해 주는 것에 회사채가 "의결권 있는 주식에 더해서 있다는 사실 때문에 해당하지 않는 경우," (iii) [인수]법인이 취득하는 것 가운데, 오로지 의결권부 주식으로서 위 (1)(C)에 적은 것을 대가로 하는 다른 법인 재산의 공정한 시가가 적어도, 공정한 시가로 친 다른 법인 재산 전부(200만불)의 80%에 이른다면, 그런 취득을⋯다루기를 위 (1)(C)에 해당하는 것으로 다룬다. 여기에서 (iii)을 따질 때에는 "부채액으로서 그 인수자가 취득하는 법인인 것을 다루기를 현금을 재산의 대가로 주는 것으로" 다루므로, 인수법인 재산 200만불에 대한 인수대가는 주식이 1,530,000불 회사채가 170,000불, 현금(채무인수)이 300,000불이어서 주식을 대가로 하는 부분이 160만불(200만불의 80%)에 미치지 못하여 제368조(a)(2)에서도 불합격이다. 따라서 C형 재조직 과세이연을 받을 수 없고 (i)의 1문단에 적은 과세거래가 된다.

(viii) 이 사업양수도 내지 자산인수는 자산인수형(C형) 재조직에 해당해서 과세이연을 받는가? 해당한다. (vii)에서 회사채 170,000불은 인수대가의 일부이지만 여기에서 현금 200,000불은 인수대가에 들어가지 않고 대상법인의 주식상환이다. 인수대가에 boot가 없으므로 "[인수]법인이 [대상]법인의 채무(300,000불)를 인수하는 것은 무시하고 정"하면, 인수법인이 "교환하여 주는 것(1,700,000불)은 오로지 그 의결권부 주식"이다.

소수주주에 대한 주식상환금 200,000불은 제302조를 적용받는다. 주주권이 완전 종료하므로, 주식양도소득에 해당한다.

대상법인과 최, 차 두 주주는 재조직 과세이연을 받는다. 이 때 채무인수액은 boot로 보지 않는다. 제357조에서, "교환이⋯제361조⋯에 해당하여" "납세의무자가 받는 재산이, 그것이 유일한 대가였다면⋯제361조의 허용에 따라서 차익인식 없이 받을 수 있을 것"인지를 판단할 때에는 "채무인수는 현금이나 다른 재산이 아니라고" 보기 때문이다. 최와 차는 주식만 받았고, 그것이 유일한 대가였다면 차익인식 없이 받을 수 있었을 것이었으므로 채무인수는 boot가 아니다. 결국 대상법인의 자산 양도소득과 최, 차의 주식 양도소득은 모두 과세이연을 받고, 인수법인은 대상법인의 당초 자산 취득원가를 그대로 물려받고 최, 차의 인수법인주식 취득원가는 대상법인주식의 취득원가가 그대로 이어진다. 앞의 (i) 그대로이다. 소수주주의 주식양도차익은 제302조에 따라 양도소득으로 과세한다.

(ix) 이 사업양수도 내지 자산인수가 자산인수형(C형) 재조직에 해당해서 대상법인이 과세이연을 받는가? 인수법인이 "교환하여 주는 것이 오로지 그 의결권부 주식"이고 …이고 대상법인은 "주식, 증권 또는 다른 재산을 받은 것과 자신의 다른 재산을 재조직계획대로 분배"한다는 요건은 만족한다. 문제는 대상법인이 "취득하는 것이 실질적으로 [대상]법인 재산의 전부"인가이다. 금액기준으로 본다면 대상법인이 취득하는 자산은 50%밖에 안 되어서 재무부규칙이 정한 90%라는 일응의 기준에 미치지 못한다. 다른 한편 질적기준으로 보면 대상법인의 영업자산이 다 넘어가고 회사분할이라는 성격이 없다는 점에서 실질적 전부라고 볼 여지도 있기는 하다. 재조직이 되더라도 주주에 대해서는 boot를 과세한다.

VIII. 주식인수 후의 자산인수

자산인수형 재조직이 되자면 대상법인 재산 80% 이상을 의결권부 주식으로 사야 한다. 인수회사가 i) 대상회사의 주식을 현금으로 사들인 뒤 ii) 이 대상회사의 자산을 주식으로 인수하는 경우, 이 두 단계를 묶어서 한 거래로 보아야 한다면 80% 이상 여부에 시비가 걸릴 수 있다.

> **(판례) Bausch & Lomb Optical Co. v. Comr**.135)
> 렌즈 제조회사인 원고(인수법인)는 1950년 현재 Riggs라는 렌즈회사(대상법인) 주식의 79%를 이미 소유하고 있었는데, 아예 대상법인의 자산을 직접 인수하기를 원했다. 주식소유비율이 80%에 미치지 못하고 있어서 대상법인을 그냥 해산청산하면서 청산배당 형식으로 자산을 넘겨받는다면 모자회사간 과세이연은136) 받을 수 없는 상황이었다. 이리하여 인수법인은 C형 재조직이라는 길을 따라서 i) 대상법인의 자산 100을 인수하면서 인수대가로 의결권부 주식 100을 발행해 주고,137) ii) 뒤이어 대상법인은 해

---

135) 267 F. 2d 75(2d Cir.), cert. denied, 361 U.S., 835 (1959).
136) 제332조와 제337조. 제5장 제2절.
137) (차) 자산 100 (대) 자본 100.

산·청산하면서 인수법인 주식을 원고와 소수주주에게 각 79와 21씩 청산배당하였다. 그에 따라 인수법인은 자기주식 79를 받으면서 대상법인 주식 79가 사라졌다.[138] 법 원은 두 단계를 하나로 묶어 자산인수 대가가 인수법인 주식과 대상법인 주식이라고 보면서[139] 오로지 인수법인 주식이어야 한다는 요건에 어긋난다고 보아서 재조직 과 세이연을 부인하였다.

그러나 이 판결이 옳은지는 의문이 들 수밖에 없다. 실제 사실관계에서 Bausch & Lomb이 이미 소유하고 있던 Riggs 주식은, 오래 전 일이기는 하지만 아무튼 애초 인수대가로 의결권부 주식을 발행해주면서 넘겨받은 것이었다.[140] 이것까지 묶어서 세 단계를 하나로 본다면[141] C형 재조직의 요건을 만족하기 때 문이다. 물론 애초 현금으로 매수한 주식이었더라면 세 단계를 하나로 묶는 경 우 C형 재조직이 아니게 된다.[142] 아무튼 연결된 거래의 일부는 제외하고 나머 지만 하나로 묶는 경우 문제가 생긴다는 점은 분명하다. 이리하여 2000년 재무 부규칙은 이 판결을 뒤집는 새로운 해석으로 자산인수의 경우 인수법인이 대상 법인 주식을 이미 소유하고 있었다는 사실만으로 C형 재조직에서 탈락하지는 않는다고 정하고 있다.[143]

제4절 삼각거래: 사후적 자산이전

여태껏 보았듯 재조직에 관한 법은 기본적으로 인수법인과 대상법인, 두 법 인을 상정하고 있지만, 초기부터 드러난 문제점 가운데 하나가 인수법인의 자회 사나 모회사, 또는 대상법인의 자회사나 모회사 같은 다른 법인 하나가 더 끼는 형태가 있다는 점이다. 주식인수, 합병, 자산인수 어느 경우나, 거래형태가 두 법

---

138) (차) 자본(자사주) 79 (대) 대상법인 주식 79.
139) 앞의 두 분개에서 자본을 상계하면 (차) 자산 100 (대) 대상법인 주식 79 + 자본 21.
140) (차) 대상법인주식 79 (대) 자본 79.
141) (차) 자산 100 (대) 자본 100.
142) Bausch & Lomb 판결 전에 나왔던 행정해석 Rev. Rul. 54-396, 1954-2 CB 147의 사실관계.
143) 재무부규칙 1.368-2(d)(4)(i).

인 사이가 아니라 셋 사이의 삼각관계로 이루어질 수 있고 한결 더 많은 법인이 등장할 수도 있다. 기업경영상 사정이나 민사법상 차이 등 여러 원인으로 삼각 거래를 하는 경우 세금문제에는 어떤 영향이 있는가?

재조직 개념이 법에 들어온 뒤 초기 판례가 씨름했던 문제의 하나가 인수법 인이 대상법인의 주식이나 자산을 취득한 직후 그런 주식이나 자산을 자회사로 이전한다면 여전히 재조직으로서 과세이연을 받을 수 있는가라는 문제였다. 자 산이나 주식을 자회사에 내려보낸다(drop-down)는 것이다. 초기 판례는 과세이연 을 부인하였다. 앞서 사업의 계속성 부분에서 본 1937년의 Groman 판결은[144] 우리 법 개념으로 주식교환을 하되 대상법인 주식은 인수법인측 자법인으로 넘 어가고 대상법인 주주는 모법인으로 넘어간다면 재조직에서 탈락하고 주주의 주식양소도득은 과세대상이라고 판시하였다. 삼각거래에 관한 명문규정이 없는 이상 주주와 사업 사이에 이해관계의 연속성이 너무 멀다는 것이다. 다시 말하 면 어느 한 법인이 대상법인 주식을 인수하는 이상 주주는 바로 그 인수법인의 주주가 되어야 종래의 이해관계가 연속한다는 것이다. 인수법인 모법인의 주주 가 된다는 것만으로는 이해관계의 연속성이 너무 멀다는 것이다.[145] 이 논리는 자산인수에도 그대로 통해서 Bashford 판결은[146] 인수차측 모법인이 자산을 인 수한 뒤 이를 다시 자법인으로 넘긴 경우 이해관계의 계속성이 없다고 보았다. 이런 오랜 판례를 뒤집으면서 인수한 주식이나 자산을 자법인으로 내려보내더 라도 재조직 과세이연을 그대로 살려주기 위하여 새로 생겨난 규정이 제368조 (a)(2)(C)이다. 이 조항은 애초 1954년에 자산인수형(C형)에 관한 특칙으로 생겼지 만 그 뒤 1964년과 1968년에 각 주식인수형(B형)과 합병형(A형)으로 적용범위가 넓어졌다.[147]

제368조(a)(2)(C) 자산이나 주식을 자법인에 이전하는 것으로서 (1)(A), (1)(B), (1)(C)... 에서 일정한 경우 ─ 거래가 다른 점에서는 적격을 (1)(A), (1)(B),(1)(C)에서 얻는다면 다

---

144) Groman v. Comr, 302 U.S., 82 (1937). 제8장 제3절 Ⅱ. 2.

145) 다만 앞서 본 Schuh Trading 판결은 좀 다르다. Groman 판결에서는 자법인이 인수계약의 주체 로 나선데 비해서 Schuh Trading 판결에서는 모법인이 주체로 나서면서 자법인은 명의수탁자로 서 자산을 인수했으니 괜찮다고 하나, 의문은 남는다.

146) Helvering v. Bashford, 302 U.S., 454 (1938).

147) 제351조에서 제368조.

음 사실 때문에 부적격이 되지는 않는다. 일부 또는 모든 자산이나 주식으로서 그 취득을 그 거래로 한 것을 이전하되 이전받는 법인에 대한 지배를 자산이나 주식을 취득한 법인이 하는 것.

Sec. 368(a)(2)(C) TRANSFER OF ASSETS OR STOCK TO SUBSIDIARIES IN CERTIAN PARAGRAPH (1)(A), (1)(B), (1)(C)...CASES ─ A transaction otherwise qualifying under paragraph (1)(A), (1)(B), or (1)(C) shall not be disqualified by reason of the fact that part or all of the assets or stock which were acquired in the transaction are transferred to a corporation controlled by the corporation acquiring such assets or stock...

제368조(b) (재조직당사자) ─ 이 part[141]의 용어로 '재조직당사자'에 들어가는 것은 ─

Sec. 368(b) PARTY TO A REORGANIZATION ─ For purposes of this part, the term "a party to a reorganization" includes ─

(1) 법인으로서 재조직으로 생기는 것, 및

(1) a corporation resulting from a reorganization, and

(2) 두 법인 다. 만일 재조직을 생기게 하는 취득이 한 법인이 주식이나 재산으로서 다른 법인의 것을 취득하는 것이라면.

(2) both corporations, in the case of a reorganization resulting from the acquisition by one corporation of stock or properties of another.

...재조직이라는 적격이 앞(a)의 (1)(A), (1)(B), (1)(C)에서 생긴 이유가 앞(a)의 (2)항(C)인 경우 용어로 "재조직당사자"에 들어가는 법인으로, 그가 지배하는 자법인에게 취득한 자산이나 주식을 이전한 자가 들어간다...

...In the case of a reorganization qualifying under paragraph (1)(A), (1)(B), (1)(C)... of subsection (a) by reason of paragraph (2)(C) of subsection (a), the term "a party to a reorganization" includes the corporation controlling the corporation to which the ac─quired assets or stock are transferred...

나아가 위 글귀에 딱 들어맞지 않는 경우에도 Groman/Bashford 판결을 뒤집는다는 입법취지에 맞추어서 확대해석 내지 유추적용하는 것이 재무부규칙의 입장이다. 제386조(a)(2)(C)의 글귀는 요건에 해당하는 경우 주식이나 자산을 자회사로 내려보내더라도 그대로 재조직이라고 정하고 있을 뿐이고, 입법취지에 따를 때 이를 반드시 반대해석할 이유는 없다는 것이다. 가령 위 글귀에는 D형 재조직에 관한 언급이 없지만 D형 재조직으로 취득한 주식이나 자산을 자법인으로 이전해도 괜찮다고 한다.[148) 주식이나 자산을 자법인으로 이전하는 것만 아니라 자법인에서 손법인으로 이전해도 괜찮다고 한다.[149) 나아가, 이미 본 바 있

---

148) Rev. Rul. 2002-85, 2002-2 CB 986. Rev. Rul. 64-73, 1964-1 CB 142. 제368조(b) 제2문에 D형 재조직에 관한 언급이 없지만 그래도 제2문을 적용하고 있다.

149) Rev. Rul. 2001-24, 2001-1 CB 1290.

지만 2008년 이후의 재무부규칙은 적격집단 안의 재산이전은 괜찮다고 한다.150) 이 적격집단의 범위도 점점 넓혀서 이제는 손법인으로 현물출자해서 내려보내는 drop-down뿐만 아니라 자산을 현물배당해서 모법인으로 올려보내는 push-up도 괜찮다고 한다.151)

인수한 자산이나 주식을 적격집단 안에서 이전하더라도 재조직이라는 해석은 일단 전제하고, 이런 재조직에 따라 생기는 법률효과는 무엇인가? 아래에서 A, B, C형으로 나누어 살펴보자.

Ⅰ. 주식인수형(B형)에서 내려보내기

인수자측 모법인이 대상법인의 주식을 B형 재조직으로 인수한 뒤 대상법인 주식을 자법인으로 내려보내어 대상법인을 손법인으로 삼는다고 하자. 현행법에서는 어떤 법률효과가 생기는가?

제368조(a)(2)(C)에 따라 이 주식이전 때문에 당초의 주식인수가 B형 재조직에서 부적격 탈락하지는 않는다. 따라서 앞 제3절에서 본 그대로, 대상법인의 주주들은 대상법인 주식에 딸린 양도소득을 과세이연받고152) 양도대가로 받은 인수법인 주식의 취득원가는 종전에 가지고 있었던 대상법인 주식의 취득원가를 그대로 이어받는다.153) 인수법인(모법인)의 대상법인주식 취득가액은 대상법인 주주의 당초 취득가액을 그대로 물려받는다.154) 그 다음 단계로 모법인이 대상법인 주식을 현물출자하여 자법인을 신설하는 거래는 과세이연을 받는가? 제368조(a)(2)(C)는 이 질문에는 답을 주지 않는다. 이 조항의 효과는 주식을 내려보내더라도 주식인수 그 자체는 B형 재조직으로 그대로 적격이라는 것, 곧 대상법인 및 그 주주의 양도소득을 과세이연하고 인수법인은 주주의 주식 취득원가를 물려받는다는 것일 뿐이다. 여태 공부한 어느 조문에도 B형 재조직으로 받은 주식을 인수법인(모법인)이 다시 현물출자하는데 따르는 양도차익을 과세이연하고 인

---

150) 제8장 제3절 Ⅱ. 2.
151) 재무부규칙 1.368-2(k)와 1.368-1(d).
152) 제354조(a)(1).
153) 제358조(a)(1). 주식 보유 기간도 합산한다. 제1223조(1).
154) 제362조(b).

수법인은 주주의 주식 취득원가를 물려받는다는 말은 없다. 대상법인의 종래 주주 대신 인수법인(모법인)이 주주가 되었으니 주주에 대한 재조직 과세이연 조문인 제354조를 적용받을 수는 없을까? 재조직이라는 적격을 잃지 않는 이상 애초부터 삼각거래를 계획한 것이니 모법인의 주식출자 양도차익은 제354조에 따라서 과세이연받는 것 아닐까?

제354조 (재조직으로 교환해주는 주식이나 증권)
Sec. 354 EXCHANGES OF STOCK AND SECURITIES IN CERTAIN REORGANIZATIONS
(a) 일반 원칙 —
(a) GENERAL RULE —
(1) 원칙 — 차익이나 차손을 인식하지 않는다; 주식이나 증권으로서, 발행법인이 재조직 당사자인 것을 재조직계획에 따라 교환해 주는 경우로 교환대상이 오로지 주식이나 증권으로서 그런 회사나 다른 재조직당사자인 회사가 발행한 것뿐이라면.
(1) IN GENERAL. — No gain or loss shall be recognized if stock...in a corporation a party to a reorganization are, in pursuance of the plan of reorganization, exchanged solely for...securities in such corporatin or in another corporation a party to the reorganization.

위 글귀에서 과세이연을 받지는 못한다. 왜 그런가? "주식으로서 발행법인(대상법인)이 재조직당사자인 것을 재조직계획에 따라 교환해 주는 경우"로 "교환대상이 주식"인 것도 맞지만 그를 발행한 법인에서 문제가 생긴다. 교환대상으로 모법인이 받는 주식의 발행자인 자법인은 제368조(b)의 재조직당사자인가? 아니다. 따라서 자법인에 대상법인 주식을 내려보내는 것이 제354조의 과세이연을 받지는 못한다. 그렇지만 달리 과세이연을 받을 수 있는 근거가 있다. 일반적인 법인설립을 위한 현물출자에 과세를 이연하는 제351조이다. 자법인에 대한 출자는 대체로 제351조의 요건을[155] 만족하게 마련이다. 이 경우 자법인 주식의 취득가액은 제358조에 따라서 대상법인 주식의 취득가액을 그대로 물려받으므로[156] 결국 주식교환 이전 대상법인 주주들의 취득가액을 다시 물려받게 된다.

---

155) 제2장 제2절 Ⅰ.
156) 제2장 제2절 Ⅱ.

Ⅱ. 자산인수형(C형)에서 내려보내기

Bashford 판결의 사실관계, 곧 인수자측 모법인이 대상법인의 자산을 인수한 뒤 이 자산을 자법인에 현물출자하는 경우라면 어떤 법률효과가 생기는가? 우선 제368조(a)(2)(C) 덕택에 애초의 자산인수는 부적격이 되지 않고 그대로 재조직으로서 과세이연한다. 대상법인의 자산양도차익과[157] 인수법인주식의 청산배당에 따르는 양도차익,[158] 대상법인 주주의 주식양도차익을 모두 과세이연한다.[159] 인수법인의 자산 취득가액은 대상법인의 당초 취득가액을 물려받는다.[160] 다음 단계로 인수법인이 대상법인에서 인수한 자산을 자법인으로 현물출자하는 것이 재조직으로서 제361조(a)의 자산인수형 과세이연을 받지는 못한다. B형에서 자산을 현물출자하는 경우나 마찬가지로, C형에서도 자산을 현물출자받는 자법인이 재조직당사자가 아니기 때문이다. 그러나 이 현물출자는 제351조의 과세이연을 받을 수 있고, 현물출자로 받는 자법인 주식은 제358조에 따라서 당초 대상법인의 자산 취득가액을 그대로 물려받는다. 자법인의 자산 취득가액은 제362조에 따라서 "양도인…의 취득원가", 곧 모법인의 취득가액을 물려받고,[161] 이 취득가액이란 당초 대상법인의 자산 취득가액이다.

Ⅲ. 합병형(A형)에서 내려보내기

합병대가 전부가 인수법인(존속법인)의 주식으로서 재조직에 해당한다면 합병단계에서 대상법인(소멸법인)의 주주, 대상법인 및 인수법인에 생기는 과세이연효과는 자산인수와 똑같고 근거조문도 똑같다. 인수법인(합병후 존속법인)이 대상법인에서 인수한 자산을 자법인으로 넘기는 경우에 생기는 법률효과 역시 자산인수형과 똑같다.

---

157) 제361조(a).
158) 제361조(c)(1).
159) 제354조(a).
160) 제362조(b).
161) 제2장 제2절 Ⅲ.

> # 제5절 삼각 주식인수(B형)

애초부터 인수자측의 거래당사자로 모법인과 자법인이 등장하는 직접적인 삼각거래에는 어떤 법률효과가 따르는가? A, B, C 유형에 따라 법조문이 달라지므로 나누어 생각해보아야 한다.

대상법인을 손법인으로 삼는 방법으로 앞에서 본 것처럼 주식을 내려보내는(대상법인 주식을 자법인으로 현물출자하는) 것이 아니라, 애초부터 주식인수의 주체로 인수자측 자법인이 나서서 대상법인 주식의 80% 이상을 인수하여 대상법인을 손법인으로 삼되, 인수대가는 모법인의 주식을 준다고 하자. 이런 삼각 주식인수는 현행법에서 재조직인가?

Ⅰ. 과세이연의 요건

제368조(a) (재조직)

Sec. 368(a) REORGANIZATIONS

(1) 일반 원칙 ― ..."재조직"의 뜻은 ―

(1) IN GENERAL ― ..."reorganization" means ―

(B) 취득하는 법인이 교환하여 주는 것이 오로지 그 의결권부 주식의 전부나 일부이고 (또는 교환하여 주는 것이 오로지 그런 취득법인을 지배하고 있는 법인이 발행한 의결권부 주식의 전부나 일부이고) 취득하는 것이 다른 법인의 주식인 것으로서, 취득 직후에 취득하는 법인이 그런 다른 법인을 지배하는 것(취득하는 법인이 지배를 취득 직전에 했는지는 무시한다)

(B) the acquisition by one corporation, in exchange solely for all or a part of its voting stock (or in exchange solely for all or a part of the voting stock of a corpo‐ration which is in control of the acquiring corporation), of stock of another corpo‐ration, if, immediately after the acquisition, the acquiring corporation has control of such other corporation (whether or not such acquiring corporation had control im‐mediately before the acquisition).

1937년의 Groman 판결은[162) 바로 이 삼각 주식인수에 관한 사건이다. 위 법조항에 첫 괄호부분이 들어가기 전, 대상법인 주식을 인수하면서 모법인 주식

---

162) Groman v. Comr. 302 U.S., 82 (1937).

을 주는 경우 재조직이 아니라는 것이다. 대상법인 주식은 자법인으로 넘어가고 대상법인 주주는 모법인으로 넘어간다면 이해관계가 너무 멀다. 이 판례를 내치기 위한 1964년 개정법이 제368조(a)(1)(B)의 첫 괄호 안에 들어있는 글귀이다. 모법인 주식을 쓰는 삼각인수도 B형 재조직에 편입한 것이다. 위 법조문의 글귀에서 '오로지'와 '또는…오로지'에 주목하면서 아래 보기를 생각해보자.

[보기 13]

인수자 측은 자법인을 신설하여 자법인이 대상법인의 주주들로부터 대상법인의 주식을 넘겨받는 대가로 대상법인의 주주들에게 일부는 자법인 주식을 일부는 모법인 주식을 넘겨주었다. 이 주식인수로 자법인은 대상법인을 지배하게 되었다. 이것은 재조직인가?

〔풀이〕 Groman 판결의 사실관계가 바로 이것이다. 현행법에서는 모법인의 주식을 주더라도 B형 재조직이 되지만, 모법인 주식과 자법인 주식을 섞어주면 안 된다. (B)형 재조직의 정의에서 인수대가는 "오로지…주식…또는…주식"이 아니라 "오로지…주식" "또는 오로지…주식"이다.[163] Groman 판결에서는 대상법인의 주식의 대가로 자법인 주식을 준 부분은 이해관계의 계속성이 있어서 재조직 요건을 만족하지만 대가로 모법인 주식을 준 부분은 이해관계가 너무 멀다는 이유로 재조직 요건을 만족하지 않는다고 보았다. 섞어 준다면 현행법에서는 아예 통째 재조직이 아니다.

재조직이 되어서 생기는 법률효과는 무엇인가? 얼핏 생각하면 앞서 본 내려보내기와 똑같을 것 같지만 그렇지 않다. 재조직당사자라는 개념에 차이가 있다.

제368조(b) (재조직당사자)

Sec. 368(b) PARTY TO A REORGANIZATION

…재조직 적격이 위 (a)의 (1)(B)…에서 있는 것이로되 주식을 교환해주면서 그 대가로 주식…을 취득하는 경우로, 교환해주는 주식을 발행한 법인이 지배하는 자가 취득하는 법인이라면, 용어로 '재조직당사자'에는 취득하는 법인을 지배하는 모법인도 들어간다…

…In the case of a reorganization qualifying under paragraph (1)(B)…of subsection (a), if the stock exchanged for the stock…is stock of a corporation which is in control of the acquiring corporation, the term "a party to a reorganization" includes the corporation so controlling the acquiring corporation.

---

163) 재무부규칙 1.368-2(c).

II. 과세이연

모법인과 자법인이 모두 재조직당사자에 들어가므로 모법인 주식은 boot가 아니고 앞서 본 양자간 B형 재조직에 따르는 과세이연이 삼각거래에도 그대로 생긴다.

1. 대상법인의 주주는 "주식…으로서, 발행회사가 재조직당사자인 것(대상법인주식)을…교환해" 주고 "교환대상이 오로지 주식…으로서… 다른 재조직당사자인 법인(모법인)이 발행한 것 뿐"이므로 과세이연을 받는다.[164] 대상법인의 주주가 받는 모법인주식의 취득가액은 '교환해 넘기는' 종전 주식의 취득가액이 그대로 이어진다.[165]

2. 대상회사는 주주가 바뀔 뿐이고 아무런 변화가 없으므로 대상법인에 손익이 생길 것은 애초 없다.

3. 자법인이 받는 대상법인 주식은 "재산(대상법인 주식)을 취득하는 법인(자법인)에게 재조직으로서 이 장이 적용"되므로 대상법인 주식의 "취득원가는 양도인(종래 주주)의 입장에서 본 취득원가 그대로"를 물려받는다.[166]

4. 삼각인수에 특유한 논점은 모법인에 생기는 법률효과이다. 삼각인수에서 모법인은 주식을 발행해줄 뿐이므로 소득이 생길 것은 없다. 문제는 주식을 발행해주는 반대급부로 모법인 자신에게 직접 생기는 재산이 없다는 점이다. 자법인이 인수하는 대상법인 주식의 가치만큼 자법인 주식의 가치가 늘 뿐이다. 대안은 자법인 주식을 평가증하던가 아니면 모법인의 주식발행을 무시하던가 둘 중 하나가 된다. 법에 명문규정이 없지만 논리적으로 따지면 전자가 맞다. 삼각주식인수를 민사법적 입장에서 설명하자면 모법인이 스스로 대상법인의 주식을 인수한 뒤 대상법인 주식을 자법인에 출자했다고 보아야 하기 때문이다. 그렇다면 모법인(재조직당사자)은 일단 주식을 주주의 취득원가 그대로 인수한 뒤 다시 이 주식을 자법인(재조직당사자)에게 취득원가 그대로 출자한 것으로 보게 된다.

---

164) 제354조.
165) 제358조.
166) 제362조(b).

따라서 모법인의 자법인 주식 취득원가를 대상법인 주주의 당초 취득원가만큼 평가증해야 한다.[167]

[보기 14]
대상법인의 자산은 취득원가가 60불이고 시가가 100불이다. 부채는 없다. 대상법인 주주의 주식 취득원가 총계는 85불이다. 인수자측은 인수대가로 모법인 주식 100불어치를 주면서 자법인이 대상법인 주식 전부를 인수하였다. 이 주식인수형 삼각재조직의 결과로 모법인의 자법인 주식 취득원가 및 자법인의 대상법인주식 취득원가는 얼마가 되는가?
(i) 자법인은 이 삼각주식인수를 위하여 새로 신설한 법인으로서 모법인이 신주 100불어치를 발행하면서 이를 출자하여 신설한 법인이다.[168]
(ii) 자법인은 이 삼각인수를 위하여 새로 신설한 법인으로서 모법인이 현금 5불과 새로 발행하는 신주 100불어치를 출자하여 신설한 법인이다.[169]

(풀이)
(i) 모법인이 대상법인주식을 직접 인수하였다가 자법인에 출자한 것으로 본다. 1단계로 삼각인수가 아니라 모법인이 직접 주식인수를 하였더라면 B형 재조직으로서 모법인의 대상법인주식 취득원가는 주주의 취득원가 85불을 물려받았을 것이다.[170] 다음 단계로 이 주식을 자법인에 출자하면 자법인은 모법인의 취득원가 85불을 물려받는다.[171]
(ii) 자법인 신설 당시 모법인의 주식 취득원가는 5불이다. 모법인은 주주에게서 물려받는 85불을 자법인 주식의 기존 취득원가 5불에 얹어서 자법인 주식 취득원가가 90불이 된다.[172]

---

5. 삼각인수에서 대상회사와 주식교환계약을 맺거나 달리 대상회사의 주주와 직접 주식을 교환하는 자가 모법인이 아니라 자법인인 경우, 곧 자법인이 모법인 주식을 일단 취득했다가 이것을 교환대가로 넘겨주는 경우 자법인에게는 모법인 주식의 양도차익을 과세하는가? 그렇지는 않고 자법인을 통해서 주더라

---

167) 재무부규칙 1.358-6(c)(3). 속칭으로 '얹는'(over-the-top) 방법이라 부른다.
168) 자법인 신설시 모법인의 자법인 주식 취득원가는 영(0)이다. "(차) 자법인 주식 100 (대) 자본 100"이 아니다. 제2장 제2절 Ⅰ. 5.
169) 재무부규칙 1.358-6(e), Ex. 3.
170) (차) 대상법인 주식 85 (대) 자본 85.
171) (차) 대상법인 주식 85 (대) 자본 85. 모법인의 입장에서는 (차) 자법인 주식 85 (대) 대상법인 주식 85.
172) (차) 자법인 주식 85 (대) 대상법인 주식 85.

도 모법인이 직접 주는 경우나 같은 법률효과가 생긴다. 다만 자법인이 모법인 주식을 제3자에게서 사들였다가 대상법인 주주에게 주는 경우라면 자법인의 양도소득을 과세한다는 것이 재무부의 해석이다.[173]

6. 삼각인수로 자법인이 주식을 인수하는 "거래가⋯제1항(B)⋯에서 적격이라면, 그런 주식을 자법인이 지배하는 손법인에 다시 이전하는 것은 제368조(a)(2)(C)에 따라서 여전히 재조직이다.

제6절 삼각 자산인수(C형)

Groman/Bashford 판결에 대응하여 개정법이 처음 나온 것은 기실 삼각 자산인수에 관한 규정이다. 국회는 1954년 인수자측 자법인이 대상법인의 자산을 인수하고 그 대가로 모법인의 주식을 넘겨주는 삼각 C형도 재조직이고, 모법인도 재조직당사자가 되도록 법을 고쳤다. 구체적으로는 아래 제368조(a)(1)(C)에 괄호부분을 추가하였다. 이 법개정은 앞서 본 내려보내기 규정, 곧 모법인이 대상법인을 흡수합병한 뒤 자산을 자법인으로 출자하더라도 여전히 재조직이라는 제368조(a)(2)(C)의 입법과 동시에 이루어졌다. 애초에 자법인을 전면에 내세우나 모법인이 자산을 일단 인수한 뒤 자법인에 출자하나 어느 쪽이든 차이를 둘 이유가 없다는 생각이다.

I. 과세이연의 요건

제368조(a) (재조직)
Sec. 368(a) REORGANIZATIONS
(1) 일반 원칙 ― ⋯"재조직"의 뜻은 ―
(1) IN GENERAL ― ⋯"reorganization" means ―

---

173) 재무부규칙 1.1032-2(c), Ex. 2.

(C) 취득하는 법인이 교환하여 주는 것이 오로지 그 의결권부 주식의 전부나 일부이고 (또는 오로지 취득하는 법인을 지배하고 있는 법인이 발행한 의결권부 주식의 전부나 일부이고) 취득하는 것이 실질적으로 다른 법인 재산의 전부인 것. 교환하여 주는 것이 오로지 주식인가라는 결정은 취득하는 법인이 다른 법인의 채무를 인수하는 것은 무시하고 정한다.

(C) the acquisition by one corporation, in exchange solely for all or a part of its voting stock (or in exchange solely for all a part of the voting stock of a corpo－ration which is in control of the acquiring corporation), of substantially all of the properties of another corporation, but in determining whether the exchange is solely for stock, the assumption by the acquiring corporation of a liability of the other shall be disregarded.

(2) 특칙으로 (1)항 관련

(2) SPECIAL RULES RELATING TO PARAGRAPH (1)

(B) 추가대가로 특정한 (1)(C) 사항 － 만일 －

(B) ADDITIONAL CONSIDERATION IN CERTAIN PARAGRAPH (1)(C) CASES － If －

(i) 한 법인이 취득하는 것이 실질적으로 다른 법인 재산의 전부이고,

(i) one corporation acquires substantially all of the properties of another corpo－ration,

(ii) 취득이 위 (1)(C)에 해당할 것이지만 다만 취득하는 법인이 교환해 주는 것에 현금이나 다른 재산이 의결권 있는 주식에 더해서 있다는 사실 때문에 해당하지 않고, 그리고

(ii) the acquisition would qualify under paragraph (1)(C) but for the fact that the acquiring corporation exchanges money or another property in addition to voting stock, and

(iii) 취득하는 법인이 취득하는 것 가운데, 오로지 의결권부 주식으로서 위 (1)(C)에 적은 것을 대가로 하는 다른 법인 재산의 공정한 시가가 적어도, 공정한 시가로 친 다른 법인 재산 전부의 80%에 이른다면,

(iii) the acquiring corporation acquires, solely for voting stock described in paragraph (1)(C), property of the other corporation having a fair market value which is at least 80% of the fair market value of all of the property of the other corporation,

그런 취득을…다루기를 위 (1)(C)에 해당하는 것으로 다룬다. 오로지, 결정할 것이 앞 문장의 (iii)의 적용여부인 경우에 한하여, 부채액으로서 그 인수를 취득하는 법인이 한 것은 이를 다루기를 현금을 재산의 대가로 주는 것으로 다룬다.

then such acquisition shall... be treated as qualifying under paragraph (1)(C). Solely for the purpose of determining whether clause (iii) of the preceding sentence applies, the amount of any liability assumed by acquiring corporation shall be treated as money paid for the property.

제368조(b) 재조직당사자

Sec. 368(b) PARTY TO A REORGANIZATION

> ...재조직 적격이 위 (a)의...(1)(C)에서 있는 것이로되 주식을 교환해주면서 그 대가로...자
> 산을 취득하고, 교환해주는 주식을 발행한 법인이 (자산을) 취득하는 법인을 지배한다면,
> 용어로 '재조직당사자'에는 (자산을) 취득하는 법인을 지배하는 법인도 들어간다.
> ...In the case of a reorganization qualifying under paragraph...(1)(C) of subsection (a), if
> the stock exchanged for...properties is stock of a corporation which is in control of the
> acquiring corporation, the term "a party to a reorganization" includes the corporation so
> controlling the acquiring corporation.

　　삼각 자산인수 역시 일반적인 자산인수나 같은 제368조(a)(1)(C)에 들어 있으
므로 재조직이 되자면 앞서 본 (a)(2)(G)의 특칙, 곧 자산을 넘긴 뒤 대상법인은 해
산청산해야 한다는 점은 같다.[174] '오로지 주식'이라는 요건의 예외로 '취득하는
법인(자법인)이 다른 법인(대상법인)의 채무를 인수'하더라도 재조직이 될 수 있다
는 점도 같다.[175] 그러나 모법인이 대상법인 채무를 인수한다면 탈락한다.[176]

　　인수법인 주식과 모법인 주식을 섞어서 준다면 제368조(a)(1)(C)의 글귀 그
자체에서는 탈락한다.[177] "오로지 그… 주식"을 주는 것도 아니고 "오로지…지배
하고 있는 법인이 발행한 주식"을 주는 것도 아니기 때문이다. 이미 본 삼각 B형
과 마찬가지이다. 그러나 제368조(a)(2)(B)에서는 자법인 그 자체와 대상법인 사이
의 정규 C형 재조직이 될 가능성이 있다. 재무부규칙은 인수법인 주식과 모법인
주식을 섞어서 준다면 재조직에서 무조건 탈락이라고 풀이하고 있으나[178] 법의
글귀에 어긋난다. 제368조(a)(2)(B) 규정은 대상법인 자산의 80% 이상을 제1항(C)
의 주식으로 취득한다면 "제1항(C)에 해당하는 것으로 다룬다"고 적고 있다. 따
라서 대상법인 자산총액의 20% 미만인 Boot를 모법인 주식으로 주더라도 위 글
귀가 적용된다는 것이 권위 있는 주석이다.[179]

---

174) 제368조(a)(2)(G).

175) 제368조(a)(1)(C) 제2문.

176) Rev. Rul. 70-107, 1970-1 CB 78.

177) 재무부규칙 1.368-2(d)(1).

178) 재무부규칙 1.368-2(d)(1).

179) Bittker & Eustice, 12.24[3][b] 및 12.25[5], Ex. 5. 이 논리로는 모법인이 대상법인 채무를 인수하
　　는 것도 20% 미만이라면 괜찮다고 보아야 할 것이다. 80% 이상이 모법인 주식이고 20% 미만
　　이 자법인 주식이라면 삼각 C형에 합격이라는 풀이로는 Douglas Kahn et als, Principles of
　　Corporate Taxation(2010), 261쪽.

II. 과세이연

삼각 C형 재조직에 따르는 과세이연은 일반적인 C형과 같다.

1. 대상법인이 인수법인에 "교환해 넘기는 재산이 재조직 계획에 따른 것이며 받는 대가가 오로지 재조직당사자인 다른 법인(인수법인의 모법인)의 주식…뿐"이라면 "차익의 인식을 [대상]법인에게 하지 않는다."[180] 뒤이어 대상법인이 해산청산하면서 모법인 주식을 주주들에게 청산배당하는 것 역시 과세하지 않는다. "주식…으로 그 발행자가 다른 법인이지만 재조직당사자인 법인(인수법인)인 것"을 "이를 분배하는 법인(대상법인)이 교환에서 받는 것"이고 이 주식은 제361조(c)(1)(B)(ii)의 적격재산이어서 제361조(c)(2)에 따른 과세대상이 아니다. 제361조(c)(1)에 따라 비과세한다.

2. 대상법인의 주주로서 모법인 주식만 분배받는 사람들에 대해서는 양도차익에 대한 과세를 이연하고[181] 모법인주식의 취득원가는 당초의 대상법인주식 취득원가를 그대로 이어받는다.[182]

3. 대상법인이 인수대가의 일부로 boot를 받아서 분배하는 경우 대상법인에 소득이 생기지는 않지만 주주에게는 boot의 금액을 상한으로 양도차익을 과세한다.[183] 소득의 성격은, 배당의 분배라는 효과가 없다면 양도소득이고 있다면 미분배 배당가능이익 안의 금액은 배당소득이고 그를 넘는 금액은 양도소득이다.[184]

4. 자산인수를 하면서 대상법인의 채무를 자법인이 인수하더라도 과세이연을 따질 때 채무인수액은 boot로 보지 않는다.[185] 대상법인의 채권자의 입장에서 본다면 채무자가 바뀌지만 실현으로 보지 않아서 채권자의 소득을 과세하지 않는다.[186] 자산인수를 계기로 채권자가 채권 대신 모법인 주식을 받는다면 과세이연한다.[187]

---

180) 제361조(a).

181) 제354조.

182) 제358조. 보유기간도 통산한다. 제1223조(1).

183) 제356조(a)(1).

184) 제356조(a)(2).

185) 제357조(a).

186) 재무부규칙 1.1101-3(e)(4)(i)(C).

187) 제354조.

5. 인수자측 자법인에게 자산인수에서 소득이 생길 것은 없다. 자법인의 자산 취득원가는 대상법인의 취득원가를 그대로 물려받는다.[188] 논리적 연장선에서 대상법인의 배당가능이익이나 이월결손금도 그대로 물려받는다.[189] 다만 이월결손금의 구분계산 등 여러 가지 제약이 있다. 자법인이 모법인 주식을 취득하였다가 대상법인에 넘기는 경우, 모법인에게서 취득한 것이라면 양도소득을 과세하지 않고 제3자에게서 취득한 것이라면 양도소득을 과세한다.[190]

6. 삼각 자산인수에 특유한 법률효과로 인수자측 모법인에 소득이 생길 것은 없고 대상법인의 당초 자산 취득원가만큼을 자법인 주식의 취득원가에 얹어야 한다. 모법인이 스스로 자산인수를 한 뒤 이 자산을 자법인에 출자한 것으로 보기 때문이다.[191]

[보기 15][192]

대상법인의 자산은 취득원가가 60불이고 시가가 100불이다. 부채는 없다. 인수자측은 인수대가로 모법인 주식 100불어치를 주면서 자법인이 대상법인의 자산 전부를 인수하였고 대상법인은 해산·청산하였다. 다음 각 경우 이 자산인수형 삼각재조직의 결과로 모법인의 자법인 주식 취득원가 및 자법인의 대상법인자산 취득원가는 얼마가 되는가?

(i) 자법인은 삼각 자산인수를 위하여 모법인이 새로 발행하는 신주 100불어치를 출자하여 신설한 법인이다.

(ii) 자법인은 삼각 자산인수를 위하여 새로 신설한 법인으로서 모법인이 현금 5불과 새로 발행하는 신주 100불어치를 출자하여 신설한 법인이다.

(iii) 자법인은 상당한 규모로 사업을 하는 기존회사이고 모법인의 자법인 주식 취득원가는 110불이다.

풀이

(i) 자법인 설립단계에서는 모법인의 자법인 주식 취득원가는 영(0)이다. 삼각 자산인수는 모법인이 대상법인 자산을 직접 인수하였다가 자법인에 출자한 것으로 본다. 모법인의 대상법인 자산 취득원가는 대상법인의 취득원가 60불을 물려받는다. 분개로 적자면 (차) 대상법인 자산 60 (대) 자본 60. 다음 단계로 이 주식을 자법인에 출자하면 자법인은 인수법인의 취득원가 60불을 물려받는다.

---

188) 제362조(b).
189) 제381조(c)(2).
190) 재무부규칙 1.1032-2(c), Ex. 2.
191) 재무부규칙 1.358-6(c)(1) 및 그에 관한 설명인 Treasury Decision 8648 (Dec. 20, 1995).
192) 재무부규칙 1.358-6(d), Ex. 3.

(차) 대상법인 자산 60 (대) 자본 60. 결국 모법인의 자법인 주식 취득원가는 대상법인의 자산 취득원가 60불이 된다. 분개로는 (차) 자법인 주식 60불 (대) 대상법인 자산 60불.

(ii) 모두 (i)과 같고 유일한 차이점은 모법인이 60불을 자법인 주식의 기존 취득원가 5불에 얹어서 취득원가가 65불이 된다.

(iii) 모법인의 분개는 자산인수시 (차) 대상법인 자산 60 (대) 자본 60, 출자시 (차) 자법인 주식 60 (대) 대상법인 주식 60. 대상법인 주식의 취득원가는 기존의 취득원가 110불에 자법인의 자산 취득원가 60불을 얹어서 170불. 자법인의 분개는 (차) 대상법인 자산 60 (대) 자본 60.

제 7 절   정삼각합병

I. 정삼각합병이란?

삼각합병에 관해서는 정삼각(forward)형과 역삼각(reverse)형으로 나누어 조문이 따로 있으므로 따로 따로 살펴보아야 한다. 이제는 우리 상법에도 들어와 있는 정삼각형에서는 대상법인(소멸법인)의 자산을 인수자측 자법인(존속법인)이 넘겨받으면서 소멸법인 주주가 인수자측 모법인의 주식을 합병대가로 받는다.[193] 앞서 본 Seagram 판결로[194] 돌아가보면 Dupont이 C(소멸법인)주식의 공개매수를 거쳐서 C를 합병할 때 직접 합병한 것이 아니고 Dupont Holding Inc.라는 100% 자법인을 만들어서 이 자회사를 주체로 내세웠다. 주식 공개매수도 C의 흡수합병도 다 이 자법인이 했다. 그러나 주식공개매수 대가나 합병대가로 내어준 것은 모법인인 Dupont de Nomours & Co.의 주식이었다. 곧 삼각 주식인수를 하여 C를 78% 손법인으로 삼은 뒤 삼각합병한 것이다.

합병인데 존속법인 주식이 아니라 다른 법인(모법인) 주식을 준다는 것이 얼

---

193) 2011년 개정된 상법 제523조 제4호에서는 합병대가에 아무런 제약이 없다.
194) 제8장 제3절 I. 2.

핏 이상하게 보일 수도 있지만 전혀 이상할 일이 없다. 그저 덜 익숙한 것일 뿐이다. 대상법인 주주의 입장에서 본다면, 합병이든 삼각합병이든 모두 기존의 주식이 없어지는 대신 다른 법인의 주주가 되는 것은 다 똑같다. 일반적인 합병이라면 존속법인 주주가 되는 것이고 삼각합병에서는 존속법인 모법인의 주주가 되는 것이다. 인수자측 입장에서 본다면 대상법인의 자산을 모법인이 직접 받으면 일반적인 합병인 것이고 자법인이 받으면 삼각합병이다. 대상법인의 자산을 이미 자법인이 된 대상법인에 그대로 남겨두면 주식인수 내지 주식의 포괄적 교환이다. 회사법의 입장에서는 모법인이 대상법인을 직접 흡수합병한다면 모법인의 자산 전체가 대상법인의 부외부채에 대한 책임재산이 된다는 위험이 있지만, 삼각합병이나 주식교환에서는 이 위험을 피할 수 있다. 한결 더 중요한 이유는 모법인이 대규모 상장법인인 경우 합병계약의 주총승인이라는 번거로운 절차를 피하려면 합병당사자로 자법인을 내세울 수밖에 없다.

역사적으로는 삼각합병이라는 거래는 주식의 포괄적 교환이라는 개념이 회사법상의 단체행위로 법에 들어오기 전에 소수주주 축출을 위해서 생겼다. 주식의 포괄적 교환이라는 제도가 없는 상황에서 주식인수는 인수법인과 대상법인 주주 사이의 개별적 계약으로 할 수밖에 없고 이 계약을 거절하는 주주는 대상법인의 소수주주로 남게 된다.[195] 이들을 축출하자면 대상법인의 법인격을 소멸시켜야 하고 그러자면 합병이라는 수단을 이용해야 한다. 한편 합병을 하면서 모법인이 부외부채에 책임지는 일을 피하자면 자법인을 합병당사자로 내세울 수밖에 없고, 그 결과로 고안해 낸 것이 인수자측에서 자법인을 신설해서 그런 신설 자법인이 대상법인을 흡수합병하면서 합병대가로 모법인 주식을 주는 정삼각합병이다. 이런 정삼각합병의 최종 결과는 대상법인 주식을 100% 인수한 것과 같다. 물론 신설 자법인을 쓰는 대신 이미 사업을 하고 있던 자법인을 내세우는 정삼각합병도 가능하다.

우리나라에서는 삼각합병을 전통적인 합병의 변형으로 생각해서 자법인이 일단 모법인 주식을 취득한 뒤(삼각합병을 위해서라면 자법인이 모법인 주식을 예외적으로 취득할 수 있다고 한다) 이 모법인 주식을 합병대가로 내어주어야 한다고 보는 것이

---

195) Clark, Corporate Law(1986), 432쪽은 이 점을 역삼각합병과 관련해서 설명하고 있지만 정삼각합병에 오히려 더 맞는 설명이다.

보통이고196) 다른 나라에서도 비슷한 역사적 과정을 거친 듯하지만197) 이제 와서 새삼 생각해보면 이념형으로서 삼각합병의 원형은 모법인이 대상법인 주주에게 주식을 바로 넘겨주는 것이다. 애당초 합병, 삼각합병, 주식의 포괄적 교환은 다 기술적인 구별일 뿐이다.

세법상으로는 정삼각합병이란 대상법인의 자산을 인수자측 자법인이 삼각거래로 인수하면서 모법인 주식을 인수대가로 주고 대상법인은 해산·청산하는 것이다. 여기에서 자법인이 삼각거래로 자산을 인수하는 것은 세법상으로는 모법인이 자산을 인수한 뒤 자법인에 출자하는 것을 한 거래로 묶은 것이라고 본다.198) 따라서 정삼각합병의 법률효과는 1) 인수자측 모법인이 대상법인의 자산을 인수하고 대상법인은 해산·청산하면서 자산양도 대가로 받은 모법인 주식을 청산배당하고 2) 모법인은 넘겨받은 자산을 자법인에 다시 현물출자하는 것으로 보고, 재조직이 아니라면 각각의 행위에 맞추어 과세한다. 예전의 판례로는 존속하는 이해관계가 너무 먼 까닭에 1)단계에서는 대상법인의 자산 양도차익을 과세하고 대상법인 주주의 주식 양도소득도 과세한다. 2)단계는 삼각합병에 특유한 것이지만 모법인은 1)단계에서 자산을 시가로 취득하므로 양도차익이 생길 것은 없다. 자법인의 자산 취득원가는 시가가 된다. 그러나 이에 대한 특칙으로, 법에 정한 정삼각합병이라면 이를 재조직으로 보아 과세이연하는 규정이 1968년에 생겼다.

Ⅱ. 재조직의 요건

제368조(a) (재조직)
Sec. 368(a) REORGANIZATIONS
(1) 일반 원칙 ― …"재조직"의 뜻은 ―
(1) IN GENERAL ― …"reorganization" means ―
　　(A) 회사법상의 흡수합병이나 신설합병,

---

196) 우리 상법의 글귀에서는 삼각합병에서 모법인이 바로 주식을 줄 수는 없고 자법인이 모법인 주식을 취득했다가 주어야 한다는 주장으로 송옥렬, 상법강의, 제6편 제2장 제6절 Ⅱ. 3. 다.

197) 가령 Clark, Corporate Law(1986), 430쪽. 앞 문단에서 모법인이 자기주식을 현물출자하여 자법인을 신설한다고 생각하면 된다. 현금출자 후 그 현금으로 모법인 주식을 사들이게 해도 된다. 자법인은 이 모법인주식을 대상회사 주주에게 합병대가로 넘겨준다.

198) 재무부규칙 1.358-6(c)(1).

(A) a statutory merger or consolidation

(2) (D) 사용하는 것이 모법인 주식인 경우의 (1)(A) ― 취득법인이 교환해주는 주식이 다른 법인(이하 이 (D)에서 부르기를 '모법인')의 것이고 모법인이 지배하는 취득법인이 실질적으로 다른 법인의 모든 재산을 취득하면 거래가 위 (1)(A)에서 부적격이 되지는 않는다. 만일 ―

(2) (D) USE OF STOCK OF CONTROLLING CORPORATION IN PARAGRAPH (1)(A)..CASES ― The acquisition by one corporation, in exchange for stock of a corporation (referred to in this subparagraph as "controlling corporation") which is in control of the acquiring corporation, of substantially all of the properties of another corporation shall not dis― qualify a transaction under paragraph (1)(A)..., if ―

(i) 취득법인의 주식의 사용이 그런 거래에 없고, 그리고

(i) no stock of the acquiring corporation is used in the transaction, and

(ii) 거래가 위 (1)(A)에 해당하는 경우로 그런 거래가 위 (1)(A)에서 적격이 되었을 것이라면. 만일 합병이 모법인이 흡수하는 꼴이었다면.

(ii) in the case of a transaction under paragraph (1)(A), such transaction would have qualified under paragrpah (1)(A) had the merger been into the controlling corporation.

제368조(b) (재조직당사자)

Sec. 368(b) PARTY TO A REORGANIZATION

...재조직이라는 적격이 앞(a)의 (1)(A)...에서 생긴 이유가 앞(a)의 (2)(D)인 경우 용어로 "재조직당사자"에는 (2)(D)에서 언급하는 모법인도 들어간다...

...In the case of reorganization qualifying under paragraph (1)(A)..of subsecrion (a) by the reason of paragraph (2)(D) of that subsection, the term "a party to a reorganization" includes the controlling corporation referred to in such paragraph (2)(D).

이 조에서 모법인 자법인이라는 말은 법인세와 주주과세의 일반적 규정인 제368조(c)에 따라 80% 지배력으로 정의한다. "실질적으로 다른 법인 재산 모두"라는 말도 자산인수에서 본 그대로이다. 행정해석이 정한 일응의 기준으로 보자면 순자산의 90% 이상 자산총계의 70% 이상을 인수해야 한다는 것이다.

제368조(a)(2)(D)의 덕택으로 모법인 주식을 쓰는 정삼각합병도 A형 재조직이 될 수 있다. 인수자측 자법인이 "교환해주는 주식이…모법인의 것이고 모법인이 지배하는" 자법인이 "실질적으로 다른 법인의 모든 재산을 취득"하는 거래에서 자법인 "주식의 사용이…없고" "합병이 모법인이 흡수하는 꼴"이었다면 A형 적격이었을 것이기 때문에 제(2)항(D)에 따라서 A형 재조직이 된다. 이 경우 제368조(b)에서 모법인도 재조직당사자에 들어간다. 인수자측 자법인이 "실질적으로 (소멸)법인의 모든 재산을 취득"해야 한다는 요건이 있으므로, 우리 법개념으로

분할합병은 A형 재조직에서 불합격이다. 분할합병에 대한 과세이연 여부는 D형 재조직이 되는가 아닌가에 따라 정한다는 말이다. 전체적 재조직계획의 한 단계로 적지 않은 재산을 주식상환대가로 내어준 뒤 삼각합병하는 것도 불합격이다. 모법인 주식을 쓰는 삼각합병인 이상 "자법인 주식의 사용이 그런 거래에 없"어야 재조직이 되고, 두 가지를 섞어쓰면 재조직이 되지 않는다. 그런데 여기에서 한 가지 신기한 일이 생긴다. 삼각합병을 하면서 자법인 주식을 쓰면 제368조(a)(2)(D)(i)에 따라 삼각 A형 재조직에서는 탈락하지만, 자법인 주식의 비중이 합병대가 가운데 상당한 정도(재무부규칙의 일응의 기준으로 40%)에 이른다면 삼각합병이 아니라 그냥 합병으로 재조직이 된다. 자법인과 대상법인 사이의 양자간 합병으로 이해관계의 계속성이 있기 때문이다. 이 경우 모법인 주식은 boot가 된다.

[보기 16]
인수자측 자법인이 대상법인을 흡수합병하는 다음 각 거래는 A형이나 C형 재조직인가? 여기에서 주식이란 모두 의결권부 주식이다. 대상법인에 채무는 없다.
(i) 합병대가는 100% 인수자측 모법인 주식이다.
(ii) 합병대가의 90%는 인수자측 모법인 주식이지만 10%는 현금이다.
(iii) 합병대가의 90%는 인수자측 모법인 주식이지만 10%는 자법인 주식이다.
(iv) 합병대가의 70%는 인수자측 모법인 주식이지만 30%는 현금이다.
(v) 합병대가의 70%는 인수자측 모법인 주식이지만 30%는 자법인 주식이다.
(vi) 합병대가의 50%는 인수자측 모법인 주식이지만 50%는 자법인 주식이다.
(vii) 합병대가의 10%는 인수자측 모법인 주식이지만 90%는 자법인 주식이다.
(viii) 앞 (ⅴ)와 같은 조건으로 인수자측이 대상법인을 삼각합병한 뒤 다시 모법인이 대상법인을 흡수합병했다. 1단계의 삼각합병 당시 이미 재조직계획으로 후속합병이 예정되어 있었다.

(풀이) (i) A형과 C형 어느 쪽으로도 재조직에 합격. A형으로서는, '취득법인(자법인)이 교환해주는 주식이…'모법인…의 것'이지만 '모법인이 지배하는 취득법인이 실질적으로 다른 법인의 모든 재산을 취득'하며 '취득법인의 주식의 사용'이 그런 거래에 없다. 또한 '만일 합병이 모법인이 흡수하는 꼴이었더라면' '그런 거래가 위 (1)(A)에서 적격이 되었을 것'이므로 제368조(a)(2)(D)에 따라서 A형 삼각 재조직이 된다. 한편 C형으로서는, 합병이란 자산인수 후 대상법인의 해산·청산이므로, "취득하는 법인이 교환하여 주는 것이…오로지 취득하는 법인을 지배하고 있는 법인이 발행한 의결권부 주식…이고 취득하는 것이 실질적

으로 다른 법인 재산의 전부"이므로 제368조(a)(1)(C)의 요건과 제368조
(a)(2)(G)의 요건을 충족하므로 C형 삼각 재조직에도 해당한다. 이 사실관계에
서는 어느 쪽이든 법률효과에는 차이가 없다.

(ii) A형과 C형 어느 쪽으로도 합격. A형으로서는 '취득법인(자법인)이 교환해주
는 주식이…'모법인…의 것'이지만 '모법인이 지배하는 취득법인이 실질적으로
다른 법인의 모든 재산을 취득'하며 '취득법인의 주식의 사용'이 그런 거래에 없
다. 합병대가의 10%는 현금이지만 모법인 주식이 90%이므로 '만일 합병이 모법
인으로 들어가는 꼴이었다면' 대상법인 주식 가운데 상당한 양(재무부규칙이 정
한 일응의 기준으로 40% 이상)이 모법인 주식으로 이어져서 이해관계가 계속하
여 '그런 거래가 (1)항(A)에서 적격이 되었을 것'이므로 제368조(a)(2)(D)에 따라
서 A형 재조직이 된다. C형으로서는 10% 현금이 있으므로 '취득하는 법인이 교
환하여 주는 것이…오로지 취득하는 법인을 지배하고 있는 법인이 발행한 의결
권부 주식"이 아니어서 제368조(a)(1)(C)에는 해당하지 않는다. 그러나 제368조
(a)(2)(B)의 특칙에 해당하므로 C형에 합격.

(iii) A형에서는 불합격. 재무부규칙으로는 C형에서도 불합격.[199] A형에 관련해
서는 "취득법인 주식의 사용이 그런 거래에" 있기 때문에 제368조(a)(2)(D)에 어
긋나고 적격재조직 여부는 (1)(A)만 놓고 따져야 한다. 소멸법인의 재산이 자법
인에 넘어가는데 주주가 받는 자법인 주식은 10%뿐이고 90%는 모법인의 주식
이라는 간접적인 먼 이해관계뿐이어서 Groman/Bashford 판결에 따를 때 계속성
이 없다.[200] 한편 C형 재조직은 되는가? 모법인 주식과 자법인 주식을 섞어쓰므
로 "오로지 그 의결권부 주식"을 쓰는 것도 아니고 "오로지…지배하고 있는 법
인이 발행한 의결권부 주식"을 쓰는 것도 아니어서 제368조(a)(1)(C)의 글귀에
어긋나 재조직이 아니다. 다만 제368조(a)(2)(B)에서 삼각 C형으로 합격이라는
해석론이 있다(아래 vii) 참조).

(iv) A형 재조직은 합격이지만 C형 재조직은 불합격이다. A형으로서는 '취득법
인(자법인)이 교환해주는 주식이…'모법인…의 것'이지만 '모법인이 지배하는 취
득법인이 실질적으로 다른 법인의 모든 재산을 취득'하며 '취득법인의 주식의 사
용이 그런 거래에 없다. 합병대가의 30%는 현금이지만 모법인 주식이 70%이므
로 '만일 합병이 모법인이 흡수하는 꼴이었다면' 대상법인 주식 가운데 상당한
양(재무부규칙이 정한 일응의 기준으로 40% 이상)이 모법인 주식으로 이어져서
이해관계가 계속하여 '그런 거래가 (1)(A)에서 적격이 되었을 것'이므로 제368조

---

199) Bittker & Eustice, 12.25[5], Ex. 5.

200) 모법인이 합병으로 취득한 자산을 제368조(a)(2)(C)에 따라서 자법인에 출자한 것으로 보아서 재
　　조직이 될 가능성은 있는데 막상 그렇게 풀이하고 있는 문헌은 찾지 못했다. (v), (vi)도 같다.

(a)(2)(D)에 따라서 A형 재조직이 된다.[201] C형으로서는 인수대가에 20%를 넘는 현금이 있으므로 제368조(a)(1)(C)의 "오로지 주식"이라는 요건에 어긋나고 제368조(a)(2)(B)에서도 탈락한다.

(v) A형 C형 모두 불합격이다. "취득법인 주식의 사용이 그런 거래에" 있기 때문에 제368조(a)(2)(D)의 삼각적격은 없고 적격 여부는 제(1)항(A)만 놓고 따져야 한다. 소멸법인의 재산이 자법인에 넘어가는데 주주가 받는 자법인 주식은 30%뿐이고 나머지 70%는 모법인 주식이라는 먼 이해관계만 남으므로 Groman/Bashford 판결에 어긋난다. C형으로서는 모법인 주식과 자법인 주식을 섞어쓰므로 "오로지 그 의결권부 주식"을 쓰는 것도 아니고 "오로지…지배하고 있는 법인이 발행한 의결권부 주식"을 쓰는 것도 아니어서 제368조(a)(1)(C)의 글귀에 어긋난다. 제368조(a)(2)(B)에도 해당하지 않는다. 자산을 취득하는 자법인 주식이 인수대가의 80%에 미치지 못하기 때문이다.

(vi) A형에서는 적격 C형에서는 비적격. A형에서는 "취득법인 주식의 사용이 그런 거래에" 있기 때문에 제368조(a)(2)(D)의 삼각적격은 없고 적격 여부는 제(1)항(A)만 놓고 따져야 한다. 소멸법인의 재산이 자법인에 넘어가면서 주주가 받는 자법인 주식이 50%로 재무부규칙이 정한 일응의 기준(40%)을 넘어서 이해관계의 계속성이 있다. C형으로서는 모법인 주식과 자법인 주식을 섞어쓰므로 "오로지 그 의결권부 주식"을 쓰는 것도 아니고 "오로지…지배하고 있는 법인이 발행한 의결권부 주식"을 쓰는 것도 아니어서 제368조(a)(1)(C)의 글귀에 어긋난다. 제368조(a)(2)(B)에도 해당하지 않는다. 자산을 취득하는 자법인 주식이 인수대가의 80%에 미치지 못하기 때문이다.

(vii) A형에서도 적격 C형에서도 적격. A형에서는 "취득법인 주식의 사용이 그런 거래에" 있기 때문에 제368조(a)(2)(D)의 삼각적격은 없고 적격 여부는 (1)(A)만 놓고 따져야 한다. 소멸법인의 재산이 자법인에 넘어가면서 주주가 받는 자법인 주식이 50%로 재무부규칙이 정한 일응의 기준(40%)을 넘어서 이해관계의 계속성이 있다. C형으로서는 모법인 주식과 자법인 주식을 섞어쓰므로 "오로지 그 의결권부 주식"을 쓰는 것도 아니고 "오로지…지배하고 있는 법인이 발행한 의결권부 주식"을 쓰는 것도 아니어서 제368조(a)(1)(C)의 글귀에는 어긋난다. 그렇지만 제368조(a)(2)(B)에 해당하여 C형 적격이 된다. 자산을 취득하는 자법인 주식이 인수대가의 80% 이상이기 때문이다.[202] 재무부규칙 1.368-2(d)(1)은 "오로지 또는 오로지"라는 글귀에 기대어 모법인주식과 자법인 주식을 섞어 쓴다면 C형 재조직에서 탈락한다고 풀이하고 있지만 권위있는 주석서는 틀린 해석이라고

---

201) Bittker & Eustice, 12.54[4].
202) Bittker & Eustice, 12.55[5], Ex. 5.

한다.203) '취득하는 법인이 교환하여 주는 것이…오로지 취득하는 법인을 지배하고 있는 법인이 발행한 의결권부 주식"은 아니고 "현금이나 다른 재산이 의결권부 주식에 더해서 있"지만 "취득하는 법인이 취득한 것 가운데, 오로지 의결권부 주식으로서 (1)(C)에 적은 것을 대가로 하는 다른 법인(대상법인) 재산의 공정한 시가가, 적어도 다른 법인 재산 전부의 80%에" 이르기 때문에 제368조(a)(2)(B)에 따라서 C형 재조직이 된다는 것이다.
(viii) 1단계의 삼각합병 그 자체로는 재조직이 아니지만 두 단계를 묶어서 제368조(a)(1)(A)의 재조직이다.

Ⅲ. 과세이연

정삼각합병에 따르는 과세이연은 삼각 C형과 같지만, 삼각합병이라는 민사법적 형태에 맞추어 다시 정리해보자.

1. 소멸법인이 존속법인(자법인)에 "교환해 넘기는 재산이 재조직 계획에 따른 것이며 받는 대가가 오로지 재조직당사자인 다른 법인(존속법인의 모법인)의 주식…뿐"인 경우라면 양도차익을 과세이연한다.204) 뒤이어 소멸법인이 해산·청산하면서 모법인 주식을 주주들에게 청산배당한다고 보는 단계 역시 과세하지 않는다. "주식…으로 그 발행자가 다른 법인이지만 재조직당사자인 법인(존속법인)인 것"을 "이를 분배하는 법인(소멸법인)이 교환에서 받는 것"이고 이 주식은 제361조(c)(1)(B)(ii)의 적격재산이어서 제361조(c)(2)에 따른 과세대상이 아니고 제361조(c)(1)에 따라 비과세한다.
2. 소멸법인의 주주로서 모법인 주식만 분배받는 사람들에 대해서는 양도차익에 대한 과세를 이연하고205) 모법인주식의 취득원가는 당초의 소멸법인주식 취득원가를 그대로 물려받는다.206)
3. 소멸법인이 인수대가의 일부로 boot를 받는 경우 소멸법인에 소득이 생

---

203) Bittker & Eustice, 12.24[3][b].
204) 제361조(a).
205) 제354조.
206) 제358조. 보유기간도 통산한다. 제1223조(1).

기지는 않지만 주주에게는 boot의 금액을 상한으로 양도차익을 과세한다.[207] 소득의 성격은, 배당의 분배라는 효과가 없다면 양도소득이고 있다면 미분배 배당가능이익 안의 금액은 배당소득이고 그를 넘는 금액은 양도소득이다.[208]

4. 존속법인이 인수하는 소멸법인 채무는 boot로 보지 않는다.[209] 합병을 계기로 채권자가 채권 대신 모법인 주식을 받더라도 과세하지 않는다.[210]

5. 인수자측 모법인에 소득이 생길 것은 없다. 삼각 자산인수나 마찬가지로 모법인은 소멸법인의 당초 자산 취득원가만큼을 자법인 주식의 취득원가에 얹어야 한다. 모법인이 스스로 합병당사자가 되어 넘겨받는 자산을 다시 자법인에 출자한 것으로 보기 때문이다.[211]

[보기 17]

대상법인의 자산은 취득원가가 60불이고 시가가 100불이다. 부채는 없다. 인수자측은 인수대가로 모법인주식 100불어치를 주면서 정삼각합병으로 자법인이 대상법인을 흡수합병하였고 대상법인은 해산·청산하였다. 다음 각 경우 모법인의 자법인 주식 취득원가는 얼마가 되는가?

(i) 자법인은 삼각합병을 위하여 모법인이 새로 발행하는 신주 100불어치를 출자하여 신설한 법인이다.

(ii) 자법인은 삼각합병을 위하여 새로 신설한 법인으로서 모법인이 현금 5불과 새로 발행하는 신주 100불어치를 출자하여 신설한 법인이다.[212]

(iii) 자법인은 상당한 규모로 사업을 하는 기존회사이고 모법인의 자법인 주식 취득원가는 110불이다.[213]

(풀이)   각 60불, 65불, 170불. 어느 경우든 [보기 15]의 자산인수와 똑같다.

---

6. 존속법인에게 자산인수에서 소득이 생길 것은 없다. 존속법인의 자산취득원가는 대상법인의 원가를 그대로 물려받는다.[214] 논리적 연장선에서 대상법

---

207) 제356조(a)(1).
208) 제356조(a)(2).
209) 제357조.
210) 제354조.
211) 재무부규칙 1.358-6(c)(1).
212) 재무부규칙 1.358-6(c)(4), Ex. 1.
213) 같은 보기.
214) 제362조(b).

인의 배당가능이익이나 이월결손금도 그대로 물려받는다.[215] 다만 이월결손금의 구분계산 등 여러 가지 제약이 있다. 모법인이 대상법인 주주에게 직접 주식을 주는 것이 아니라 존속법인이 모법인주식을 취득하였다가 합병대가로 주는 경우, 모법인에게서 취득한 것이라면 양도소득을 과세하지 않고 제3자에게서 취득한 것이라면 양도소득을 과세한다.[216]

7. 정삼각합병으로 인수자측 자법인이 취득한 자산을 다시 적격집단 안에서 배당하거나 출자하더라도 정삼각합병이 재조직에서 탈락하지는 않는다.

[보기 18][217]
인수자측 자법인(S)이 대상법인을 흡수합병하면서 합병대가로 인수자측 모법인(P)주식을 교환해주는 삼각합병을 한 뒤 바로 P법인은 S주식을 다른 자법인(S1)에 현물출자하여 S는 S1밑에 딸린 손회사가 되었다. 이 거래는 재조직이 되는가?

〔풀이〕 P법인의 자회사인 상태에서 S가 대상법인의 자산을 흡수하는 삼각합병은 제368조(a)(2)(D)에 따라서 "거래가⋯위 (1)(A)에서 적격"이지만, 뒤이은 현물출자로 P는 S의 모법인이 아니라 조모가 되었으므로 Groman/Bashford 판결에 따른다면 이해관계가 너무 멀어져서 재조직에서 탈락한다. 이 판례를 뒤집는 명문규정에 해당하는가? 우선 S주식의 현물출자가 제368조(a)(2)(C)에 해당하지는 않는다. S주식을 S1에 현물출자하는 것은 제368조(a)(2)(C)에서 "자산이나 주식으로서 그 거래에서 취득한 것"이 아니기 때문이다. 거래에서 취득한 자산은 S에 그냥 남아있을 뿐이다. 그러나 제368조(a)(2)(C)에 어긋나는 변경이 있다고 해서 반드시 재조직에서 탈락하지는 않는다. 이 조항은 일정한 요건에 해당하는 경우 재조직이 된다는 뜻이지 그 요건에 해당하지 않는다 하여 재조직에서 탈락시킨다는 뜻은 아니다. 이 거래는 모법인이 직접 대상법인을 합병한 뒤 인수받은 자산을 S1에 현물출자하고 다시 S1은 같은 자산을 S에 현물출자한 것으로 볼 수 있다. 이런 경우 Groman 판결 등은 이해관계의 연속성을 부정하지만 재무부규칙은 적격집단 안에서 자산이나 주식을 이전하는 것은 이해관계의 연속성을 깨지 않는다고 보므로 재무부규칙에 따르면 당초의 삼각합병이 재조직이라는 사실에 영향이 없다.

---

8. 주식인수와 그 뒤의 합병을 묶어서 합병이라는 한 거래로 볼 수 있다는

---

215) 제381조(c)(2).
216) 재무부규칙 1.1032-2(c), Ex. 2.
217) Rev. Rul. 2001-24, IRB 2001-22 (2001).

점은 삼각합병도 마찬가지이다. Seagram 판결에서 이미 본 바와 같다.

제 8 절   역삼각합병

I. 역삼각합병이란?

역삼각합병이란 대상법인이 존속법인이 되어 인수자측 자법인(소멸법인)을 흡수합병하면서 대상법인 주주는 기존주식을 인수자측 모법인에 내어주고 그대신 모법인 주식을 받는 것이다. 존속법인(=대상법인) 주주가 합병대가를 받는다는 것이 이상하게 보일 수도 있지만 전혀 이상할 일이 없다. 우리나라 법에 없던 거래라 그저 낯설 따름이다. 대상법인 주주의 입장에서 본다면 기존주식을 내어주고 인수자측 모법인 주식을 받는 것일 뿐이다. 정삼각합병이든 역삼각합병이든 인수자측 모법인의 주주로 바뀌는 것은 똑같다. 인수자측 자법인 단계에 들어선 대상법인과 소멸법인 가운데 어느 쪽을 존속시킬 것인가는 인수자측의 내부문제일 뿐 대상법인 주주의 이해관계와는 원칙적으로 무관하다. 그저 인수자측 입장에서 볼 때 두 개의 자법인 가운데에서 어느 쪽을 존속법인으로 어느 쪽을 소멸법인으로 삼을 것인가라는 기술적 선택일 뿐이다.

대상법인을 존속법인으로 삼을 필요성은 여러 가지가 있을 수 있다. 가령 대상법인이 받아놓은 행정법상의 인허가 등이 이유가 될 수도 있다.[218] 실제 역사에서는 대상법인을 소멸시키는 경우 대상법인에 쌓여있던 이월결손금의 공제에 문제가 생길 수 있다는 점이 컸다고 한다.[219] 어떤 이유로든 대상법인을 존속

---

[218] 합병이 있으면 권리의무의 포괄적 승계가 일어난다는 것은 상법이나 회사법에서 그렇다는 말일 뿐이다. 다른 법에서 어떤 결과가 생기는가는 법마다 다르게 마련이다.

[219] Clark, Corporate Law (1986), 433쪽. 현행법에서는 이월결손금 공제에 관한 한 어느 쪽이 존속법인이 되더라도 별 차이가 없지만 1954년까지는 이월결손금이 있는 "피라미가 고래를 삼키는" 역합병이 흔했다. New Colonial Ice Company. v. Comr., 292 U.S., 435 (1934). Bittjer & Eustice, 14.02[2]절.

법인으로 삼으면서 삼각합병을 하려면 어떻게 하면 좋을까? 기실 그다지 복잡할 것은 없다. 1) 인수자측에서 대상법인의 기업가치(주가총계)에 상당하는 양의 모법인 주식을 현물출자하여 자법인을 세운 뒤, 2) 대상법인이 자법인을 흡수합병하여 모법인 주식을 넘겨받으면서 합병대가로 모법인에게 대상법인 주식을 내어주면 된다. 그런데 3) 기실 이 대상법인 주식은 대상법인이 감자결의를 하면서 기존주식을 자기주식으로 취득하는 것이고,[220] 이 자기주식의 대가로 대상법인이 주는 것은 2)의 합병대가로 받은 모법인 주식이다. 이 세 단계를 동시에 하는 것이다. 최종결과로 자법인은 사라지고 대상법인은 모법인의 자법인이 되고 대상법인의 종래주주는 모법인의 주주가 된다. 새로 세운 자법인이 아니라 사업을 하던 자법인을 쓰는 경우라면 그런 기존사업이 대상법인으로 옮겨가게 된다.

  잠시 세웠던 자법인이 사라져 없어지는 경우 역삼각합병의 최종결과는 포괄적 주식교환과 같다. 대상법인은 모법인의 자법인이 되고 종래 주주는 모법인의 주주로 바뀐다. 사업을 하던 다른 자법인을 쓴다면 최종결과는 대상법인의 주식을 인수한 뒤 대상법인이 다른 자법인을 흡수합병하는 것과 같다. 그렇다면 복잡하게 역삼각합병을 하는 이유는 무엇인가? 포괄적 주식교환이라는 제도가 없는 법제라면 주식인수는 대상법인의 주주와 인수법인 사이의 개별적 계약을 필요로 하고 주식인수에 반대하는 주주를 축출할 수 있는 길이 없다. 역삼각합병에서는 앞 문단의 3)이 개별적 계약이 아니라 대상법인의 자기주식 취득 내지 감자라는 단체행위로 모든 주주에게 효과가 미치게 할 수 있다. 그 결과 소수주주가 반대하더라도 감자할 수 있다.[221]

  역삼각합병의 실질이 주식의 포괄적 교환이라는 점을 생각하면 세법의 입장에서는 역삼각합병에 대한 과세이연 여부를 그저 주식인수형(B형) 재조직 개념에 맡기면 될 듯 하지만 현행법은 일정한 요건을 만족하는 역삼각합병을 재조직으로 본다는 규정을 1970년에 따로 들여왔다. 입법자료는 두 해 전 1968년에 들어온 정삼각합병형 재조직과 균형을 맞추자는 뜻이라고 설명하고 있다.

---

220) 미국법에서는 감자와 자기주식 취득을 구별하지 않는다. 제4장 제1절 I.
221) Clark, Corporate Law (1986), 431-432쪽. 2)단계의 증자결의와 3)단계의 감자결의를 한꺼번에 하면 될 것이다.

Ⅱ. 재조직의 요건

제368조(a) (재조직)

Sec. 368(a) REORGANIZATIONS

(1) 일반 원칙 — ..."재조직"의 뜻은 —

(1) IN GENERAL — ..."reorganization" means —

　　(A) 회사법상의 흡수합병이나 신설합병,

　　(A) a statutory merger or consolidation

(2)(E) 회사법상 흡수합병에서 사용하는 의결권부 주식이 소멸법인 모법인 주식인 경우 — 거래가 다른 면에서는 위 (1)(A)에서 적격이라면 다음 사실을 이유로 부적격이 되지는 않는다. 주식으로서 그 발행법인(이하 이 (E)에서 부르기를 '모법인')이 흡수합병 전에 지배했던 자가 소멸법인인 그런 주식을 사용하는 거래라는 것. 다만 그 전제조건으로,

(2)(E) STATUTORY MERGER USING VOTING STOCK OF CORRPORATION CONTROLLING MERGED CORPORATION — A transaction otherwise qualifying under paragraph (1)(A) shall not be disqualified by reason of the fact that stock of a corporation (referred in this subparagraph as the "controlling corporation") which before the merger was in control of the merged corporation is used in the transaction, if──

　　(i) 거래 뒤에, 존속법인이 실질적으로 자기재산 및 소멸법인 재산의 전부(모법인의 주식으로서 거래에서 분배하는 것은 제외)를 보유하고; 그리고

　　(i) after the transaction, the corporation surviving the merger holds substantially all of its properties and of the properties of the merged corporation (other than stock of the controlling corporation distributed in the transaction); and

　　(ii) 거래에서, 존속법인의 옛 주주들이 내어주는, 모법인의 의결권부 주식과 교환하여 내어주는 존속법인 주식의 양에 존속법인에 대한 지배력이 있어야 한다.

　　(ii) in the transaction, former shareholders of the surviving corporation ex─changed, for an amount of voting stock of the controlling corporation, an amount of stock in the surviving corporation which constitutes control of such corporation

제368조(b) (재조직당사자)

Sec. 368(b) PARTY TO A REORGANIZATION

...재조직이라는 적격이 위 (a)(1)(A)에서 생긴 이유가 위 (a)(2)(E)인 경우 용어로 "재조직당사자"에는 위 (a)(2)(E)에서 말하는 모법인도 들어간다.

...In the case of a reorganization qualifying under paragraph (a)(1)(A) by reason of subsection 위 (a)(2)(E), the term "party to a reorganization" includes the controlling corporation referred to in subsection (a)(2)(E).

　　제386조(a)(2)(E)의 요건을 만족하면 합병대가로 모법인 주식을 주는 역삼각합병도 A형 재조직이다. 첫 번째 요건은 대상법인이 "실질적으로…소멸법인 재

산의 전부를 보유"하는 것이다. 여기에서 '취득'이 아니라 '보유'라는 동사를 쓴 것은 소멸법인 재산만이 아니라 대상법인(존속법인)이 원래 가지고 있던 재산도 한꺼번에 목적어에 넣다보니 생긴 일이고 특별히 재산을 쭉 들고 있어야 한다는 말은 아니다.222) 합병에 반대하는 대상법인 주주의 주식을 매수하는데 들어가는 현금을 인수자측 모법인이 아니라 소멸법인이 내어주고 존속법인은 나머지 재산만 취득하더라도 "실질적으로 소멸법인 재산의 전부"를 취득하는 것으로 본다.223) 두 번째 요건은 대상법인 주주가 내어놓는 주식 가운데 대상법인을 "지배"하는 만큼의 주식, 곧 주식 가운데 80% 이상은 그 대가로 모법인주식, 그것도 의결권부 주식을 받아야 한다는 것이다. 앞서 보았듯 정삼각합병에서는 합병대가 가운데 현금이 50%이더라도 재조직이 될 수 있다. 그와 달리 역삼각합병에서는 합병대가의 80% 이상이 모법인의 의결권부주식이어야 한다는 것이다. 반면 정삼각합병과 달리 역삼각합병에서는 자법인 주식을 섞어 쓰면 탈락한다는 제약이 없다.

제386조(a)(2)(E)의 요건을 만족하는데 따르는 법률효과는 "(1)(A)에서 적격이라면…부적격이 되지 않는다", 곧 A형 재조직에서 탈락하지 않는다는 것이다. 이 글귀는 B형(주식인수형) 재조직에 관해서는 아무런 언급이 없고, 따라서 역삼각합병이 B형 재조직의 요건을 만족하여 그에 따른 법률효과가 생기는가는 오로지 이미 공부한 B형에 관한 글귀만 놓고 따져야 한다.

[보기 19]224)

1971. 1. 1. 인수자측 모법인은 대상법인 발행주식 총수 1,000주 가운데 201주를 현금으로 사들였다. 대상법인은 10년 뒤인 1981. 1. 1. 인수자측 자법인을 흡수합병하면서 자법인의 유일한 재산인 모법인 주식을 넘겨받고, 합병대가로 대상법인의 자기주식 799주를 모법인에 넘겨주었다. 이 799주는 합병과 동시에 대상법인이 기존 주주(모법인 제외)의 기존주식 전부를 감자하면서 받아둔 것이고, 감자대가로 기존 주주에게 내어준 것은 합병으로 인수자측 자법인에서 넘겨받은 모법인 주식이다. 이 거래는 재조직인가?

풀이 이 거래는 일단 회사법상의 흡수합병에 해당하지만 대상법인의 재산은 대상법인에 그대로 남는데 비해 대상법인 주주가 받는 주식은 모법인의 주식

---

222) Rev. Ru. 2001-25, 2001-1 CB 1291.
223) 재무부규칙 1.368-2(j)(3)(iii).
224) 재무부규칙 1.368-2(j)(6), Ex. 4.

이어서 이해관계의 계속성이 너무 멀어져서 제368조(a)(1)(A) 그 자체에는 해당하지 않는다(같은 이유로 C형에서도 탈락한다). 제368조(a)(2)(E)의 요건을 만족하면 A형 재조직이 될 수 있지만 문제는 (ii)호에 해당하는가이다. 역삼각합병 "거래에서, 존속법인의 옛 주주들이 모법인의 의결권부 주식과 교환하여 내어주는 존속법인 주식의 양"은 799/1000으로 80%(800/1000)에 미치지 못하여 제368조(c)에서 정의한 "존속법인에 대한 지배력"이 없다. 따라서 A형 재조직은 안 된다. 그렇지만 역삼각합병의 최종결과는 주식인수와 같다는 점에서 B형 재조직이 될 가능성을 다시 따져야 한다. 1971년의 201주 취득은 이미 굳었고 1981년의 799주 취득은 별개의 거래라고 본다면, 799주를 "취득하는 법인(모법인)이 교환하여 주는 것이 오로지…주식이고 취득 직후에 취득하는 법인이 다른 법인을 지배"하기 때문에 제368조(a)(1)(B)의 요건을 만족해서 재조직이 된다. 한편 1971년의 매수와 1981년의 역삼각합병을 하나의 거래로 묶어보아야 할 특별한 사정이 있다면 "오로지 주식"이라는 요건에 어긋나 B형 재조직에서 탈락한다.

[보기 20][225]

1) 1971. 1. 1. 인수자측 모법인은 대상법인 발행주식 총수 1,000주 가운데 200주를 사들였다. 대상법인은 10년 뒤인 1981. 1. 1. 인수자측 모법인이 자기주식과 현금 1불을 출자하여 신설한 자법인을 흡수합병했다. 합병과 동시에 대상법인은 기존주주의 주식 1주를 시가인 현금 1불을 주면서 감자하여 자기주식 1주를 취득했다(발행주식 총수 999주 = 기존주주 799주 + 인수자측 200주). 대상법인은 1981. 1. 1. 인수자측 자법인을 흡수합병하면서 자법인의 재산전부 곧 모법인주식 더하기 1불을 넘겨받고 합병대가로 자기주식 800주를 모법인에 넘겨주었다. 이 800주 가운데 1주는 앞서 현금으로 산 자기주식이고 799주는 대상법인이 주주(모법인 제외)의 나머지 주식 전부를 감자하면서 자기주식으로 받아둔 것이다. 799주의 감자대가로 대상법인이 내어준 것은 인수자측 자법인에서 넘겨받은 모법인 주식이다. 이 거래는 재조직인가?

2) 다른 사실관계는 모두 1)과 같지만 인수자측 모법인이 200주를 인수한 때가 1980. 1. 1이고, 이미 이 주식인수 당시의 재조직계획으로 1981. 1. 1에 일어날 역삼각합병이 예정되어 있었다면?

(풀이) 1) [보기 19]와 같은 이유로 제368조(a)(1)(A) 그 자체에는 해당하지 않는다. 제368조(a)(2)(E)의 다른 요건은 만족하지만 (ii)호를 만족하는가? 역삼각합병 "거래에서, 존속법인의 옛 주주들이 모법인의 의결권부 주식과 교환하여 내

어주는 존속법인 주식의 양"은 799/999로(799/1000가 아니다[226]) 80%(999×80% = 799.2)에 미치지 못하여 제368조(c)에서 정의한 "존속법인에 대한 지배력"이 없다. 따라서 A형 재조직은 안 된다. B형 재조직에서도 탈락한다. 1971년의 200주 취득은 이미 굳었고 1981년의 800주 취득은 별개의 거래라고 보더라도, 800주 가운데 1주를 현금으로 샀으므로 "취득하는 법인(모법인)이 교환하여 주는 것이 오로지…주식"이라는 요건에 어긋난다.

2) 재조직이다. 두 가지를 묶은 '거래'는 제368조(a)(2)(E)의 조건을 다 만족한다.[227]

III. 과세이연

역삼각합병이 A형 재조직에 해당하는 경우 소멸법인(인수자측 자법인)과 대상법인은 둘 다 제368조(b)에 따라서 재조직당사자가 되고 모법인도 재조직당사자가 된다.

1. 소멸법인이 모법인 주식이나 다른 재산을 넘겨서 생기는 양도차손익은 양도대가가 존속법인(=재조직당사자)의 주식뿐이므로 과세이연한다.[228] 소멸법인이 존속법인 주식을 모법인에 청산분배하는 단계에서도 미실현이득을 과세이연한다.[229]

2. 대상법인(존속법인)은 자기주식을 취득하였다가 현물출자 대가로 소멸법인에 내주는 자본거래를 할 뿐이므로 손익이 생기지 않는다.[230]

3. 대상법인의 주주는 그 지위가 모법인 주주의 지위로 바뀌고, 이는 "주식으로서…발행회사가 재조직당사자인 것을 재조직계획에 따라 교환해 주는 경우로 교환대상이 오로지 주식…으로서 그런 법인이 발행한 것 뿐"인 경우에 해당하므로 "차익이나 차손을 인식하지 않는다."[231] 주주가 받는 모법인주식의 취득

---

226) 재무부규칙 1.368-2(j)(3)(i).
227) Rev. Rul. 2001-26, 2001-1 CB 1297.
228) 제361조(a).
229) 제361조(c)
230) 제1032조.
231) 제354조(a).

원가는 당초의 대상(존속)법인주식 취득원가가 그대로 이어진다.[232] 인수자측 모법인이 소멸법인에 인수법인 주식에 더해서 현금 등 boot를 출자하고 소멸법인이 이를 대상법인에 출자한 뒤 대상법인이 이를 주주에게 분배한다면, 주주에게는 boot의 금액을 상한으로 양도차익을 과세한다.[233] 소득의 성격은, 배당의 분배라는 효과가 없다면 양도소득이고 있다면 미분배 배당가능이익 안의 금액은 배당소득이고 그를 넘는 금액은 양도소득이다.[234] 인수자측 소멸법인의 양도소득은 "받는 대가가 오로지 재조직당사자인 다른 법인의 주식뿐"이므로 과세하지 않는다.[235]

4. 역삼각합병을 통한 재조직으로 모법인이 받는 대상법인 주식의 취득원가는 어떻게 되는가? 기본적으로는 정삼각합병과 마찬가지이다.[236]

[보기 21]
대상법인의 자산은 취득원가가 60불이고 시가가 100불이다. 부채는 없다. 역삼각합병으로 대상법인이 자법인을 흡수합병하면서 인수자측은 인수대가로 모법인 주식 100불어치를 주면서 대상법인 주식을 모법인이 넘겨받았고 자법인은 흡수합병되어 소멸하였다. 다음 각 경우 이 역삼각합병의 결과로 모법인의 대상법인 주식 취득원가는 얼마가 되는가?
(i) 자법인은 역삼각합병을 위하여 모법인이 신주 100불어치를 발행하면서 이를 출자하여 신설한 법인이다.
(ii) 자법인은 역삼각합병을 위하여 새로 신설한 법인으로서 모법인이 현금 5불과 새로 발행하는 신주 100불어치를 출자하여 신설한 법인이다.
(iii) 자법인은 상당한 규모로 사업을 하는 기존회사이고 모법인의 자법인 주식 취득원가는 110불이다.

(풀이)   정삼각합병과 똑같다. 각 60불, 65불, 170불. [보기 15]와 [보기 17] 참조.

[보기 22][237]
대상법인의 자산은 취득원가가 60불이고 시가가 100불이다. 부채는 없다. 인수자측 자법

---

232) 제358조. 보유기간도 통산한다. 제1223조(1).
233) 제356조(a)(1).
234) 제356조(a)(2).
235) 제361조(a).
236) 재무부규칙 1.358-6(b)(2).
237) 재무부규칙 1.358-6(d), Ex. 2.

인(소멸법인)은 상당한 규모로 사업을 하는 기존회사로서 자법인 주식 취득원가는 110불이다. 인수자측과 대상법인은 역삼각합병으로 대상법인을 인수하기로 하고, 대상법인이 기존주주의 주식을 감자하여 자기주식을 취득하면서 이 주식을 인수자측 자법인을 흡수합병하기 위한 합병대가로 모법인에 교부하였다. 대상법인 주주가 받은 인수대가(감자대가)는 현금 10불과 모법인주식 시가 90불어치이다. 역삼각합병으로 자법인은 소멸하였다. 모법인의 대상법인 주식 취득원가는 얼마가 되는가?

(풀이) 앞 [보기 21]의 (iii)과 같다. 현금 10불을 주더라도 인수대가의 80% 이상이 주식이므로 역삼각합병으로 A형 재조직에 해당하고, 그 효과는 정삼각합병과 똑같이 생각해서 모법인이 대상법인 자산을 직접 인수하였다가 다시 대상법인에 출자한 것으로 보아야 한다. 그와 동시에 흡수합병으로 자법인은 소멸한다. 모법인의 대상법인 자산 취득원가는 대상법인의 취득가 60불을 물려받는다. 모법인의 분개는 (차) 대상법인 자산 60 (대) 자본 60. 이를 다시 현물출자하는 단계에서는 대상법인은 모법인의 자산 취득원가 60을 물려받고, 모법인에 대한 법률효과는 (차) 대상법인 주식 60 (대) 대상법인 자산 60. 한편 자법인은 흡수합병 당하여 소멸하고 그 대가로 모법인은 대상법인 주식을 받으므로 모법인에 대한 법률효과는 (차) 대상법인주식 110 (대) 자법인 주식 110. 결과적으로 모법인의 대상법인주식 취득원가는 60 + 110 = 170불이다. 이 결과는 정삼각합병의 [보기 17]에서 (ii) 모법인의 자법인 주식 취득원가가 110불이었던 경우와 똑같다. 한편, 이 역삼각합병을 통한 주식인수는 B형 재조직에서는 탈락한다. 인수대가가 오로지 주식이 아니고 현금이 있기 때문이다.

[보기 23][238]
대상법인의 자산은 취득원가가 60불이고 시가가 100불이다. 부채는 없다. 대상법인 주주의 주식 취득원가 총계는 85불이다. 인수자측과 대상법인은 역삼각합병으로 대상법인을 인수하기로 하고, 모법인이 자기주식을 100불 어치 출자하여 자법인을 설립하였다. 대상법인은 기존주주의 주식을 감자하여 자기주식을 취득하면서 이 주식을 인수자측 자법인을 흡수합병하기 위한 합병대가로 모법인에 교부하였다. 대상법인 주주가 받은 인수대가(감자대가)는 당초 모법인이 자법인에 출자하였던 모법인 주식 100불어치이다. 역삼각합병으로 자법인은 소멸하였다. 모법인의 대상법인 주식 취득원가는 얼마가 되는가?

(풀이) 인수대가에 현금이 없는 역삼각합병이므로 대상법인을 자법인으로 삼는 결과가 되어서 이 거래는 A형 삼각재조직의 요건과 일반적인 B형 재조직의 요건을 동시에 만족한다. A형 재조직이라는 점에서 정삼각합병이나 똑같이 생

---

238) 재무부규칙 1.358-6(d), Ex. 3.

각해서 모법인이 대상법인 자산을 직접 인수하였다가 다시 대상법인에 출자한 것으로 본다면 [보기 21]의 (i)와 같다. 첫 단계로 모법인의 대상법인 자산 취득원가는 대상법인의 취득원가 60불을 물려받는다. 분개로 적자면 (차) 대상법인 자산 60 (대) 자본 60. 다음 단계로 이 주식의 대상법인 출자로 대상법인은 인수법인의 취득원가 60불을 물려받고, 모법인은 60불을 대상법인주식 취득원가로 잡는다. (차) 대상법인 주식 60 (대) 대상법인 자산 60. 한편 자법인은 대상법인에 흡수되어 소멸하고 모법인은 대상법인 주식을 받으므로 자법인 주식의 취득원가는 없어지고 같은 금액이 대상법인의 주식에 얹어야 한다. 그런데 애초 모법인은 자기주식을 출자하여 자법인을 설립하였던 것이므로 자법인 주식의 기존 취득원가는 영(0)이다. 결과적으로 대상법인 주식의 취득원가는 대상법인 자산의 취득원가인 60불을 물려받는다. 한편 자법인을 끼운 복잡한 중간과정이 있지만 결국 이 거래는 인수자측이 오로지 모법인 주식을 대가로 대상법인의 주식을 인수하는 것이므로 B형 재조직에도 해당한다. B형 재조직이라면 모법인은 대상법인 주주의 주식 취득원가 85불을 물려받고 분개로 적자면 (차) 대상법인 주식 85 (대) 자본 85. 한편 자법인이 흡수합병되어 소멸하는 것은 (차) 대상법인 주식 0 (대) 자법인 주식 0. 이렇게 생각하면 대상법인 주식의 취득원가는 주주의 취득원가 85불을 그대로 물려받는다. 앞 [보기 14](i)과 같다.

A형 재조직과 B형 재조직에 동시에 해당하는 역삼각합병에서 대상법인 주식의 취득원가는 대상법인의 자산 취득원가를 물려받는가, 대상법인 주주의 주식 취득원가를 물려받는가? 일단 글귀로는 어느 쪽도 가능하다. 그렇다면 납세의무자가 자신에게 유리한 쪽을 선택하는 것을 막을 수 있는 길이 없다.[239]

5. 역삼각합병을 하면서 대상법인의 채무를 인수자측 모법인이 인수한다면 어떻게 되는가? 우선 과연 역삼각합병에서 채무인수라는 일이 있을 수 있는가? 역삼각합병의 구조 그 자체에서는 채무인수가 생길 여지가 없다. 대상법인은 그대로 존속하기 때문이다. 그러나 채권자의 동의를 받아서 채무인수라는 별개의 법률행위로 모법인이 대상법인의 채무를 인수하는 것은 언제나 가능하다. 별개의 법률행위라면 그 자체로 따로 법률효과를 평가해야 하지 않을까 싶을 수 있지만 그렇지는 않다. 어차피 역삼각합병이라는 개념 자체가 합병에다가 대상법인 주주의 기존주식 감자라는 별개의 법률행위를 묶은 것이다. 재조직계획의 일

---

239) 재부부규칙 1.358-6(c)(2)(ii).

환인 이상 회사법상 단체행위의 내부적 요소이든 별개의 법률행위이든 재조직 여부를 따질 때에는 아무런 차이가 없다. 아무튼 이런 채무인수를 한다면 제368조(a)(2)(E)의 요건에 어긋나는가? 이 조항의 글귀에 채무인수에 관한 언급은 없다. 제(i)호는 실질적으로 자기'재산'의 전부를 보유할 것을 요구할 뿐이다. 따라서 대상법인의 채무를 인수자측 모법인이 인수하더라도 역삼각합병형 재조직에서 탈락하지 않는다.[240] 이런 채무인수는 모법인이 채무인수액만큼을 대상법인에 출자한 것으로 본다.[241] 채권자의 입장에서 보자면 채무자가 달라지므로 소득의 실현이 있지만, 會社債라면 주주나 마찬가지로 제356조에 따라 과세이연을 받되 boot 부분은 제357조에 따라 과세받는다.

제 9 절 자산이전형 재조직

I. D형 재조직의 공통요건

D형 재조직은 자산이전형이라고 생각하면 된다. 흔히 볼 수 있는 D형 재조직은 회사분할이다. 분할되는 회사 자산의 일부가 분할신설회사로 이전하는 꼴이다. 사업상 변화는 없이 자산전부를 이전해서 법인격만 바꾸는 것도 D형이 될 수 있다. 자매회사 간의 자산이전도 D형이 될 수 있다. 한편 회사의 인적분할은 반드시 재조직이 아니더라도 제355조의 요건을 만족하면 그 조에 따라 과세이연을 받고, 재조직에 해당한다면 재조직으로서도 과세이연을 받을 수 있다. 제355조의 요건과 효과는 이미 다루었으므로[242] 되풀이하지 않고 이하에서는 재조직의 요건과 절차만 따져본다.

---

240) 재무부규칙 1.368-2(j)(4).
241) 재무부규칙 1.368-2(j)(4).
242) 제7장.

제368조(a) (재조직)

Sec. 368(a) REORGANIZATIONS

(1) 일반 원칙 ― …"재조직"의 뜻은 ―

(1) IN GENERAL ― …"reorganization" means ―

　(D) 양도하는 법인이 그 자산의 전부나 일부를 다른 법인에 양도하는 것으로 양도 직후 양도인이, 하나 이상의 주주가, 또는 둘이 합하여 지배하는 법인이 자산양수법인인 것; 다만 계획에 따라서 이루어지는 분배로서, 자산 양수법인 주식이나 증권의 분배를 제354조, 제355조…에서 적격인 거래로 해야 한다.

　(D) transfer by a corporation of all or a part of its assets to another corporation if immediately after the transfer the transferor, or one or more of its shareholders…, or any combination thereof, is in control of the corporation to which the assets are transferred; but only if, in pursuance of the plan, stock or securities of the corpo‐ ration to which the assets are transferred are distributed in a transaction which qualifies under section 354, 355 or 356.

　위 글귀에서는 '재조직'이라는 말에 양도법인과 양수법인 사이의 자산 양도만 들어간다고 읽을 가능성이 있지만 그런 뜻은 아니고 '다만' 이하를 포함하는(D)에 나와 있는 말 전체가 재조직에 들어간다. 양도법인과 양수법인 사이의 자산양도만이 아니라 양도법인과 주주 사이의 분배도 재조직에 들어간다. 재조직이 된다면 양도법인과 양수법인이 모두 재조직당사자가 되므로[243) 법인 단계와 주주 단계 양 쪽에서 모두 과세이연을 받고, 이 점은 다른 유형의 재조직과 마찬가지이다. 재조직의 요건은 자산양도 부분은 (D)에 적은 글귀를 만족하고 분배 부분은 제354조나 제355조에서 적격이어야 한다는 것이다. (D)의 글귀에서 주목할 점은 두 가지이다. 첫째 지배라는 요건이 필요하다. 그 구체적 기준은 제354조와 제355조가 다르다. 다시 자세히 보겠지만 전자는 50% 지배력, 후자는 80% 지배력이다. 둘째 (D)의 공통요건 부분에는 '양도' 방법이나 대가에 관한 아무런 제한이 없다.

II. 인수형 자산이전(법인격 대체)

제354조 (재조직으로 교환하는 주식이나 증권)

Sec. 354 EXCHANGES OF STOCK AND SECURITIES IN CERTAIN REORGANIZATIONS

(a) 일반 원칙 ―

---

243) 제368조(b).

(a) GENERAL RULE —

(1) 원칙 — 차익이나 차손을 인식하지 않는다; 주식이나 증권으로서, 발행법인이 재조직당사자인 것을 재조직계획에 따라 교환해 주는 경우로 교환대상이 오로지 주식이나 증권으로서 그런 법인이 다른 재조직당사자인 법인이 발행한 것 뿐이라면.

(1) IN GENERAL — No gain or loss shall be recognized if stock...in a corporation a party to a reorganization are, in pursuance of a plan of reorganization, exchanged solely for stock...in such corporation or in another corporation a party to the re—organization.

(b) 예외 —

(b) EXCEPTION —

(1) 원칙 — 위 (a)의 적용은, 교환이 재조직계획을 따라서 제368조(a)(1)(D)...의 뜻에서 이루어지는 경우 다음 전제 하에서만 적용한다.

(1) IN GENERAL — Subsection (a) shall not apply to an exchange in pursuance of a plan of reorganization within the meaning of subparagraph (D)...of section 368(a)(1), unless

(A) 법인으로서 자산을 양수하는 자가 취득하는 것이 실질적으로 자산 양도인 자산의 전부취득이고,

(A) the corporation to which the assets are transferred acquires substantially all of the assets of the transferor of such assets; and

(B) 주식, 증권 및 재산으로서 양도인이 받는 것과 또한 나머지 자산으로서 양도인의 것의 분배를 재조직계획에 따라서 할 것.

(B) the stock, securities, and other properties received by such transferor, as well as the other properties of such transferor, are distributed in pursuance of the plan of reorganization.

제368조(a)(2)(H) 특별규정으로서, 특정한 거래가 제1항(D)에서 적격인지라는 결정 관련 — 결정할 것이 거래가 (1)(D)에서 적격인지 여부인 경우 —

Sec.368(a)(2)(H) SPECIAL RULES FOR DETERMINING WHETHER CERTAIN TRANSAC—TIONS ARE QUALIFIED UNDER PARAGRAPH (1)(D) — For purposes of determining whether a transaction is qualified under paragraph (1)(D) —

(i) 거래에 관련한 요건으로 제354조(b)(1)의 (A)와 (B)를 만족하는 경우, 용어로 '지배'의 뜻은 그 용어를 제304조(c)가 정한대로이다.

(i) in the case of a transaction with respect to which the requirements of subparagraphs (A) and (B) of section 354(b)(1) are met, the term 'control' has the meaning given such term by section 304(c)

제304조(c) 지배 —

Sec. 304(c) CONTROL —

(1) 원칙 — 이 조에서 지배의 뜻은 소유주식의 차지하는 바가, 50% 이상의 의결권을 의결권 있는 각종의 주식을 다 합한 주식에 대해서 차지하거나, 또는 50% 이상의 가치를 각종 주식의 총 가치에 대해서 차지하는 것이다...

(1) IN GENERAL — For purposes of this section, control means the ownership of stock

> possessing at least 50 percent of the total combined voting power of all classes of stock entitled to vote, or at least 50 percent of the total value of shares of all classes of stock...

제354조(b)는 제354조에서 적격이 되어 D형 재조직에 해당하는가(인수형 재조직인가)를 따지는 기준이고, 제355조에서 적격이 되어 D형 재조직인가(회사분할형 재조직인가)를 따지기 위한 요건은 아니다. 제354조(b)(1)(A)에 어긋난다는 이유로 회사분할형 재조직에서 주주의 양도소득을 과세한다는 말은 아니다. 제354조(주주에 대한 과세이연)의 적격요건을 갖춘 자산이전형 재조직을 속칭으로 인수형(acquisitive) D라고 부른다. 그 요건은 (i) 제368조(a)(1)(D)에 따른 자산양도가 제354조(b)(1)(A)의 제약에 따라 실질적으로 양도법인(대상법인) 재산의 전부를 양도하는 것이어야 하고, (ii) 대상법인이 양수법인(인수법인)을 지배하여야 하고, (iii) 대상법인은 인수대가로 받은 인수법인 주식을 포함하는 모든 자산을 제368조(a)(1)(D) 및 제354조(b)(1)(B)에 따라서 주주에게 분배해야 한다는 것이다.

(가) 자산을 "실질적으로 전부" 넘긴다는 말은 자산인수형(C형) 재조직에서도 똑같이 나오지만, 판례는 인수형 D에서 이 요건을 C형보다 너그럽게 풀이하고 있다.[244]

(나) 자산을 실질적으로 전부 넘기고 이전대가와 나머지 자산을 다 분배하라는 말은 결국 양도법인은 해산·청산하라는 뜻이다.

(다) 인수형 D형 재조직이 되자면 "양도 직후 양도인이, 하나 이상의 주주가, 또는 둘이 합하여" 양수법인을 지배해야 한다. 여기에서 "지배"란 제304조(c)에 따라 80% 지배력이 아니고 50% 지배력을 말한다.[245] 양도 직후 지배하는 이상 D형 재조직에 해당하므로 자산양도 대가로 꼭 주식을 받을 필요는 없다.[246] 대상법인이 인수법인에 재산을 현물출자하여 지배력을 얻은 뒤에 해산·청산하는 경우라면, 주주와 재산 사이에 낀 법인격을 대상법인에서 신설 인수법인으로

---

244) James Armour Inc., 43 TC 295 (1965)(51%면 된다). American Mfg. Co., 55 TC 204 (1977) 판결 등은 제354조(b)의 자산이라는 말을 영업자산 정도의 뜻으로 풀이했다. Bittker & Eustice, 12.26[4]에 인용한 판결과 행정해석 참조.

245) 제368조(a)(2)(H) 및 제304조(c). 상세는 제4장 제4절 Ⅰ.

246) 재무부규칙 1.368-2(l)(2)(i)은 양도법인이 아예 현금만 받고 이를 분배하는 경우에도 D형 재조직이 된다고 한다. 이 현금은 물론 boot에 해당한다.

바꾸는 셈이다. 다른 한편 대상법인의 자산 전부를 자매법인(인수법인)으로 그냥 넘기고 대상법인이 해산·청산하는 것도 제354조의 적격요건을 만족한다. 주주 (모법인)가 인수법인을 지배하기 때문이다.

[보기 24]

인수법인과 대상법인은 둘 다 자연인 나혼자가 100% 소유하고 있다. 대상법인 자산의 시가는 100,000불이고 부채는 없으며 배당가능이익은 100,000불을 넘는다. 대상법인은 자산 전부를 인수법인에 넘긴다. 다음 각 경우 대상법인과 나혼자에게는 어떤 법률효과가 생기는가?

1) 대상법인은 양도대가로 현금 99,999불과 인수법인 주식 1불어치를 받아서 현금과 주식 전부를 나혼자에게 청산분배하고 해산했다.

2) 대상법인은 양도대가로 현금 100,000불을 받아서 현금 전부를 나혼자에게 청산분배하고 해산했다.247)

풀이 제368조(a)(1)(D)에서 재조직이 되자면 "양도하는 법인이 그 자산의 전부…를 다른 법인에게 양도하는 것으로 양도 직후…주주가 지배하는 법인이 양수법인"인 것이므로 "자산 양수법인 주식…의 분배를 제354조에서 적격인 거래"로 해야 한다. 제354조에서는 "법인으로서 자산을 양수하는 자가 취득하는 것이 실질적으로 자산 양도인 자산의 전부취득"이고 "주식… 및 재산으로서 양도인이 받는 것과 또한 나머지 자산으로서 양도인의 것의 분배"를 하였으므로 제354조 (a)에서 적격인 거래이다. 이전대가와 나머지 자산을 다 분배하라는 말은 해산 청산하라는 말이다. 따라서 재조직이고 대상법인의 자산양도차익은 제361조(a) 및 (b)(1)에 따라서 차익을 인식하지 않는다. 나혼자의 주식양도차익은 99,999불을 상한으로 과세하고, 소득의 성격은 지배력에 아무런 변화가 없으므로 배당소 득이 된다.

2) 앞의 1)과 구별할 이유가 없다. 제368조(a)(1)(D)에서 "자산 양수법인 주식… 의 분배를 제354조에 따라서 적격인 거래"로 하는가에 의문이 들 수 있지만, 모든 재산을 다 분배하고 해산청산한다는 점에서 아무 차이가 없다. 꼭 필요한 해석인지는 모르겠지만 재무부규칙은 이런 경우 명목적인 수의 주식을 받아서 분배하는 것으로 본다고 풀이해서 재조직이라고 한다.

(라) 양도법인의 자산 전부가 양수법인에 넘어간다면 자산인수형(C형)이나 합병형(A형) 재조직에도 해당하지 않을까? 자산인수형이나 합병형은 인수법인 쪽

---

247) 재무부규칙 1.368-2(l)(3), Ex. 1

입장에서 대상법인 재산을 전부 인수한다면 일정한 요건 아래 재조직이라고 정해놓은 것이고, 자산이전형은 대상법인 쪽 입장에서 재산을 넘긴다면 일정한 요건 아래 재조직이라고 정해놓은 것이다. 서로 다른 기준인 만큼 당연히 겹칠 가능성이 생긴다. 이에 관해 우선 C형에 동시 해당할 수는 없다는 것은 명문규정이 있다.

제368조(a)(2)(A) 재조직이 (1)(C)와 (1)(D) 양쪽에 적혀 있다면 ― 만일 어느 거래가 (1)(C)와 (1)(D) 양쪽에 적혀 있다면…그런 거래 다루기를 오로지 (1)(D)에만 적혀있는 것으로만 다룬다.

Sec. 368(a)(2)(A) REORGANIZATION DESCRIBED IN BOTH PARAGRAPH (1)(C) AND PARAGRAPH (1)(D) ― If a transaction is described in both paragraph (1)(C) and para-graph (1)(D), then... such transaction shall be treated as described only in paragraph (1)(D).

[보기 25][248)
대상법인은 자산을 실질적으로 전부 인수법인에 현물출자하여 100% 자법인을 신설하면서 그 대가로 받은 자법인 주식을 대상법인 주주에게 분배하였다. 그러나 대상법인은 남겨둔 일부자산을 그대로 보유한 상태로 그냥 존속하면서 해산·청산하지 않았다. 재조직인가?

(풀이) "주식…으로서 양도인이 받는 것과 또한 나머지 자산으로서 양도인의 것의 분배를 재조직계획에 따라서 할 것"이라는 글귀에 어긋난다. 따라서 D형 재조직에서 탈락한다. 한편 C형에서도 탈락하는 이유로 행정해석은 "양도하는 법인이 그 자산의…일부를 다른 법인에 양도하는 것으로 양도 직후 양도인이…지배하는 법인이 양수법인인 것"이라는 글귀를 만족하여 "제368조(a)(1)(D)에 적혀 있는 거래"이므로 C형 재조직은 될 수 없다고 한 적이 있지만, 지금은 양도하는 법인이 해산청산하지 않았으므로 C형에서 탈락이라고 한다.

　　제368조(a)(2)(A)의 입법취지는, 회사분할의 성격이 있는 거래의 과세이연 여부는 오로지 D형이 되는가에 따라 판단하고 자산인수형(C형)에는 해당하지 않도록 한다는 생각이다.[249)] 그러나 이 취지보다 훨씬 넓게 법조항의 글귀는 D형 재

조직의 범위에 들어가는 거래는 자산인수형 재조직이 아니라고 못박고 있다. 따라서 자산전부를 자법인에 현물출자하면서 주식을 받는 것처럼 회사분할 성격이 없더라도 자산인수형에서는 탈락한다. 다른 한편 합병형(A형)과 D형의 관계에 대해서는 명문규정이 없다. 행정해석은 D형 재조직이라면 합병형에서도 탈락한다고 하지만 유력한 주석서는 입법취지와 맞지 않는 해석이라는 의문을 제기하고 있다.250) 한편 사업상 변화 없이 법인격만 바뀌는 꼴의 D형 재조직이라면 동시에 법인재설립형(F형) 재조직에도 해당할 수는 있다.

III. 회사분할

제355조 (자법인 주식이나 증권의 분배)

Sec. 355 DISTRIBUTION OF STOCKS AND SECURITIES OF A CONTROLLED CORPORATION

(a) 주주에 대한 효과 —

(a) Effect on Distributees —

　(1) 일반 원칙 — 만일 —

　(1) GENERAL RULE — If —

　　(A) 법인(이하 이 조에서 "분배법인")이

　　(A) A corporation (referred to in this section as the 'distributing corporation')

　　　　(i) 분배를 주주에게 주식에 관련하여 하는 것이...

　　　　(i) distributes to a shareholder with respect to its stock...

오로지 법인(이하 이 조에서 "자법인")의 주식이고 분배법인이 자법인에 대한 지배를 분배 직전에 하고 있고...

solely stock or securities of a corporation (referred to in this section as 'controlled corporation') which it controls immediately before the distribution,

　　(B) 그런 거래의 이용이 주로 그를 분배도구로 삼아 배당가능이익을 분배법인이나 자법인 또는 둘 다에서 분배하는 것이 아니었고...

　　(B) the transaction was not used principally as a device for the distribution of the earnings and profits of the distributing corporation or the controlled corpo—ration or both...

　　(C) 요건을 아래 (b)에 정한 것(적극적 사업 관련)이 만족되고, 그리고

　　(C) the requirements of subsection (b) (with respect to active business) are satisfied, and

---

250) Rev. Rul. 75-161, 1975-1 CB 114. Bittker & Eutice, 12.22[7]. 한편 후자처럼 해석한다면 A형과 C형을 달리 과세할 이유가 있는가라는 의문이 남는다. 제338조 관련이라는 좁은 맥락이기는 하지만 A형과 D형이 동시에 성립하는 보기로 재무부규칙 1.388-3(d)(5). Ex.

> (D) 분배의 일부로 분배법인이 분배하는 것이 ―
> (D) as part of the distribution the distributing corporation distributes ―
>> (i) 자법인 주식을 분배직전 보유하고 있던 것 모두라면...
>> (i) all of the stock...in the controlled corporation held by it immediately before the distribution...
> 그러면 차익이나 차손을 주주...가 받는 주식에 대해서 인식하지 않는다(또한 소득으로 과세할 금액이 없다).
> then no gain or loss shall be recognized to (and no amount shall be includible in the income of) such shareholder... on the receipt of such stock or securities.

자산이전형(D형) 재조직의 둘째 유형은 제355조의 적격요건을 갖춘 회사분할이다. 제355조는, 법인이 이미 거느리고 있는 자법인 주식을 통상적인 배당(spin-off), 주식상환(split-off) 또는 청산배당(split-up)의 형태로 주주에게 현물분배한다면 과세이연한다는 내용이다.[251] D형 재조직이 되자면 "양도 직후 양도인이, 하나 이상의 주주가, 또는 둘이 합하여" 양수법인에 대해 지배력을 갖추어야 한다. 앞 Ⅱ에서 본 제368조(a)(2)(H)는 제354조에만 미치므로 지배력요건은 제355조를 떠나 제368조(c)의 일반규정으로 되돌아가 80% 기준이다.[252] '양도 직후 지배'하는 이상 D형 재조직에 해당하므로 자산양도 대가로 꼭 주식을 받을 필요도 없다.[253] 가령 대상법인(모법인)이 이미 있는 자법인에 자산을 이전하고 자법인 주식을 분배하는 경우라면, 대상법인이 자법인에서 받는 자산이전의 대가가 무엇인가에 관계없이 회사분할형 D가 된다.

회사 자신의 사업부문을 별도법인으로 분할해 내면서 제355조를 적용받자면, 우선 그런 사업부문의 재산을 현물출자하여 80% 지배력이 미치는 자법인을 설립해야 한다. 여러 사업부문을 각각 따로 현물출자하여 여러 자법인을 세우는 것도 마찬가지이다. 이를 위한 자법인 설립과 뒤따르는 자법인 주식 분배가 D형 재조직이 된다는 것이다.

D형 재조직이 되지 않는 자법인 설립이라고 해서 반드시 과세대상이라는 말은 아니다. 법인설립과 현물출자에 관한 일반조문인 제351조를 적용받을 수

---

251) 제355조(a)(2). 제7장 제1절 Ⅰ, 제2절 Ⅰ. 세 가지의 구분은 재조직에는 영향이 없다.

252) 제2장 제2절 2.

253) 재무부규칙 1.368-2(l)(2)(i) 및 (l)(3), Ex. 1은 양도법인이 아예 현금만 받고 이를 분배하는 경우에도 D형 재조직이 된다고 한다. 이 현금은 물론 boot에 해당한다.

있기 때문이다. 한편 회사분할은 그 성질상 자산인수형(C형) 재조직이나 합병형(A 형) 재조직이 될 수는 없다. 사업부문 가운데 일부만 넘어가든가 여러 부문이 각 각 넘어 간다는 점에서 취득법인(자법인)이 자산을 포괄승계받는 합병형이나 자산 인수형과 다르기 때문이다.

[보기 26][254]

대상법인은 X, Y 두 사업부문을 적극적으로 5년 이상 운영해 왔고 가치로 치면 두 부문 의 비중은 50 : 50이다. 주식은 자연인 '나혼자'가 100%를 소유하고 있다. 이 거래는 다 음 각 경우 재조직인가? 재조직이 아니라면 대상법인과 주주에게는 어떤 법률효과가 생기 는가?

(i) 대상법인은 사업 및 자산전체를 현물출자하여 인수법인을 신설하면서 출자대가로 인수법 인 주식을 받아서 나혼자에게 분배하면서 해산·청산하였다.

(ii) 대상법인은 X부문의 사업 및 자산을 현물출자하여 인수법인을 신설하면서 출자대가로 인수법인 주식을 받아서 나혼자에게 배당(spin-off)하였다. 이 거래는 제355조(a)(1)(B) 의 분배도구에[255] 해당하지 않는다.

(iii) 대상법인은 X부문의 사업 및 자산을 현물출자하여 인수법인을 신설하면서 출자대가로 인수법인 주식을 받았고, 그 뒤 해산·청산하면서 대상법인 주식 및 Y부문의 자산을 나 혼자에게 현물배당하였다.

〔풀이〕 (i) 인수형 D에 합격. 대상법인은 제368조(1)(D)대로 "그 자산의 전 부…를" 인수법인에 양도, 뒤집으면 인수법인은 "실질적으로 양도인 재산 전부 를 취득"하고, "양도 직후 양도인이" 인수법인 주식 100%(>50%)를 소유하므로 제368조(a)(2)(H) 및 제304조(c)에 따를 때 대상법인은 "인수법인을 지배"한다. 또한 인수대가로 대상법인이 받는 주식 및 대상법인의 다른 자산을 청산분배하 므로 제354조(b)도 만족한다. 인수법인이 발행해주는 대가는 "주식으로서 발행 회사가 재조직당사자인 것"이고 그 "교환대상이 오로지 주식…으로서 다른 재조 직당사자인" "대상법인이 발행한 것뿐"이며, 이 주식분배는 "제354조…에서 적 격인 거래"이고, 결국 대상법인 자산의 양도는 D형 재조직에 해당한다. 따라서 대상법인 및 주주 모두 과세이연을 받는다. 이 자산양도 및 주식분배는 동시에 법인재설립형(F형) 재조직에 해당할 수도 있다. D형 재조직에 해당하므로 제368 조(a)(2)(A)에 따라 C형 재조직에서는 탈락하고, 행정해석은 A형 재조직에서도 탈락한다고 풀이한다.

---

254) Bittker & Eustice, 12.26[8], Ex. 1을 손본 것이다.
255) 제7장 제3절 Ⅳ.

(ii) 대상법인이 "그 자산의…일부를" 인수법인에 양도하고 양도 직후 양도법인이 인수법인주식의 100%를 소유하므로 제368조(a)(2)(H) 및 제304조(c)에 따를 때 대상법인은 인수법인을 지배한다. 제355조의 적격여부를 보면 (A) 대상법인이 분배하는 것이 오로지 자회사인 인수법인의 주식이고 대상법인은 인수법인을 분배 직전에 지배하고 있고, (B) 이 거래는 분배도구에 해당하지 않고 (C) 적극적 사업요건을 만족하고 (D) 분배법인이 자회사 주식으로 분배직전 보유하고 있던 것 모두를 분배한다. 따라서 이 주식분배는 제355조에서 적격인 배당형 분할이고 결국 대상법인 자산의 양도는 D형 재조직에 해당한다. D형 재조직에 해당하므로 C형 재조직에서는(재무부규칙으로는 A형 재조직에서도) 탈락한다. 대상법인의 양도차익은 제351조의 과세이연을 받을 수도 있다.

(iii) 대상법인이 "그 자산의 전부…를" 인수법인에 양도하지 않았으므로 제354조의 적격요건을 갖출 수 없다. 한편 "대상법인이 분배하는 것이 오로지… 자법인(인수법인)의 주식"이 아니므로 제355조의 적격요건도 갖출 수 없다. 따라서 대상법인이 X부문 사업과 재산을 넘기는 것은 D형 재조직이 아니다.[256] 인수법인이 대상법인 자산을 다 인수한 것이 아니므로 C형 재조직이나 A형 재조직이 될 수도 없다. 재조직은 아니지만 대상법인의 양도차익 부분이 제351조의 과세이연을 받을 수는 있다. "재산의 양도가 법인(인수법인)에 대해서…사람(대상법인)이 오로지 그 법인의 주식과 교환으로 행하는 것이고, 교환직후" 그런 사람(대상법인)은 주식 100%(>80%)를 소유하므로 제368조(c)에 따라서 "그 법인(인수법인)을 지배"한다. 따라서 제351조(a)에 따라서 "차익을…인식하지 않는다." 대상법인이 인수법인 주식을 주주인 나혼자에게 배당하더라도 제351조의 과세이연은 제351조(c)에 따라서 그대로 받는다.[257] 그러나 재조직이 아니므로 대상법인이 인수법인 주식을 청산배당하는 단계에 가서, 대상법인은 제336조에 따라 양도차익에 세금을 내고[258] 나혼자는 제334조에 따라 양도소득에 세금을 낸다.[259] 나혼자는 자연인이므로 모자법인 간 특례도 적용받지 못한다.

---

256) 이에 대해서는 앞 (ii)와 Y부문 자산의 청산배당을 우연적으로 결합한 것으로 보아 D형 재조직은 그대로 유지되고 Y부문 자산의 청산배당에 따르는 과세문제만 생기는가라는 의문이 생기지만 제355조(b)(1)(A)의 글귀에 어긋나서 D형 재조직에서 탈락한다고 한다. Bittker & Eustice, 12.26[8], 주석 362.

257) 제2장 제2절 Ⅰ.

258) 제5장 제1절 Ⅱ. 4, Ⅲ. 2.

259) 제5장 제1절.

[보기 27]²⁶⁰⁾

사업지주회사인 모법인은 각 100% 자법인으로 대상법인과 인수법인을 거느리고 있다(대상법인과 인수법인은 자매관계). 다음 각 거래에는 어떤 법률효과가 따르는가? 실질이 같다는 생각은 논외로 한다.

(i) 인수법인은 대상법인의 순자산을 다 인수한다. 인수대가는 따로 지급하지 않는다. 대상법인은 바로 해산·청산하면서 인수법인 주식을 모법인에게 청산배당한다.

(ii) 인수법인은 대상법인을 무증자 합병한다.

(iii) 모법인은 대상법인 주식을 인수법인에 현물출자하면서 인수법인 주식을 받고 대상법인을 인수법인 밑에 딸린 손법인으로 삼는다.

(iv) 모법인은 대상법인 주식을 인수법인에 넘기면서 대상법인을 인수법인 밑에 딸린 손법인으로 삼는다. 인수법인이 모법인에 주식을 발행해주지는 않는다.

(v) 대상법인은 순자산을 다 인수법인에 팔면서 인수법인 사채를 받고, 이 사채를 모법인에 청산배당한다.

(vi) 대상법인은 X, Y 두 사업부문 가운데 X부문의 순자산을 인수법인에 현물출자한 뒤 해산·청산하면서 인수법인 주식을 포함한 모든 재산을 청산배당한다.

(vii) 대상법인은 X, Y 두 사업부문 가운데 X부문의 순자산을 인수법인에 넘기면서 회사채를 받은 뒤 해산·청산하면서 인수법인 회사채를 포함한 모든 재산을 청산배당한다.

(viii) 모법인은 대상법인 주식을 인수법인에 넘기면서 그 대가로 인수법인 사채를 받고 대상법인을 인수법인 밑에 딸린 손법인으로 삼는다.

〔풀이〕

(i) "양도하는 법인(대상법인)이 그 자산의 전부…를 다른 법인(인수법인)에 양도하는 것으로 양도 직후…주주가…지배하는 법인이 양수법인"이다. 또한 "자산을 양수하는 자가 실질적으로 양도인 재산 전부를 취득"하고, 해산청산으로 "주식, 증권 및 재산으로서 양도인이 받는 것"과 "나머지 자산"을 다 분배(애초 받은 것이 없으니 분배할 것도 없다)하였으므로 제354조의 적격요건을 만족한다. 따라서 대상법인 자산의 양도 및 청산배당은 D형 재조직으로서 과세이연을 받는다. D형 재조직이므로 C형이나 A형 재조직에서는 탈락한다. 사업상 변화 없이 법인격만 바뀌는 거래가 아니므로 F형 재조직은 아니다. 대상법인이 인수법인을 지배하지 않으므로 제351조는 적용할 여지가 없다.

(ii) 같다.

(iii) 인수법인의 입장에서 본다면 대상법인의 주식을 인수해서 자법인으로 삼는 주식인수형(B형) 재조직이다. "취득하는 법인(인수법인)이 교환하여 주는 것이

260) Bittker & Eustice, 12.26[8], Ex. 2.

오로지 그 주식이고 취득하는 것이 다른 법인(대상법인)의 주식으로서" "취득 직후에 취득하는 법인이 그런 다른 법인을 지배"한다. 따라서 모법인의 대상법인 주식 양도차익은 과세이연을 받고, 대상법인 주식 취득원가는 제368조(a)(1)에 따라 새로 받은 인수법인 주식 취득원가로 이어진다. 현물출자자의 입장에서 모법인의 양도차익은 제351조(현물출자)에 따라 과세이연을 받을 수도 있다. 대상법인이 자산을 넘기는 것이 아니므로 D형 재조직은 아니다.

(iv) 인수법인이 주식을 추가 발행하지 않는다고 하나 주식수만 다르지 모법인은 인수법인을 100% 지배하여 앞의 (iii)과 차이가 없다. 이리하여 제351조를 적용하는 것과 같은 법률효과가 생겨서 모법인의 대상법인 주식의 취득원가는 사라지고 인수법인 주식의 취득원가가 그만큼 올라간다.[261] 이 법률효과는 대상법인 주식을 내어주고 인수법인 주식을 받는 경우와 똑같고, 그렇게 본다면 아마 B형 재조직에도 해당할 것이다.

(v) 인수대가로 주식이 아닌 사채를 받더라도 증권이므로 제354조의 적격요건을 만족한다. 주식과 사채라는 차이 말고 나머지는 다 (i)과 같고 D형 재조직이다.

(vi) 대상법인 자산 전부를 넘긴 것이 아니므로 제354조에서는 불합격이다. 대상법인이 주주에게 분배하는 것에는 주식 말고도 Y부문 재산이 있으므로 제355조에서도 불합격이다. 따라서 D형 재조직은 아니다. 대상법인 자산 전부를 인수법인이 인수하지 않았으므로 C형이나 A형 재조직도 아니다. 대상법인의 X부문 자산양도차익이 제351조의 과세이연을 받을 수도 없다. 인수법인에서 받은 대가는 주식이지만, 제351조의 과세이연을 받으려면 대상법인이 인수법인을 80% 이상 지배해야 하기 때문이다.[262] 따라서 대상법인의 X부문 자산양도차익은 과세대상이다. 그러나 대상법인의 해산·청산시 대상법인의 Y부문 자산 양도차익과 모법인의 주식양도차익은 모자법인간 해산·청산에 관한 특칙인 제337조와 제332조의 과세이연을 받는다.[263]

(vii) 앞 (vi)과 같다.

(viii) 대상법인의 자산을 넘긴 것이 아니므로 A형, C형, D형 재조직에서는 불합격이다. 대상법인 주식을 넘기고 받은 대가가 주식이 아니므로 B형 재조직에서도 불합격이고 회사채는 boot이므로 제351조의 현물출자 과세이연도 못 받는다.[264] 대상법인의 소득금액도 반드시 주식양도차익 상당액이 아니고, 제304조(a)(1)에 따라서 회사채 금액 전체를 배당가능이익의 범위 안에서는 배당소득으

---

261) Bittker & Eustice, 3.13[4][a], 특히 주석 309 참조.
262) 제2장 제2절 Ⅰ. 2.
263) 제5장 제2절.
264) 제2장 제3절 Ⅳ.

로 과세한다.[265] 여기에서 배당가능이익은 제304조(b)(2)에 따라서 인수법인과 대상법인을 차례로 고려한다.

D형 재조직도 사업목적, 사업의 계속성, 이해관계의 계속성 등 판례요건을 갖추어야 한다. 그러나 이해관계의 계속성을 요구하는 정도는 자산인수나 합병보다 낮다. 자산이 다른 법인으로 넘어가고 주주도 다른 법인의 주주로 바뀐다는 점에서는 같지만, 상환형 분할이나 청산형 분할에서는 주주가 아예 갈라서고 종래의 이해관계가 법인으로 이어지지 않기 때문이다. 이리하여 D형 재조직에서는 가령 50:50 주주가 서로 갈라서는 경우, 두 사람을 합해서 보면 회사분할후 주식의 100%를 소유한다는 이유로 이해관계의 계속성을 인정한다.[266] 다른한편 50:50 주주 갑, 을이 갈라서면서 그와 동시에 갑은 소유주식 가운데 80%를 새 주주 병에게 팔아서 한 회사는 갑과 병이 20%:80%로 다른 회사는 을이 100%를 소유한다면 지분의 계속성이 없다고 본다. 갑, 을을 합쳐 볼 때 두 회사를 합한 주식의 60%를 소유하고 있기는 하지만 그 중 한 쪽 회사에 대해서는 20%를 소유할 뿐이기 때문이다.[267]

[보기 28][268]
대상법인의 주식은 최다자가 99%를 차선자가 1%를 소유하고 있다. 인수법인의 주식은 차선자가 100% 소유하고 있다. 대상법인은 자산 전부를 인수법인에 넘기고 회사채를 대가로 받아서 이를 두 주주에게 분배한다. 재조직인가?
(풀이) 글귀만 보면 "양도하는 법인이 그 자산의 전부나 일부를 다른 법인에 양도하는 것으로 양도 직후…하나 이상의 주주가…지배하는 법인이 양수법인"이어서 제368조(a)(1)(D)의 공통부분 글귀를 만족한다. 제354조에서는 "법인으로서 자산을 양수하는 자가 취득하는 것이 실질적으로 자산 양도인의 자산 전부를 취득"하고 "증권…으로서 양도인이 받는 것…의 분배를 재조직계획에 따라서" 하므로 역시 만족한다. 그러나 99% 주주였던 최다자의 지위가 사채권자로 바뀐 이상 이해관계의 계속성이 없어서 재조직에서 탈락한다.

---

265) 제4장 제4절.
266) 재무부규칙 1.355-2(c)(2), Ex. 1.
267) 같은 영조 Ex. 4.
268) Bittker & Eustice, 12.26[2]의 보기.

IV. 삼각거래

제368조(a)(2)(C)는 A형, B형, C형 재조직에서 사후적 자산이전을 허용하지만 D형에 대해서는 아무런 언급이 없다. 이 조가 D형에도 적용된다는 것이 행정해석이다.[269] 좁은 뜻의 삼각거래로 자산을 인수받는 법인과 대가를 지급하는 법인이 다르다면 D형 재조직에서는 불합격이다.

제10절 자본재구성형

I. 자본재구성이란?

제368조(a) (재조직)
Sec. 368(a) REORGANIZATIONS
(1) 일반 원칙 — ..."재조직"의 뜻은 —
(1) IN GENERAL — ..."reorganization" means —
　　(E) 자본재구성
　　(E) a recapitalization

(판례) Alan O. Hickok v. Comr.[270]
원고는 H법인의 대주주인 H씨의 가족이다. H 집안은 다른 주주들과 경영방침에 관한 불화를 겪게 되었고 그 결과 법인은 주식을 균등감자하면서 감자에 참가하는 주주 모두에게 감자대가로 만기 20년 짜리 회사채를 발행해 주기로 했다. 이 과정에서 H씨 집안에서도 H씨 본인 말고 다른 가족이 소유하고 있는 주식은 모두 회사채로 바꾸어 받았다. 1953년에서 1954년에 걸친 이런 교환으로 인해 H씨의 주식소유비율은 63.21%에서 91.14%로 늘어났다. 쟁점은 H씨 가족의 주식양도소득이 1939년법상 재조직을 정의한 제112조(g)(1)의 (E)형 곧 자본재구성에 해당하는가이다. 일단 재조직에 해당하

---

269) Rev. Rul. 2002-85, 2002-2 CB 986. 제2절.
270) 32 TC 80 (1959).

면 1939년 법에서는 "주식이나 증권으로서, 발행법인이 재조직당사자인 것을 재조직 계획에 따라 교환해 주는 경우로 교환대상이 오로지 주식이나 증권으로서 그런 법인 이나 다른 재조직당사자인 법인이 발행한 것뿐"이므로 제112조(b)(3)에 따라 차익이나 차손을 인식하지 않는다.

'자본재구성'이라는 말에 대해서는 법에 정의가 없고 판례는 이를 넓게 풀이하여 회사 채에도 적용한다.[271] 대법원 판례는, 이 말은 자본구조를 기존 법인의 틀 안에서 새로 짜는 것을 상정한 것이라고 한다.[272] 만기 20년짜리 회사채를 대가로 주식을 감자한 것은 자본재구성에 해당한다. 이에 반대하는 국세청 주장은 Pinellas 판결이나 LeTulle 판결을[273] 들고 있다. 주식을 내어놓는 주주들이 받는 대가가 주식이 아니라 사채이 므로 이해관계의 연속성이 없다는 것이다. 그러나 피고가 들고 있는 판결들은 두 법인 사이의 거래를 전제한 것이며 법인 하나를 전제로 하고 자본재구성이 재조직인가라는 쟁점에는 적절하지 않다. 당원은 이미 여러 판결에서 주식을 회사채로 바꾸는 거래가 자본재구성으로서 재조직에 해당한다고 판시한 바 있다. 자본재구성을 재조직으로 본 다는 말 그 자체가 이미 주주관계의 계속성이 없어도 된다는 것을 전제로 한다.

다른 재조직 유형과 달리 자본재구성형에서는 이해관계의 계속성이 필요없 다. 한편 이 판결의 사실관계에 현행법을 적용하면 결론이 달라져서 원고는 과 세이연을 받지 못한다. 1939년 법에는 없던 명문규정으로 현행법에서는 주식을 내어놓고 사채를 받는다면 사채를 boot로 보아 과세한다고 정하고 있기 때문이 다.[274]

II. 주식 → 주식

재무부규칙은 우선주의 25%를 감자하면서 그 대가로 보통주를 발행해주는 거래 및 그 역은 자본재구성에 해당한다고 풀이한다.[275] 그렇다면 보통주를 보 통주와 바꾸거나 우선주를 우선주와 바꾸는 것은 응당 자본재구성형 재조직에 해당한다.

---

271) Comr. v. Neustadt's Trust, 131 F.ed 528 (2nd Cir. 1942).
272) Helvering v. Southwest Consol Corp., 315 U.S., 194, reh'g denied, 316 U.S. 710 (1942).
273) 제8장 제3절 I. 1.
274) 제354조(a)(ii)(A).
275) 재무부규칙 1.368-2(e)(2), (e)(3), (e)(4).

제354조 (재조직으로 교환하는 주식이나 증권)

Sec. 354 EXCHANGES OF STOCK AND SECURITIES IN CERTAOM REORGANIZATIONS

(a) 일반 원칙 —

(a) GENERAL RULE —

    (1) 원칙 — 차익이나 차손을 인식하지 않는다...

    (1) IN GENERAL — No gain or loss shall be recognized...

    (2) (C) 부적격 우선주 —

    (2) (C) NONQUALIFIED PREFERRED STOCK —

        (i) 원칙 — 부적격 우선주(그 정의는 제351조(g)(2))를 받는 것은...이를 다루기를 주식이나 증권으로 보지 않는다.

        (i) IN GENERAL — Nonqualified preferred stock (as defined in sec. 351(g)(2)) received...shall not be treated as stock or securities

---

　　자본재구성형 재조직에서도 현금 등 boot가 있다면 그 부분에 대해서는 양도차익을 과세한다.[276] 주식이라고는 하나 실질이 사채에 가까운 제351조(g)(2)의 부적격 우선주도[277] boot이다. 나아가 당장 boot는 아닌 우선주이더라도 제306조 주식에 해당하는 수가 있다. 제306조 주식 문제의 전형은, 양도소득에 대한 세율이 배당소득보다 낮던 시절 일단 우선주식을 배당받은 뒤 이 우선주식을 다시 회사나 특수관계자에게 팔아서 사실상 현금배당의 효과를 얻는 것이다.[278] 재조직으로 받는 우선주도 과세대상이 아니라는 점에서는 주식배당과 똑같은 문제를 일으킬 수 있고, 이리하여 재조직으로 받는 우선주를 제306조 주식에 포함하고 있다.[279] 우선배당금받을 것이 밀려있는 상태에서 우선주를 보통주와 교환하면서 밀린 배당금 부분도 보통주와 교환한다면 그 부분은 과세소득이다.[280]

　　보통주와 보통주 또는 우선주와 우선주의 교환에 따르는 양도차익은 제1036조에[281] 따라 과세이연을 받을 수도 있다. 제1036조는 주주 사이의 교환만

---

276) 제356조.

277) 제2장 제3절 Ⅴ.

278) 제3장 제5절 Ⅲ.

279) 제306조(c)(1)(B).

280) 제305조(b)(4). 재무부규칙 1.305-7(c)(1)(ii).

281) Sec. 1036 STOCK FOR STOCK OF SAME CORPORATION (a) GENERAL RULE — No gain or loss shall be recognized if common stock in a corporation is exchanged solely for common stock in the same corporation, or if preferred stock in a corporation is exchanged solely for preferred stock in the same corporation.

이 아니라 법인과 주주 사이의 교환에도 적용하므로 후자 부분의 과세이연은 자본재구성형 재조직과 겹친다. Boot가 있는 경우라면 자본재구성형 재조직이 될 수는 있지만 제1036조의 과세이연은 받지 못한다.[282]

Ⅲ. 사채 → 주식

회사채는 '증권'이므로 제354조(a)에 따라서 과세이연을 받는다. "증권으로서 발행회사가 재조직당사자인 것을 교환해 주는 경우로 교환대상이 오로지 주식…으로서 그런 법인이…발행한 것 뿐"이라면 "차익이나 차손을 인식하지 않는다." 기간이 경과한 이자 부분은 사채를 주식과 교환하는 것이 아니고 이자債權을 받는 것일 뿐이므로 과세이연을 받지 못한다.[283] 주식의 시가가 사채의 원금 부분에 미치지 못하더라도 사채권자는 양도차손을 인식할 수 없다. 사채권자가 아닌 일반채권자라면 재조직과 무관하므로 채권의 가액과 주식의 가치 사이의 차손 상당액을 대손으로 공제받을 수 있다.

없어지는 채권액이 주식의 가치보다 더 크다면 현행법에서는 그 차액이 채무면제익으로 법인의 소득이다.[284] 다만 도산절차에서 생기는 채무면제익은 비과세하지만[285] 같은 금액을 공제가능한 이월결손금에서 상계하든가 고정자산의 취득가액에서 깎는 등의 조치가 따르므로 영구적 비과세는 아니다.[286]

Ⅳ. 주식 → 사채

다른 유형과는 달리 자본재구성형에서는 주식을 내놓고 사채를 받는 경우에도 이해관계의 계속성이 없다는 이유로 재조직에서 탈락하지 않는다는 점은 Hickock 판결에서 이미 보았다. 주식을 내놓고 사채를 받거나 주식과 사채를 받

---

282) Rev. Rul. 72-57, 1972-1 CB 103.
283) 이를 확인하는 명문규정으로 제354조(a)(2)(B). 제8장 제2절 Ⅴ.
284) 제108조(e)(8).
285) 제108조(a)(1)(A).
286) 제108조(b). 이의영, 회사도산세제의 개선방향에 관한 연구, 서울대학교 법학박사논문(2008), 46-56쪽.

는다면 일단 재조직에는 해당하지만, 현행법은 Hickok 판결 당시와는 달리 사채를 boot로 과세한다.[287]

제354조 (재조직으로 교환하는 주식이나 증권)

Sec. 354 EXCHANGES OF STOCK AND SECURITIES IN CERTAIN REORGANIZATIONS

(a) 일반 원칙 ―

(a) GENERAL RULE ―

(1) 원칙 ― 차익이나 차손을 인식하지 않는다; 주식...으로서, 발행법인이 재조직당사자인 것을 재조직계획에 따라 교환해 주는 경우로 교환대상이 오로지...증권으로서 그런 법인이나 다른 재조직당사자인 법인이 발행한 것뿐이라면.

(1) IN GENERAL ― No gain or loss shall be recognized if stock...in a corporation a party to a reorganization are, in pursuance of the plan of reorganization, ex-changed solely for...securities in such corporatin or in another corporation a party to the reorganization.

(2) 제한 ―

(2) LIMITATIONS ―

  (A) 원금초과액 ― 제(1)항을 적용하지 않는다; 만일 ―

  (A) EXCESS PRINCIPAL AMOUNT ― Paragraph (1) shall not apply if ―

    (ii) 그런 증권 받는 것은 있지만 그런 증권 내어주는 것이 없다면.

    (ii) any such securities are received and no such securities are surrendered.

나아가 Bazley 판결[288]처럼 숨은 배당으로 보아서 통째로 재조직에서 탈락할 가능성도 있다.

V. 사채 → 사채

재조직 여부를 따지기에 앞서 생각할 선결문제로, 이런 교환이 소득의 실현인가를 생각해보아야 한다. 채권의 내용이 바뀌더라도 채무자가 그대로인 이상 애초 소득의 실현이 아니라고 볼 여지가 있기 때문이다. 판례는 가령 유동화채권을 다른 유동화채권으로 교환하는 경우, 기초자산이 서로 다르다면 종래의 채권과 새 채권은 서로 다른 권리라고 한다.[289] 따라서 사채를 사채로 차환하는 것도 일단 양도소득 과세대상이 된다. 그렇다면 이런 차환은 자본재구성에 해당하

---

287) 제354조(a)(2)(A)(ii).

288) 제8장 제3절 Ⅱ. 1.

289) Cottage Saving Ass'n, 499 TC 554 (1991).

는가? 그렇다는 하급심 판결이 있다.290) 일상용어로 자본구성이라는291) 말이 장기부채도 포함하는 개념인 이상 장기부채의 교환은 자본재구성이라는 말에 들어간다는 것이다. 사채차환이 재조직에 해당하면 사채권자는 제354조에 따라 과세이연을 받는다.

제354조 (재조직으로 교환해주는 주식이나 증권)
Sec. 354 EXCHANGES OF STOCK AND SECURITIES IN CERTAIN REORGANIZATIONS
(a) 일반 원칙 —
(a) GENERAL RULE —
　(1) 원칙 — 차익이나 차손을 인식하지 않는다...
　(1) IN GENERAL — No gain or loss shall be recognized...
　(2) 제한 —
　(2) LIMITATIONS —
　　(A) 원금초과액 — 제(1)항을 적용하지 않는다; 만일 —
　　(A) EXCESS PRINCIPAL AMOUNT — If —
　　　(i) 원금액으로 쳐서 그런 증권 받는 것이 원금액으로 쳐서 증권 내어주는 것보다 크다면, 또는
　　　(i) the principal amount of any such securities received exceeds the principal amount of any such securities surrendered, or
　　　(ii) 그런 증권 받는 것은 있지만 그런 증권 내어주는 것이 없다면.
　　　(ii) any such securities are received and no such securities are surrendered.
　　(B) 기간경과분 이자에 상당하는 재산 — (생략)
　　(B) PROPERTY ATTRIBUTABLE TO ACCRUED INTEREST — (omitted)
제356조 (받은 추가대가)
Sec. 356 RECEIPT OF ADDITIONAL CONSIDERATION
(a) 교환차익
(a) GAIN ON EXCHANGES
　(1) 인식할 차익 — 만일 —
　(1) RECOGNITION OF GAIN — If —
　　(A) 아래 (B)의 사실만 아니라면 제354조나 제355조가 적용될 교환으로
　　(A) section 354 or 355 would apply to an exchange but for the fact that
　　(B) 재산을 교환으로 받은 것에, 재산을 제354조나 제355조의 허용에 따라 차익의 인식 없이 받을 것뿐만 아니라 다른 재산이나 현금이 있다면,
　　(B) the property received in the exchange consists not only of property permitted by section 354 or 355 to be received without the recognition of gain but also of other property or money,

---

290) Comr. v. Neustadt's Trust, 131 F.2d 528 (2dn Cir 1942).
291) capital structure. 우리 말에서는 자본구조 또는 자본구성.

(d) 증권은 다른 재산 — 이 조에서
(d) SECURITIES AS OTHER PROPERTY — For purposes of this section,
(1) 원칙 — 예외를 정한 것이 아래 제(2)항에 없는 한 용어로 "다른 재산"에는 증권이 들어간다.
(1) IN GENERAL. — Except as provided in paragraph (2), the term "other property" includes securities.
(2) 예외 —
(2) EXCEPTIONS —
(A) 증권에 대해 차익 미인식을 허용한다면 — 용어로 "다른 재산"은 다음 범위에서는 증권을 포함하지 않는다. 제354조...의 허용에 따라 그런 증권을 차익 인식 없이 받을 수 있는 범위 안이라면.
(A) SECURITIES WITH RESPECT TO WHICH NONRECOGNITION OF GAIN WOULD BE PERMITTED — The term "other property" does not include secur-ities to the extent that, under section 354..., such securities would be permitted to be received without the recognition of gains.
(B) 더 큰 원금이 제354조 교환에서 있다면 — 만일 —
(B) GREATER PRINCIPAL AMOUNT IN SECTION 354 EXCHANGE — If —
(i) 교환으로 제354조(그 조 (c)는 제외)에 적은 것에서, 증권으로서 그 발행법인이 재조직당사자인 것을 제출하고 증권으로서 다른 발행법인이 재조직당사자인 것을 받는다면, 그리고
(i) in an exchange described in section 354 (other than subsection (c) thereof), securities of a corporation a party to the reorganization are sur-rendered and securities of another corporation a party to the reorganization are received, and
(ii) 원금으로 그렇게 받은 증권상 금액이 원금으로 그렇게 제출한 증권상 금액을 초과한다면,
(ii) the principal amount of such securities received exceeds the principal amount of such securities surrendered,
그렇게 받은 증권에 관한 한, 용어로 "다른 재산"의 뜻은 공정시가로 친 그런 초과액이다. 이 (B)...에서, 만일 제출하는 증권이 없다면, 차액이란 원금으로 받은 증권상 금액 전액이다.
then, with respect to such securities received, the term "other property" means the fair market value of such excess. For purposes of this subparagraph..., if no securities are surrendered, the excess shall be the entire amount of the securities received.

제354조(a)(2)(A)와 제356조(d)(2)(B)에서 '원금'이라는 말은 반드시 사채 권면에 '원금'이라고 적힌 금액은 아니고, 법에서 원금으로 다루는 금액, 어림잡자면 원

리금 현금흐름의 현재가치 상당액이다.[292] 기간경과분 이자 상당액을 받는 것은 과세이연하지 않고 제354조(a)(2)(B)에 따라서 경상소득으로 과세한다.

제11절 동일성, 형식, 설립장소의 변경

제368조(a) (재조직)

Sec. 368(a) REORGANIZATIONS

(1) 일반 원칙 — ..."재조직"의 뜻은 —

(1) IN GENERAL — ..."reorganization" means —

　(F) 변화하는 것이 그저 법인의 동일성, 형식 또는 설립장소를 한 법인 안에서 어떤 형식이든 바꾸는 것; 또는

　(F) a mere change in identity, form, or place of organization of one corporation, however effected; or

---

　　F형 재조직의 범위가 어디까지인가에 대해서는 정해진 것이 거의 없다. 전형적 보기는 설립장소를 바꾸는 것 곧 어느 주의 법인을 다른 주의 법인으로 바꾸는 것 정도이다. 설립장소는 어떻게 바꾸는가? 주마다 회사법이 다르니까 설립장소를 바꾼다는 말은 그 주의 회사법에서는 회사가 없어지면서 재산을 다른 주의 회사법에 따라 새로 세운 회사로 옮기는 것이다. 가령 캘리포니아 주의 법인이 전재산을 현물출자하여 자회사를 델라웨어 주의 법인으로 세운 뒤 모법인이 해산·청산하는 것이다. 이런 거래는 자산인수형(C형)이나 자산이전형(D형) 재조직에도 동시에 해당한다. 다른 주법인과 합병하는 것을 허용하는 주라면 F형인 동시에 합병형(A형)이 될 수도 있다. 캘리포니아법에 따라 발행된 주식을 델라웨어 주법에 따라 발행된 주식과 바꾼다는 점에서 자본재구성형(E형) 재조직이 될 수도 있다.

---

292) 가령 사채를 할인발행하는 경우 '원금'은 발행가이다. 제163조(e), 1272-1275조 참조.

제12절 도산이전형

I. 도산이전형 재조직의 공통요건

> 제368조(a) (재조직)
> Sec. 368(a) REORGANIZATIONS
> (1) 일반 원칙 — ..."재조직"의 뜻은 —
> (1) IN GENERAL — ..."reorganization" means —
>   (G) 양도하는 법인이 자산의 전부나 일부를 다른 법인에 양도하는 것이 title 11에 따른 것이거나 그와 비슷한 것; 다만 계획에 따라서 이루어지는 분배로서 자산 양수 법인의 주식이나 증권의 분배가 제354조, 제355조 또는 제356조에 따르는 거래라야 한다.
>   (G) transfer by a corporation of all or a part of its assets to another corporation in a title 11 or similar case; but only if, in pursuance of the plan, stock or securities of the corporation to which the assets are distributed in a transaction which qualifies under section 354, 355 or 356.

위 글귀에서 보듯 도산절차의 일환으로 법원의 인가를 받은 계획에 따라[293] 자산을 다른 법인에 양도하는 거래는 도산이전형(G형) 재조직이 될 수 있다. 도산이전형 재조직에 해당하면 다른 재조직에서는 모두 탈락한다.[294] 현물출자 일반에 대한 과세이연도 받지 못한다.[295] 결국 도산법인에 관한 한 오로지 G형 과세이연 여부만 따지면 된다.

양도인의 입장에서 재조직을 정의한다는 점에서 G형은 D형과 비슷하다. G형 재조직의 요건은 자산양도 부분은 제368조(a)(1)(G)에 적은 글귀를 만족하고 분배 부분은 제354조(인수형)나 제355조(회사분할형)에서 적격이어야 한다는 것이다. 제368조(a)(1)(D)와 달리 제368조(a)(1)(G)에는 지배라는 요건이 없지만 회사분할형 G로 적격이 되려면 제355조(a)(1)(A)에 80% 지배요건이 있다. 인수형이든 회사분할형이든 G형 재조직이 된다면 양도법인과 양수법인이 모두 재조직당사자가 되므로[296] 법인 단계와 주주 단계 양 쪽에서 모두 과세이연을 받고, 이 점은

---

[293] 제368조(a)(3)(A)와 (B).
[294] 제368조(a)(3)(C).
[295] 제351조(e).
[296] 제368조(b).

다른 유형의 재조직과 마찬가지이다.

Ⅱ. 인수형 도산이전

제354조 (재조직으로 교환하는 주식이나 증권)

Sec. 354 EXCHANGES OF STOCK AND SECURITIES IN CERTAIN REORGANIZATIONS

(a) 일반 원칙 ―

(a) GENERAL RULE ―

　(1) 원칙 ― 차익이나 차손을 인식하지 않는다; 주식...으로서, 발행법인이 재조직당사자인 것을 재조직계획에 따라 교환해 주는 경우로 교환대상이 오로지 주식...으로서 그런 법인이나 다른 재조직당사자인 법인이 발행한 것뿐이라면.

　(1) IN GENERAL ― No gain or loss shall be recognized if stock...in a corporation a party to a reorganization are, in pursuance of the plan of reorganization, exchanged solely for stock...in such corporation or in another corporation a party to the re－organization.

(b) 예외 ―

(b) EXCEPTIONS ―

　(1) 원칙 ― 위 (a)의 적용은, 교환이 재조직계획을 따라서 제368조(a)(1)...(G)의 뜻에서 이루어지는 경우 다음을 전제로 한다.

　(1) IN GENERAL ― Subsection (a) shall not apply to an exchange in pursuance of a plan of reorganization within the meaning of subparagraph...(G) of section 368(a)(1), unless

　　(A) 법인으로서 자산을 양수하는 자가 취득하는 것이 실질적으로 자산 양도인 자산의 전부취득이고,

　　(A) the corporation to which the assets are transferred acquires substantially all of the assets of the transferor of such assets; and

　　(B) 주식, 증권 및 재산으로서 양도인이 받는 것과 또한 나머지 자산으로서 양도인의 것의 분배를 재조직계획에 따라서 할 것.

　　(B) the stock, securities, and other properties received by such transferor, as well as the other properties of such transferor, are distributed in pursuance of the plan of reorganization.

　　제354조의 적격요건을 갖추자면 (i) 제368조(a)(1)(G)에 따른 자산양도가 제354조(b)(1)(A)의 제약에 따라 실질적으로 도산법인(대상법인) 재산의 전부를 양도하는 것이어야 하고, (ii) (iii) 도산법인은 인수대가로 받은 인수법인 주식을 포함하는 모든 자산을 제368조(a)(1)(D) 및 제354조(b)(1)(B)에 따라서 주주에게 청산분배

해야 한다는 것이다. 도산법인이 인수법인을 지배해야 한다는 요건은 없으므로 법인격 대체는 아니다.

Ⅲ. 회사분할형 도산이전

제355조 (자법인 주식이나 증권의 분배)

Sec. 355 DISTRIBUTION OF STOCKS AND SECURITIES OF A CONTROLLED CORPORATION

(a) 주주에 대한 효과 —

(a) Effect on Distributees —

    (1) 원칙 — 만일 —

    (1) GENERAL RULE — If —

        (A) 법인(이하 이 조에서 "분배법인")이

        (A) A corporation (referred to in this section as the 'distributing corporation')

            (i) 분배를 주주에게 주식에 관련하여 하는 것이...

            (i) distributes to a shareholder, with respect to its stock...

        오로지 법인(이하 이 조에서 "자법인")의 주식이고 분배법인이 자법인에 대한 지배를 분배 직전에 하고 있고...

        solely stock or securities of a corporation (referred to in this section as 'controlled corporation') which it controls immediately before the distribution,

        (D) 분배의 일부로 분배법인이 분배하는 것이 —

        (D) as part of the distribution the distributing corporation distributes —

            (i) 자법인 주식을 분배직전 보유하고 있던 것 모두라면...

            (i) all of the stock of the controlled corporation held by it immediately before the distribution...

        그러면 차익이나 차손을 주주...가 받는 주식에 대해서 인식하지 않는다(또한 소득으로 과세할 금액이 없다).

        then no gain or loss shall be recognized to (and no amount shall be in−cludible in the income of) the shareholder... on the receipt of such stock or securities.

    도산법인을 분할하는 꼴로 자산의 일부를 현물출자하거나 자산을 부문별로 나누어 전부를 현물출자하면서 양수인에게서 받은 주식을 통상적인 배당(spin-off), 주식상환(split-off) 또는 청산배당(split-up)의 형태로 주주에게 현물분배하는 것이 제355조의 과세이연 요건을 갖추면[297] 도산법인의 자산양도차익 역

---

297) 제7장 제2절 Ⅰ.

시 G형 재조직으로 과세이연받는다. 제355조(a)(1)(A)(i)의 '지배'란 80% 지배력을 말한다.

IV. 과세이연

과세이연이라는 법률효과는 다른 재조직과 마찬가지이다. 도산법인이 자산을 넘기고 주식을 받아서 이를 주주나 채권자에게 분배하는 경우 주주는 주식을 넘기고 주식을 받는 자로서 제354조의 과세이연을 받고[298] 채권자는 증권을 넘기고 주식을 받는 자로서 제354조의 과세이연을 받는다.[299] 도산법인은 현물출자로 받는 주식의 가치가 양도하는 자산의 취득원가를 넘는 양도차익 부분에 대해서 제361조에 따라 과세를 이연받는다.[300]

양수법인 주식의 분배 단계에서 생기는 도산법인의 양도차익은 어떻게 되는가? 분배를 받는 자가 주주라면 다른 재조직과 마찬가지로, 주식이 제361조(c)(2)(B)의 적격재산이므로 도산법인에게는 양도차익을 과세하지 않는다.[301] 문제는 도산법인에서 주식을 분배받는 자는 종래의 주주가 아니라 채권자인 경우가 오히려 보통이라는 점이다. 그 때문에 도산법인의 양도차익을 과세하지 않는다는 명문규정을 일부러 두고 있다. 판례는 도산에 이른 회사라면 형식상은 채권자라고 하더라도 이미 그 실질이 주주의 단계에 이르렀다고 보기도 한다.[302]

제361조(c) (분배를 다루기를) —
Sec. 361(c) TREATMENT OF DISTRIBUTIONS —
(1) 원칙 — 예외를 정한 것이 아래 제(2)항에 없는 한, 차익이나 차손의 인식을 법인인 재조직당사자가 하는 분배로서 주주에게 재산을 재조직계획대로 주는 것에는 하지 않는다.
(1) IN GENERAL — Except as provided in paragraph (2), no gain or loss shall be rec-ognized to a corporation a party to a reorganization on the distribution to its share-holders of property in pursuance of the plan of reorganization.

---

298) 제8장 제2절 I.
299) 제8장 제1절 V.
300) 제8장 제1절 III.
301) 제8장 제1절 V.
302) Alabama Asphalt Limestone Co. v. Helvering, 315 U.S., 179 (1942).

(2) (생략)

(2) (omitted)

(3) 일정한 양도로 채권자에 대한 것의 취급 ― 이 (c)의 적용상 이전하는 적격재산이 법인이 채권자에게 재조직과 관련하여 이전하는 것이라면 이를 다루기를 분배를 주주가 재조직계획에 따라서 받는 것으로 다룬다.

(3) TREATMENT OF CERTAIN TRANSFERS TO CREDITORS ― For purposes of this subsection, any transfer of qualified property by the corporation to its creditors in con―nection with the reorganization shall be treated as a distribution to its shareholders pursuant to the plan of reorganization.

[보기 29][303)]

다음 각 경우 도산법인, 주주, 채권자에게는 어떤 법률효과가 생기는가?

(i) 도산법인은 도산계획에 따라 자산 모두를 대규모 상장법인인 인수법인에게 넘기면서 대가로 인수법인 주식과 회사채를 받았고, 이 주식과 회사채 모두를 사채권자에게 분배하였다. 아울러 도산법인 주주들의 주식은 도산절차에 따라 전액 무상소각하였고, 도산법인은 해산·청산하였다.

(ii) A, B 두 사업이 있던 도산법인은 도산계획에 따라 5년 넘은 A사업부문을 현물출자하여 자법인a를 설립하고 5년 넘은 B사업부문을 출자하여 자법인b를 설립하면서 받은 a주식과 b주식을 사채권자가 회사채를 포기하는 대가로 분배하였다. 도산법인의 주식은 도산절차에서 전부 무상소각했다. 도산법인, 주주, 사채권자들에게는 어떤 법률효과가 생기는가?

(풀이)

(i) "양도하는 법인이 자산의 전부나 일부를 다른 법인에 양도하는 것이 title 11에 따른 것"이며 (A) "법인으로서 자산을 양수하는 자(인수법인)가 실질적으로 양도인(도산법인) 재산 전부를 취득하고, (B) 주식, 증권 및 재산으로서 양도인이 받는 것과 또한 나머지 자산으로서 양도인의 것의 분배를 재조직계획에 따라서" 하여 해산·청산하였으므로 "제354조에 따르는 거래"로 인수형 G 재조직에 해당한다. 따라서 도산법인과 인수법인은 "재조직당사자이고 교환해 넘기는 재산이 재조직 계획을 따른 것이며 받는 대가가 오로지 재조직당사자인 다른 법인(인수법인)의 주식이나 증권뿐"이므로 도산법인은 제361조(a)에 따라 "차익이나 차손을 인식하지 않는다." 도산법인이 채권자에게 분배하는 주식은 "그 발행자가 다른 법인이지만 재조직당사자인 법인(인수법인)인 것"이고 분배하는 사채는 "채무로서 다른 법인이지만 재조직당사자인 법인(인수법인)이 진 것"이며, "그

---

303) Bittker & Eustice, 12.30[2][e]의 보기를 손본 것이다.

런 주식(또는 권리)이나 채권은 이를 분배하는 법인(도산법인)이 교환에서 받는 것"이므로 제361조(c)(2)(B)의 적격재산이다. 적격재산의 분배에 따르는 양도차익 과세이연은 제361조(c)(1)에서는 주주에 대한 분배라야 하지만 제361조(c)(3)는 "이전하는 적격재산이 법인에 채권자에게 재조직과 관련하여 이전하는 것이라면, 이를 다루기를 분배를 주주가 재조직계획에 따라서 받는 것으로 다룬다." 따라서 채권자에 대한 주식 분배시 같은 조 (c)(1)에 따라 도산법인에게 "차익이나 차손을 인식하지 아니한다." 채권자는 제354조(a)(1)에 따라서 "차익이나 차손을 인식하지 않는다." "증권으로서, 발행법인이 재조직당사자(인수법인)인 것을 재조직계획에 따라 교환하는 대상이 오로지 증권이나 주식으로서…다른 재조직당사자인 법인(도산법인)이 발행한 것 뿐"이기 때문이다. 다만 원금초과부분과 미수이자 부분은 제354조(a)(2)에 따라 경상소득으로 과세한다. 주주는 주식 취득원가를 제165조(g)의 증권제각(worthless securities) 손실로 공제받는다. (ii) 도산법인이 "(i) 분배를 주주에게 주식에 관련하여 하는 것이…오직…자법인 a, b의 주식이고 분배법인이 두 자회사에 대한 지배를 분배 직전에 하고 있고 분배의 일부로 분배법인이 분배하는 것이 자회사 주식을 분배직전 보유하고 있던 것 모두"이므로 제355조의 요건을 충족해서 회사분할형 G 재조직이 된다. 따라서 앞 (i)과 마찬가지로 법인의 자산양도차익은 제361조에 따라서 과세를 이연하고 채권자들은 제354조에 따라서 과세이연을 받는다. 주주는 제165조(g)에 따라서 손실을 공제받는다.

V. 삼각거래

제368조(a)(2) (특칙으로 제(1)항 관련)

Sec. 368(a)(2) ADDITIONAL RULES RELATING TO PARAGRAPH(1)...CASES ―

(C) 자산이나 주식을 자법인에 이전하는 것으로서… (1)(G) 가운데 일정한 경우 ― 거래가 다른 점에서는 적격을 (1)(A), (1)(B), (1)(C)에서 얻는다면 다음 사실 때문에 부적격이 되지는 않는다; 일부 또는 모든 자산이나 주식으로서 그 취득을 그 거래로 한 것을 이전하되 그 상대방 법인에 대한 지배를 자산이나 주식을 취득하였던 법인이 하는 것. 비슷한 규칙의 적용을, 거래가 다른 면에서는 (1)(G)에서 적격이고 제354조(b)(1)의 (A)와 (B) 요건을 취득하는 자산에 관해 충족하는 경우에도 한다.

(C) TRANSFER OF ASSETS OR STOCK TO SUBSIDIARIES IN CERTIAN PARAGRAPH ...(1)(G) CASES ― A transaction otherwise qualifying under paragraph (1)(A), (1)(B), or (1)(C) shall not be disqualified by reason of the fact that part or all of the assets or stock which were acquired in the transaction are transferred to a corporation controlled by the corporation acquiring such assets or stock. A similar rule shall apply to a trans-action otherwise qualifying under paragraph(1)(G) where the requirements of subpara-graphs (A) and (B) of section 354(b)(1) are met with respect to the acquisition of the assets.

(D) 사용하는 것이 모법인 주식인 경우의…(1)(G) ─ 취득법인이 교환해주는 주식이 다른 법인(이하 이 (D)에서 부르기를 '모법인')의 것이고 모법인이 지배하는 취득법인이 실질적으로 다른 법인의 모든 재산을 취득한다면 다음 전제 하에서는…(1)(G)에서 부적격이 되지는 않는다. 만일 ─

(D) USE OF STOCK OF CONTROLLING CORPORATION IN PARAGRAPH…(1)(G) CASES ─ The acquisition by one corporation, in exchange for stock of a corporation (referred to in this subparagraph as "controlling corporation") which is in control of the acquiring corporation, of substantially all of the properties of another corporation shall not dis-qualify a transaction under paragraph (1)(G), if ─

    (i) 취득법인의 주식의 사용이 그런 거래에 없고, 그리고…

    (i) no stock of the acquiring corporation is used in the transaction, and…

(E) 회사법상 흡수합병에서 사용하는 의결권부 주식이 소멸법인 모법인 주식인 경우 ─ 거래가 다른 면에서는 (1)(A)에서 적격이라면 흡수합병전에 소멸법인을 지배했던 법인(이하 이 (E)에서 부르기를 '모법인')의 주식을 사용하는 것은 다음 전제 하에서 거래를 부적격으로 하는 이유가 되지 않는다.

(E) STATUTORY MERGER USING VOTINC STOCK OF CONRPORATION CONTROLLING MERGED CORPORATION ─ A transaction otherwise qualifying under paragraph (1)(A) shall not be disqualified by reason of the fact that stock of a corporation (referred to in this subparagraph as the "controlling corporation") which before the merger was in control of the merged corporation is used in the transaction, if ─

    (i) 거래 뒤에, 존속법인이 실질적으로 자기재산 및 소멸법인 재산의 전부(모법인의 주식으로서 거래에서 분배하는 것은 제외)를 보유하고; 그리고

    (i) after the transaction, the corporation surviving the merger holds substantially all of its properties and of the properties of the merged corporation (other than stock of the controlling corporation distributed in the transaction); and

    (ii) 거래에서, 존속법인의 옛 주주들이 내어주는, 모법인의 의결권부 주식과 교환하여 내어주는 존속법인 주식의 양에 존속법인에 대한 지배력이 있어야 한다.

    (ii) in the transaction, former shareholders of the surviving corporation exchanged, for an amount of voting stock of the controlling corporation, an amount of stock in the surviving corporation which constitutes control of such corporation

제368조(a)(3) (특칙으로 title 11 등 관련) ─

Sec. 368(a)(3) ADDITIONAL RULES RELATING TO TITLE 11…CASES ─

(E) 적용법조를 (2)(E)(ii)로 ─ title 11이나 비슷한 사건에서 (2)(E)(ii)의 요건이 만족된 것으로 다룬다; 만일

(E) Application of paragraph (2)(E)(ii) ─ In the case of a title 11 or similar case, the requirements of clause (ii) of paragraph (2)(E) shall be treated as met if ─

(i) 존속법인의 옛 주주 가운데 누구도 주식의 대가를 받지 않았고, 그리고

(i) no former shareholder of the surviving corporation received any consideration for his stock, and

(ii) 존속법인의 옛 채권자들이 모법인의 의결권부 주식과 교환하여 내어주는 존속법인에 대한 채권의 공정한 시가가 존속법인에 대한 채권 전체의 공정한 시가의 80% 이상일 것.

(ii) the former creditors of the surviving corporation exchanged, for an amount of voting stock of the controlling corporation, debt of the surviving corporation which had a fair market value equal to 80 percent or more of the total fair market value of the debt of the surviving corporation.

제368조(b) (재조직당사자) —

Sec. 368(b) PARTY TO A REORGANIZATION —

...재조직이라는 적격이 앞(a)의...(1)(G)에서 생긴 이유가 위 (a)의 (2)(C)인 경우 용어로 "재조직당사자"에 들어가는 법인으로, 그가 지배하는 자법인에게 취득한 자산이나 주식을 이전한 자가 들어간다...재조직이라는 적격이 위 (a)의 (1)(G)...에서 생긴 이유가 위 (a)의 (2)(D)인 경우 용어로 "재조직당사자"에는 (a)(2)(D)에 적은 모법인도 들어간다...

...In the case of a reorganization qualifying under paragraph...(1)(G) of subsection (a) by reason of paragraph (2)(C) of subsection (a), the term "a party to a reorganization" includes the corporation controlling the corporation to which the acquired assets or stock are tranferred. In the case of a reorganization qualifying under paragraph...(1)(G) of subsection (a) by reason of paragraph (2)(D) of that subsection, the term "a party to a reorganization" includes the controlling corporation referred to in such paragraph (2)(D).

[보기 30][304)]

다음 각 경우 도산법인, 주주 및 채권자에게는 어떤 법률효과가 생기는가?

(i) [보기 29] (i)의 사실 뒤에 인수법인은 도산법인에서 넘겨받은 자산 전부를 다시 자법인에 현물출자했다.

(ii) 도산법인은 자산 모두를 인수자측 자법인에게 넘기면서 대가로 인수자측 모법인 주식과 회사채를 받았고, 이 주식과 회사채 모두를 사채권자에게 분배하였다. 도산법인 주주들의 주식은 도산절차에 따라 전액 무상소각하였고 도산법인은 해산·청산하였다.

(iii) 도산법인은 인수자측 자법인을 흡수합병하면서 합병대가로 자신을 채무자로 하는 회사채(자기사채)를 100% 다 넘겨주었다. 이 자기사채는, 인수자측 자법인을 흡수합병하면서 넘겨받은 인수자측 모법인 주식과 교환으로, 도산법인이 사채권자에게서 넘겨받은 것이다. 도산법인의 주식은 모두 도산절차에서 무상소각하였다. 결과적으로 도산법인의 사채권자는 모두 인수자측 모법인의 주주가 되었고 도산법인의 자산은 모두 그대로

---

304) Bittker & Eustice, 12.30[2][e].

남아있는 상태에서 도산법인의 주주는 인수자측 모법인이 되었고 자법인은 도산법인에 흡수합병되어 소멸하였다.

(풀이)

(i) 여전히 G형 재조직으로 [보기 29]의 (i)에서 본 법률효과가 그대로 생긴다. "거래가 다른 면에서는 위 1(G)에서 적격"이므로 "자산…으로서 그 취득을 그 거래에서 한 것을 이전"하는 것은, 이전" 상대방 법인에 대한 지배를 자산…을 취득하였던 법인이 하는" 것인 한 제368조(a)(2)(C)에 따라서 "거래를 부적격으로 하는 이유가 되지 않는다." 따라서 도산법인의 자산 양도차익, 도산법인의 주식(인수법인주식) 양도차익, 사채권자의 사채권 양도소득을 모두 [보기 29]의 (i) 그대로 과세이연한다. 그러나 인수법인이 자산을 자법인에 현물출자하는 것은 재조직으로 과세이연받지는 못한다. 자법인은 제368조(b)의 재조직당사자가 아니기 때문이다. 도산법인이 인수법인을 지배하지 못하므로 제351조의 현물출자 과세이연도 받지 못한다.

(ii) 제368조(a)(2)(D)에서 정한 정삼각 G형 재조직으로 [보기 29]의 (i)에서 본 법률효과가 그대로 생긴다. 도산법인의 자산 취득원가는 그대로 모법인에 넘어갔다가 다시 자법인으로 넘어간다. 자법인은 다른 세무요소도 물려받지만 법에 여러 가지 제약이 있다. 모법인의 자법인 주식 취득원가는 당초 취득원가 위에 도산법인의 자산 취득원가 만큼을 얹는다.

(iii) 역삼각합병 G형이다. "거래 뒤에, 존속법인(도산법인)이 실질적으로 자기재산의 전부와 소멸법인 재산의 전부(모법인의 주식으로서 거래에서 분배하는 것은 제외)를 보유"하므로 (a)(2)(E)(i)은 충족한다. (a)(2)(E)(ii)는 (a)(3)(E)에 따라서 만족한 것으로 본다. "존속법인(도산법인)의 옛 주주 가운데 누구도 주식의 대가를 받지 않았고," 그리고 도산법인의 "옛 채권자들이 모법인의 의결권부 주식과 교환하여 내어주는 도산법인에 대한 채권의 공정한 시가가 존속법인에 대한 채권 전체의 공정한 시가의 80% 이상"이기 때문이다.

찾아보기

저자 약력

이창희는 서울대학교 법학대학원(서울법대)의 세법 교수이다. 일본 동경대 법학부, 미국 Harvard 법대, 미국 NYU 법대 등에서 교수(visiting professor of law)로 국제조세 등을 가르치기도 했다. 서울대학교 법학과와 동국대학교 경제학과를 졸업하였고, 미국 Harvard 법대에서 법학석사와 법학박사 학위를 받았다. 공인회계사·미국변호사로 한미 두 나라에 걸쳐 회계법인과 law firm에서 일한 바 있고, 기획재정부 세제발전심의위원 등 정부나 공공기관의 자문역도 맡고 있다.

미국법인세법

초판발행	2018년 9월 30일
지은이	이창희
펴낸이	안종만
편 집	김선민
기획/마케팅	조성호
표지디자인	권효진
제 작	우인도·고철민
펴낸곳	(주) **박영사**
	서울특별시 종로구 새문안로3길 36, 1601
	등록 1959. 3. 11. 제300-1959-1호(倫)
전 화	02)733-6771
f a x	02)736-4818
e-mail	pys@pybook.co.kr
homepage	www.pybook.co.kr
ISBN	979-11-303-3093-8 93360

정 가   38,000원